DESCUBRE

Lengua y cultura del mundo hispánico

VISTA
HIGHER LEARNING

Boston, Massachusetts

2

Publisher: José A. Blanco
Editorial Director: Beth Kramer
Project Managers: Armando Brito, Daniel Finkbeiner
Staff Editors: María Cinta Aparisi, Sarah Link

Director of Art and Design: Linda Jurras
Director of Production and Manufacturing: Lisa Perrier
Design Manager: Polo Barrera
Photo Researcher and Art Buyer: Rachel Distler
Production and Manufacturing Team: Jeff Perron, Oscar Díez, Mauricio Henao,
María Eugenia Castaño

President: Janet L. Dracksdorf
Sr. Vice President of Operations: Tom Delano
Vice President of Sales and Marketing: Scott Burns
National Sales Consultant: Norah Jones
Executive Marketing Manager: Benjamin Rivera

Printed in the United States of America.

DESCUBRE Level 2 Student Edition ISBN-13: 978-1-60007-279-6
DESCUBRE Level 2 Student Edition ISBN-10: 1-60007-279-8

Library of Congress Control Number: 2006939625

2 3 4 5 6 7 8 9 C 12 11 10 09 08

DESCUBRE

Lengua y cultura del mundo hispánico

2

Table of Contents

así somos

así lo hacemos

Lección preliminar

contextos

fotonovela

Lección 1

En el consultorio

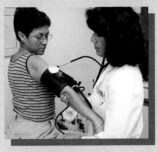

Lección 2

La tecnología

cultura

así pasó

así nos gusta

cultura

estructura

adelante

Table of Contents

	contexts	fotonovela

Table of Contents

	contextos	**fotonovela**

Consulta

cultura	estructura	adelante

OCÉANO ÁRTICO

Mar de Siberia Oriental

Bahía de Baffin

GROENLANDIA (DINAMARCA)

RUSIA

Alaska (EE.UU.)

Mar de Beaufort

60N

Mar de Bering

Bahía de Hudson

Mar del Labrador

CANADÁ

ESTADOS UNIDOS

OCÉANO ATLÁNTICO

30N

Trópico de Cáncer

ISLAS BAHAMAS

REPÚBLICA DOMINICANA

MÉXICO

Golfo de México

CUBA

PUERTO RICO (EE.UU.)

Islas Hawai (EE.UU.)

BELICE

SAN CRISTÓBAL Y NIEVES

ISLAS MARSHALL

HAITÍ

ANTIGUA Y BARBUDA

JAMAICA

GUADALUPE (FRANCIA)

Mar Caribe

DOMINICA

GUATEMALA

SANTA LUCÍA

MARTINICA (FRANCIA)

EL SALVADOR

GRANADA

BARBADOS

ESTADOS FEDERADOS DE MICRONESIA

HONDURAS

SAN VICENTE Y LAS GRANADINAS

NICARAGUA

TRINIDAD Y TOBAGO

OCÉANO PACÍFICO

COSTA RICA

VENEZUELA

GUAYANA FRANCESA (FRANCIA)

VANUATU

KIRIBATI

PANAMÁ

COLOMBIA

NAURU

Islas Galápagos (Ecuador)

ECUADOR

GUYANA

ISLAS SALOMÓN

SURINAME

ISLAS TUVALU

SAMOA OCCIDENTAL

PERÚ

BRASIL

FIYI

SAMOA (EE.UU.)

Trópico de Capricornio

BOLIVIA

NUEVA CALEDONIA (FRANCIA)

Isla de Pascua (CHILE)

PARAGUAY

30S

URUGUAY

NUEVA ZELANDIA

CHILE ARGENTINA

Islas Malvinas (R.U.)

El mundo

Países hispanohablantes

Países con alto número de hispanohablantes

60S

ANTÁRTIDA

180 150O 120O 90O 60O

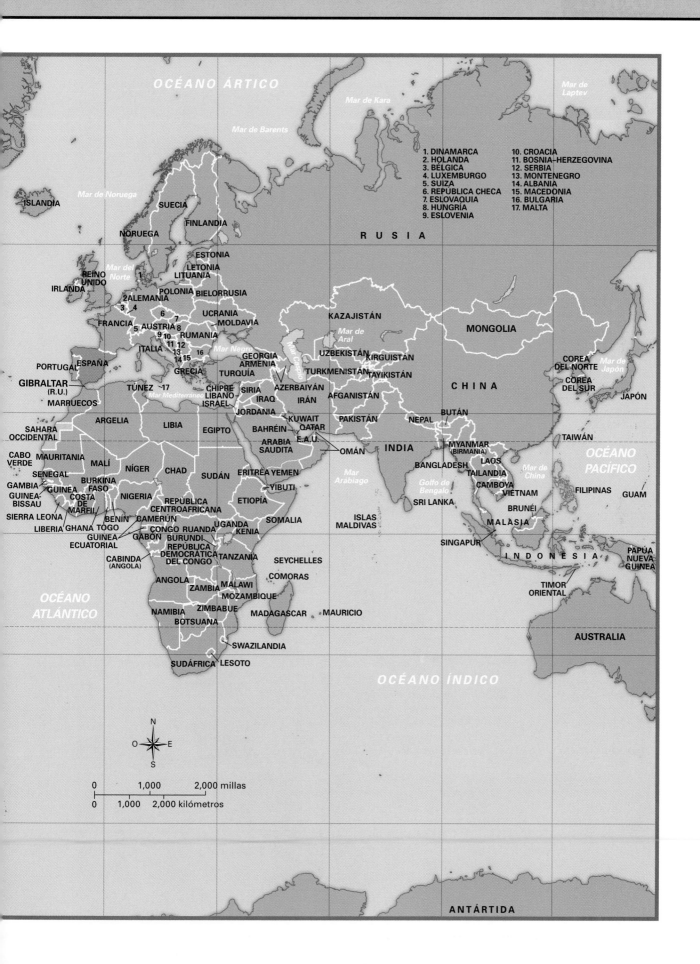

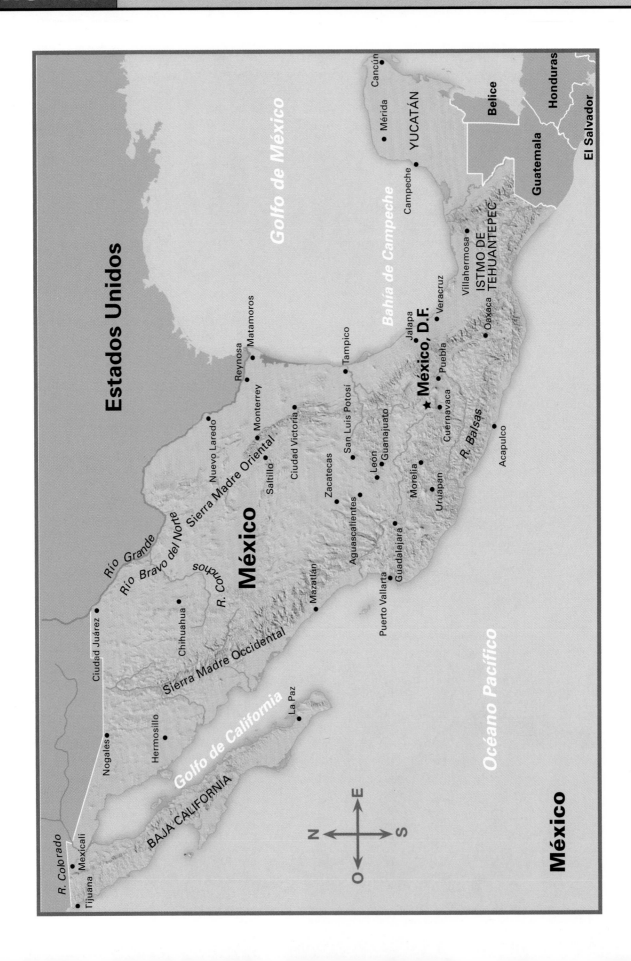

Estados Unidos

México

Golfo de México

Bahía de Campeche

Océano Pacífico

Golfo de California

BAJA CALIFORNIA

Sierra Madre Occidental

Sierra Madre Oriental

Río Grande

Río Bravo del Norte

R. Conchos

R. Colorado

R. Balsas

ISTMO DE TEHUANTEPEC

YUCATÁN

Belice

Honduras

Guatemala

El Salvador

Cancún
Mérida
Campeche
Villahermosa
Veracruz
Jalapa
México, D.F.
Puebla
Cuernavaca
Oaxaca
Acapulco
Uruapan
Morelia
Guadalajara
Puerto Vallarta
Mazatlán
Aguascalientes
Zacatecas
León
Guanajuato
San Luis Potosí
Ciudad Victoria
Saltillo
Monterrey
Nuevo Laredo
Reynosa
Matamoros
Tampico
Chihuahua
Ciudad Juárez
Hermosillo
Nogales
La Paz
Mexicali
Tijuana

N
E
S
O

México

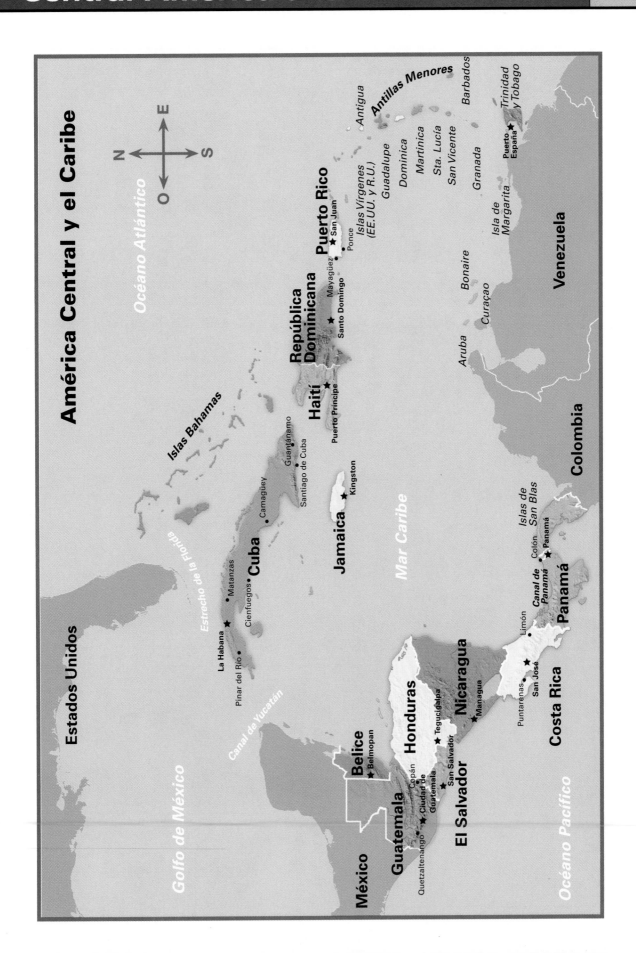

América Central y el Caribe

N · E · S · O

Océano Atlántico

Estados Unidos

Golfo de México

Océano Pacífico

Islas Bahamas

Estrecho de la Florida

Canal de Yucatán

La Habana
Pinar del Río
Matanzas
Cienfuegos · Cuba
Camagüey
Santiago de Cuba
Guantánamo

México

Belice
Belmopan

Guatemala
Copán
Ciudad de Guatemala
Quetzaltenango

Honduras
Tegucigalpa

El Salvador
San Salvador

Nicaragua
Managua

Costa Rica
Puntarenas · San José
Limón

Panamá
Canal de Panamá
Colón · Panamá
Islas de San Blas

Jamaica
Kingston

Mar Caribe

Haití
Puerto Príncipe

República Dominicana
Santo Domingo

Puerto Rico
San Juan
Mayagüez
Ponce

Islas Vírgenes (EE.UU. y R.U.)

Antillas Menores

Antigua
Guadalupe
Dominica
Martinica
Sta. Lucía
San Vicente
Barbados
Granada
Trinidad y Tobago
Puerto España
Isla de Margarita
Bonaire
Curaçao
Aruba

Venezuela

Colombia

América del Sur

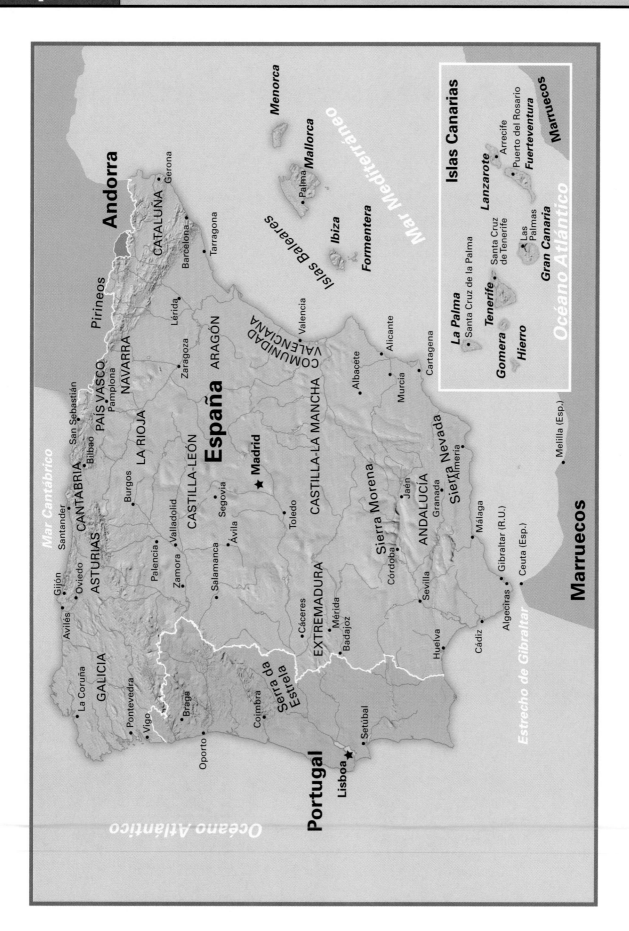

The Spanish-speaking World

The Spanish-speaking World, 2000

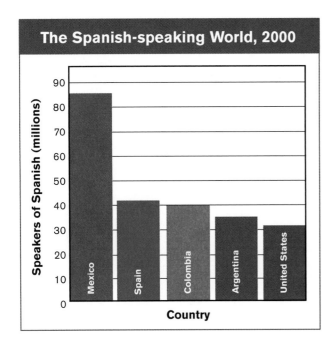

Speakers of Spanish (millions)

90
80
70
60
50
40
30
20
10
0

Mexico | Spain | Colombia | Argentina | United States

Country

Do you know someone whose first language is Spanish? Chances are you do! Thirty-one million people living in the U.S. speak Spanish; after English, it is the second most commonly spoken language in this country. It is the official language of twenty-two countries and an official language of the European Union and United Nations.

The Growth of Spanish

Have you ever heard of a language called Castilian? It's Spanish! The Spanish language as we know it today has its origins in a dialect called Castilian (**castellano** in Spanish). Castilian developed in the 9th century in north-central Spain, in a historic provincial region known as Old Castile. Castilian gradually spread towards the central region of New Castile, where it was adopted as the main language of commerce. By the 16th century, Spanish had become the official language of Spain and eventually, the country's role in exploration, colonization, and overseas trade led to the language spreading across Central and South America, North America, the Caribbean, parts of North Africa, the Canary Islands, and the Philippines.

Spanish in the United States

1500   1600   1700

16th Century
Spanish is the official language of Spain.

1565
The Spanish arrive in Florida and found St. Augustine.

1610
The Spanish found Santa Fe, today's capital of New Mexico, the state with the most Spanish speakers in the U.S.

Spanish in the United States

Spanish came to North America in the 16th century with the Spanish who settled in St. Augustine, Florida. Spanish-speaking communities flourished in several parts of the continent over the next few centuries. Then, in 1848, in the aftermath of the Mexican-American War, Mexico lost almost half its land to the United States, including portions of modern-day Texas, New Mexico, Arizona, Colorado, California, Wyoming, Nevada, and Utah. Overnight, hundreds of thousands of Mexicans became citizens of the United States, bringing with them their rich history, language, and traditions.

This heritage, combined with that of the other Hispanic populations that have immigrated to the United States over the years, has led to the remarkable growth of Spanish around the country. After English, it is the most commonly spoken language in 43 states. More than 12 million people in California alone claim Spanish as their first or "home" language.

You've made a popular choice by choosing to take Spanish in school. Not only is Spanish found and heard almost everywhere in the United States, but it is the most commonly taught foreign language in classrooms throughout the country! Have you heard people speaking Spanish in your community? Chances are that you've come across an advertisement, menu, or magazine that is in Spanish. If you look around, you'll find that Spanish can be found in some pretty common places. For example, most ATMs respond to users in both English and Spanish. News agencies and television stations such as CNN and Telemundo provide Spanish-language broadcasts. When you listen to the radio or download music from the Internet, some of the most popular choices are Latino artists who perform in Spanish. Federal government agencies such as the Internal Revenue Service and the Department of State provide services in both languages. Even the White House has an official Spanish-language webpage! Learning Spanish can create opportunities within your everyday life.

1800

1900

2000

1848
Mexicans who choose to stay in the U.S. after the Mexican-American War become U.S. citizens.

1959
After the Cuban Revolution, thousands of Cubans emigrate to the U.S.

2000
Spanish is the 2nd most commonly spoken language in the U.S., with 31 million speakers.

Why Study Spanish?

Learn an International Language

There are many reasons for learning Spanish, a language that has spread to many parts of the world and has along the way embraced words and sounds of languages as diverse as Latin, Arabic, and Nahuatl. Spanish has evolved from a medieval dialect of north-central Spain into the fourth most commonly spoken language in the world. It is the second language of choice amongst most people in North America.

Understand the World Around You

Knowing Spanish can also open doors to communities within the United States, and it can broaden your understanding of the nation's history and geography. The very names Colorado, Montana, Nevada, and Florida are Spanish in origin. Just knowing their meanings can give you some insight into, of all things, the landscapes for which the states are renowned. Colorado means "colored red;" Montana means "mountain;" Nevada is derived from "snow-capped mountain;" and Florida means "flowered." You've already been speaking Spanish whenever you talk about some of these states!

State Name	Meaning in Spanish
Colorado	"colored red"
Florida	"flowered"
Montana	"mountain"
Nevada	"snow-capped mountain"

Connect with the World

Learning Spanish can change how you view the world. While you learn Spanish, you will also explore and learn about the origins, customs, art, music, and literature of people in close to two dozen countries. When you travel to a Spanish-speaking country, you'll be able to converse freely with the people you meet. And whether here in the U.S. or abroad, you'll find that speaking to people in their native language is the best way to bridge any culture gap.

Why Study Spanish?

Expand Your Skills

Studying a foreign language can improve your ability to analyze and interpret information and help you succeed in many other subject areas. When you begin learning Spanish, much of your studies will focus on reading, writing, grammar, listening, and speaking skills. You'll be amazed at how the skills involved with learning how a language works can help you succeed in other areas of study. Many people who study a foreign language claim that they gained a better understanding of English and the structures it uses. Spanish can even help you understand the origins of many English words and expand your own vocabulary in English. Knowing Spanish can also help you pick up other related languages, such as Italian, Portuguese, and French. Spanish can really open doors for learning many other skills in your school career.

Explore Your Future

How many of you are already planning your future careers? Employers in today's global economy look for workers who know different languages and understand other cultures. Your knowledge of Spanish will make you a valuable candidate for careers abroad as well as in the United States. Doctors, nurses, social workers, hotel managers, journalists, businessmen, pilots, flight attendants, and many other kinds of professionals need to know Spanish or another foreign language to do their jobs well.

How to Learn Spanish

Start with the Basics

As with anything you want to learn, start with the basics and remember that learning takes time! The basics are vocabulary, grammar, and culture.

Vocabulary Every new word you learn in Spanish will expand your vocabulary and ability to communicate. The more words you know, the better you can express yourself. Focus on sounds and think about ways to remember words. Use your knowledge of English and other languages to figure out the meaning of and memorize words like **conversación, teléfono, oficina, clase,** and **música.**

Grammar Grammar helps you put your new vocabulary together. By learning the rules of grammar, you can use new words correctly and speak in complete sentences. As you learn verbs and tenses, you will be able to speak about the past, present, or future, express yourself with clarity, and be able to persuade others with your opinions. Pay attention to structures and use your knowledge of English grammar to make connections with Spanish grammar.

Culture Culture provides you with a framework for what you may say or do. As you learn about the culture of Spanish-speaking communities, you'll improve your knowledge of Spanish. Think about a word like **salsa,** and how it connects to both food and music. Think about and explore customs observed at **Nochevieja** (New Year's Eve) or a **quinceañera** (a girl's fifteenth birthday party). Observe customs. Watch people greet each other or say good-bye. Listen for idioms and sayings that capture the spirit of what you want to communicate!

Teenagers celebrating a quinceañera party

Listen, Speak, Read, and Write

Listening Listen for sounds and for words you can recognize. Listen for inflections and watch for key words that signal a question such as **cómo** (*how*), **dónde** (*where*), or **qué** (*what*). Get used to the sound of Spanish. Play Spanish pop songs or watch Spanish movies. Borrow books on CD from your local library, or try to visit places in your community where Spanish is spoken. Don't worry if you don't understand every single word. If you focus on key words and phrases, you'll get the main idea. The more you listen, the more you'll understand!

Speaking Practice speaking Spanish as often as you can. As you talk, work on your pronunciation, and read aloud texts so that words and sentences flow more easily. Don't worry if you don't sound like a native speaker, or if you make some mistakes. Time and practice will help you get there. Participate actively in Spanish class. Try to speak Spanish with classmates, especially native speakers (if you know any), as often as you can.

Reading Pick up a Spanish-language newspaper or a pamphlet on your way to school, read the lyrics of a song as you listen to it, or read books you've already read in English translated into Spanish. Use reading strategies that you know to understand the meaning of a text that looks unfamiliar. Look for cognates, or words that are related in English and Spanish, to guess the meaning of some words. Read as often as you can, and remember to read for fun!

Writing It's easy to write in Spanish if you put your mind to it. And remember that Spanish spelling is phonetic, which means that once you learn the basic rules of how letters and sounds are related, you can probably become an expert speller in Spanish! Write for fun—make up poems or songs, write e-mails or instant messages to friends, or start a journal or blog in Spanish.

Tips for Learning Spanish

- **Listen** to Spanish radio shows. Write down words that you can't recognize or don't know and look up the meaning.

- **Watch** Spanish TV shows or movies. Read subtitles to help you grasp the content.

- **Read** Spanish-language newspapers, magazines, or blogs.

- **Listen** to Spanish songs that you like —anything from a Shakira song to a traditional mariachi melody. Sing along and concentrate on your pronunciation.

- **Seek** out Spanish speakers. Look for neighborhoods, markets, or cultural centers where Spanish might be spoken in your community. Greet people, ask for directions, or order from a menu at a Mexican restaurant in Spanish.

- **Pursue** language exchange opportunities (**intercambio cultural**) in your school or community. Try to join language clubs or cultural societies, and explore opportunities for studying abroad or hosting a student from a Spanish-speaking country in your home or school.

- **Connect** your learning to everyday experiences. Think about naming the ingredients of your favorite dish in Spanish. Think about the origins of Spanish place names in the U.S., like Cape Canaveral and Sacramento, or of common English words like *adobe, chocolate, mustang, tornado,* and *patio.*

- **Use** mnemonics, or a memorizing device, to help you remember words. Make up a saying in English to remember the order of the days of the week in Spanish (L, M, M, J, V, S, D).

- **Visualize** words. Try to associate words with images to help you remember meanings. For example, think of a **paella** as you learn the names of different types of seafood or meat. Imagine a national park and create mental pictures of the landscape as you learn names of animals, plants, and habitats.

- **Enjoy** yourself! Try to have as much fun as you can learning Spanish. Take your knowledge beyond the classroom and find ways to make your learning experience your very own.

ICONS AND *RECURSOS* BOXES

Icons

Familiarize yourself with these icons that appear throughout **DESCUBRE**.

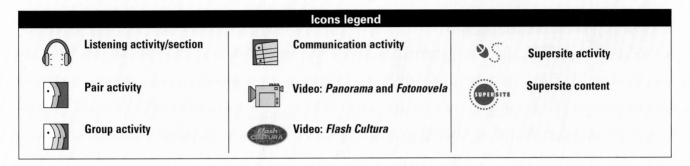

Icons legend		
Listening activity/section	Communication activity	Supersite activity
Pair activity	Video: *Panorama* and *Fotonovela*	Supersite content
Group activity	Video: *Flash Cultura*	

- You will see the listening icon in each lesson's **Contextos**, **Pronunciación**, **Escuchar**, and **Vocabulario** sections.

- The video icons appear in the **Fotonovela, Cultura,** and **Panorama** sections of each lesson.

- Both Supersite icons appear in every strand of every lesson. Visit descubre2.vhlcentral.com

Recursos Boxes

Recursos boxes let you know exactly what print and technology supplements you can use to reinforce and expand on every section of the lessons in your textbook. They even include page numbers when applicable.

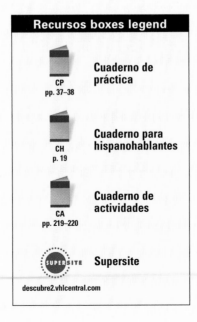

Recursos boxes legend	
CP pp. 37–38	**Cuaderno de práctica**
CH p. 19	**Cuaderno para hispanohablantes**
CA pp. 219–220	**Cuaderno de actividades**
SUPERSITE	**Supersite**
descubre2.vhlcentral.com	

Using DESCUBRE

FOTONOVELA VIDEO PROGRAM

Wouldn't it be great if you could travel to a Latin American country and learn the language from Spanish-speaking students? One of the best ways to learn a language is to hear it used in real-world situations. Since you might not be able to take a long trip to Latin America, we've created the next best thing: a video! The **DESCUBRE** *Fotonovela* videos will introduce you to four international students who are studying at the **Universidad de San Francisco** in Quito, Ecuador. The nine episodes, one for each lesson in your book, follow the students on a bus tour of the Ecuadorian countryside. In addition to the four students, you'll also meet Don Francisco, the tour bus driver, and a whole supporting cast of native speakers.

In most of the video episodes, the characters will share information about their home countries in a flashback format. These flashbacks give you a chance to learn about everyday life in Spain, Mexico, Puerto Rico, and different parts of Ecuador.

As you begin watching each episode, the characters will interact using the same vocabulary and grammar that you are studying in your lesson. As the episode progresses, the characters continue to use new vocabulary and grammar along with language you already know. In the **Resumen** section, one of the main characters will summarize the episode, highlighting the important grammar and vocabulary.

An abbreviated version of each episode can be found in the **Fotonovela** section in each lesson of your textbook. In this section you will read character dialogues, practice useful phrases, and learn more about culture.

THE CAST

Here are the main characters you will meet when you watch the **DESCUBRE** video:

From Ecuador,
Inés Ayala Loor

From Spain,
María Teresa (Maite) Fuentes de Alba

From Mexico,
Alejandro (Álex) Morales Paredes

From Puerto Rico,
Javier Gómez Lozano

And, also from Ecuador,
don Francisco Castillo Moreno

PANORAMA CULTURAL VIDEO PROGRAM

You can continue your virtual travel experience into the world of Spanish-speaking communities with the **Panorama cultural** video. You don't even need a suitcase! The video works directly with the **Panorama** section in each lesson of **DESCUBRE**. The video shows a short clip about the country featured in the lesson. The clips give you a first-hand look at the different countries. You will also notice that the Spanish narrations cover grammar and vocabulary from your lessons.

These videos will transport you to many Spanish-speaking countries, the United States, and Canada. As you watch the video segments, the images and topics will give you a first-hand look at cities, monuments, traditions, festivals, archaeological sites, and geographical wonders. You will have the opportunity to learn about a variety of cultures and perspectives that tie directly to what you are learning in **DESCUBRE**.

FLASH CULTURA VIDEO PROGRAM

Have you ever wondered what life is like for your peers in Mexico, Argentina, or Puerto Rico? What could you have in common? Do you think about the same things? Now you can go right to the source! The entertaining **Flash cultura** video provides a humorous side to the **Cultura** section in **DESCUBRE**. Students from Mexico, Argentina, and Puerto Rico share information about their countries with each other. The similarities and differences among Spanish-speaking countries that come up through these exchanges might make you think about your own culture and values.

Useful Spanish Expressions

The following expressions will be very useful in getting you started learning Spanish. You can use them in class to check your understanding, and to ask and answer questions about the lessons. Read **En las instrucciones** ahead of time to help you understand direction lines in Spanish, as well as your teacher's instructions. Remember to practice your Spanish as often as you can!

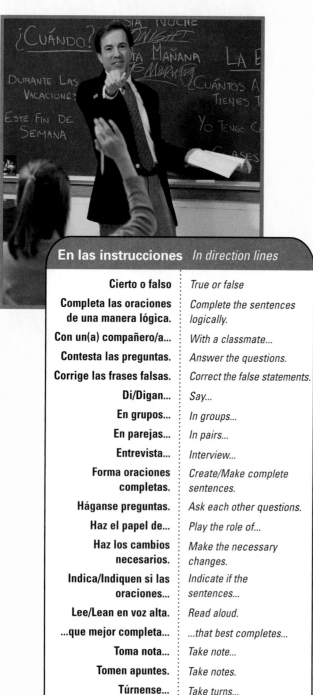

Expresiones útiles	Useful expressions
¿Cómo se dice _____ en español?	How do you say _____ in Spanish?
¿Cómo se escribe _____?	How do you spell _____?
¿Comprende(n)?	Do you understand?
Con permiso.	Excuse me.
De acuerdo.	Okay.
De nada.	You're welcome.
¿De veras?	Really?
¿En qué página estamos?	What page are we on?
Enseguida.	Right away.
Más despacio, por favor.	Slower, please.
Muchas gracias.	Thanks a lot.
No entiendo.	I don't understand.
No sé.	I don't know.
Perdone.	Excuse me.
Pista	Clue
Por favor.	Please.
Por supuesto.	Of course.
¿Qué significa _____?	What does _____ mean?
Repite, por favor.	Please repeat.
Tengo una pregunta.	I have a question.
¿Tiene(n) alguna pregunta?	Do you have questions?
Vaya(n) a la página dos.	Go to page 2.

En las instrucciones	In direction lines
Cierto o falso	True or false
Completa las oraciones de una manera lógica.	Complete the sentences logically.
Con un(a) compañero/a...	With a classmate...
Contesta las preguntas.	Answer the questions.
Corrige las frases falsas.	Correct the false statements.
Di/Digan...	Say...
En grupos...	In groups...
En parejas...	In pairs...
Entrevista...	Interview...
Forma oraciones completas.	Create/Make complete sentences.
Háganse preguntas.	Ask each other questions.
Haz el papel de...	Play the role of...
Haz los cambios necesarios.	Make the necessary changes.
Indica/Indiquen si las oraciones...	Indicate if the sentences...
Lee/Lean en voz alta.	Read aloud.
...que mejor completa...	...that best completes...
Toma nota...	Take note...
Tomen apuntes.	Take notes.
Túrnense...	Take turns...

Common Names

Get started learning Spanish by using a Spanish name in class. You can choose from the lists on these pages, or you can find one yourself. How about learning the Spanish equivalent of your name? The most popular Spanish female names are Ana, Isabel, Elena, Sara, and María. The most popular male names in Spanish are Alejandro, Jorge, Juan, José, and Pedro. Is your name, or that of someone you know, in the Spanish top five?

Más nombres masculinos	Más nombres femeninos
Alfonso	Alicia
Antonio (Toni)	Beatriz (Bea, Beti, Biata)
Carlos	Blanca
César	Carolina (Carol)
Diego	Claudia
Ernesto	Diana
Felipe	Emilia
Francisco (Paco)	Irene
Guillermo	Julia
Ignacio (Nacho)	Laura
Javier (Javi)	Leonor
Leonardo	Lourdes
Luis	Margarita (Marga)
Manolo	Lucía
Marcos	Marta
Oscar (Óscar)	Noelia
Rafael (Rafa)	Paula
Sergio	Rocío
Vicente	Verónica

Los 5 nombres masculinos más populares	Los 5 nombres femeninos más populares
Alejandro	Ana
Jorge	Elena
José (Pepe)	Isabel
Juan	María
Pedro	Sara

Acknowledgments

On behalf of its authors and editors, Vista Higher Learning expresses its sincere appreciation to the many instructors and teachers across the U.S. and Canada who contributed their ideas and suggestions. Their insights and detailed comments were invaluable to us as we created **DESCUBRE**.

In-depth reviewers

Patrick Brady
Tidewater Community College, VA

Christine DeGrado
Chestnut Hill College, PA

Martha L. Hughes
Georgia Southern University, GA

Aida Ramos-Sellman
Goucher College, MD

Reviewers

Kathleen Aguilar
Fort Lewis College, CO

Aleta Anderson
Grand Rapids Community College, MI

Gunnar Anderson
SUNY Potsdam, NY

Nona Anderson
Ouachita Baptist University, AR

Ken Arant
Darton College, GA

Vicki Baggia
Phillips Exeter Academy, NH

Jorge V. Bajo
Oracle Charter School, NY

Ana Basoa-McMillan
Columbia State Community College, TN

Timothy Benson
Lake Superior College, MN

Georgia Betcher
Fayetteville Technical Community College, NC

Teresa Borden
Columbia College, CA

Courtney Bradley
The Principia, MO

Vonna Breeze-Marti
Columbia College, CA

Christa Bucklin
University of Hartford, CT

Mary Cantu
South Texas College, TX

Christa Chatrnuch
University of Hartford, CT

Tina Christodouleas
SUNY Cortland, NY

Edwin Clark
SUNY Potsdam, NY

Donald Clymer
Eastern Mennonite University, VA

Ann Costanzi
Chestnut Hill College, PA

Patricia Crespo-Martin
Foothill College, CA

Miryam Criado
Hanover College, KY

Thomas Curtis
Madison Area Technical College, WI

Patricia S. Davis
Darton College, GA

Danion Doman
Truman State University, MO

Deborah Dubiner
Carnegie Mellon University, PA

Benjamin Earwicker
Northwest Nazarene University, ID

Deborah Edson
Tidewater Community College, VA

Matthew T. Fleming
Grand Rapids Community College, MI

Ruston Ford
Indian Hills Community College, IA

Marianne Franco
Modesto Junior College, CA

Elena García
Muskegon Community College, MI

María D. García
Fayetteville Technical Community College, NC

Lauren Gates
East Mississippi Community College, MS

Marta M. Gómez
Gateway Academy, MO

Danielle Gosselin
Bishop Brady High School, NH

Reviewers

Charlene Grant
Skidmore College, NY

Betsy Hance
Kennesaw State University, GA

Marti Hardy
Laurel School, OH

Dennis Harrod
Syracuse University, NY

Fanning Hearon
Brunswick School, CT

Richard Heath
Kirkwood Community College, IA

Óscar Hernández
South Texas College, TX

Yolanda Hernández
Community College of Southern
Nevada, North Las Vegas, NV

Martha L. Hughes
Georgia Southern University, GA

Martha Ince
Cushing Academy, MA

Stacy Jazan
Glendale Community College, CA

María Jiménez Smith
Tarrant County College, TX

Emory Kinder,
Columbia Prep School, NY

Marina Kozanova
Crafton Hills College, CA

Tamara Kunkel
Alice Lloyd College, KY

Anna Major
The Westminster Schools, GA

Armando Maldonado
Morgan Community College, CO

Molly Marostica Smith
Canterbury School of Florida, FL

Jesús G. Martínez
Fresno City College, CA

Laura Martínez
Centralia College, WA

Daniel Millis
Verde Valley School, AZ

Deborah Mistron
Middle Tennessee State
University, TN

Mechteld Mitchin
Village Academy, OH

Anna Montoya
Florida Institute of Technology, FL

Robert P. Moore
Loyola Blakefield Jesuit School, MD

S. Moshir
St. Bernard High School, CA

Javier Múñoz-Basols
Trinity School, NY

William Nichols
Grand Rapids Community College, MI

Bernice Nuhfer-Halten
Southern Polytechnic State
University, GA

Amanda Papanikolas
Drew School, CA

Elizabeth M. Parr
Darton College, GA

Julia E. Patiño
Dillard University, LA

Martha Pérez
Kirkwood Community College, IA

Teresa Pérez-Gamboa
University of Georgia, GA

Marion Perry
The Thacher School, CA

Molly Perry
The Thacher School, CA

Melissa Pytlak
The Canterbury School, CT

Ana F. Sache
Emporia State University, KS

Celia S. Samaniego
Cosumnes River College, CA

Virginia Sánchez-Bernardy
San Diego Mesa College, CA

Frank P. Sanfilippo
Columbia College, CA

Piedad Schor
South Kent School, CT

David Schuettler
The College of St. Scholastica, MN

Romina Self
Ankeny Christian Academy, IA

David A. Short
Indian Hills Community College, IA

Carol Snell-Feikema
South Dakota State University, SD

Matias Stebbings
Columbia Grammar
& Prep School, NY

Mary Studer Shea
Napa Valley College, CA

Cathy Swain
University of Maine, Machias, ME

Cristina Szterensus
Rock Valley College, IL

John Tavernakis
College of San Mateo, CA

David E. Tipton
Circleville Bible College, OH

Larry Thornton
Trinity College School, ON

Linda Tracy
Santa Rosa Junior College, CA

Acknowledgments

Reviewers

Beverly Turner
  Truckee Meadows Community
  College, OK

Christine Tyma DeGrado
  Chestnut Hill College, PA

Fanny Vera de Viacava
  Canterbury School, CT

Luis Viacava
  Canterbury School, CT

Maria Villalobos-Buehner
  Grand Valley State University, MI

Hector Villarreal
  South Texas College, TX

Juanita Villena-Álvarez
  University of South Carolina,
  Beaufort, SC

Marcella Anne Wendzikowski
  Villa Maria College of Buffalo, NY

Doug West
  Sage Hill School, CA

Paula Whittaker
  Bishop Brady High School, NH

Mary Zold-Herrera
  Glenbrook North High School, IL

About the Authors

José A. Blanco founded Vista Higher Learning in 1998. A native of Barranquilla, Colombia, Mr. Blanco holds degrees in Literature and Hispanic Studies from Brown University and the University of California, Santa Cruz. He has worked as a writer, editor, and translator for Houghton Mifflin and D.C. Heath and Company and has taught Spanish at the secondary and university levels. Mr. Blanco is also the co-author of several other Vista Higher Learning programs: **Panorama, Aventuras,** and **¡Viva!** at the introductory level; **Ventanas, Facetas, Enfoques, Imagina,** and **Sueña** at the intermediate level; and **Revista** at the advanced conversation level.

Philip Redwine Donley received his M.A. in Hispanic Literature from the University of Texas at Austin in 1986 and his Ph.D. in Foreign Language Education from the University of Texas at Austin in 1997. Dr. Donley taught Spanish at Austin Community College, Southwestern University, and the University of Texas at Austin. He published articles and conducted workshops about language anxiety management and the development of critical thinking skills, and was involved in research about teaching languages to the visually impaired. Dr. Donley was also the co-author of **Aventuras** and **Panorama,** two other introductory college Spanish textbook programs published by Vista Higher Learning.

About the Illustrators

Yayo, an internationally acclaimed illustrator, was born in Colombia. He has illustrated children's books, newspapers, and magazines, and has been exhibited around the world. He currently lives in Montreal, Canada.

Pere Virgili lives and works in Barcelona, Spain. His illustrations have appeared in textbooks, newspapers, and magazines throughout Spain and Europe.

Born in Caracas, Venezuela, **Hermann Mejía** studied illustration at the *Instituto de Diseño de Caracas*. Hermann currently lives and works in the United States.

Lección preliminar

1 Completar
Complete the sentences with the correct form of the verb **ser**.

1. Maite _____ de España, ¿verdad?
2. ¿Quiénes _____ los chicos en el autobús?
3. Juan y yo _____ estudiantes.
4. ¿De dónde _____ tú?
5. _____ las nueve de la mañana.

2 El primer día de clases
Fill in the blanks in the conversation below with the correct form of **estar**.

— Hola, Martín. ¿Cómo (1) _____ (tú)?
— Bien. Oye, ¿sabes dónde (2) _____ el gimnasio? Mis compañeros del equipo de béisbol (3) _____ allí.
— Pero, hombre, ¡yo también (4) _____ en el equipo! Vamos juntos al gimnasio, (5) (nosotros) _____ muy cerca.

3 ¿Ser o estar?
Complete with the correct forms of **ser** or **estar**.

Me llamo Julio. Mis padres (1) _____ de México, pero mi familia (2) _____ en Arizona ahora. Mi padre (3) _____ médico en el hospital; la agencia de viajes de mi mamá (4) _____ cerca de nuestra casa. Nosotros tres (5) _____ altos y morenos. Yo (6) _____ estudiante de décimo grado. Mis clases (7) _____ buenas, pero a veces (yo) (8) _____ aburrido. Todos los estudiantes (9) _____ nerviosos hoy porque hay examen en la clase de álgebra.

4 Género y número
Add the appropriate definite or indefinite article for each noun.

Definidos		Indefinidos	
1. ___ comunidad		6. ___ lápiz	
2. ___ pintores		7. ___ pasajeros	
3. ___ programa		8. ___ computadoras	
4. ___ natación		9. ___ traje de baño	
5. ___ revistas		10. ___ lección	

1.1 Present tense of **ser** and **estar**

¿De dónde eres?

Yo soy de México.

ser			
yo	soy	nosotros/as	somos
tú	eres	vosotros/as	sois
Ud./él/ella	es	Uds./ellos/ellas	son

► Uses of **ser**: nationality, origin, profession or occupation, characteristics, generalizations, possession, what something is made of, time and date, time and place of events

estar			
yo	estoy	nosotros/as	estamos
tú	estás	vosotros/as	estáis
Ud./él/ella	está	Uds./ellos/ellas	están

► Uses of **estar**: location, health, physical states and conditions, emotional states, weather expressions, ongoing actions

► **Ser** and **estar** can both be used with many of the same adjectives, but the meaning will change.

Juan **es** delgado. Juan **está** más delgado hoy.
Juan is thin. *Juan looks thinner today.*

1.2 Articles

► Articles tell the gender (masculine/feminine) and number (singular/plural) of the nouns they precede.

Definite articles	
el libro	la lección
los programas	las profesoras

Indefinite articles	
un chico	una silla
unos chicos	unas sillas

1.3 Adjectives and agreement

Mi abuelo es muy simpático.

¡Qué alto es tu papá! Y tu mamá, ¡qué bonita!

▶ Adjectives are words that describe nouns. In Spanish, adjectives agree with, or match, the nouns they modify in both gender and number.

Descriptive Adjectives

Masculine		Feminine	
Singular	**Plural**	**Singular**	**Plural**
alto	altos	alta	altas
inteligente	inteligentes	inteligente	inteligentes
trabajador	trabajadores	trabajadora	trabajadoras

▶ Descriptive adjectives and adjectives of nationality follow the noun:

el chico rubio, la mujer española

▶ Adjectives of quantity precede the noun:

muchos libros, dos turistas

Note: When placed before a masculine noun, these adjectives are shortened.

bueno → buen   malo → mal   grande → gran

Possessive Adjectives

Singular		Plural	
mi	nuestro/a	mis	nuestros/as
tu	vuestro/a	tus	vuestros/as
su	su	sus	sus

▶ Possessive adjectives are always placed before the nouns they modify.

nuestros amigos   mi madre

---

5 Opuestos Complete the sentences with the appropriate form of **ser** or **estar** and an adjective with the opposite meaning of the adjective in italics.

> **modelo**
> La biblioteca está *cerrada* hoy, pero los bancos <u>están</u> <u>abiertos</u>.

1. La habitación de mi hermana siempre está *sucia*, pero mi habitación (ser/estar) _____ _____.
2. Estoy *contento* porque estamos de vacaciones, pero mis padres (ser/estar) _____ _____ porque tienen que trabajar.
3. Tu primo es *alto* y *moreno*, pero tú (ser/estar) _____ _____ y _____.
4. Mi amigo Fernando dice que las matemáticas son *difíciles*, pero yo creo que (ser/estar) _____ _____.

6 Entrevista Write down as many descriptive adjectives about yourself as you can in three minutes. Then, in pairs, use **ser** or **estar** to ask your partner if he/she has the same characteristics. Finally, tell the class what you have in common.

> **modelo**
> **(Yo):** delgada, morena, trabajadora, contenta, simpática, trabajadora.
> **(Preguntas):** ¿Tú eres trabajadora? ¿Estás contenta?
> **(Oraciones):** Somos morenas, estamos contentas y somos trabajadoras.

7 Posesivos Write the appropriate form of each possessive adjective. The first item has been done for you.

1. Él es _____mi_____ (*my*) hermano.
2. _____ (*Your*, fam.) familia es muy simpática.
3. _____ (*Our*) sobrino es italiano.
4. ¿Ella es _____ (*his*) profesora?
5. _____ (*Your*, form.) maleta es de color verde.
6. _____ (*Her*) amigos son de Colombia.
7. Son _____ (*our*) compañeras de clase.
8. _____ (*My*) padres están en el trabajo.

8 Mi familia y mis amigos Write a brief description of your family, your relatives, and your friends. Use as many possessive adjectives as possible to identify the person or persons you are describing.

1 Completar
Complete each sentence with the appropriate form of the verb.

1. Rosa _____ (bailar) un tango en el teatro.
2. Mis amigos _____ (hablar) francés muy bien.
3. Yo _____ (abrir) la ventana cuando hace calor.
4. Mi hermano y yo _____ (aprender) a nadar en la piscina.
5. ¿Dónde _____ (vivir) ustedes?
6. ¿Tú _____ (recibir) regalos el día de tu cumpleaños?
7. Los estudiantes _____ (correr) a casa por la tarde.
8. Nosotros _____ (mirar) la televisión.
9. Usted nunca _____ (comer) comida picante, ¿verdad?
10. Mis hermanos y yo _____ (practicar) el fútbol después de las clases.
11. Ustedes siempre _____ (desayunar) en la cafetería.
12. ¿_____ (Viajar) tus padres a Roma esta semana?

2 Tener
Look at the drawings and describe these people, using an expression with **tener**.

1. _____

2. _____

3. _____

4. _____

5. _____

6. _____

2.1 Present tense of –ar, –er, –ir verbs

Maite escribe.

▶ To create the present-tense forms of most regular verbs, drop the infinitive endings (**-ar, -er, -ir**) and add the appropriate endings that correspond to the different subject pronouns.

hablar			
yo	hablo	nosotros/as	hablamos
tú	hablas	vosotros/as	habláis
Ud./él/ella	habla	Uds./ellos/ellas	hablan

comer		escribir	
como	comemos	escribo	escribimos
comes	coméis	escribes	escribís
come	comen	escribe	escriben

2.2 Present tense of **tener** and **venir**

Tengo cuatro hermanas y un hermano mayor.

tener		venir	
tengo	tenemos	vengo	venimos
tienes	tenéis	vienes	venís
tiene	tienen	viene	vienen

▶ **Tener** is used in many common phrases expressing feelings and age.

tener... años	to be... years old
tener calor	to be hot
tener frío	to be cold
tener ganas de + inf.	to feel like doing something
tener hambre	to be hungry
tener prisa	to be in a hurry
tener razón	to be right
tener sed	to be thirsty
tener que + inf.	to have to do something

2.3 Present tense of the verb **ir**

ir			
yo	voy	nos.	vamos
tú	vas	vos.	vais
él	va	ellas	van

▶ **Ir** has many everyday uses, including expressing future plans:

ir a + [infinitivo] = *to be going to* + [*infinitive*]

vamos a [infinitivo] = *let's do something*

2.4 Verbs with stem changes and irregular **yo** forms

Álex y Maite vuelven al autobús.

e:ie o:ue u:ue stem-changing verbs

	empezar	volver	jugar
yo	empiezo	vuelvo	juego
tú	empiezas	vuelves	juegas
él	empieza	vuelve	juega
nos.	empezamos	volvemos	jugamos
vos.	empezáis	volvéis	jugáis
ellas	empiezan	vuelven	juegan

Other **e:ie** verbs: **cerrar, comenzar, entender, pensar, perder, preferir, querer**

Other **o:ue** verbs: **almorzar, contar, dormir, encontrar, mostrar, poder, recordar**

e:i stem-changing verbs

pedir			
yo	pido	nos.	pedimos
tú	pides	vos.	pedís
él	pide	ellas	piden

Other **e:i** verbs: **conseguir, decir, repetir, seguir**

Verbs with irregular yo forms

hacer	poner	salir	suponer	traer
hago	pongo	salgo	supongo	traigo

ver: veo, ves, ve, vemos, veis, ven

oír: oigo, oyes, oye, oímos, oís, oyen

---

3 **Ir** Complete this paragraph with the present-tense forms of **ir**.

El sábado yo (1) _____ al Museo de Bellas Artes porque mi artista favorito (2) _____ a presentar una exposición. Mis amigos no (3) _____ al museo conmigo porque todos (4) _____ a jugar al fútbol, pero yo (5) _____ a ir porque yo (6) _____ a ser artista. ¿(7) _____ (tú) al museo también? ¿Por qué no (8) _____ juntos?

4 **Verbos** Complete the chart with the correct verb forms.

Infinitive	yo	nosotros/as	ellos/as
	puedo		
comenzar		comenzamos	
		hacemos	hacen
oír			
	juego		
repetir			repiten

5 **Oraciones** Arrange the words in the correct order to form complete logical sentences. **¡Ojo!** Remember to conjugate the verbs according to the subject.

1. amigos / unos / tener / interesantes / tú / muy

   _____

2. autobús / yo / en / comercial / centro / venir / del

   _____

3. tener / dinero / no / bastante / ellos

   _____

4. sábados / cine / todos / los / ir / yo / al

   _____

6 **Conversación** Complete this conversation with the appropriate forms of the verbs. Then act it out with a partner.

PABLO Óscar, voy al centro ahora.

ÓSCAR ¿A qué hora (1)_____ (pensar) volver? El partido de fútbol (2)_____ (empezar) a las dos.

PABLO (3)_____ (Volver) a la una. (4)_____ (Querer) ver el partido.

ÓSCAR (5)¿_____ (Recordar) (tú) que nuestro equipo es muy bueno? (6)¡_____ (Poder) ganar!

PABLO No, (7)_____ (pensar) que vamos a (8)_____ (perder). Los jugadores de Guadalajara son salvajes (*wild*) cuando (9)_____ (jugar).

7 **Un día típico** Complete the paragraph with the appropriate forms of the verbs in the word list. Not all verbs will be used. Some may be used more than once.

almorzar	ir	salir
cerrar	jugar	seguir
empezar	mostrar	ver
hacer	querer	volver

¡Hola! Me llamo Marta y vivo en Guadalajara, México. ¿Cómo es un día típico en mi vida? Pues, por la mañana desayuno con mis padres y juntos (1) _vemos_ las noticias (*news*) en la televisión. A las siete y media, (yo) (2) _salgo_ de mi casa y tomo el autobús. Es bueno llegar temprano a la escuela porque siempre (3) _veo_ a mis amigos en la cafetería. Conversamos y planeamos lo que (4) _queremos_ hacer cada día. A las ocho y cuarto, mi amiga Susana y yo (5) _vamos_ al laboratorio de lenguas. La clase de francés (6) _empieza_ a las ocho y media. ¡Es mi clase favorita! A las doce y media (yo) (7) _almorzo_ en la cafetería con mis amigos. Después, (yo) (8) _____ con mis clases. Por las tardes, mis amigos (9) _vuelven_ a sus casas, pero yo (10) _juego_ al vóleibol con el equipo de mi escuela.

8 **Describir** Use a verb from the list to describe what these people are doing.

almorzar	contar	dormir
cerrar	encontrar	mostrar

1. las niñas

2. yo

3. nosotros

4. tú

5. Pedro

6. Teresa

9 **Contestar** Answer these questions.

> *modelo*
>
> ¿Qué pides en la cafetería?
> En la *cafetería*, yo pido pizza.

1. ¿Cuántas horas duermes cada noche? ¿Tienes sueño ahora?
2. ¿Cuándo haces la tarea de matemáticas?
3. ¿Adónde sales con tus amigos?
4. ¿Prefieres ver películas en el cine o en casa? Cuando ves películas en el cine, ¿con quién vas?
5. ¿Qué traes a la clase de español?
6. ¿Quién pone (*sets*) la mesa en tu casa?
7. ¿A qué hora almuerzas en la escuela? ¿Qué comes? ¿Traes comida de tu casa o compras comida?
8. ¿Oyes música cuando estudias? ¿Qué música tienes?
9. ¿Practicas deportes o prefieres los juegos (*games*) de mesa? ¿Qué juegas?
10. ¿Crees que esta clase va a ser fácil o difícil?

10 **Preguntas** Use four different verbs from the list to ask a partner four questions about his or her life. In total, you and your partner should use at least eight verbs.

almorzar	hacer	poder
dormir	ir	preferir
empezar	pedir	tener

> *modelo*
>
> **Estudiante 1:** ¿Tienes hermanos?
> **Estudiante 2:** Sí, tengo dos hermanos.

11 **Una carta** Write a letter to a friend describing what you do on a typical day and your plans for this weekend. Use at least six verbs from pages 4–5, **ir a** + *infinitive* to talk about your plans for the weekend, and **tener que** + *infinitive* to talk about your obligations. You may use the paragraph in **Actividad 7** as a model.

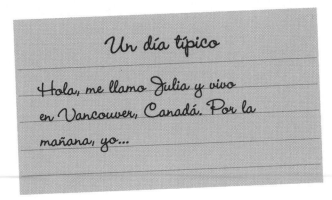

Un día típico

Hola, me llamo Julia y vivo en Vancouver, Canadá. Por la mañana, yo...

EN DETALLE

Unas vacaciones de
voluntario

¿Qué hiciste durante las vacaciones de verano? Muchos estudiantes de secundaria contestarían° esta pregunta con historias de cómo disfrutaron° de su tiempo libre. Pero otra actividad ha ganado° atención recientemente: el trabajo voluntario durante las vacaciones.

En Latinoamérica, se le llama **aprendizaje-servicio**°, una combinación de educación formal y voluntariado°. En países como México, Argentina y Chile, los jóvenes reciben crédito

académico mientras° usan su creatividad y su talento en beneficio de los demás°. Así se promueve° la participación activa de los jóvenes estudiantes en la sociedad. Los voluntarios también ganan experiencias que no podrían° obtener en el salón de clases: en Buenos Aires, un grupo de adolescentes de los colegios más exclusivos ayuda con las tareas en centros comunitarios; en una escuela de Resistencia, en Argentina, los chicos de barrios marginales° les enseñan computación a los adultos desocupados° de su propia comunidad.

En 2001, la Secretaría de Educación de Argentina creó el Programa Nacional de Escuela y Comunidad para los proyectos de aprendizaje-servicio por todo el país. ¿Hay algún requisito° de servicio comunitario para graduarse en tu escuela?

Otras vacaciones de voluntarios

En León, Nicaragua, 16 estudiantes costarricenses° construyeron casas para familias nicaragüenses como parte del programa Hábitat para la Humanidad. Adrián, un voluntario, dijo: "Fue una experiencia increíble. Podía° divertirme y al mismo tiempo hacer algo útil° y de beneficio para otros durante mis vacaciones".

Los estudiantes de la escuela técnica de Junín de los Andes adaptaron molinos de viento° a las necesidades de las poblaciones mapuches°. Por este proyecto ganaron un premio° en la Feria Mundial de Ciencias de 1999.

---

contestarían *would answer* disfrutaron *they enjoyed* ha ganado *has gained* aprendizaje-servicio *service learning* voluntariado *volunteerism* mientras *while* los demás *others* Así se promueve *Thus it promotes* no podrían *they could not* barrios marginales *disadvantaged neighborhoods* desocupados *unemployed* requisito *requirement* costarricenses *Costa Rican* Podía *I was able to* útil *useful* molinos de viento *windmills* mapuches *indigenous people of Central and Southern Chile and Southern Argentina* premio *prize*

ACTIVIDADES

1 **¿Cierto o falso?** Indica si lo que dice cada oración es cierto o falso. Corrige la información falsa.

1. El aprendizaje-servicio es ir a cursos de verano.

2. En este programa, los jóvenes voluntarios aprenden cosas que no se aprenden en el salón de clases.

3. Los estudiantes de Resistencia, Argentina, les enseñan computación a los chicos de los colegios más exclusivos.

4. En 2001, la Secretaría de Educación de Argentina creó un programa nacional de aprendizaje-servicio.

5. De su experiencia como voluntario en Nicaragua, el joven Adrián dijo: "Fue una experiencia horrible".

6. Los estudiantes de una escuela técnica adaptaron molinos de viento a las necesidades de las poblaciones indígenas de su país.

ASÍ SE DICE

el buceo	*diving*
el ciclismo	*cycling*
el colegio	*high school, elementary school, middle school*
la ola	*[ocean] wave*
los países hispanohablantes	**países donde se habla español**
surfear, hacer surf	*to surf*
el/la surfista, el/la surfero/a, el/la surfo/a, tablista	*surfer*

EL MUNDO HISPANO

Deportes importantes

No cabe duda° que el fútbol y el vóleibol son los deportes más populares en Latinoamérica. Sin embargo°, también se practican otros deportes en el mundo hispano.

Deporte	Lugar(es)
el béisbol	el Caribe (esp. la República Dominicana y Cuba), México, Venezuela
el ciclismo	Colombia, España y otras regiones montañosas
el rugby	Argentina, Chile
el baloncesto (básquetbol)	España, Puerto Rico, Colombia, Centroamérica
el jai-alai	Originado en el País Vasco (España), ahora también es popular en México
equitación (montar a caballo)	México, Argentina, España
el surf	las Islas Canarias (España), México, Chile, Perú, etc.

no cabe duda *there is no doubt* sin embargo *nevertheless*

PERFIL

Hacer surf al estilo hispano

"Hay que sentir la ola. Cuando la sientes, te paras° en la tabla° y la agarras". La frase "agarrar° una ola" nunca tendrá° el mismo significado para alguien que no ha practicado° el deporte del surf. Originado en Hawai, es popular en muchas partes del mundo, incluso en el mundo hispano. Sólo necesitas una tabla y una costa marina.

La surfista argentina Ornella Pellizari

Gabriel Villarán es probablemente el surfista hispanoamericano más famoso del mundo. Nació en 1984 en Lima, Perú, donde su madre, su padre y su hermano eran° surfistas. Villarán fue el campeón° latinoamericano dos veces y en enero de 2006 ganó el primer lugar en los Juegos Panamericanos de Surf.

A los once años, la argentina **Ornella Pellizari** se compró una tabla con el dinero que había ahorrado°. A los dieciocho años, ganó el Campeonato Latinoamericano de Surf Profesional femenino. Dice **Pellizari**: "Una vez que empecé a surfear, no salí más del agua".

te paras *you stand* la tabla *surfboard* agarrar *to grab* nunca tendrá *will never have* no ha practicado *has not practiced* eran *were* el campeón *champion* había ahorrado *she had saved*

ACTIVIDADES

2 **Comprensión** Completa las oraciones.

1. El deporte del surf se originó en _____ .
2. Gabriel Villarán nació en _____ .
3. Junto con el fútbol, el _____ es uno de los deportes más populares en Latinoamérica.
4. A los dieciocho años, Pellizari ganó el Campeonato Latinoamericano de Surf Profesional para _____ .
5. El deporte del _____ tiene su origen en el País Vasco.

3 **¿Qué vamos a hacer?** Your class has the opportunity to go on a week's vacation. Working in a small group, decide whether **el aprendizaje-servicio** or **los deportes** best suits the group's talents and interests. Plan activities you can agree on, including where you might go, and the type of volunteering or sport activity. Present your vacation plans to the class.

1 Completar Complete each sentence with the appropriate preterite form.

1. Yo _____ (cerrar) las ventanas anoche.
2. Los estudiantes _____ (escribir) las respuestas en la pizarra.
3. María y yo _____ (nadar) en la piscina los sábados.
4. Tú _____ (vivir) en la casa amarilla, ¿no?
5. Mis abuelos no _____ (gastar) mucho dinero.
6. Enrique no _____ (beber) ni té ni café.
7. ¿_____ (Tomar) [tú] la última galleta?
8. Todos los jugadores _____ (oír) las malas noticias.
9. Yo _____ (decidir) comer más frutas y verduras.
10. Ellos _____ (olvidar) la dirección de la tienda.

2 El fin de semana pasado Complete the paragraph by choosing the correct verb and conjugating it in the appropriate preterite form.

El sábado a las diez de la mañana, mi hermano (1) _____ (costar, usar, ganar) un partido de tenis. A la una, yo (2) _____ (llegar, compartir, llevar) a la tienda con mis amigos y nosotros (3) _____ (costar, comprar, abrir) dos o tres cosas. A las tres, mi amigo Pepe (4) _____ (pasear, nadar, llamar) a su novia por teléfono. ¿Y el domingo? Mis primos me (5) _____ (salir, gastar, visitar) y nosotros (6) _____ (hablar, traer, pedir) por horas. Mi mamá (7) _____ (mostrar, leer, preparar) mi comida favorita y mis primos (8) _____ (vender, comer, empezar) con nosotros. Después, (yo) (9) _____ (salir, ver, servir) una película en la televisión.

3 ¿Ser o ir? Complete these sentences with the appropriate preterite form of **ser** or **ir**. Indicate the infinitive of each verb form.

1. Los viajeros _____ al Perú.
2. Usted _____ muy amable.
3. Yo _____ muy cordial.
4. Patricia _____ a la cafetería.
5. Guillermo y yo _____ a ver una película.
6. Ellos _____ simpáticos.
7. Yo _____ a su casa.
8. Él _____ a Machu Picchu.
9. Tú _____ pronto a clase.
10. Tomás y yo _____ muy felices.
11. Tú _____ muy generoso.
12. Este semestre los exámenes _____ muy difíciles.
13. Cuatro estudiantes no _____ a la fiesta.
14. La película _____ muy divertida.
15. Mi amiga y yo _____ al gimnasio el domingo.

3.1 Preterite tense of regular verbs

▶ The preterite tense is used to describe actions or states that were completed at a definite time in the past.

▶ The preterite of regular verbs is formed by dropping the infinitive ending (**-ar, -er, -ir**) and adding the preterite endings. Note that the endings of regular **-er** and **-ir** verbs are identical in the preterite tense.

comprar	vender	escribir
compré	vendí	escribí
compraste	vendiste	escribiste
compró	vendió	escribió
compramos	vendimos	escribimos
comprasteis	vendisteis	escribisteis
compraron	vendieron	escribieron

▶ These verbs have spelling changes in the preterite:

-**car**: bus**car** → yo bus**qué**

-**gar**: lle**gar** → yo lle**gué**

-**zar**: empe**zar** → yo empe**cé**

creer: creí, creíste, cre**y**ó, creímos, creísteis, cre**y**eron

leer: leí, leíste, le**y**ó, leímos, leísteis, le**y**eron

oír: oí, oíste, o**y**ó, oímos, oísteis, o**y**eron

ver: vi, viste, vio, vimos, visteis, vieron

▶ **-ar** and **-er** verbs that have a stem change in the present tense are regular in the preterite.

jugar (u:ue): Él **jugó** al fútbol ayer.

volver (o:ue): Ellas **volvieron** tarde anoche.

▶ **-ir** verbs that have a stem change in the present tense also have a stem change in the preterite.

pedir (e:i): La semana pasada, él **pidió** tacos.

3.2 Preterite of ser and ir

Inés y yo fuimos a un mercado. Fue muy divertido.

▶ The preterite forms of **ser** and **ir** are identical. Context will determine the meaning.

ser and ir	
fui	fuimos
fuiste	fuisteis
fue	fueron

3.3 Other irregular preterites

▶ The preterite forms of the following verbs are also irregular. Pay attention to the different stem changes.

Hubo una fiesta en el restaurante El Cráter.

u-stem	estar poder poner saber tener	estuv- pud- pus- sup- tuv-	-e, -iste, -o, -imos, -isteis, -ieron
i-stem	hacer querer venir	hic- quis- vin-	-e, -iste, -o, -imos, -isteis, -ieron
j-stem	conducir decir traducir traer	conduj- dij- traduj- traj-	-e, -iste, -o, -imos, -isteis, -eron

Preterite of **dar**: **di, diste, dio, dimos, disteis, dieron**

Preterite of **hay** (*inf.* **haber**): **hubo**

3.4 Verbs that change meaning in the preterite

¿Cuándo supiste que hoy es mi cumpleaños?

Lo supe anoche cuando vi la tarjeta de tus padres.

▶ The verbs **conocer, saber, poder,** and **querer** change meanings when used in the preterite.

	Present	Preterite
conocer	*to know*	*to meet*
saber	*to know information*	*to find out*
poder	*to be able; can*	*to succeed*
querer	*to want; to learn*	*to try*

4 **¿Cuándo?** In pairs, use the time expressions from the word list to ask and answer questions about when you and others did the activities.

anoche	anteayer	el mes pasado	una vez
ayer	la semana pasada	el año pasado	dos veces

modelo

Estudiante 1: *¿Cuándo escribiste una carta?*
Estudiante 2: *Yo escribí una carta anoche.*

1. mi compañero/a: llegar tarde a clase
2. mi mejor (*best*) amigo/a: volver de Brasil
3. mis padres: ver una película
4. yo: llevar un traje/vestido
5. el presidente de los EE.UU.: no escuchar a la gente
6. mis amigos y yo: comer en un restaurante

5 **Verbos** Complete the chart with the preterite form of the verbs.

Infinitive	yo	ella	nosotros
conducir			
hacer			
saber			

6 **Cambiar** Change each verb from present to preterite.

modelo

Escucho la canción.
Escuché la canción.

1. **Tengo** que ayudar a mi padre. _____
2. La maestra **repite** la pregunta. _____
3. **¿Vas** al cine con tu amigo? _____
4. Mis padres **piden** arroz en el restaurante del barrio. _____
5. El camarero les **sirve** papas fritas. _____
6. **Vengo** de la escuela en autobús. _____
7. El concierto **es** a las ocho. _____
8. ¿Dónde **pones** las llaves del auto? _____
9. ¿Y ellos cómo lo **saben**? _____
10. ¿Quién **trae** la comida? _____

7 **Oraciones** Form complete sentences using the information provided. Use the preterite tense of the verbs.

1. ir / al / semana / pasada / yo / dentista / la
2. parque / Pablo / y / correr / perro / su / por / el
3. día / leer / ellos / periódicos / tres / cada
4. nunca / la historia / Doña Rita / la verdad / saber / de

8 **Escoger** Choose the most logical option.

1. Ayer te llamé varias veces, pero tú no contestaste.
   a. Quise hablar contigo.   b. Pude hablar contigo.
2. Las chicas fueron a la fiesta. Cantaron y bailaron mucho.
   a. Ellas pudieron divertirse.   b. Ellas no supieron divertirse.
3. Yo no hice lo que ellos me pidieron. ¡Tengo mis principios!
   a. No supe hacerlo.   b. No quise hacerlo.

9 **¿Presente o pretérito?** Choose the correct form of the verbs in parentheses.

1. Después de muchos intentos (*tries*), (podemos/pudimos) hacer una piñata.
2. —¿Conoces a Pepe?
   —Sí, lo (conozco/conocí) en tu fiesta.
3. Como no es de aquí, Cristina no (sabe/supo) mucho de las celebraciones locales.
4. Yo no (quiero/quise) ir a un restaurante grande, pero tú decides.
5. Ellos (quieren/quisieron) darme una sorpresa, pero Nina me lo dijo todo.
6. Mañana se terminan las clases; por fin (podemos/pudimos) divertirnos.
7. Ayer no (tengo/tuve) tiempo de llamarte.
8. ¿(Quieres/Quisiste) ir al cine conmigo esta tarde?
9. Todavía no sabemos quiénes lo (dicen/dijeron), pero mañana lo vamos a saber.
10. Dos veces al año, mi hermano y yo (hacemos/hicimos) algo especial juntos.

10 **Preguntas** Pretend that your friend or parent keeps checking up on what you did. Respond that you already (**ya**) did what he/she asks. (Switch roles every two questions.)

> **modelo**
> leer la lección
> **Estudiante 1:** ¿Leíste la lección?
> **Estudiante 2:** Sí, ya leí la lección.

1. escribir el correo electrónico   4. practicar los verbos
2. lavar (*to wash*) la ropa   5. empezar la tarea
3. oír las noticias   6. buscar las llaves

11 **Una película** Working with a partner, prepare a brief summary of a movie you have seen. First, make a list of verbs you will use to describe the film's plot. Then present your summary to the class and have the other students guess what movie you described.

> **modelo**
>
> decidir, decir, llegar, tener miedo, traducir, ver
> Un día, Anakin decidió...

12 **Conversar** In small groups, ask each other what you did yesterday or last weekend. Use the word list and keep track of the activities that more than one person did so you can share them later with the class.

hacer la tarea	escribir una carta
asistir a una reunión	mirar la televisión
limpiar la habitación	traducir un poema
cenar en un restaurante	dar una fiesta
pasarlo bien	tener un sueño (*dream*)
ir al cine	tener una idea
ir al centro comercial	dar un regalo
ir de compras	visitar a un amigo
escuchar música	poner un anuncio en el periódico
empezar una novela	escribir un correo electrónico

13 **Escribir** Describe a dream (**un sueño**) you had recently, or invent one. Use at least six preterite verbs, including at least two irregular verbs. You may write your description as a paragraph or as a poem.

AYUDA

soñar con =
to dream about

1 Vacaciones Ramón is going to San Juan, Puerto Rico with his friends, Javier and Marcos. Express his thoughts more succinctly using direct object pronouns.

> **modelo**
>
> Quiero hacer una excursión.
> Quiero hacerla./La quiero hacer.

1. Voy a hacer mi maleta.
2. Necesitamos llevar los pasaportes.
3. Marcos está pidiendo el folleto turístico.
4. Javier debe llamar a sus padres.
5. Ellos esperan visitar el Viejo San Juan.
6. Puedo llamar a Javier por la mañana.
7. Prefiero llevar mi cámara.
8. No queremos perder nuestras reservaciones de hotel.

2 Oraciones Form complete sentences using the information provided. Use indirect object pronouns and the present tense of the verbs.

1. Javier / prestar / el abrigo / a Gabriel

   _____

2. nosotros / vender / ropa / a los clientes

   _____

3. el vendedor / traer / las camisetas / a mis amigos y a mí

   _____

4. yo / querer dar / consejos / a ti

   _____

5. ¿tú / ir a comprar / un regalo / a mí?

   _____

6. Carmen y Sofía / mostrar / las fotos / a Milena

   _____

3 ¿Directo o indirecto? Restate the sentences, replacing the underlined words with the correct direct or indirect object pronoun.

> **modelo**
>
> Lidia quiere ver <u>una película.</u> → Lidia la quiere ver./
> Lidia quiere verla.

1. Siempre digo la verdad <u>a mi madre</u>.
2. Juan Carlos puede traer <u>los refrescos</u> a la fiesta.
3. ¿No quieres ver <u>las pinturas</u> (*paintings*) en el museo?
4. Raquel va a comprar un regalo <u>para su prima</u>.
5. Leí <u>el último libro de Harry Potter</u> anoche.
6. Voy a regalar estos libros a mis padres.

4.1 Direct and indirect object pronouns

Hay muchos lugares interesantes por aquí. ¿Quieren ir a verlos?

► Direct and indirect object pronouns take the place of nouns.
► Direct object pronouns directly receive the action of the verb.

Direct object pronouns

Singular		Plural	
me	lo	nos	los
te	la	os	las

In affirmative sentences:

    Adela practica **el tenis.** → Adela **lo** practica.

In negative sentences:

    Adela **no lo** practica.

With an infinitive:

    Adela **lo** va a practicar. / Adela va a practicar**lo.**

With the present progressive:

    Adela **lo** está practicando. / Adela está practicándo**lo.**

► Indirect object pronouns identify *to whom* or *for whom* an action is done.

Buenas tardes. ¿Le puedo servir en algo?

Indirect object pronouns

Singular	Plural
me	nos
te	os
le	les

► Placement in sentences of indirect object pronouns is the same as for direct object pronouns.

► Both the indirect object pronoun and the person to which it refers may be used together in a sentence for clarity or extra emphasis. Use the construction **a** + [*prepositional pronoun*].

    Su madre **les** ofrece una solución **a los niños.**

4.2 **Gustar** and similar verbs

▶ Though **gustar** is translated as *to like*, its literal meaning is *to please*. **Gustar** is preceded by an indirect object pronoun indicating who is pleased. It is followed by a noun (the subject) indicating *the thing that pleases*. Many verbs follow this pattern.

¿Te gustan las computadoras?

aburrir	faltar	importar	molestar
encantar	fascinar	interesar	quedar

▶ With singular subjects or verbs in the infinitive, use the third person singular form.

> Me **gusta** la clase.
>
> No nos **interesó** el proyecto.
>
> Les **fascina** ir al cine.

▶ With plural subjects, use the third person plural form.

> Te **quedaron** diez dólares.
>
> Le **aburren** los documentales.

▶ The construction **a** + [noun/pronoun] may be added for clarity or emphasis.

> **A mí** me encanta bailar, ¿y a ti?

4.3 Double object pronouns

Les recomiendo el jugo de piña... ¿Se lo traigo a todos?

▶ When direct and indirect object pronouns are used together, the indirect object pronoun always goes before the direct object pronoun.

> Nos van a servir los platos. → **Nos los** van a servir. / Van a servir**noslos**.

▶ The indirect object pronouns **le** and **les** always change to **se** when they precede **lo, la, los,** and **las**.

> Le escribí una carta. → **Se la** escribí.

▶ Spanish speakers often clarify to whom the pronoun **se** refers by adding **a usted, a él, a ella, a ustedes, a ellos,** or **a ellas.**

---

4 **La música** Complete each sentence with the correct indirect object pronoun and verb form. Use the present tense.

1. A Adela ____ _____ (gustar) la música de Enrique Iglesias.
2. A mí ____ _____ (encantar) las canciones (*songs*) de Maná.
3. A mis amigos no ____ _____ (molestar) la música alta (*loud*).
4. A nosotros ____ _____ (fascinar) los grupos de pop latino.
5. A mi padre no ____ _____ (interesar) los cantantes (*singers*) de hoy.
6. ¿Qué tipo de música ____ _____ (gustar) a ti?

5 **Descripciones** Look at the pictures and describe what is happening. Use the verbs from the word bank.

> molestar   encantar   interesar   quedar

1. a ti   2. a Sara

3. a Ramón   4. a nosotros

6 **En el restaurante** Complete each sentence with the missing direct or indirect object pronoun.

Objeto directo

1. ¿La ensalada? El camarero nos _la_ sirvió.
2. ¿El salmón? La dueña me ____ recomienda.
3. ¿La comida? Voy a preparárte____.
4. ¿Las bebidas? Estamos pidiéndose____.
5. ¿Los refrescos? Te ____ puedo traer ahora.

Objeto indirecto

1. ¿Puedes traerme tu plato? No, no _te_ lo puedo traer.
2. ¿Quieres mostrarle la carta? Sí, voy a mostrár____la ahora.
3. ¿Les serviste la carne? No, no ____ la serví.
4. ¿Vas a leerle el menú? No, no ____ lo voy a leer.
5. ¿Me recomiendas la langosta? Sí, ____ la recomiendo.

7   **¿Quién?** Ms. Cervallos had a dinner party and is now remembering the different things people did to help her. Change the underlined nouns to direct object pronouns and make any other necessary changes.

> **modelo**
>
> ¿Quién me trajo <u>la carne</u> del supermercado? (mi esposo)
> Mi *esposo me la trajo.*

1. ¿Quién mandó <u>las invitaciones</u> a mis sobrinas Raquel y María Eugenia? (mi hija)
2. No pude ir a la tienda para buscar bebidas. ¿Quién me compró <u>el agua mineral</u>? (mi hijo)
3. ¿Quién me prestó <u>los platos</u>? (mi mamá)
4. Los entremeses fueron todos muy ricos. ¿Quién nos preparó <u>los entremeses</u>? (Silvia y Renata)
5. No hubo suficientes sillas en el comedor (*dining room*). ¿Quién nos trajo <u>las sillas</u> que faltaban (*were lacking*)? (Héctor y Lorena)
6. No tuve tiempo de pedirle <u>la sal y la pimienta</u> a Mónica. ¿Quién le pidió <u>la sal y la pimienta</u> a Mónica? (mi hijo)
7. Muchas personas estuvieron en la fiesta. ¿Quién sirvió <u>el pastel de chocolate</u> a los invitados? (mis hijos)

8   **Entrevista** Interview a classmate (or friend/relative) using all the **gustar**-like verbs in the box on page 15. Write down his or her answers and report to the class. (There will be three sentences per verb, as in the model.)

> **modelo**
>
> **Pregunta:** ¿Qué te molesta mucho (a ti)?
> **Respuesta:** A mí me molestan las preguntas estúpidas.
> **A la clase:** A mi amigo Arturo le molestan las preguntas estúpidas.

9   **En la tienda** In groups of three, write a brief conversation between a salesperson and two friends who are out shopping. Each person should use at least two verbs like **gustar**, two direct and indirect object pronouns, and one sentence with double object pronouns. Use the instructions as a guide or invent your own details.

> **modelo**
>
> **Dependiente:** Buenas tardes. ¿En qué les puedo servir?
> **Clienta 1:** Hola, necesito un vestido, pero éstos no me gustan.
> **Dependiente:** ¡Ay, tengo unos que le van a quedar perfecto! Voy a traérselos.
> **Clienta 2:** A mí me fascinan estos zapatos. Los voy a comprar.

Dependiente/a	**Clientes/as**
Saluda a los/las clientes/as y pregúntales en qué les puedes servir.	Saluden al/a la dependiente/a y díganle (*tell him/her*) qué quieren comprar.
Habla de los gustos de los/las clientes/as y empieza a mostrarles la ropa.	Hablen de los colores y estilos que más les interesan.
Da opiniones favorables (las botas le quedan fantásticas)...	Decidan cuáles son las cosas que les gustan y qué van a comprar.

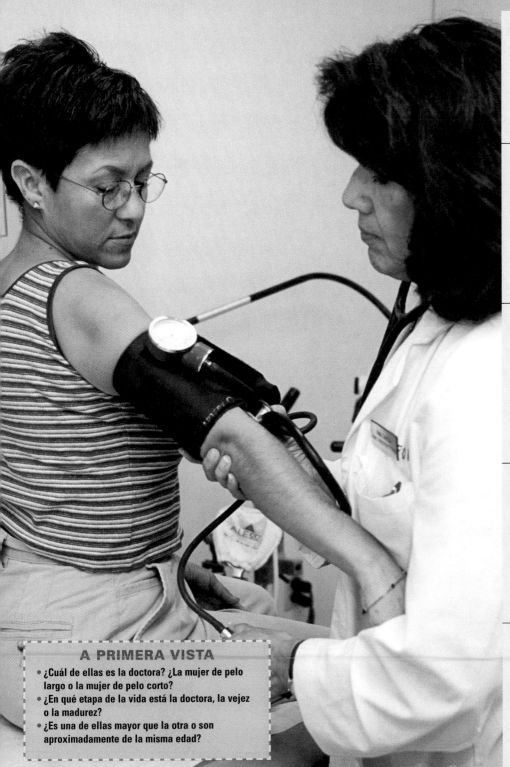

En el consultorio

1

A PRIMERA VISTA
- ¿Cuál de ellas es la doctora? ¿La mujer de pelo largo o la mujer de pelo corto?
- ¿En qué etapa de la vida está la doctora, la vejez o la madurez?
- ¿Es una de ellas mayor que la otra o son aproximadamente de la misma edad?

En el consultorio

Más vocabulario

la clínica	clinic
el consultorio	doctor's office
el/la dentista	dentist
el examen médico	physical exam
la farmacia	pharmacy
el hospital	hospital
la operación	operation
la sala de emergencia(s)	emergency room
el cuerpo	body
el oído	(sense of) hearing; inner ear
el accidente	accident
la salud	health
el síntoma	symptom
caerse	to fall (down)
darse con	to bump into; to run into
doler (o:ue)	to hurt
enfermarse	to get sick
estar enfermo/a	to be sick
poner una inyección	to give an injection
recetar	to prescribe
romperse (la pierna)	to break (one's leg)
sacar(se) un diente	to have a tooth removed
sufrir una enfermedad	to suffer an illness
torcerse (o:ue) (el tobillo)	to sprain (one's ankle)
toser	to cough

Variación léxica

gripe ⟷ gripa (*Col., Gua., Méx.*)

resfriado ⟷ catarro (*Cuba, Esp., Gua.*)

sala de emergencia(s) ⟷ sala de urgencias (*Arg., Esp., Méx.*)

romperse ⟷ quebrarse (*Arg., Gua.*)

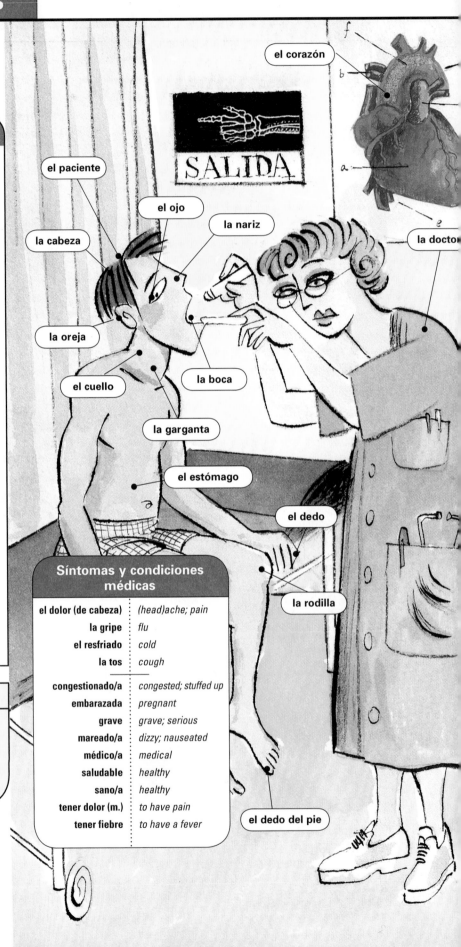

el corazón

el paciente

el ojo

la nariz

la doctor[a]

la cabeza

la oreja

el cuello

la boca

la garganta

el estómago

el dedo

la rodilla

el dedo del pie

Síntomas y condiciones médicas

el dolor (de cabeza)	(head)ache; pain
la gripe	flu
el resfriado	cold
la tos	cough
congestionado/a	congested; stuffed up
embarazada	pregnant
grave	grave; serious
mareado/a	dizzy; nauseated
médico/a	medical
saludable	healthy
sano/a	healthy
tener dolor (m.)	to have pain
tener fiebre	to have a fever

Práctica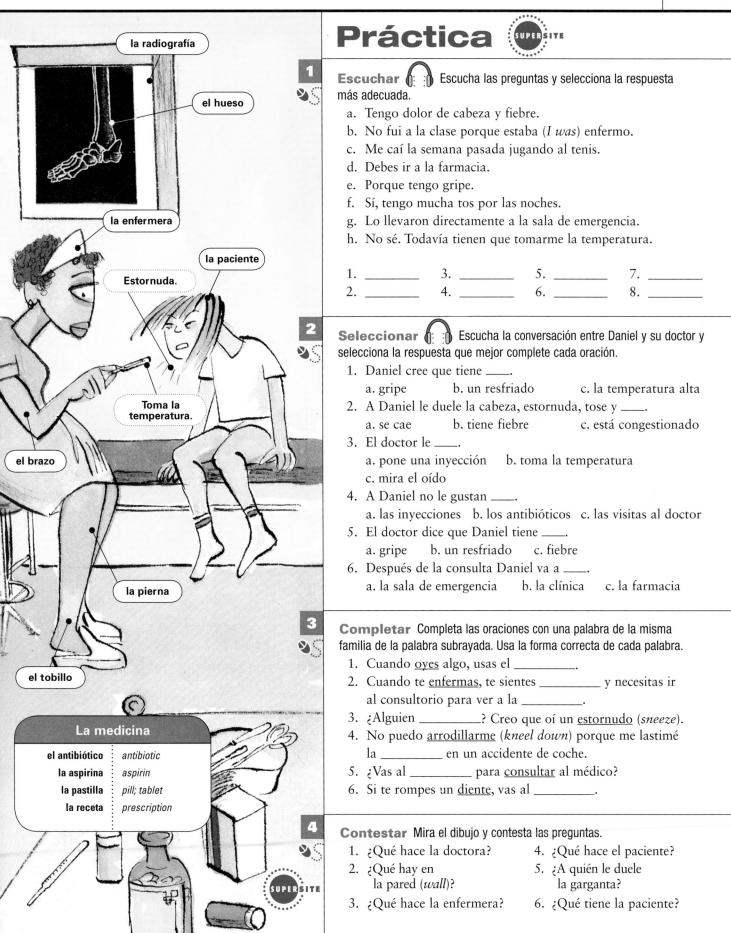

SUPERSITE

1 **Escuchar** 🎧 Escucha las preguntas y selecciona la respuesta más adecuada.

- a. Tengo dolor de cabeza y fiebre.
- b. No fui a la clase porque estaba (*I was*) enfermo.
- c. Me caí la semana pasada jugando al tenis.
- d. Debes ir a la farmacia.
- e. Porque tengo gripe.
- f. Sí, tengo mucha tos por las noches.
- g. Lo llevaron directamente a la sala de emergencia.
- h. No sé. Todavía tienen que tomarme la temperatura.

1. _____   3. _____   5. _____   7. _____
2. _____   4. _____   6. _____   8. _____

2 **Seleccionar** 🎧 Escucha la conversación entre Daniel y su doctor y selecciona la respuesta que mejor complete cada oración.

1. Daniel cree que tiene ____.
   a. gripe   b. un resfriado   c. la temperatura alta
2. A Daniel le duele la cabeza, estornuda, tose y ____.
   a. se cae   b. tiene fiebre   c. está congestionado
3. El doctor le ____.
   a. pone una inyección   b. toma la temperatura
   c. mira el oído
4. A Daniel no le gustan ____.
   a. las inyecciones   b. los antibióticos   c. las visitas al doctor
5. El doctor dice que Daniel tiene ____.
   a. gripe   b. un resfriado   c. fiebre
6. Después de la consulta Daniel va a ____.
   a. la sala de emergencia   b. la clínica   c. la farmacia

3 **Completar** Completa las oraciones con una palabra de la misma familia de la palabra subrayada. Usa la forma correcta de cada palabra.

1. Cuando <u>oyes</u> algo, usas el _____.
2. Cuando te <u>enfermas</u>, te sientes _____ y necesitas ir al consultorio para ver a la _____.
3. ¿Alguien _____? Creo que oí un <u>estornudo</u> (*sneeze*).
4. No puedo <u>arrodillarme</u> (*kneel down*) porque me lastimé la _____ en un accidente de coche.
5. ¿Vas al _____ para <u>consultar</u> al médico?
6. Si te rompes un <u>diente</u>, vas al _____.

4 **Contestar** Mira el dibujo y contesta las preguntas.

1. ¿Qué hace la doctora?
2. ¿Qué hay en la pared (*wall*)?
3. ¿Qué hace la enfermera?
4. ¿Qué hace el paciente?
5. ¿A quién le duele la garganta?
6. ¿Qué tiene la paciente?

SUPERSITE

---

la radiografía

el hueso

la enfermera

la paciente

Estornuda.

Toma la temperatura.

el brazo

la pierna

el tobillo

La medicina

el antibiótico	*antibiotic*
la aspirina	*aspirin*
la pastilla	*pill; tablet*
la receta	*prescription*

5

Asociaciones Trabajen en parejas para identificar las partes del cuerpo que ustedes asocian con estas actividades. Sigan el modelo.

> **modelo**
>
> nadar
>
> **Estudiante 1:** *Usamos los brazos para nadar.*
>
> **Estudiante 2:** *Usamos las piernas también.*

1. hablar por teléfono
2. tocar el piano
3. correr en el parque
4. escuchar música
5. ver una película

6. toser
7. llevar zapatos
8. comprar perfume
9. estudiar biología
10. comer lomo a la plancha

◀ **AYUDA**

Remember that in Spanish, body parts are usually referred to with an article and not a possessive adjective: **Me duelen los pies.** The idea of *my* is expressed by the indirect object pronoun **me.**

6

Cuestionario Contesta el cuestionario seleccionando las respuestas que reflejen mejor tus experiencias. Suma (*Add*) los puntos de cada respuesta y anota el resultado. Después, con el resto de la clase, compara y analiza los resultados del cuestionario y comenta lo que dicen de la salud y de los hábitos de todo el grupo.

¿Tienes buena salud?

27–30 puntos	Salud y hábitos excelentes
23–26 puntos	Salud y hábitos buenos
22 puntos o menos	Salud y hábitos problemáticos

1. ¿Con qué frecuencia te enfermas? (resfriados, gripe, etc.)
Cuatro veces por año o más. (1 punto)
Dos o tres veces por año. (2 puntos)
Casi nunca. (3 puntos)

2. ¿Con qué frecuencia tienes dolores de estómago o problemas digestivos?
Con mucha frecuencia. (1 punto)
A veces. (2 puntos)
Casi nunca. (3 puntos)

3. ¿Con qué frecuencia sufres de dolores de cabeza?
Frecuentemente. (1 punto)
A veces. (2 puntos)
Casi nunca. (3 puntos)

4. ¿Comes verduras y frutas?
No, casi nunca como verduras ni frutas. (1 punto)
Sí, a veces. (2 puntos)
Sí, todos los días. (3 puntos)

5. ¿Eres alérgico/a a algo?
Sí, a muchas cosas. (1 punto)
Sí, a algunas cosas. (2 puntos)
No. (3 puntos)

6. ¿Haces ejercicios aeróbicos?
No, casi nunca hago ejercicios aeróbicos. (1 punto)
Sí, a veces. (2 puntos)
Sí, con frecuencia. (3 puntos)

7. ¿Con qué frecuencia te haces un examen médico?
Nunca o casi nunca. (1 punto)
Cada dos años. (2 puntos)
Cada año y/o antes de practicar un deporte. (3 puntos)

8. ¿Con qué frecuencia vas al dentista?
Nunca voy al dentista. (1 punto)
Sólo cuando me duele un diente. (2 puntos)
Por lo menos una vez por año. (3 puntos)

9. ¿Qué comes normalmente por la mañana?
No como nada por la mañana. (1 punto)
Tomo una bebida dietética. (2 puntos)
Como cereal y fruta. (3 puntos)

10. ¿Con qué frecuencia te sientes mareado/a?
Frecuentemente. (1 punto)
A veces. (2 puntos)
Casi nunca. (3 puntos)

Comunicación

7

¿Qué le pasó? Trabajen en un grupo de dos o tres personas. Hablen de lo que les pasó y de cómo se sienten las personas que aparecen en los dibujos.

1. Adela

2. Francisco

3. Pilar

4. Pedro

5. Cristina

6. Félix

8

Un accidente Cuéntale a la clase de un accidente o una enfermedad que tuviste. Incluye información que conteste estas preguntas.

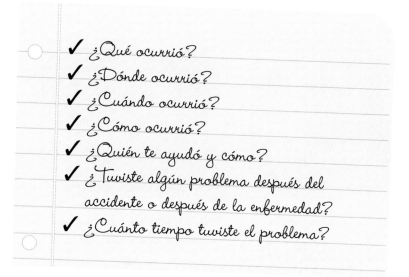

✔ ¿Qué ocurrió?
✔ ¿Dónde ocurrió?
✔ ¿Cuándo ocurrió?
✔ ¿Cómo ocurrió?
✔ ¿Quién te ayudó y cómo?
✔ ¿Tuviste algún problema después del accidente o después de la enfermedad?
✔ ¿Cuánto tiempo tuviste el problema?

recursos

CA
pp. 1–2

9

Crucigrama (*Crossword*) Tu profesor(a) les va a dar a ti y a tu compañero/a un crucigrama incompleto. Tú tienes las palabras que necesita tu compañero/a y él/ella tiene las palabras que tú necesitas. Tienen que darse pistas para completarlo. No pueden decir la palabra necesaria; deben utilizar definiciones, ejemplos y frases.

modelo

10 horizontal: La usamos para hablar.
14 vertical: Es el médico que examina los dientes.

¡Uf! ¡Qué dolor!

Don Francisco y Javier van a la clínica de la doctora Márquez.

INÉS

DON FRANCISCO

JAVIER

DRA. MÁRQUEZ

1

JAVIER Estoy aburrido...
tengo ganas de dibujar.
Con permiso.

2

INÉS ¡Javier! ¿Qué te pasó?

JAVIER ¡Ay! ¡Uf! ¡Qué dolor!
¡Creo que me rompí el
tobillo!

3

DON FRANCISCO No te preocupes,
Javier. Estamos cerca de la
clínica donde trabaja la
doctora Márquez, mi amiga.

6

DRA. MÁRQUEZ ¿Cuánto tiempo
hace que se cayó?

JAVIER Ya se me olvidó... déjeme
ver... este... eran más o menos
las dos o dos y media cuando
me caí... o sea hace más de
una hora. ¡Me duele mucho!

DRA. MÁRQUEZ Bueno, vamos
a sacarle una radiografía.

7

DON FRANCISCO Sabes, Javier,
cuando era chico yo les tenía
mucho miedo a los médicos.
Visitaba mucho al doctor
porque me enfermaba con
mucha frecuencia y tenía
muchas infecciones de la
garganta. No me gustaban las
inyecciones ni las pastillas.
Una vez me rompí la pierna
jugando al fútbol...

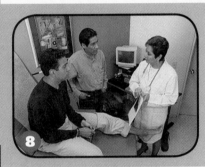

8

JAVIER ¡Doctora! ¿Qué dice?
¿Está roto el tobillo?

DRA. MÁRQUEZ Tranquilo, le
tengo buenas noticias,
Javier. No está roto el tobillo.
Apenas está torcido.

recursos

CA
pp. 47–48

descubre2.vhlcentral.com
Lección 1

JAVIER ¿Tengo dolor? Sí, mucho. ¿Dónde? En el tobillo. ¿Tengo fiebre? No lo creo. ¿Estoy mareado? Un poco. ¿Soy alérgico a algún medicamento? No. ¿Embarazada? Definitivamente NO.

DRA. MÁRQUEZ ¿Cómo se lastimó el pie?

JAVIER Me caí cuando estaba en el autobús.

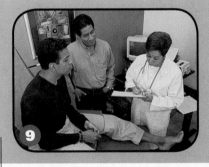

JAVIER Pero, ¿voy a poder ir de excursión con mis amigos?

DRA. MÁRQUEZ Creo que sí. Pero debe descansar y no caminar mucho durante un par de días. Le receto unas pastillas para el dolor.

DRA. MÁRQUEZ Adiós, Francisco. Adiós, Javier. ¡Cuidado! ¡Buena suerte en las montañas!

Expresiones útiles

Discussing medical conditions

- **¿Cómo se lastimó el pie? (lastimarse)**
  How did you hurt your foot?
  Me caí en el autobús.
  I fell when I was on the bus.

- **¿Te duele el tobillo?**
  Does your ankle hurt? (fam.)
- **¿Le duele el tobillo?**
  Does your ankle hurt? (form.)
  Sí, (me duele) mucho.
  Yes, (it hurts) a lot.

- **¿Es usted alérgico/a a algún medicamento?**
  Are you allergic to any medication?
  Sí, soy alérgico/a a la penicilina.
  Yes, I'm allergic to penicillin.

- **¿Está roto el tobillo?**
  Is my ankle broken?
  No está roto. Apenas está torcido.
  It's not broken. It's just twisted.

- **¿Te enfermabas frecuentemente?**
  Did you get sick frequently? (fam.)
  Sí, me enfermaba frecuentemente.
  Yes, I used to get sick frequently.
  Tenía muchas infecciones.
  I used to get a lot of infections.

Other expressions

- **hace +** [*period of time*] **+ que +** [*present tense*]:
- **¿Cuánto tiempo hace que te duele?**
  How long has it been hurting?
  Hace una hora que me duele.
  It's been hurting for an hour.

- **hace +** [*period of time*] **+ que +** [*preterite*]:
- **¿Cuánto tiempo hace que se cayó?**
  How long ago did you fall?
  Me caí hace más de una hora./ Hace más de una hora que me caí.
  I fell more than an hour ago.

¿Qué pasó?

1

¿Cierto o falso? Decide si lo que dicen estas oraciones sobre Javier es **cierto** o **falso**. Corrige las oraciones falsas.

	Cierto	Falso
1. Está aburrido y tiene ganas de hacer algo creativo.	○	○
2. Cree que se rompió la rodilla.	○	○
3. Se lastimó cuando se cayó en el autobús.	○	○
4. Es alérgico a dos medicamentos.	○	○
5. No está mareado pero sí tiene un poco de fiebre.	○	○

2

Identificar Identifica quién puede decir estas oraciones.

1. Hace años me rompí la pierna cuando estaba jugando al fútbol.
2. Hace más de una hora que me lastimé el pie. Me duele muchísimo.
3. Tengo que sacarle una radiografía. No sé si se rompió uno de los huesos del pie.
4. No hay problema, vamos a ver a mi amiga, la doctora Márquez.
5. Bueno, parece que el tobillo no está roto. Qué bueno, ¿no?
6. No sé si voy a poder ir de excursión con el grupo.

DRA. MÁRQUEZ

DON FRANCISCO

JAVIER

3

Ordenar Pon estos eventos en el orden correcto.

a. La doctora le saca una radiografía. __4__
b. La doctora le receta unas pastillas para el dolor. __6__
c. Javier se lastima el tobillo en el autobús. __2__
d. Don Francisco le habla a Javier de cuando era chico. __5__
e. Javier quiere dibujar un rato (*a while*). __1__
f. Don Francisco lo lleva a una clínica. __3__

4

En el consultorio Trabajen en parejas para representar los papeles de un(a) médico/a y su paciente. Usen las instrucciones como guía.

El/La médico/a	El/La paciente
Pregúntale al / a la paciente qué le pasa. →	Te caíste en casa. Describe tu dolor.
Pregúntale cuánto tiempo hace que se cayó. →	Describe la situación. Piensas que te rompiste el dedo.
Mira el dedo. Debes recomendar un tratamiento (*treatment*) al / a la paciente. →	Debes hacer preguntas al / a la médico/a sobre el tratamiento (*treatment*).

AYUDA

Here are some useful expressions:

¿Cómo se lastimó...?
¿Le duele...?
¿Cuánto tiempo hace que...?
Tengo...
Estoy...
¿Es usted alérgico/a a algún medicamento?
Usted debe...

Ortografía
El acento y las sílabas fuertes

In Spanish, written accent marks are used on many words. Here is a review of some of the principles governing word stress and the use of written accents.

as-pi-ri-na   **gri-pe**   **to-man**   **an-tes**

In Spanish, when a word ends in a vowel, **-n**, or **-s**, the spoken stress usually falls on the next-to-last syllable. Words of this type are very common and do not need a written accent.

a-sí   **in-glés**   **in-fec-ción**   **hé-ro-e**

When a word ends in a vowel, **-n**, or **-s**, and the spoken stress does *not* fall on the next-to-last syllable, then a written accent is needed.

hos-pi-tal   **na-riz**   **re-ce-tar**   **to-ser**

When a word ends in any consonant *other* than **-n** or **-s**, the spoken stress usually falls on the last syllable. Words of this type are very common and do not need a written accent.

lá-piz   **fút-bol**   **hués-ped**   **sué-ter**

When a word ends in any consonant *other* than **-n** or **-s** and the spoken stress does *not* fall on the last syllable, then a written accent is needed.

far-ma-cia   **bio-lo-gí-a**   **su-cio**   **frí-o**

Diphthongs (two weak vowels or a strong and weak vowel together) are normally pronounced as a single syllable. A written accent is needed when a diphthong is broken into two syllables.

sol   **pan**   **mar**   **tos**

Spanish words of only one syllable do not usually carry a written accent (unless it is to distinguish meaning: **se** and **sé**.)

> **CONSULTA**
>
> In Spanish, **a**, **e**, and **o** are considered strong vowels, while **i** and **u** are weak vowels.

Práctica Busca las palabras que necesitan acento escrito y escribe su forma correcta.

1. sal-mon
2. ins-pec-tor
3. nu-me-ro
4. fa-cil
5. ju-go
6. a-bri-go
7. ra-pi-do
8. sa-ba-do
9. vez
10. me-nu
11. o-pe-ra-cion
12. im-per-me-a-ble
13. a-de-mas
14. re-ga-te-ar
15. an-ti-pa-ti-co
16. far-ma-cìa
17. es-qui
18. pen-sion
19. pa-is
20. per-don

El ahorcado (*Hangman***)** Juega al ahorcado para adivinar las palabras.

1. __ l __ __ __ __ __ a   Vas allí cuando estás enfermo.
2. __ __ __ __ e __ c __ __ n   Se usa para poner una vacuna (*vaccination*).
3. __ __ d __ o __ __ __ __ __ a   Ves los huesos.
4. __ __ __ i __ o   Trabaja en un hospital.
5. a __ __ __ b __ __ __ __ __ __ Es una medicina.

EN DETALLE

Servicios de salud

¿Pensaste alguna vez en visitar un país hispano? Si lo haces, vas a encontrar algunas diferencias respecto a la vida en los Estados Unidos. Una de ellas está en los servicios de salud.

En la mayor parte de los países hispanos, el gobierno ofrece servicios médicos muy baratos o gratuitos° a sus ciudadanos°. Los turistas y extranjeros también pueden tener acceso a los servicios médicos a bajo° costo. La Seguridad Social y organizaciones similares son las responsables de gestionar° estos servicios.

Naturalmente, esto no funciona igual° en todos los países. En Colombia, Ecuador, México y Perú, la situación varía según las regiones. Los habitantes de las ciudades y pueblos grandes tienen acceso a más servicios médicos, mientras que quienes viven en pueblos remotos sólo cuentan con° pequeñas clínicas.

Farmacia en Madrid, España

Por su parte, Argentina, Costa Rica, Cuba, Uruguay y España tienen sistemas de salud muy desarrollados°. Toda la población tiene acceso a ellos y en muchos casos son completamente gratuitos. Costa Rica ofrece servicios gratuitos también a los extranjeros.

¡Así que ya lo sabes! Si vas a viajar a otro país, antes de ir debes obtener información sobre los servicios médicos en el lugar de destino°. Prepara todos los documentos necesarios. ¡Y disfruta° tu estadía° en el extranjero sin problemas!

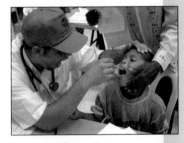

Consulta médica en la República Dominicana

Las farmacias

Farmacia de guardia: Las farmacias generalmente tienen un horario comercial. Sin embargo°, en cada barrio° hay una farmacia de guardia que abre las veinticuatro horas del día.

Productos farmacéuticos: Todavía hay muchas farmacias tradicionales que están más especializadas en medicinas y productos farmacéuticos. No venden una gran variedad de productos.

Recetas: Muchos medicamentos se venden sin receta médica. Los farmacéuticos aconsejan° a las personas sobre problemas de salud y les dan las medicinas.

Cruz° verde: En muchos países, las farmacias tienen el signo de una cruz verde. Cuando la cruz verde está encendida°, la farmacia está abierta.

gratuitos *free (of charge)* ciudadanos *citizens* bajo *low* gestionar *to manage* igual *in the same way* cuentan con *have* desarrollados *developed* destino *destination* disfruta *enjoy* estadía *stay* Sin embargo *However* barrio *neighborhood* aconsejan *advise* Cruz *Cross* encendida *lit (up)*

ACTIVIDADES

1 **¿Cierto o falso?** Indica si las oraciones son **ciertas** o **falsas**. Corrige la información falsa.

1. En los países hispanos los gobiernos ofrecen servicios de salud accesibles a sus ciudadanos.

2. En los países hispanos los extranjeros tienen que pagar mucho dinero por los servicios médicos.

3. En Costa Rica los extranjeros pueden recibir servicios médicos gratuitos.

4. Las farmacias de guardia abren sólo los sábados y domingos.

5. En los países hispanos las farmacias venden una gran variedad de productos.

6. Los farmacéuticos de los países hispanos aconsejan a los enfermos y venden algunas medicinas sin necesidad de receta.

7. En México y otros países, los pueblos remotos cuentan con grandes centros médicos.

8. Muchas farmacias usan una cruz verde como símbolo.

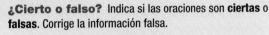

ASÍ SE DICE

La salud

el chequeo (Esp., Méx.)	el examen médico
la droguería (Col.)	la farmacia
la herida	*injury; wound*
la píldora	la pastilla
los primeros auxilios	*first aid*
la sangre	*blood*

EL MUNDO HISPANO

Remedios caseros° y plantas medicinales

○ **Achiote°** En Suramérica se usa para curar inflamaciones de garganta. Las hojas° de achiote se cuecen° en agua, se cuelan° y se hacen gargarismos° con esa agua.

○ **Ají** En Perú se usan cataplasmas° de las semillas° de ají para aliviar los dolores reumáticos y la tortícolis°.

○ **Azúcar** En Nicaragua y otros países centroamericanos se usa el azúcar para detener° la sangre en pequeñas heridas.

○ **Sábila (aloe vera)** En Latinoamérica, el jugo de las hojas de sábila se usa para reducir cicatrices°. Se recomienda aplicarlo sobre la cicatriz dos veces al día, durante varios meses.

Remedios caseros *Home remedies* Achiote *Annatto* hojas *leaves* se cuecen *are cooked* se cuelan *they are drained* gargarismos *gargles* cataplasmas *pastes* semillas *seeds* tortícolis *stiff neck* detener *to stop* cicatrices *scars*

PERFILES

Curanderos° y chamanes

¿Quieres ser doctor(a), juez(a)°, político/a o psicólogo/a? En algunas sociedades de las Américas **los curanderos** y **los chamanes** no tienen que escoger entre estas profesiones porque ellos son mediadores de conflictos y dan consejos a la comunidad. Su opinión es muy respetada.

Códice Florentino, México, siglo XVI

Desde las culturas antiguas° de las Américas muchas personas piensan que la salud del cuerpo y de la mente sólo puede existir si hay un equilibrio entre el ser humano y la naturaleza. Los curanderos y los chamanes son quienes cuidan este equilibrio.

Los curanderos se especializan más en enfermedades físicas, mientras que los chamanes están más  relacionados con los males° de la mente y el alma°. Ambos° usan plantas, masajes y rituales y sus conocimientos se basan en la tradición, la experiencia, la observación y la intuición.

Cuzco, Perú

Curanderos *Healers* juez(a) *judge* antiguas *ancient* males *illnesses* alma *soul* Ambos *Both*

Conexión Internet

¿Cuáles son algunos hospitales importantes del mundo hispano?

Go to **descubre2.vhlcentral. com** to find more cultural information related to this **Cultura** section.

ACTIVIDADES

2 **Comprensión** Responde a las preguntas.

1. ¿Cómo se les llama a las farmacias en Colombia?
2. ¿Qué parte del achiote se usa para curar la garganta?
3. ¿Cómo se aplica la sábila para reducir cicatrices?
4. En algunas partes de las Américas, ¿quiénes mantienen el equilibrio entre el ser humano y la naturaleza?
5. ¿Qué usan los curanderos y chamanes para curar?

3 **¿Qué haces cuando tienes gripe?** Escribe cuatro oraciones sobre las cosas que haces cuando tienes gripe. Explica si vas al médico, si tomas medicamentos o si sigues alguna dieta especial. Después, comparte tu texto con un(a) compañero/a.

recursos

| CH p. 4 | descubre2.vhlcentral.com Lección 1 |

1.1 The imperfect tense

ANTE TODO In **Descubre, nivel 1,** you learned the preterite tense. You will now learn the imperfect, which describes past activities in a different way.

The imperfect of regular verbs

		cantar	beber	escribir
SINGULAR FORMS	yo	cant**aba**	beb**ía**	escrib**ía**
	tú	cant**abas**	beb**ías**	escrib**ías**
	Ud./él/ella	cant**aba**	beb**ía**	escrib**ía**
PLURAL FORMS	nosotros/as	cant**ábamos**	beb**íamos**	escrib**íamos**
	vosotros/as	cant**abais**	beb**íais**	escrib**íais**
	Uds./ellos/ellas	cant**aban**	beb**ían**	escrib**ían**

¡ATENCIÓN!

Note that the imperfect endings of **–er** and **–ir** verbs are the same. Also note that the **nosotros** form of **–ar** verbs always carries an accent mark on the first **a** of the ending. All forms of **–er** and **–ir** verbs in the imperfect carry an accent on the first **i** of the ending.

Sabes, Javier, cuando era chico yo les tenía mucho miedo a los médicos.

De niño tenía que ir mucho a una clínica en Quito. ¡No me gustaban nada las inyecciones!

▶ There are no stem changes in the imperfect.

entender (e:ie)	**Entendíamos** japonés.
	We used to understand Japanese.
servir (e:i)	El camarero les **servía** el café.
	The waiter was serving them coffee.
doler (o:ue)	A Javier le **dolía** el tobillo.
	Javier's ankle was hurting.

▶ The imperfect form of **hay** is **había** (*there was; there were; there used to be*).

▶ **¡Atención!** **Ir, ser,** and **ver** are the only verbs that are irregular in the imperfect.

AYUDA

Like **hay, había** can be followed by a singular or plural noun.
Había un solo médico en la sala.
Había dos pacientes allí.

The imperfect of irregular verbs

		ir	ser	ver
SINGULAR FORMS	yo	ib**a**	er**a**	ve**ía**
	tú	ib**as**	er**as**	ve**ías**
	Ud./él/ella	ib**a**	er**a**	ve**ía**
PLURAL FORMS	nosotros/as	íb**amos**	ér**amos**	ve**íamos**
	vosotros/as	ib**ais**	er**ais**	ve**íais**
	Uds./ellos/ellas	ib**an**	er**an**	ve**ían**

CONSULTA

You will learn more about the contrast between the preterite and the imperfect in **Estructura 1.2**, pp. 32–33.

Uses of the imperfect

▶ As a general rule, the imperfect is used to describe actions which are seen by the speaker as incomplete or "continuing," while the preterite is used to describe actions which have been completed. The imperfect expresses what was happening at a certain time or how things used to be. The preterite, in contrast, expresses a completed action.

—¿Qué te **pasó**?
What happened to you?

—Me **torcí** el tobillo.
I sprained my ankle.

—¿Dónde **vivías** de niño?
Where did you live as a child?

—**Vivía** en San José.
I lived in San José.

▶ These expressions are often used with the imperfect because they express habitual or repeated actions: **de niño/a** (*as a child*), **todos los días** (*every day*), **mientras** (*while*).

Uses of the imperfect

1. **Habitual or repeated actions** . . . .
   Íbamos al parque los domingos.
   We used to go to the park on Sundays.

2. **Events or actions that were in progress**
   Yo **leía** mientras él **estudiaba**.
   I was reading while he was studying.

3. **Physical characteristics** . . . .
   Era alto y guapo.
   He was tall and handsome.

4. **Mental or emotional states** . . . .
   Quería mucho a su familia.
   He loved his family very much.

5. **Telling time** . . . .
   Eran las tres y media.
   It was 3:30.

6. **Age** . . . .
   Los niños **tenían** seis años.
   The children were six years old.

---

recursos

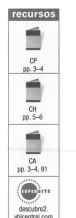

CP
pp. 3–4

CH
pp. 5–6

CA
pp. 3–4, 91

SUPERSITE
descubre2.
vhlcentral.com
Lección 1

¡INTÉNTALO! Indica la forma correcta de cada verbo en el imperfecto.

1. Mis hermanos _____*veían*_____ (ver) la televisión.
2. Yo _____ (viajar) a la playa.
3. ¿Dónde _____ (vivir) Samuel de niño?
4. Tú _____ (hablar) con Javier.
5. Leonardo y yo _____ (correr) por el parque.
6. Ustedes _____ (ir) a la clínica.
7. Nadia _____ (bailar) merengue.
8. ¿Cuándo _____ (asistir) tú a clase de español?
9. Yo _____ (ser) muy feliz.
10. Nosotras _____ (comprender) las preguntas.

Práctica (SUPERSITE)

1 **Completar** Primero, completa las oraciones con el imperfecto de los verbos. Luego, pon las oraciones en orden lógico y compáralas con las de un(a) compañero/a.

a. El doctor dijo que no _____ (ser) nada grave.

b. El doctor _____ (querer) ver la nariz del niño.

c. Su mamá _____ (estar) dibujando cuando Miguelito entró llorando.

d. Miguelito _____ (tener) la nariz hinchada (*swollen*). Fueron al hospital.

e. Miguelito no _____ (ir) a jugar más. Ahora quería ir a casa a descansar.

f. Miguelito y sus amigos _____ (jugar) al béisbol en el patio.

g. _____ (Ser) las dos de la tarde.

h. Miguelito le dijo a la enfermera que le _____ (doler) la nariz.

2 **Transformar** Forma oraciones completas para describir lo que hacían Julieta y César. Usa las formas correctas del imperfecto y añade todas las palabras necesarias.

1. Julieta y César / ser / paramédicos

2. trabajar / juntos y / llevarse / muy bien

3. cuando / haber / accidente, / siempre / analizar / situación / con cuidado

4. preocuparse / mucho / por / pacientes

5. si / paciente / tener / mucho / dolor, / ponerle / inyección

3 **En la escuela de medicina** Usa los verbos de la lista para completar las oraciones con las formas correctas del imperfecto. Algunos verbos se usan más de una vez.

caerse	enfermarse	ir	querer	tener
comprender	estornudar	pensar	sentirse	tomar
doler	hacer	poder	ser	toser

1. Cuando Javier y Victoria **Eran** estudiantes de medicina, siempre **querían** que ir al médico.

2. Cada vez que él **tomaba** un examen, a Javier le **dolía** mucho la cabeza.

3. Cuando Victoria _____ ejercicios aeróbicos, siempre _____ mareada.

4. Todas las primaveras, Javier _____ mucho porque es alérgico al polen.

5. Victoria también _____ de su bicicleta en camino a clase.

6. Después de comer en la cafetería, a Victoria siempre le _____ el estómago.

7. Javier **quería** ser médico para ayudar a los demás.

8. Pero no _____ por qué él _____ con tanta frecuencia.

9. Cuando Victoria **tenía** fiebre, no _____ ni leer el termómetro.

10. A Javier _____ los dientes, pero nunca _____ ir al dentista.

11. Victoria **tosía** mucho cuando **tenía** congestionada.

12. Javier y Victoria _____ que nunca _____ a graduarse.

Comunicación

4

Entrevista Trabajen en parejas. Un(a) estudiante usa estas preguntas para entrevistar a su compañero/a. Luego compartan los resultados de la entrevista con la clase.

1. Cuando eras estudiante de primaria, ¿te gustaban tus profesores/as?
2. ¿Veías mucha televisión cuando eras niño/a?
3. Cuando tenías diez años, ¿cuál era tu programa de televisión favorito?
4. Cuando eras niño/a, ¿qué hacía tu familia durante las vacaciones?
5. ¿Cuántos años tenías en 2001?
6. Cuando estabas en el quinto año escolar, ¿qué hacías con tus amigos/as?
7. Cuando tenías once años, ¿cuál era tu grupo musical favorito?
8. Antes de tomar esta clase, ¿sabías hablar español?

5

Describir En parejas, túrnense para describir cómo eran sus vidas cuando eran niños. Pueden usar las sugerencias de la lista u otras ideas. Luego informen a la clase sobre la vida de su compañero/a.

NOTA CULTURAL

El Parque Nacional Tortuguero está en la costa del Caribe, al norte de la ciudad de Limón, en Costa Rica. Varias especies de tortuga (*turtle*) utilizan las playas del parque para poner (*lay*) sus huevos. Esto ocurre de noche, y hay guías que llevan pequeños grupos de turistas a observar este fenómeno biológico.

> **modelo**
>
> De niña, mi familia y yo siempre íbamos a Tortuguero. Tomábamos un barco desde Limón, y por las noches mirábamos las tortugas (*turtles*) en la playa. Algunas veces teníamos suerte, porque las tortugas venían a poner (*lay*) huevos. Otras veces, volvíamos al hotel sin ver ninguna tortuga.

- las vacaciones
- ocasiones especiales
- qué hacías durante el verano
- celebraciones con tus amigos/as
- celebraciones con tu familia

- cómo era tu escuela
- cómo eran tus amigos/as
- los viajes que hacías
- a qué jugabas
- qué hacías cuando te sentías enfermo/a

Síntesis

recursos

CA pp. 3–4

6

En el consultorio Tu profesor(a) te va a dar una lista incompleta con los pacientes que fueron al consultorio del doctor Donoso ayer. En parejas, conversen para completar sus listas y saber a qué hora llegaron las personas al consultorio y cuáles eran sus problemas.

1.2 The preterite and the imperfect ⬤SUPERSITE

ANTE TODO Now that you have learned the forms of the preterite and the imperfect, you will learn more about how they are used. The preterite and the imperfect are not interchangeable. In Spanish, the choice between these two tenses depends on the context and on the point of view of the speaker.

> *De niño jugaba mucho al fútbol. Una vez me rompí la pierna.*

> *Me caí cuando estaba en el autobús.*

COMPARE & CONTRAST

Use the preterite to...	Use the imperfect to...

Use the preterite to...

1. Express actions that are viewed by the speaker as completed

Don Francisco **se rompió** la pierna.
Don Francisco broke his leg.

Fueron a Buenos Aires ayer.
They went to Buenos Aires yesterday.

2. Express the beginning or end of a past action

La película **empezó** a las nueve.
The movie began at nine o'clock.

Ayer **terminé** el proyecto para la clase de química.
Yesterday I finished the project for chemistry class.

3. Narrate a series of past actions or events

La doctora me **miró** los oídos, me **hizo** unas preguntas y **escribió** la receta.
The doctor looked in my ears, asked me some questions, and wrote the prescription.

Me di con la mesa, **me caí** y me **lastimé** el pie.
I bumped into the table, I fell, and I injured my foot.

Use the imperfect to...

1. Describe an ongoing past action with no reference to its beginning or end

Don Francisco **esperaba** a Javier.
Don Francisco was waiting for Javier.

El médico **se preocupaba** por sus pacientes.
The doctor worried about his patients.

2. Express habitual past actions and events

Cuando **era** joven, **jugaba** al tenis.
When I was young, I used to play tennis.

De niño, don Francisco **se enfermaba** con mucha frecuencia.
As a child, Don Francisco used to get sick very frequently.

3. Describe physical and emotional states or characteristics

La chica **quería** descansar. **Se sentía** mal y **tenía** dolor de cabeza.
The girl wanted to rest. She felt ill and had a headache.

Ellos **eran** altos y **tenían** ojos verdes.
They were tall and had green eyes.

Estábamos felices de ver a la familia.
We were happy to see the family.

AYUDA

These words and expressions, as well as similar ones, commonly occur with the preterite: **ayer, anteayer, una vez, dos veces, tres veces, el año pasado, de repente.** They usually imply that an action has happened at a specific point in time.

AYUDA

These words and expressions, as well as similar ones, commonly occur with the imperfect: **de niño/a, todos los días, mientras, siempre, con frecuencia, todas las semanas.** They usually express habitual or repeated actions in the past.

▶ The preterite and the imperfect often appear in the same sentence. In such cases the imperfect describes what *was happening*, while the preterite describes the action that "interrupted" the ongoing activity.

> **Miraba** la tele cuando **sonó** el teléfono.
> *I was watching TV when the phone rang.*

> Maite **leía** el periódico cuando **llegó** Álex.
> *Maite was reading the newspaper when Álex arrived.*

▶ You will also see the preterite and the imperfect together in narratives such as fiction, news, and retelling of events. The imperfect provides background information, such as time, weather, and location, while the preterite indicates the specific events that occurred.

> **Eran** las dos de la mañana y el detective ya no **podía** mantenerse despierto. **Se bajó** lentamente del coche, **estiró** las piernas y **levantó** los brazos hacia el cielo oscuro.
> *It was two in the morning, and the detective could no longer stay awake. He slowly stepped out of the car, stretched his legs, and raised his arms toward the dark sky.*

> La luna **estaba** llena y no **había** en el cielo ni una sola nube. De repente, el detective **escuchó** un grito espeluznante proveniente del parque.
> *The moon was full and there wasn't a single cloud in the sky. Suddenly, the detective heard a piercing scream coming from the park.*

Un médico colombiano descubrió la vacuna contra la malaria

El doctor colombiano Manuel Elkin Patarroyo descubrió una vacuna contra la malaria. Esta enfermedad se erradicó hace décadas en muchas partes del mundo. Sin embargo, los casos de malaria empezaban a aumentar otra vez, justo cuando salió la vacuna de Patarroyo. En mayo de 1993, el doctor Patarroyo donó la vacuna, a nombre de Colombia, a la Organización Mundial de la Salud. Los grandes laboratorios farmacéuticos presionaron a la OMS porque querían la vacuna. Pero en 1995 las dos partes, el doctor Patarroyo y la OMS, ratificaron el pacto original.

¡INTÉNTALO!   Elige el pretérito o el imperfecto para completar la historia. Explica por qué se usa ese tiempo verbal en cada ocasión.

1. ___Eran___ (Fueron/Eran) las doce.
2. _____ (Hubo/Había) mucha gente en la calle.
3. A las doce y media, Tomás y yo _____ (entramos/entrábamos) en el restaurante Tárcoles.
4. Todos los días yo _____ (almorcé/almorzaba) con Tomás al mediodía.
5. El camarero _____ (llegó/llegaba) inmediatamente, para darnos el menú.
6. Nosotros _____ (empezamos/empezábamos) a leerlo.
7. Yo _____ (pedí/pedía) el pescado.
8. De repente, el camarero _____ (volvió/volvía) a nuestra mesa.
9. Y nos _____ (dio/daba) una mala noticia.
10. Desafortunadamente, no _____ (tuvieron/tenían) más pescado.
11. Por eso Tomás y yo _____ (decidimos/decidíamos) comer en otro lugar.
12. _____ (Llovió/Llovía) mucho cuando _____ (salimos/salíamos) del restaurante.
13. Así que _____ (regresamos/regresábamos) al restaurante Tárcoles.
14. Esta vez, _____ (pedí/pedía) el arroz con pollo.

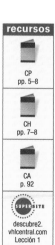

Práctica   SUPERSITE

1   **Seleccionar** Utiliza el tiempo verbal adecuado, según el contexto.

1. La semana pasada, Manolo y Aurora _____ (querer) dar una fiesta. _____ (Decidir) invitar a seis amigos y servirles mucha comida.

2. Manolo y Aurora _____ (estar) preparando la comida cuando Elena _____ (llamar). Como siempre, _____ (tener) que estudiar para un examen.

3. A las seis, _____ (volver) a sonar el teléfono. Su amigo Francisco tampoco _____ (poder) ir a la fiesta, porque _____ (tener) fiebre. Manolo y Aurora _____ (sentirse) muy tristes, pero _____ (tener) que preparar la comida.

4. Después de otros 15 minutos, _____ (sonar) el teléfono. Sus amigos, los señores Vega, _____ (estar) en camino (*en route*) al hospital: a su hijo le _____ (doler) mucho el estómago. Sólo dos de los amigos _____ (poder) ir a la cena.

5. Por supuesto, _____ (ir) a tener demasiada comida. Finalmente, cinco minutos antes de las ocho, _____ (llamar) Ramón y Javier. Ellos _____ (pensar) que la fiesta _____ (ser) la próxima semana.

6. Tristes, Manolo y Aurora _____ (sentarse) a comer solos. Mientras _____ (comer), pronto _____ (llegar) a la conclusión de que _____ (ser) mejor estar solos: ¡La comida _____ (estar) malísima!

2   **En el periódico** Completa esta noticia con la forma correcta del pretérito o el imperfecto.

Un accidente trágico

Ayer temprano por la mañana (1)_____ (haber) un trágico accidente en el centro de San José cuando el conductor de un autobús no (2)_____ (ver) venir un carro. La mujer que (3)_____ (manejar) el carro (4)_____ (morir) al instante y los paramédicos (5)_____ (tener) que llevar al pasajero al hospital porque (6)_____ (sufrir) varias fracturas. El conductor del autobús (7)_____ (decir) que no (8)_____ (ver) el carro hasta el último momento porque (9)_____ (estar) muy nublado y (10)_____ (llover). Él (11)_____ (intentar) (*to attempt*) dar un viraje brusco (*to swerve*), pero (12)_____ (perder) el control del autobús y no (13)_____ (poder) evitar (*to avoid*) el accidente. Según nos informaron, no (14)_____ (lastimarse) ningún pasajero del autobús.

3   **Completar** Completa las frases de una manera lógica. Usa el pretérito o el imperfecto. En parejas, comparen sus respuestas.

1. De niño/a, yo…
2. Yo conducía el auto mientras…
3. Anoche mi hermano/a…
4. Ayer el/la profesor(a)…
5. La semana pasada un(a) amigo/a…
6. Con frecuencia mis padres…
7. Esta mañana en la cafetería…
8. Hablábamos con el doctor cuando…

Comunicación

4

Entrevista Usa estas preguntas para entrevistar a un(a) compañero/a acerca de la primera persona que conoció de un país hispanohablante. Si quieres, puedes añadir otras preguntas.

1. ¿Cómo se llamaba?
2. ¿Cuántos años tenían ustedes cuando se conocieron?
3. ¿Cómo era él/ella?
4. ¿Qué le gustaba hacer?
5. ¿Le interesaban los deportes?
6. ¿Por cuánto tiempo fueron amigos?
7. ¿Qué hacían ustedes juntos?
8. ¿Alguna vez se fueron de viaje?

5

La sala de emergencias En parejas, miren la lista e inventen qué les pasó a estas personas que están en la sala de emergencias.

> **modelo**
>
> Eran las tres de la tarde. Como todos los días, Pablo jugaba al fútbol con sus amigos. Estaba muy contento. De repente, se cayó y se rompió el brazo. Después fue a la sala de emergencias.

Paciente	Edad	Hora	Condición
1. Pablo Romero	9 años	15:20	hueso roto (el brazo)
2. Estela Rodríguez	45 años	15:25	tobillo torcido
3. Lupe Quintana	29 años	15:37	embarazada, dolores
4. Manuel López	52 años	15:45	infección de garganta
5. Marta Díaz	3 años	16:00	temperatura muy alta, fiebre
6. Roberto Salazar	32 años	16:06	dolor de oído
7. Marco Brito	18 años	16:18	daño en el cuello, posible fractura
8. Ana María Ortiz	66 años	16:29	reacción alérgica a un medicamento

6

Situación Anoche alguien robó (*stole*) el examen de la **Lección 1** del escritorio de tu profesor(a) y tú tienes que averiguar quién lo hizo. Pregúntales a tres compañeros dónde estaban, con quién estaban y qué hicieron entre las ocho y las doce de la noche.

Síntesis

7

La primera vez En grupos, cuéntense cómo fue la primera vez que les pusieron una inyección, se rompieron un hueso, pasaron la noche en un hospital, estuvieron mareados/as, etc. Incluyan estos puntos en su conversación: una descripción del tiempo que hacía, sus edades, qué pasó y cómo se sentían.

1.3

Constructions with **se**

ANTE TODO   In **Lección 7** of **Descubre, nivel 1** you learned how to use **se** as the third-person reflexive pronoun (**Él se despierta. Ellos se visten. Ella se baña.**). **Se** can also be used to form constructions in which the person performing the action is not expressed or is de-emphasized.

Se + verb

▶ In Spanish, verbs that are not reflexive can be used with **se** to form statements in which the person performing the action is not defined.

Se habla español en Costa Rica.
Spanish is spoken in Costa Rica.

Se hacen operaciones aquí.
They perform operations here.

Se puede leer en la sala de espera.
You can read in the waiting room.

Se necesitan medicinas enseguida.
They need medicine right away.

▶ **¡Atención!** Note that the third person singular verb form is used with singular nouns and the third person plural form is used with plural nouns.

Se vende ropa.   **Se venden** camisas.

▶ You often see **se** in signs, advertisements, and directions.

SE PROHÍBE NADAR

Se necesitan programadores
GRUPO TECNO
Tel. 778-34-34

ENTRADA
Se entra por la izquierda

Se for unplanned events

▶ **Se** also describes accidental or unplanned events. In this construction, the person who performs the action is de-emphasized, implying that the accident or unplanned event is not his or her direct responsibility. Note this construction.

$$\textbf{se} + \begin{bmatrix} \text{INDIRECT} \\ \text{OBJECT} \\ \text{PRONOUN} \end{bmatrix} + \begin{bmatrix} \text{VERB} \end{bmatrix} + \begin{bmatrix} \text{SUBJECT} \end{bmatrix}$$

Se   me   cayó   la pluma.

▶ In this type of construction, what would normally be the direct object of the sentence becomes the subject, and it agrees with the verb, not with the indirect object pronoun.

▶ These verbs are the ones most frequently used with **se** to describe unplanned events.

Verbs commonly used with se

caer	to fall; to drop	**perder (e:ie)**	to lose
dañar	to damage; to break down	**quedar**	to be left behind
olvidar	to forget	**romper**	to break

Se me perdió el teléfono de la farmacia.
I lost the pharmacy's phone number.

Se nos olvidaron los pasajes.
We forgot the tickets.

▶ **¡Atención!** While Spanish has a verb for *to fall* (**caer**), there is no direct translation for *to drop*. **Dejar caer** (*To let fall*) or a **se** construction is often used to mean *to drop*.

El médico **dejó caer** la aspirina.
The doctor dropped the aspirin.

A mí **se me cayeron** los cuadernos.
I dropped the notebooks.

▶ To clarify or emphasize who the person involved in the action is, this construction commonly begins with the preposition **a** + [*noun*] or **a** + [*prepositional pronoun*].

Al paciente se le perdió la receta.
The patient lost his prescription.

A ustedes se les quedaron los libros en casa.
You left the books at home.

 **¡INTÉNTALO!** Completa las oraciones con **se** + la forma correcta del verbo.

A

1. _Se enseñan_ (enseñar) cinco lenguas en esta escuela.
2. _____ (comer) muy bien en El Cráter.
3. _____ (vender) muchas camisetas allí.
4. _____ (servir) platos exquisitos cada noche.

Completa las oraciones con **se** y los verbos en pretérito.

B

1. _Se me rompieron_ (*I broke*) las gafas.
2. _____ (*You* (fam., sing.) *dropped*) las pastillas.
3. _____ (*They lost*) la receta.
4. _____ (*You* (form., sing.) *left*) aquí la radiografía.

Práctica

1

¿Cierto o falso? Lee estas oraciones sobre la vida en 1901. Indica si lo que dice cada oración es **cierto** o **falso**. Luego corrige las oraciones falsas.

1. Se veía mucha televisión.
2. Se escribían muchos libros.
3. Se viajaba mucho en tren.
4. Se montaba a caballo.
5. Se mandaba mucho correo electrónico.
6. Se preparaban muchas comidas en casa.
7. Se llevaban minifaldas.
8. Se pasaba mucho tiempo con la familia.

2

Traducir Traduce estos letreros *(signs)* y anuncios al español.

1. Nurses needed
2. Eating and drinking prohibited
3. Programmers sought
4. English is spoken
5. Computers sold
6. No talking
7. Teacher needed
8. Books sold
9. Do not enter
10. Spanish is spoken

3

¿Qué pasó? Mira los dibujos e indica lo que pasó en cada uno.

1. camarero / pastel

2. Sr. Álvarez / espejo

3. Arturo / tarea

4. Sra. Domínguez / llaves

5. Carla y Lupe / botellas de refresco

6. Juana / platos

Comunicación

4

Preguntas Trabajen en parejas y usen estas preguntas para entrevistarse.

1. ¿Qué comidas se sirven en tu restaurante favorito?
2. ¿Se te olvidó invitar a alguien a tu última fiesta o comida? ¿A quién?
3. ¿A qué hora se abre la cafetería de tu escuela?
4. ¿Alguna vez se te quedó algo importante en la casa? ¿Qué?
5. ¿Alguna vez se te perdió algo importante durante un viaje? ¿Qué?
6. ¿Qué se vende en una farmacia?
7. ¿Sabes si en la farmacia se aceptan cheques?
8. ¿Alguna vez se te rompió algo muy caro? ¿Qué?

5

Opiniones En parejas, terminen cada oración con ideas originales. Después, comparen los resultados con la clase para ver qué pareja tuvo las mejores ideas.

1. No se tiene que dejar propina cuando…
2. Antes de viajar, se debe…
3. Si se come bien,…
4. Para tener una vida sana, se debe…
5. Se sirve la mejor comida en…
6. Se hablan muchas lenguas en…

Síntesis

6

Anuncios En grupos, preparen dos anuncios de televisión para presentar a la clase. Usen el imperfecto y por lo menos dos construcciones con **se** en cada uno.

> **modelo**
>
> Se me cayeron unos libros en el pie y me dolía mucho. Pero ahora no, gracias a SuperAspirina 500. ¡Dos pastillas y se me fue el dolor! Se puede comprar SuperAspirina 500 en todas las farmacias Recetamax.

1.4 Adverbs SUPERSITE

ANTE TODO   Adverbs are words that describe how, when, and where actions take place. They can modify verbs, adjectives, and even other adverbs. In previous lessons, you have already learned many Spanish adverbs, such as the ones below.

aquí	hoy	nunca
ayer	mal	siempre
bien	muy	temprano

▶ The most common adverbs end in **–mente**, equivalent to the English ending *-ly*.

verdaderamente *truly, really*   **generalmente** *generally*   **simplemente** *simply*

▶ To form these adverbs, add **–mente** to the feminine form of the adjective. If the adjective does not have a special feminine form, just add **–mente** to the standard form. **¡Atención!** Adjectives do not lose their accents when adding **–mente**.

ADJECTIVE	FEMININE FORM	SUFFIX	ADVERB
seguro	segura	-mente	seguramente
fabuloso	fabulosa	-mente	fabulosamente
enorme		-mente	enormemente
fácil		-mente	fácilmente

▶ Adverbs that end in **–mente** generally follow the verb, while adverbs that modify an adjective or another adverb precede the word they modify.

Javier dibuja **maravillosamente**.   Inés está **casi siempre** ocupada.
Javier draws wonderfully.   *Inés is almost always busy.*

Common adverbs and adverbial expressions

a menudo	*often*	**así**	*like this; so*	**menos**	*less*
a tiempo	*on time*	**bastante**	*enough; rather*	**muchas**	*a lot; many*
a veces	*sometimes*	**casi**	*almost*	**veces**	*times*
además (de)	*furthermore; besides*	**con frecuencia**	*frequently*	**poco**	*little*
apenas	*hardly; scarcely*	**de vez en cuando**	*from time to time*	**por lo menos**	*at least*
				pronto	*soon*
		despacio	*slowly*	**rápido**	*quickly*

¡ATENCIÓN!

When a sentence contains two or more adverbs in sequence, the suffix –**mente** is dropped from all but the last adverb.
Ex: **El médico nos habló simple y abiertamente.** *The doctor spoke to us simply and openly.*

¡ATENCIÓN!

Rápido functions as an adjective (**Ella tiene una computadora rápida.**) as well as an adverb (**Ella corre rápido.**). Note that as an adverb, **rápido** does not need to agree with any other word in the sentence. You can also use the adverb **rápidamente** (**Ella corre rápidamente**).

¡INTÉNTALO!   Transforma los adjetivos en adverbios.

1. alegre   *alegremente*
2. constante _____
3. gradual _____
4. perfecto _____

5. real _____
6. frecuente _____
7. tranquilo _____
8. regular _____

9. maravilloso _____
10. normal _____
11. básico _____
12. afortunado _____

recursos

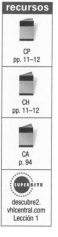

CP
pp. 11–12

CH
pp. 11–12

CA
p. 94

SUPERSITE
descubre2.
vhlcentral.com
Lección 1

Práctica

1

Escoger Completa las oraciones con los adverbios adecuados.

1. La cita era a las dos, pero llegamos _____. (mientras, nunca, tarde)
2. El problema fue que _____ se nos dañó el despertador. (aquí, ayer, despacio)
3. La recepcionista no se enojó porque sabe que normalmente llego _____. (a veces, a tiempo, poco)
4. _____ el doctor estaba listo. (Por lo menos, Muchas veces, Casi)
5. _____ tuvimos que esperar cinco minutos. (Así, Además, Apenas)
6. El doctor dijo que nuestra hija Irene necesitaba cambiar su rutina diaria _____. (temprano, menos, inmediatamente)
7. El doctor nos explicó _____ las recomendaciones del Cirujano General (*Surgeon General*) sobre la salud de los jóvenes. (de vez en cuando, bien, apenas)
8. _____ nos dijo que Irene estaba bien, pero tenía que hacer más ejercicio y comer mejor. (Bastante, Afortunadamente, A menudo)

Comunicación

2

Aspirina Lee el anuncio y responde a las preguntas con un(a) compañero/a.

No Hay Tiempo Para el Dolor de Cabeza

Si tienes prisa, o simplemente quieres que tu dolor de cabeza se vaya muy pronto, piensa en Bayer. Se asimila mejor y actúa rápidamente. Ya no se puede perder tiempo por un dolor de cabeza.

ASPIRINA

Bayer
Siempre a tu lado.

1. ¿Cuáles son los adverbios que aparecen en el anuncio?
2. Según el anuncio, ¿cuáles son las ventajas (*advantages*) de este tipo de aspirina?
3. ¿Tienen ustedes muchos dolores de cabeza? ¿Qué toman para curarlos?
4. ¿Qué medicamentos ven con frecuencia en los anuncios de televisión? Escriban descripciones de varios de estos anuncios. Usen adverbios en sus descripciones.

Recapitulación

SUPERSITE For self-scoring and diagnostics, go to **descubre2.vhlcentral.com.**

Completa estas actividades para repasar los conceptos de gramática que aprendiste en esta lección.

1 **Completar** Completa el cuadro con la forma correspondiente del imperfecto. **12 pts.**

yo/Ud./él/ella	tú	nosotros	Uds./ellos/ellas
era			
	cantabas		
		veníamos	
			querían

2 **Adverbios** Escoge el adverbio correcto de la lista para completar estas oraciones. Lee con cuidado las oraciones; los adverbios sólo se usan una vez. No vas a usar uno de los adverbios. **8 pts.**

a menudo	apenas	fácilmente
a tiempo	casi	maravillosamente
además	despacio	por lo menos

1. Pablito se cae _____; cuatro veces por semana en promedio (*average*).

2. No me duele nada y no sufro de ninguna enfermedad; me siento _____ bien.

3. —Doctor, ¿cómo supo que tuve una operación de garganta?
   —Muy _____, lo leí en su historial médico.

4. ¿Le duele mucho la espalda? Entonces tiene que levantarse _____.

5. Ya te sientes mucho mejor, ¿verdad? Mañana puedes volver al trabajo; tu temperatura es _____ normal.

6. Es importante hacer ejercicio con regularidad, _____ tres veces a la semana.

7. El examen médico no comenzó ni tarde ni temprano. Comenzó _____, a las tres de la tarde.

8. Parece que ya te estás curando del resfriado. _____ estás congestionada.

RESUMEN GRAMATICAL

1.1 **The imperfect tense** *pp. 28–29*

The imperfect of regular verbs		
cantar	**beber**	**escribir**
cantaba	bebía	escribía
cantabas	bebías	escribías
cantaba	bebía	escribía
cantábamos	bebíamos	escribíamos
cantabais	bebíais	escribíais
cantaban	bebían	escribían

▶ There are no stem changes in the imperfect: **entender (e:ie) → entendía; servir (e:i) → servía; doler (o:ue) → dolía**

▶ The imperfect of **hay** is **había.**

▶ Only three verbs are irregular in the imperfect.
ir: iba, ibas, iba, íbamos, ibais, iban
ser: era, eras, era, éramos, erais, eran
ver: veía, veías, veía, veíamos, veíais, veían

1.2 **The preterite and the imperfect** *pp. 32–33*

Preterite	Imperfect
1. Completed actions	1. Ongoing past action
Fueron a Buenos Aires ayer.	De niño, usted **jugaba** al fútbol.
2. Beginning or end of past action	2. Habitual past actions
La película **empezó** a las nueve.	Todos los días yo **jugaba** al tenis.
3. Series of past actions or events	3. Description of states or characteristics
Me **caí** y me **lastimé** el pie.	Ella **era** alta. **Quería** descansar.

1.3 **Constructions with se** *pp. 36–37*

Se + verb	
	prohíbe fumar.
Se	habla español.
	hablan varios idiomas.

3 **Un accidente** Escoge el imperfecto o el pretérito según el contexto para completar esta conversación. **10 pts.**

NURIA Hola, Felipe. ¿Estás bien? ¿Qué es eso? ¿(1) (Te lastimaste/Te lastimabas) el pie?

FELIPE Ayer (2) (tuve/tenía) un pequeño accidente.

NURIA Cuéntame. ¿Cómo (3) (pasó/pasaba)?

FELIPE Bueno, (4) (fueron/eran) las cinco de la tarde y (5) (llovió/llovía) mucho cuando (6) (salí/salía) de la casa en mi bicicleta. No (7) (vi/veía) a una chica que (8) (caminó/caminaba) en mi dirección, y los dos (9) (nos caímos/nos caíamos) al suelo (*ground*).

NURIA Y la chica, ¿está bien ella?

FELIPE Sí. Cuando llegamos al hospital, ella sólo (10) (tuvo/tenía) dolor de cabeza.

4 **Oraciones** Escribe oraciones con **se** a partir de los elementos dados (*given*). Usa el tiempo especificado entre paréntesis y añade pronombres cuando sea necesario. **10 pts.**

> **modelo**
> Carlos / quedar / la tarea en casa (pretérito)
> A Carlos se le quedó la tarea en casa.

1. en la farmacia / vender / medicamentos (presente)
2. ¿(tú) / olvidar / las llaves / otra vez? (pretérito)
3. (yo) / dañar / la computadora (pretérito)
4. en esta clase / prohibir / hablar inglés (presente)
5. ellos / romper / las gafas / en el accidente (pretérito)

5 **En la consulta** Escribe al menos cinco oraciones describiendo tu última visita al médico. Incluye cinco verbos en pretérito y cinco en imperfecto. Habla de qué te pasó, cómo te sentías, cómo era el/la doctor(a), qué te dijo, etc. Usa tu imaginación. **10 pts.**

6 **Refrán** Completa el refrán con las palabras que faltan. **¡2 puntos EXTRA!**

" Lo que _____ (*well*) se aprende,
nunca _____ pierde. **"**

Se for unplanned events

Se	me, te, le, nos, os, les	cayó la taza.
		dañó el radio.
		rompieron las botellas.
		olvidaron las llaves.

1.4 Adverbs *p. 40*

Formation of adverbs

fácil	→	fácilmente
seguro	→	seguramente
verdadero	→	verdaderamente

Lectura

Antes de leer

Estrategia

Activating background knowledge

Using what you already know about a particular subject will often help you better understand a reading selection. For example, if you read an article about a recent medical discovery, you might think about what you already know about health in order to understand unfamiliar words or concepts.

Examinar el texto

Utiliza las estrategias de lectura que tú consideras más efectivas para hacer unas observaciones preliminares acerca del texto. Después trabajen en parejas para comparar sus observaciones acerca del texto. Luego contesten estas preguntas:

- Analicen el formato del texto. ¿Qué tipo de texto es? ¿Dónde creen que se publicó este artículo?
- ¿Quiénes son Carla Baron y Tomás Monterrey?
- Miren la foto del libro. ¿Qué sugiere el título del libro sobre su contenido?

Conocimiento previo

Ahora piensen en su conocimiento previo° sobre el cuidado de la salud en los viajes. Consideren estas preguntas:

- ¿Viajaron alguna vez a otro estado o a otro país?
- ¿Tuvieron algunos problemas durante sus viajes con el agua, la comida o el clima del país?
- ¿Olvidaron poner en su maleta algún medicamento que después necesitaron?
- Imaginen que su amigo/a se va de viaje. Díganle por lo menos cinco cosas que debe hacer para prevenir cualquier problema de salud.

recursos

CH
pp. 13–14

descubre2.vhlcentral.com
Lección 1

conocimiento previo *background knowledge*

Libro de la semana

Cómo hacer un viaje saludable y feliz

Carla Baron

Después de leer

Correspondencias

Busca las correspondencias entre los problemas y las recomendaciones.

Problemas

1. el agua _____
2. el sol _____
3. la comida _____
4. la identificación _____
5. el clima _____

Recomendaciones

a. Hay que adaptarse a los ingredientes no familiares.
b. Toma sólo productos purificados (*purified*).
c. Es importante llevar ropa adecuada cuando viajas.
d. Lleva loción o crema con alta protección solar.
e. Lleva tu pasaporte.

Entrevista a Carla Baron
por Tomás Monterrey

Tomás: ¿Por qué escribió su libro *Cómo hacer un viaje saludable y feliz?*

Carla: Me encanta viajar, conocer otras culturas y escribir. Mi primer viaje lo hice cuando era estudiante universitaria. Todavía recuerdo el día en que llegamos a San Juan, Puerto Rico. Era el panorama ideal para unas vacaciones maravillosas, pero al llegar a la habitación del hotel, bebí mucha agua de la llave° y luego pedí un jugo de frutas con mucho hielo°. El clima en San Juan es tropical y yo tenía mucha sed y calor. Los síntomas llegaron en menos de media hora: pasé dos días con dolor de estómago y corriendo al cuarto de baño cada diez minutos. Desde entonces, siempre que viajo sólo bebo agua mineral y llevo un pequeño bolso con medicinas necesarias como pastillas para el dolor y también bloqueador solar, una crema repelente de mosquitos y un desinfectante.

Tomás: ¿Son reales° las situaciones que se narran en su libro?

Carla: Sí, son reales y son mis propias° historias°. A menudo los autores crean caricaturas divertidas de un turista en dificultades. ¡En mi libro la turista en dificultades soy yo!

Tomás: ¿Qué recomendaciones puede encontrar el lector en su libro?

Carla: Bueno, mi libro es anecdótico y humorístico, pero el tema de la salud se trata° de manera seria. En general, se dan recomendaciones sobre ropa adecuada para cada sitio, consejos para protegerse del sol, y comidas y bebidas adecuadas para el turista que viaja al Caribe o Suramérica.

Tomás: ¿Tiene algún consejo para las personas que se enferman cuando viajan?

Carla: Muchas veces los turistas toman el avión sin saber nada acerca del país que van a visitar. Ponen toda su ropa en la maleta, toman el pasaporte, la cámara fotográfica y ¡a volar°! Es necesario tomar precauciones porque nuestro cuerpo necesita adaptarse al clima, al sol, a la humedad, al agua y a la comida. Se trata de° viajar, admirar las maravillas del mundo y regresar a casa con hermosos recuerdos. En resumen, el secreto es "prevenir en vez de° curar".

llave *faucet* **hielo** *ice* **reales** *true* **propias** *own* **historias** *stories*
se trata *is treated* **¡a volar!** *Off they go!* **Se trata de** *It's a question of*
en vez de *instead of*

Seleccionar
Selecciona la respuesta correcta.

1. El tema principal de este libro es _____.
   a. Puerto Rico b. la salud y el agua c. otras culturas
   d. el cuidado de la salud en los viajes
2. Las situaciones narradas en el libro son _____.
   a. autobiográficas b. inventadas c. ficticias
   d. imaginarias
3. ¿Qué recomendaciones no vas a encontrar en este libro? _____
   a. cómo vestirse adecuadamente
   b. cómo prevenir las quemaduras solares
   c. consejos sobre la comida y la bebida
   d. cómo dar propina en los países del Caribe o de Suramérica

4. En opinión de la señorita Baron, _____.
   a. es bueno tomar agua de la llave y beber jugo de frutas con mucho hielo
   b. es mejor tomar solamente agua embotellada (*bottled*)
   c. los minerales son buenos para el dolor abdominal
   d. es importante visitar el cuarto de baño cada diez minutos
5. ¿Cuál de estos productos no lleva la autora cuando viaja a otros países? _____
   a. desinfectante
   b. crema repelente
   c. detergente
   d. pastillas medicinales

Escritura

Estrategia

Mastering the simple past tenses

In Spanish, when you write about events that occurred in the past you will need to know when to use the preterite and when to use the imperfect tense. A good understanding of the uses of each tense will make it much easier to determine which one to use as you write.

Look at the summary of the uses of the preterite and the imperfect and write your own example sentence for each of the rules described.

Preterite vs. imperfect

Preterite

1. Completed actions

   _____
   _____

2. Beginning or end of past actions

   _____
   _____

3. Series of past actions

   _____
   _____

Imperfect

1. Ongoing past actions

   _____
   _____

2. Habitual past actions

   _____
   _____

3. Mental, physical, and emotional states and characteristics in the past

   _____
   _____

Get together with a few classmates to compare your example sentences. Then use these sentences and the chart as a guide to help you decide which tense to use as you are writing a story or other type of narration about the past.

Tema

Escribir una historia

Escribe una historia acerca de una experiencia tuya° (o de otra persona) con una enfermedad, accidente o problema médico. Tu historia puede ser real o imaginaria y puede tratarse de un incidente divertido, humorístico o desastroso. Incluye todos los detalles relevantes. Consulta la lista de sugerencias° con detalles que puedes incluir.

▶ Descripción del/de la paciente
 nombre y apellidos
 edad
 características físicas
 historial médico°

▶ Descripción de los síntomas
 enfermedades
 accidente
 problemas médicos

▶ Descripción del tratamiento°
 tratamientos
 recetas
 operaciones

tuya *of yours* sugerencias *suggestions*
historial médico *medical history*
tratamiento *treatment*

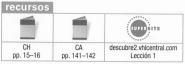

recursos		
CH pp. 15–16	CA pp. 141–142	descubre2.vhlcentral.com Lección 1

Escuchar

Estrategia

Listening for specific information

You can listen for specific information effectively once you identify the subject of a conversation and use your background knowledge to predict what kinds of information you might hear.

 To practice this strategy, you will listen to a paragraph from a letter Marta wrote to a friend about her fifteenth birthday celebration. Before you listen to the paragraph, use what you know about this type of party to predict the content of the letter. What kinds of details might Marta include in her description of the celebration? Now listen to the paragraph and jot down the specific information Marta relates. Then compare these details to the predictions you made about the letter.

Preparación

Mira la foto. ¿Con quién crees que está conversando Carlos Peña? ¿De qué están hablando?

Ahora escucha

Ahora escucha la conversación de la señorita Méndez y Carlos Peña. Marca las frases donde se mencionan los síntomas de Carlos.

1. ____ Tiene infección en los ojos.
2. ____ Se lastimó el dedo.
3. ____ No puede dormir.
4. ____ Siente dolor en los huesos.
5. ____ Está mareado.
6. ____ Está congestionado.
7. ____ Le duele el estómago.
8. ____ Le duele la cabeza.
9. ____ Es alérgico a la aspirina.
10. ____ Tiene tos.
11. ____ Le duele la garganta.
12. ____ Se rompió la pierna.
13. ____ Tiene dolor de oído.
14. ____ Tiene frío.

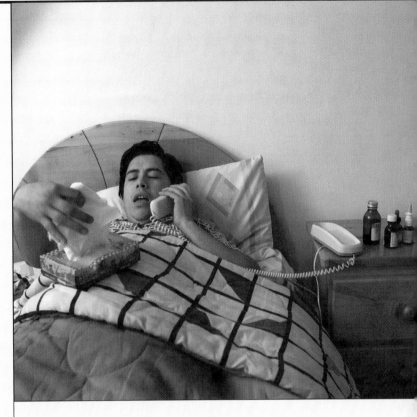

Comprensión

Preguntas

1. ¿Tiene fiebre Carlos?
2. ¿Cuánto tiempo hace que le duele la garganta a Carlos?
3. ¿Qué tiene que hacer el médico antes de recetarle algo a Carlos?
4. ¿A qué hora es su cita con el médico?
5. Después de darle una cita con el médico, ¿qué otra información le pide a Carlos la señorita del consultorio?
6. En tu opinión, ¿qué tiene Carlos? ¿Gripe? ¿Un resfriado? ¿Alergias? Explica tu opinión.

Diálogo

Con un(a) compañero/a, escribe el diálogo entre el Dr. Aguilar y Carlos Peña en el consultorio del médico. Usa la información del diálogo telefónico para pensar en lo que dice el médico mientras examina a Carlos. Imagina cómo responde Carlos y qué preguntas le hace al médico. ¿Cuál es el diagnóstico del médico?

recursos
descubre2.vhlcentral.com
Lección 1

En pantalla

Algunas personas piensan que los países hispanos no cuentan con° la más reciente tecnología. La verdad es que sí se tiene acceso a ella, pero muchas personas prefieren conservar cosas como aparatos electrónicos o muebles° sin importar las modas temporales y los constantes avances tecnológicos. Esto es por el aprecio° que les tienen a las cosas más que por limitaciones económicas o tecnológicas. Este fenómeno se ve especialmente en las piezas que se quedan en una familia por varias generaciones, como, por ejemplo, el tocadiscos° que un bisabuelo compró en 1910.

Vocabulario útil	
suaviza	soothes
alivio	relief

Ordenar
Ordena las palabras o expresiones según aparecen en el anuncio. No vas a usar tres de estas palabras.

_____ a. gargantas irritadas   _____ e. pastillas
_____ b. receta   _____ f. alivio
_____ c. comienzan   _____ g. a menudo
_____ d. calma   _____ h. dolor

Tu música
En el anuncio se escucha un tango muy emotivo como música de fondo (*background*). Escribe el título de una canción que refleje cómo te sientes en cada una de estas situaciones. Después comparte tus ideas con tres compañeros/as.

▶ tienes un dolor de cabeza muy fuerte
▶ terminaron las clases
▶ te sacaron un diente
▶ estás enamorado/a
▶ te sientes mareado/a
▶ estás completamente saludable

no cuentan con *don't have* muebles *furniture* aprecio *esteem*
tocadiscos *record player* pinchazo *sharp pain (lit. puncture)*

Anuncio de **Strepsils**

...los problemas de garganta...

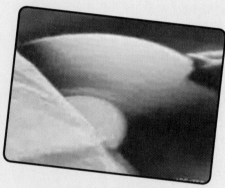

comienzan...

...con un pinchazo°.

  Conexión Internet
Go to **descubre2.vhlcentral.com** to watch the TV clip featured in this **En pantalla** section.

Oye cómo va

Chavela Vargas

Conocida° por sus interpretaciones de canciones rancheras mexicanas, **Chavela Vargas** es hoy día una leyenda musical en todo el mundo hispano. Nacida en Costa Rica en 1919, Vargas sufrió polio y principios° de ceguera°, pero dice haber sido° curada por chamanes. Se mudó° a México a los catorce años, pero no comenzó su carrera profesional como cantante sino hasta que tenía más de treinta años. En su juventud, mantuvo amistad con° algunos de los más famosos intelectuales mexicanos de la época, como el escritor Juan Rulfo y los pintores Diego Rivera y Frida Kahlo. Su primer álbum salió a la venta° en 1961 y a partir de° entonces ha grabado° más de treinta. Algunas de sus canciones han aparecido° en varias películas, incluyendo° las de su amigo Pedro Almodóvar y en *Frida* (2002). En 2003 se presentó° por primera vez en el Carnegie Hall de Nueva York donde fue presentada a la audiencia por la actriz° mexicana Salma Hayek.

Tu profesor(a) va a poner la canción en la clase. Escúchala y completa las actividades.

Preguntas
Responde a las preguntas.
1. ¿Dónde nació Chavela Vargas?
2. ¿Adónde se mudó cuando tenía catorce años?
3. ¿Quiénes fueron algunos de sus amigos?
4. ¿En qué año salió a la venta su primer álbum?
5. ¿En qué países se escucha la música ranchera?
6. Menciona cuatro cantantes importantes de música ranchera.

Un diálogo
En parejas, imaginen un encuentro entre el autor de la canción y la persona que él dice que ya olvidó. Escriban un diálogo entre ellos donde reflejen sus sentimientos (*feelings*).

Se me hizo fácil

Se me hizo fácil
borrar° de mi memoria
a esa mujer a quien
yo amaba tanto.

Se me hizo fácil
borrar de mí este llanto°.
Ahora la olvido
cada día más y más.

Pedro Infante

La música ranchera
Este género musical del que se enamoró Chavela Vargas es uno de los más arraigados° en México y algunas partes de Centroamérica. La mayoría de las canciones rancheras tradicionales, como *Se me hizo fácil*, fueron escritas° por hombres para ser interpretadas° por hombres, pero hoy día son tan populares que hombres y mujeres las cantan por igual°. Algunos de los intérpretes° que hicieron historia con esta música son José Alfredo Jiménez, Lola Beltrán, Pedro Infante y Jorge Negrete.

recursos

descubre2.vhlcentral.com
Lección 1

Conocida *Known* principios *beginnings* ceguera *blindness* haber sido *to have been* Se mudó *She moved* mantuvo amistad con *was friends with* salió a la venta *was released* a partir de *since* ha grabado *she has recorded* han aparecido *have appeared* incluyendo *including* se presentó *she performed* actriz *actress* borrar *to erase* llanto *crying* arraigados *deeply rooted* escritas *written* interpretadas *sung* por igual *equally* intérpretes *singers*

SUPERSITE Conexión Internet

Go to **descubre2.vhlcentral.com** to learn more about the artist featured in this **Oye cómo va** section.

Celebración del
Viernes Santo

Cráter de
Volcán Po...

NICARAGUA

Costa Rica

El país en cifras

▶ **Área:** 51.100 km^2 (19.730 millas^2),
aproximadamente el área de Virginia Occidental°

▶ **Población:** 4.665.000

Costa Rica es el país de Centroamérica con la población más homogénea. El 98% de sus habitantes es blanco y mestizo°. Más del 50% de la población es de ascendencia° española y un alto porcentaje tiene sus orígenes en otros países europeos.

▶ **Capital:** San José —1.374.000

▶ **Ciudades principales:** Alajuela, Cartago, Puntarenas, Heredia

SOURCE: Population Division, UN Secretariat

▶ **Moneda:** colón costarricense°

▶ **Idioma:** español (oficial)

Bandera de Costa Rica

Costarricenses célebres

▶ **Carmen Lyra,** escritora (1888–1949)

▶ **Chavela Vargas,** cantante (1919–)

▶ **Óscar Arias Sánchez,** presidente de Costa Rica (1949–)

▶ **Claudia Poll,** nadadora° olímpica (1972–)

Óscar Arias recibió
el Premio Nobel
de la Paz en 1987.

Virginia Occidental *West Virginia* mestizo *of indigenous and white parentage* ascendencia *descent* costarricense *Costa Rican* nadadora *swimmer* ejército *army* gastos *expenditures* invertir *to invest* cuartel *barracks*

Río Tempisque

Cordillera de Guanacaste

Río San Juan

Cordillera Central

Volcán Poás

Cordillera
de Tilarán

Alajuela

Puntarenas

Río Grande
de Tárcoles

Heredia

Volcán Iraz...

Cartago

San José

Cordill...

Edificio Metálico
en San José

Océano
Pacífico

Basílica de Nuestra Señora
de los Ángeles en Cartago

ESTADOS UNIDOS

OCÉANO
ATLÁNTICO

COSTA RICA

OCÉANO
PACÍFICO

AMÉRICA DEL SUR

recursos		
CP pp. 13–14	CA pp. 65–66	descubre2.vhlcentral.com Lección 1

¡Increíble pero cierto!

Costa Rica es el único país latinoamericano que no tiene ejército°. Sin gastos° militares, el gobierno puede invertir° más dinero en la educación y las artes. En la foto aparece el Museo Nacional de Costa Rica, antiguo cuartel° del ejército.

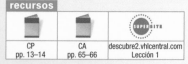

Lugares • **Los parques nacionales**

El sistema de parques nacionales de Costa Rica ocupa el 9,3% de su territorio y fue establecido° para la protección de su biodiversidad. En los parques, los ecoturistas pueden admirar montañas, cataratas° y una gran variedad de plantas exóticas. Algunos ofrecen también la oportunidad de ver quetzales°, monos°, jaguares, armadillos y mariposas° en su hábitat natural.

Economía • **Las plantaciones de café**

Costa Rica fue el primer país centroamericano en desarrollar° la industria del café. En el siglo° XIX, los costarricenses empezaron a exportar esta semilla° a Inglaterra°, lo que significó una contribución importante a la economía de la nación. Actualmente, más de 50.000 costarricenses trabajan en el cultivo del café. Este producto representa cerca del 15% de sus exportaciones anuales.

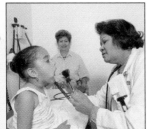

Sociedad • **Una nación progresista**

Costa Rica es un país progresista. Tiene un nivel de alfabetización° del 96%, uno de los más altos de Latinoamérica. En 1870, esta nación centroamericana abolió la pena de muerte° y en 1948 eliminó el ejército e hizo obligatoria y gratuita° la educación para todos sus ciudadanos.

¿Qué aprendiste? Responde a las preguntas con una oración completa.

1. ¿Cómo se llama la capital de Costa Rica?

2. ¿Quién es Claudia Poll?

3. ¿Qué porcentaje del territorio de Costa Rica ocupan los parques nacionales?

4. ¿Para qué se establecen los parques nacionales?

5. ¿Qué pueden ver los turistas en los parques nacionales?

6. ¿Cuántos costarricenses trabajan en las plantaciones de café hoy día?

7. ¿Cuándo eliminó Costa Rica la pena de muerte?

Bañistas en Limón

Conexión Internet Investiga estos temas en **descubre2.vhlcentral.com**.

1. Busca información sobre Óscar Arias Sánchez. ¿Quién es? ¿Por qué se le considera (*is he considered*) un costarricense célebre?

2. Busca información sobre los artistas de Costa Rica. ¿Qué artista, escritor o cantante te interesa más? ¿Por qué?

....

establecido *established* **cataratas** *waterfalls* **quetzales** *type of tropical bird* **monos** *monkeys* **mariposas** *butterflies* **en desarrollar** *to develop* **siglo** *century* **semilla** *bean* **Inglaterra** *England* **nivel de alfabetización** *literacy rate* **pena de muerte** *death penalty* **gratuita** *free*

El cuerpo

la boca	mouth
el brazo	arm
la cabeza	head
el corazón	heart
el cuello	neck
el cuerpo	body
el dedo	finger
el dedo del pie	toe
el estómago	stomach
la garganta	throat
el hueso	bone
la nariz	nose
el oído	(sense of) hearing; inner ear
el ojo	eye
la oreja	(outer) ear
el pie	foot
la pierna	leg
la rodilla	knee
el tobillo	ankle

La salud

el accidente	accident
el antibiótico	antibiotic
la aspirina	aspirin
la clínica	clinic
el consultorio	doctor's office
el/la dentista	dentist
el/la doctor(a)	doctor
el dolor (de cabeza)	(head)ache; pain
el/la enfermero/a	nurse
el examen médico	physical exam
la farmacia	pharmacy
la gripe	flu
el hospital	hospital
la infección	infection
el medicamento	medication
la medicina	medicine
la operación	operation
el/la paciente	patient
la pastilla	pill; tablet
la radiografía	X-ray
la receta	prescription
el resfriado	cold (illness)
la sala de emergencia(s)	emergency room
la salud	health
el síntoma	symptom
la tos	cough

Verbos

caerse	to fall (down)
dañar	to damage; to break down
darse con	to bump into; to run into
doler (o:ue)	to hurt
enfermarse	to get sick
estar enfermo/a	to be sick
estornudar	to sneeze
lastimarse (el pie)	to injure (one's foot)
olvidar	to forget
poner una inyección	to give an injection
prohibir	to prohibit
recetar	to prescribe
romper	to break
romperse (la pierna)	to break (one's leg)
sacar(se) un diente	to have a tooth removed
ser alérgico/a (a)	to be allergic (to)
sufrir una enfermedad	to suffer an illness
tener dolor (m.)	to have a pain
tener fiebre	to have a fever
tomar la temperatura	to take someone's temperature
torcerse (o:ue) (el tobillo)	to sprain (one's ankle)
toser	to cough

Adjetivos

congestionado/a	congested; stuffed-up
embarazada	pregnant
grave	grave; serious
mareado/a	dizzy; nauseated
médico/a	medical
saludable	healthy
sano/a	healthy

Adverbios

a menudo	often
a tiempo	on time
a veces	sometimes
además (de)	furthermore; besides
apenas	hardly; scarcely
así	like this; so
bastante	enough; rather
casi	almost
con frecuencia	frequently
de niño/a	as a child
de vez en cuando	from time to time
despacio	slowly
menos	less
mientras	while
muchas veces	a lot; many times
poco	little
por lo menos	at least
pronto	soon
rápido	quickly
todos los días	every day

Expresiones útiles	See page 23.

recursos

CA p. 94

descubre2.vhlcentral.com Lección 1

La tecnología

2

Communicative Goals

You will learn how to:

- Talk about using technology and electronic products
- Use common expressions on the telephone
- Talk about car trouble

A PRIMERA VISTA
- ¿Se llevan ellos bien o mal?
- ¿Crees que hace mucho tiempo que se conocen?
- ¿Son saludables?
- ¿Qué partes del cuerpo se ven en la foto?

La tecnología

Más vocabulario

la calculadora	calculator
la cámara de video, digital	video, digital camera
el canal	(TV) channel
la contestadora	answering machine
el estéreo	stereo
el fax	fax (machine)
la televisión por cable	cable television
el tocadiscos compacto	compact disc player
el video(casete)	video(cassette)
el archivo	file
arroba	@ symbol
la dirección electrónica	e-mail address
Internet	Internet
el mensaje de texto	text message
la página principal	home page
el programa de computación	software
la red	network; Web
el sitio web	website
apagar	to turn off
borrar	to erase
descargar	to download
funcionar	to work
grabar	to record
guardar	to save
imprimir	to print
llamar	to call
navegar (en Internet)	to surf (the Internet)
poner, prender	to turn on
quemar	to burn (a CD)
sonar (o:ue)	to ring
descompuesto/a	not working; out of order
lento/a	slow
lleno/a	full

Variación léxica

computadora ⟷ ordenador (Esp.),
computador (Col.)

descargar ⟷ bajar (Esp., Col., Arg., Ven.)

el televisor

la pantalla

el reproductor de DVD

la videocasetera

la impresora

la computadora (portátil)

la computadora (portátil)

el monitor

el (teléfono) celular

el ratón

el teclado

el cederrón

recursos

| CP pp. 15–16 | CH pp. 17–18 | CA p. 89 | SUPERSITE descubre2.vhlcentral.com Lección 2 |

Práctica

1 **Escuchar** 🎧 Escucha la conversación entre dos amigas. Después completa las oraciones.

1. María y Ana están en _____.
   a. una tienda   b. un cibercafé   c. un restaurante
2. A María le encantan _____.
   a. los celulares   b. las cámaras digitales   c. los cibercafés
3. Ana prefiere guardar las fotos en _____.
   a. la pantalla   b. un archivo   c. un cederrón
4. María quiere tomar un café y _____.
   a. poner la computadora   b. sacar fotos digitales
   c. navegar en Internet
5. Ana paga por el café y _____.
   a. el uso de Internet   b. la impresora   c. el cederrón

2 **¿Cierto o falso?** 🎧 Escucha las oraciones e indica si lo que dice cada una es **cierto** o **falso**, según el dibujo.

1 _____   5. _____
2. _____   6. _____
3. _____   7. _____
4. _____   8. _____

3 **Oraciones** Escribe oraciones usando estos elementos. Usa el pretérito y añade las palabras necesarias.

1. yo / descargar / fotos digitales / Internet

2. tú / apagar / televisor / diez / noche

3. Daniel y su esposa / comprar / computadora portátil / ayer

4. Sara y yo / ir / cibercafé / para / navegar en Internet

5. Jaime / decidir / comprar / reproductor de MP3

6. teléfono celular / sonar / pero / yo / no contestar

4 **Preguntas** Mira el dibujo y contesta las preguntas.

1. ¿Qué tipo de café es?
2. ¿Cuántas impresoras hay? ¿Cuántos ratones?
3. ¿Por qué vinieron estas personas al café?
4. ¿Qué hace el camarero?
5. ¿Qué hace la mujer en la computadora? ¿Y el hombre?
6. ¿Qué máquinas están cerca del televisor?
7. ¿Dónde hay un cibercafé en tu comunidad?
8. ¿Por qué puedes tú necesitar un cibercafé?

Cibercafé CORRIENTES

el control remoto

el reproductor de MP3

el disco compacto

SUPERSITE

Más vocabulario

la autopista, la carretera	highway
la calle	street
la circulación, el tráfico	traffic
el garaje, el taller (mecánico)	(mechanic's) garage; repair shop
la licencia de conducir	driver's license
el/la mecánico/a	mechanic
la policía	police (force)
la velocidad máxima	speed limit
arrancar	to start
arreglar	to fix; to arrange
bajar(se) de	to get off of/out of (a vehicle)
conducir, manejar	to drive
estacionar	to park
parar	to stop
subir(se) a	to get on/into (a vehicle)

Labels in illustration: el capó, el cofre · Revisa el aceite. (revisar) · el carro, el coche · el parabrisas · Llena el tanque. (llenar) · REPSOL YPF · el radio · la gasolina · el volante · el baúl · la llanta · SUPERSITE · **En la gasolinera**

---

5   **Completar** Completa estas oraciones con las palabras correctas.

1. Para poder conducir legalmente, necesitas…
2. Puedes poner las maletas en…
3. Si tu carro no funciona, debes llevarlo a…
4. Para llenar el tanque de tu coche, necesitas ir a…
5. Antes de un viaje largo, es importante revisar…
6. Otra palabra para autopista es…
7. Mientras hablas por teléfono celular, no es buena idea…
8. Otra palabra para coche es…

---

6   **Conversación** Completa la conversación con las palabras de la lista. No vas a usar dos de las palabras.

el aceite	la gasolina	llenar	revisar	el taller
el baúl	las llantas	manejar	el parabrisas	el volante

EMPLEADO   Bienvenido al (1)_____ mecánico Óscar. ¿En qué le puedo servir?

JUAN   Buenos días. Quiero (2)_____ el tanque y revisar (3)_____, por favor.

EMPLEADO   Con mucho gusto. Si quiere, también le limpio (4)_____.

JUAN   Sí, gracias. Está un poquito sucio. La próxima semana tengo que (5)_____ hasta Buenos Aires. ¿Puede cambiar (6)_____? Están gastadas (*worn*).

EMPLEADO   Claro que sí, pero voy a tardar (*it will take me*) un par de horas.

JUAN   Mejor regreso mañana. Ahora no tengo tiempo. ¿Cuánto le debo por (7)_____?

EMPLEADO   Sesenta pesos. Y veinticinco por (8)_____ y cambiar el aceite.

CONSULTA

For more information about **Buenos Aires**, see **Panorama**, p. 86.

Comunicación

7

Preguntas Trabajen en grupos para contestar estas preguntas. Después compartan sus respuestas con la clase.

1. a. ¿Tienes un teléfono celular? ¿Para qué lo usas?
   b. ¿Qué utilizas más: el teléfono o el correo electrónico? ¿Por qué?
   c. En tu opinión, ¿cuáles son las ventajas (*advantages*) y desventajas de los diferentes modos de comunicación?
2. a. ¿Con qué frecuencia usas la computadora?
   b. ¿Para qué usas Internet?
   ▶ c. ¿Tienes tu propio sitio web? ¿Cómo es?
3. a. ¿Miras la televisión con frecuencia? ¿Qué programas ves?
   b. ¿Tienes televisión por cable? ¿Por qué?
   c. ¿Tienes una videocasetera? ¿Un reproductor de DVD? ¿Un reproductor de DVD en la computadora?
   d. A través de (*By*) qué medio escuchas música: ¿radio, estéreo, tocadiscos compacto, reproductor de MP3 o computadora?
4. a. ¿Tienes licencia de conducir?
   ▶ b. ¿Cuánto tiempo hace que la conseguiste?
   c. ¿Tienes carro? Descríbelo.
   d. ¿Llevas tu carro al taller? ¿Para qué?

NOTA CULTURAL

Algunos sitios web utilizan códigos para identificar su país de origen. Éstos son los códigos para algunos países hispanohablantes.

Argentina .ar
Colombia .co
España .es
México .mx
Venezuela .ve

CONSULTA

To review expressions like **hace…que**, see **Lección 1, Expresiones útiles**, p. 23.

8

Postal En parejas, lean la tarjeta postal. Después contesten las preguntas.

19 julio de 1979

Hola, Paco:

¡Saludos! Estamos de viaje por unas semanas. La Costa del Sol es muy bonita. No hemos encontrado (*we haven't found*) a tus amigos porque nunca están en casa cuando llamamos. El teléfono suena y suena y nadie contesta. Vamos a seguir llamando.

Sacamos muchas fotos muy divertidas. Cuando regresemos y las revelemos (*get them developed*), te las voy a enseñar. Las playas son preciosas. Hasta ahora el único problema fue que la oficina en la cual reservamos un carro perdió nuestros papeles y tuvimos que esperar mucho tiempo.

También tuvimos un pequeño problema con el hotel. La agencia de viajes nos reservó una habitación en un hotel que está muy lejos de todo. No podemos cambiarla, pero no me importa mucho. A pesar de eso, estamos contentos.

Tu hermana, Gabriela

Francisco Jiménez
San Lorenzo 3250
Rosario, Argentina 2000

1. ¿Cuáles son los problemas que ocurren en el viaje de Gabriela?
2. Con la tecnología de hoy, ¿existen los mismos problemas cuando se viaja? ¿Por qué?
3. Hagan una comparación entre la tecnología de los años 70 y 80 y la de hoy.
4. Imaginen que la hija de Gabriela escribe un correo electrónico sobre el mismo tema con fecha de hoy. Escriban ese correo, incorporando la tecnología de hoy (teléfonos celulares, Internet, cámaras digitales, etc.). Inventen nuevos problemas.

Tecnohombre, ¡mi héroe!

El autobús se daña.

ÁLEX ¿Bueno? … Con él habla… Ah, ¿cómo estás? … Aquí, yo muy bien. Vamos para Ibarra. ¿Sabes lo que pasó? Esta tarde íbamos para Ibarra cuando Javier tuvo un accidente en el autobús. Se cayó y tuvimos que llevarlo a una clínica.

JAVIER Episodio veintiuno: Tecnohombre y los superamigos suyos salvan el mundo una vez más.

INÉS Oh, Tecnohombre, ¡mi héroe!

MAITE ¡Qué cómicos! Un día de éstos, ya van a ver…

ÁLEX Van a ver quién es realmente Tecnohombre. Mis superamigos y yo nos hablamos todos los días por el teléfono Internet, trabajando para salvar el mundo. Pero ahora, con su permiso, quiero escribirle un mensaje electrónico a mi mamá y navegar en la red un ratito.

INÉS Pues… no sé… creo que es el alternador. A ver… sí… Mire, don Francisco… está quemado el alternador.

DON FRANCISCO Ah, sí. Pero aquí no podemos arreglarlo. Conozco a un mecánico pero está en Ibarra, a veinte kilómetros de aquí.

ÁLEX ¡Tecnohombre, a sus órdenes!

DON FRANCISCO ¡Eres la salvación, Álex! Llama al Sr. Fonseca al cinco, treinta y dos, cuarenta y siete, noventa y uno. Nos conocemos muy bien. Seguro que nos ayuda.

ÁLEX Buenas tardes. ¿Con el Sr. Fonseca por favor? … Soy Álex Morales, cliente de Ecuatur. Le hablo de parte del señor Francisco Castillo… Es que íbamos para Ibarra y se nos dañó el autobús. … Pensamos que es el… el alternador… Estamos a veinte kilómetros de la ciudad…

recursos

CA pp. 49–50

descubre2.vhlcentral.com Lección 2

DON FRANCISCO Chicos, creo que tenemos un problema con el autobús. ¿Por qué no se bajan?

DON FRANCISCO Mmm, no veo el problema.

INÉS Cuando estaba en la escuela secundaria, trabajé en el taller de mi tío. Me enseñó mucho sobre mecánica. Por suerte, arreglé unos autobuses como éste.

DON FRANCISCO ¡No me digas!

SR. FONSECA Creo que va a ser mejor arreglar el autobús allí mismo. Tranquilo, enseguida salgo.

ÁLEX Buenas noticias. El señor Fonseca viene enseguida. Piensa que puede arreglar el autobús aquí mismo.

MAITE ¡La Mujer Mecánica y Tecnohombre, mis héroes!

DON FRANCISCO ¡Y los míos también!

Expresiones útiles

Talking on the telephone

- **Aló./¿Bueno?/Diga.**
  Hello.
- **¿Quién habla?**
  Who is speaking?
- **¿De parte de quién?**
  Who is calling?
  Con él/ella habla.
  This is he/she.
  Le hablo de parte de Francisco Castillo.
  I'm speaking to you on behalf of Francisco Castillo.
- **¿Puedo dejar un recado?**
  May I leave a message?
  Está bien. Llamo más tarde.
  That's fine. I'll call later.

Talking about bus or car problems

- **¿Qué pasó?**
  What happened?
  Se nos dañó el autobús.
  The bus broke down.
  Se nos pinchó una llanta.
  We had a flat tire.
  Está quemado el alternador.
  The alternator is burned out.

Saying how far away things are

- **Está a veinte kilómetros de aquí.**
  It's twenty kilometers from here.
- **Estamos a veinte millas de la ciudad.**
  We're twenty miles from the city.

Expressing surprise

- **¡No me digas!**
  You don't say! (fam.)
- **¡No me diga!**
  You don't say! (form.)

Offering assistance

- **A sus órdenes.**
  At your service.

Additional vocabulary

- **aquí mismo**
  right here

¿Qué pasó?

1 **Seleccionar** Selecciona las respuestas que completan correctamente estas oraciones.

1. Álex quiere_____.
   a. llamar a su mamá por teléfono celular b. escribirle a su mamá y navegar en la red
   c. hablar por teléfono Internet y navegar en la red
2. Se les dañó el autobús. Inés dice que _____.
   a. el alternador está quemado b. se pinchó una llanta c. el taller está lejos
3. Álex llama al mecánico, el señor _____.
   a. Castillo b. Ibarra c. Fonseca
4. Maite llama a Inés la "Mujer Mecánica" porque antes _____.
   a. trabajaba en el taller de su tío b. arreglaba computadoras
   c. conocía a muchos mecánicos
5. El grupo está a _____ de la ciudad.
   a. veinte millas b. veinte grados centígrados c. veinte kilómetros

2 **Identificar** Identifica quién puede decir estas oraciones.

1. Gracias a mi tío tengo un poco de experiencia arreglando autobuses.
2. Sé manejar un autobús pero no sé arreglarlo. ¿Por qué no llamamos a mi amigo?
3. Sabes, admiro mucho a la Mujer Mecánica y a Tecnohombre.
4. Aló... Sí, ¿de parte de quién?
5. El nombre de Tecnohombre fue idea mía. ¡Qué cómico!, ¿no?

 JAVIER
 ÁLEX
 MAITE
 INÉS
DON FRANCISCO

3 **Problema mecánico** Trabajen en parejas para representar los papeles de un(a) mecánico/a y un(a) cliente/a que está llamando al taller porque su carro está descompuesto. Usen las instrucciones como guía.

Mecánico/a

Contesta el teléfono con un saludo y el nombre del taller.

Pregunta qué tipo de problema tiene exactamente.

Di que debe traer el carro al taller.

Ofrece una hora para revisar el carro.

Da las gracias y despídete.

Cliente/a

Saluda y explica que tu carro está descompuesto.

Explica que tu carro no arranca cuando hace frío.

Pregunta cuándo puedes llevarlo.

Acepta la hora que ofrece el/la mecánico/a.

Despídete y cuelga (*hang up*).

Ahora cambien los papeles y representen otra conversación. Ustedes son un(a) técnico/a y un(a) cliente/a. Usen estas ideas:

el celular no guarda mensajes   la impresora imprime muy lentamente
la computadora no descarga fotos   el reproductor de DVD está descompuesto

Ortografía

La acentuación de palabras similares

Although accent marks usually indicate which syllable in a word is stressed, they are also used to distinguish between words that have the same or similar spellings.

Él maneja el coche.   **Sí, voy si quieres.**

Although one-syllable words do not usually carry written accents, some *do* have accent marks to distinguish them from words that have the same spelling but different meanings.

Sé cocinar.   Se baña.   ¿Tomas té?   Te duermes.

Sé (*I know*) and **té** (*tea*) have accent marks to distinguish them from the pronouns **se** and **te**.

para mí   mi cámara   Tú lees.   tu estéreo

Mí (*Me*) and **tú** (*you*) have accent marks to distinguish them from the possessive adjectives **mi** and **tu**.

¿Por qué vas?   **Voy porque quiero.**

Several words of more than one syllable also have accent marks to distinguish them from words that have the same or similar spellings.

Éste es rápido.   **Este módem es rápido.**

Demonstrative pronouns have accent marks to distinguish them from demonstrative adjectives.

¿Cuándo fuiste?   **Fui cuando me llamó.**

¿Dónde trabajas?   **Voy al taller donde trabajo.**

Adverbs have accent marks when they are used to convey a question.

Práctica Marca los acentos en las palabras que los necesitan.

ANA Alo, soy Ana. ¿Que tal?

JUAN Hola, pero… ¿por que me llamas tan tarde?

ANA Porque mañana tienes que llevarme a la escuela. Mi auto esta dañado.

JUAN ¿Como se daño?

ANA Se daño el sabado. Un vecino (*neighbor*) choco con (*crashed into*) el.

Crucigrama Utiliza las siguientes pistas (*clues*) para completar el crucigrama. ¡Ojo con los acentos!

Horizontales

1. Él _____ levanta.
4. No voy _____ no puedo.
7. Tú _____ acuestas.
9. ¿_____ es el examen?
10. Quiero este video y _____.

Verticales

2. ¿Cómo _____ usted?
3. Eres _____ mi hermano.
5. ¿_____ tal?
6. Me gusta _____ suéter.
8. Navego _____ la red.

recursos

CH
p. 19

CA
p. 90

descubre2.vhlcentral.com
Lección 2

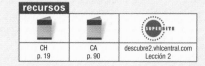

SUPERSITE flash CULTURA

EN DETALLE

El teléfono
celular

¿Cómo te comunicas con tus amigos y con tu familia? En países como Argentina y España, el servicio de teléfono común° es bastante caro, por lo que **el teléfono celular**, más accesible y barato, es el favorito de mucha gente.

El servicio más popular entre los jóvenes es el sistema de tarjetas prepagadas°, porque no requiere de un contrato ni de cuotas° extras. En muchas ciudades puedes encontrar estas tarjetas en cualquier° tienda. Para tener un servicio todavía más económico, mucha gente usa el mensaje de texto en sus teléfonos celulares. Un mensaje típico de un joven frugal podría° ser, por ejemplo: **N LLMS X TL. ¡S MY KRO!** (No llames por teléfono. ¡Es muy caro!)

Los celulares de la década de 1980 eran grandes e incómodos, y estaban limitados al uso de la voz°. Los celulares de hoy tienen muchas funciones más. Se pueden usar como despertadores, como cámara de fotos y hasta para leer y escribir correo electrónico. Sin embargo°, la función favorita de muchos jóvenes es la de poder descargar música de Internet en sus teléfonos para poder escucharla cuando lo deseen°, es decir, ¡casi todo el tiempo!

Mensajes de texto en español

¿K TL?	¿Qué tal?	CONT, XFA	Contesta, por favor.
STY S3A2	Estoy estresado°.	TB	también
TQ MXO.	Te quiero mucho.	¿A K ORA S	¿A qué hora es
A2	Adiós.	L FSTA?	la fiesta?
¿XQ?	¿Por qué?	M DBS $	Me debes dinero.
GNL	genial	5MNTRIOS	Sin comentarios.
¡K RSA!	¡Qué risa!°	¿K ACS?	¿Qué haces?
¡QT 1 BD!	¡Que tengas un buen día!°	STY N L BBLIOTK	Estoy en la biblioteca.
		1 BSO	Un beso.
SALU2, PP	Saludos, Pepe.	NS VMS + TRD	Nos vemos más tarde.

común *ordinary* prepagadas *prepaid* cuotas *fees* cualquier *any* podría *could* voz *voice* Sin embargo *However* cuando lo deseen *whenever they wish* estresado *stressed out* ¡Qué risa! *So funny!* ¡Que tengas un buen día! *Have a nice day!*

ACTIVIDADES

1 **¿Cierto o falso?** Indica si lo que dicen estas oraciones es **cierto** o **falso**. Corrige la información falsa.

1. El teléfono común es un servicio caro en Argentina.

2. Muchas personas usan más el teléfono celular que el teléfono común.

3. Es difícil encontrar tarjetas prepagadas en las ciudades hispanas.

4. Los jóvenes suelen (*tend to*) usar el mensaje de texto para pagar menos por el servicio de teléfono celular.

5. Los primeros teléfonos celulares eran muy cómodos y pequeños.

6. En la década de 1980, los teléfonos celulares tenían muchas funciones.

7. **STY S3A2** significa "Te quiero mucho".

La tecnología

los audífonos (Méx., Col.), los auriculares (Arg.), los cascos (Esp.)	*headset; earphones*
el móvil (Esp.)	el celular
(teléfono) deslizable	*slider (phone)*
inalámbrico/a	*cordless; wireless*
el manos libres (Amér. S.)	*free-hands system*
(teléfono) plegable	*flip (phone)*

Las bicimotos

○ **Argentina** El ciclomotor se usa mayormente° para repartir a domicilio° comidas y medicinas.

○ **Perú** La motito se usa mucho para el reparto a domicilio de pan fresco todos los días.

○ **México** La *Vespa* se usa para evitar° el tráfico en grandes ciudades.

○ **España** La población usa el *Vespino* para ir y volver al trabajo cada día.

○ **Puerto Rico** Una *scooter* es el medio de transporte favorito en las zonas rurales.

○ **República Dominicana** Las moto-taxis son el medio de transporte más económico, ¡pero no olvides el casco°!

mayormente *mainly* repartir a domicilio *home delivery of* evitar *to avoid* casco *helmet*

Los cibercafés

Hoy día, en casi cualquier ciudad grande latinoamericana te puedes encontrar en cada esquina° un nuevo tipo de café: **el cibercafé**. Allí uno puede disfrutar de° un refresco o un café mientras navega en Internet, escribe correo electrónico o chatea° en múltiples foros virtuales.

De hecho°, el negocio° del cibercafé está mucho más desarrollado° en Latinoamérica que en los Estados Unidos. En una ciudad hispana, es común ver varios en una misma cuadra°. Los extranjeros piensan que no puede haber suficientes clientes para todos, pero los cibercafés ofrecen servicios especializados que permiten su coexistencia. Por ejemplo, mientras que el cibercafé Videomax atrae° a los niños con videojuegos, el Conécta-T ofrece servicio de chat con cámara para jóvenes, y el Mundo° Ejecutivo atrae a profesionales, todo en la misma calle.

esquina *corner* disfrutar de *enjoy* chatea *chat (from the English verb* to chat) De hecho *In fact* negocio *business* desarrollado *developed* cuadra *(city) block* atrae *attracts* Mundo *World*

Conexión Internet

¿Qué sitios web son populares entre los jóvenes hispanos?

Go to **descubre2.vhlcentral.com** to find more cultural information related to this **Cultura** section.

2 **Comprensión** Responde a las preguntas.

1. ¿Cuáles son tres formas de decir *headset*?
2. ¿Para qué se usan las bicimotos en Argentina?
3. ¿Qué puedes hacer mientras tomas un refresco en un cibercafé?
4. ¿Qué tienen de especial los cibercafés en Latinoamérica?

3 **¿Cómo te comunicas?** Escribe un párrafo breve en donde expliques qué utilizas para comunicarte con tus amigos/as (correo electrónico, teléfono, etc.) y de qué hablan cuando se llaman por teléfono.

recursos

CH
p. 20

descubre2.vhlcentral.com
Lección 2

2.1 Familiar commands

ANTE TODO In Spanish, the command forms are used to give orders or advice. You use **tú** commands (**mandatos familiares**) when you want to give an order or advice to someone you normally address with the familiar **tú**.

Affirmative tú commands		
Infinitive	Present tense él/ella form	Affirmative tú command
hablar	habla	**habla** (tú)
guardar	guarda	**guarda** (tú)
prender	prende	**prende** (tú)
volver	vuelve	**vuelve** (tú)
pedir	pide	**pide** (tú)
imprimir	imprime	**imprime** (tú)

▶ Affirmative **tú** commands usually have the same form as the **él/ella** form of the present indicative.

Guarda el documento antes de cerrarlo.
Save the document before closing it.

Imprime tu tarea para la clase de inglés.
Print your homework for English class.

▶ There are eight irregular affirmative **tú** commands.

Irregular affirmative tú commands			
decir	**di**	salir	**sal**
hacer	**haz**	ser	**sé**
ir	**ve**	tener	**ten**
poner	**pon**	venir	**ven**

¡**Sal** de aquí ahora mismo!
Leave here at once!

Haz los ejercicios.
Do the exercises.

▶ Since **ir** and **ver** have the same **tú** command (**ve**), context will determine the meaning.

Ve al cibercafé con Yolanda.
Go to the cybercafé with Yolanda.

Ve ese programa... es muy interesante.
See that program... it's very interesting.

Apaga ese walkman y *contesta* el teléfono.

¡No me digas!

Negative tú commands

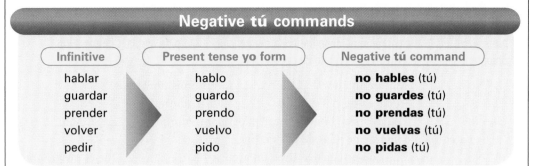

Infinitive	Present tense yo form	Negative tú command
hablar	hablo	**no hables** (tú)
guardar	guardo	**no guardes** (tú)
prender	prendo	**no prendas** (tú)
volver	vuelvo	**no vuelvas** (tú)
pedir	pido	**no pidas** (tú)

▶ The negative **tú** commands are formed by dropping the final -**o** of the **yo** form of the present tense. For -**ar** verbs, add -**es**. For -**er** and -**ir** verbs, add -**as**.

> Héctor, **no pares** el carro aquí.
> *Héctor, don't stop the car here.*

> **No prendas** la computadora todavía.
> *Don't turn on the computer yet.*

▶ Verbs with irregular **yo** forms maintain the same irregularity in their negative **tú** commands. These verbs include **conducir, conocer, decir, hacer, ofrecer, oír, poner, salir, tener, traducir, traer, venir,** and **ver**.

> **No pongas** el cederrón en la computadora.
> *Don't put the CD-ROM in the computer.*

> **No conduzcas** tan rápido.
> *Don't drive so fast.*

▶ Note also that stem-changing verbs keep their stem changes in negative **tú** commands.

> No p**ie**rdas tu celular.
> *Don't lose your cell phone.*

> No v**ue**lvas a esa gasolinera.
> *Don't go back to that gas station.*

> No rep**i**tas las instrucciones.
> *Don't repeat the instructions.*

▶ Verbs ending in -**car**, -**gar**, and -**zar** have a spelling change in the negative **tú** commands.

sa**car**	c → **qu**	no sa**qu**es
apa**gar**	g → **gu**	no apa**gu**es
almor**zar**	z → **c**	no almuer**c**es

▶ The following verbs have irregular negative **tú** commands.

Irregular negative tú commands

dar		**no des**
estar		**no estés**
ir		**no vayas**
saber		**no sepas**
ser		**no seas**

¡INTÉNTALO! Indica los mandatos familiares afirmativos y negativos de estos verbos.

1. correr   _____*Corre*_____ más rápido.   No _____*corras*_____ más rápido.
2. llenar   _____ el tanque.   No _____ el tanque.
3. salir   _____ ahora.   No _____ ahora.
4. descargar   _____ ese documento.   No _____ ese documento.
5. levantarse   _____ temprano.   No _____ temprano.
6. hacerlo   _____ ya.   No _____ ahora.

Práctica (SUPERSITE)

1 **Completar** Tu mejor amigo no entiende nada de tecnología y te pide ayuda. Completa los comentarios de tu amigo con el mandato de cada verbo.

1. No _____ en una hora. _____ ahora mismo. (venir)
2. _____ tu tarea después. No la _____ ahora. (hacer)
3. No _____ a la tienda a comprar papel para la impresora. _____ a la cafetería a comprarme algo de comer. (ir)
4. No _____ que no puedes abrir un archivo. _____ que el programa de computación funciona sin problemas. (decirme)
5. _____ generoso con tu tiempo, y no _____ antipático si no entiendo fácilmente. (ser)
6. _____ mucha paciencia y no _____ prisa. (tener)
7. _____ tu teléfono celular, pero no _____ la computadora. (apagar)

2 **Cambiar** Pedro y Marina no pueden ponerse de acuerdo (*agree*) cuando viajan en el carro. Cuando Pedro dice que algo es necesario, Marina expresa una opinión diferente. Usa la información entre paréntesis para formar las órdenes que Marina le da a Pedro.

> **modelo**
>
> **Pedro:** Necesito revisar el aceite del carro. (seguir hasta el próximo pueblo)
> **Marina:** *No revises el aceite del carro. Sigue hasta el próximo pueblo.*

1. Necesito conducir más rápido. (parar el carro)
2. Necesito poner el radio. (hablarme)
3. Necesito almorzar ahora. (comer más tarde)
4. Necesito sacar los discos compactos. (manejar con cuidado)
5. Necesito estacionar el carro en esta calle. (pensar en otra opción)
6. Necesito volver a esa gasolinera. (arreglar el carro en un taller)
7. Necesito leer el mapa. (pedirle ayuda a aquella señora)
8. Necesito dormir en el carro. (acostarse en una cama)

3 **Problemas** Tú y tu compañero/a son voluntarios en el centro de computadoras de la escuela. Muchos estudiantes están llegando con problemas. Denles órdenes para ayudarlos a resolverlos.

> **modelo**
>
> **Problema:** No veo nada en la pantalla.
> **Tu respuesta:** *Prende la pantalla de tu computadora.*

apagar...	descargar...	guardar...	navegar...	quemar...
borrar...	funcionar...	imprimir...	prender...	grabar...

1. No me gusta este programa de computación.
2. Tengo miedo de perder mi documento.
3. Prefiero leer este sitio web en papel.
4. Mi correo electrónico funciona muy lentamente.
5. Busco información sobre los gauchos de Argentina.
6. Tengo demasiados archivos en mi computadora.
7. Mi computadora se congeló (*froze*).
8. Quiero ver las fotos del cumpleaños de mi hermana.

NOTA CULTURAL

Los gauchos (*nomadic cowboys*), conocidos por su habilidad (*skill*) para montar caballos y utilizar lazos, viven en la región más extensa de Argentina, la Patagonia. Esta región ocupa casi la mitad (*half*) de la superficie (*land area*) del país.

Comunicación

4

Órdenes Circula por la clase e intercambia mandatos negativos y afirmativos con tus compañeros/as. Debes seguir los mandatos que ellos te dan o reaccionar apropiadamente.

> **modelo**
>
> **Estudiante 1:** Dame todo tu dinero.
> **Estudiante 2:** No, no quiero dártelo. Muéstrame tu cuaderno.
> **Estudiante 1:** Aquí está.
> **Estudiante 3:** Ve a la pizarra y escribe tu nombre.
> **Estudiante 4:** No quiero. Hazlo tú.

5

Anuncios Miren este anuncio. Luego, en grupos pequeños, preparen tres anuncios adicionales para tres escuelas que compiten (*compete*) con ésta.

INFORMÁTICA ARGENTINA

Toma nuestros cursos y aprende a usar la computadora

abre y lee tus archivos

imprime tus documentos

entra al campo de la tecnología

¡Ponte en contacto con nosotros llamando al **11-4-129-1508** HOY!

Síntesis

recursos

CA
pp. 5–6

6

¡Tanto que hacer! Tu profesor(a) te va a dar una lista de diligencias (*errands*). Algunas las hiciste tú y algunas las hizo tu compañero/a. Las diligencias que ya hicieron tienen esta marca ✔. Pero quedan cuatro diligencias por hacer. Dale mandatos a tu compañero/a, y él/ella responde para confirmar si hay que hacerla o si ya la hizo.

> **modelo**
>
> **Estudiante 1:** Llena el tanque.
> **Estudiante 2:** Ya llené el tanque. / ¡Ay, no! Tenemos que
>   llenar el tanque.

2.2   Por and para   SUPERSITE

ANTE TODO   Unlike English, Spanish has two words that mean *for*: **por** and **para**. These two prepositions are not interchangeable. Study the following charts to see how they are used.

Es para usted. Es un cliente de don Paco.

Álex habla por teléfono.

Por is used to indicate...

1. Motion or a general location . . . .
(around, through, along, by)

La excursión nos llevó **por** el centro.
The tour took us through downtown.

Pasamos **por** el parque y **por** el río.
We passed by the park and along the river.

2. Duration of an action . . . .
(for, during, in)

Estuve en la Patagonia **por** un mes.
I was in Patagonia for a month.

Ana navegó la red **por** la tarde.
Ana surfed the net in the afternoon.

3. Reason or motive for an action . . . .
(because of, on account of, on behalf of)

Lo hizo **por** su familia.
She did it on behalf of her family.

Papá llegó a casa tarde **por** el tráfico.
Dad arrived home late because of the traffic.

4. Object of a search . . . .
(for, in search of)

Vengo **por** ti a las ocho.
I'm coming for you at eight.

Javier fue **por** su cámara digital.
Javier went in search of his digital camera.

5. Means by which something is done . . .
(by, by way of, by means of)

Ellos viajan **por** la autopista.
They travel by (by way of) the highway.

¿Hablaste con la policía **por** teléfono?
Did you talk to the police by (on the) phone?

6. Exchange or substitution . . . .
(for, in exchange for)

Le di dinero **por** la videocasetera.
I gave him money for the VCR.

Muchas gracias **por** el cederrón.
Thank you very much for the CD-ROM.

7. Unit of measure . . . .
(per, by)

José manejaba a 120 kilómetros **por** hora.
José was driving 120 kilometers per hour.

¡ATENCIÓN!

Por is also used in several idiomatic expressions, including:
por aquí *around here*
por ejemplo *for example*
por eso *that's why; therefore*
por fin *finally*

AYUDA

Remember that when giving an exact time, **de** is used instead of **por** before **la mañana, la tarde,** or **la noche.**

La clase empieza a las nueve **de** la mañana.

• • •

In addition to **por, durante** is also commonly used to mean *for* when referring to time.

Esperé al mecánico **durante** cincuenta minutos.

Para is used to indicate...

1. **Destination** . . . .
   (*toward, in the direction of*)

   Salimos **para** Córdoba el sábado.
   We are leaving for Córdoba on Saturday.

2. **Deadline or a specific time in the future** . . .
   (*by, for*)

   Él va a arreglar el carro **para** el viernes.
   He will fix the car by Friday.

3. **Purpose or goal** + [*infinitive*] . . . .
   (*in order to*)

   Juan estudia **para** (ser) mecánico.
   Juan is studying to be a mechanic.

4. **Purpose** + [*noun*] . . . .
   (*for, used for*)

   Es una llanta **para** el carro.
   It's a tire for the car.

5. **The recipient of something** . . . .
   (*for*)

   Compré una impresora **para** mi abuelo.
   I bought a printer for my grandfather.

6. **Comparison with others or an opinion**. .
   (*for, considering*)

   Para un joven, es demasiado serio.
   For a young person, he is too serious.

   Para mí, esta lección no es difícil.
   For me, this lesson isn't difficult.

7. **In the employ of** . . . .
   (*for*)

   Sara trabaja **para** Telecom Argentina.
   Sara works for Telecom Argentina.

▶ In many cases it is grammatically correct to use either **por** or **para** in a sentence. The meaning of the sentence is different, however, depending on which preposition is used.

Caminé **por** el parque.
I walked through the park.

Caminé **para** el parque.
I walked to (toward) the park.

Trabajó **por** su padre.
He worked for (in place of) his father.

Trabajó **para** su padre.
He worked for his father('s company).

¡INTÉNTALO! Completa estas oraciones con las preposiciones **por** o **para**.

1. Fuimos al cibercafé __por__ la tarde.
2. Necesitas un módem _____ navegar en la red.
3. Entraron _____ la puerta.
4. Quiero un pasaje _____ Buenos Aires.
5. _____ arrancar el carro, necesito la llave.
6. Arreglé el televisor _____ mi amigo.
7. Estuvieron nerviosos _____ el examen.
8. ¿No hay una gasolinera _____ aquí?
9. El reproductor de MP3 es _____ usted.
10. Juan está enfermo. Tengo que trabajar _____ él.
11. Estuvimos en Canadá _____ dos meses.
12. _____ mí, el español es fácil.
13. Tengo que estudiar la lección _____ el lunes.
14. Voy a ir _____ la carretera.
15. Compré dulces _____ mi novia.
16. Compramos el auto _____ un buen precio.

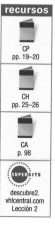

Práctica SUPERSITE

1   **Completar** Completa este párrafo con las preposiciones **por** o **para**.

El mes pasado mi familia y yo hicimos un viaje a Buenos Aires y sólo pagamos dos mil dólares (1)_____ los pasajes. Estuvimos en Buenos Aires (2)_____ una semana y paseamos por toda la ciudad. Durante el día caminamos (3)_____ la plaza San Martín, el microcentro y el barrio de La Boca, donde viven muchos artistas. (4)_____ la noche fuimos a una tanguería, que es una especie de teatro, (5)_____ mirar a la gente bailar tango. Dos días después decidimos hacer una excursión (6)_____ las pampas (7)_____ ver el paisaje y un rodeo con gauchos. Alquilamos (*We rented*) un carro y manejamos (8)_____ todas partes y pasamos unos días muy agradables. El último día que estuvimos en Buenos Aires fuimos a Galerías Pacífico (9)_____ comprar recuerdos (*souvenirs*) (10)_____ nuestros parientes. Compramos tantos regalos que tuvimos que pagar impuestos (*duties*) en la aduana al regresar.

2   **Oraciones** Crea oraciones originales con los elementos de las columnas. Une los elementos usando **por** o **para**.

> **modelo**
>
> Fuimos a Mar del Plata por razones de salud para visitar a un especialista. ◀

(no) fuimos al mercado	por/para	comprar frutas	por/para	¿?
(no) fuimos a las montañas	por/para	tres días	por/para	¿?
(no) fuiste a Mar del Plata	por/para	razones de salud	por/para	¿?
(no) fueron a Buenos Aires	por/para	tomar el sol	por/para	¿?

3   **Describir** Usa **por** o **para** y el tiempo presente para describir estos dibujos.

1. _____   2. _____   3. _____

4. _____   5. _____   6. _____

Comunicación

4

Descripciones Usa **por** o **para** y completa estas frases de manera lógica. Luego, compara tus respuestas con las de un(a) compañero/a.

1. En casa, hablo con mis amigos…
2. Mi padre/madre trabaja…
3. Ayer fui al taller…
4. Los miércoles tengo clases…
5. A veces voy a la biblioteca…

6. Esta noche tengo que estudiar…
7. Necesito… dólares…
8. Compré un regalo…
9. Mi mejor amigo/a estudia…
10. Necesito hacer la tarea…

5

Situación En parejas, dramaticen esta situación. Utilicen muchos ejemplos de **por** y **para**.

Hijo/a

Pídele dinero a tu padre/madre.

Dile que quieres comprar un carro.

Explica tres razones por las que necesitas un carro.

Dile que por no tener un carro tu vida es muy difícil.

Padre/Madre

→ Pregúntale a tu hijo/a para qué lo necesita.

→ Pregúntale por qué necesita un carro.

→ Explica por qué sus razones son buenas o malas.

→ Decide si vas a darle el dinero y explica por qué.

Síntesis

6

Una subasta (*auction*) Cada estudiante debe traer a la clase un objeto o una foto del objeto para vender. En grupos, túrnense para ser el/la vendedor(a) y los postores (*bidders*). Para empezar, el/la vendedor(a) describe el objeto y explica para qué se usa y por qué alguien debe comprarlo.

modelo

Vendedora: Aquí tengo una videocasetera Sony. Pueden usar esta videocasetera para ver películas en su casa o para grabar sus programas favoritos. Sólo hace un año que la compré y todavía funciona perfectamente. ¿Quién ofrece $1.500 para empezar?

Postor(a) 1: Pero las videocaseteras son anticuadas y no tienen buena imagen. Te doy $5,00.

Vendedora: Ah, pero ésta es muy especial porque viene con el video de mi fiesta de quinceañera.

Postor(a) 2: ¡Yo te doy $2.000!

2.3 Reciprocal reflexives

ANTE TODO   You have learned that reflexive verbs indicate that the subject of a
sentence does the action to itself. Reciprocal reflexives **(los reflexivos
recíprocos)**, on the other hand, express a shared or reciprocal action between two or more
people or things. In this context, the pronoun means *(to) each other* or *(to) one another*.

Luis y Marta **se** miran en el espejo.
Luis and Marta look at themselves in the mirror.

Luis y Marta **se** miran.
Luis and Marta look at each other.

▶ Only the plural forms of the reflexive pronouns (**nos, os, se**) are used to express
reciprocal actions because the action must involve more than one person or thing.

> Cuando **nos vimos** en la calle,
> **nos abrazamos**.
> *When we saw each other on the
> street, we hugged one another.*

> **Nos ayudamos** cuando usamos
> la computadora.
> *We help each other when we use
> the computer.*

> Ustedes **se** van a **encontrar** en el
> cibercafé, ¿no?
> *You are meeting each other at
> the cybercafé, right?*

> Las amigas **se saludaron** y
> **se besaron**.
> *The friends greeted each other
> and kissed one another.*

¡ATENCIÓN!

Here is a list of
common verbs
that can express
reciprocal actions:
abrazar(se) *to hug; to
embrace (each other)*
ayudar(se) *to help
(each other)*
besar(se) *to kiss
(each other)*
encontrar(se) *to meet
(each other); to run
into (each other)*
saludar(se) *to greet
(each other)*

¡INTÉNTALO!   Indica el reflexivo recíproco adecuado y el presente o el pretérito de
estos verbos.

presente

1. (escribir) Los novios _se escriben_.
   Nosotros _____.
   Ana y Ernesto _____.
2. (escuchar) Mis tíos _____.
   Nosotros _____.
   Ellos _____.
3. (ver) Nosotros _____.
   Fernando y Tomás _____.
   Ustedes _____.
4. (llamar) Ellas _____.
   Mis hermanos _____.
   Pepa y yo _____.

pretérito

1. (saludar) Nicolás y tú _se saludaron_.
   Nuestros vecinos _____.
   Nosotros _____.
2. (hablar) Los amigos _____.
   Elena y yo _____.
   Nosotras _____.
3. (conocer) Alberto y yo _____.
   Ustedes _____.
   Ellos _____.
4. (encontrar) Ana y Javier _____.
   Los primos _____.
   Mi hermana y yo _____.

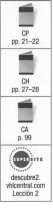

Práctica

1 **Un amor recíproco** Describe a Laura y a Elián usando los verbos recíprocos.

> **modelo**
>
> Laura veía a Elián todos los días. Elián veía a Laura todos los días.
> *Laura y Elián se veían todos los días.*

1. Laura conocía bien a Elián. Elián conocía bien a Laura.

2. Laura miraba a Elián con amor. Elián la miraba con amor también.

3. Laura entendía bien a Elián. Elián entendía bien a Laura.

4. Laura hablaba con Elián todas las noches por teléfono. Elián hablaba con Laura todas las noches por teléfono.

5. Laura ayudaba a Elián con sus problemas. Elián la ayudaba también con sus problemas.

2 **Describir** Mira los dibujos y describe lo que estas personas hicieron.

1. Las hermanas _____.   2. Ellos _____.

3. Gilberto y Mercedes _____ / _____ / _____.   4. Tú y yo _____ / _____.

Comunicación

3 **Preguntas** En parejas, túrnense para hacerse estas preguntas.

1. ¿Se vieron tú y tu mejor amigo/a ayer? ¿Cuándo se ven ustedes normalmente?
2. ¿Dónde se encuentran tú y tus amigos?
3. ¿Se ayudan tú y tu mejor amigo/a con sus problemas?
4. ¿Se entienden bien tú y tu hermano/a menor?
5. ¿Dónde se conocieron tú y tu mejor amigo/a? ¿Cuánto tiempo hace que se conocen ustedes?
6. ¿Cuándo se dan regalos tú y tus amigos?
7. ¿Se escriben tú y tus amigos mensajes de texto o prefieren llamarse por teléfono?
8. ¿Siempre se llevan bien tú y tus parientes? Explica.

2.4 Stressed possessive adjectives and pronouns

ANTE TODO Spanish has two types of possessive adjectives: the unstressed (or short) forms you learned in **Descubre, nivel 1** and the stressed (or long) forms. The stressed forms are used for emphasis or to express *of mine, of yours,* and so on.

Stressed possessive adjectives

Masculine singular	Feminine singular	Masculine plural	Feminine plural	
mío	**mía**	**míos**	**mías**	*my; (of) mine*
tuyo	**tuya**	**tuyos**	**tuyas**	*your; (of) yours* (fam.)
suyo	**suya**	**suyos**	**suyas**	*your; (of) yours* (form.)*; his; (of) his; her; (of) hers; its*
nuestro	**nuestra**	**nuestros**	**nuestras**	*our; (of) ours*
vuestro	**vuestra**	**vuestros**	**vuestras**	*your; (of) yours* (fam.)
suyo	**suya**	**suyos**	**suyas**	*your; (of) yours* (form.)*; their; (of) theirs*

▶ **¡Atención!** Used with **un/una**, these possessives are similar in meaning to the English expression *of mine/yours/*etc.

> Juancho es **un** amigo **mío.**
> *Juancho is a friend of mine.*

> Ella es **una** compañera **nuestra.**
> *She is a classmate of ours.*

▶ Stressed possessive adjectives agree in gender and number with the nouns they modify. Stressed possessive adjectives are placed after the noun they modify, while unstressed possessive adjectives are placed before the noun.

> **su** impresora
> *her printer*

> la impresora **suya**
> *her printer*

> **nuestros** televisores
> *our television sets*

> los televisores **nuestros**
> *our television sets*

▶ A definite article, an indefinite article, or a demonstrative adjective usually precedes a noun modified by a stressed possessive adjective.

Me encantan
{
unos discos compactos **tuyos.**   *I love some of your CDs.*
los discos compactos **tuyos.**   *I love your CDs.*
estos discos compactos **tuyos.**   *I love these CDs of yours.*

▶ Since **suyo, suya, suyos,** and **suyas** have more than one meaning, you can avoid confusion by using the construction: [*article*] + [*noun*] + **de** + [*subject pronoun*].

> **el** teclado **suyo**

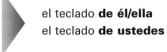

> el teclado **de él/ella**   *his/her keyboard*
> el teclado **de ustedes**   *your keyboard*

Possessive pronouns

▶ Possessive pronouns **(los pronombres posesivos)** are used to replace a noun + [*possessive adjective*]. In Spanish, the possessive pronouns have the same forms as the stressed possessive adjectives, and they are preceded by a definite article.

la calculadora **nuestra**		**la nuestra**
el *fax* **tuyo**		**el tuyo**
los archivos **suyos**		**los suyos**

▶ A possessive pronoun agrees in number and gender with the noun it replaces.

—Aquí está **mi coche**. ¿Dónde está **el tuyo**?
Here's my car. Where is yours?

—**El mío** está en el taller de mi hermano.
Mine is at my brother's garage.

—¿Tienes **las revistas** de Carlos?
Do you have Carlos' magazines?

—No, pero tengo **las nuestras.**
No, but I have ours.

Episodio veintiuno: Tecnohombre y los superamigos suyos salvan el mundo una vez más.

La Mujer Mecánica y Tecnohombre, ¡mis héroes!

¡Y los míos también!

 ¡INTÉNTALO!   Indica las formas tónicas (*stressed*) de estos adjetivos posesivos y los pronombres posesivos correspondientes.

	adjetivos	**pronombres**
1. su videocasetera	la videocasetera suya	la suya
2. mi televisor	_____	_____
3. nuestros discos compactos	_____	_____
4. tus calculadoras	_____	_____
5. su monitor	_____	_____
6. mis videos	_____	_____
7. nuestra impresora	_____	_____
8. tu estéreo	_____	_____
9. nuestro cederrón	_____	_____
10. mi computadora	_____	_____

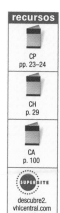

recursos

CP
pp. 23–24

CH
p. 29

CA
p. 100

SUPERSITE
descubre2.
vhlcentral.com
Lección 2

Práctica

1 **Oraciones** Forma oraciones con estas palabras. Usa el presente y haz los cambios necesarios.

1. un / amiga / suyo / vivir / Mendoza
2. ¿me / prestar / calculadora / tuyo?
3. el / coche / suyo / nunca / funcionar / bien
4. no / nos / interesar / problemas / suyo
5. yo / querer / cámara digital / mío / ahora mismo
6. un / amigos / nuestro / manejar / como / loco

2 **¿Es suyo?** Un policía ha capturado (*has captured*) al hombre que robó (*robbed*) en tu casa. Ahora quiere saber qué cosas son tuyas. Túrnate con un(a) compañero/a para hacer el papel del policía y usa las pistas para contestar las preguntas.

> **modelo**
> no/viejo
> **Policía:** Esta calculadora, ¿es suya?
> **Estudiante:** No, no es mía. La mía era más vieja.

1. sí

2. sí

3. sí

4. no/grande

5. no/pequeño

6. no/de Shakira

3 **Conversaciones** Completa estas conversaciones con las formas adecuadas de los pronombres posesivos.

1. —La casa de ellos estaba en la Avenida Borges. ¿Dónde estaba la casa de ustedes?
   —_____ estaba en la calle Bolívar.
2. —A Carmen le encanta su monitor nuevo.
   —¿Sí? A José no le gusta _____.
3. —Puse mis discos aquí. ¿Dónde pusiste _____, Alfonso?
   —Puse _____ en el escritorio.
4. —Se me olvidó traer mis llaves. ¿Trajeron ustedes _____?
   —No, dejamos _____ en casa.
5. —Yo compré mi computadora en una tienda y Marta compró _____
   en Internet. Y _____, ¿dónde la compraste?
   —_____ es de Cíbermax.

Comunicación

4

Identificar Trabajen en grupos. Cada estudiante da tres objetos. Pongan todos los objetos juntos. Luego, un(a) estudiante escoge uno o dos objetos y le pregunta a otro/a si esos objetos son suyos. Usen los adjetivos posesivos en sus preguntas.

> **modelo**
>
> **Estudiante 1:** Felipe, ¿son tuyos estos discos compactos?
> **Estudiante 2:** Sí, son míos.
> No, no son míos. Son los discos compactos de Bárbara.

5

Comparar Trabajen en parejas. Intenta (*Try to*) convencer a tu compañero/a de que algo que tú tienes es mejor que lo que él/ella tiene. Pueden hablar de sus carros, estéreos, discos compactos, clases, horarios o trabajos.

> **modelo**
>
> **Estudiante 1:** Mi computadora tiene una pantalla de quince pulgadas *(inches)*. ¿Y la tuya?
> **Estudiante 2:** La mía es mejor porque tiene una pantalla de diecisiete pulgadas.
> **Estudiante 1:** Pues la mía…

Síntesis

6

Inventos locos En grupos pequeños, lean la descripción de este invento fantástico. Después diseñen su propio invento y expliquen por qué es mejor que el de los demás grupos. Utilicen los posesivos, **por** y **para** y el vocabulario de **Contextos**.

Nuestro celular tiene conexión a Internet, ¿y el tuyo?

Este teléfono celular es mucho mejor que el tuyo por estas razones:

- El nuestro tiene capacidad para guardar un millón de mensajes electrónicos.
- El celular nuestro toma video.
- Da la temperatura.
- Funciona como control remoto para la tele.
- También arranca el coche y tiene reproductor de MP3.

Sirve para todo.

Oferta: $45 por mes (con un contrato mínimo de dos años)

Para más información, llama al 607-362-1990 o visita nuestro sitio web www.telefonoloco.com

Recapitulación

SUPERSITE For self-scoring and diagnostics, go to **descubre2.vhlcentral.com**.

Completa estas actividades para repasar los conceptos de gramática de esta lección.

1 **Completar** Completa la tabla con las formas de los mandatos familiares. `8 pts.`

Infinitivo	Mandato	
	Afirmativo	**Negativo**
comer	come	no comas
hacer		
sacar		
venir		
ir		

2 **Por y para** Completa el diálogo con **por** o **para**. `10 pts.`

MARIO Hola, yo trabajo (1) _____ el periódico de la escuela. ¿Puedo hacerte unas preguntas?

INÉS Sí, claro.

MARIO ¿Navegas mucho (2) _____ la red?

INÉS Sí, todos los días me conecto a Internet (3) _____ leer mi correo y navego (4) _____ una hora. También me gusta hablar (5) _____ el *messenger* con mis amigos. Es barato y, (6) _____ mí, es divertido.

MARIO ¿Y qué piensas sobre hacer la tarea en la computadora?

INÉS En general, me parece bien, pero (7) _____ ejemplo, anoche hice unos ejercicios (8) _____ la clase de álgebra y al final me dolieron los ojos. (9) _____ eso a veces prefiero hacer la tarea a mano.

MARIO Muy bien. Muchas gracias (10) _____ tu ayuda.

3 **Posesivos** Completa las oraciones y confirma de quién son las cosas. `6 pts.`

1. —¿Éste es mi bolígrafo? —Sí, es el _____ (*fam.*).

2. —¿Ésta es la cámara de tu papá? —Sí, es la _____.

3. —¿Ese teléfono es de Pilar? —Sí, es el _____.

4. —¿Éstos cederrones son de ustedes? —No, no son _____.

5. —¿Ésta es tu computadora portátil? —No, no es _____.

6. —¿Ésas son mis calculadoras? —Sí, son las _____ (*form.*).

RESUMEN GRAMATICAL

2.1 Familiar commands *pp. 64–65*

tú commands		
Infinitive	**Affirmative**	**Negative**
guardar	**guard**a	no guard**es**
volver	**vuelv**e	no vuelv**as**
imprimir	**imprim**e	no imprim**as**

Irregular **tú** command forms

dar → **no des**	saber → **no sepas**
decir → **di**	salir → **sal**
estar → **no estés**	ser → **sé, no seas**
hacer → **haz**	tener → **ten**
ir → **ve, no vayas**	venir → **ven**
poner → **pon**	

► Verbs ending in **-car, -gar, -zar** have a spelling change in the negative **tú** commands:

sacar → **no sa**qu**es**
apagar → **no apa**gu**es**
almorzar → **no almuer**c**es**

2.2 Por and para *pp. 68–69*

► Uses of **por**:

motion or general location; duration; reason or motive; object of a search; means by which something is done; exchange or substitution; unit of measure

► Uses of **para**:

destination; deadline; purpose or goal; recipient of something; comparison or opinion; in the employ of

2.3 Reciprocal reflexives *p. 72*

► Reciprocal reflexives express a shared or reciprocal action between two or more people or things. Only the plural forms (**nos, os, se**) are used.

Cuando **nos vimos** en la calle, **nos abrazamos.**

► Common verbs that can express reciprocal actions:

abrazar(se), ayudar(se), besar(se), conocer(se), encontrar(se), escribir(se), escuchar(se), hablar(se), llamar(se), mirar(se), saludar(se), ver(se)

2.4 **Stressed possessive adjectives and pronouns**
pp. 74–75

Stressed possessive adjectives

Masculine	Feminine
mío(s)	mía(s)
tuyo(s)	tuya(s)
suyo(s)	suya(s)
nuestro(s)	nuestra(s)
vuestro(s)	vuestra(s)
suyo(s)	suya(s)

la impresora **suya** ➔ **la suya**

las llaves **mías** ➔ **las mías**

4   **Ángel y diablito** A Juan le gusta pedir consejos a su ángel y a su diablito imaginarios. Completa las respuestas con mandatos familiares desde las dos perspectivas. **8 pts.**

1. Estoy manejando. ¿Voy más rápido?
   Á No, no _____ más rápido.
   D Sí, _____ más rápido.
2. Es el disco compacto favorito de mi hermana.
   ¿Lo pongo en mi mochila?
   Á No, no _____ en tu mochila.
   D Sí, _____ en tu mochila.
3. Necesito estirar (*to stretch*) las piernas.
   ¿Doy un paseo?
   Á Sí, _____ un paseo.
   D No, no _____ un paseo.
4. Mi amigo necesita imprimir algo. ¿Apago la impresora?
   Á No, no _____ la impresora.
   D Sí, _____ la impresora.

5   **Oraciones** Forma oraciones para expresar acciones recíprocas con el tiempo indicado. **6 pts.**

modelo

tú y yo / conocer / bien (presente)   *Tú y yo nos conocemos bien.*

1. José y Paco / llamar / una vez por semana (imperfecto)
2. mi novia y yo / ver / todos los días (presente)
3. los compañeros de clase / ayudar / con la tarea (pretérito)
4. tú y tu mamá / escribir / por correo electrónico / cada semana (imperfecto)
5. mis hermanas y yo / entender / perfectamente (presente)
6. los profesores / saludar / con mucho respeto (pretérito)

6   **La tecnología** Escribe al menos seis oraciones diciéndole a un(a) amigo/a qué hacer para tener "una buena relación" con la tecnología. Usa mandatos familiares afirmativos y negativos. **12 pts.**

7   **Saber compartir** Completa la expresión con los dos pronombres posesivos que faltan.
¡2 puntos EXTRA!

❝Lo que° es _____
es _____.❞

Lo que *What*

Lectura

Antes de leer

Estrategia
Recognizing borrowed words

One way languages grow is by borrowing words from each other. English words that relate to technology often are borrowed by Spanish and other languages throughout the world. Sometimes the words are modified slightly to fit the sounds of the languages that borrow them. When reading in Spanish, you can often increase your understanding by looking for words borrowed from English or other languages you know.

Examinar el texto
Mira brevemente° la selección. ¿De qué trata°? ¿Cómo lo sabes?

Buscar
Esta lectura contiene varias palabras tomadas° del inglés. Trabaja con un(a) compañero/a para encontrarlas.

Predecir
Trabaja con un(a) compañero/a para contestar estas preguntas.

1. En la foto, ¿quiénes participan en el juego?
2. ¿Jugabas en una computadora cuando eras niño/a? ¿Juegas ahora?
3. ¿Cómo cambiaron las computadoras y la tecnología en los años 80? ¿En los años 90? ¿En los principios del siglo XXI?
4. ¿Qué tipo de "inteligencia" tiene una computadora?
5. ¿Qué significa "inteligencia artificial" para ti?

recursos		
CH pp. 30–32	descubre2.vhlcentral.com Lección 2	

brevemente *briefly*
¿De qué trata? *What is it about?*
tomadas *taken*

Inteligencia y memoria: la inteligencia artificial
por Alfonso Santamaría

U na de las principales características de la película de ciencia ficción *2001: Una odisea del espacio*, es la gran inteligencia de su protagonista no humano, la computadora HAL-9000. Para muchas personas, la genial película de Stanley Kubrick es una reflexión sobre la evolución de la inteligencia, desde que el hombre utilizó por primera vez un hueso como herramienta° hasta la llegada de la inteligencia artificial (I.A.).

Ahora que vivimos en el siglo XXI, un mundo en el que Internet y el *fax* son ya comunes, podemos preguntarnos: ¿consiguieron los científicos especialistas en I.A. crear una computadora como HAL? La respuesta es no. Hoy día no existe una computadora con las capacidades intelectuales de HAL porque todavía no existen *inteligencias*

---

herramienta *tool*

Después de leer

¿Cierto o falso?
Indica si cada oración es **cierta** o **falsa**. Corrige las falsas.

_____ 1. La computadora HAL-9000 era muy inteligente.

_____ 2. Deep Blue es un buen ejemplo de la inteligencia artificial general.

_____ 3. El maestro de ajedrez Garry Kasparov le ganó a Deep Blue en 1997.

_____ 4. Las computadoras no tienen la creatividad de Mozart o Picasso.

_____ 5. Hoy hay computadoras como HAL-9000.

Thomas J. Watson de Nueva York para desarrollar Deep Blue, la computadora que en 1997 derrotó° al campeón mundial de ajedrez, Garry Kasparov. Esta extraordinaria computadora pudo ganarle al maestro ruso de ajedrez porque estaba diseñada para procesar 200 millones de jugadas° por segundo. Además, Deep Blue guardaba en su memoria una recopilación de los movimientos de ajedrez más brillantes de toda la historia, entre ellos los que Kasparov efectuó en sus competiciones anteriores.

Para muchas personas, la victoria de Deep Blue sobre Kasparov simbolizó la victoria de la inteligencia artificial sobre la del ser humano°. Debemos reconocer los grandes avances científicos en el área de las computadoras y las ventajas° que pueden traernos en un futuro, pero también tenemos que entender sus limitaciones. Las computadoras generan nuevos modelos con conocimientos° muy definidos, pero todavía no tienen sentido común: una computadora como Deep Blue puede ganar una partida° de ajedrez, pero no puede explicar la diferencia entre una reina° y un peón°. Tampoco puede crear algo nuevo y original a partir de lo establecido, como hicieron Mozart o Picasso.

Las inteligencias artificiales especializadas son una realidad. ¿Pero una inteligencia como la de HAL-9000? Pura ciencia ficción. ■

artificiales generales que demuestren lo que llamamos "sentido común"°. Sin embargo, la I.A. está progresando mucho en el desarrollo° de las inteligencias especializadas. El ejemplo más famoso es Deep Blue, la computadora de IBM especializada en jugar al ajedrez°.

La idea de crear una máquina con capacidad para jugar al ajedrez se originó en 1950. En esa década, el científico Claude Shannon desarrolló una teoría que se convirtió en realidad en 1967, cuando apareció el primer programa que permitió a una computadora competir, aunque sin éxito°, en un campeonato° de ajedrez. Más de veinte años después, un grupo de expertos en I.A. fue al centro de investigación

---

sentido común *common sense* **desarrollo** *development* **ajedrez** *chess* **éxito** *success* **campeonato** *championship* **derrotó** *defeated* **jugadas** *moves* **la del ser humano** *that of the human being* **ventajas** *advantages* **conocimientos** *knowledge* **partida** *match* **reina** *queen* **peón** *pawn*

Preguntas

Contesta las preguntas.

1. ¿Qué tipo de inteligencia se relaciona con HAL-9000?

2. ¿Qué tipo de inteligencia tienen las computadoras como Deep Blue?

3. ¿Cuándo se originó la idea de crear una máquina para jugar al ajedrez?

4. ¿Qué compañía inventó Deep Blue?

5. ¿Por qué Deep Blue le pudo ganar a Garry Kasparov?

Conversar

En grupos pequeños, hablen de estos temas.

1. ¿Son las computadoras más inteligentes que los seres humanos?

2. ¿Para qué cosas son mejores las computadoras, y para qué cosas son mejores los seres humanos? ¿Por qué?

3. En el futuro, ¿van a tener las computadoras la inteligencia de los seres humanos? ¿Cuándo?

Escritura

Estrategia
Listing key words

Once you have determined a topic for a piece of writing, it is helpful to make a list of key words you can use while you write. If you were to write a description of your school's campus, for example, you would probably need a list of prepositions that describe location, such as **en frente de, al lado de,** and **detrás de.** Likewise, a list of descriptive adjectives would be useful to you if you were writing about the people and places of your childhood.

By preparing a list of potential words ahead of time, you will find it easier to avoid using the dictionary while writing your first draft. You will probably also learn a few new words in Spanish while preparing your list of key words.

Listing useful vocabulary is also a valuable organizational strategy, since the act of brainstorming key words will help you to form ideas about your topic. In addition, a list of key words can help you avoid redundancy when you write.

If you were going to help someone write a personal ad, what words would be most helpful to you? Jot a few of them down and compare your list with a partner's. Did you choose the same words? Would you choose any different or additional words, based on what your partner wrote?

1. _____
2. _____
3. _____
4. _____
5. _____
6. _____

Tema
Escribir instrucciones

Uno de tus amigos argentinos quiere crear un sitio web sobre películas estadounidenses. Te pide sugerencias sobre qué información puede incluir y no incluir en su sitio web.

Escríbele un correo en el que le explicas claramente° cómo organizar el sitio web y qué información puede incluir.

Cuando escribas tu correo, considera esta información:
- ► una sugerencia para el nombre del sitio web
- ► mandatos afirmativos para describir en detalle lo que tu amigo/a puede incluir en el sitio web
- ► una lista de las películas americanas más importantes de todos los tiempos (en tu opinión)
- ► mandatos negativos para sugerirle a tu amigo/a qué información no debe incluir en el sitio web

claramente *clearly*

Escuchar

Estrategia
Recognizing the genre of spoken discourse

You will encounter many different genres of spoken discourse in Spanish. For example, you may hear a political speech, a radio interview, a commercial, a message on an answering machine, or a news broadcast. Try to identify the genre of what you hear so that you can activate your background knowledge about that type of discourse and identify the speakers' motives and intentions.

 To practice this strategy, you will now listen to two short selections. Identify the genre of each one.

Preparación

Mira la foto de Ricardo Moreno. ¿Puedes imaginarte qué tipo de discurso vas a oír?

Ahora escucha

Mientras escuchas a Ricardo Moreno, responde a las preguntas.

1. ¿Qué tipo de discurso es?
   a. las noticias° por radio o televisión
   b. una conversación entre amigos
   c. un anuncio comercial
   d. una reseña° de una película

2. ¿De qué habla?
   a. del tiempo   c. de un producto o servicio
   b. de su vida   d. de algo que oyó o vio

3. ¿Cuál es el propósito°?
   a. informar   c. relacionarse con alguien
   b. vender   d. dar opiniones

 recursos

descubre2.vhlcentral.com
Lección 2

noticias *news* reseña *review* propósito *purpose*

Comprensión

Identificar

Indica si esta información está incluida en el discurso; si está incluida, escribe los detalles que escuchaste.

	Sí	No
1. El anuncio describe un servicio.	O	O
2. Explica cómo está de salud.	O	O
3. Informa sobre la variedad de productos.	O	O
4. Pide tu opinión.	O	O
5. Explica por qué es la mejor tienda.	O	O
6. Informa sobre el tiempo para mañana.	O	O
7. Informa dónde se puede conseguir el servicio.	O	O
8. Informa sobre las noticias del mundo.	O	O

Haz un anuncio

Con tres o cuatro compañeros, hagan un anuncio comercial de algún producto. No se olviden de dar toda la información necesaria. Después presenten su anuncio a la clase.

En pantalla

El nombre "Patxi", que se escucha en el anuncio, es el diminutivo del nombre vasco "Frantzisco". Euskadi, o País Vasco, es una de las diecisiete comunidades autónomas de España. Está ubicada° en el norte de la península ibérica, sobre la costa del mar Cantábrico. Una de sus principales características culturales es que sus habitantes, además del español, hablan el euskera. Esta lengua no tiene parentesco° lingüístico con ninguna otra lengua del mundo°. Algunas personas importantes de origen vasco son Anabel Alonso (actriz), Bernardo Atxaga (escritor), Álex de la Iglesia (director de cine), La Oreja de Van Gogh (grupo musical), Karlos Arguiñano (chef) y Miguel Indurain (ciclista), entre otros.

Vocabulario útil

Aún	Todavía
llamadas	calls
señal	beep
Infórmate	Get information
lo que nos une	what gets us together

Preguntas

Responde a las preguntas. Después comparte tus respuestas con un(a) compañero/a.

1. ¿Quién piensas que es el chico que busca a Patxi?
2. ¿Para qué crees que lo busca?
3. ¿Quién es la mujer en la ventana?
4. ¿Cómo piensas que es Patxi?

Mensaje

En parejas imaginen que llaman a un(a) amigo/a, pero no está en casa. Escriban el mensaje que van a dejar en su contestadora. Denle (*Give him/her*) instrucciones para que visite **descubre2.vhlcentral.com** y vea el anuncio de Euskaltel.

ubicada *located* parentesco *relationship* mundo *world*

Anuncio de Euskaltel

¡Patxi! ¡Patxi!

¡Patxi no está en casa!

recursos
descubre2.vhlcentral.com
Lección 2

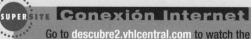
Conexión Internet

Go to **descubre2.vhlcentral.com** to watch the TV clip featured in this **En pantalla** section.

Oye cómo va

León Gieco

Raúl Alberto Antonio (León) Gieco nació en 1951 en Santa Fe, Argentina, y en 1959 compró su primera guitarra. Desde entonces formó parte de diferentes grupos con quienes tocaba° canciones de los Rolling Stones y de los Beatles. En 1969 llegó a Buenos Aires con su guitarra al hombro° y muy poco dinero. Cuatro años después grabó° su primer álbum. Su estilo, que mezcla° ritmos folklóricos y rock, le ha ganado° un lugar en el gusto del público no sólo en Latinoamérica sino también en países como Rusia y Alemania, entre otros. Sobre las letras de sus canciones, Gieco dice que "fue la música la que despertó en mí el interés por entender el destino de los pueblos°, el por qué de las injusticias. De ahí en adelante traté de° reflejar, con el máximo de honestidad, mis propias° preguntas, mis propias salidas y hasta mis propias angustias°."

Tu profesor(a) va a poner la canción en la clase. Escúchala y completa las actividades.

Preguntas

Responde a las preguntas.

1. ¿Cuándo y dónde nació León Gieco?
2. ¿En qué países tiene seguidores (*fans*)?
3. ¿Qué interés le despertó la música?
4. ¿Qué trata de reflejar en sus canciones?
5. Menciona tres artistas que han (*have*) colaborado con Gieco.

La canción

Trabajen en parejas para responder a las preguntas.

1. ¿Cómo creen que es el padre del cantante?
2. ¿Piensan que el cantante visita a su padre a menudo? ¿Cómo lo saben?
3. ¿Qué siente el cantante sobre el lugar donde vive su padre?
4. Imaginen que el cantante visita a su padre. Escriban un diálogo entre ellos.

hombro *shoulder* mezcla *mixes* le ha ganado *has earned him*
pueblos *nations* traté de *I tried* propias *own* angustias *distress*
mansos *gentle* pensamientos *thoughts* compartido *shared* ha *has*

Si ves a mi padre

Busca a mi padre y dile
que estoy bien,
que mi conciencia sigue libre
y que siguen muy mansos°
mis pensamientos°;
y que siguen muy mansos
mis pensamientos.

Fito Páez

El arte compartido°

León Gieco ha° compartido su música con otros reconocidos intérpretes de música folklórica y de rock. Algunos de ellos son:

▸ Fito Páez (Argentina)
▸ Pete Seeger (Estados Unidos)
▸ Mercedes Sosa (Argentina)
▸ Pablo Milanés (Cuba)
▸ Charly García (Argentina)
▸ Tania Libertad (Perú)

SUPERSITE Conexión Internet

Go to **descubre2.vhlcentral.com** to learn more about the artist featured in this **Oye cómo va** section.

Gaucho de la Patagonia

Argentina

El país en cifras

▶ **Área:** 2.780.400 km^2 (1.074.000 millas^2)
Argentina es el país de habla española más grande del mundo. Su territorio es dos veces el tamaño° de Alaska.

▶ **Población:** 40.738.000

▶ **Capital:** Buenos Aires —13.067.000
En Buenos Aires vive más del treinta por ciento de la población total del país. La ciudad es conocida° como el "París de Suramérica" por el estilo parisino° de muchas de sus calles y edificios.

Buenos Aires

▶ **Ciudades principales:**
Córdoba —1.492.000, Rosario —1.231.000, Mendoza —917.000

SOURCE: Population Division, UN Secretariat

▶ **Moneda:** peso argentino

▶ **Idiomas:** español (oficial), guaraní

Bandera de Argentina

Argentinos célebres

▶ **Jorge Luis Borges,** escritor (1899–1986)

▶ **María Eva Duarte de Perón ("Evita"),** primera dama° (1919–1952)

▶ **Mercedes Sosa,** cantante (1935–)

▶ **Gato Barbieri,** saxofonista (1932–)

tamaño *size* conocida *known* parisino *Parisian* primera dama *First Lady*
ancha *wide* mide *it measures* campo *field*

BOLIVIA

PARAGUAY

Las catar
de Igu

ESTADOS UNIDOS

OCÉANO
ATLÁNTICO

AMÉRICA DEL SUR

OCÉANO
PACÍFICO

ARGENTINA

La Cordillera
de los Andes

San Miguel
de Tucumán

Córdoba

URUGUA

Aconcagua

Rosario

Río Paraná

Mendoza

CHILE

Buenos Aires

Mar
del Plata

La Pampa

San Carlos
de Bariloche

Montañas de Patagonia

Océano
Atlántico

Patagonia

Vista de San Carlos
de Bariloche

recursos

CP pp. 25–26	CA pp. 67–68	SUPERSITE descubre2.vhlcentral.com Lección 2

Tierra del Fuego

¡Increíble pero cierto!

La Avenida 9 de Julio en Buenos Aires es la calle más ancha° del mundo. De lado a lado mide° cerca de 140 metros, lo que es equivalente a un campo° y medio de fútbol. Su nombre conmemora el Día de la Independencia de Argentina.

Historia • Inmigración europea

Se dice que Argentina es el país más "europeo" de toda Latinoamérica. Después del año 1880, immigrantes italianos, alemanes, españoles e ingleses llegaron para establecerse en esta nación. Esta diversidad cultural ha dejado° una profunda huella° en la música, el cine y la arquitectura argentinos.

BRASIL

Artes • El tango

El tango es uno de los símbolos culturales más importantes de Argentina. Este género° musical es una mezcla° de ritmos de origen africano, italiano y español, y se originó a finales del siglo° XIX entre los porteños°. Poco después se hizo popular entre el resto de los argentinos y su fama llegó hasta Paris. Como baile, el tango en un principio° era provocativo y violento, pero se hizo más romántico durante los años 30. Hoy día, este estilo musical es popular en muchas partes del mundo°.

Lugares • Las cataratas de Iguazú

Las famosas cataratas° de Iguazú se encuentran entre las fronteras de Argentina, Paraguay y Brasil, al norte de Buenos Aires. Cerca de ellas confluyen° los ríos Iguazú y Paraná. Estas extensas caídas de agua tienen unos 70 metros (230 pies) de altura° y en época° de lluvias llegan a medir 4 kilómetros (2,5 millas) de ancho. Situadas en el Parque Nacional Iguazú, las cataratas son un destino° turístico muy visitado.

 ¿Qué aprendiste? Responde a cada pregunta con una oración completa.

1. ¿Qué porcentaje de la población de Argentina vive en la capital?

2. ¿Quién es Mercedes Sosa?

3. Se dice que Argentina es el país más europeo de Latinoamérica. ¿Por qué?

4. ¿Qué tipo de baile es uno de los símbolos culturales más importantes de Argentina?

5. ¿Dónde y cuándo se originó el tango?

6. ¿Cómo era el tango originalmente?

7. ¿En qué parque nacional están las cataratas de Iguazú?

Ceramista en Buenos Aires

 Conexión Internet Investiga estos temas en **descubre2.vhlcentral.com**.

1. Busca información sobre el tango. ¿Te gustan los ritmos y sonidos del tango? ¿Por qué? ¿Se baila el tango en tu comunidad?

2. ¿Quiénes fueron Juan y Eva Perón y qué importancia tienen en la historia de Argentina?

....

ha dejado *has left* huella *mark* género *genre* mezcla *blends* siglo *century* porteños *people of Buenos Aires* en un principio *at first* mundo *world* cataratas *waterfalls* confluyen *converge* altura *height* época *season* destino *destination*

La tecnología

la calculadora	calculator
la cámara digital, de video	digital, video camera
el canal	(TV) channel
el cibercafé	cybercafé
la contestadora	answering machine
el control remoto	remote control
el disco compacto	compact disc
el estéreo	stereo
el *fax*	fax (machine)
el radio	radio (set)
el reproductor de MP3	MP3 player
el teléfono celular	cell phone
la televisión por cable	cable television
el televisor	televison set
el tocadiscos compacto	compact disc player
el video(casete)	video(cassette)
la videocasetera	VCR
apagar	to turn off
funcionar	to work
llamar	to call
poner, prender	to turn on
sonar (o:ue)	to ring
descompuesto/a	not working; out of order
lento/a	slow
lleno/a	full

La computadora

el archivo	file
arroba	@ symbol
el cederrón	CD-ROM
la computadora (portátil)	(portable) computer; (laptop)
la dirección electrónica	e-mail address
el disco compacto	compact disc
la impresora	printer
Internet	Internet
el mensaje de texto	text message
el monitor	(computer) monitor
la página principal	home page
la pantalla	screen
el programa de computación	software
el ratón	mouse
la red	network; Web
el reproductor de DVD	DVD player
el sitio web	website
el teclado	keyboard
borrar	to erase
descargar	to download
grabar	to record
guardar	to save
imprimir	to print
navegar (en Internet)	to surf (the Internet)
quemar	to burn (a CD)

El carro

la autopista, la carretera	highway
el baúl	trunk
la calle	street
el capó, el cofre	hood
el carro, el coche	car
la circulación, el tráfico	traffic
el garaje, el taller (mecánico)	garage; (mechanic's) repair shop
la gasolina	gasoline
la gasolinera	gas station
la licencia de conducir	driver's license
la llanta	tire
el/la mecánico/a	mechanic
el parabrisas	windshield
la policía	police (force)
la velocidad máxima	speed limit
el volante	steering wheel
arrancar	to start
arreglar	to fix; to arrange
bajar(se) de	to get off of/out of (a vehicle)
conducir, manejar	to drive
estacionar	to park
llenar (el tanque)	to fill (the tank)
parar	to stop
revisar (el aceite)	to check (the oil)
subir(se) a	to get on/into (a vehicle)

Verbos

abrazar(se)	to hug; to embrace (each other)
ayudar(se)	to help (each other)
besar(se)	to kiss (each other)
encontrar(se) (o:ue)	to meet (each other); to run into (each other)
saludar(se)	to greet (each other)

ordenador (computer in spain)

Otras palabras y expresiones

por aquí	around here
por ejemplo	for example
por eso	that's why; therefore
por fin	finally

Por and **para**	See pages 68–69.
Stressed possessive adjectives and pronouns	See pages 74–75.
Expresiones útiles	See page 59.

La vivienda

3

A PRIMERA VISTA

- ¿Están los chicos en casa?
- ¿Viven en una casa o en un apartamento?
- ¿Ya comieron o van a comer?
- ¿Están ellos de buen humor o de mal humor?

La vivienda

Más vocabulario

las afueras	suburbs; outskirts
el alquiler	rent (payment)
el ama (m., f.) de casa	housekeeper; caretaker
el barrio	neighborhood
el edificio de apartamentos	apartment building
el/la vecino/a	neighbor
la vivienda	housing
el balcón	balcony
la entrada	entrance
la escalera	stairs; stairway
el garaje	garage
el jardín	garden; yard
el patio	patio; yard
el sótano	basement; cellar
la cafetera	coffee maker
el electrodoméstico	electrical appliance
el horno (de microondas)	(microwave) oven
la lavadora	washing machine
la luz	light; electricity
la secadora	clothes dryer
la tostadora	toaster
el cartel	poster
la mesita de noche	night stand
los muebles	furniture
alquilar	to rent
mudarse	to move (from one house to another)

Variación léxica

dormitorio	⟷	aposento (Rep. Dom.); recámara (Méx.)
apartamento	⟷	departamento (Arg., Chile); piso (Esp.)
lavar los platos	⟷	lavar/fregar los trastes (Amér. C., Rep. Dom.)

el altillo

el dormitorio

la cómoda

el armario

el cuadro/ la pintura

Hace la cama. (hacer)

la almohada

la manta

Los quehaceres domésticos

arreglar	to neaten; to straighten up
barrer el suelo	to sweep the floor
cocinar	to cook
ensuciar	to get (something) dirty
hacer quehaceres domésticos	to do household chores
lavar (el suelo, los platos)	to wash (the floor, the dishes)
limpiar la casa	to clean the house
planchar la ropa	to iron the clothes
quitar la mesa	to clear the table
quitar el polvo	to dust

la sala

las cortinas

la lámpara

la mesita

el sofá

Pasa la aspiradora. (pasar)

la alfombra

Práctica

la oficina

el sillón

la pared

el estante

Sacude los muebles.
(sacudir)

la cocina

el refrigerador

el congelador

la cocina, la estufa

el horno

el lavaplatos

Saca la basura.
(sacar)

1 **Escuchar** 🎧 Escucha la conversación y completa las oraciones.

1. Pedro va a limpiar primero _____.
2. Paula va a comenzar en _____.
3. Pedro va a _____ en el sótano.
4. Pedro también va a limpiar _____.
5. Ellos están limpiando la casa porque

_____.

2 **Respuestas** 🎧 Escucha las preguntas y selecciona la respuesta más adecuada. Una respuesta no se va a usar.

____ a. Sí, la alfombra estaba muy sucia.

____ b. No, porque todavía se están mudando.

____ c. Sí, sacudí la mesa y el estante.

____ d. Sí, puse el pollo en el horno.

____ e. Hice la cama, pero no limpié los muebles.

____ f. Sí, después de sacarla de la secadora.

3 **Escoger** Escoge la letra de la respuesta correcta.

1. Cuando quieres tener una lámpara y un despertador cerca de tu cama, puedes ponerlos en _____.
   a. el barrio b. el cuadro c. la mesita de noche
2. Si no quieres vivir en el centro de la ciudad, puedes mudarte _____.
   a. al alquiler b. a las afueras c. a la vivienda
3. Guardamos (*We keep*) los pantalones, las camisas y los zapatos en _____.
   a. la secadora b. el armario c. el patio
4. Para subir de la planta baja al primer piso, usamos _____.
   a. la entrada b. el cartel c. la escalera
5. Ponemos cuadros y pinturas en _____.
   a. las paredes b. los quehaceres c. los jardines

4 **Definiciones** En parejas, identifiquen cada cosa que se describe. Luego inventen sus propias descripciones de algunas palabras y expresiones de **Contextos**.

> **modelo**
> **Estudiante 1:** *Es donde pones los libros.*
> **Estudiante 2:** *el estante*

1. Es donde pones la cabeza cuando duermes.
2. Es el quehacer doméstico que haces después de comer.
3. Algunos de ellos son las cómodas y los sillones.
4. Son las personas que viven en tu barrio.

SUPERSITE

el comedor

5   **Completar** Completa estas frases con la palabra más adecuada.

1. Para comer una ensalada necesitas...
2. Para tomar café necesitas...
3. Para poner la comida en la mesa necesitas...
4. Para limpiarte la boca después de comer necesitas...
5. Para cortar (*to cut*) un bistec necesitas...
6. Para tomar agua necesitas...
7. Para tomar sopa necesitas...

6   **Los quehaceres** Trabajen en grupos para indicar quién hace estos quehaceres domésticos en sus casas. Luego contesten las preguntas.

> **modelo**
>
> **Estudiante 1:** ¿Quién pasa la aspiradora en tu casa?
> **Estudiante 2:** Mi hermano y yo pasamos la aspiradora.

barrer el suelo	lavar los platos	planchar la ropa
cocinar	lavar la ropa	sacar la basura
hacer las camas	pasar la aspiradora	sacudir los muebles

1. ¿Quién hace más quehaceres, tú o tus compañeros/as?
2. ¿Quiénes hacen la mayoría de los quehaceres, los hombres o las mujeres?
3. ¿Piensas que debes hacer más quehaceres? ¿Por qué?

Comunicación

7

La vida doméstica En parejas, describan las habitaciones que ven en estas fotos. Identifiquen y describan cinco muebles o adornos (*accessories*) de cada foto y digan dos quehaceres que se pueden hacer en cada habitación.

8

Mi apartamento Dibuja el plano (*floor plan*) de un apartamento amueblado (*furnished*) imaginario y escribe los nombres de las habitaciones y de los muebles. En parejas, pónganse espalda contra espalda (*sit back to back*). Uno/a de ustedes describe su apartamento mientras su compañero/a lo dibuja según la descripción. Cuando terminen, miren el segundo dibujo. ¿Es similar al dibujo original? Hablen de los cambios que se necesitan hacer para mejorar el dibujo. Repitan la actividad intercambiando los papeles.

9

¡Corre, corre! Tu profesor(a) va a darte una serie incompleta de dibujos que forman una historia. Tú y tu compañero/a tienen dos series diferentes. Descríbanse los dibujos para completar la historia.

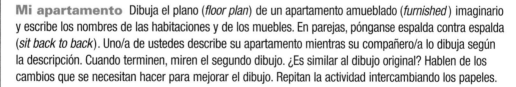

modelo

Estudiante 1: Marta quita la mesa.
Estudiante 2: Francisco...

¡Les va a encantar la casa!

Don Francisco y los estudiantes llegan a Ibarra.

INÉS

DON FRANCISCO

ÁLEX

JAVIER

SRA. VIVES

SRA. VIVES ¡Hola, bienvenidos!

DON FRANCISCO Señora Vives, le presento a los chicos. Chicos, ésta es la señora Vives, el ama de casa.

SRA. VIVES Encantada. Síganme que quiero mostrarles la casa. ¡Les va a encantar!

SRA. VIVES Esta alcoba es para los chicos. Tienen dos camas, una mesita de noche, una cómoda… En el armario hay más mantas y almohadas por si las necesitan.

SRA. VIVES Ésta es la sala. El sofá y los sillones son muy cómodos. Pero, por favor, ¡no los ensucien!

SRA. VIVES Allí están la cocina y el comedor. Al fondo del pasillo hay un baño.

DON FRANCISCO Chicos, a ver… ¡atención! La señora Vives les va a preparar las comidas. Pero quiero que ustedes la ayuden con los quehaceres domésticos. Quiero que arreglen sus alcobas, que hagan las camas, que pongan la mesa… ¿entendido?

JAVIER No se preocupe… la vamos a ayudar en todo lo posible.

ÁLEX Sí, cuente con nosotros.

SRA. VIVES Javier, no ponga las maletas en la cama. Póngalas en el piso, por favor.

SRA. VIVES Tomen ustedes esta alcoba, chicas.

INÉS Insistimos en que nos deje ayudarla a preparar la comida.

SRA. VIVES No, chicos, no es para tanto, pero gracias por la oferta. Descansen un rato que seguramente están cansados.

ÁLEX Gracias. A mí me gustaría pasear por la ciudad.

INÉS Perdone, don Francisco, ¿a qué hora viene el guía mañana?

DON FRANCISCO ¿Martín? Viene temprano, a las siete de la mañana. Les aconsejo que se acuesten temprano esta noche. ¡Nada de televisión ni de conversaciones largas!

ESTUDIANTES ¡Ay, don Francisco!

Expresiones útiles

Welcoming people

- **¡Bienvenido(s)/a(s)!**
  Welcome!

Showing people around the house

- **Síganme… que quiero mostrarles la casa.**
  Follow me… I want to show you the house.
- **Esta alcoba es para los chicos.**
  This bedroom is for the guys.
- **Ésta es la sala.**
  This is the living room.
- **Allí están la cocina y el comedor.**
  The kitchen and dining room are over there.
- **Al fondo del pasillo hay un baño.**
  At the end of the hall there is a bathroom.

Telling people what to do

- **Quiero que la ayude(n) con los quehaceres domésticos.**
  I want you to help her with the household chores.
- **Quiero que arregle(n) su(s) alcoba(s).**
  I want you to straighten your room(s).
- **Quiero que haga(n) las camas.**
  I want you to make the beds.
- **Quiero que ponga(n) la mesa.**
  I want you to set the table.
- **Cuente con nosotros.**
  (You can) Count on us.
- **Insistimos en que nos deje ayudarla a preparar la comida.**
  We insist that you let us help you make the food.
- **Le (Les) aconsejo que se acueste(n) temprano.**
  I recommend that you go to bed early.

Other expressions

- **No es para tanto.**
  It's not a big deal.
- **Gracias por la oferta.**
  Thanks for the offer.

¿Qué pasó? SUPERSITE

1

¿Cierto o falso? Indica si lo que dicen estas oraciones es **cierto** o **falso**. Corrige las oraciones falsas.

	Cierto	Falso
1. Las alcobas de los estudiantes tienen dos camas, dos mesitas de noche y una cómoda.	○	○
2. La señora Vives no quiere que Javier ponga las maletas en la cama.	○	○
3. El sofá y los sillones están en la sala.	○	○
4. Los estudiantes tienen que sacudir los muebles y sacar la basura.	○	○
5. Los estudiantes van a preparar las comidas.	○	○

2

Identificar Identifica quién puede decir estas oraciones.

1. Nos gustaría preparar la comida esta noche. ¿Le parece bien a usted?
2. Miren, si quieren otra almohada o manta, hay más en el armario.
3. Tranquilo, tranquilo, que nosotros vamos a ayudarla muchísimo.
4. Tengo ganas de caminar un poco por la ciudad.
5. No quiero que nadie mire la televisión esta noche. ¡Tenemos que levantarnos temprano mañana!

ÁLEX

JAVIER

INÉS

DON FRANCISCO

SRA. VIVES

3

Completar Los estudiantes y la señora Vives están haciendo los quehaceres. Adivina en qué cuarto está cada uno de ellos.

1. Inés limpia el congelador. Inés está en _____.
2. Javier limpia el escritorio. Javier está en _____.
3. Álex pasa la aspiradora debajo de la mesa y las sillas. Álex está en _____.
4. La señora Vives sacude el sillón. La señora Vives está en _____.
5. Don Francisco no está haciendo nada. Él está dormido en _____.

4

Mi casa Dibuja el plano de una casa o de un apartamento. Puede ser el plano de la casa o del apartamento donde vive tu familia o donde te gustaría (*you would like*) vivir. Después, trabajen en parejas y describan lo que se hace en cuatro de las habitaciones. Para terminar, pídanse (*ask for*) ayuda para hacer dos quehaceres domésticos. Pueden usar estas frases en su conversación.

Quiero mostrarte…	Al fondo hay...
Ésta es (la cocina).	Quiero que me ayudes a (sacar la basura).
Allí yo (preparo la comida).	Por favor, ayúdame con…

Ortografía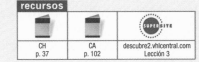
Mayúsculas y minúsculas

Here are some of the rules that govern the use of capital letters (**mayúsculas**) and lowercase letters (**minúsculas**) in Spanish.

Los estudiantes llegaron al aeropuerto a las dos.
Luego fueron al hotel.

In both Spanish and English, the first letter of every sentence is capitalized.

Rubén Blades   Panamá   Colón   los Andes

The first letter of all proper nouns (names of people, countries, cities, geographical features, etc.) is capitalized.

Cien años de soledad   Don Quijote de la Mancha
El País   Muy Interesante

The first letter of the first word in titles of books, films, and works of art is generally capitalized, as well as the first letter of any proper names. In newspaper and magazine titles, as well as other short titles, the initial letter of each word is often capitalized.

la señora Ramos   don Francisco
el presidente   Sra. Vives

Titles associated with people are *not* capitalized unless they appear as the first word in a sentence. Note, however, that the first letter of an abbreviated title is capitalized.

Último   Álex   MENÚ   PERDÓN

Accent marks should be retained on capital letters. In practice, however, this rule is often ignored.

lunes   viernes   marzo   primavera

The first letter of days, months, and seasons is <u>not</u> capitalized.

español   estadounidense   japonés   panameños

The first letter of nationalities and languages is <u>not</u> capitalized.

sor Herrera,
rto que somos
nenosas°?

Sí, Pepito.
¿Por qué lloras?

Práctica Corrige las mayúsculas y minúsculas incorrectas.

1. soy lourdes romero. Soy Colombiana.
2. éste Es mi Hermano álex.
3. somos De panamá.
4. ¿es ud. La sra. benavides?
5. ud. Llegó el Lunes, ¿no?

Palabras desordenadas Lee el diálogo de las serpientes. Ordena las letras para saber de qué palabras se trata. Después escribe las letras indicadas para descubrir por qué llora Pepito.

m n a a P á ___
s t e m r a ___
i g s l é n ___
y a U r u g u ___
r o ñ e s a ___

¡ _orque _e acabo de morder° la _en _u_!

Respuestas: Panamá, martes, inglés, Uruguay, señora.
¡Porque me acabo de morder la lengua!

venenosas *venomous* morder *to bite*

recursos

CH p. 37 | CA p. 102 | descubre2.vhlcentral.com Lección 3

El patio central

En las tardes cálidas° de Oaxaca, México; Córdoba, España o Popayán, Colombia, es un placer sentarse en **el patio central** de una casa y tomar un refresco disfrutando de° una buena conversación. De influencia árabe, esta característica arquitectónica° fue traída° a las Américas por los españoles. En la época° colonial, se construyeron casas, palacios, monasterios, hospitales y escuelas con patio central. Éste es un espacio privado e íntimo en donde se puede disfrutar del sol y de la brisa° estando aislado° de la calle.

El centro del patio es un espacio abierto. Alrededor de° él, separado por columnas, hay un pasillo cubierto°. Así, en el patio hay zonas de sol y de sombra°. El patio es una parte importante de la vivienda familiar y su decoración se cuida° mucho. En el centro del patio muchas veces hay una fuente°, plantas e incluso árboles°. El agua es un elemento muy importante en la ideología islámica porque simboliza la purificación del cuerpo y del alma°. Por esta razón y para disminuir° la temperatura, el agua en estas construcciones es muy importante. El agua y la vegetación ayudan a mantener la temperatura fresca y el patio proporciona° luz y ventilación a todas las habitaciones.

La distribución

Las casas con patio central eran usualmente las viviendas de familias adineradas°. Son casas de dos o tres pisos. Los cuartos de la planta baja son las áreas comunes: cocina, comedor, sala, etc., y tienen puertas al patio. En los pisos superiores están las habitaciones privadas de la familia.

---

cálidas *hot* disfrutando de *enjoying* arquitectónica *architectural* traída *brought* época *era* brisa *breeze* aislado *isolated* Alrededor de *Surrounding* cubierto *covered* sombra *shade* se cuida *is looked after* fuente *fountain* árboles *trees* alma *soul* disminuir *lower* proporciona *provides* adineradas *wealthy*

1 **¿Cierto o falso?** Indica si lo que dicen estas oraciones es **cierto** o **falso**. Corrige la información falsa.

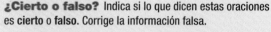

1. Los patios centrales de Latinoamérica tienen su origen en la tradición indígena.

2. En la época colonial las casas eran las únicas construcciones con patio central.

3. El patio es una parte importante en estas construcciones.

4. El patio central es un lugar de descanso que da luz y ventilación a las habitaciones.

5. Las casas con patio central eran para personas adineradas.

6. Los cuartos de la planta baja son privados.

7. Las fuentes en los patios tienen importancia por razones ideológicas y porque bajan la temperatura.

ASÍ SE DICE

La vivienda

el ático, el desván	el altillo
la cobija (Méx.), la frazada (Arg., Cuba, Ven.)	la manta
el escaparate (Cuba, Ven.), el ropero (Méx.)	el armario
el fregadero	*kitchen sink*
el frigidaire (Perú); el frigorífico (Esp.), la nevera	el refrigerador
el lavavajillas (Arg., Esp., Méx.)	el lavaplatos

EL MUNDO HISPANO

Los muebles

○ **Mecedora°** La mecedora es un mueble típico de Latinoamérica, especialmente de la zona del Caribe. A las personas les gusta relajarse mientras se mecen° en el patio.

○ **Mesa camilla** Era un mueble popular en España hasta hace algunos años. Es una mesa con un bastidor° en la parte inferior° para poner un brasero°. En invierno, las personas se sentaban alrededor de la mesa camilla para conversar, jugar a las cartas o tomar café.

○ **Hamaca** Se cree que los taínos construyeron las primeras hamacas con fibras vegetales. Su uso es muy popular en toda Latinoamérica para dormir y descansar.

Mecedora *Rocking chair* **se mecen** *they rock themselves* **bastidor** *frame* **inferior** *bottom* **brasero** *container for hot coals*

PERFIL

Las islas flotantes del lago Titicaca

Bolivia y Perú comparten **el lago Titicaca**, donde viven los **uros**, uno de los pueblos indígenas más antiguos de América. Hace muchos años, los uros fueron a vivir al lago escapando de **los incas**. Hoy en día, siguen viviendo allí en cuarenta **islas flotantes** que ellos mismos hacen con unos juncos° llamados **totora**. Primero tejen° grandes plataformas. Luego, con el mismo material,

construyen sus casas sobre las plataformas. La totora es resistente, pero con el tiempo el agua la pudre°. Los

PERÚ

Lago Titicaca →

BOLIVIA

habitantes de las islas necesitan renovar continuamente las plataformas y las casas. Sus muebles y sus barcos también están hechos° de juncos. Los uros viven de la pesca y del turismo; en las islas hay unas tiendas donde venden artesanías° hechas con totora.

juncos *reeds* **tejen** *they weave* **la pudre** *rots it* **hechos** *made* **artesanías** *handcrafts*

SUPER SITE — Conexión Internet

¿**Cómo son las casas modernas en los países hispanos?**

Go to **descubre2.vhlcentral.com** to find more cultural information related to this **Cultura** section.

ACTIVIDADES

2 **Comprensión** Responde a las preguntas.

1. Tu amigo mexicano te dice: "La **cobija** azul está en el **ropero**". ¿Qué quiere decir?

2. ¿Quiénes hicieron las primeras hamacas? ¿Qué material usaron?

3. ¿Qué grupo indígena vive en el lago Titicaca?

4. ¿Qué pueden comprar los turistas en las islas flotantes del lago Titicaca?

3 **Viviendas tradicionales** Escribe cuatro oraciones sobre una vivienda tradicional que conoces. Explica en qué lugar se encuentra, de qué materiales está hecha y cómo es.

recursos

CH p. 38

descubre2.vhlcentral.com Lección 3

3.1 Relative pronouns (SUPERSITE)

ANTE TODO In both English and Spanish, relative pronouns (**pronombres relativos**) are used to combine two sentences or clauses that share a common element, such as a noun or pronoun. Study this diagram.

> Mis padres me regalaron **la pintura**.
> *My parents gave me the painting.*

> **La pintura** es muy bonita.
> *The painting is very beautiful.*

> La pintura **que** me regalaron mis padres es muy bonita.
> *The painting that my parents gave me is very beautiful.*

> **Lourdes** es muy inteligente.
> *Lourdes is very intelligent.*

> **Lourdes** estudia español.
> *Lourdes is studying Spanish.*

> Lourdes, **quien** estudia español, es muy inteligente.
> *Lourdes, who studies Spanish, is very intelligent.*

> Pueden usar las almohadas que están en el armario.

> Chicos, ésta es la señora Vives, quien les va a mostrar la casa.

▶ Spanish has three frequently-used relative pronouns. **¡Atención!** Interrogative words (**qué, quién,** etc.) always carry an accent mark. Relative pronouns, however, never carry a written accent.

que	*that; which; who*
quien(es)	*who; whom; that*
lo que	*that which; what*

▶ **Que** is the most frequently used relative pronoun. It can refer to things or to people. Unlike its English counterpart, *that,* **que** is never omitted.

> ¿Dónde está la cafetera **que** compré?
> *Where is the coffee maker (that) I bought?*

> El hombre **que** limpia es Pedro.
> *The man who is cleaning is Pedro.*

▶ The relative pronoun **quien** refers only to people, and is often used after a preposition or the personal **a. Quien** has two forms: **quien** (singular) and **quienes** (plural).

> ¿Son las chicas **de quienes** me hablaste la semana pasada?
> *Are they the girls (that) you told me about last week?*

> Eva, **a quien** conocí anoche, es mi nueva vecina.
> *Eva, whom I met last night, is my new neighbor.*

¡LENGUA VIVA!

In English, it is generally recommended that *who(m)* be used to refer to people, and that *that* and *which* be used to refer to things. In Spanish, however, it is perfectly acceptable to use **que** when referring to people.

▶ **Quien(es)** is occasionally used instead of **que** in clauses set off by commas.

Lola, **quien** es cubana, es médica.
Lola, who is Cuban, is a doctor.

Su tía, **que** es alemana, ya llegó.
His aunt, who is German, already arrived.

▶ Unlike **que** and **quien(es)**, **lo que** doesn't refer to a specific noun. It refers to an idea, a situation, or a past event and means *what*, *that which*, or *the thing that*.

Este mercado tiene todo lo que Inés necesita.

A la señora Vives no le gustó lo que hizo Javier.

Lo que me molesta es el calor.
What bothers me is the heat.

Lo que quiero es una casa.
What I want is a house.

 **¡INTÉNTALO!**   Completa estas oraciones con pronombres relativos.

1. Voy a utilizar los platos ⎯⎯*que*⎯⎯ me regaló mi abuela.
2. Ana comparte un apartamento con la chica a ⎯⎯⎯⎯ conocimos en la fiesta de Jorge.
3. Esta oficina tiene todo ⎯⎯⎯⎯ necesitamos.
4. Puedes estudiar en el dormitorio ⎯⎯⎯⎯ está a la derecha de la cocina.
5. Los señores ⎯⎯⎯⎯ viven en esa casa acaban de llegar de Centroamérica.
6. Los niños a ⎯⎯⎯⎯ viste en nuestro jardín son mis sobrinos.
7. La piscina ⎯⎯⎯⎯ ves desde la ventana es la piscina de mis vecinos.
8. Fue Úrsula ⎯⎯⎯⎯ ayudó a mamá a limpiar el refrigerador.
9. Ya te dije que fue mi padre ⎯⎯⎯⎯ alquiló el apartamento.
10. ⎯⎯⎯⎯ te dijo Pablo no es cierto.
11. Tengo que sacudir los muebles ⎯⎯⎯⎯ están en el altillo una vez al mes.
12. No entiendo por qué no lavaste los vasos ⎯⎯⎯⎯ te dije.
13. La mujer a ⎯⎯⎯⎯ saludaste vive en las afueras.
14. ¿Sabes ⎯⎯⎯⎯ necesita este dormitorio? ¡Unas cortinas!
15. No quiero volver a hacer ⎯⎯⎯⎯ hice ayer.

recursos

CP
pp. 29–30

CH
p. 39

CA
p. 97

SUPERSITE
descubre2.
vhlcentral.com
Lección 3

Práctica SUPERSITE

1 **Combinar** Combina elementos de la columna A y la columna B para formar oraciones lógicas.

A

1. Ése es el hombre _____.
2. Rubén Blades, _____.
3. No traje _____.
4. ¿Te gusta la manta _____?
5. ¿Cómo se llama el programa _____?
6. La mujer _____.

B

a. con quien bailaba es mi vecina
b. que te compró Cecilia
c. quien es de Panamá, es un cantante muy bueno
d. que arregló mi lavadora
e. lo que necesito para la clase de matemáticas
f. que comiste en el restaurante
g. que escuchaste en la radio anoche

2 **Completar** Completa la historia sobre la casa que Jaime y Tina quieren comprar, usando los pronombres relativos **que, quien, quienes** o **lo que**.

1. Jaime y Tina son las personas a _____ conocí la semana pasada.

2. Quieren comprar una casa _____ está en las afueras de la ciudad.

3. Es una casa _____ era de una artista famosa.

4. La artista, a _____ yo conocía, murió el año pasado y no tenía hijos.

5. Ahora se vende la casa con todos los muebles _____ ella tenía.

6. La sala tiene una alfombra _____ ella trajo de Kuwait.

7. La casa tiene muchos estantes, _____ a Tina le encanta.

3 **Oraciones** Javier y Ana acaban de casarse y han comprado (*they have bought*) una casa y muchas otras cosas. Combina sus declaraciones para formar una sola oración con los pronombres relativos **que, quien(es)** y **lo que**.

> **modelo**
>
> Vamos a usar los vasos nuevos mañana. Los pusimos en el comedor.
> *Mañana vamos a usar los vasos nuevos que pusimos en el comedor.*

1. Tenemos una cafetera nueva. Mi prima nos la regaló.

2. Tenemos una cómoda nueva. Es bueno porque no hay espacio en el armario.

3. Esos platos no nos costaron mucho. Están encima del horno.

4. Esas copas me las regaló mi amiga Amalia. Ella viene a visitarme mañana.

5. La lavadora está casi nueva. Nos la regalaron mis suegros.

6. La vecina nos dio una manta de lana. Ella la compró en México.

Comunicación

4

Entrevista En parejas, túrnense para hacerse estas preguntas.

1. ¿Qué es lo que más te gusta de vivir en las afueras o en la ciudad?
2. ¿Cómo son las personas que viven en tu barrio?
3. ¿Cuál es el quehacer doméstico que menos te gusta? ¿Y el que más te gusta?
4. ¿Quién es la persona que hace los quehaceres domésticos en tu casa?
5. ¿Quiénes son las personas con quienes más sales los fines de semana? ¿Quién es la persona a quien más llamas por teléfono?
6. ¿Cuál es el deporte que más te gusta? ¿Cuál es el que menos te gusta?
7. ¿Cuál es el barrio de tu ciudad que más te gusta y por qué?
8. ¿Quién es la persona a quien más llamas cuando tienes problemas?
9. ¿Quién es la persona a quien más admiras? ¿Por qué?
10. ¿Qué es lo que más te gusta de tu casa?
11. ¿Qué es lo que más te molesta de tus amigos?
12. ¿Qué es lo que menos te gusta de tu barrio?

5

Adivinanza En grupos, túrnense para describir distintas partes de una vivienda usando pronombres relativos. Los demás compañeros tienen que hacer preguntas hasta que adivinen (*they guess*) la palabra.

> **modelo**
>
> **Estudiante 1:** Es lo que tenemos en el dormitorio.
> **Estudiante 2:** ¿Es el mueble que usamos para dormir?
> **Estudiante 1:** No. Es lo que usamos para guardar la ropa.
> **Estudiante 3:** Lo sé. Es la cómoda.

Síntesis

6

Definir En parejas, definan las palabras. Usen los pronombres relativos **que, quien(es)** y **lo que.** Luego compartan sus definiciones con la clase.

> **modelo**
>
> lavadora Es lo que se usa para lavar la ropa.
>   pastel Es un postre que comes en tu cumpleaños.

alquiler	flan	patio	tenedor
amigos	guantes	postre	termómetro
aspiradora	jabón	sillón	vaso
enfermera	manta	sótano	vecino

3.2 Formal commands (SUPERSITE)

ANTE TODO   As you learned in **Lección 2**, the command forms are used to give orders or advice. Formal commands are used with people you address as **usted** or **ustedes**. Observe these examples, then study the chart.

AYUDA

By learning formal commands, it will be easier for you to learn the subjunctive forms that are presented in **Estructura 3.3**, p. 108.

Hable con ellos, don Francisco.
Talk with them, Don Francisco.

Laven los platos ahora mismo.
Wash the dishes right now.

Coma frutas y verduras.
Eat fruits and vegetables.

Beban menos té y café.
Drink less tea and coffee.

Formal commands (Ud. and Uds.)

Infinitive	Present tense yo form	Ud. command	Uds. command
limpiar	limpi**o**	limpi**e**	limpi**en**
barrer	barr**o**	barr**a**	barr**an**
sacudir	sacud**o**	sacud**a**	sacud**an**
decir (e:i)	dig**o**	dig**a**	dig**an**
pensar (e:ie)	piens**o**	piens**e**	piens**en**
volver (o:ue)	vuelv**o**	vuelv**a**	vuelv**an**
servir (e:i)	sirv**o**	sirv**a**	sirv**an**

▶ The **usted** and **ustedes** commands, like the negative **tú** commands, are formed by dropping the final **-o** of the **yo** form of the present tense. For **-ar** verbs, add **-e** or **-en**. For **-er** and **-ir** verbs, add **-a** or **-an**.

No se preocupe... La vamos a ayudar en todo lo posible.

Sí, cuente con nosotros.

▶ Verbs with irregular **yo** forms maintain the same irregularity in their formal commands. These verbs include **conducir, conocer, decir, hacer, ofrecer, oír, poner, salir, tener, traducir, traer, venir,** and **ver.**

Oiga, don Francisco...
Listen, Don Francisco...

Ponga la mesa, por favor.
Set the table, please.

¡Salga inmediatamente!
Leave immediately!

Hagan la cama antes de salir.
Make the bed before leaving.

▶ Note also that verbs maintain their stem changes in **usted** and **ustedes** commands.

e:ie	o:ue	e:i
No **pierda** la llave.	**Vuelva** temprano, joven.	**Sirva** la sopa, por favor.
Cierren la puerta.	**Duerman** bien, chicos.	**Repitan** las frases.

▶ Verbs ending in **-car, -gar,** and **-zar** have a spelling change in the command forms.

sa**car**	c → **qu**	sa**qu**e, sa**qu**en
ju**gar**	g → **gu**	jue**gu**e, jue**gu**en
almor**zar**	z → **c**	almuer**c**e, almuer**c**en

▶ These verbs have irregular formal commands.

Infinitive	Ud. command	Uds. command
dar	**dé**	**den**
estar	**esté**	**estén**
ir	**vaya**	**vayan**
saber	**sepa**	**sepan**
ser	**sea**	**sean**

▶ To make a formal command negative, simply place **no** before the verb.

No ponga las maletas en la cama.   **No ensucien** los sillones.
Don't put the suitcases on the bed.   *Don't dirty the armchairs.*

▶ In affirmative commands, reflexive, indirect and direct object pronouns are always attached to the end of the verb.

Siénten**se**, por favor.   Acuésten**se** ahora.
Síga**me,** Laura.   Póngan**las** en el suelo, por favor.

▶ **¡Atención!** When a pronoun is attached to an affirmative command that has two or more syllables, an accent mark is added to maintain the original stress.

limpie ⟶ **límpielo**   **lean** ⟶ **léanlo**
diga ⟶ **dígamelo**   **sacudan** ⟶ **sacúdanlos**

▶ In negative commands, these pronouns always precede the verb.

No **se** preocupe.   No **los** ensucien.
No **me lo** dé.   No **nos las** traigan.

▶ **Usted** and **ustedes** can be used with the command forms to strike a more formal tone. In such instances they follow the command form.

Muéstrele usted la foto a su amigo. **Tomen ustedes** esta alcoba.
Show the photo to your friend.   *Take this bedroom.*

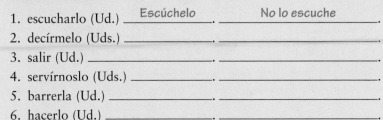

¡INTÉNTALO! Indica los mandatos (*commands*) afirmativos y negativos correspondientes.

1. escucharlo (Ud.) __Escúchelo__. __No lo escuche__.
2. decírmelo (Uds.) _____. _____.
3. salir (Ud.) _____. _____.
4. servírnoslo (Uds.) _____. _____.
5. barrerla (Ud.) _____. _____.
6. hacerlo (Ud.) _____. _____.

Práctica

1

Completar La señora González quiere mudarse de casa. Ayúdala a organizarse. Indica el mandato formal de cada verbo.

1. _____ los anuncios del periódico y _____. (Leer, guardarlos)

2. _____ personalmente y _____ las casas usted misma. (Ir, ver)

3. Decida qué casa quiere y _____ al agente. _____ un contrato de alquiler. (llamar, Pedirle)

4. _____ un camión *(truck)* para ese día y _____ la hora exacta de llegada. (Contratar, preguntarles)

5. El día de la mudanza *(On moving day)* _____ tranquila. _____ a revisar su lista para completar todo lo que tiene que hacer. (estar, Volver)

6. Primero, _____ a todos en casa que usted va a estar ocupada. No _____ que usted va a hacerlo todo. (decirles, decirles)

7. _____ tiempo para hacer las maletas tranquilamente. No _____ las maletas a los niños más grandes. (Sacar, hacerles)

8. No _____. _____ que todo va a salir bien. (preocuparse, Saber)

2

¿Qué dicen? Mira los dibujos y escribe un mandato lógico para cada uno. Usa palabras que aprendiste en **Contextos**.

1. _____

2. _____

3. _____

4. _____

5. _____

6. _____

Comunicación

3

Solucionar Trabajen en parejas para presentar estos problemas. Un(a) estudiante presenta los problemas de la columna A y el/la otro/a los de la columna B. Usen mandatos formales y túrnense para ofrecer soluciones.

> **Estudiante 1:** Vilma se torció un tobillo jugando al tenis. Es la tercera vez.
> **Estudiante 2:** No juegue más al tenis. / Vaya a ver a un especialista.

A

1. Se me perdió el libro de español con todas mis notas.
2. A Vicente se le cayó la botella de agua mineral para la cena.
3. ¿Cómo? ¿Se le olvidó traer el traje de baño a la playa?
4. Se nos quedaron los boletos en la casa. El avión sale en una hora.

B

1. Mis hermanas no se levantan temprano. Siempre llegan tarde a la escuela.
2. A mi abuela le robaron (*stole*) las maletas. Era su primer día de vacaciones.
3. Nuestra casa es demasiado pequeña para nuestra familia.
4. Me preocupo constantemente por Roberto. Trabaja demasiado.

4

Conversaciones En parejas, escojan dos situaciones y preparen conversaciones para presentar a la clase. Usen mandatos formales.

> **modelo**
>
> **Lupita:** Señor Ramírez, siento mucho llegar tan tarde. Mi niño se enfermó. ¿Qué debo hacer?
>
> **Sr. Ramírez:** No se preocupe. Siéntese y descanse un poco.

NOTA CULTURAL

El 31 de diciembre de 1999, los Estados Unidos cedió el control del **Canal de Panamá** al gobierno de Panamá, terminando así con casi 100 años de administración estadounidense.

SITUACIÓN 1 Profesor Rosado, no vine la semana pasada porque el equipo jugaba en Boquete. ¿Qué debo hacer para ponerme al día *(catch up)*?

SITUACIÓN 2 Los invitados de la boda llegan a las cuatro de la tarde, las mesas están sin poner y el champán sin servir. Los camareros apenas están llegando. ¿Qué deben hacer los camareros?

SITUACIÓN 3 Mi novio es un poco aburrido. No le gustan ni el cine, ni los deportes, ni salir a comer. Tampoco habla mucho. ¿Qué puedo hacer?

▶ **SITUACIÓN 4** Tengo que preparar una presentación para mañana sobre el Canal de Panamá. ¿Por dónde comienzo?

Síntesis

5

Presentar En grupos, preparen un anuncio de televisión para presentar a la clase. El anuncio debe tratar de un detergente, un electrodoméstico o una agencia inmobiliaria (*real estate agency*). Usen mandatos, los pronombres relativos (**que, quien(es)** o **lo que**) y el **se** impersonal.

> **modelo**
>
> Compre el lavaplatos Siglo XXI. Tiene todo lo que usted desea. Es el lavaplatos que mejor funciona. Venga a verlo ahora mismo… No pierda ni un minuto más. Se aceptan tarjetas de crédito.

3.3 The present subjunctive

ANTE TODO   With the exception of commands, all the verb forms you have been using have been in the indicative mood. The indicative is used to state facts and to express actions or states that the speaker considers to be real and definite. In contrast, the subjunctive mood expresses the speaker's attitudes toward events, as well as actions or states the speaker views as uncertain or hypothetical.

Quiero que ustedes ayuden con los quehaceres domésticos.

Insistimos en que nos deje ayudarla a preparar la comida.

Present subjunctive of regular verbs

		hablar	comer	escribir
SINGULAR FORMS	yo	habl**e**	com**a**	escrib**a**
	tú	habl**es**	com**as**	escrib**as**
	Ud./él/ella	habl**e**	com**a**	escrib**a**
PLURAL FORMS	nosotros/as	habl**emos**	com**amos**	escrib**amos**
	vosotros/as	habl**éis**	com**áis**	escrib**áis**
	Uds./ellos/ellas	habl**en**	com**an**	escrib**an**

> The present subjunctive is formed very much like **usted** and **ustedes** commands and *negative* **tú** commands. From the **yo** form of the present indicative, drop the **-o** ending, and replace it with the subjunctive endings.

INFINITIVE	PRESENT INDICATIVE	VERB STEM	PRESENT SUBJUNCTIVE
hablar	**hablo**	**habl-**	**hable**
comer	**como**	**com-**	**coma**
escribir	**escribo**	**escrib-**	**escriba**

> The present subjunctive endings are:

-ar verbs		-er and -ir verbs	
-e	-emos	-a	-amos
-es	-éis	-as	-áis
-e	-en	-a	-an

¡LENGUA VIVA!

You may think that English has no subjunctive, but it does! While once common, it now survives mostly in set expressions such as *if I were you* and *be that as it may.*

AYUDA

Note that, in the present subjunctive, **-ar** verbs use endings normally associated with present tense **-er** and **-ir** verbs. Likewise, **-er** and **-ir** verbs in the present subjunctive use endings normally associated with **-ar** verbs in the present tense. Note also that, in the present subjunctive, the **yo** form is the same as the **Ud./él/ella** form.

▶ Verbs with irregular **yo** forms show the same irregularity in all forms of the present subjunctive.

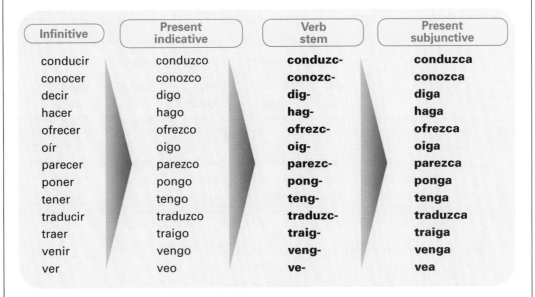

Infinitive	Present indicative	Verb stem	Present subjunctive
conducir	conduzco	**conduzc-**	**conduzca**
conocer	conozco	**conozc-**	**conozca**
decir	digo	**dig-**	**diga**
hacer	hago	**hag-**	**haga**
ofrecer	ofrezco	**ofrezc-**	**ofrezca**
oír	oigo	**oig-**	**oiga**
parecer	parezco	**parezc-**	**parezca**
poner	pongo	**pong-**	**ponga**
tener	tengo	**teng-**	**tenga**
traducir	traduzco	**traduzc-**	**traduzca**
traer	traigo	**traig-**	**traiga**
venir	vengo	**veng-**	**venga**
ver	veo	**ve-**	**vea**

▶ To maintain the **-c, -g,** and **-z** sounds, verbs ending in **-car, -gar,** and **-zar** have a spelling change in all forms of the present subjunctive.

sacar:	sa**qu**e, sa**qu**es, sa**qu**e, sa**qu**emos, sa**qu**éis, sa**qu**en
jugar:	jue**gu**e, jue**gu**es, jue**gu**e, ju**gu**emos, ju**gu**éis, jue**gu**en
almorzar:	almuer**c**e, almuer**c**es, almuer**c**e, almor**c**emos, almor**c**éis, almuer**c**en

Present subjunctive of stem-changing verbs

AYUDA

Note that stem-changing verbs and verbs that have a spelling change have the same ending as regular verbs in the present subjunctive.

▶ **-Ar** and **-er** stem-changing verbs have the same stem changes in the subjunctive as they do in the present indicative.

pensar (e:ie):	p**ie**nse, p**ie**nses, p**ie**nse, pensemos, penséis, p**ie**nsen
mostrar (o:ue):	m**ue**stre, m**ue**stres, m**ue**stre, mostremos, mostréis, m**ue**stren
entender (e:ie):	ent**ie**nda, ent**ie**ndas, ent**ie**nda, entendamos, entendáis, ent**ie**ndan
volver (o:ue):	v**ue**lva, v**ue**lvas, v**ue**lva, volvamos, volváis, v**ue**lvan

▶ **-Ir** stem-changing verbs have the same stem changes in the subjunctive as they do in the present indicative, but in addition, the **nosotros/as** and **vosotros/as** forms undergo a stem change. The unstressed **e** changes to **i,** while the unstressed **o** changes to **u.**

pedir (e:i):	p**i**da, p**i**das, p**i**da, p**i**damos, p**i**dáis, p**i**dan
sentir (e:ie):	s**ie**nta, s**ie**ntas, s**ie**nta, s**i**ntamos, s**i**ntáis, s**ie**ntan
dormir (o:ue):	d**ue**rma, d**ue**rmas, d**ue**rma, d**u**rmamos, d**u**rmáis, d**ue**rman

Irregular verbs in the present subjunctive

▶ These five verbs are irregular in the present subjunctive.

Irregular verbs in the present subjunctive

		dar	estar	ir	saber	ser
SINGULAR FORMS	yo	dé	esté	vaya	sepa	sea
	tú	des	estés	vayas	sepas	seas
	Ud./él/ella	dé	esté	vaya	sepa	sea
PLURAL FORMS	nosotros/as	demos	estemos	vayamos	sepamos	seamos
	vosotros/as	deis	estéis	vayáis	sepáis	seáis
	Uds./ellos/ellas	den	estén	vayan	sepan	sean

▶ **¡Atención!** The subjunctive form of **hay** (*there is, there are*) is also irregular: **haya**.

General uses of the subjunctive

▶ The subjunctive is mainly used to express: 1) will and influence, 2) emotion, 3) doubt, disbelief, and denial, and 4) indefiniteness and nonexistence.

▶ The subjunctive is most often used in sentences that consist of a main clause and a subordinate clause. The main clause contains a verb or expression that triggers the use of the subjunctive. The conjunction **que** connects the subordinate clause to the main clause.

Main clause	Connector	Subordinate clause

Es muy importante   que   **vayas** al hotel ahora mismo.

▶ These impersonal expressions are always followed by clauses in the subjunctive:

Es bueno que... *It's good that...*	**Es mejor que...** *It's better that...*	**Es malo que...** *It's bad that...*
Es importante que... *It's important that...*	**Es necesario que...** *It's necessary that...*	**Es urgente que...** *It's urgent that...*

 **¡INTÉNTALO!**   Indica el presente de subjuntivo de estos verbos.

1. (alquilar, beber, vivir)   que yo ____alquile, beba, viva____
2. (estudiar, aprender, asistir)   que tú _____
3. (encontrar, poder, dormir)   que él _____
4. (hacer, tener, venir)   que nosotras _____
5. (dar, hablar, escribir)   que ellos _____
6. (pagar, empezar, buscar)   que ustedes _____
7. (ser, ir, saber)   que yo _____
8. (estar, dar, oír)   que tú _____

recursos

CP
pp. 33–34

CH
pp. 44–47

CA
p. 105

SUPERSITE

descubre2.
vhlcentral.com
Lección 3

Práctica SUPERSITE

1 **Completar** Completa las oraciones con el presente del subjuntivo de los verbos entre paréntesis. Luego empareja las oraciones del primer grupo con las del segundo grupo.

A

1. Es mejor que _____ en casa. (nosotros, cenar)
2. Es importante que _____ las casas colgantes de Cuenca. (tú, visitar)
3. Señora, es urgente que le _____ el diente. Tiene una infección. (yo, sacar)
4. Es malo que Ana les _____ tantos dulces a los niños. (dar)
5. Es necesario que _____ a la una de la tarde. (ustedes, llegar)
6. Es importante que _____ temprano. (nosotros, acostarse)

B

a. Es importante que _____ más verduras. (ellos, comer)
b. No, es mejor que _____ a comer. (nosotros, salir)
c. Y yo creo que es bueno que _____ a Madrid después. (yo, ir)
d. En mi opinión, no es necesario que _____ tanto. (nosotros, dormir)
e. ¿Ah, sí? ¿Es necesario que me _____ un antibiótico también? (yo, tomar)
f. Para llegar a tiempo, es necesario que _____ temprano. (nosotros, almorzar)

NOTA CULTURAL

Las casas colgantes (*hanging*) de Cuenca, España, son muy famosas. Estas casas están situadas en un acantilado (*cliff*) y forman parte del paisaje de la ciudad.

Comunicación

2 **Minidiálogos** En parejas, completen los minidiálogos con expresiones impersonales de una manera lógica.

> **modelo**
> **Miguelito:** Mamá, no quiero arreglar mi cuarto.
> **Sra. Casas:** Es necesario que lo arregles. Y es importante que sacudas los muebles también.

1. **MIGUELITO** Mamá, no quiero estudiar. Quiero salir a jugar con mis amigos.
   SRA. CASAS _____

2. **MIGUELITO** Mamá, es que no me gustan las verduras. Prefiero comer pasteles.
   SRA. CASAS _____

3. **MIGUELITO** ¿Tengo que poner la mesa, mamá?
   SRA. CASAS _____

4. **MIGUELITO** No me siento bien, mamá. Me duele todo el cuerpo y tengo fiebre.
   SRA. CASAS _____

3 **Entrevista** Trabajen en parejas. Entrevístense usando estas preguntas. Expliquen sus respuestas.

1. ¿Es importante que los niños ayuden con los quehaceres domésticos?
2. ¿Es urgente que los norteamericanos aprendan otras lenguas?
3. Si un(a) norteamericano/a quiere aprender francés, ¿es mejor que lo aprenda en Francia?
4. En su escuela, ¿es necesario que los estudiantes coman en la cafetería?
5. ¿Es importante que todas las personas asistan a la universidad?

3.4 # Subjunctive with verbs of will and influence

 **ANTE TODO**   You will now learn how to use the subjunctive with verbs and expressions of will and influence.

Quiero
que tengas
dientes
más blancos.

▶ Verbs of will and influence are often used when someone wants to affect the actions or behavior of other people.

   Enrique **quiere** que salgamos a cenar.   Paola **prefiere** que cenemos en casa.
   Enrique wants us to go out to dinner.   *Paola prefers that we have dinner at home.*

▶ Here is a list of widely used verbs of will and influence.

Verbs of will and influence			
aconsejar	to advise	**pedir** (e:i)	to ask (for)
desear	to wish; to desire	**preferir** (e:ie)	to prefer
importar	to be important; to matter	**prohibir**	to prohibit
		querer (e:ie)	to want
insistir (en)	to insist (on)	**recomendar** (e:ie)	to recommend
mandar	to order	**rogar** (o:ue)	to beg; to plead
necesitar	to need	**sugerir** (e:ie)	to suggest

▶ Some impersonal expressions, such as **es necesario que, es importante que, es mejor que,** and **es urgente que,** are considered expressions of will or influence.

▶ When the main clause contains an expression of will or influence, the subjunctive is required in the subordinate clause, provided that the two clauses have different subjects.

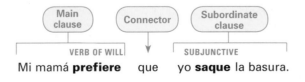

Main clause	Connector	Subordinate clause
VERB OF WILL		SUBJUNCTIVE
Mi mamá **prefiere**	que	yo **saque** la basura.

> *Quiero que arreglen sus alcobas, que hagan las camas, que pongan la mesa...*

> *...y les aconsejo que se acuesten temprano esta noche.*

▶ Indirect object pronouns are often used with the verbs **aconsejar, importar, mandar, pedir, prohibir, recomendar, rogar,** and **sugerir.**

Te aconsejo que estudies.
I advise you to study.

Le sugiero que vaya a casa.
I suggest that he go home.

Les recomiendo que barran el suelo.
I recommend that you sweep the floor.

Le ruego que no venga.
I beg him not to come.

▶ Note that all the forms of **prohibir** in the present tense carry a written accent, except for the **nosotros/as** form: **prohíbo, prohíbes, prohíbe, prohibimos, prohibís, prohíben.**

Ella les **prohíbe** que miren
la televisión.
*She prohibits them from watching
television.*

Nos **prohíben** que nademos en
la piscina.
*They prohibit that we swim in
the swimming pool.*

▶ The infinitive is used with words or expressions of will and influence if there is no change of subject in the sentence.

No quiero **sacudir** los muebles.
I don't want to dust the furniture.

Paco prefiere **descansar.**
Paco prefers to rest.

Es importante **sacar** la basura.
It's important to take out the trash.

No es necesario **quitar** la mesa.
It's not necessary to clear the table.

¡INTÉNTALO! Completa cada oración con la forma correcta del verbo entre paréntesis.

1. Te sugiero que ___vayas___ (ir) con ella al supermercado.
2. Él necesita que yo le _____ (prestar) dinero.
3. No queremos que tú _____ (hacer) nada especial para nosotros.
4. Mis papás quieren que yo _____ (limpiar) mi cuarto.
5. Nos piden que la _____ (ayudar) a preparar la comida.
6. Quieren que tú _____ (sacar) la basura todos los días.
7. Quiero _____ (descansar) esta noche.
8. Es importante que ustedes _____ (limpiar) los estantes.
9. Su tía les manda que _____ (poner) la mesa.
10. Te aconsejo que no _____ (salir) con él.
11. Mi tío insiste en que mi prima _____ (hacer) la cama.
12. Prefiero _____ (ir) al cine.
13. Es necesario _____ (estudiar).
14. Recomiendo que ustedes _____ (pasar) la aspiradora.

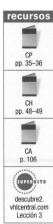

recursos

CP
pp. 35–36

CH
pp. 48–49

CA
p. 106

descubre2.
vhlcentral.com
Lección 3

Práctica SUPERSITE

1

Completar Completa el diálogo con palabras de la lista.

cocina	haga	quiere	sea
comas	ponga	saber	ser
diga	prohíbe	sé	vaya

IRENE Tengo problemas con Vilma. Sé que debo hablar con ella. ¿Qué me recomiendas que le (1)_____?

JULIA Pues, necesito (2)_____ más antes de darte consejos.

IRENE Bueno, para empezar me (3)_____ que traiga dulces a la casa.

JULIA Pero chica, tiene razón. Es mejor que tú no (4)_____ cosas dulces.

IRENE Sí, ya lo sé. Pero quiero que (5)_____ más flexible. Además, insiste en que yo (6)_____ todo en la casa.

JULIA Yo (7)_____ que Vilma (8)_____ y hace los quehaceres todos los días.

IRENE Sí, pero siempre que hay fiesta me pide que (9)_____ los cubiertos y las copas en la mesa y que (10)_____ al sótano por las servilletas y los platos. ¡Es lo que más odio: ir al sótano!

JULIA Mujer, ¡Vilma sólo (11)_____ que ayudes en la casa!

2

Aconsejar En parejas, lean lo que dice cada persona. Luego den consejos lógicos usando verbos como **aconsejar, recomendar** y **prohibir**. Sus consejos deben ser diferentes de lo que la persona quiere hacer.

> **modelo**
>
> **Isabel:** Quiero conseguir un comedor con los muebles más caros del mundo.
>
> **Consejo:** *Te aconsejamos que consigas unos muebles menos caros.*

1. **DAVID**   Pienso poner el cuadro del lago de Maracaibo en la cocina. ◄
2. **SARA**   Voy a ir a la gasolinera para comprar unas copas de cristal elegantes.
3. **SR. ALARCÓN**   Insisto en comenzar a arreglar el jardín en marzo.
4. **SRA. VILLA**   Quiero ver las tazas y los platos de la tienda El Ama de Casa Feliz.
5. **DOLORES**   Voy a poner servilletas de tela (*cloth*) para los cuarenta invitados.
6. **SR. PARDO**   Pienso poner todos mis muebles nuevos en el altillo.
7. **SRA. GONZÁLEZ** Hay una fiesta en casa esta noche pero no quiero limpiarla.
8. **CARLITOS**   Hoy no tengo ganas de hacer las camas ni de quitar la mesa.

> **NOTA CULTURAL**
>
> En el **lago de Maracaibo,** en Venezuela, hay casas suspendidas sobre el agua que se llaman palafitos. Los palafitos son reminiscencias de Venecia, Italia, de donde viene el nombre "Venezuela", que significa "pequeña Venecia".

3

Preguntas En parejas, túrnense para contestar las preguntas. Usen el subjuntivo.

1. ¿Te dan consejos tus amigos/as? ¿Qué te aconsejan? ¿Aceptas sus consejos? ¿Por qué?

2. ¿Qué te sugieren tus profesores que hagas antes de terminar las clases que tomas?

3. ¿Insisten tus amigos/as en que salgas mucho con ellos?

4. ¿Qué quieres que te regalen tu familia y tus amigos/as en tu cumpleaños?

5. ¿Qué le recomiendas tú a un(a) amigo/a que no quiere salir los sábados con su novio/a?

6. ¿Qué les aconsejas a los nuevos estudiantes de tu escuela?

Comunicación

4

Inventar En parejas, preparen una lista de seis personas famosas. Un(a) estudiante da el nombre de una persona famosa y el/la otro/a le da un consejo.

> **modelo**
>
> **Estudiante 1:** Judge Judy.
> **Estudiante 2:** Le recomiendo que sea más simpática con la gente.
> **Estudiante 2:** Orlando Bloom.
> **Estudiante 1:** Le aconsejo que haga más películas.

5

Hablar En parejas, miren la ilustración. Imaginen que Gerardo es su hermano y necesita ayuda para arreglar su casa y resolver sus problemas románticos y económicos. Usen expresiones impersonales y verbos como **aconsejar, sugerir** y **recomendar**.

> **modelo**
>
> Es mejor que arregles el apartamento más a menudo.
> Te aconsejo que no dejes para mañana lo que puedes hacer hoy.

Síntesis

6

La doctora Salvamórez Hernán tiene problemas con su madre y le escribe a la doctora Salvamórez, columnista del periódico *Panamá y su gente*. Ella responde a las cartas de personas con problemas familiares. En parejas, lean la carta de Hernán y después usen el subjuntivo para escribir los consejos de la doctora.

> Estimada doctora Salvamórez:
>
> Mi madre nunca quiere que yo salga de casa. No le molesta que vengan mis amigos a visitarme. Pero insiste en que nosotros sólo miremos los programas de televisión que ella quiere. Necesita saber dónde estoy en cada momento, y yo necesito que ella me dé un poco de independencia. ¿Qué hago?
>
> Hernán

Recapitulación

For self-scoring and diagnostics, go to **descubre2.vhlcentral.com**.

Completa estas actividades para repasar los conceptos de gramática que aprendiste en esta lección.

1 **Completar** Completa el cuadro con la forma correspondiente del presente de subjuntivo. **12 pts.**

yo/él/ella	tú	nosotros/as	Uds./ellos/ellas
limpie			
	vengas		
		queramos	
			ofrezcan

2 **El apartamento ideal** Completa este folleto (*brochure*) informativo con la forma correcta del presente de subjuntivo. **8 pts.**

> *A los jóvenes que buscan su primera vivienda, les ofrecemos estos consejos:*
>
> - Te sugiero que primero (tú) (1) _____ (escribir) una lista de las cosas que quieres en un apartamento.
>
> - Quiero que después (2) _____ (pensar) muy bien cuáles son tus prioridades. Es necesario que cada persona (3) _____ (tener) sus prioridades claras, porque el hogar (*home*) perfecto no existe.
>
> - Antes de decidir en qué área quieren vivir, les aconsejo a ti y a tu futuro/a compañero/a de apartamento que (4) _____ (salir) a ver la ciudad y que (5) _____ (conocer) los distintos barrios y las afueras.
>
> - Pidan que el agente les (6) _____ (mostrar) todas las partes de cada casa.
>
> - Finalmente, como consumidores, es importante que nosotros (7) _____ (saber) bien nuestros derechos (*rights*); por eso, deben insistir en que todos los puntos del contrato (8) _____ (estar) muy claros antes de firmarlo (*signing it*).
>
> *¡Buena suerte!*

RESUMEN GRAMATICAL

3.1 **Relative pronouns** *pp. 100–101*

Relative pronouns	
que	*that; which; who*
quien(es)	*who; whom; that*
lo que	*that which; what*

3.2 **Formal commands** *pp. 104–105*

Formal commands (Ud. and Uds.)		
Infinitive	**Present tense yo form**	**Ud(s). command**
limpiar	limpio	limpie(n)
barrer	barro	barra(n)
sacudir	sacudo	sacuda(n)

▶ Verbs with stem changes or irregular **yo** forms maintain the same irregularity in the formal commands:

hacer: yo **hago** → **Hagan** la cama.

Irregular formal commands	
dar	**dé (Ud.); den (Uds.)**
estar	**esté(n)**
ir	**vaya(n)**
saber	**sepa(n)**
ser	**sea(n)**

3.3 **The present subjunctive** *pp. 108–110*

Present subjunctive of regular verbs		
hablar	**comer**	**escribir**
hable	coma	escriba
hables	comas	escribas
hable	coma	escriba
hablemos	comamos	escribamos
habléis	comáis	escribáis
hablen	coman	escriban

3 **Relativos** Completa las oraciones con **lo que**, **que** o **quien(es)**. 8 pts.

1. Me encanta la alfombra _____ está en el comedor.
2. Mi amiga Tere, con _____ trabajo, me regaló ese cuadro.
3. Todas las cosas _____ tenemos vienen de la casa de mis abuelos.
4. Hija, no compres más cosas. _____ debes hacer ahora es organizarlo todo.
5. La agencia de decoración de _____ le hablé se llama Casabella.
6. Esas flores las dejaron en la puerta mis nuevos vecinos, a _____ aún (*yet*) no conozco.
7. Leonor no compró nada, porque _____ le gustaba era muy caro.
8. Mi amigo Aldo, a _____ visité ayer, es un cocinero excelente.

Irregular verbs in the present subjunctive		
dar		dé, des, dé, demos, deis, den
estar	est- +	-é, -és, -é, -emos, -éis, -én
ir	vay- +	
saber	sep- +	-a, -as, -a, -amos, -áis, -an
ser	se- +	

3.4 **Subjunctive with verbs of will and influence**

pp. 112–113

▶ Verbs of will and influence: **aconsejar, desear, importar, insistir (en), mandar, necesitar, pedir** (e:i), **preferir** (e:ie), **prohibir, querer** (e:ie), **recomendar** (e:ie), **rogar** (o:ue), **sugerir** (e:ie)

4 **Los señores Mejía** Martín y Ángela Mejía van a hacer un curso de verano en Costa Rica y una vecina va a cuidarles (*take care of*) la casa mientras ellos no están. Completa las instrucciones de la vecina con mandatos formales. Usa cada verbo una sola vez y añade pronombres de objeto directo o indirecto si es necesario. 10 pts.

arreglar	dejar	hacer	pedir	sacudir
barrer	ensuciar	limpiar	poner	tener

Primero, (1) _____ ustedes las maletas. Las cosas que no se llevan a Costa Rica, (2) _____ en el altillo. Ángela, (3) _____ las habitaciones y Martín, (4) _____ usted la cocina y el baño. Después, los dos (5) _____ el suelo y (6) _____ los muebles de toda la casa. Ángela, no (7) _____ sus joyas (*jewelry*) en el apartamento. (8) _____ cuidado ¡y (9) _____ nada antes de irse! Por último, (10) _____ a alguien que recoja (*pick up*) su correo.

5 **Los quehaceres** A tu hermano no le gusta ayudar con los quehaceres. Escribe al menos seis oraciones dándole consejos para hacer los quehaceres más divertidos. 12 pts.

modelo

Te sugiero que pongas música mientras lavas los platos....

6 **El circo** (*circus*) Completa esta famosa frase que tiene su origen en el circo. ¡2 puntos EXTRA!

"¡_____ (Pasar) ustedes y _____ (ver)! El espectáculo va a comenzar."

Lectura

Antes de leer

Estrategia

Locating the main parts of a sentence

Did you know that a text written in Spanish is an average of 15% longer than the same text written in English? Because the Spanish language tends to use more words to express ideas, you will often encounter long sentences when reading in Spanish. Of course, the length of sentences varies with genre and with authors' individual styles. To help you understand long sentences, identify the main parts of the sentence before trying to read it in its entirety. First locate the main verb of the sentence, along with its subject, ignoring any words or phrases set off by commas. Then reread the sentence, adding details like direct and indirect objects, transitional words, and prepositional phrases.

Examinar el texto

Mira el formato de la lectura. ¿Qué tipo de documento es? ¿Qué cognados encuentras en la lectura? ¿Qué te dicen sobre el tema de la selección?

¿Probable o improbable?

Mira brevemente el texto e indica si estas oraciones son probables o improbables.

1. Este folleto° es de interés turístico.
2. Describe un edificio moderno cubano.
3. Incluye algunas explicaciones de arquitectura.
4. Espera atraer° a visitantes al lugar.

Oraciones largas

Mira el texto y busca algunas oraciones largas. Con un(a) compañero/a, identifiquen las partes principales de la oración y después examinen las descripciones adicionales. ¿Qué significan las oraciones?

recursos

CH pp. 50–51	descubre2.vhlcentral.com Lección 3

folleto *brochure* **atraer** *to attract*
épocas *time periods*

Bienvenidos al Palacio de Las Garzas

El palacio está abierto de martes a domingo. Para más información, llame al teléfono 507-226-7000. También puede solicitar° un folleto a la casilla° 3467, Ciudad de Panamá, Panamá.

Después de leer

Ordenar

Pon estos eventos en el orden cronológico adecuado.

_____ El palacio se convirtió en residencia presidencial.

_____ Durante diferentes épocas°, maestros, médicos y banqueros practicaron su profesión en el palacio.

_____ El Dr. Belisario Porras ocupó el palacio por primera vez.

_____ Los españoles construyeron el palacio.

_____ Se renovó el palacio.

_____ Los turistas pueden visitar el palacio de martes a domingo.

El Palacio de Las Garzas° es la residencia oficial del Presidente de Panamá desde 1903. Fue construido en 1673 para ser la casa de un gobernador español. Con el paso de los años fue almacén, escuela, hospital, aduana, banco y por último, palacio presidencial.

En la actualidad el edificio tiene tres pisos, pero los planos originales muestran una construcción de un piso con un gran patio en el centro. La restauración del palacio comenzó en el año 1922 y los trabajos fueron realizados por el arquitecto Villanueva-Myers y el pintor Roberto Lewis. El palacio, un monumento al estilo colonial, todavía conserva su elegancia y buen gusto, y es una de las principales atracciones turísticas del barrio Casco Viejo°.

Planta baja

EL PATIO DE LAS GARZAS

Una antigua puerta de hierro° recibe a los visitantes. El patio interior todavía conserva los elementos originales de la construcción: piso de mármol°, columnas cubiertas° de nácar° y una magnífica fuente° de agua en el centro. Aquí están las nueve garzas que le dan el nombre al palacio y que representan las nueve provincias de Panamá.

Primer piso

EL SALÓN AMARILLO

Aquí el turista puede visitar una galería de cuarenta y un retratos° de gobernadores y personajes ilustres de Panamá. La principal atracción de este salón es el sillón presidencial, que se usa especialmente cuando hay cambio de presidente. Otros atractivos de esta área son el comedor de Los Tamarindos, que se destaca° por la elegancia de sus muebles y sus lámparas de cristal, y el patio andaluz, con sus coloridos mosaicos que representan la unión de la cultura indígena y la española.

EL SALÓN DR. BELISARIO PORRAS

Este elegante y majestuoso salón es uno de los lugares más importantes del Palacio de Las Garzas. Lleva su nombre en honor al Dr. Belisario Porras, quien fue tres veces presidente de Panamá (1912–1916, 1918–1920 y 1920–1924).

Segundo piso

Es el área residencial del palacio y el visitante no tiene acceso a ella. Los armarios, las cómodas y los espejos de la alcoba fueron comprados en Italia y Francia por el presidente Porras, mientras que las alfombras, cortinas y frazadas° son originarias de España.

solicitar *request* casilla *post office box* Garzas *Herons* Casco Viejo *Old Quarter* hierro *iron* mármol *marble* cubiertas *covered* nácar *mother-of-pearl* fuente *fountain* retratos *portraits* se destaca *stands out* frazadas *blankets*

Preguntas

Contesta las preguntas.

1. ¿Qué sala es notable por sus muebles elegantes y sus lámparas de cristal?
2. ¿En qué parte del palacio se encuentra la residencia del presidente?
3. ¿Dónde empiezan los turistas su visita al palacio?
4. ¿En qué lugar se representa artísticamente la rica herencia cultural de Panamá?
5. ¿Qué salón honra la memoria de un gran panameño?
6. ¿Qué partes del palacio te gustaría (*would you like*) más visitar? ¿Por qué?

Conversación

En grupos de tres o cuatro estudiantes, hablen sobre lo siguiente:

1. ¿Qué tiene en común el Palacio de Las Garzas con otras residencias presidenciales u otras casas muy grandes?
2. ¿Te gustaría vivir en el Palacio de Las Garzas? ¿Por qué?
3. Imagina que puedes diseñar tu palacio ideal. Describe los planos para cada piso del palacio.

Escritura SUPERSITE

Estrategia

Using linking words

You can make your writing sound more sophisticated by using linking words to connect simple sentences or ideas and create more complex sentences. Consider these passages, which illustrate this effect:

Without linking words

En la actualidad el edificio tiene tres pisos. Los planos originales muestran una construcción de un piso con un gran patio en el centro. La restauración del palacio comenzó en el año 1922. Los trabajos fueron realizados por el arquitecto Villanueva-Myers y el pintor Roberto Lewis.

With linking words

En la actualidad el edificio tiene tres pisos, pero los planos originales muestran una construcción de un piso con un gran patio en el centro. La restauración del palacio comenzó en el año 1922 y los trabajos fueron realizados por el arquitecto Villanueva-Myers y el pintor Roberto Lewis.

Linking words

cuando	*when*
mientras	*while*
o	*or*
pero	*but*
porque	*because*
pues	*since*
que	*that; who; which*
quien	*who*
sino	*but (rather)*
y	*and*

Tema

Escribir un contrato de arrendamiento°

Eres el/la administrador(a)° de un edificio de apartamentos. Prepara un contrato de arrendamiento para los nuevos inquilinos°. El contrato debe incluir estos detalles:

▶ la dirección° del apartamento y del/de la administrador(a)

▶ las fechas del contrato

▶ el precio del alquiler y el día que se debe pagar

▶ el precio del depósito

▶ información y reglas° acerca de:
    la basura
    el correo
    los animales domésticos
    el ruido°
    los servicios de electricidad y agua
    el uso de electrodomésticos

▶ otros aspectos importantes de la vida comunitaria

contrato de arrendamiento *lease*
administrador(a) *manager*
inquilinos *tenants* dirección *address*
reglas *rules* ruido *noise*

recursos

| CH pp. 52–53 | CA pp. 145–146 | descubre2.vhlcentral.com Lección 3 |

Escuchar

Estrategia
Using visual cues

Visual cues like illustrations and headings provide useful clues about what you will hear.

 To practice this strategy, you will listen to a passage related to the following photo. Jot down the clues the photo gives you as you listen.

Preparación

Mira el dibujo. ¿Qué pistas te da para comprender la conversación que vas a escuchar? ¿Qué significa *bienes raíces*?

Ahora escucha

Mira los anuncios de esta página y escucha la conversación entre el señor Núñez, Adriana y Felipe. Luego indica si cada descripción se refiere a la casa ideal de Adriana y Felipe, a la casa del anuncio o al apartamento del anuncio.

Frases	La casa ideal	La casa del anuncio	El apartamento del anuncio
Es barato.	___	___	___
Tiene cuatro alcobas.	___	___	___
Tiene una oficina.	___	___	___
Tiene un balcón.	___	___	___
Tiene una cocina moderna.	___	___	___
Tiene un jardín muy grande.	___	___	___
Tiene un patio.	___	___	___

18G

Bienes raíces

Se vende.
4 alcobas, 3 baños, cocina moderna, jardín con árboles frutales.
B/. 225.000

Se alquila.
2 alcobas, 1 baño.
Balcón.
Urbanización Las Brisas. B/. 525

Comprensión

Preguntas

1. ¿Cuál es la relación entre el señor Núñez, Adriana y Felipe? ¿Cómo lo sabes?

2. ¿Qué diferencia de opinión hay entre Adriana y Felipe sobre dónde quieren vivir?

3. Usa la información de los dibujos y la conversación para entender lo que dice Adriana al final. ¿Qué significa "todo a su debido tiempo"?

Conversación

En parejas, túrnense para hacer y responder a las preguntas.

1. ¿Qué tienen en común el apartamento y la casa del anuncio con el lugar donde tú vives?
2. ¿Qué piensas de la recomendación del señor Núñez?
3. ¿Dónde prefieres vivir tú, en un apartamento o en una casa? Explica por qué.

En pantalla

En los países hispanos el costo del servicio de electricidad y de los electrodomésticos es muy caro. Es por esto que no es muy común tener muchos electrodomésticos. Por ejemplo, en los lugares donde hace mucho calor, mucha gente no tiene aire acondicionado°; utiliza los ventiladores°, que usan menos electricidad. Muchas personas lavan los platos a mano o barren el suelo en vez de usar un lavaplatos o una aspiradora.

Vocabulario útil	
fabrica	*manufactures*
lavavajillas	*lavaplatos*
aislante	*insulation*
campanas	*hoods*

Identificar

Indica lo que veas en el anuncio.

____ 1. llaves

____ 2. sofá

____ 3. puerta

____ 4. oficina

____ 5. bebé (*baby*)

____ 6. calle

____ 7. despertador

____ 8. altillo

El apartamento

Trabajen en grupos pequeños. Imaginen que terminaron la escuela y la universidad, consiguieron el trabajo (*job*) de sus sueños (*dreams*) y comparten un apartamento en el centro de una gran ciudad. Describan el apartamento, los muebles y los electrodomésticos y digan qué quehaceres hace cada quien.

aire acondicionado *air conditioning* **ventiladores** *fans*
se agradece *it's appreciated*

Anuncio de Balay

Sabemos lo mucho que se agradece°...

...en algunos momentos...

...un poco de silencio.

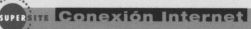

Conexión Internet
Go to **descubre2.vhlcentral.com** to watch the TV clip featured in this **En pantalla** section.

Oye cómo va

Rubén Blades

Rubén Blades es uno de los vocalistas con más éxito° en la historia de la música panameña. En 1974 se graduó en Derecho° en la Universidad Nacional de Panamá y diez años más tarde hizo un máster de Derecho en la Universidad de Harvard. Ha sido compositor, cantante y también actor de cine. Ha grabado° más de veinte álbumes y ha actuado° en más de treinta películas. En sus canciones expresa su amor por la literatura y la política. En el año 2000 fue nombrado° Embajador Mundial° Contra° el Racismo por las Naciones Unidas. Desde el año 2004 es ministro del Instituto Panameño de Turismo.

Tu profesor(a) va a poner la canción en la clase. Escúchala y completa las actividades.

Completar

Completa las oraciones con la opción correcta.

1. En _____, Rubén Blades se graduó en Derecho.
   a. 1979   b. 1974   c. 1971
2. Le interesan la literatura y _____.
   a. la política   b. los deportes   c. la tecnología
3. Desde _____ es ministro de Turismo de Panamá.
   a. 2002   b. 2003   c. 2004
4. Trabajó en la película _____.
   a. *Brick*   b. *Spin*   c. *Elf*

Preguntas

En parejas, respondan a las preguntas.

1. ¿Esta canción tiene un mensaje positivo o negativo? ¿Cómo lo saben?
2. ¿Qué actitud creen que se debe tomar al final de una etapa (*phase*) o en una despedida importante?
3. ¿Cuáles son las seis cosas más importantes que se van a llevar con ustedes cuando se gradúen?

éxito *success* Derecho *Law* Ha grabado *He has recorded* ha actuado *he has acted* nombrado *appointed* Embajador Mundial *World Ambassador* Contra *Against* ciudadanos *citizens* se acabó lo que se daba *it's all over* trago *sip* mundo *world* ha participado *has taken part*

La canción del final del mundo

Prepárense ciudadanos°:
se acabó lo que se daba°;
a darse el último trago°.
No se me pueden quejar;
el *show* fue bueno y barato.
Ante el dolor, buen humor es esencial.
Por eso saca a tu pareja y ponte a bailar
la canción del final del mundo°;
la canción del final del mundo.

Rubén Blades en el cine
Una de las facetas artísticas de Rubén Blades es la de actor de cine y televisión en varios países. Algunas de las películas en las que ha participado° son *All the Pretty Horses* (2000), *Once Upon a Time in Mexico* (2003, véase la foto), *Imagining Argentina* (2003) y *Spin* (2005), entre muchas otras.

recursos
descubre2.vhlcentral.com
Lección 3

SUPERSITE Conexión Internet
Go to **descubre2.vhlcentral.com** to learn more about the artist featured in this **Oye cómo va** section.

Panamá

El país en cifras

▶ **Área:** 78.200 km² (30.193 millas²), *aproximadamente el área de Carolina del Sur*

▶ **Población:** 3.509.000

▶ **Capital:** La Ciudad de Panamá —1.379.000

▶ **Ciudades principales:** Colón, David

SOURCE: Population Division, UN Secretariat

▶ **Moneda:** balboa; Es equivalente al dólar estadounidense.

En Panamá circulan los billetes de dólar estadounidense. El país centroamericano, sin embargo, acuña° sus propias monedas. "El peso" es una moneda grande equivalente a cincuenta centavos°. La moneda de cinco centavos es llamada frecuentemente "real".

▶ **Idiomas:** español (oficial), chibcha, inglés
La mayoría de los panameños es bilingüe. La lengua materna del 14% de los panameños es el inglés.

Bandera de Panamá

Panameños célebres

▶ **Rod Carew,** beisbolista (1945–)

▶ **Mireya Moscoso,** política (1947–)

▶ **Rubén Blades,** músico y político (1948–)

acuña *mints* centavos *cents*
Actualmente *Currently*
peaje *toll* promedio *average*

recursos

CP
pp. 37–38

CA
pp. 69–70

descubre2.vhlcentral.com
Lección 3

Mujer kuna lavando una mola

Un turista disfruta del bosque tropical colgado de un cable.

ESTADOS UNIDOS
OCÉANO ATLÁNTICO
PANAMÁ
AMÉRICA DEL SUR

COSTA RICA

Lago Gatún

Canal de Panamá

Islas San Blas

Cordillera de San Blas

Río Chepo

Bocas del Toro

Mar Caribe

Colón

Serranía de Tabasará

Ciudad de Panamá

David

Río Cobre

Isla del Rey

Océano Pacífico

Golfo de Panamá

Isla de Coiba

Ruinas de un fuerte panameño

¡Increíble pero cierto!

¿Conocías estos datos sobre el Canal de Panamá?

• Gracias al Canal de Panamá, el viaje en barco de Nueva York a Tokio es 3.000 millas más corto.

• Su construcción costó 639 millones de dólares.

• Actualmente° lo usan 38 barcos al día.

• El peaje° promedio° cuesta 40.000 dólares.

Tokio

Nueva York

PANAMÁ

Lugares • El Canal de Panamá

El Canal de Panamá conecta el océano Pacifico con el océano Atlántico. La construcción de este cauce° artificial empezó en 1903 y concluyó diez años después. Es la fuente° principal de ingresos° del país, gracias al dinero que aportan° los más de 12.000 buques° que transitan anualmente por esta ruta.

Artes • La mola

La mola es una forma de arte textil de los kunas, una tribu indígena que vive en las islas San Blas. Esta pieza artesanal se confecciona° con fragmentos de tela° de colores vivos. Algunos de sus diseños son abstractos, inspirados en las formas del coral, y otros son geométricos, como en las molas más tradicionales. Antiguamente, estos tejidos° se usaban como ropa, pero hoy día también sirven para decorar las casas.

Deportes • El buceo

Panamá, cuyo° nombre significa "lugar de muchos peces°", es un país muy frecuentado por los aficionados del buceo y la pesca. El territorio panameño cuenta con° una gran variedad de playas en los dos lados del istmo°, con el mar Caribe a un lado y el océano Pacífico al otro. Algunas de las zonas costeras de esta nación están destinadas al turismo y otras son protegidas por la diversidad de su fauna marina, en la que abundan los arrecifes° de coral. En la playa Bluff, por ejemplo, se pueden observar cuatro especies de tortugas° en peligro° de extinción.

COLOMBIA

¿Qué aprendiste? Responde a cada pregunta con una oración completa.

1. ¿Cuál es la lengua materna del catorce por ciento de los panameños?

2. ¿A qué unidad monetaria (*monetary unit*) es equivalente el balboa?

3. ¿Qué océanos une el Canal de Panamá?

4. ¿Quién es Rod Carew?

5. ¿Qué son las molas?

6. ¿Cómo son los diseños de las molas?

7. ¿Para qué se usaban las molas antes?

8. ¿Cómo son las playas de Panamá?

9. ¿Qué significa "Panamá"?

Vista de la Ciudad de Panamá

Conexión Internet Investiga estos temas en **descubre2.vhlcentral.com**.

1. Investiga la historia de las relaciones entre Panamá y los Estados Unidos y la decisión de devolver (*give back*) el Canal de Panamá. ¿Estás de acuerdo con la decisión? Explica tu opinión.

2. Investiga sobre los kunas u otro grupo indígena de Panamá. ¿En qué partes del país viven? ¿Qué lenguas hablan? ¿Cómo es su cultura?

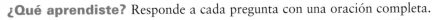

cauce *channel* fuente *source* ingresos *income* aportan *contribute* buques *ships* se confecciona *is made* tela *fabric*
tejidos *fabrics* cuyo *whose* peces *fish* cuenta con *has* istmo *isthmus* arrecifes *reefs* tortugas *turtles* peligro *danger*

Las viviendas

las afueras	suburbs; outskirts
el alquiler	rent (payment)
el ama (*m., f.*) de casa	housekeeper; caretaker
el barrio	neighborhood
el edificio de apartamentos	apartment building
el/la vecino/a	neighbor
la vivienda	housing
alquilar	to rent
mudarse	to move (from one house to another)

Los cuartos y otros lugares

el altillo	attic — el desván / la azotea
el balcón	balcony
la cocina	kitchen
el comedor	dining room
el dormitorio	bedroom — la alcoba / la habitación
la entrada	entrance
la escalera	stairs; stairway
el garaje	garage
el jardín	garden; yard
la oficina	office
el pasillo	hallway
el patio	patio; yard
la sala	living room
el sótano	basement; cellar

Los muebles y otras cosas

la alfombra	carpet; rug
la almohada	pillow
el armario	closet
el cartel	poster
la cómoda	chest of drawers
las cortinas	curtains
el cuadro	picture
el estante	bookcase; bookshelves
la lámpara	lamp
la luz	light; electricity
la manta	blanket
la mesita	end table
la mesita de noche	night stand
los muebles	furniture
la pared	wall
la pintura	painting; picture
el sillón	armchair
el sofá	couch; sofa

Los electrodomésticos

la cafetera	coffee maker
la cocina, la estufa	stove
el congelador	freezer
el electrodoméstico	electric appliance
el horno (de microondas)	(microwave) oven
la lavadora	washing machine
el lavaplatos	dishwasher
el refrigerador	refrigerator
la secadora	clothes dryer
la tostadora	toaster

La mesa

la copa	wineglass; goblet
la cuchara	(table or large) spoon
el cuchillo	knife
el plato	plate
la servilleta	napkin
la taza	cup
el tenedor	fork
el vaso	glass

Los quehaceres domésticos

arreglar	to neaten; to straighten up
barrer el suelo	to sweep the floor
cocinar	to cook
ensuciar	to get (something) dirty
hacer la cama	to make the bed
hacer quehaceres domésticos	to do household chores
lavar (el suelo, los platos)	to wash (the floor, the dishes)
limpiar la casa	to clean the house
pasar la aspiradora	to vacuum
planchar la ropa	to iron the clothes
poner la mesa	to set the table
quitar la mesa	to clear the table
quitar el polvo	to dust
sacar la basura	to take out the trash
sacudir los muebles	to dust the furniture

Verbos y expresiones verbales

aconsejar	to advise
insistir (en)	to insist (on)
mandar	to order
recomendar (e:ie)	to recommend
rogar (o:ue)	to beg; to plead
sugerir (e:ie)	to suggest
Es bueno que…	It's good that…
Es importante que…	It's important that…
Es malo que…	It's bad that…
Es mejor que…	It's better that…
Es necesario que…	It's necessary that…
Es urgente que…	It's urgent that…

Relative pronouns	See page 100.
Expresiones útiles	See page 95.

La naturaleza

4

Communicative Goals

You will learn how to:

- Talk about and discuss the environment
- Express your beliefs and opinions about issues

A PRIMERA VISTA
- ¿Son estas personas excursionistas?
- ¿Es importante que usen zapatos deportivos?
- ¿Se llevan bien o mal?
- ¿Se divierten o no?

La naturaleza

Más vocabulario

el animal	animal
el bosque (tropical)	(tropical; rain) forest
el desierto	desert
la naturaleza	nature
la planta	plant
la selva, la jungla	jungle
la tierra	land; soil
el cielo	sky
la estrella	star
la luna	moon
la conservación	conservation
la contaminación (del aire; del agua)	(air; water) pollution
la deforestación	deforestation
la ecología	ecology
el ecoturismo	ecotourism
la energía (nuclear; solar)	(nuclear; solar) energy
la extinción	extinction
la lluvia (ácida)	(acid) rain
el medio ambiente	environment
el peligro	danger
el recurso natural	natural resource
la solución	solution
el gobierno	government
la ley	law
la población	population
puro/a	pure

Variación léxica

hierba ⟷ pasto (*Perú*); grama (*Venez., Col.*); zacate (*Méx.*)

el ave, el pájaro

el cráter

el volcán

el pez

la vaca

el árbol

la hierba

el perro

el gato

recursos

CP pp. 41–42	CH pp. 55–56	CA p. 107	SUPERSITE descubre2.vhlcentral.com Lección 4

la nube

el sol

el valle

el sendero

el lago

la piedra

el río

la flor

Práctica

1

Escuchar Mientras escuchas las frases, anota los sustantivos (*nouns*) que se refieren a las plantas, los animales, la tierra y el cielo.

Plantas	Animales	Tierra	Cielo
_____	_____	_____	_____
_____	_____	_____	_____
_____	_____	_____	_____

2

¿Cierto o falso? Escucha las oraciones e indica si lo que dice cada una es **cierto** o **falso**, según el dibujo.

1. _____   4. _____
2. _____   5. _____
3. _____   6. _____

3

Seleccionar Selecciona la palabra que no está relacionada.

1. estrella • gobierno • luna • sol
2. lago • río • mar • peligro
3. vaca • gato • pájaro • población
4. cielo • cráter • aire • nube
5. desierto • solución • selva • bosque
6. flor • hierba • sendero • árbol

4

Definir Trabaja con un(a) compañero/a para definir o describir cada palabra. Sigue el modelo.

> **modelo**
>
> **Estudiante 1:** ¿Qué es el cielo?
> **Estudiante 2:** El cielo está sobre la tierra y tiene nubes.

1. la población   4. la naturaleza   7. la ecología
2. un valle   5. un desierto   8. un sendero
3. la lluvia   6. la extinción

5

Describir Trabajen en parejas para describir estas fotos.

SUPERSITE

Recicla la lata de aluminio. (reciclar)

el envase de plástico

Recoge la botella de vidrio. (recoger)

El reciclaje

Más vocabulario

cazar	*to hunt*
conservar	*to conserve*
contaminar	*to pollute*
controlar	*to control*
cuidar	*to take care of*
dejar de (+ inf.)	*to stop (doing something)*
desarrollar	*to develop*
descubrir	*to discover*
destruir	*to destroy*
estar afectado/a (por)	*to be affected (by)*
estar contaminado/a	*to be polluted*
evitar	*to avoid*
mejorar	*to improve*
proteger	*to protect*
reducir	*to reduce*
resolver (o:ue)	*to resolve; to solve*
respirar	*to breathe*

6

Completar Selecciona la palabra o la expresión adecuada para completar cada oración.

contaminar	destruyen	reciclamos
controlan	están afectadas	recoger
cuidan	mejoramos	resolver
descubrir	proteger	se desarrollaron

1. Si vemos basura en las calles, la debemos _____.
2. Los científicos trabajan para _____ nuevas soluciones.
3. Es necesario que todos trabajemos juntos para _____ los problemas del medio ambiente.
4. Debemos _____ el medio ambiente porque hoy día está en peligro.
5. Muchas leyes nuevas _____ el número de árboles que se puede cortar (*cut down*).
6. Las primeras civilizaciones _____ cerca de los ríos y los mares.
7. Todas las personas _____ por la contaminación.
8. Los turistas deben tener cuidado de no _____ los lugares que visitan.
9. Podemos conservar los recursos si _____ el aluminio, el vidrio y el plástico.
10. La lluvia ácida, la contaminación y la deforestación _____ el medio ambiente.

Comunicación

7 **¿Es importante?** Lee este párrafo y, en parejas, contesta las preguntas.

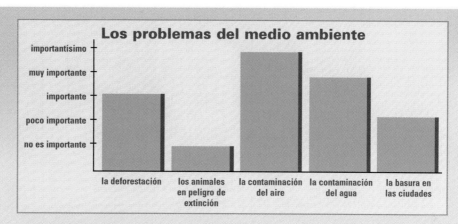

Los problemas del medio ambiente

importantísimo
muy importante
importante
poco importante
no es importante

la deforestación | los animales en peligro de extinción | la contaminación del aire | la contaminación del agua | la basura en las ciudades

Para celebrar el Día de la Tierra, una estación de radio colombiana hizo una pequeña encuesta entre estudiantes de la escuela secundaria y les preguntaron sobre los problemas del medio ambiente. Se les preguntó cuáles creían que eran los cinco problemas más importantes del medio ambiente. Ellos también tenían que decidir el orden de importancia de estos problemas, del uno al cinco.

Los resultados probaron (*proved*) que la mayoría de los estudiantes están preocupados por la contaminación del aire. Muchos mencionaron que no hay aire puro en las ciudades. El problema número dos para los estudiantes es que los ríos y los lagos están afectados por la contaminación. La deforestación quedó como el problema número tres, la basura en las ciudades como el número cuatro y los animales en peligro de extinción como el número cinco.

1. Según la encuesta, ¿qué problema consideran más grave? ¿Qué problema consideran menos grave?

2. ¿Cómo creen que se puede evitar o resolver el problema más importante?

3. ¿Es necesario resolver el problema menos importante? ¿Por qué?

4. ¿Consideran ustedes que existen los mismos problemas en su comunidad? Den algunos ejemplos.

8 **Situaciones** Trabajen en grupos pequeños para representar estas situaciones.

1. Unos/as representantes de una agencia ambiental (*environmental*) hablan con el/la presidente/a de una compañía industrial que está contaminando un río o el aire.

2. Un(a) guía de ecoturismo habla con un grupo sobre cómo disfrutar (*enjoy*) de la naturaleza y conservar el medio ambiente.

3. Un(a) representante de la escuela habla con un grupo de nuevos estudiantes sobre la campaña (*campaign*) ambiental de la escuela y trata de reclutar (*tries to recruit*) miembros para un club que trabaja para la protección del medio ambiente.

9 **Escribir una carta** Trabajen en parejas para escribir una carta a una empresa real o imaginaria que esté contaminando el medio ambiente. Expliquen las consecuencias que sus acciones van a tener para el medio ambiente. Sugiéranle algunas ideas para que solucione el problema. Utilicen por lo menos diez palabras de **Contextos**.

¡Qué paisaje más hermoso!

Martín y los estudiantes visitan el sendero en las montañas.

PERSONAJES

MAITE

INÉS

DON FRANCISCO

ÁLEX

JAVIER

MARTÍN

DON FRANCISCO Chicos, les presento a Martín Dávalos, el guía de la excursión. Martín, nuestros pasajeros: Maite, Javier, Inés y Álex.

MARTÍN Mucho gusto. Voy a llevarlos al área donde vamos a ir de excursión mañana. ¿Qué les parece?

ESTUDIANTES ¡Sí! ¡Vamos!

MAITE ¡Qué paisaje más hermoso!

INÉS No creo que haya lugares más bonitos en el mundo.

JAVIER Entiendo que mañana vamos a cruzar un río. ¿Está contaminado?

MARTÍN En las montañas el río no parece estar afectado por la contaminación. Cerca de las ciudades, sin embargo, el río tiene bastante contaminación.

ÁLEX ¡Qué aire tan puro se respira aquí! No es como en la Ciudad de México... Tenemos un problema gravísimo de contaminación.

MARTÍN A menos que resuelvan ese problema, los habitantes van a sufrir muchas enfermedades en el futuro.

INÉS Creo que todos debemos hacer algo para proteger el medio ambiente.

MAITE Yo creo que todos los países deben establecer leyes que controlen el uso de automóviles.

recursos

CA
pp. 53–54

descubre2.vhlcentral.com
Lección 4

MARTÍN Esperamos que ustedes se diviertan mucho, pero es necesario que cuiden la naturaleza.

JAVIER Se pueden tomar fotos, ¿verdad?

MARTÍN Sí, con tal de que no toques las flores o las plantas.

ÁLEX ¿Hay problemas de contaminación en esta región?

MARTÍN La contaminación es un problema en todo el mundo. Pero aquí tenemos un programa de reciclaje. Si ves por el sendero botellas, papeles o latas, recógelos.

JAVIER Pero Maite, ¿tú vas a dejar de usar tu carro en Madrid?

MAITE Pues voy a tener que usar el metro… Pero tú sabes que mi coche es tan pequeñito… casi no contamina nada.

INÉS ¡Ven, Javier!

JAVIER ¡¡Ya voy!!

Expresiones útiles

Talking about the environment

- **¿Hay problemas de contaminación en esta región?**
  Are there problems with pollution in this region/area?
  La contaminación es un problema en todo el mundo.
  Pollution is a problem throughout the world.

- **¿Está contaminado el río?**
  Is the river polluted?
  En las montañas el río no parece estar afectado por la contaminación.
  In the mountains, the river does not seem to be affected by pollution.
  Cerca de las ciudades el río tiene bastante contaminación.
  Near the cities, the river is pretty polluted.

- **¡Qué aire tan puro se respira aquí!**
  The air you breathe here is so pure!

- **Puedes tomar fotos, con tal de que no toques las plantas.**
  You can take pictures, provided that you don't touch the plants.

- **Es necesario que cuiden la naturaleza.**
  It's necessary that you take care of nature/respect the environment.

- **Tenemos un problema gravísimo de contaminación.**
  We have an extremely serious problem with pollution.

- **A menos que resuelvan el problema, los habitantes van a sufrir muchas enfermedades.**
  Unless they solve the problem, the inhabitants are going to suffer many illnesses.

- **Tenemos un programa de reciclaje.**
  We have a recycling program.

- **Si ves por el sendero botellas, papeles o latas, recógelos.**
  If you see bottles, papers, or cans along the trail, pick them up.

¿Qué pasó?

1

Seleccionar Selecciona la respuesta más lógica para completar cada oración.

1. Martín va a llevar a los estudiantes al lugar donde van a _____.
   a. contaminar el río   b. bailar   c. ir de excursión

2. El río está más afectado por la contaminación _____.
   a. cerca de los bosques   b. en las ciudades   c. en las montañas

3. Martín quiere que los estudiantes _____.
   a. limpien los senderos   b. descubran nuevos senderos   c. no usen sus autos

4. La naturaleza está formada por _____.
   a. los ríos, las montañas y las leyes   b. los animales, las latas y los ríos
   c. los lagos, los animales y las plantas

5. La contaminación del aire puede producir _____.
   a. problemas del estómago   b. enfermedades respiratorias   c. enfermedades mentales

2

Identificar Identifica quién puede decir estas oraciones.
Puedes usar algunos nombres más de una vez.

1. Es necesario que hagamos algo por el medio
   ambiente, ¿pero qué?
2. En mi ciudad es imposible respirar aire limpio.
   ¡Está muy contaminado!
3. En el futuro, a causa del problema de la contaminación,
   las personas van a tener problemas de salud.
4. El metro es una excelente alternativa al coche.
5. ¿Está limpio o contaminado el río?
6. Es importante reciclar latas y botellas.
7. De todos los lugares del mundo, me parece que éste
   es el mejor.
8. Como todo el mundo usa automóviles, debemos establecer leyes para controlar
   cómo y cuándo usarlos.

  ÁLEX   **INÉS**

 MAITE
MARTÍN   **JAVIER**

3

Preguntas Responde a estas preguntas usando la información de **Fotonovela**.

1. Según Martín, ¿qué es necesario que hagan los estudiantes? ¿Qué no pueden hacer?

2. ¿Qué problemas del medio ambiente mencionan Martín y los estudiantes?

3. ¿Qué cree Maite que deben hacer los países?

4. ¿Qué cosas se pueden reciclar? Menciona tres.

5. ¿Qué otro medio de transporte importante dice Maite que hay en Madrid?

4

El medio ambiente En parejas, discutan algunos problemas ambientales y sus
posibles soluciones. Usen estas preguntas y frases en su conversación.

- ¿Hay problemas de contaminación donde vives?
- Tenemos un problema muy grave de contaminación de...
- ¿Cómo podemos resolver los problemas de la contaminación?

Ortografía

Los signos de puntuación

In Spanish, as in English, punctuation marks are important because they help you express your ideas in a clear, organized way.

> **No podía ver las llaves. Las buscó por los estantes, las mesas, las sillas, el suelo; minutos después, decidió mirar por la ventana. Allí estaban…**

The **punto y coma (;)**, the **tres puntos (…)**, and the **punto (.)** are used in very similar ways in Spanish and English.

> **Argentina, Brasil, Paraguay y Uruguay son miembros de Mercosur.**

In Spanish, the **coma (,)** is not used before **y** or **o** in a series.

> **13,5%   29,2°   3.000.000 $2.999,99**

In numbers, Spanish uses a **coma** where English uses a decimal point and a **punto** where English uses a comma.

¿Cómo te llamas?   **¿Dónde está?**   **¡Ven aquí!**   **Hola**

Questions in Spanish are preceded and followed by **signos de interrogación (¿ ?)**, and exclamations are preceded and followed by **signos de exclamación (¡ !)**.

Práctica Lee el párrafo e indica los signos de puntuación necesarios.

Ayer recibí la invitación de boda de Marta mi amiga colombiana inmediatamente empecé a pensar en un posible regalo fui al almacén donde Marta y su novio tenían una lista de regalos había de todo copas cafeteras tostadoras finalmente decidí regalarles un perro ya sé que es un regalo extraño pero espero que les guste a los dos

¿Palabras de amor? El siguiente diálogo tiene diferentes significados (*meanings*) dependiendo de los signos de puntuación que utilices y el lugar donde los pongas. Intenta encontrar los diferentes significados.

JULIÁN	me quieres
MARISOL	no puedo vivir sin ti
JULIÁN	me quieres dejar
MARISOL	no me parece mala idea
JULIÁN	no eres feliz conmigo
MARISOL	no soy feliz

recursos

CH p. 57   CA p. 102   descubre2.vhlcentral.com Lección 4

EN DETALLE

¡Los Andes se mueven!

Los Andes, la cadena° de montañas más extensa de las Américas, son conocidos como "la espina dorsal° de Suramérica". Sus 7.240 kilómetros (4.500 millas) van desde el norte° de la región entre Venezuela y Colombia, hasta el extremo sur°, entre Argentina y Chile, y pasan por casi todos los países suramericanos. La cordillera° de los Andes, formada hace 27 millones de años, es la segunda más alta del mundo, después de los Himalayas (aunque° ésta última es mucho más "joven", ya que se formó hace apenas cinco millones de años).

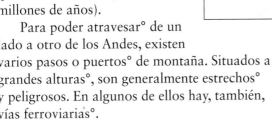

Para poder atravesar° de un lado a otro de los Andes, existen varios pasos o puertos° de montaña. Situados a grandes alturas°, son generalmente estrechos° y peligrosos. En algunos de ellos hay, también, vías ferroviarias°.

De acuerdo con° varias instituciones científicas, la cordillera de los Andes se eleva° y se hace más angosta° cada año. La capital de Chile se acerca° a la capital de Argentina a un ritmo° de 19,4 milímetros por año. Si ese ritmo se mantiene°, Santiago y Buenos Aires podrían unirse° en unos... ¡63 millones de años, casi el mismo tiempo que ha transcurrido° desde la extinción de los dinosaurios!

cadena *range* espina dorsal *spine* norte *north* sur *south* cordillera *mountain range* aunque *although* atravesar *to cross* puertos *passes* alturas *heights* estrechos *narrow* vías ferroviarias *railroad tracks* De acuerdo con *According to* se eleva *rises* angosta *narrow* se acerca *gets closer* ritmo *rate* se mantiene *keeps going* podrían unirse *could join together* ha transcurrido *has gone by* A.C. *Before Christ* desarrollo *development* pico *peak*

Arequipa, Perú

Los Andes en números

3 Cordilleras que forman los Andes: Las cordilleras Central, Occidental y Oriental

900 (A.C.°) Año aproximado en que empezó el desarrollo° de la cultura chavín, en los Andes peruanos

600 Número aproximado de volcanes que hay en los Andes

6.960 Metros (**22.835** pies) de altura del Aconcagua (Argentina), el pico° más alto de los Andes

ACTIVIDADES

1 **Escoger** Escoge la opción que completa mejor cada oración.

1. "La espina dorsal de Suramérica" es...
   a. los Andes.   b. los Himalayas.   c. el Aconcagua.

2. La cordillera de los Andes se extiende…
   a. de este a oeste.   b. de sur a oeste.   c. de norte a sur.

3. Los Himalayas y los Andes tienen…
   a. diferente altura.   b. la misma altura.   c. el mismo color.

4. Los Andes es la cadena montañosa más extensa del...
   a. mundo.   b. continente americano.   c. hemisferio norte.

5. En 63 millones de años, Buenos Aires y Santiago podrían...
   a. separarse.   b. desarrollarse.   c. unirse.

6. El Aconcagua es...
   a. una montaña.   b. un grupo indígena.   c. un volcán.

7. En algunos de los puertos de montaña de los Andes hay…
   a. puertas.   b. vías ferroviarias.   c. cordilleras.

ASÍ SE DICE

La naturaleza

el arco iris	rainbow
la cascada; la catarata	waterfall
el cerro; la colina; la loma	hill, hillock
la cima; la cumbre; el tope (Col.)	summit; mountain top
la maleza; los rastrojos (Col.); la yerba mala (Cuba); los hierbajos (Méx.); los yuyos (Arg.)	weeds
la niebla	fog

EL MUNDO HISPANO

Lagos importantes

○ **Lago de Maracaibo** es el único lago de agua dulce° en el mundo que tiene una conexión directa y natural con el mar. Además, es el lago más grande de Suramérica.

○ **Lago Titicaca** es el lago navegable más alto del mundo. Se encuentra a más de 3.000 metros de altitud.

○ **Lago de Nicaragua** tiene los únicos tiburones° de agua dulce del mundo y es el mayor lago de Centroamérica.

agua dulce *fresh water* **tiburones** *sharks*

PERFIL

La Sierra Nevada de Santa Marta

La Sierra Nevada de Santa Marta es una cadena de montañas en la costa norte de Colombia. Se eleva abruptamente desde las costas del mar Caribe y en apenas 42 kilómetros llega a una altura de 5.775 metros (18.947 pies) en sus picos nevados°. Tiene las montañas más altas de Colombia y es la formación montañosa costera° más alta del mundo.

Los pueblos indígenas que habitan esta zona lograron° mantener los frágiles ecosistemas de estas montañas a través de° un sofisticado sistema de terrazas° y senderos

empedrados° que permitieron° el control de las aguas en una región de muchas lluvias, evitando° así la erosión de la tierra.

nevados *snowcapped* **costera** *coastal* **lograron** *managed* **a través de** *by means of* **terrazas** *terraces* **empedrados** *cobblestone* **permitieron** *allowed* **evitando** *avoiding*

SUPERSITE **Conexión Internet**

¿Dónde se puede hacer ecoturismo en Latinoamérica?

Go to **descubre2.vhlcentral.com** to find more cultural information related to this **Cultura** section.

ACTIVIDADES

2 **Comprensión** Indica si lo que dice cada oración es **cierto** o **falso**. Corrige la información falsa.

1. En Colombia, *weeds* se dice hierbajos.
2. El lago Titicaca es el más grande del mundo.
3. La Sierra Nevada de Santa Marta es la formación montañosa costera más alta del mundo.
4. Los indígenas destruyeron el ecosistema de Santa Marta.

3 **Maravillas de la naturaleza** Escribe un párrafo breve donde describas alguna maravilla de la naturaleza que has (*you have*) visitado y que te impresionó. Puede ser cualquier (*any*) sitio natural: un río, una montaña, una selva, etc.

recursos

CH p. 58

descubre2.vhlcentral.com Lección 4

4.1 The subjunctive with verbs of emotion

ANTE TODO In the previous lesson, you learned how to use the subjunctive with expressions of will and influence. You will now learn how to use the subjunctive with verbs and expressions of emotion.

Main clause		Subordinate clause
Marta **espera**	(que)	yo **vaya** al lago este fin de semana.

▶ When the verb in the main clause of a sentence expresses an emotion or feeling such as hope, fear, joy, pity, surprise, etc., the subjunctive is required in the subordinate clause.

Nos alegramos de que te **gusten** las flores.
We are happy that you like the flowers.

Temo que Ana no **pueda** ir mañana con nosotros.
I'm afraid that Ana won't be able to go with us tomorrow.

Siento que tú no **puedas** venir mañana.
I'm sorry that you can't come tomorrow.

Le **sorprende** que Juan **sea** tan joven.
It surprises him that Juan is so young.

> Esperamos que ustedes se diviertan mucho en la excursión.

> Es triste que tengamos un problema grave de contaminación en la Ciudad de México.

Common verbs and expressions of emotion

alegrarse (de)	*to be happy*	**tener miedo (de)**	*to be afraid (of)*
esperar	*to hope; to wish*	**es extraño**	*it's strange*
gustar	*to be pleasing; to like*	**es una lástima**	*it's a shame*
molestar	*to bother*	**es ridículo**	*it's ridiculous*
sentir (e:ie)	*to be sorry; to regret*	**es terrible**	*it's terrible*
sorprender	*to surprise*	**es triste**	*it's sad*
temer	*to be afraid; to fear*	**ojalá (que)**	*I hope (that); I wish (that)*

Me molesta que la gente no **recicle** el plástico.
It bothers me that people don't recycle plastic.

Es triste que **tengamos** problemas con la deforestación.
It's sad that we have problems with deforestation.

▶ As with expressions of will and influence, the infinitive, not the subjunctive, is used after an expression of emotion when there is no change of subject from the main clause to the subordinate clause. Compare these sentences.

Temo **llegar** tarde.
I'm afraid I'll arrive late.

Temo que mi novio **llegue** tarde.
I'm afraid my boyfriend will arrive late.

▶ The expression **ojalá (que)** means *I hope* or *I wish*, and it is always followed by the subjunctive. Note that the use of **que** with this expression is optional.

Ojalá (que) se conserven nuestros recursos naturales.
I hope (that) our natural resources will be conserved.

Ojalá (que) recojan la basura hoy.
I hope (that) they collect the garbage today.

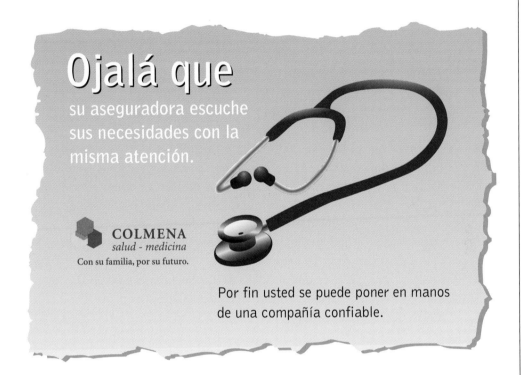

Ojalá que
su aseguradora escuche
sus necesidades con la
misma atención.

COLMENA
salud - medicina
Con su familia, por su futuro.

Por fin usted se puede poner en manos de una compañía confiable.

¡INTÉNTALO! Completa las oraciones con las formas correctas de los verbos.

1. Ojalá que ellos <u>descubran</u> (descubrir) nuevas formas de energía.
2. Espero que Ana nos _____ (ayudar) a recoger la basura en la carretera.
3. Es una lástima que la gente no _____ (reciclar) más.
4. Esperamos _____ (proteger) el aire de nuestra comunidad.
5. Me alegro de que mis amigos _____ (querer) conservar la naturaleza.
6. Espero que tú _____ (venir) a la reunión (*meeting*) del Club de Ecología.
7. Es malo _____ (contaminar) el medio ambiente.
8. A mis padres les gusta que nosotros _____ (participar) en la reunión.
9. Siento que nuestras ciudades _____ (estar) afectadas por la contaminación.
10. Ojalá que yo _____ (poder) hacer algo para reducir la contaminación.

Práctica ⬡SUPERSITE

1 **Completar** Completa el diálogo con palabras de la lista. Compara tus respuestas con las de un(a) compañero/a. No vas a usar dos de las palabras.

Bogotá, Colombia

alegro	molesta	salga
encuentre	ojalá	tengo miedo de
estén	pueda	vaya
llegue	reduzcan	visitar

OLGA Me alegro de que tu hermana (1)_____ a Colombia. ¿Va a estudiar?

SARA Sí. Es una lástima que (2)_____ una semana tarde. Ojalá que la universidad la ayude a buscar casa. (3)_____ que no consiga dónde vivir.

OLGA Me (4)_____ que seas tan pesimista, pero sí, yo también espero que (5)_____ gente simpática y que hable mucho español.

SARA Sí, ojalá. Va a hacer un estudio sobre la deforestación en las costas. Es triste que en tantos países los recursos naturales (6)_____ en peligro.

OLGA Pues, me (7)_____ de que no se quede mucho en la capital por la contaminación. (8)_____ tenga tiempo de viajar por el país.

SARA Sí, espero que (9)_____ por lo menos ir a la costa.
Sé que también espera (10)_____ la Catedral de Sal de Zipaquirá.

NOTA CULTURAL

Los principales factores que determinan la temperatura de **Bogotá, Colombia,** son su proximidad al ecuador y su altitud, 2.650 metros (8.660 pies) sobre el nivel (*level*) del mar. Con un promedio (*average*) de 14,5° C (58° F), Bogotá disfruta de un clima templado (*mild*) durante la mayor parte del año. Hay, sin embargo, variaciones considerables durante el día (18° C) y la noche (9° C).

2 **Transformar** Transforma estos elementos en oraciones completas para formar un diálogo entre Sara y su madre. Añade palabras si es necesario. Luego, con un(a) compañero/a, presenta el diálogo a la clase.

1. Sara, / esperar / (tú) escribirle / Raquel. / Ser / tu / hermana. / Ojalá / no / sentirse / sola

2. molestarme / (tú) decirme / lo que / tener / hacer. / Ahora / mismo / le / estar / escribiendo

3. alegrarme / oírte / decir / eso. / Ser / terrible / estar / lejos / cuando / nadie / recordarte

4. mamá, / ¡yo / tener / miedo / (ella) no recordarme / mí! / Ser / triste / estar / sin / hermana

5. ser / ridículo / (tú) sentirte / así. / Tú / saber / ella / quererte / mucho

6. ridículo / o / no, / sorprenderme / (todos) preocuparse / ella / y / (nadie) acordarse / mí

Comunicación

3

Comentar En parejas, túrnense para formar oraciones sobre su ciudad, sus clases, su gobierno o algún otro tema, usando expresiones como **me alegro de que, temo que** y **es extraño que.** Luego reaccionen a los comentarios de su compañero/a.

> **modelo**
>
> **Estudiante 1:** *Me alegro de que vayan a limpiar el río.*
> **Estudiante 2:** *Yo también. Me preocupa que el agua del río esté tan sucia.*

4

Contestar Lee el mensaje electrónico que Raquel le escribió a su hermano. Luego, en parejas, contesten el mensaje usando expresiones como **me sorprende que, me molesta que** y **es una lástima que.**

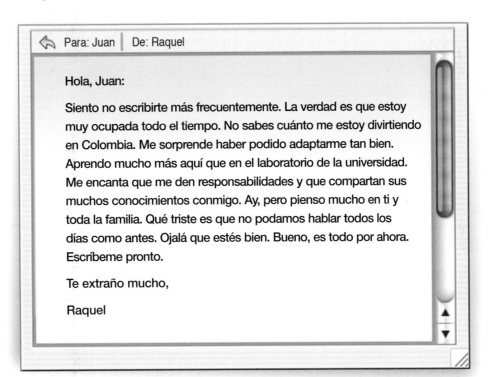

Para: Juan | De: Raquel

Hola, Juan:

Siento no escribirte más frecuentemente. La verdad es que estoy muy ocupada todo el tiempo. No sabes cuánto me estoy divirtiendo en Colombia. Me sorprende haber podido adaptarme tan bien. Aprendo mucho más aquí que en el laboratorio de la universidad. Me encanta que me den responsabilidades y que compartan sus muchos conocimientos conmigo. Ay, pero pienso mucho en ti y toda la familia. Qué triste es que no podamos hablar todos los días como antes. Ojalá que estés bien. Bueno, es todo por ahora. Escríbeme pronto.

Te extraño mucho,

Raquel

AYUDA

Echar de menos (a alguien) and **extrañar (a alguien)** are two ways of saying *to miss* (*someone*).

Síntesis

recursos

CA
pp. 13–14

5

No te preocupes Estás muy preocupado/a por los problemas del medio ambiente y le comentas a tu compañero/a todas tus preocupaciones. Él/Ella va a darte la solución adecuada a tus preocupaciones. Su profesor(a) les va a dar una hoja distinta a cada uno/a con la información necesaria para completar la actividad.

> **modelo**
>
> **Estudiante 1:** *Me molesta que las personas tiren basura en las calles.*
> **Estudiante 2:** *Por eso es muy importante que los políticos hagan leyes para conservar las ciudades limpias.*

The subjunctive with doubt, disbelief, and denial

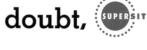

ANTE TODO   Just as the subjunctive is required with expressions of emotion, influence, and will, it is also used with expressions of doubt, disbelief, and denial.

Main clause		Subordinate clause
Dudan	que	su hijo les **diga** la verdad.

▶ The subjunctive is always used in a subordinate clause when there is a change of subject and the expression in the main clause implies negation or uncertainty.

No creo que haya lugares más bonitos en el mundo.

Dudo que el río esté contaminado aquí en las montañas.

▶ Here is a list of some common expressions of doubt, disbelief, or denial.

Expressions of doubt, disbelief, or denial

dudar	to doubt	**no es seguro**	it's not certain
negar (e:ie)	to deny	**no es verdad**	it's not true
no creer	not to believe	**es imposible**	it's impossible
no estar seguro/a (de)	not to be sure	**es improbable**	it's improbable
no es cierto	it's not true; it's not certain	**(no) es posible**	it's (not) possible
		(no) es probable	it's (not) probable

El gobierno **niega** que el agua
esté contaminada.
The government denies that the water is contaminated.

Dudo que el gobierno
resuelva el problema.
I doubt that the government will solve the problem.

Es probable que **haya** menos
bosques y selvas en el futuro.
It's probable that there will be fewer forests and jungles in the future.

No es verdad que mi
hermano **estudie** ecología.
It's not true that my brother studies ecology.

¡LENGUA VIVA!

In English, the expression *it is probable* indicates a fairly high degree of certainty. In Spanish, however, **es probable** implies uncertainty and therefore triggers the subjunctive in the subordinate clause: **Es muy probable que venga Elena.**

▶ The indicative is used in a subordinate clause when there is no doubt or uncertainty in the main clause. Here is a list of some expressions of certainty.

Expressions of certainty

no dudar	*not to doubt*	**estar seguro/a (de)**	*to be sure*
no cabe duda de	*there is no doubt*	**es cierto**	*it's true; it's certain*
no hay duda de	*there is no doubt*	**es seguro**	*it's certain*
no negar (e:ie)	*not to deny*	**es verdad**	*it's true*
creer	*to believe*	**es obvio**	*it's obvious*

No negamos que **hay** demasiados carros en las carreteras.
We don't deny that there are too many cars on the highways.

Es verdad que Colombia **es** un país bonito.
It's true that Colombia is a beautiful country.

No hay duda de que el Amazonas **es** uno de los ríos más largos.
There is no doubt that the Amazon is one of the longest rivers.

Es obvio que los tigres **están** en peligro de extinción.
It's obvious that tigers are in danger of extinction.

▶ In affirmative sentences, the verb **creer** expresses belief or certainty, so it is followed by the indicative. In negative sentences, however, when doubt is implied, **creer** is followed by the subjunctive.

No creo que **haya** vida en el planeta Marte.
I don't believe that there is life on the planet Mars.

Creo que **debemos** usar exclusivamente la energía solar.
I believe we should use solar energy exclusively.

▶ The expressions **quizás** and **tal vez** are usually followed by the subjunctive because they imply doubt about something.

Quizás haga sol mañana.
Perhaps it will be sunny tomorrow.

Tal vez veamos la luna esta noche.
Perhaps we will see the moon tonight.

¡INTÉNTALO! Completa estas oraciones con la forma correcta del verbo.

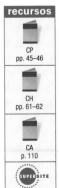

1. Dudo que ellos ___trabajen___ (trabajar).
2. Es cierto que él _____ (comer) mucho.
3. Es imposible que ellos _____ (salir).
4. Es probable que ustedes _____ (ganar).
5. No creo que ella _____ (volver).
6. Es posible que nosotros _____ (ir).
7. Dudamos que tú _____ (reciclar).
8. Creo que ellos _____ (jugar) al fútbol.
9. No niego que ustedes _____ (estudiar).
10. Es posible que ella no _____ (venir) a casa.
11. Es probable que Lucio y Carmen _____ (dormir).
12. Es posible que mi prima Marta _____ (llamar).
13. Tal vez Juan no nos _____ (oír).
14. No es cierto que Paco y Daniel nos _____ (ayudar).

Práctica

1

Escoger Escoge las respuestas correctas para completar el diálogo. Luego dramatiza el diálogo con un(a) compañero/a.

RAÚL Ustedes dudan que yo realmente (1)_____ (estudio/estudie). No niego que a veces me (2)_____ (divierto/divierta) demasiado, pero no cabe duda de que (3)_____ (tomo/tome) mis estudios en serio. Estoy seguro de que cuando me vean graduarme van a pensar de manera diferente. Creo que no (4)_____ (tienen/tengan) razón con sus críticas.

PAPÁ Es posible que tu mamá y yo no (5)_____ (tenemos/tengamos) razón. Es cierto que a veces (6)_____ (dudamos/dudemos) de ti. Pero no hay duda de que te (7)_____ (pasas/pases) toda la noche en Internet y oyendo música. No es nada seguro que (8)_____ (estás/estés) estudiando.

RAÚL Es verdad que (9)_____ (uso/use) mucho la computadora pero, ¡piensen! ¿No es posible que (10)_____ (es/sea) para buscar información para mis clases? ¡No hay duda de que Internet (11)_____ (es/sea) el mejor recurso del mundo! Es obvio que ustedes (12)_____ (piensan/piensen) que no hago nada, pero no es cierto.

PAPÁ No dudo que esta conversación nos (13)_____ (va/vaya) a ayudar. Pero tal vez esta noche (14)_____ (puedes/puedas) trabajar sin música. ¿Está bien?

2

Dudas Carolina es una chica que siempre miente. Expresa tus dudas sobre lo que Carolina está diciendo ahora. Usa las expresiones entre paréntesis para tus respuestas.

> **modelo**
>
> El próximo año Marta y yo vamos de vacaciones por diez meses. (dudar)
> *¡Ja! Dudo que vayan de vacaciones por ese tiempo. ¡Ustedes no son ricas!*

1. Estoy escribiendo una novela en español. (no creer)

2. Mi tía es la directora del *Sierra Club*. (no ser verdad)

3. Dos profesores míos juegan para los Osos *(Bears)* de Chicago. (ser imposible)

4. Mi mejor amiga conoce al chef Emeril. (no ser cierto)

5. Mi padre es dueño del Centro Rockefeller. (no ser posible)

6. Yo ya tengo un doctorado *(doctorate)* en lenguas. (ser improbable)

AYUDA

Here are some useful expressions to say that you don't believe someone.

¡Qué va!
¡Imposible!
¡No te creo!
¡Es mentira!

Comunicación

3

Entrevista En parejas, imaginen que trabajan para un periódico y que tienen que hacerle una entrevista a la conservacionista Mary Axtmann, quien colaboró en la fundación del programa Ciudadanos Pro Bosque San Patricio, en Puerto Rico. Escriban seis preguntas para la entrevista después de leer las declaraciones de Mary Axtmann. Al final, inventen las respuestas de Axtmann.

Declaraciones de Mary Axtmann:

"...que el bosque es un recurso ecológico educativo para la comunidad."

"El bosque San Patricio es un pulmón (*lung*) que produce oxígeno para la ciudad."

"El bosque San Patricio está en medio de la ciudad de San Juan. Por eso digo que este bosque es una esmeralda (*emerald*) en un mar de concreto."

"El bosque pertenece (*belongs*) a la comunidad."

"Salvamos este bosque mediante (*by means of*) la propuesta (*proposal*) y no la protesta."

4

Adivinar Escribe cinco oraciones sobre tu vida presente y futura. Cuatro deben ser falsas y sólo una debe ser cierta. Presenta tus oraciones al grupo. El grupo adivina cuál es la oración cierta y expresa sus dudas sobre las oraciones falsas.

modelo

Estudiante 1: Quiero irme un año a la selva a trabajar.

Estudiante 2: Dudo que te guste vivir en la selva.

Estudiante 3: En veinte años voy a ser presidente de los Estados Unidos.

Estudiante 2: No creo que seas presidente de los Estados Unidos en veinte años. ¡Tal vez en cuarenta!

Síntesis

5

Intercambiar En grupos, escriban un párrafo sobre los problemas del medio ambiente en su estado o en su comunidad. Compartan su párrafo con otro grupo, que va a ofrecer opiniones y soluciones. Luego presenten su párrafo, con las opiniones y soluciones del otro grupo, a la clase.

4.3 ## The subjunctive with conjunctions

ANTE TODO Conjunctions are words or phrases that connect other words and clauses in sentences. Certain conjunctions commonly introduce adverbial clauses, which describe *how, why, when,* and *where* an action takes place.

Main clause	Conjunction	Adverbial clause
Vamos a visitar a Carlos	**antes de que**	**regrese** a California.

Se pueden tomar fotos, ¿verdad?

Sí, con tal de que no toques ni las flores ni las plantas.

A menos que resuelvan el problema de la contaminación, los habitantes van a sufrir muchas enfermedades en el futuro.

▶ The subjunctive is used to express a hypothetical situation, uncertainty as to whether an action or event will take place, or a condition that may or may not be fulfilled.

Voy a dejar un recado **en caso de que Gustavo me llame.**
I'm going to leave a message in case Gustavo calls me.

Voy al supermercado **para que tengas** algo de comer.
I'm going to the store so that you'll have something to eat.

▶ Here is a list of the conjunctions that always require the subjunctive.

Conjunctions that require the subjunctive

a menos que	*unless*	**en caso (de) que**	*in case (that)*
antes (de) que	*before*	**para que**	*so that*
con tal (de) que	*provided that*	**sin que**	*without*

Algunos animales van a morir **a menos que** haya leyes para protegerlos.
Some animals are going to die unless there are laws to protect them.

Ellos nos llevan a la selva **para que** veamos las plantas tropicales.
They are taking us to the jungle so that we may see the tropical plants.

▶ The infinitive is used after the prepositions **antes de, para**, and **sin** when there is no change of subject; the subjunctive is used when there is. **¡Atención!** Note that, while you may use a present participle with the English equivalent of these conjunctions, in Spanish you cannot.

Te llamamos **antes de salir** de la casa.
We will call you before leaving the house.

Te llamamos mañana **antes de que salgas.**
We will call you tomorrow before you leave.

Conjunctions with subjunctive or indicative

Voy a formar un club de ecología tan pronto como vuelva a España.

Cuando veo basura, la recojo.

Conjunctions used with subjunctive or indicative

cuando	*when*		**hasta que**	*until*
después de que	*after*		**tan pronto como**	*as soon as*
en cuanto	*as soon as*			

▶ With the conjunctions above, use the subjunctive in the subordinate clause if the main clause expresses a future action or command.

Vamos a resolver el problema **cuando desarrollemos** nuevas tecnologías.
We are going to solve the problem when we develop new technologies.

Después de que ustedes **tomen** sus refrescos, reciclen las botellas.
After you drink your soft drinks, recycle the bottles.

▶ With these conjunctions, the indicative is used in the subordinate clause if the verb in the main clause expresses an action that habitually happens, or that happened in the past.

Contaminan los ríos **cuando construyen** nuevos edificios.
They pollute the rivers when they build new buildings.

Contaminaron el río **cuando construyeron** ese edificio.
They polluted the river when they built that building.

¡INTÉNTALO! Completa las oraciones con las formas correctas de los verbos.

1. Voy a estudiar ecología cuando ___*vaya*___ (ir) a la universidad.
2. No podemos evitar la lluvia ácida a menos que todos _____ (trabajar) juntos.
3. No podemos conducir sin _____ (contaminar) el aire.
4. Siempre recogemos mucha basura cuando _____ (ir) al parque.
5. Elisa habló con el presidente del Club de Ecología después de que _____ (terminar) la reunión.
6. Vamos de excursión para _____ (observar) los animales y las plantas.
7. La contaminación va a ser un problema muy serio hasta que nosotros _____ (cambiar) nuestros sistemas de producción y transporte.
8. El gobierno debe crear más parques nacionales antes de que los bosques y ríos _____ (estar) completamente contaminados.
9. La gente recicla con tal de que no _____ (ser) difícil.

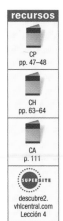

recursos

CP
pp. 47–48

CH
pp. 63–64

CA
p. 111

SUPERSITE
descubre2.
vhlcentral.com
Lección 4

Práctica SUPERSITE

1

Completar La señora Montero habla de una excursión que quiere hacer con su familia. Completa las oraciones con la forma correcta de cada verbo.

1. Voy a llevar a mis hijos al parque para que _____ (aprender) sobre la naturaleza.
2. Voy a pasar todo el día allí a menos que _____ (hacer) mucho frío.
3. En bicicleta podemos explorar el parque sin _____ (caminar) demasiado.
4. Vamos a bajar al cráter con tal de que no se _____ (prohibir).
5. Siempre llevamos al perro cuando _____ (ir) al parque.
6. No pensamos ir muy lejos en caso de que _____ (llover).
7. Vamos a almorzar a la orilla (*shore*) del río cuando nosotros _____ (terminar) de preparar la comida.
8. Mis hijos van a dejar todo limpio antes de _____ (salir) del parque.

2

Frases Completa estas frases de una manera lógica.

1. No podemos controlar la contaminación del aire a menos que…
2. Voy a reciclar los productos de papel y de vidrio en cuanto…
3. Debemos comprar coches eléctricos tan pronto como…
4. Protegemos los animales en peligro de extinción para que…
5. Mis amigos y yo vamos a recoger la basura de la escuela después de que…
6. No podemos desarrollar nuevas fuentes (*sources*) de energía sin…
7. Hay que eliminar la contaminación del agua para…
8. No podemos proteger la naturaleza sin que…

3

Organizaciones En parejas, lean las descripciones de las organizaciones de conservación. Luego expresen en sus propias (*own*) palabras las opiniones de cada organización.

◄ **AYUDA**

Here are some expressions you can use as you complete **Actividad 3.**

Se puede evitar… con tal de que…

Es necesario… para que…

Debemos prohibir… antes de que…

No es posible… sin que…

Vamos a… tan pronto como…

A menos que… no vamos a…

Organización:
Fundación Río Orinoco

Problema:
La destrucción de los ríos

Solución:
Programa para limpiar las orillas de los ríos y reducir la erosión y así proteger los ríos

Organización:
Oficina de Turismo Internacional

Problema:
Necesidad de mejorar la imagen del país en el mercado turístico internacional

Solución:
Plan para promover el ecoturismo en los 33 parques nacionales, usando agencias de publicidad e implementando un plan agresivo de conservación

Organización:
Asociación Nabusimake-Pico Colón

Problema:
Un lugar turístico popular en la Sierra Nevada de Santa Marta necesita mejor mantenimiento

Solución:
Programa de voluntarios para limpiar y mejorar los senderos

Comunicación

4 **Preguntas** En parejas, túrnense para hacerse estas preguntas.

1. ¿Qué haces cada noche antes de acostarte?
2. ¿Qué haces después de salir de la escuela?
3. ¿Qué piensas hacer tan pronto como te gradúes?
4. ¿Qué quieres hacer mañana, a menos que haga mal tiempo?
5. ¿Qué haces en tus clases sin que los profesores lo sepan?

5 **Comparar** En parejas, comparen una actividad rutinaria que ustedes hacen con algo que van a hacer en el futuro. Usen palabras de la lista.

| antes de | después de que | hasta que | sin (que) |
| antes de que | en caso de que | para (que) | tan pronto como |

modelo

Estudiante 1: *El sábado vamos al lago. Tan pronto como volvamos, vamos a estudiar para el examen.*

Estudiante 2: *Todos los sábados llevo a mi primo al parque para que juegue. Pero el sábado que viene, con tal de que no llueva, lo voy a llevar a las montañas.*

Síntesis

6 **Tres en raya** *(Tic-Tac-Toe)* Formen dos equipos. Una persona comienza una frase y otra persona de su equipo la termina usando palabras de la gráfica. El primer equipo que forme tres oraciones seguidas *(in a row)* gana el tres en raya. Hay que usar la conjunción o la preposición y el verbo correctamente. Si no, ¡no cuenta!

¡LENGUA VIVA!

Tic-Tac-Toe has various names in the Spanish-speaking world, including **tres en raya, tres en línea, ta-te-ti, gato, la vieja,** and **triqui-triqui**.

modelo

Equipo 1

Estudiante 1: *Dudo que podamos eliminar la deforestación…*

Estudiante 2: *sin que nos ayude el gobierno.*

Equipo 2

Estudiante 1: *Creo que podemos conservar nuestros recursos naturales…*

Estudiante 2: *con tal de que todos hagamos algo para ayudar.*

cuando	con tal de que	para que
antes de que	para	sin que
hasta que	en caso de que	antes de

Recapitulación

SUPERSITE For self-scoring and diagnostics, go to descubre2.vhlcentral.com.

Completa estas actividades para repasar los conceptos de gramática que aprendiste en esta lección.

1 **Subjuntivo con conjunciones** Escoge la forma correcta del verbo para completar las oraciones. **8 pts.**

1. En cuanto (empiecen/empiezan) las vacaciones, vamos a viajar.
2. Por favor, llámeme a las siete y media en caso de que no (me despierto/me despierte).
3. Toni va a usar su bicicleta hasta que los coches híbridos (cuesten/cuestan) menos dinero.
4. Tan pronto como supe la noticia (*news*) (te llamé/te llame).
5. Debemos conservar el agua antes de que no (queda/quede) nada para beber.
6. ¿Siempre recoges la basura después de que (terminas/termines) de comer en un picnic?
7. Siempre quiero vender mi coche cuando (yo) (piense/pienso) en la contaminación.
8. Estudiantes, pueden entrar al parque natural con tal de que (van/vayan) todos juntos.

2 **Creer o no creer** Completa estos diálogos con la forma correcta del presente de indicativo o de subjuntivo, según el contexto. **8 pts.**

CAROLA Creo que (1) _____ (nosotras, deber) escribir nuestra presentación sobre el reciclaje.

MÓNICA Hmm, no estoy segura de que el reciclaje (2) _____ (ser) un buen tema. No hay duda de que la gente ya (3) _____ (saber) reciclar.

CAROLA Sí, pero dudo que todos lo (4) _____ (practicar).

PACO ¿Sabes, Néstor? El sábado voy a ir a limpiar el río con un grupo de voluntarios. ¿Quieres venir?

NÉSTOR No es seguro que (5) _____ (yo, poder) ir. El lunes hay un examen y tengo que estudiar.

PACO ¿Estás seguro de que no (6) _____ (tener) tiempo? Es imposible que (7) _____ (ir) a estudiar todo el fin de semana.

NÉSTOR Pues sí, pero es muy probable que (8) _____ (llover).

RESUMEN GRAMATICAL

4.1 The subjunctive with verbs of emotion
pp. 138–139

Verbs and expressions of emotion	
alegrarse (de)	tener miedo (de)
esperar	es extraño
gustar	es una lástima
molestar	es ridículo
sentir (e:ie)	es terrible
sorprender	es triste
temer	ojalá (que)

Main clause		Subordinate clause
Marta **espera**	que	yo **vaya** al lago mañana.
Ojalá		**comamos** en casa.

4.2 The subjunctive with doubt, disbelief, and denial
pp. 142–143

Expressions of doubt, disbelief, or denial (used with subjunctive)	
dudar	no es verdad
negar (e:ie)	es imposible
no creer	es improbable
no estar seguro/a (de)	(no) es posible
no es cierto	(no) es probable
no es seguro	

Expressions of certainty (used with indicative)	
no dudar	estar seguro/a (de)
no cabe duda de	es cierto
no hay duda de	es seguro
no negar (e:ie)	es verdad
creer	es obvio

▶ The infinitive is used after these expressions when there is no change of subject.

4.3 The subjunctive with conjunctions
pp. 146–147

Conjunctions that require the subjunctive	
a menos que	en caso (de) que
antes (de) que	para que
con tal (de) que	sin que

▶ The infinitive is used after the prepositions **antes de**, **para**, and **sin** when there is no change of subject.

Te llamamos **antes de salir** de casa.

Te llamamos mañana **antes de que salgas**.

Conjunctions used with subjunctive or indicative	
cuando después de que en cuanto	hasta que tan pronto como

3 **Reacciones** Reacciona a estas oraciones según las pistas (*clues*). Sigue el modelo. **10 pts.**

> **modelo**
>
> Tú casi nunca reciclas nada.
> (yo, molestar)
> A mí me molesta que tú casi nunca recicles nada.

1. La Ciudad de México tiene un problema grave de contaminación. (ser una lástima)
2. En ese safari permiten tocar a los animales. (ser extraño)
3. Julia y Víctor no pueden ir a las montañas. (yo, sentir)
4. El nuevo programa de reciclaje es un éxito. (nosotros, esperar)
5. A María no le gustan los perros. (ser una lástima)
6. Existen leyes para controlar la deforestación. (Juan, alegrarse de)
7. El gobierno no busca soluciones. (ellos, temer)
8. La mayoría de la población no cuida el medio ambiente. (ser triste)
9. Muchas personas cazan animales en esta región. (yo, sorprender)
10. La situación mejora día a día. (ojalá que)

4 **Oraciones** Forma oraciones con estos elementos. Usa el subjuntivo cuando sea necesario. **10 pts.**

1. ser ridículo / los coches / contaminar tanto
2. no caber duda de / tú y yo / poder / hacer mucho más
3. los ecologistas / temer / los recursos naturales / desaparecer / poco a poco
4. yo / alegrarse de / en mi ciudad / reciclarse / el plástico, el vidrio y el aluminio
5. todos (nosotros) / ir a respirar / mejor / cuando / (nosotros) llegar / a la montaña

5 **Escribir** Escribe un diálogo de al menos siete oraciones en el que un(a) amigo/a hace comentarios pesimistas sobre la situación del medio ambiente en tu región y tú respondes con comentarios optimistas. Usa verbos y expresiones de esta lección. **14 pts.**

6 **Canción** Completa estos versos de una canción de Juan Luis Guerra. **¡2 puntos EXTRA!**

> " Ojalá que _____ (llover)
> café en el campo.
> Pa'° que todos los niños
> _____ (cantar) en el campo. "

Pa' *short for* **Para**

Lectura
Antes de leer

Estrategia
Recognizing the purpose of a text

When you are faced with an unfamiliar text, it is important to determine the writer's purpose. If you are reading an editorial in a newspaper, for example, you know that the journalist's objective is to persuade you of his or her point of view. Identifying the purpose of a text will help you better comprehend its meaning.

Examinar los textos

Primero, utiliza la estrategia de lectura para familiarizarte con los textos. Después contesta estas preguntas y compara tus respuestas con las de un(a) compañero/a.

- ¿De qué tratan los textos?°
- ¿Son fábulas°, poemas, artículos de periódico…?
- ¿Cómo lo sabes?

Predicciones

Lee estas predicciones sobre la lectura e indica si estás de acuerdo° con ellas. Después compara tus opiniones con las de un(a) compañero/a.

1. Los textos son del género° de ficción.
2. Los personajes son animales.
3. La acción de los textos tiene lugar en un zoológico.
4. Hay alguna moraleja°.

Determinar el propósito

Con un(a) compañero/a, hablen de los posibles propósitos° de los textos. Consideren estas preguntas:

- ¿Qué te dice el género de los textos sobre los posibles propósitos de los textos?
- ¿Piensas que los textos pueden tener más de un propósito? ¿Por qué?

recursos

CH
pp. 65–66

descubre2.
vhlcentral.com
Lección 4

¿De qué tratan los textos? *What are the texts about?*
fábulas *fables*   **estás de acuerdo** *you agree*
género *genre*   **moraleja** *moral*   **propósitos** *purposes*

Sobre los autores

Félix María Samaniego (1745–1801) nació en España y escribió las *Fábulas morales* que ilustran de manera humorística el carácter humano. Los protagonistas de muchas de sus fábulas son animales que hablan.

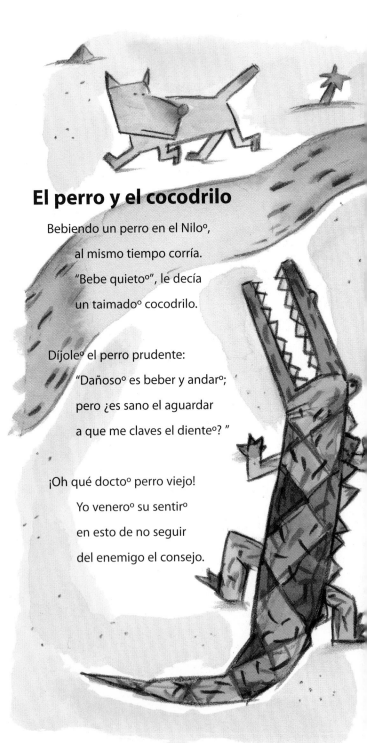

El perro y el cocodrilo

Bebiendo un perro en el Nilo°,
al mismo tiempo corría.
"Bebe quieto°", le decía
un taimado° cocodrilo.

Díjole° el perro prudente:
"Dañoso° es beber y andar°;
pero ¿es sano el aguardar
a que me claves el diente°? "

¡Oh qué docto° perro viejo!
Yo venero° su sentir°
en esto de no seguir
del enemigo el consejo.

Tomás de Iriarte (1750–1791) nació en las islas Canarias y tuvo gran éxito° con su libro *Fábulas literarias*. Su tendencia a representar la lógica a través de° símbolos de la naturaleza fue de gran influencia para muchos autores de su época°.

El pato° y la serpiente

A orillas° de un estanque°,
diciendo estaba un pato:
"¿A qué animal dio el cielo°
los dones que me ha dado°?

"Soy de agua, tierra y aire:
cuando de andar me canso°,
si se me antoja, vuelo°;
si se me antoja, nado".

Una serpiente astuta
que le estaba escuchando,
le llamó con un silbo°,
y le dijo "¡Seo° guapo!

"No hay que echar tantas plantas°;
pues ni anda como el gamo°,
ni vuela como el sacre°,
ni nada como el barbo°;

"y así tenga sabido
que lo importante y raro°
no es entender de todo,
sino ser diestro° en algo".

Nilo *Nile* quieto *in peace* taimado *sly* Díjole *Said to him* Dañoso *Harmful* andar *to walk* ¿es sano... diente? *Is it good for me to wait for you to sink your teeth into me?* docto *wise* venero *revere* sentir *wisdom* éxito *success* a través de *through* época *time* pato *duck* orillas *banks* estanque *pond* cielo *heaven* los dones... dado *the gifts that it has given me* me canso *I get tired* si se... vuelo *if I feel like it, I fly* silbo *hiss* Seo *Señor* No hay... plantas *There's no reason to boast* gamo *deer* sacre *falcon* barbo *barbel (a type of fish)* raro *rare* diestro *skillful*

Después de leer

Comprensión 🐾

Escoge la mejor opción para completar cada oración.

1. El cocodrilo _____ perro.
   a. está preocupado por el   b. quiere comerse al
   c. tiene miedo del
2. El perro _____ cocodrilo.
   a. tiene miedo del   b. es amigo del
   c. quiere quedarse con el
3. El pato cree que es un animal _____.
   a. muy famoso   b. muy hermoso
   c. de muchos talentos
4. La serpiente cree que el pato es _____.
   a. muy inteligente   b. muy tonto   c. muy feo

Preguntas 🐾

Responde a las preguntas.

1. ¿Qué representa el cocodrilo?
   _____

2. ¿Qué representa el pato?
   _____

3. ¿Cuál es la moraleja (*moral*) de "El perro y el cocodrilo"?
   _____

4. ¿Cuál es la moraleja de "El pato y la serpiente"?
   _____

Coméntalo

En parejas, túrnense para hacerse estas preguntas.
¿Estás de acuerdo con las moralejas de estas fábulas? ¿Por qué? ¿Cuál de estas fábulas te gusta más? ¿Por qué? ¿Conoces otras fábulas? ¿Cuál es su propósito?

Escribir

Escribe una fábula para compartir con la clase. Puedes escoger algunos animales de la lista o escoger tus propios (*own*). ¿Qué características deben tener estos animales?

- una abeja (*bee*)
- un gato
- un burro
- un perro
- un águila (*eagle*)
- un pavo real (*peacock*)

Escritura

Estrategia

Considering audience and purpose

Writing always has a specific purpose. During the planning stages, a writer must determine to whom he or she is addressing the piece, and what he or she wants to express to the reader. Once you have defined both your audience and your purpose, you will be able to decide which genre, vocabulary, and grammatical structures will best serve your literary composition.

Let's say you want to share your thoughts on local traffic problems. Your audience can be either the local government or the community. You could choose to write a newspaper article, a letter to the editor, or a letter to the city's governing board. But first you should ask yourself these questions:

1. Are you going to comment on traffic problems in general, or are you going to point out several specific problems?

2. Are you simply intending to register a complaint?

3. Are you simply intending to inform others and increase public awareness of the problems?

4. Are you hoping to persuade others to adopt your point of view?

5. Are you hoping to inspire others to take concrete actions?

The answers to these questions will help you establish the purpose of your writing and determine your audience. Of course, your writing can have more than one purpose. For example, you may intend for your writing to both inform others of a problem and inspire them to take action.

Tema

Escribir una carta o un artículo

Escoge uno de estos temas. Luego decide si vas a escribir una carta a un(a) amigo/a, una carta a un periódico, un artículo de periódico o de revista, etc.

1. Escribe sobre los programas que existen para proteger la naturaleza en tu comunidad. ¿Funcionan bien? ¿Participan todos los vecinos de tu comunidad en los programas? ¿Tienes dudas sobre el futuro del medio ambiente en tu comunidad?

2. Describe uno de los atractivos naturales de tu región. ¿Te sientes optimista sobre el futuro de tu región? ¿Qué están haciendo el gobierno y los ciudadanos° de tu región para proteger la naturaleza? ¿Es necesario hacer más?

3. Escribe sobre algún programa para proteger el medio ambiente a nivel° nacional. ¿Es un programa del gobierno o de una empresa° privada°? ¿Cómo funciona? ¿Quiénes participan? ¿Tienes dudas sobre el programa? ¿Crees que debe cambiarse o mejorarse? ¿Cómo?

recursos

| CH pp. 67–68 | CA pp. 147–148 | descubre2.vhlcentral.com Lección 4 |

ciudadanos *citizens*
nivel *level* empresa
company privada *private*

Escuchar

Estrategia

Using background knowledge/ Guessing meaning from context

Listening for the general idea, or gist, can help you follow what someone is saying even if you can't hear or understand some of the words. When you listen for the gist, you simply try to capture the essence of what you hear without focusing on individual words.

 To practice these strategies, you will listen to a paragraph written by Jaime Urbinas, an urban planner. Before listening to the paragraph, write down what you think it will be about, based on Jaime Urbinas' profession. As you listen to the paragraph, jot down any words or expressions you don't know and use context clues to guess their meanings.

Preparación

Mira el dibujo. ¿Qué pistas° te da sobre el tema del discurso° de Soledad Morales?

Ahora escucha

Vas a escuchar un discurso de Soledad Morales, una activista preocupada por el medio ambiente. Antes de escuchar, marca las palabras y frases que tú crees que ella va a usar en su discurso. Después marca las palabras y frases que escuchaste.

Palabras	Antes de escuchar	Después de escuchar
el futuro	_____	_____
el cine	_____	_____
los recursos naturales	_____	_____
el aire	_____	_____
los ríos	_____	_____
la contaminación	_____	_____
las diversiones	_____	_____
el reciclaje	_____	_____

Comprensión

Escoger

Subraya° la definición correcta de cada palabra.
1. patrimonio (fatherland, heritage, acrimony)
2. ancianos (elderly, ancient, antiques)
3. entrelazadas (destined, interrupted, intertwined)
4. aguantar (to hold back, to destroy, to pollute)
5. apreciar (to value, to imitate, to consider)
6. tala (planting, cutting, watering)

Ahora ustedes

Trabaja con un(a) compañero/a. Escriban seis recomendaciones que creen que la señora Morales va a darle al gobierno colombiano para mejorar los problemas del medio ambiente.

1. _____
2. _____
3. _____
4. _____
5. _____
6. _____

recursos

descubre2.vhlcentral.com
Lección 4

pistas *clues* discurso *speech* Subraya *Underline*

En pantalla

Este anuncio de café Altomayo está filmado en la zona amazónica de Perú. Esta área del norte° peruano se caracteriza por su producción de madera°, arroz, frutas, café y hojas° de té. Con un ecosistema de bosque tropical, cuenta con° aproximadamente 400 especies de mamíferos°, 300 de reptiles, 1.700 de aves y más de 50.000 de plantas. Por su clima tropical, la amazonía peruana tiene una humedad anual de 80% en promedio°. Cuenta con numerosos ríos; los más importantes son el Marañón, el Ucayali y el Huallaga, que juntos dan nacimiento al majestuoso° río Amazonas.

Vocabulario útil	
foco	light bulb
libélula	dragonfly
luciérnaga	firefly
mariposa	butterfly
sapo	toad
técnico	technician

Completar

Completa las oraciones con la opción correcta.

1. La historia ocurre en un pequeño _____.
   a. mercado   b. automóvil   c. pueblo
2. La lámpara _____ se apagó.
   a. de la mujer   b. del hombre c. del niño
3. El técnico trae un _____ para que se prenda.
   a. foco   b. sapo   c. control remoto
4. La lámpara tiene una _____ adentro.
   a. luciérnaga   b. mariposa   c. libélula

Diálogo

En parejas, imaginen que son guionistas (*screenwriters*). Escriban un diálogo entre los dos hombres de este anuncio. Después, represéntenlo frente a la clase.

norte *north* madera *timber* hojas *leaves* cuenta con *it has* mamíferos *mammals* promedio *average* majestuoso *majestic* sabor *flavor*

Altomayo-Perú

Altomayo...

...el sabor° natural del café.

SUPERSITE Conexión Internet

Go to **descubre2.vhlcentral.com** to watch the TV clip featured in this **En pantalla** section.

Oye cómo va

Juanes

La carrera musical de **Juan Esteban Aristizábal**, más conocido como **Juanes**, empezó en **Medellín, Colombia**, cuando sólo tenía quince años. Allí formó el grupo de rock/metal Ekhymosis con el que grabó° cinco álbumes, convirtiéndose en el grupo favorito de Colombia. Después de once años, en 1999, decidió dejar el grupo para iniciar una carrera de solista como Juanes, y en cuatro años y con tres álbumes grabados, se convirtió en el artista latino con más discos vendidos en todo el mundo.

 Este artista colombiano es cantante, guitarrista y autor de la mayoría de las canciones que canta. A los 34 años ya había ganado° nueve Premios *Grammy* Latinos, cinco Premios MTV y seis Premios Lo Nuestro, entre otros muchos reconocimientos° internacionales.

Tu profesor(a) va a poner la canción en la clase. Escúchala y completa las actividades.

¿Cierto o falso?

Indica si lo que dice cada oración es **cierto** o **falso**. Corrige la información falsa.

1. Juanes comenzó su carrera en Bogotá, Colombia.
2. Empezó su carrera a los quince años.
3. Grabó cinco álbumes con el grupo Euskadi.
4. En 1999 inició su carrera de solista.
5. Juanes no es conocido ni en Finlandia ni en Japón.

Preguntas

En parejas, respondan a las preguntas.

1. ¿Creen que el autor de la canción está enamorado? ¿Cómo lo saben?
2. ¿Esta canción es optimista o pesimista?
3. Escriban cinco deseos (*wishes*): uno para ustedes mismos, uno para su familia, uno para sus amigos, uno para su país y uno para el mundo.

A Dios le pido

Que si me muero sea de amor
y si me enamoro sea de vos°
y que de tu voz° sea este corazón,
todos los días a Dios° le pido.

A Dios le pido...

Que mis ojos se despierten con la luz de tu mirada°, yo...
A Dios le pido que mi madre no se muera y que mi padre me recuerde.
A Dios le pido que te quedes a mi lado y que más nunca te me vayas, mi vida.
A Dios le pido que mi alma° no descanse cuando de amarte se trate°, mi cielo.

Éxito° mundial
Juanes se ha presentado° con gran éxito no sólo en Latinoamérica, sino en países tan lejanos° como Finlandia, Suiza°, Japón, Francia, Países Bajos°, China, Alemania y Dinamarca, entre muchos otros.

recursos

descubre2.vhlcentral.com
Lección 4

grabó *he recorded* había ganado *he had won* reconocimientos *acknowledgments*
[v]os you voz *voice* Dios *God* mirada *gaze* alma *soul* de amarte se trate
[i]t is a question of loving you Éxito *Success* se ha presentado *has performed*
[l]ejanos *faraway* Suiza *Switzerland* Países Bajos *the Netherlands*

SUPERSITE Conexión Internet

Go to **descubre2.vhlcentral.com** to learn more about the artist featured in this **Oye cómo va** section.

Colombia

El país en cifras

▶ **Área:** 1.138.910 km^2 (439.734 millas^2),
tres veces el área de Montana

▶ **Población:** 48.930.000
De todos los países de habla hispana, sólo México tiene más habitantes que Colombia. Casi toda la población colombiana vive en las áreas montañosas y la costa occidental° del país. Aproximadamente el 55% de la superficie° del país está sin poblar°.

▶ **Capital:** Bogotá —8.416.000

▶ **Ciudades principales:** Medellín —3.304.000,
Cali —2.767.000, Barranquilla —2.042.000,
Cartagena —1.067.000

SOURCE: Population Division, UN Secretariat

Medellín

▶ **Moneda:** peso colombiano
▶ **Idiomas:** español (oficial)

Bandera de Colombia

Colombianos célebres

▶ **Edgar Negret,** escultor°, pintor (1920–)
▶ **Gabriel García Márquez,** escritor (1928–)
▶ **Juan Pablo Montoya,** automovilista (1975–)
▶ **Fernando Botero,** pintor, escultor (1932–)
▶ **Shakira,** cantante (1977–)

occidental *western* superficie *surface* sin poblar *unpopulated*
escultor *sculptor* dioses *gods* arrojaban *threw* oro *gold*
cacique *chief* llevó *led*

Plaza Bolívar, Bogotá

Baile típico de Barranquilla

Barranquilla
Cartagena
Mar Caribe

PANAMÁ

VENEZUELA

Sierra Nevada de Santa Marta

Cordillera Occidental de los Andes

Cordillera Central de los Andes

Río Magdalena

Medellín

Río Meta

ESTADOS UNIDOS

OCÉANO ATLÁNTICO

COLOMBIA

OCÉANO PACÍFICO

AMÉRICA DEL SUR

Cali

Volcán Nevado del Huíla

Bogotá

Cordillera Oriental de los Andes

Océano Pacífico

Cultivo de caña de azúcar cerca de Cali

ECUADOR

PERÚ

recursos

CP
pp. 49–50

CA
pp. 71–72

SUPERSITE
descubre2.vhlcentral.com
Lección 4

¡Increíble pero cierto!

En el siglo XVI los exploradores españoles oyeron la leyenda de El Dorado. Esta leyenda cuenta que los indios, como parte de un ritual en honor a los dioses°, arrojaban° oro° a la laguna de Guatavita y el cacique° se sumergía en sus aguas cubierto de oro. Aunque esto era cierto, muy pronto la exageración llevó° al mito de una ciudad de oro.

Laguna de Guatavita

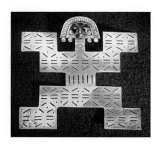

Lugares • El Museo del Oro

El famoso Museo del Oro del Banco de la República fue fundado° en Bogotá en 1939 para preservar las piezas de orfebrería° de la época precolombina. En el museo, que tiene más de 30.000 piezas de oro, se pueden ver joyas°, ornamentos religiosos y figuras que sirvieron de ídolos. El cuidado con el que se hicieron los objetos de oro refleja la creencia° de las tribus indígenas de que el oro era la expresión física de la energía creadora° de los dioses.

Literatura • Gabriel García Márquez (1928–)

Gabriel García Márquez, ganador del Premio Nobel de Literatura en 1982, es uno de los escritores contemporáneos más importantes del mundo. García Márquez publicó su primer cuento° en 1947, cuando era estudiante universitario. Su libro más conocido, *Cien años de soledad,* está escrito en el estilo° literario llamado "realismo mágico", un estilo que mezcla° la realidad con lo irreal y lo mítico°.

Historia • Cartagena de Indias

Los españoles fundaron la ciudad de Cartagena de Indias en 1533 y construyeron a su lado la fortaleza° más grande de las Américas, el Castillo de San Felipe de Barajas. En la ciudad de Cartagena se conservan muchos edificios de la época colonial, como iglesias, monasterios, palacios y mansiones. Cartagena es conocida también por el Festival de Música del Caribe y su prestigioso Festival Internacional de Cine.

Costumbres • El Carnaval

Durante el Carnaval de Barranquilla, la ciudad vive casi exclusivamente para esta fiesta. Este festival es una fusión de las culturas que han llegado° a las costas caribeñas de Colombia y de sus grupos autóctonos°. El evento más importante es la Batalla° de Flores, un desfile° de carrozas° decoradas con flores. En 2003, la UNESCO declaró este carnaval como Patrimonio de la Humanidad°.

BRASIL

 ¿Qué aprendiste? Responde a cada pregunta con una oración completa.

1. ¿Cuáles son las principales ciudades de Colombia?
2. ¿Qué país de habla hispana tiene más habitantes que Colombia?
3. ¿Quién es Edgar Negret?
4. ¿Cuándo oyeron los españoles la leyenda de El Dorado?
5. ¿Para qué fue fundado el Museo del Oro?
6. ¿Quién ganó el Premio Nobel de Literatura en 1982?
7. ¿Qué construyeron los españoles al lado de la ciudad de Cartagena de Indias?
8. ¿Cuál es el evento más importante del Carnaval de Barranquilla?

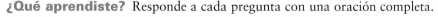

Conexión Internet Investiga estos temas en **descubre2.vhlcentral.com.**

1. Busca información sobre las ciudades más grandes de Colombia. ¿Qué lugares de interés hay en estas ciudades? ¿Qué puede hacer un(a) turista en estas ciudades?
2. Busca información sobre pintores y escultores colombianos como Edgar Negret, Débora Arango o Fernando Botero. ¿Cuáles son algunas de sus obras más conocidas? ¿Cuáles son sus temas?

fundado *founded* orfebrería *goldsmithing* joyas *jewels* creencia *belief* creadora *creative* cuento *story* estilo *style* mezcla *mixes* mítico *mythical* fortaleza *fortress* han llegado *have arrived* autóctonos *indigenous* Batalla *Battle* desfile *parade* carrozas *floats* Patrimonio de la Humanidad *World Heritage*

La naturaleza

el árbol	tree
el bosque (tropical)	(tropical; rain) forest
el cielo	sky
el cráter	crater
el desierto	desert
la estrella	star
la flor	flower
la hierba	grass
el lago	lake
la luna	moon
la naturaleza	nature
la nube	cloud
la piedra	stone
la planta	plant
el río	river
la selva, la jungla	jungle
el sendero	trail; trailhead
el sol	sun
la tierra	land; soil
el valle	valley
el volcán	volcano

Los animales

el animal	animal
el ave, el pájaro	bird
el gato	cat
el perro	dog
el pez	fish
la vaca	cow

El medio ambiente

la conservación	conservation
la contaminación (del aire; del agua)	(air; water) pollution
la deforestación	deforestation
la ecología	ecology
el ecoturismo	ecotourism
la energía (nuclear, solar)	(nuclear, solar) energy
el envase	container
la extinción	extinction
el gobierno	government
la lata	(tin) can
la ley	law
la lluvia (ácida)	(acid) rain
el medio ambiente	environment
el peligro	danger
la población	population
el reciclaje	recycling
el recurso natural	natural resource
la solución	solution
cazar	to hunt
conservar	to conserve
contaminar	to pollute
controlar	to control
cuidar	to take care of
dejar de (+ *inf.*)	to stop (doing something)
desarrollar	to develop
descubrir	to discover
destruir	to destroy
estar afectado/a (por)	to be affected (by)
estar contaminado/a	to be polluted
evitar	to avoid
mejorar	to improve
proteger	to protect
reciclar	to recycle
recoger	to pick up
reducir	to reduce
resolver (o:ue)	to resolve; to solve
respirar	to breathe
de aluminio	(made) of aluminum
de plástico	(made) of plastic
de vidrio	(made) of glass
puro/a	pure

Las emociones

alegrarse (de)	to be happy
esperar	to hope; to wish
sentir (e:ie)	to be sorry; to regret
temer	to fear
es extraño	it's strange
es una lástima	it's a shame
es ridículo	it's ridiculous
es terrible	it's terrible
es triste	it's sad
ojalá (que)	I hope (that); I wish (that)

Las dudas y certezas

(no) creer	(not) to believe
(no) dudar	(not) to doubt
(no) negar (e:ie)	(not) to deny
es imposible	it's impossible
es improbable	it's improbable
es obvio	it's obvious
No cabe duda de	There is no doubt that…
No hay duda de	There is no doubt that…
(no) es cierto	it's (not) certain
(no) es posible	it's (not) possible
(no) es probable	it's (not) probable
(no) es seguro	it's (not) certain
(no) es verdad	it's (not) true

Conjunciones

a menos que	unless
antes (de) que	before
con tal (de) que	provided (that)
cuando	when
después de que	after
en caso (de) que	in case (that)
en cuanto	as soon as
hasta que	until
para que	so that
sin que	without
tan pronto como	as soon as

Expresiones útiles	*See page 133.*

recursos

CA p. 111 · descubre2.vhlcentral.com Lección 4

En la ciudad

5

A PRIMERA VISTA

- ¿Viven estas personas en un bosque, un pueblo o una ciudad?
- ¿Dónde están, en una calle o en un sendero?
- ¿Es posible que estén afectadas por la contaminación?
- ¿Está limpio o sucio el lugar donde están?

En la ciudad

Más vocabulario

la frutería	fruit store
la heladería	ice cream shop
la pastelería	pastry shop
la pescadería	fish market
la cuadra	(city) block
la dirección	address
la esquina	corner
el estacionamiento	parking lot
derecho	straight (ahead)
enfrente de	opposite; facing
hacia	toward
cruzar	to cross
doblar	to turn
hacer diligencias	to run errands
quedar	to be located
el cheque (de viajero)	(traveler's) check
la cuenta corriente	checking account
la cuenta de ahorros	savings account
ahorrar	to save (money)
cobrar	to cash (a check)
depositar	to deposit
firmar	to sign
llenar (un formulario)	to fill out (a form)
pagar a plazos	to pay in installments
pagar al contado, en efectivo	to pay in cash
pedir prestado/a	to borrow
pedir un préstamo	to apply for a loan
ser gratis	to be free of charge

Variación léxica

cuadra	⟷	manzana (*Esp.*)
direcciones	⟷	indicaciones (*Esp.*)
doblar	⟷	girar; virar; voltear
hacer diligencias	⟷	hacer mandados

la peluquería, el salón de belleza

el banco

supermercado

PANADERÍA PARACAINA

JOYERÍA CARACAS

MERCANTIL

el supermercado

la panadería

la joyería

el cajero automático

Da direcciones. (dar)

Está perdida. (estar)

Práctica

1

Escuchar 🎧 Mira el dibujo. Luego escucha las oraciones e indica si lo que dice cada una es **cierto** o **falso**.

	Cierto	Falso		Cierto	Falso
1.	○	○	6.	○	○
2.	○	○	7.	○	○
3.	○	○	8.	○	○
4.	○	○	9.	○	○
5.	○	○	10.	○	○

el letrero

la carnicería

la zapatería

la lavandería

2

¿Quién la hizo? 🎧 Escucha la conversación entre Telma y Armando. Escribe el nombre de la persona que hizo cada diligencia o una X si nadie la hizo. Una diligencia la hicieron los dos.

1. abrir una cuenta corriente
2. abrir una cuenta de ahorros
3. ir al banco
4. ir a la panadería
5. ir a la peluquería
6. ir al supermercado

3

Seleccionar Selecciona los lugares de la lista en los que haces estas diligencias.

banco	joyería	pescadería
carnicería	lavandería	salón de belleza
frutería	pastelería	zapatería

1. comprar galletas
2. comprar manzanas
3. lavar la ropa
4. comprar mariscos
5. comprar pollo
6. comprar sandalias

4

Completar Completa las oraciones con las palabras más adecuadas.

1. El banco me regaló un reloj. Fue _____.
2. Me gusta _____ dinero, pero no me molesta gastarlo.
3. La cajera me dijo que tenía que _____ el cheque en el dorso (*on the back*) para cobrarlo.
4. Para pagar con un cheque, necesito tener dinero en mi _____.
5. Mi madre va a un _____ para obtener dinero en efectivo cuando el banco está cerrado.
6. Cada viernes, Julio lleva su cheque al banco y lo _____ para tener dinero en efectivo.
7. Ana _____ su cheque en su cuenta de ahorros.
8. Cuando viajas, es buena idea llevar cheques _____.

Manda/Envía un paquete.
(mandar, enviar)

la estampilla,
el sello

Hacen cola.
(hacer)

Echa una carta al
buzón. (echar)

el sobre

el cartero

el correo

En el correo

¡LENGUA VIVA!

Note that **correo** can mean either *mail* or *post office*. Other ways to say *post office* are **la oficina de correos** and **correos**.

5 **Conversación** Completa la conversación entre Juanita y el cartero con las palabras más adecuadas.

CARTERO Buenas tardes, ¿es usted la señorita Ramírez? Le traigo un (1) _____.

JUANITA Sí, soy yo. ¿Quién lo envía?

CARTERO La señora Ramírez. Y también tiene dos (2) _____.

JUANITA Ay, pero ¡ninguna es de mi novio! ¿No llegó nada de Manuel Fuentes?

CARTERO Sí, pero él echó la carta al (3) _____ sin poner un (4) _____ en el sobre.

JUANITA Entonces, ¿qué recomienda usted que haga?

CARTERO Sugiero que vaya al (5) _____. Con tal de que pague el costo del sello, se le puede dar la carta sin ningún problema.

JUANITA Uy, otra diligencia, y no tengo mucho tiempo esta tarde para (6) _____ cola en el correo, pero voy enseguida. ¡Ojalá que sea una carta de amor!

¡LENGUA VIVA!

In Spanish, **Soy yo** means *That's me* or *It's me*. **¿Eres tú?/ ¿Es usted?** means *Is that you?*

6 **En el banco** Tú eres un(a) empleado/a de banco y tu compañero/a es un(a) estudiante que necesita abrir una cuenta corriente. En parejas, hagan una lista de las palabras que pueden necesitar para la conversación. Después lean estas situaciones y modifiquen su lista original según la situación.

- una pareja de recién casados quiere pedir un préstamo para comprar una casa
- una persona quiere información de los servicios que ofrece el banco
- un(a) estudiante va a estudiar al extranjero (*abroad*) y quiere saber qué tiene que hacer para llevar su dinero de una forma segura
- una persona acaba de ganar 50 millones de dólares en la lotería y quiere saber cómo invertirlos (*invest it*)

Ahora, escojan una de las cuatro situaciones y represéntenla para la clase.

Comunicación

7

Diligencias En parejas, decidan quién va a hacer cada diligencia y cuál es la manera más rápida de llegar a los diferentes lugares desde su escuela.

> **modelo**
>
> cobrar unos cheques
> **Estudiante 1:** *Yo voy a cobrar unos cheques. ¿Cómo llego al banco?*
> **Estudiante 2:** *Conduce hacia el norte hasta cruzar la calle Oak.*
> *El banco queda en la esquina a la izquierda.*

1. enviar un paquete
2. comprar botas nuevas
3. comprar un pastel de cumpleaños
4. lavar unas camisas
5. comprar helado
6. cortarte (*to cut*) el pelo

8

El Hatillo Trabajen en parejas para representar los papeles de un(a) turista que está perdido/a en El Hatillo y de un(a) residente de la ciudad que quiere ayudarlo/la.

 Plaza Bolívar
 Plaza Sucre
 banco
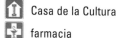 Casa de la Cultura
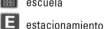 farmacia
 iglesia
 terminal
 escuela
E estacionamiento
 joyería
 zapatería
café Primavera

> **modelo**
>
> Plaza Sucre, café Primavera
> **Estudiante 1:** *Perdón, ¿por dónde queda la Plaza Sucre?*
> **Estudiante 2:** *Del café Primavera, camine derecho por la calle Sucre*
> *hasta cruzar la calle Comercio…*

1. Plaza Bolívar, farmacia
2. Casa de la Cultura, Plaza Sucre
3. banco, terminal
4. estacionamiento (este), escuela
5. Plaza Sucre, estacionamiento (oeste)
6. joyería, banco
7. farmacia, joyería
8. zapatería, iglesia

9

Direcciones En grupos, escriban un minidrama en el que unos/as turistas están preguntando cómo llegar a diferentes sitios de la comunidad en la que ustedes viven.

SUPERSITE

Estamos perdidos.

Maite y Álex hacen diligencias en el centro.

PERSONAJES

MAITE

INÉS

DON FRANCISCO

ÁLEX

JAVIER

MARTÍN

JOVEN

MARTÍN Y DON FRANCISCO Buenas tardes.

JAVIER Hola. ¿Qué tal? Estamos conversando sobre la excursión de mañana.

DON FRANCISCO ¿Ya tienen todo lo que necesitan? A todos los excursionistas yo siempre les recomiendo llevar zapatos cómodos, una mochila, gafas oscuras y un suéter por si hace frío.

JAVIER Todo listo, don Francisco.

MARTÍN Les aconsejo que traigan algo de comer.

ÁLEX Mmm… no pensamos en eso.

MAITE ¡Deja de preocuparte tanto, Álex! Podemos comprar algo en el supermercado ahora mismo. ¿Vamos?

JOVEN ¡Hola! ¿Puedo ayudarte en algo?

MAITE Sí, estamos perdidos. ¿Hay un banco por aquí con cajero automático?

JOVEN Mmm… no hay ningún banco en esta calle que tenga cajero automático.

JOVEN Pero conozco uno en la calle Pedro Moncayo que sí tiene cajero automático. Cruzas esta calle y luego doblas a la izquierda. Sigues todo derecho y antes de que lleguen a la Joyería Crespo van a ver un letrero grande del Banco del Pacífico.

MAITE También buscamos un supermercado.

JOVEN Pues, allí mismo enfrente del banco hay un supermercado pequeño. Fácil, ¿no?

MAITE Creo que sí. Muchas gracias por su ayuda.

recursos

CA pp. 55–56

descubre2.vhlcentral.com
Lección 5

ÁLEX ¡Excelente idea! En cuanto termine mi café te acompaño.

MAITE Necesito pasar por el banco y por el correo para mandar unas cartas.

ÁLEX Está bien.

ÁLEX ¿Necesitan algo del centro?

INÉS ¡Sí! Cuando vayan al correo, ¿pueden echar estas postales al buzón? Además necesito unas estampillas.

ÁLEX Por supuesto.

MAITE Ten, guapa, tus sellos.

INÉS Gracias, Maite. ¿Qué tal les fue en el centro?

MAITE ¡Súper bien! Fuimos al banco y al correo. Luego en el supermercado compramos comida para la excursión. Y antes de regresar, paramos en una heladería.

MAITE ¡Ah! Y otra cosa. Cuando llegamos al centro conocimos a un joven muy simpático que nos dio direcciones. Era muy amable... ¡y muy guapo!

Expresiones útiles

Giving advice

- **Les recomiendo/Hay que llevar zapatos cómodos.**
  I recommend that you/It's necessary to wear comfortable shoes.
- **Les aconsejo que traigan algo de comer.**
  I advise you to bring something to eat.

Talking about errands

- **Necesito pasar por el banco.**
  I need to go by the bank.
  En cuanto termine mi café te acompaño.
  As soon as I finish my coffee, I'll go with you.

Getting directions

- **Estamos perdidos.**
  We're lost.

- **¿Hay un banco por aquí con cajero automático?**
  Is there a bank around here with an ATM?
  Crucen esta calle y luego doblen a la izquierda/derecha.
  Cross this street and then turn to the left/right.
  Sigan todo derecho.
  Go straight ahead.
  Antes de que lleguen a la joyería van a ver un letrero grande.
  Before you get to the jewelry store, you're going to see a big sign.

- **¿Por dónde queda el supermercado?**
  Where is the supermarket?
  Está a dos cuadras de aquí.
  It's two blocks from here.
  Queda en la calle Flores.
  It's on Flores Street.
  Pues, allí mismo enfrente del banco hay un supermercado.
  Well, right in front of the bank there is a supermarket.

¿Qué pasó? SUPERSITE

1 **¿Cierto o falso?** Decide si lo que dicen estas oraciones es **cierto** o **falso**. Corrige las oraciones falsas.

CONSULTA

To review the use of verbs like **insistir**, see **Estructura 3.4**, p. 112.

	Cierto	Falso
1. Don Francisco insiste en que los chicos lleven una cámara.	○	○
2. Inés escribió unas postales y ahora necesita mandarlas por correo.	○	○
3. El joven dice que el Banco del Atlántico tiene un cajero automático.	○	○
4. Enfrente del banco hay una heladería.	○	○

2 **Ordenar** Pon los eventos de la **Fotonovela** en el orden correcto.

a. Un joven ayuda a Álex y a Maite a encontrar el banco porque están perdidos. _____
b. Álex y Maite comen un helado. _____
c. Inés les da unas postales a Maite y a Álex para echar al buzón. _____
d. Maite y Álex van al banco y al correo. _____
e. Álex termina su café. _____
f. Maite y Álex van al supermercado y compran comida. _____

3 **Otras diligencias** En parejas, hagan una lista de las diligencias que Maite, Álex, Inés y Javier necesitan hacer para completar estas actividades.

1. ir de excursión
2. pedir una beca (*scholarship*)
3. visitar una nueva ciudad
4. abrir una cuenta corriente
5. celebrar el cumpleaños de Maite
6. comprar una nueva computadora portátil

JAVIER

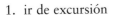

MAITE   ÁLEX

INÉS

4 **Conversación** Un(a) compañero/a y tú son vecinos/as. Uno/a de ustedes acaba de mudarse y necesita ayuda porque no conoce la ciudad. Los dos tienen que hacer algunas diligencias y deciden hacerlas juntos/as. Preparen una conversación breve incluyendo planes para ir a estos lugares.

AYUDA

primero *first*
luego *then*
¿Sabes dónde queda...? *Do you know where...is?*
¿Qué te parece? *What do you think?*
¡Cómo no! *But of course!*

> **modelo**
>
> **Estudiante 1:** *Necesito lavar mi ropa. ¿Sabes dónde queda una lavandería?*
> **Estudiante 2:** *Sí. Aquí a dos cuadras hay una. También tengo que lavar mi ropa. ¿Qué te parece si vamos juntos?*

▶ un banco
▶ una lavandería
▶ un supermercado
▶ una heladería
▶ una panadería

Ortografía

Las abreviaturas

In Spanish, as in English, abbreviations are often used in order to save space and time while writing. Here are some of the most commonly used abbreviations in Spanish.

---

usted ⟶ Ud.   ustedes ⟶ Uds.

As you have already learned, the subject pronouns **usted** and **ustedes** are often abbreviated.

---

don ⟶ D.   doña ⟶ Dña.   doctor(a) ⟶ Dr(a).
señor ⟶ Sr.   señora ⟶ Sra.   señorita ⟶ Srta.

These titles are frequently abbreviated.

---

centímetro ⟶ cm   metro ⟶ m   kilómetro ⟶ km
litro ⟶ l   gramo ⟶ g, gr   kilogramo ⟶ kg

The abbreviations for these units of measurement are often used, but without periods.

---

por ejemplo ⟶ p. ej.   página(s) ⟶ pág(s).

These abbreviations are often seen in books.

---

derecha ⟶ dcha.   izquierda ⟶ izq., izqda.
código postal ⟶ C.P.   número ⟶ n.º

These abbreviations are often used in mailing addresses.

Sra. Emilia F. Bazán
Cía. Romero, S.A.
3336
Calle Lozano, n.º 37
Caracas, Venezuela

Banco ⟶ Bco.   Compañía ⟶ Cía.
cuenta corriente ⟶ c/c.   Sociedad Anónima (*Inc.*) ⟶ S.A.

These abbreviations are frequently used in the business world.

Práctica Escribe otra vez esta información usando las abreviaturas adecuadas.

1. doña María
2. señora Pérez
3. Compañía Mexicana de Inversiones
4. usted

5. Banco de Santander
6. doctor Medina
7. Código Postal 03697
8. cuenta corriente número 20-453

Emparejar En la tabla hay nueve abreviaturas. Empareja los cuadros necesarios para formarlas.

S.	c.	C.	c	co.	U
B	c/	Sr	A.	D	dc
ta.	P.	ña.	ha.	m	d.

recursos

CH p. 71 | CA p. 114 | descubre2.vhlcentral.com Lección 5

Paseando en metro

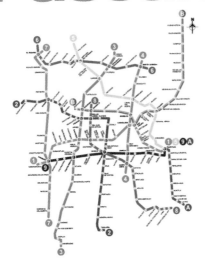

Hoy es el primer día de Teresa en la Ciudad de México. Debe tomar el metro para ir del centro de la ciudad a Coyoacán, en el sur. Llega a la estación Zócalo y compra un pasaje por el equivalente a veinte

centavos° de dólar, ¡qué ganga! Con este pasaje puede ir a cualquier° parte de la ciudad o del área metropolitana.

No sólo en México, sino también en ciudades de Venezuela, Chile, Argentina y España, hay sistemas de transporte público eficientes y muy económicos. También suele haber° varios tipos de transporte: autobús, metro, tranvía°, microbús y tren. Generalmente se pueden comprar abonos° de uno o varios días para un determinado tipo de transporte.

Metro de Madrid

En algunas ciudades también existen abonos de transporte combinados que permiten usar, por ejemplo, el metro y el autobús o el autobús y el tren. En estas ciudades, los metros, autobuses y trenes pasan con mucha frecuencia. Las paradas° y estaciones están bien señalizadas°.

Vaya°, Teresa ya está llegando a Coyoacán. Con lo que ahorró en el pasaje del metro, puede comprarse un helado de mango y unos esquites° en el jardín Centenario.

El metro

El primer metro de Suramérica que se abrió al público fue el de Buenos Aires, Argentina (1° de diciembre de 1913); el último, el de Valparaíso, Chile (23 de noviembre de 2005).

Ciudad	Pasajeros/Día (aprox.)
México D.F., México	4.406.300
Madrid, España	2.400.000
Buenos Aires, Argentina	1.500.000
Santiago, Chile	1.500.000
Caracas, Venezuela	1.400.000
Medellín, Colombia	350.000
Guadalajara, México	161.910

---

centavos *cents* cualquier *any* suele haber *there usually are* tranvía *streetcar* abonos *passes* paradas *stops* señalizadas *labeled* Vaya *Well* esquites *toasted corn kernels*

---

1 **¿Cierto o falso?** Indica si lo que dice cada oración es **cierto** o **falso**. Corrige la información falsa.

1. En la Ciudad de México, el pasaje de metro cuesta 18 dólares.

2. En México, un pasaje se puede usar sólo para ir al centro de la ciudad.

3. Los trenes, autobuses y metros pasan con mucha frecuencia.

4. En Venezuela, Chile, Argentina y España hay varios tipos de transporte.

5. En ningún caso los abonos de transporte sirven para más de un tipo de transporte.

6. Hay pocos letreros en las paradas y estaciones.

7. Los dos metros en los que viaja más gente cada día están en México y España.

8. El metro que lleva menos tiempo en servicio es el de Medellín, Colombia.

En la ciudad

el aparcamiento (Esp.); el parqueadero (Col., Pan.); el parqueo (Bol., Cuba, Amér. C.)	el estacionamiento
dar un aventón (Méx.); dar botella (Cuba); dar un chance (Col.)	*to give (someone) a ride*
el subterráneo, el subte (Arg.)	el metro

Apodos de ciudades

Así como Nueva York es la Gran Manzana, muchas ciudades hispanas tienen un apodo°.

○ **La tacita° de plata°** A Cádiz, España, se le llama así por sus edificios blancos de estilo árabe.

○ **Ciudad de la eterna primavera** Arica, Chile; Cuernavaca, México, y Medellín, Colombia, llevan este sobrenombre por su clima templado° durante todo el año.

○ **La docta°** Así se conoce a la ciudad argentina de Córdoba por su gran tradición universitaria.

○ **La ciudad de los reyes** Así se conoce Lima, Perú, porque fue la capital del Virreinato° del Perú y allí vivían los virreyes°.

○ **Curramba la Bella** A Barranquilla, Colombia, se le llama así por su gente alegre y espíritu festivo.

apodo *nickname* tacita *little cup* plata *silver* templado *mild* docta *erudite* Virreinato *Viceroyalty* virreyes *viceroys*

Luis Barragán: arquitectura y emoción

Para el arquitecto mexicano **Luis Barragán** (1902–1988) los sentimientos° y emociones que despiertan sus diseños eran muy importantes. Afirmaba° que la arquitectura tiene una dimensión espiritual. Para él, era belleza, inspiración, magia°, serenidad, misterio, silencio, privacidad, asombro°...

Las obras de Barragán muestran un suave° equilibrio entre la naturaleza y la creación humana. Su estilo también combina características de la arquitectura tradicional mexicana con conceptos modernos. Una característica de sus casas son las paredes envolventes° de diferentes colores con muy pocas ventanas.

En 1980, Barragán obtuvo° el Premio Pritzker, algo así como el Premio Nobel de Arquitectura. Está claro que este artista logró° que sus casas transmitieran sentimientos especiales.

Casa Barragán, Ciudad de México, 1947-1948

sentimientos *feelings* Afirmaba *He stated* magia *magic* asombro *amazement* suave *smooth* envolventes *enveloping* obtuvo *received* logró *managed*

Conexión Internet

¿Qué otros arquitectos combinan las construcciones con la naturaleza?

Go to **descubre2.vhlcentral.com** to find more cultural information related to this **Cultura** section.

ACTIVIDADES

2 **Comprensión** Responde a las preguntas.

1. ¿En qué país estás si te dicen "Dame un chance al parqueadero"?
2. ¿Qué ciudades tienen clima templado todo el año?
3. ¿Qué es más importante en los diseños de Barragán: la naturaleza o la creación humana?
4. ¿Qué premio obtuvo Barragán y cuándo?

3 **¿Qué ciudad te gusta?** Escribe un párrafo breve sobre el sentimiento que despiertan las construcciones que hay en una ciudad o un pueblo que te guste mucho. Explica cómo es el lugar y cómo te sientes cuando estás allí. Inventa un apodo para este lugar.

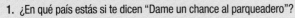

recursos

| CH p. 72 | descubre2.vhlcentral.com Lección 5 |

5.1 The subjunctive in adjective clauses

SUPERSITE

ANTE TODO In **Lección 4**, you learned that the subjunctive is used in adverbial clauses after certain conjunctions. You will now learn how the subjunctive can be used in adjective clauses (**cláusulas adjetivas**) to express that the existence of someone or something is uncertain or indefinite.

¿Hay un banco por aquí que tenga cajero automático?

No hay ningún banco en esta calle que tenga cajero automático.

▶ The subjunctive is used in an adjective (or subordinate) clause that refers to a person, place, thing, or idea that either does not exist or whose existence is uncertain or indefinite. In the examples below, compare the differences in meaning between the statements using the indicative and those using the subjunctive.

> **¡ATENCIÓN!**
>
> Adjective clauses are subordinate clauses that modify a noun or pronoun in the main clause of a sentence. That noun or pronoun is called the *antecedent*.

Indicative	Subjunctive
Necesito **el libro** que **tiene** información sobre Venezuela. *I need **the book** that has information about Venezuela.*	Necesito **un libro** que **tenga** información sobre Venezuela. *I need **a book** that has information about Venezuela.*
Quiero vivir en **esta casa** que **tiene** jardín. *I want to live in **this house** that has a garden.*	Quiero vivir en **una casa** que **tenga** jardín. *I want to live in **a house** that has a garden.*
En mi barrio, hay **una heladería** que **vende** helado de mango. *In my neighborhood, **there's an ice cream store** that sells mango ice cream.*	En mi barrio no hay **ninguna heladería** que **venda** helado de mango. *In my neighborhood, **there are no ice cream stores** that sell mango ice cream.*

▶ When the adjective clause refers to a person, place, thing, or idea that is clearly known, certain, or definite, the indicative is used.

Quiero ir **al supermercado** que **vende** productos venezolanos.
I want to go to the supermarket that sells Venezuelan products.

Busco **al profesor** que **enseña** japonés.
I'm looking for the professor who teaches Japanese.

Conozco **a alguien** que **va** a esa peluquería.
I know someone who goes to that beauty salon.

Tengo **un amigo** que **vive** cerca de mi casa.
I have a friend who lives near my house.

▶ The personal **a** is not used with direct objects that are hypothetical people. However, as you learned in **Descubre, nivel 1**, **alguien** and **nadie** are always preceded by the personal **a** when they function as direct objects.

Necesitamos **un empleado** que
sepa usar computadoras.
*We need an employee who knows
how to use computers.*

Necesitamos **al empleado** que
sabe usar computadoras.
*We need the employee who knows how
to use computers.*

Buscamos **a alguien** que
pueda cocinar.
*We're looking for someone who
can cook.*

No conocemos **a nadie** que
pueda cocinar.
*We don't know anyone who
can cook.*

▶ The subjunctive is commonly used in questions with adjective clauses when the speaker is trying to find out information about which he or she is uncertain. However, if the person who responds to the question knows the information, the indicative is used.

—¿Hay un parque que **esté** cerca de
nuestro hotel?
Is there a park that's near our hotel?

—Sí, hay un parque que **está** muy
cerca del hotel.
Yes, there's a park that's very near the hotel.

▶ **¡Atención!** Here are some verbs which are commonly followed by adjective clauses in the subjunctive:

Words commonly used with subjunctive

buscar	**haber**
conocer	**necesitar**
no encontrar	**querer**

SECCIÓN AMARILLA
Busque cualquier
información que
necesite.

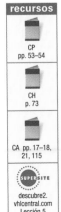
¡INTÉNTALO! Escoge entre el subjuntivo y el indicativo para completar cada oración.

1. Necesito una persona que ___pueda___ (puede/pueda) cantar bien.
2. Buscamos a alguien que _____ (tiene/tenga) paciencia.
3. ¿Hay restaurantes aquí que _____ (sirven/sirvan) comida japonesa?
4. Tengo una amiga que _____ (saca/saque) fotografías muy bonitas.
5. Hay una carnicería que _____ (está/esté) cerca de aquí.
6. No vemos ningún apartamento que nos _____ (interesa/interese).
7. Conozco a un estudiante que _____ (come/coma) hamburguesas todos los días.
8. ¿Hay alguien que _____ (dice/diga) la verdad?

Práctica

1

Completar Completa estas oraciones con la forma correcta del indicativo o del subjuntivo de los verbos entre paréntesis.

1. Buscamos un hotel que _____ (tener) piscina.
2. ¿Sabe usted dónde _____ (quedar) el Correo Central?
3. ¿Hay algún buzón por aquí donde yo _____ (poder) echar una carta?
4. Ana quiere ir a la carnicería que _____ (estar) en la avenida Lecuna.
5. Encontramos un restaurante que _____ (servir) comida venezolana típica.
6. ¿Conoces a alguien que _____ (saber) mandar un *fax* por computadora?
7. Necesitas al empleado que _____ (entender) este nuevo programa de computación.
8. No hay nada en este mundo que _____ (ser) gratis.

2

Oraciones Marta está haciendo diligencias en Caracas con una amiga. Forma oraciones con estos elementos, usando el presente del indicativo o del subjuntivo. Haz los cambios que sean necesarios.

1. yo / conocer / un / panadería / que / vender / pan / cubano

2. ¿hay / alguien / que / saber / dirección / de / un / buen / carnicería?

3. yo / querer / comprarle / mi / hermana / un / zapatos / que / gustar

4. ella / no / encontrar / nada / que / gustar / en / ese / zapatería

5. ¿tener / dependientas / algo / que / ser / más / barato?

6. ¿conocer / tú / alguno / banco / que / ofrecer / cuentas / corrientes / gratis?

7. nosotras / no / conocer / nadie / que / hacer / tanto / diligencias / como / nosotras

8. nosotras / necesitar / un / línea / de / metro / que / nos / llevar / a / casa

3

Anuncios clasificados En parejas, lean estos anuncios y luego describan el tipo de persona u objeto que se busca.

CLASIFICADOS

VENDEDOR(A) Se necesita persona dinámica y responsable con buena presencia. Experiencia mínima de un año. Horario de trabajo flexible. Llamar a Joyería Aurora de 10 a 13h y de 16 a 18h. Tel: 263-7553

PELUQUERÍA UNISEX Se busca persona con experiencia en peluquería y maquillaje para trabajar tiempo completo. Llamar de 9 a 13: 30h. Tel: 261-3548

COMPARTIR APARTAMENTO Se necesita compañera para compartir apartamento de 2 alcobas en el Chaco. Alquiler $500 por mes. No fumar. Llamar al 951-3642 entre 19 y 22h.

CLASES DE INGLÉS Profesor de Inglaterra con diez años de experiencia ofrece clases para grupos o instrucción privada para individuos. Llamar al 933-4110 de 16:30 a 18:30.

SE BUSCA CONDOMINIO Se busca condominio en Sabana Grande con 3 alcobas, 2 baños, sala, comedor y aire acondicionado. Tel: 977-2018.

EJECUTIVO DE CUENTAS Se requiere joven profesional con al menos dos años de experiencia en el sector financiero. Se ofrecen beneficios excelentes. Enviar currículum vitae al Banco Unión, Avda. Urdaneta 263, Caracas.

Comunicación

4 **Subjuntivo** Completa estas frases de una manera lógica. Luego, compara tus respuestas con las de un(a) compañero/a.

1. Algún día deseo un trabajo (*job*) que...
2. Algún día espero tener un apartamento (una casa) que...
3. Mis padres buscan un carro que..., pero yo quiero un carro que...
4. Tengo un(a) amigo/a que...
5. Un(a) consejero/a (*advisor*) debe ser una persona que...
6. Me gustaría (*I would like*) conocer a alguien que...
7. En esta clase no hay nadie que...
8. No tengo ningún profesor que...

5 **Encuesta** Tu profesor(a) va a darte una hoja de actividades. Circula por la clase y pregúntales a tus compañeros/as si conocen a alguien que haga cada actividad de la lista. Si responden que sí, pregúntales quién es y anota sus respuestas. Luego informa a la clase los resultados de tu encuesta.

> **modelo**
>
> trabajar en un supermercado
> **Estudiante 1:** *¿Conoces a alguien que trabaje en un supermercado?*
> **Estudiante 2:** *Sí, conozco a alguien que trabaja en un supermercado. Es mi hermano menor.*

Actividades	Nombres	Respuestas
1. dar direcciones buenas		
2. hablar japonés		
3. graduarse este año		
4. necesitar un préstamo		
5. pedir prestado un carro		
6. odiar ir de compras		
7. ser venezolano/a		
8. manejar una motocicleta		
9. trabajar en una zapatería		
10. no tener tarjeta de crédito		

Síntesis

recursos

CA
pp. 17–18, 21

6 **Busca los cuatro** Tu profesor(a) te va a dar una hoja con ocho anuncios clasificados y a tu compañero/a otra hoja con ocho anuncios distintos a los tuyos. Háganse preguntas para encontrar los cuatro anuncios de cada hoja que tienen su respuesta en la otra.

> **modelo**
>
> **Estudiante 1:** *¿Hay alguien que necesite una alfombra?*
> **Estudiante 2:** *No, no hay nadie que necesite una alfombra.*

5.2 Nosotros/as commands

ANTE TODO You have already learned familiar (**tú**) commands and formal (**usted/ustedes**) commands. You will now learn **nosotros/as** commands, which are used to give orders or suggestions that include yourself and other people.

▶ **Nosotros/as** commands correspond to the English *Let's*.

▶ Both affirmative and negative **nosotros/as** commands are generally formed by using the first-person plural form of the present subjunctive.

Crucemos la calle.	**No crucemos** la calle.
Let's cross the street.	*Let's not cross the street.*

CONSULTA

Remember that stem-changing **-ir** verbs have an additional stem change in the **nosotros/as** and **vosotros/as** forms of the present subjunctive. To review these forms, see **Estructura 3.3**, p. 109.

▶ The affirmative *Let's* + [*verb*] command may also be expressed with **vamos a** + [*infinitive*]. Remember, however, that **vamos a** + [*infinitive*] can also mean *we are going to (do something)*. Context and tone of voice determine which meaning is being expressed.

Vamos a cruzar la calle.	**Vamos a trabajar** mucho.
Let's cross the street.	*We're going to work a lot.*

▶ To express *Let's go*, the present indicative form of **ir** (**vamos**) is used, not the subjunctive. For the negative command, however, the subjunctive is used.

Vamos a la pescadería.	No **vayamos** a la pescadería.

¿Quieres ir al supermercado?

¡Excelente idea! ¡Vamos!

¡ATENCIÓN!

When **nos** or **se** is attached to an affirmative **nosotros/as** command, the final **–s** is dropped from the verb ending.

Sentémonos allí.
Démoselo a ella.
Mandémoselo a ellos.

• • •

The **nosotros/as** command form of **irse** (*to go away*) is **vámonos**. Its negative form is **no nos vayamos**.

▶ Object pronouns are always attached to affirmative **nosotros/as** commands. A written accent is added to maintain the original stress.

Firmemos el cheque.	**Escribamos** a Ana y Raúl.
Firmémoslo.	**Escribámosles.**

▶ Object pronouns are placed in front of negative **nosotros/as** commands.

No **les paguemos** el préstamo.	No **se lo digamos** a ellos.

recursos

CP
pp. 55–56

CH
p. 74

CA
p. 116

descubre2.
vhlcentral.com
Lección 5

¡INTÉNTALO! Indica los mandatos afirmativos y negativos de la primera persona del plural (**nosotros/as**) de estos verbos.

1. estudiar *estudiemos, no estudiemos*
2. cenar _____
3. leer _____
4. decidir _____
5. decir _____
6. cerrar _____
7. levantarse _____
8. irse _____

Práctica SUPERSITE

1 **Completar** Completa esta conversación con mandatos de **nosotros/as.** Luego, representa la conversación con un(a) compañero/a.

MARÍA Sergio, ¿quieres hacer diligencias ahora o por la tarde?

SERGIO No (1)_____ (dejarlas) para más tarde. (2)_____ (Hacerlas) ahora. ¿Qué tenemos que hacer?

MARÍA Necesito comprar sellos.

SERGIO Yo también. (3)_____ (Ir) al correo.

MARÍA Pues, antes de ir al correo, necesito sacar dinero de mi cuenta corriente.

SERGIO Bueno, (4)_____ (buscar) un cajero automático.

MARÍA ¿Tienes hambre?

SERGIO Sí. (5)_____ (Cruzar) la calle y (6)_____ (entrar) en ese café.

MARÍA Buena idea.

SERGIO ¿Nos sentamos aquí?

MARÍA No, no (7)_____ (sentarse) aquí; (8)_____ (sentarse) enfrente de la ventana.

SERGIO ¿Qué pedimos?

MARÍA (9)_____ (Pedir) café y pan dulce.

2 **Responder** Responde a cada mandato de **nosotros/as** según las indicaciones. Sustituye los sustantivos por los objetos directos e indirectos.

> **modelo**
> Vamos a vender el carro. (sí)
> *Sí, vendámoslo.*

1. Vamos a levantarnos a las seis. (sí)
2. Vamos a enviar los paquetes. (no)
3. Vamos a depositar el cheque. (sí)
4. Vamos al supermercado. (no)
5. Vamos a mandar esta postal a nuestros amigos. (no)
6. Vamos a limpiar la habitación. (sí)
7. Vamos a mirar la televisión. (no)
8. Vamos a bailar. (sí)
9. Vamos a pintar la sala. (no)
10. Vamos a comprar estampillas. (sí)

Comunicación

3

Preguntar Tú y tu compañero/a están de vacaciones en Caracas con grupo de la escuela y se hacen sugerencias para resolver las situaciones que se presentan. Inventen mandatos afirmativos o negativos de **nosotros/as.**

> **modelo**
>
> Se nos olvidaron las tarjetas de crédito.
>
> *Paguemos en efectivo./No compremos más regalos.*

A

1. El museo está a sólo una cuadra de aquí.
2. Tenemos hambre.
3. Hay mucha cola en el cine.

B

1. Tenemos muchos cheques de viajero.
2. Tenemos prisa para llegar al cine.
3. Estamos cansados y queremos dormir.

4

Decisiones Trabajen en grupos pequeños. Ustedes están en Caracas por dos días. Lean esta página de una guía turística sobre la ciudad y decidan qué van a hacer hoy por la mañana, por la tarde y por la noche. Hagan oraciones con mandatos afirmativos o negativos de **nosotros/as.**

> **modelo**
>
> Visitemos el Museo de Arte Contemporáneo Sofía Imber
> esta tarde. Quiero ver las esculturas de Jesús Rafael Soto.

GUÍA DE *Caracas*

MUSEOS

- **Museo de Arte Colonial** Avenida Panteón
- **Museo de Arte Contemporáneo Sofía Imber** Parque Central. Esculturas de Jesús Rafael Soto y pinturas de Miró, Chagall y Picasso.
- **Galería de Arte Nacional** Parque Central. Colección de más de 4000 obras de arte venezolano.

SITIOS DE INTERÉS

- **Plaza Bolívar**
- **Jardín Botánico** Avenida Interna UCV. De 8:00 a 5:00.
- **Parque del Este** Avenida Francisco de Miranda Parque más grande de la ciudad con terrario.
- **Casa Natal de Simón Bolívar** Esquina de Sociedad de la avenida Universitaria. Casa colonial donde nació El Libertador.

RESTAURANTES

- **El Barquero** Avenida Luis Roche
- **Restaurante El Coyuco** Avenida Urdaneta
- **Restaurante Sorrento** Avenida Francisco Solano
- **Café Tonino** Avenida Andrés Bello

Síntesis

5

Situación Tú y un(a) compañero/a tienen problemas económicos. Cada uno/a quiere ahorrar más dinero. Describan cómo gastan el dinero y sugieran algunas ideas para ahorrarlo. Hagan oraciones con mandatos afirmativos o negativos de **nosotros/as.**

> **modelo**
>
> —Voy al cine mucho.
>
> —Yo también. Saquemos DVDs de la biblioteca para ahorrar dinero.

5.3 Past participles used as adjectives

ANTE TODO In **Descubre, nivel 1**, you learned about present participles (**estudiando**). Both Spanish and English have past participles (**participios pasados**). The past participles of English verbs often end in **-ed** (*to turn* → *turned*), but many are also irregular (*to buy* → *bought; to drive* → *driven*).

▶ In Spanish, regular **-ar** verbs form the past participle with **-ado**. Regular **-er** and **-ir** verbs form the past participle with **-ido**.

INFINITIVE	STEM	PAST PARTICIPLE
bailar	bail-	**bailado**
comer	com-	**comido**
vivir	viv-	**vivido**

▶ **¡Atención!** The past participles of **-er** and **-ir** verbs whose stems end in **-a, -e,** or **-o** carry a written accent mark on the **i** of the **-ido** ending.

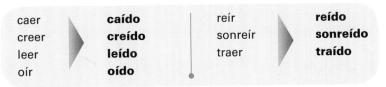

caer	**caído**	reír	**reído**
creer	**creído**	sonreír	**sonreído**
leer	**leído**	traer	**traído**
oír	**oído**		

Irregular past participles

abrir	**abierto**	morir	**muerto**
decir	**dicho**	poner	**puesto**
describir	**descrito**	resolver	**resuelto**
descubrir	**descubierto**	romper	**roto**
escribir	**escrito**	ver	**visto**
hacer	**hecho**	volver	**vuelto**

AYUDA

You already know several past participles used as adjectives: **aburrido, interesado, nublado, perdido,** etc.

•••

Note that all irregular past participles except **dicho** and **hecho** end in **-to.**

▶ In Spanish, as in English, past participles can be used as adjectives. They are often used with the verb **estar** to describe a condition or state that results from an action. Like other Spanish adjectives, they must agree in gender and number with the nouns they modify.

En la entrada hay algunos letreros **escritos** en español.
In the entrance, there are some signs written in Spanish.

Tenemos la mesa **puesta** y la cena **hecha.**
We have the table set and dinner made.

recursos

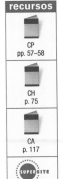

CP
pp. 57–58

CH
p. 75

CA
p. 117

SUPERSITE
descubre2.
vhlcentral.com
Lección 5

¡INTÉNTALO! Indica la forma correcta del participio pasado de estos verbos.

1. hablar ___hablado___
2. beber _____
3. decidir _____
4. romper _____

5. escribir _____
6. cantar _____
7. oír _____
8. traer _____

9. correr _____
10. leer _____
11. ver _____
12. hacer _____

Práctica SUPERSITE

1 **Completar** Completa las oraciones con la forma adecuada del participio pasado del verbo que está entre paréntesis.

1. Hoy mi peluquería favorita está _____ (cerrar).
2. Por eso, voy a otro salón de belleza que está _____ (abrir) todos los días.
3. Queda en la Plaza Bolívar, una plaza muy _____ (conocer).
4. Todos los productos y servicios de esta tienda están _____ (describir) en un catálogo.
5. El nombre del salón está _____ (escribir) en el letrero y en la acera (*sidewalk*).
6. Cuando esta diligencia esté _____ (hacer), necesito pasar por el banco.

2 **Preparativos** Tú y tu compañero/a van a hacer un viaje. Túrnense para hacerse estas preguntas sobre los preparativos *(preparations)*. Usen el participio pasado en sus respuestas.

modelo
Estudiante 1: ¿Firmaste el cheque de viajero?
Estudiante 2: Sí, el cheque de viajero ya está firmado.

1. ¿Compraste los pasajes para el avión?
2. ¿Confirmaste las reservaciones para el hotel?
3. ¿Firmaste tu pasaporte?
4. ¿Lavaste la ropa?
5. ¿Resolviste el problema con el banco?
6. ¿Pagaste todas las cuentas?
7. ¿Hiciste todas las diligencias?
8. ¿Hiciste las maletas?

3 **El estudiante competitivo** En parejas, túrnense para hacer el papel de un(a) estudiante que es muy competitivo/a y siempre quiere ser mejor que los demás. Usen los participios pasados de los verbos subrayados.

modelo
Estudiante 1: A veces se me <u>daña</u> la computadora.
Estudiante 2: Yo sé mucho de computadoras. Mi computadora nunca está <u>dañada</u>.

1. Yo no <u>hago</u> la cama todos los días.
2. Casi nunca <u>resuelvo</u> mis problemas.
3. Nunca <u>guardo</u> mis documentos importantes.
4. Es difícil para mí <u>terminar</u> mis tareas.
5. Siempre se me olvida <u>preparar</u> mi almuerzo.
6. Nunca <u>pongo</u> la mesa cuando ceno.
7. No quiero <u>escribir</u> la composición para mañana.
8. Casi nunca <u>lavo</u> mi carro.

Comunicación

4 **Preguntas** En parejas, túrnense para hacerse estas preguntas.

1. ¿Dejas alguna luz prendida en tu casa por la noche?
2. ¿Está ordenado tu cuarto?
3. ¿Prefieres comprar libros usados o nuevos? ¿Por qué?
4. ¿Tienes mucho dinero ahorrado?
5. ¿Necesitas pedirles dinero prestado a tus padres?
6. ¿Estás preocupado/a por el medio ambiente?
7. ¿Qué haces cuando no estás preparado/a para una clase?
8. ¿Qué haces cuando estás perdido/a en una ciudad?

5 **Describir** Tú y un(a) compañero/a son agentes de policía y tienen que investigar un crimen. Miren el dibujo y describan lo que encontraron en la habitación del señor Villalonga. Usen el participio pasado en la descripción. Luego, comparen su descripción con la de otra pareja.

> **modelo**
> La puerta del baño no estaba cerrada.

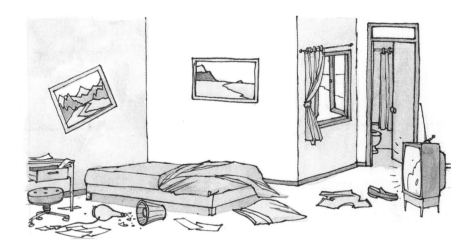

Síntesis

6 **Entre líneas** En parejas, representen una conversación entre un empleado de banco y una clienta. Usen las primeras dos líneas para empezar y la última para terminar, pero inventen las líneas del medio (*middle*). Usen participios pasados.

EMPLEADO Buenos días, señora Ibáñez. ¿En qué la puedo ayudar?

CLIENTA Tengo un problema con este banco. ¡Todavía no está resuelto!

...

CLIENTA ¡No vuelvo nunca a este banco!

Recapitulación

SUPERSITE For self-scoring and diagnostics, go to descubre2.vhlcentral.com.

Completa estas actividades para repasar los conceptos de gramática que aprendiste en esta lección.

1 **Completar** Completa la tabla con la forma correcta de los verbos. **8 pts.**

Infinitivo	Participio (f.)	Infinitivo	Participio (m.)
completar	completada	hacer	
corregir		pagar	pagado
cubrir		pedir	
decir		perder	
escribir		poner	

2 **Los novios** Completa este diálogo entre dos novios con mandatos en la forma de **nosotros/as**. **10 pts.**

SIMÓN   ¿Quieres ir al cine mañana?

CARLA   Sí, ¡qué buena idea! (1) _____ (Comprar) los boletos (*tickets*) por teléfono.

SIMÓN   No, mejor (2) _____ (pedírselos) gratis a mi prima, quien trabaja en el cine.

CARLA   ¡Fantástico!

SIMÓN   Y también quiero visitar la nueva galería de arte el fin de semana que viene.

CARLA   ¿Por qué esperar? (3) _____ (Visitarla) esta tarde.

SIMÓN   Bueno, pero primero tengo que limpiar mi apartamento.

CARLA   No hay problema. (4) _____ (Limpiarlo) juntos.

SIMÓN   Muy bien. ¿Y tú no tienes que hacer diligencias hoy? (5) _____ (Hacerlas) también.

CARLA   Sí, tengo que ir al correo y al banco. (6) _____ (Ir) al banco hoy, pero no (7) _____ (ir) al correo todavía. Antes tengo que escribir una carta.

SIMÓN   (8) _____ (Escribirla) ahora.

CARLA   No, mejor no (9) _____ (escribirla) hasta que regresemos de la galería donde venden un papel reciclado muy lindo (*cute*).

SIMÓN   ¿Papel lindo? ¿Pues para quién es la carta?

CARLA   No importa. (10) _____ (Empezar) a limpiar.

RESUMEN GRAMATICAL

5.1 **The subjuntive in adjective clauses** *pp. 172–173*

► When adjective clauses refer to something that is known, certain, or definite, the indicative is used.

Necesito **el libro** que **tiene** fotos.

► When adjective clauses refer to something that is uncertain or indefinite, the subjunctive is used.

Necesito **un libro** que **tenga** fotos.

5.2 **Nosotros/as commands** *p. 176*

► Same as **nosotros/as** form of present subjunctive.

Affirmative	Negative
Démosle un libro a Lola.	No le demos un libro a Lola.
Démoselo.	No se lo demos.

► While the subjunctive form of the verb **ir** is used for the negative **nosotros/as** command, the indicative is used for the affirmative command.

Vamos a la plaza.   No **vayamos** a la plaza.

5.3 **Past participles used as adjectives** *p. 179*

Past participles		
Infinitive	Stem	Past participle
bailar	bail-	**bail**ado
comer	com-	**com**ido
vivir	viv-	**viv**ido

Irregular past participles			
abrir	**abierto**	morir	**muerto**
decir	**dicho**	poner	**puesto**
describir	**descrito**	resolver	**resuelto**
descubrir	**descubierto**	romper	**roto**
escribir	**escrito**	ver	**visto**
hacer	**hecho**	volver	**vuelto**

► Like common adjectives, past participles must agree with the noun they modify.

Hay unos letreros **escritos** en español.

3 **Verbos** Escribe los verbos en el presente de indicativo o de subjuntivo. **10 pts.**

1. —¿Sabes dónde hay un restaurante donde nosotros (1) _____ (poder) comer paella valenciana? —No, no conozco ninguno que (2) _____ (servir) paella, pero conozco uno que (3) _____ (especializarse) en tapas españolas.

2. Busco vendedores que (4) _____ (ser) educados. No estoy seguro de conocer a alguien que (5) _____ (tener) esa característica. Pero ahora que lo pienso, ¡sí! Tengo dos amigos que (6) _____ (trabajar) en el almacén Excelencia. Los voy a llamar. Y debo decirles que necesitamos que (ellos) (7) _____ (saber) hablar inglés.

3. Se busca apartamento que (8) _____ (estar) bien situado, que (9) _____ (costar) menos de $800 al mes y que (10) _____ (permitir) tener perros.

4 **La mamá de Pedro** Completa las respuestas de Pedro a las preguntas de su mamá. **10 pts.**

> **modelo**
>
> **MAMÁ:** ¿Te ayudo a guardar la ropa?
> **PEDRO:** La ropa ya *está guardada.*

1. **MAMÁ** ¿Cuándo se van a vestir tú y tu hermano para la fiesta?

   PEDRO Nosotros ya _____ _____.

2. **MAMÁ** Hijo, ¿puedes ordenar tu habitación?

   PEDRO La habitación ya _____ _____.

3. **MAMÁ** ¿Ya se murieron tus peces?

   PEDRO No, todavía no _____ _____.

4. **MAMÁ** ¿Te ayudo a hacer tus diligencias?

   PEDRO Gracias, mamá, pero las diligencias ya _____ _____.

5. **MAMÁ** ¿Cuándo terminas tu proyecto?

   PEDRO El proyecto ya _____ _____.

5 **La ciudad ideal** Escribe un párrafo de al menos seis oraciones describiendo cómo es la comunidad ideal donde te gustaría (*you would like*) vivir en el futuro y compárala con la comunidad donde vives ahora. Usa cláusulas adjetivas y el vocabulario de esta lección. **12 pts.**

6 **Adivinanza** Completa la adivinanza y adivina la respuesta. **¡2 puntos EXTRA!**

> **❝** Me llegan las cartas
> y no sé _____ (*to read*)
> y, aunque° me las como,
> no mancho° el papel. **❞**
> ¿Quién soy? _____

aunque *although* no mancho *I don't stain*

Lectura

Antes de leer

Estrategia
Identifying point of view

You can understand a narrative more completely if you identify the point of view of the narrator. You can do this by simply asking yourself from whose perspective the story is being told. Some stories are narrated in the first person. That is, the narrator is a character in the story, and everything you read is filtered through that person's thoughts, emotions, and opinions. Other stories have an omniscient narrator who is not one of the story's characters and who reports the thoughts and actions of all the characters.

Examinar el texto

Lee brevemente el texto. ¿De qué trata?° ¿Cómo lo sabes? ¿Se narra en primera persona o tiene un narrador omnisciente? ¿Cómo lo sabes?

Seleccionar

Completa cada oración con la opción correcta.

1. La narradora de *Nada* es _____.
   a. una abuela   b. una joven   c. una doctora
2. La protagonista describe su llegada a _____.
   a. Madrid   b. Francia   c. Barcelona
3. Ella viajó _____.
   a. en avión   b. en tren   c. en barco
4. Su maleta es pesada° porque lleva muchos _____.
   a. libros   b. zapatos   c. pantalones
5. Ella se va a quedar en Barcelona con _____.
   a. unos parientes   b. una amiga
   c. sus compañeras de clase

Nada (fragmento)
Carmen Laforet

Carmen Laforet nació en Barcelona en 1921. Estudió Filosofía y Letras° y Derecho°. Escribió novelas, relatos y ensayos. Vivió apartada° de las letras las últimas décadas de su vida y murió en el año 2004 tras una larga enfermedad. Aquí presentamos un fragmento de su novela *Nada*, que en 1944 ganó el Premio Nadal, el más importante y antiguo° de España.

Por dificultades en el último momento para adquirir billetes°, llegué a Barcelona a medianoche, en un tren distinto del que había anunciado, y no me esperaba nadie.

Era la primera noche que viajaba sola°, pero no estaba asustada°; por el contrario, [...] parecía una aventura agradable° y excitante aquella profunda libertad en la noche. La sangre°, después del viaje largo y cansado, me empezaba a circular en las piernas entumecidas° y con una sonrisa de asombro° miraba la gran estación de Francia y los grupos que estaban aguardando el expreso y los que llegábamos con tres horas de retraso°.

El olor° especial, el gran rumor de la gente, las luces siempre tristes, tenían para mí un gran encanto, ya que envolvía° todas mis impresiones en la maravilla de haber llegado por fin a una ciudad grande, adorada en mis ensueños° por desconocida°.

Empecé a seguir —una gota° entre la corriente°— el rumbo° de la masa humana que, cargada de maletas, se volcaba en° la salida. Mi equipaje era un maletón muy pesado —porque estaba casi lleno de libros— y lo llevaba yo misma con toda la fuerza° de mi juventud y de mi ansiosa expectación.

Después de leer
Completar

Completa cada oración con la información adecuada.

1. La protagonista llega a Barcelona a las _____ de la noche.
2. Ella llegó a la _____ de Francia.
3. Siguió a la gente hacia la _____.
4. Las personas tomaban taxis, _____ y coches de caballos.
5. El _____ que ella tomó era viejo.
6. Sus parientes vivían en la calle de _____.

recursos

CH
pp. 76–78

descubre2.vhlcentral.com
Lección 5

¿De qué trata? *What is it about?*
pesada *heavy*

Un aire marino, pesado y fresco, entró en mis pulmones° con la primera sensación confusa de la ciudad: una masa de casas dormidas; de establecimientos cerrados; de faroles° como centinelas borrachos de soledad°. Una respiración grande, dificultosa, venía con el cuchicheo° de la madrugada°. Muy cerca, a mi espalda°, enfrente de las callejuelas misteriosas que conducen al Borne, sobre mi corazón excitado, estaba el mar.

Debía parecer una figura extraña con mi aspecto risueño° y mi viejo abrigo que, a impulsos de la brisa, me azotaba° las piernas, defendiendo mi maleta, desconfiada° de los obsequiosos «camàlics»°.

Recuerdo que, en pocos minutos, me quedé sola en la gran acera°, porque la gente corría a coger los escasos taxis o luchaba por arracimarse° en el tranvía°.

Uno de esos viejos coches de caballos que han vuelto a surgir después de la guerra° se detuvo° delante de mí y lo tomé sin titubear°, causando la envidia de un señor que se lanzaba° detrás de él desesperado, agitando° el sombrero.

Corrí aquella noche, en el desvencijado° vehículo, por anchas calles vacías° y atravesé° el corazón de la ciudad lleno de luz a toda hora, como yo quería que estuviese, en un viaje que me pareció corto y que para mí se cargaba de° belleza.

El coche dio vuelta a la plaza de la Universidad y recuerdo que el bello edificio me conmovió° como un grave saludo de bienvenida.

Enfilamos° la calle de Aribau, donde vivían mis parientes, con sus plátanos llenos aquel octubre de espeso verdor° y su silencio vívido de la respiración de mil almas° detrás de los balcones apagados. Las ruedas del coche levantaban una estela° de ruido°, que repercutía° en mi cerebro°. De improviso° sentí crujir° y balancearse todo el armatoste°. Luego quedó inmóvil.

Filosofía y Letras *Arts* **Derecho** *Law* **apartada** *isolated* **antiguo** *old* **adquirir billetes** *buy tickets* **sola** *alone* **asustada** *afraid* **agradable** *pleasant* **sangre** *blood* **entumecidas** *stiff* **asombro** *astonishment* **retraso** *delay* **olor** *smell* **envolvía** *it encompassed* **ensueños** *fantasies* **desconocida** *unknown* **gota** *drop* **corriente** *current* **rumbo** *direction* **se volcaba en** *was throwing itself towards* **fuerza** *strength* **pulmones** *lungs* **faroles** *streetlights* **borrachos de soledad** *drunk with loneliness* **cuchicheo** *whispering* **madrugada** *dawn* **espalda** *back* **risueño** *smiling* **azotaba** *was lashing* **desconfiada** *distrustful* **camàlics** *porters (in Catalan)* **acera** *sidewalk* **arracimarse** *cluster together* **tranvía** *streetcar* **guerra** *war* **se detuvo** *stopped* **titubear** *hesitating* **se lanzaba** *was throwing himself* **agitando** *waving* **desvencijado** *beat-up* **vacías** *empty* **atravesé** *I crossed* **se cargaba de** *was full of* **me conmovió** *moved me* **Enfilamos** *We took* **espeso verdor** *thick greenery* **almas** *souls* **estela** *trail* **ruido** *noise* **repercutía** *reverberated* **cerebro** *brain* **De improviso** *Unexpectedly* **crujir** *creak* **armatoste** *bulky thing*

Interpretación

Responde a las preguntas.

1. ¿Cómo se siente la protagonista cuando descubre que nadie fue a recogerla a la estación? Busca algunas palabras que describan las sensaciones de ella.
2. Sabiendo que la protagonista es una chica joven, ¿qué significado pueden tener las palabras "aventura agradable" y "profunda libertad" en este contexto?
3. ¿Qué impresión crees que siente ella ante la gran ciudad y qué expectativas tiene para el futuro?
4. ¿Qué significa la expresión "una gota entre la corriente" en el cuarto párrafo? ¿Qué idea nos da esto del individuo ante la "masa humana" de la gran ciudad?
5. ¿Qué edificio le gustó especialmente a la protagonista y qué tiene que ver esto con su viaje?

Sensaciones

Trabaja con un(a) compañero/a. Descríbele tus sensaciones, ideas e impresiones de la primera vez que llegaste a un lugar desconocido. Comparen sus experiencias.

Debate

Trabajen en grupos. La mitad (*half*) del grupo debe defender los beneficios (*benefits*) de vivir en una gran ciudad y la otra mitad debe exponer sus inconvenientes.

Escritura

Estrategia
Avoiding redundancies

Redundancy is the needless repetition of words or ideas. To avoid redundancy with verbs and nouns, consult a Spanish language thesaurus (**Diccionario de sinónimos**). You can also avoid redundancy by using object pronouns, possessive adjectives, demonstrative adjectives and pronouns, and relative pronouns. Remember that, in Spanish, subject pronouns are generally used only for clarification, emphasis, or contrast. Study the example below:

Redundant:

Susana quería visitar a su amiga. Susana estaba en la ciudad. Susana tomó el tren y perdió el mapa de la ciudad. Susana estaba perdida en la ciudad. Susana estaba nerviosa. Por fin, la amiga de Susana la llamó a Susana y le dio direcciones.

Improved:

Susana, quien estaba en la ciudad, quería visitar a su amiga. Tomó el tren y perdió el mapa. Estaba perdida y nerviosa. Por fin, su amiga la llamó y le dio direcciones.

Tema

Escribir un correo electrónico

Vas a visitar a un(a) amigo/a que vive con su familia en una ciudad que no conoces. Vas a pasar allí una semana. Quieres conocer la ciudad, pero también debes hacer un proyecto para tu clase de literatura.

Escríbele a tu amigo/a un correo electrónico describiendo lo que te interesa hacer allí y dale sugerencias de actividades que pueden hacer juntos/as. Menciona lo que necesitas para hacer tu trabajo. Puedes basarte en una visita real o imaginaria.

Considera esta lista de datos que puedes incluir:

▶ El nombre de la ciudad que vas a visitar

▶ Los lugares que más te interesa visitar

▶ Lo que necesitas para hacer tu trabajo:
     acceso a Internet
     direcciones para llegar a la biblioteca pública
     tiempo para estar solo/a
     libros para consultar

▶ Mandatos para las actividades que van a compartir

Escuchar

Estrategia

Listening for specific information/
Listening for linguistic cues

As you already know, you don't have to hear or understand every word when listening to Spanish. You can often get the facts you need by listening for specific pieces of information. You should also be aware of the linguistic structures you hear. For example, by listening for verb endings, you can ascertain whether the verbs describe past, present, or future actions, and they can also indicate who is performing the action.

 To practice these strategies, you will listen to a short paragraph about an environmental issue. What environmental problem is being discussed? What is the cause of the problem? Has the problem been solved, or is the solution under development?

Preparación

Describe la foto. Según la foto, ¿qué información específica piensas que vas a oír en el diálogo?

Ahora escucha

Lee estas frases y luego escucha la conversación entre Alberto y Eduardo. Indica si cada verbo se refiere a algo en el pasado, en el presente o en el futuro.

Acciones

1. Demetrio / comprar en Macro _____
2. Alberto / comprar en Macro _____
3. Alberto / estudiar psicología _____
4. carro / tener frenos malos _____
5. Eduardo / comprar un anillo para Rebeca _____
6. Eduardo / estudiar _____

Comprensión

Descripciones

Marca las frases que describen correctamente a Alberto.

1. _____ Es organizado en sus estudios.
2. _____ Compró unas flores para su novia.
3. _____ No le gusta tomar el metro.
4. _____ No conoce bien la zona de Sabana Grande y Chacaíto.
5. _____ No tiene buen sentido de la orientación°.
6. _____ Le gusta ir a los lugares que están de moda.

Preguntas

1. ¿Por qué Alberto prefiere ir en metro a Macro?

2. ¿Crees que Alberto y Eduardo viven en una ciudad grande o en un pueblo? ¿Cómo lo sabes?

3. ¿Va Eduardo a acompañar a Alberto? ¿Por qué?

Conversación

En grupos pequeños, hablen de sus tiendas favoritas y de cómo llegar a ellas desde su escuela. ¿En qué lugares tienen la última moda? ¿Los mejores precios? ¿Hay buenas tiendas cerca de su escuela?

sentido de la orientación *sense of direction*

En pantalla

En países hispanos como México, España, Costa Rica y Argentina, la mayoría° de los jóvenes que estudian en las universidades públicas no necesita pedir préstamos a ningún banco para pagar sus estudios porque estas instituciones cobran cuotas° extremadamente bajas°. Aún así°, existen sistemas de becas° para estudiantes de bajos recursos° y de familias numerosas°. Por ejemplo, en España, las familias de tres o más hijos tienen derecho° a recibir becas educativas para todos los hijos.

Vocabulario útil	
solicitudes	*applications*
época	*time*
acumulan	*accumulate*
intereses	*interest*
educativos	*educational*
necesitados	*in need*
previsores	*farsighted*
inversiones	*investments*
anualidades	*annuities*
bonos	*bonds*
prepagada	*prepaid*

Ordenar

Numera las palabras en el orden en que las escuches en el video de televisión. No vas a usar dos de ellas.

___ a. estudiante   ___ f. alumno

___ b. cuentas de   ___ g. préstamo
       ahorro   ___ h. letrero

___ c. estampillas   ___ i. pagarse

___ d. año   ___ j. gobierno

___ e. graduación

 ### El préstamo

En grupos pequeños, escriban un párrafo donde un padre o una madre le da consejos sobre préstamos educativos a un(a) estudiante que va a comenzar la universidad. Después, comparen su texto con el de otro grupo.

mayoría *majority* cobran cuotas *charge fees* bajas *low* Aún así *Even so* becas *scholarships* bajos recursos *low-income* numerosas *large* derecho *the right* orgulloso *proud* ha sido *has been*

Préstamos educativos

Nada hace más orgulloso° a un padre que...

...saber que su hijo ha sido° aceptado...

...en su [...] universidad preferida.

recursos

SUPERSITE
descubre2.vhlcentral.com
Lección 5

SUPERSITE Conexión Internet

Go to **descubre2.vhlcentral.com** to watch the TV clip featured in this **En pantalla** section.

Oye cómo va

Franco De Vita

De padres italianos, **Franco De Vita** nació en Caracas, Venezuela en 1954. Después de estudiar piano por varios años, De Vita formó la banda Ícaro en 1982 y, dos años después, dejó el grupo para comenzar su carrera como solista y compositor. Con más de diez álbumes grabados°, es uno de los cantautores° más reconocidos° del mundo hispano. En 2004, su disco° *Stop* fue uno de los diez más populares de Latinoamérica y de la audiencia hispana en los Estados Unidos. Algunas de las canciones más famosas de Franco De Vita son *Un buen perdedor*, *Te amo*, *Louis*, *No basta* y *Tú de qué vas*.

Tu profesor(a) va a poner la canción en la clase. Escúchala y completa las actividades.

Emparejar
Encuentra los elementos de la segunda columna que correspondan con los de la primera.

1. año en que nació Franco De Vita
2. país donde nacieron sus padres
3. popular álbum de De Vita
4. país donde nació Franco De Vita
5. año en que empezó su carrera de solista
6. famosa canción de De Vita
7. canción de Sin Bandera
8. país donde nació Leonel García

a. *Stop*
b. México
c. 1984
d. diez
e. *Kilómetros*
f. Venezuela
g. 1954
h. compositor
i. *No basta*
j. Italia

Preguntas
En parejas, respondan a las preguntas.
1. ¿De qué habla la canción?
2. ¿Creen que el autor piensa en su pareja anterior?
3. ¿A quién piensan que le está cantando?
4. Escriban cinco consejos para que el autor se sienta mejor.

Si la ves (con Sin Bandera)

Si la ves, dile que…
que me has visto° mejorado
y que hay alguien a mi lado
que me tiene enamorado;
que los días se han pasado°
y ni cuenta yo me he dado°;
que no me ha quitado° el sueño
y que lo nuestro está olvidado.

Dile que yo estoy muy bien,
que nunca he estado° mejor.
Si piensa que tal vez me muero
porque ella no está, ¡qué va°!
Dile que al final de todo
se lo voy a agradecer°.
Aunque° pensándolo bien,
mejor dile que ya° no me ves.

Sin Bandera
Sin Bandera es un dueto formado por Leonel García de México y Noel Schajris de Argentina. Estos jóvenes cantautores son conocidos por sus baladas rítmicas como *Sirena*, *Kilómetros* y *Entra en mi vida*. Además de Franco De Vita, ellos han trabajado° con Vico C, Laura Pausini y Brian McKnight.

recursos

descubre2.vhlcentral.com
Lección 5

SUPERSITE **Conexión Internet**

Go to **descubre2.vhlcentral.com** to learn more about the artist featured in this **Oye cómo va** section.

grabados *recorded* cantautores *singer-songwriters* reconocidos *well-known* disco *album* me has visto *you have seen me* se han pasado *have gone by* ni cuenta yo me he dado *I haven't even realized it* ha quitado *has taken away* nunca he estado *I have never been* ¡qué va! *nonsense!* agradecer *to be thankful* Aunque *Although* ya *anymore* han trabajado *have worked*

Vista central de Caracas

Venezuela

El país en cifras

▶ **Área:** 912.050 km^2 (352.144 millas^2),
aproximadamente dos veces el área de California
▶ **Población:** 29.076.000
▶ **Capital:** Caracas —2.988.000
▶ **Ciudades principales:** Valencia —3.090.000,
Maracaibo —2.639.000, Maracay —1.333.000,
Barquisimeto —1.143.000

SOURCE: Population Division, UN Secretariat

▶ **Moneda:** bolívar
▶ **Idiomas:** español (oficial), arahuaco, caribe
*El yanomami es uno de los idiomas indígenas
que se habla en Venezuela. La cultura de los
yanomami tiene su centro en el sur de Venezuela,
en el bosque tropical. Son cazadores° y agricultores
y viven en comunidades de hasta 400 miembros.*

Bandera de Venezuela

Venezolanos célebres

▶ **Teresa Carreño,** compositora y pianista
(1853–1917)
▶ **Rómulo Gallegos,** escritor y político
(1884–1979)
▶ **Andrés Eloy Blanco,** poeta (1897–1955)
▶ **Baruj Benacerraf,** científico (1920–)
*En 1980, Baruj Benacerraf, junto con dos de
sus colegas, recibió el Premio Nobel por sus
investigaciones en el campo° de la inmunología y
las enfermedades autoinmunes. Nacido en Caracas,
Benacerraf también vivió en París y reside ahora en
los Estados Unidos.*

cazadores *hunters* campo *field* caída *drop* Salto Ángel *Angel Falls*
catarata *waterfall*

Maracaibo •
Lago de Maracaibo
Valencia
★ Caracas
Cordillera Central de la Costa
COLOMBIA
Río Orinoco
Macizo de las Guayanas
GUYA
Río Orinoco
BRASIL

Llanero de la zona central de Venezuela

Una piragua

ESTADOS UNIDOS
OCÉANO ATLÁNTICO
OCÉANO PACÍFICO
VENEZUELA

recursos
CP pp. 59–60
CA pp. 73–74
SUPERSITE descubre2.vhlcentral.com Lección 5

¡Increíble pero cierto!

Con una caída° de 979 metros (3.212 pies)
desde la meseta de Auyan Tepuy, Salto
Ángel°, en Venezuela, es la catarata° más alta
del mundo, ¡diecisiete veces más alta que
las cataratas del Niágara! James C. Angel la
descubrió en 1935. Los indígenas de la zona la
denominan Kerekupai-merú.

Economía • **El petróleo**

La industria petrolera° es muy importante para la economía venezolana. La mayor concentración de petróleo del país se encuentra debajo del lago Maracaibo. En 1976 se nacionalizaron las empresas° petroleras y pasaron a ser propiedad° del estado con el nombre de *Petróleos de Venezuela*. Este producto representa más del 70% de las exportaciones del país, siendo los Estados Unidos su principal comprador°.

Actualidades • **Caracas**

El *boom* petrolero de los años cincuenta transformó a Caracas en una ciudad cosmopolita. Sus rascacielos° y excelentes sistemas de transporte la hacen una de las ciudades más modernas de Latinoamérica. El metro, construido en 1983, es uno de los más modernos del mundo y sus extensas carreteras y autopistas conectan la ciudad con el interior del país. El corazón de la ciudad es el Parque Central, una zona de centros comerciales, tiendas, restaurantes y clubes.

Historia • **Simón Bolívar (1783–1830)**

A finales del siglo° XVIII, Venezuela, al igual que otros países suramericanos, todavía estaba bajo el dominio de la corona° española. El general Simón Bolívar, nacido en Caracas, es llamado "El Libertador" porque fue el líder del movimiento independentista suramericano en el área que hoy es Venezuela, Colombia, Ecuador, Perú y Bolivia.

 ¿Qué aprendiste? Responde a cada pregunta con una oración completa.

1. ¿Cuál es la moneda de Venezuela?

2. ¿Quién fue Rómulo Gallegos?

3. ¿Cuándo fue descubierto el Salto Ángel?

4. ¿Cuál es el producto más exportado de Venezuela?

5. ¿Qué ocurrió en 1976 con las empresas petroleras?

6. ¿Cómo se llama la capital de Venezuela?

7. ¿Qué hay en el Parque Central de Caracas?

8. ¿Por qué es conocido Simón Bolívar como "El Libertador"?

Tejedor° en Los Aleros, aldea° en los Andes de Venezuela

 Conexión Internet Investiga estos temas en **descubre2.vhlcentral.com**.

1. Busca información sobre Simón Bolívar. ¿Cuáles son algunos de los episodios más importantes de su vida? ¿Crees que Bolívar fue un estadista (*statesman*) de primera categoría? ¿Por qué?

2. Prepara un plan para un viaje de ecoturismo por el Orinoco. ¿Qué quieres ver y hacer durante la excursión? ¿Por qué?

industria petrolera *oil industry* empresas *companies* propiedad *property* comprador *buyer* rascacielos *skyscrapers*
siglo *century* corona *crown* Tejedor *Weaver* aldea *village*

En la ciudad

el banco	bank
la carnicería	butcher shop
el correo	post office
el estacionamiento	parking lot
la frutería	fruit store
la heladería	ice cream shop
la joyería	jewelry store
la lavandería	laundromat
la panadería	bakery
la pastelería	pastry shop
la peluquería, el salón de belleza	beauty salon
la pescadería	fish market
el supermercado	supermarket
la zapatería	shoe store
hacer cola	to stand in line
hacer diligencias	to run errands

En el banco

el cajero automático	ATM
el cheque (de viajero)	(traveler's) check
la cuenta corriente	checking account
la cuenta de ahorros	savings account
ahorrar	to save (money)
cobrar	to cash (a check)
depositar	to deposit
firmar	to sign
llenar (un formulario)	to fill out (a form)
pagar a plazos	to pay in installments
pagar al contado, en efectivo	to pay in cash
pedir prestado/a	to borrow
pedir un préstamo	to apply for a loan
ser gratis	to be free of charge

Las direcciones

la cuadra	(city) block
la dirección	address
la esquina	corner
el letrero	sign
cruzar	to cross
dar direcciones	to give directions
doblar	to turn
estar perdido/a	to be lost
quedar	to be located
(al) este	(to the) east
(al) norte	(to the) north
(al) oeste	(to the) west
(al) sur	(to the) south
derecho	straight (ahead)
enfrente de	opposite; facing
hacia	toward

Past participles used as adjectives	See page 179.
Expresiones útiles	See page 167.

En el correo

el cartero	mail carrier
el correo	mail/post office
el paquete	package
la estampilla, el sello	stamp
el sobre	envelope
echar (una carta) al buzón	to put (a letter) in the mailbox; to mail
enviar, mandar	to send; to mail

El bienestar

6

A PRIMERA VISTA
- ¿Está la chica en un gimnasio o en un lugar al aire libre?
- ¿Practica ella deportes frecuentemente?
- ¿Es activa o sedentaria?
- ¿Es probable que le importe su salud?

El bienestar

Más vocabulario

adelgazar	to lose weight; to slim down
aliviar el estrés	to reduce stress
aliviar la tensión	to reduce tension
apurarse, darse prisa	to hurry; to rush
aumentar de peso, engordar	to gain weight
calentarse (e:ie)	to warm up
disfrutar (de)	to enjoy; to reap the benefits (of)
entrenarse	to practice; to train
estar a dieta	to be on a diet
estar en buena forma	to be in good shape
hacer gimnasia	to work out
llevar una vida sana	to lead a healthy lifestyle
mantenerse en forma	to stay in shape
sufrir muchas presiones	to be under a lot of pressure
tratar de (+ *inf.*)	to try (to do something)
la droga	drug
el/la drogadicto/a	drug addict
activo/a	active
débil	weak
en exceso	in excess; too much
flexible	flexible
fuerte	strong
sedentario/a	sedentary; related to sitting
tranquilo/a	calm; quiet
el bienestar	well-being

Variación léxica

hacer ejercicios aeróbicos ⟷ hacer aeróbic (*Esp.*)

entrenador ⟷ monitor

el teleadicto

GIMNASIO SUCRE

Hace ejercicios de estiramiento. (hacer)

la clase de ejercicios aeróbicos

Suda. (sudar)

Hace ejercicio. (hacer)

el entrenador

el músculo

la cinta caminadora

el masaje

No fumar.

Hacen ejercicios aeróbicos. (hacer)

Levanta pesas. (levantar)

SUPERSITE

Práctica

1 **Escuchar** Mira el dibujo. Luego escucha las oraciones e indica si lo que se dice en cada oración es **cierto** o **falso**.

	Cierto	Falso		Cierto	Falso
1.	○	○	6.	○	○
2.	○	○	7.	○	○
3.	○	○	8.	○	○
4.	○	○	9.	○	○
5.	○	○	10.	○	○

2 **Seleccionar** Escucha el anuncio del gimnasio Sucre. Marca con una **X** los servicios que se ofrecen.

_____ 1. dietas para adelgazar

_____ 2. programa para aumentar de peso

_____ 3. clases de gimnasia

_____ 4. entrenador personal

_____ 5. masajes

_____ 6. programa para dejar de fumar

3 **Identificar** Identifica el opuesto (*opposite*) de cada palabra.

apurarse	fuerte
disfrutar	mantenerse en forma
engordar	sedentario
estar enfermo	sufrir muchas presiones
flexible	tranquilo

1. activo
2. adelgazar
3. aliviar el estrés
4. débil

5. ir despacio
6. estar sano
7. nervioso
8. ser teleadicto

4 **Combinar** Combina palabras de cada columna para formar ocho oraciones lógicas sobre el bienestar.

1. David levanta pesas
2. Estás en buena forma
3. Felipe se lastimó
4. José y Rafael
5. Mi hermano
6. Sara hace ejercicios de
7. Mis primas están a dieta
8. Para llevar una vida sana,

a. aumentó de peso.
b. estiramiento.
c. porque quieren adelgazar.
d. porque haces ejercicio.
e. sudan mucho en el gimnasio.
f. un músculo de la pierna.
g. no se debe fumar.
h. y corre mucho.

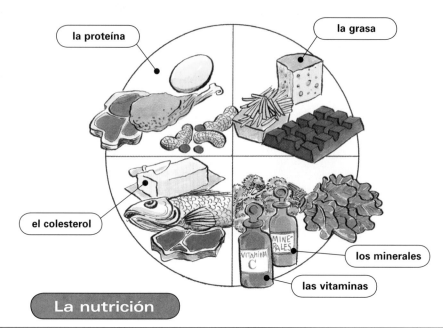

la proteína

la grasa

el colesterol

los minerales

las vitaminas

La nutrición

Más vocabulario	
la bebida alcohólica	alcoholic beverage
la cafeína	caffeine
la caloría	calorie
la merienda	afternoon snack
la nutrición	nutrition
el/la nutricionista	nutritionist
comer una dieta equilibrada	to eat a balanced diet
consumir alcohol	to consume alcohol
descafeinado/a	decaffeinated

5 **Completar** Completa cada oración con la palabra adecuada.

1. Después de hacer ejercicio, como pollo o bistec porque contienen _____.
   a. drogas   b. proteínas   c. grasa
2. Para _____, es necesario consumir comidas de todos los grupos alimenticios (*nutrition groups*).
   a. aliviar el estrés   b. correr   c. comer una dieta equilibrada
3. Mis primas _____ una buena comida.
   a. disfrutan de   b. tratan de   c. sudan
4. Mi entrenador no come chocolate ni papas fritas porque contienen _____.
   a. dietas   b. vitaminas   c. mucha grasa
5. Mi padre no come mantequilla porque él necesita reducir _____.
   a. la nutrición   b. el colesterol   c. el bienestar
6. Mi novio cuenta _____ porque está a dieta.
   a. las pesas   b. los músculos   c. las calorías

6 **La nutrición** En parejas, hablen de los tipos de comida que comen y las consecuencias que tienen para su salud. Luego compartan la información con la clase.

1. ¿Cuántas comidas con mucha grasa comes regularmente? ¿Piensas que debes comer menos comidas de este tipo? ¿Por qué?
2. ¿Comes comidas con muchos minerales y vitaminas? ¿Necesitas consumir más comidas que los contienen? ¿Por qué?
3. ¿Tiene algún miembro de tu familia problemas con el colesterol? ¿Qué haces para evitar problemas con el colesterol?
4. ¿Eres vegetariano/a? ¿Conoces a alguien que sea vegetariano/a? ¿Qué piensas de la idea de no comer carne u otros productos animales? ¿Es posible comer una dieta equilibrada sin comer carne? Explica.
5. ¿Tomas cafeína en exceso? ¿Qué ventajas (*advantages*) y desventajas tiene la cafeína? Da ejemplos de productos que contienen cafeína y de productos descafeinados.
6. ¿Llevas una vida sana? ¿Y tus amigos? ¿Crees que, en general, los estudiantes llevan una vida sana? ¿Por qué?

AYUDA

Some useful words:

sano = saludable

en general = por lo general

estricto

normalmente

muchas veces

a veces

de vez en cuando

Comunicación

7   **Un anuncio** En grupos de cuatro, imaginen que son dueños/as de un gimnasio con un equipo (*equipment*) moderno, entrenadores calificados y un(a) nutricionista. Preparen y presenten un anuncio para la televisión que hable del gimnasio y atraiga (*attracts*) a una gran variedad de nuevos clientes. No se olviden de presentar esta información:

▷ las ventajas de estar en buena forma
▷ el equipo que tienen
▷ los servicios y clases que ofrecen
▷ las características únicas del gimnasio
▷ la dirección y el teléfono del gimnasio
▷ el precio para los socios (*members*) del gimnasio

8   **Recomendaciones para la salud** En parejas, imaginen que están preocupados/as por los malos hábitos de un(a) amigo/a que no está bien últimamente (*lately*). Escriban y representen una conversación en la cual hablen de lo que está pasando en la vida de su amigo/a y los cambios que necesita hacer para llevar una vida sana.

9   **El teleadicto** Con un(a) compañero/a, representen los papeles de un(a) nutricionista y un(a) teleadicto/a. La persona sedentaria habla de sus malos hábitos en las comidas y de que no hace ejercicio. También dice que toma demasiado café y que siente mucho estrés. El/La nutricionista le sugiere una dieta equilibrada con bebidas descafeinadas y una rutina para mantenerse en buena forma. El/La teleadicto/a le da las gracias por su ayuda.

10   **El gimnasio perfecto** Tú y tu compañero/a quieren encontrar el gimnasio perfecto. Tú tienes el anuncio del gimnasio Bienestar y tu compañero/a tiene el del gimnasio Músculos. Hazle preguntas a tu compañero/a sobre las actividades que se ofrecen en el otro gimnasio. Tu profesor(a) le va a dar a cada uno de ustedes una hoja distinta con la información necesaria para completar la actividad.

modelo

Estudiante 1: *¿Se ofrecen clases para levantar pesas?*
Estudiante 2: *Sí, para levantar pesas se ofrecen clases todos*
           los lunes a las seis de la tarde.

¡Qué buena excursión!

Martín y los estudiantes van de excursión a las montañas.

MARTÍN Buenos días, don Francisco.

DON FRANCISCO ¡Hola, Martín!

MARTÍN Ya veo que han traído lo que necesitan. ¡Todos han venido muy bien equipados!

MARTÍN Muy bien. ¡Atención, chicos! Primero hagamos algunos ejercicios de estiramiento…

MARTÍN Es bueno que se hayan mantenido en buena forma. Entonces, jóvenes, ¿ya están listos?

JAVIER ¡Sí, listísimos! No puedo creer que finalmente haya llegado el gran día.

DON FRANCISCO ¡Hola! ¡Qué alegría verlos! ¿Cómo les fue en la excursión?

JAVIER Increíble, don Efe. Nunca había visto un paisaje tan espectacular. Es un lugar estupendo. Saqué mil fotos y tengo montones de escenas para dibujar.

MAITE Nunca había hecho una excursión. ¡Me encantó! Cuando vuelva a España, voy a tener mucho que contarle a mi familia.

INÉS Ha sido la mejor excursión de mi vida. Amigos, Martín, don Efe, mil gracias.

MARTÍN ¡Fabuloso! ¡En marcha, pues!

DON FRANCISCO ¡Adiós! ¡Cuídense!

Martín y los estudiantes pasan ocho horas caminando en las montañas. Hablan, sacan fotos y disfrutan del paisaje. Se divierten muchísimo.

ÁLEX Sí, gracias, Martín. Gracias por todo.

MARTÍN No hay de qué. Ha sido un placer.

DON FRANCISCO Chicos, pues, es hora de volver. Creo que la señora Vives nos ha preparado una cena muy especial.

Expresiones útiles

Getting ready to start a hike

- **Ya veo que han traído lo que necesitan.**
  I see that you have brought what you need.
- **¡Todos han venido muy bien equipados!**
  Everyone has come very well equipped!
- **Primero hagamos algunos ejercicios de estiramiento.**
  First let's do some stretching exercises.
- **No puedo creer que finalmente haya llegado el gran día.**
  I can't believe that the big day has finally arrived.
- **¿(Están) listos?**
  (Are you) ready?
  ¡En marcha, pues!
  Let's get going, then!

Talking about a hike

- **¿Cómo les fue en la excursión?**
  How did the hike go?
  Nunca había visto un paisaje tan espectacular.
  I had never seen such spectacular scenery.
  Nunca había hecho una excursión. ¡Me encantó!
  I had never gone on a hike before. I loved it!
  Ha sido la mejor excursión de mi vida.
  It's been the best hike of my life.

Courtesy expressions

- **Gracias por todo.**
  Thanks for everything.
- **Ha sido un placer.**
  It's been a pleasure.
- **¡Cuídense!**
  Take care!

¿Qué pasó?

1

Seleccionar Selecciona la respuesta que mejor completa cada oración.

1. Antes de salir, Martín les recomienda a los estudiantes que hagan _____.
   a. ejercicios de estiramiento   b. ejercicios aeróbicos   c. gimnasia
2. Los excursionistas hablaron, _____ en las montañas.
   a. levantaron pesas y se divirtieron   b. caminaron y dibujaron
   c. sacaron fotos y disfrutaron del paisaje
3. Inés dice que ha sido la mejor excursión _____.
   a. del viaje   b. del año   c. de su vida
4. Cuando Maite vuelva a España, va a _____.
   a. tener montones de escenas para dibujar   b. tener mucho que contarle a su familia
   c. tener muchas fotos que enseñarle a su familia
5. La señora Vives les ha preparado _____.
   a. una cena especial   b. un día en las montañas muy especial
   c. una excursión espectacular

2

Identificar Identifica quién puede decir estas oraciones.

1. Oye, muchísimas gracias por el mejor día de mi vida. ¡Fue divertidísimo!
2. Parece que están todos preparados, ¿no? ¡Perfecto! Bueno, ¡vamos!
3. Cuando vea a mis papás y a mis hermanos voy a tener mucho que contarles.
4. Debemos volver ahora para comer. ¡Vamos a tener una cena especial!
5. El lugar fue fenomenal, uno de los más bonitos que he visto. ¡Qué bueno que traje mi cámara!
6. ¡Gracias por todo, Martín!

JAVIER

INÉS

ÁLEX

MAITE

DON FRANCISCO

MARTÍN

3

Inventar En parejas, hagan descripciones de los personajes de la **Fotonovela**. Utilicen las oraciones, la lista de palabras y otras expresiones que sepan.

aliviar el estrés	hacer ejercicios de estiramiento	masaje
bienestar	llevar una vida sana	teleadicto/a
grasa	mantenerse en forma	vitamina

modelo

Estudiante 1: Martín es activo, flexible y fuerte.
Estudiante 2: Martín siempre hace ejercicios de estiramiento. Está en buena forma y lleva una vida muy sana...

1. A Javier le duelen los músculos después de hacer gimnasia.
2. Don Francisco a veces sufre presiones y estrés en su trabajo.
3. A Inés le encanta salir con amigos o leer un buen libro.
4. Álex trata de comer una dieta equilibrada.
5. Maite no es muy flexible.

Ortografía

Las letras **b** y **v**

Since there is no difference in pronunciation between the Spanish letters **b** and **v**, spelling words that contain these letters can be tricky. Here are some tips.

---

nomb**re**   **b**lusa**   **a**b**soluto**   **descu**b**rir**

The letter **b** is always used before consonants.

---

bonita**   **b**otella**   **b**uscar**   **b**ienestar**

At the beginning of words, the letter **b** is usually used when it is followed by the letter combinations **-on**, **-or**, **-ot**, **-u**, **-ur**, **-us**, **-ien**, and **-ene**.

---

adelgazab**a**   **disfruta**b**an**   **i**b**as**   **í**b**amos**

The letter **b** is used in the verb endings of the imperfect tense for **-ar** verbs and the verb **ir**.

---

voy**   **v**amos**   **estu**v**o**   **tu**v**ieron**

The letter **v** is used in the present tense forms of **ir** and in the preterite forms of **estar** and **tener**.

---

octa**v**o**   **hu**e**v**o**   **act**i**v**a**   **gra**v**e**

The letter **v** is used in these noun and adjective endings: **-avo/a**, **-evo/a**, **-ivo/a**, **-ave**, **-eve**.

Práctica Completa las palabras con las letras **b** o **v**.

1. Una __ez me lastimé el __razo cuando esta__a __uceando.
2. Manuela se ol__idó sus li__ros en el auto__ús.
3. El nue__o gimnasio tiene clases educati __as.
4. Para tener una __ida sana y saluda__le, necesitas tomar __itaminas.
5. En mi pue__lo hay un __ule__ar que tiene muchos ár__oles.

El ahorcado (*Hangman*) Juega al ahorcado para adivinar las palabras.

1. __ _u_ __ __ _s_   Están en el cielo.

2. __ _u_ __ __ _n_   Relacionado con el correo

3. __ _o_ __ _e_ __ __ _a_   Está llena de líquido.

4. __ _i_ __ __ _e_   Fenómeno meteorológico

5. __ _e_ __ __ __ __ __ _s_   Los "ojos" de la casa

recursos

CH
p. 83

CA
p. 114

SUPERSITE
descubre2.vhlcentral.com
Lección 6

EN DETALLE

Spas naturales

¿Hay algo mejor que un buen baño° para descansar y aliviar la tensión? Y si el baño se toma en una terma°, el beneficio° es mayor. Los tratamientos con agua y lodo° para mejorar la salud y el bienestar son populares en las Américas desde hace muchos siglos°. Las termas son manantiales° naturales de agua caliente. La temperatura facilita la absorción de minerales y otros elementos que el agua contiene y que son buenos para la salud. El agua de las termas se usa en piscinas, baños y duchas o en el sitio natural en el que surge° el agua: pozas°, estanques° o cuevas°.

Tabacón, Costa Rica

Volcán de lodo El Totumo, Colombia

En Baños de San Vicente, en Ecuador, son muy populares los tratamientos° con lodo volcánico. El lodo caliente se extiende por el cuerpo; así la piel° absorbe los minerales beneficiosos para la salud; también se usa para dar masajes. La lodoterapia es útil para tratar varias enfermedades, además hace que la piel se vea radiante.

En Costa Rica, la actividad volcánica también ha dado° origen a fuentes° y pozas termales. Si te gusta cuidarte y amas la naturaleza, recuerda estos nombres: Las Hornillas y Las Pailas. Son pozas naturales de aguas termales que están cerca del volcán Rincón de la Vieja. ¡Un baño termal en medio de un paisaje tan hermoso es una experiencia única!

Otros balnearios°

Todos ofrecen piscinas, baños, pozas y duchas de aguas termales y además...

Lugar	Servicios
El Edén y Yanasara, Curgos (Perú)	cascadas° de aguas termales
Montbrió del Camp, Tarragona (España)	baños de algas°
Puyuhuapi (Chile)	duchas de agua de mar; baños de algas
Termas de Río Hondo, Santiago del Estero (Argentina)	baños de lodo
Tepoztlán, Morelos (México)	temazcales° aztecas
Uyuni, Potosí (Bolivia)	baños de sal

baño *bath* terma *hot spring* beneficio *benefit* lodo *mud* siglos *centuries* manantiales *springs* surge *springs forth* pozas *small pools* estanques *ponds* cuevas *caves* tratamientos *treatments* piel *skin* ha dado *has given* fuentes *springs* balnearios *spas* cascadas *waterfalls* algas *seaweed* temazcales *steam and medicinal herb baths*

ACTIVIDADES

1 **¿Cierto o falso?** Indica si lo que dice cada oración es **cierto** o **falso**. Corrige la información falsa.

1. Los tratamientos con agua y lodo se conocen sólo desde hace pocos años.

2. Las termas son manantiales naturales de agua caliente.

3. La temperatura de las aguas termales no afecta la absorción de los minerales.

4. Las Hornillas y Las Pailas son pozas de aguas termales en Costa Rica.

5. Mucha gente va a Baños de San Vicente, Ecuador, por sus playas.

6. Montbrió del Camp ofrece baños de sal.

7. Es posible ver aguas termales en forma de cascadas.

8. Tepoztlán ofrece temazcales aztecas.

ASÍ SE DICE

El ejercicio

los abdominales	*sit-ups*
la bicicleta estática	*stationary bicycle*
el calambre muscular	*(muscular) cramp*
el (fisi)culturismo; la musculación (Esp.)	*bodybuilding*
las flexiones de pecho; las lagartijas (Méx.); las planchas (Esp.)	*push-ups*
la (cinta) trotadora (Arg.; Chile)	**la cinta caminadora**

EL MUNDO HISPANO

Creencias° sobre la salud

○ **Colombia** Como algunos suelos son de baldosas°, se cree que si uno anda descalzo° se enfrían° los pies y esto puede causar un resfriado o artritis.

○ **Cuba** Por la mañana, muchas madres sacan a sus bebés a los patios y a las puertas de las casas. La creencia es que unos cinco minutos de sol ayudan a fijar° el calcio en los huesos y aumentan la inmunidad contra las enfermedades.

○ **México** Muchas personas tienen la costumbre de tomar a diario un vaso de jugo del cactus conocido como nopal. Se dice que es bueno para reducir el colesterol y el azúcar en la sangre y que ayuda a adelgazar.

Creencias *Beliefs* **baldosas** *tiles* **anda descalzo** *walks barefoot* **se enfrían** *get cold* **fijar** *to set*

PERFIL

Las frutas y la salud

Desde hace muchos años se conocen las propiedades de la papaya para tratar problemas digestivos. Esta fruta contiene una enzima, la papaína, que actúa de forma semejante° a como lo hacen los jugos gástricos. Una porción de papaya o un vaso de jugo de esta fruta ayuda a la digestión. La papaya también es rica en vitaminas A y C.

Otra fruta buena para la digestión es la piña°. La piña contiene bromelina, una enzima que, como la papaína, ayuda a digerir° las proteínas. Esta deliciosa fruta contiene también ácido cítrico, vitaminas y minerales. Además, tiene efectos diuréticos y antiinflamatorios que pueden aliviar las enfermedades reumáticas. La piña ofrece una ayuda fácil y sabrosa para perder peso por su contenido en fibra y su efecto diurético. Una rodaja°

de piña fresca o un vaso de jugo antes de comer puede ayudar en cualquier° dieta para adelgazar.

semejante *similar* **piña** *pineapple* **digerir** *to digest* **rodaja** *slice* **cualquier** *any*

SUPERSITE ⬤⬤⬤ **Conexión Internet**

¿Qué sistemas de ejercicio son más populares entre los hispanos?

Go to **descubre2.vhlcentral.com** to find more cultural information related to this **Cultura** section.

ACTIVIDADES

2 **Comprensión** Responde a las preguntas.

1. Una argentina te dice: "Voy a usar la trotadora." ¿Qué va a hacer?
2. Según los colombianos, ¿qué efectos negativos tiene el no usar zapatos en casa?
3. ¿Cómo se llama la enzima de la papaya que ayuda a la digestión?
4. ¿Cómo se aconseja consumir la piña en dietas de adelgazamiento?

3 **Para sentirte mejor** Entrevista a un(a) compañero/a sobre las cosas que hace todos los días, las cosas que hace al menos una o dos veces a la semana y lo que le ayuda a sentirse mejor. Hablen sobre actividades deportivas, la alimentación y lo que hacen en sus ratos libres.

recursos

CH
p. 84

descubre2.vhlcentral.com
Lección 6

6.1 | # The present perfect SUPERSITE

ANTE TODO In **Lección 5**, you learned how to form past participles. You will now learn how to form the present perfect indicative (**el pretérito perfecto de indicativo**), a compound tense that uses the past participle. The present perfect is used to talk about what someone *has done*. In Spanish, it is formed with the present tense of the auxiliary verb **haber** and a past participle.

Ya veo que han traído todo lo que necesitan.

Todos han venido muy bien equipados.

Present indicative of **haber**

Singular forms		Plural forms	
yo	**he**	nosotros/as	**hemos**
tú	**has**	vosotros/as	**habéis**
Ud./él/ella	**ha**	Uds./ellos/ellas	**han**

Tú no **has aumentado** de peso.
You haven't gained weight.

Yo ya **he leído** esos libros.
I've already read those books.

¿**Ha asistido** Juan a la clase de yoga?
Has Juan attended the yoga class?

Hemos conocido al entrenador.
We have met the trainer.

▶ The past participle does not change in form when it is part of the present perfect tense; it only changes in form when it is used as an adjective.

Clara **ha abierto** las ventanas.
Clara has opened the windows.

Yo **he cerrado** la puerta del gimnasio.
I've closed the door to the gym.

Las ventanas están **abiertas.**
The windows are open.

La puerta del gimnasio está **cerrada.**
The door to the gym is closed.

▶ In Spanish, the present perfect indicative generally is used just as in English: to talk about what someone has done or what has occurred. It usually refers to the recent past.

He trabajado cuarenta horas esta semana.
I have worked forty hours this week.

¿Cuál es el último libro que **has leído**?
What is the last book that you have read?

CONSULTA

To review what you have learned about past participles, see **Estructura 5.3**, p. 179.

CONSULTA

Remember that the Spanish equivalent of the English *to have just (done something)* is **acabar de** + [*infinitive*]. Do not use the present perfect to express that English structure.

Juan acaba de llegar.
Juan has just arrived.

▶ In English, the auxiliary verb and the past participle are often separated. In Spanish, however, these two elements—**haber** and the past participle—cannot be separated by any word.

> Siempre **hemos vivido** en Bolivia.
> *We have always lived in Bolivia.*

> Usted nunca **ha venido** a mi oficina.
> *You have never come to my office.*

Creo que la señora Vives nos ha preparado una cena muy especial.

Gracias, Martín.

No hay de qué. Ha sido un placer.

▶ The word **no** and any object or reflexive pronouns are placed immediately before **haber.**

> Yo **no he comido** la merienda.
> *I haven't eaten the snack.*

> ¿Por qué **no la has comido**?
> *Why haven't you eaten it?*

> Susana ya **se ha entrenado**.
> *Susana has already practiced.*

> Ellos **no lo han terminado**.
> *They haven't finished it.*

▶ Note that *to have* can be either a main verb or an auxiliary verb in English. As a main verb, it corresponds to **tener,** while as an auxiliary, it corresponds to **haber.**

> **Tengo** muchos amigos.
> *I have a lot of friends.*

> **He tenido** mucho éxito.
> *I have had a lot of success.*

▶ To form the present perfect of **hay,** use the third-person singular of **haber (ha) + habido.**

> **Ha habido** muchos problemas con el nuevo profesor.
> *There have been a lot of problems with the new professor.*

> **Ha habido** un accidente en la calle Central.
> *There has been an accident on Central Street.*

recursos

CP pp. 63–64

CH pp. 85–86

CA p. 115

descubre2. vhlcentral.com Lección 6

¡INTÉNTALO!   Indica el pretérito perfecto de indicativo de estos verbos.

1. (disfrutar, comer, vivir) yo _he disfrutado, he comido, he vivido_
2. (traer, adelgazar, compartir) tú _____
3. (venir, estar, correr) usted _____
4. (leer, resolver, poner) ella _____
5. (decir, romper, hacer) ellos _____
6. (mantenerse, dormirse) nosotros _____
7. (estar, escribir, ver) yo _____
8. (vivir, correr, morir) él _____

Práctica SUPERSITE

1 **Completar** Estas oraciones describen el bienestar o los problemas de unos estudiantes. Completa las oraciones con el pretérito perfecto de indicativo de los verbos de la lista. No vas a usar uno de los verbos.

adelgazar	comer	llevar
aumentar	hacer	sufrir

1. Luisa _____ muchas presiones este año.
2. Juan y Raúl _____ de peso porque no hacen ejercicio.
3. Pero María y yo _____ porque trabajamos en exceso y nos olvidamos de comer.
4. Desde siempre, yo _____ una vida muy sana.
5. Pero tú y yo no _____ gimnasia este semestre.

2 **¿Qué has hecho?** Indica si has hecho lo siguiente.

> **modelo**
> escalar una montaña
> Sí, he escalado varias montañas./No, no he escalado nunca una montaña.

1. jugar al baloncesto
2. viajar a Bolivia
3. conocer a una persona famosa
4. levantar pesas
5. comer un insecto
6. recibir un masaje
7. aprender varios idiomas
8. bailar salsa
9. ver una película en español
10. escuchar música latina
11. estar despierto/a 24 horas
12. bucear

AYUDA

You may use some of these expressions in your answers:

una vez *once*
un par de veces *a couple of times*
algunas veces *a few times*
varias veces *several times*
muchas veces *many times, often*

3 **La vida sana** En parejas, túrnense para hacer preguntas sobre el tema de la vida sana. Sean creativos.

> **modelo**
> encontrar un gimnasio
> **Estudiante 1:** ¿Has encontrado un buen gimnasio cerca de tu casa?
> **Estudiante 2:** Yo no he encontrado un gimnasio pero sé que debo buscar uno.

1. tratar de estar en forma
2. estar a dieta los últimos dos meses
3. dejar de tomar refrescos
4. hacerse una prueba del colesterol
5. entrenarse cinco días a la semana
6. cambiar de una vida sedentaria a una vida activa
7. tomar vitaminas por las noches y por las mañanas
8. hacer ejercicio para aliviar la tensión
9. consumir mucha proteína
10. dejar de comer comidas grasosas

Comunicación

4 **Descripción** En parejas, describan lo que han hecho y no han hecho estas personas. Usen la imaginación.

1. Jorge y Raúl

2. Luisa

3. Jacobo

4. Natalia y Diego

5. Ricardo

6. Carmen

5 **Describir** En parejas, identifiquen a una persona que lleva una vida muy sana. Puede ser una persona que conocen o un personaje que aparece en una película o programa de televisión. Entre los dos, escriban una descripción de lo que esta persona ha hecho para llevar una vida sana.

modelo

Pedro Penzini Fleury siempre ha hecho todo lo posible para mantenerse en forma. Él…

Síntesis

6 **Situación** Trabajen en parejas para representar los papeles de un(a) enfermero/a de la escuela y un(a) estudiante. El/La enfermero/a de la escuela está conversando con el/la estudiante que no se siente nada bien. El/La enfermero/a debe averiguar de dónde viene el problema e investigar los hábitos del/de la estudiante. El/La estudiante le explica lo que ha hecho en los últimos meses y cómo se ha sentido. Luego el/la enfermero/a le da recomendaciones al/a la estudiante de cómo llevar una vida más sana.

6.2 The past perfect

ANTE TODO   The past perfect indicative (**el pretérito pluscuamperfecto de indicativo**) is used to talk about what someone *had done* or what *had occurred* before another past action, event, or state. Like the present perfect, the past perfect uses a form of **haber**—in this case, the imperfect—plus the past participle.

Past perfect indicative			
	cerrar	**perder**	**asistir**
SINGULAR FORMS			
yo	**había** cerrado	**había** perdido	**había** asistido
tú	**habías** cerrado	**habías** perdido	**habías** asistido
Ud./él/ella	**había** cerrado	**había** perdido	**había** asistido
PLURAL FORMS			
nosotros/as	**habíamos** cerrado	**habíamos** perdido	**habíamos** asistido
vosotros/as	**habíais** cerrado	**habíais** perdido	**habíais** asistido
Uds./ellos/ellas	**habían** cerrado	**habían** perdido	**habían** asistido

Antes de 2003, **había vivido** en La Paz.
Before 2003, I had lived in La Paz.

Cuando llegamos, Luis ya **había salido.**
When we arrived, Luis had already left.

▶ The past perfect is often used with the word **ya** (*already*) to indicate that an action, event, or state had already occurred before another. Remember that, unlike its English equivalent, **ya** cannot be placed between **haber** and the past participle.

Ella **ya había salido** cuando llamaron.
She had already left when they called.

Cuando llegué, Raúl **ya se había acostado.**
When I arrived, Raúl had already gone to bed.

▶ **¡Atención!** The past perfect is often used in conjunction with **antes de** + [*noun*] or **antes de** + [*infinitive*] to describe when the action(s) occurred.

Antes de este año, nunca había estudiado química.
Before this year, I had never studied chemistry.

Luis me había llamado antes de venir.
Luis had called me before he came.

¡INTÉNTALO!   Indica el pretérito pluscuamperfecto de indicativo de cada verbo.

1. Nosotros ya ___habíamos cenado___ (cenar) cuando nos llamaron.
2. Antes de tomar esta clase, yo no _____ (estudiar) nunca el español.
3. Antes de ir a México, ellos nunca _____ (ir) a otro país.
4. Eduardo nunca _____ (entrenarse) tanto en invierno.
5. Tú siempre _____ (llevar) una vida sana antes del año pasado.
6. Antes de conocerte, yo ya te _____ (ver) muchas veces.

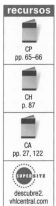

recursos

CP
pp. 65–66

CH
p. 87

CA
pp. 27, 122

SUPERSITE
descubre2.
vhlcentral.com
Lección 6

Práctica (SUPERSITE)

1

Completar Completa los minidiálogos con las formas correctas del pretérito pluscuamperfecto de indicativo.

1. **SARA** Antes de cumplir los 13 años, ¿_____ (estudiar) tú otra lengua?

    JOSÉ Sí, _____ (tomar) clases de inglés y de italiano.

▶ 2. **DOLORES** Antes de ir a Argentina, ¿_____ (probar) tú y tu familia el mate?

    TOMÁS Sí, ya _____ (tomar) mate muchas veces.

3. **ANTONIO** Antes de este año, ¿_____ (correr) usted en un maratón?

    SRA. VERA No, nunca lo _____ (hacer).

4. **SOFÍA** Antes de su enfermedad, ¿_____ (sufrir) muchas presiones tu tío?

    IRENE Sí... y él nunca _____ (mantenerse) en buena forma.

2

Quehaceres Indica lo que ya había hecho cada miembro de la familia antes de la llegada de la madre, la señora Ferrer.

su suegra · Teresa · Tomás · Carmen · el señor Ferrer · Armando

3

Tu vida Indica si ya habías hecho estas cosas antes de cumplir los 12 años.

1. hacer un viaje en avión
2. escalar una montaña
3. escribir un poema
4. leer una novela
5. enamorarte

6. tomar clases de aeróbicos
7. montar a caballo
8. ir de pesca
9. tomar café
10. navegar en la red

Comunicación

4

Lo dudo Tu profesor(a) va a darte una hoja de actividades. Escribe cinco oraciones, algunas ciertas y algunas falsas, de cosas que habías hecho antes de venir a esta escuela. Luego, en grupos, túrnense para leer sus oraciones. Cada miembro del grupo debe decir "es cierto" o "lo dudo" después de cada una. Escribe la reacción de cada compañero/a en la columna apropiada. ¿Quién obtuvo más respuestas ciertas?

	Oraciones	Miguel	Ana	Beatriz
1.	Cuando tenía 10 años, ya había manejado el carro de mi papá.	Lo dudo.	Es cierto.	Lo dudo.
2.				
3.				
4.				
5.				

Síntesis

5

Gimnasio Olímpico En parejas, lean el anuncio y contesten las preguntas.

Hasta el año pasado, siempre había mirado la tele sentado en el sofá durante mis ratos libres. ¡Era un sedentario y un teleadicto! Jamás había practicado ningún deporte y había aumentado mucho de peso.

Este año, he empezado a comer una dieta más sana y voy al gimnasio todos los días. He comenzado a ser una persona muy activa y he adelgazado. Disfruto de una vida sana. ¡Me siento muy feliz!

Manténgase en forma.

¡Acabo de descubrir una nueva vida!

¡Venga al Gimnasio Olímpico hoy mismo!

1. Identifiquen los elementos del pretérito pluscuamperfecto de indicativo en el anuncio.
2. ¿Cómo era la vida del hombre cuando llevaba una vida sedentaria? ¿Cómo es ahora?
3. ¿Se identifican ustedes con algunos de los hábitos, presentes o pasados, de este hombre? ¿Con cuáles?
4. ¿Qué les recomienda el hombre del anuncio a los lectores? ¿Creen que les da buenos consejos?

6.3 # The present perfect subjunctive

 The present perfect subjunctive (**el pretérito perfecto de subjuntivo**), like the present perfect indicative, is used to talk about what *has happened*. The present perfect subjunctive is formed using the present subjunctive of the auxiliary verb **haber** and a past participle.

Present perfect indicative			Present perfect subjunctive		
PRESENT INDICATIVE OF **HABER**		PAST PARTICIPLE	PRESENT SUBJUNCTIVE OF **HABER**		PAST PARTICIPLE
yo	he	hablado	yo	haya	hablado

Present perfect subjunctive

		cerrar	perder	asistir
SINGULAR FORMS	yo	**haya** cerrado	**haya** perdido	**haya** asistido
	tú	**hayas** cerrado	**hayas** perdido	**hayas** asistido
	Ud./él/ella	**haya** cerrado	**haya** perdido	**haya** asistido
PLURAL FORMS	nosotros/as	**hayamos** cerrado	**hayamos** perdido	**hayamos** asistido
	vosotros/as	**hayáis** cerrado	**hayáis** perdido	**hayáis** asistido
	Uds./ellos/ellas	**hayan** cerrado	**hayan** perdido	**hayan** asistido

▶ The same conditions which trigger the use of the present subjunctive apply to the present perfect subjunctive.

Present subjunctive	Present perfect subjunctive
Espero que **duermas** bien.	Espero que **hayas dormido** bien.
I hope that you sleep well.	*I hope that you have slept well.*
No creo que **aumente** de peso.	No creo que **haya aumentado** de peso.
I don't think he will gain weight.	*I don't think he has gained weight.*

▶ The action expressed by the present perfect subjunctive is seen as occurring before the action expressed in the main clause.

Me alegro de que ustedes **se hayan reído** tanto esta tarde.
I'm glad that you have laughed so much this afternoon.

Dudo que ella **se haya divertido** mucho con su suegra.
I doubt that she has enjoyed herself much with her mother-in-law.

¡ATENCIÓN!

In Spanish the present perfect subjunctive is used to express a recent action.

No creo que lo **hayas dicho** bien.
I don't think you said it right.

Espero que él **haya llegado**.
I hope he arrived.

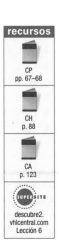

recursos

CP
pp. 67–68

CH
p. 88

CA
p. 123

descubre2.
vhlcentral.com
Lección 6

¡INTÉNTALO! Indica el pretérito perfecto de subjuntivo de los verbos entre paréntesis.

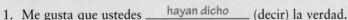

1. Me gusta que ustedes ___hayan dicho___ (decir) la verdad.
2. No creo que tú _____ (comer) tanto.
3. Es imposible que usted _____ (poder) hacer tal (*such a*) cosa.
4. Me alegro de que tú y yo _____ (merendar) juntas.
5. Es posible que yo _____ (adelgazar) un poco esta semana.
6. Espero que _____ (haber) suficiente comida en la celebración.

Práctica SUPERSITE

1 **Completar** Laura está preocupada por su familia y sus amigos/as. Completa las oraciones con la forma correcta del pretérito perfecto de subjuntivo de los verbos entre paréntesis.

1. ¡Qué lástima que Julio _____ (sentirse) tan mal en la competencia! Dudo que _____ (entrenarse) lo suficiente.

2. No creo que Lourdes y su amiga _____ (irse) de ese trabajo donde siempre tienen tantos problemas. Espero que Lourdes _____ (aprender) a aliviar el estrés.

3. Es triste que Nuria y yo _____ (perder) el partido. Esperamos que los entrenadores del gimnasio nos _____ (preparar) un buen programa para ponernos en forma.

4. No estoy segura de que Samuel _____ (llevar) una vida sana. Es bueno que él _____ (decidir) mejorar su dieta.

5. Me preocupa mucho que Ana y Rosa _____ (fumar) tanto de jóvenes. Es increíble que ellas todavía no _____ (enfermarse).

6. Me alegro de que mi abuela _____ (disfrutar) de buena salud toda su vida. Es maravilloso que ella _____ (cumplir) noventa años.

2 **Describir** Usa el pretérito perfecto de subjuntivo para hacer dos comentarios sobre la(s) persona(s) que hay en cada dibujo. Usa expresiones como **no creo que, dudo que, es probable que, me alegro de que, espero que** y **siento que**.

CONSULTA

To review verbs of will and influence, see **Estructura 3.4**, p. 112.
To review expressions of doubt, disbelief, and denial, see **Estructura 4.2**, p. 142.

> **modelo**
>
> Es probable que Javier haya levantado pesas por muchos años.
> Me alegro de que Javier se haya mantenido en forma.

Javier

1. Rosa y Sandra

2. Roberto

3. Mariela

4. Lorena y su amigo

5. la señora Matos

6. Sonia y René

Comunicación

3

¿Sí o no? En parejas, comenten estas afirmaciones (*statements*) usando las expresiones de la lista.

Dudo que…	Es imposible que…	Me alegro de que (no)…
Es bueno que (no)…	Espero que (no)…	No creo que…

modelo

> **Estudiante 1:** Ya llegó el fin del año escolar.
> **Estudiante 2:** Es imposible que haya llegado el fin del año escolar.

1. Recibí una A en la clase de español.
2. Tu mejor amigo/a aumentó de peso recientemente.
3. Madonna dio un concierto ayer con Plácido Domingo.
4. Mis padres ganaron un millón de dólares.
5. He aprendido a hablar japonés.
6. Nuestro/a profesor(a) vino aquí de Bolivia.
7. Salí anoche con…
8. El año pasado mi familia y yo fuimos de excursión a…

4

Viaje por Bolivia Imaginen que sus amigos, Luis y Julia, están viajando por Bolivia y que les han mandado postales a ustedes. En grupos, lean las postales y conversen de lo que les han escrito Luis y Julia. Usen expresiones como **dudo que, espero que, me alegro de que, temo que, siento que** y **es posible que.**

1º de febrero

Hola:

Estamos aprendiendo sobre la antigua cultura aimará aquí en Tiahuanaco. Julia se enfermó, quizás por algo que comió ayer. Creo que no vamos a poder ir a la región amazónica.

Abrazos,
Luis

13 de febrero

Hola:

Llegamos a Oruro justo a tiempo para el carnaval. Hemos bailado, escuchado música y disfrutado de las fiestas. ¡Todo fenomenal!

Chau,
Julia

Recapitulación

For self-scoring and diagnostics, go to **descubre2.vhlcentral.com**.

Completa estas actividades para repasar los conceptos de gramática que aprendiste en esta lección.

1   **Completar** Completa cada tabla con el pretérito pluscuamperfecto de indicativo y el pretérito perfecto de subjuntivo de los verbos. **12 pts.**

PRETÉRITO PLUSCUAMPERFECTO

Infinitivo	tú	nosotros	ustedes
disfrutar			
apurarse			

PRETÉRITO PERFECTO DE SUBJUNTIVO

Infinitivo	yo	él	ellas
tratar			
entrenarse			

2   **Preguntas** Completa las preguntas usando el pretérito perfecto de indicativo. **8 pts.**

> **modelo**
> —¿Has llamado a tus padres? —Sí, los llamé ayer.

1. —¿Tú _____ ejercicio esta mañana en el gimnasio?
   —No, hice ejercicio en el parque.

2. —Y ustedes, ¿_____ ya? —Sí, desayunamos en el hotel.

3. —Y Juan y Felipe, ¿adónde _____ ? —Fueron al cine.

4. —Paco, ¿(nosotros) _____ la cuenta del gimnasio?
   —Sí, la recibimos la semana pasada.

5. —Señor Martín, ¿_____ algo ya? —Sí, pesqué uno grande. Ya me puedo ir a casa contento.

6. —Inés, ¿_____ mi pelota de fútbol? —Sí, la vi esta mañana en el coche.

7. —Yo no _____ café todavía. ¿Alguien quiere acompañarme? —No, gracias. Yo ya tomé mi café en casa.

8. —¿Ya te _____ el doctor que puedes comer chocolate?
   —Sí, me lo dijo ayer.

RESUMEN GRAMATICAL

6.1   **The present perfect**   *pp. 204–205*

Present indicative of **haber**	
he	hemos
has	habéis
ha	han

Present perfect: present tense of **haber** + past participle

Present perfect indicative	
he empezado	**hemos** empezado
has empezado	**habéis** empezado
ha empezado	**han** empezado

He empezado a ir al gimnasio con regularidad.
I have begun to go to the gym regularly.

6.2   **The past perfect**   *p. 208*

Past perfect: imperfect tense of **haber** + past participle

Past perfect indicative	
había vivido	**habíamos** vivido
habías vivido	**habíais** vivido
había vivido	**habían** vivido

Antes de 2006, yo ya **había vivido** en tres países diferentes.
Before 2006, I had already lived in three different countries.

6.3   **The present perfect subjunctive**   *p. 211*

Present perfect subjunctive: present subjunctive of **haber** + past participle

Present perfect subjunctive	
haya comido	**hayamos** comido
hayas comido	**hayáis** comido
haya comido	**hayan** comido

Espero que **hayas comido** bien.
*I hope that **you have eaten** well.*

3 Oraciones

Forma oraciones completas con los elementos dados. Usa el pretérito pluscuamperfecto de indicativo y haz todos los cambios necesarios. Sigue el modelo. **8 pts.**

> **modelo**
>
> yo / ya / conocer / muchos amigos *Yo ya había conocido a muchos amigos.*

1. tú / todavía no / aprender / mantenerse en forma
2. los hermanos Falcón / todavía no / perder / partido de vóleibol
3. Elías / ya / entrenarse / para / maratón
4. nosotros / siempre / sufrir / muchas presiones

4 Una carta

Completa esta carta con el pretérito perfecto de indicativo o de subjuntivo. **12 pts.**

Queridos papá y mamá:

¿Cómo (1) _____ (estar)? Mamá, espero que no (2) _____ (tú, enfermarse) otra vez. Yo sé que (3) _____ (seguir) los consejos del doctor, pero estoy preocupada.

Y en mi vida, ¿qué (4) _____ (pasar) últimamente (lately)? Pues, nada nuevo, sólo trabajo. Los problemas en la compañía, yo los (5) _____ (resolver) casi todos. Pero estoy bien. Es verdad que (6) _____ (adelgazar) un poco, pero no creo que (7) _____ (ser) a causa del estrés. Espero que no (8) _____ (ustedes, sentirse) mal porque no pude visitarlos. Es extraño que no (9) _____ (recibir) mis cartas. Tengo miedo de que (10) _____ (las cartas, perderse).

Me alegro de que papá (11) _____ (tomar) vacaciones para venir a visitarme. ¡Es increíble que nosotros no (12) _____ (verse) en casi un año!

Un abrazo y hasta muy pronto,

Belén

5 Manteniéndote en forma

Escribe al menos cinco oraciones para describir cómo te has mantenido en forma este semestre. Di qué cosas han cambiado este semestre en relación con el año pasado. Usa las formas verbales que aprendiste en esta lección. **10 pts.**

6 Poema

Completa este fragmento de un poema de Nezahualcóyotl con el pretérito perfecto de indicativo de los verbos. **¡2 puntos EXTRA!**

"_____ (Llegar) aquí,
soy Yoyontzin.
Sólo busco las flores
sobre la tierra, _____ (venir)
a cortarlas.**"**

Lectura

Antes de leer

Estrategia

Making inferences

For dramatic effect and to achieve a smoother writing style, authors often do not explicitly supply the reader with all the details of a story or poem. Clues in the text can help you infer those things the writer chooses not to state in a direct manner. You simply "read between the lines" to fill in the missing information and draw conclusions. To practice making inferences, read these statements:

A Liliana le encanta ir al gimnasio. Hace años que empezó a levantar pesas.

Based on this statement alone, what inferences can you draw about Liliana?

El autor

Ve a la página 159 de tu libro y lee la biografía de Gabriel García Márquez.

El título

Sin leer el texto del cuento (*story*), lee el título. Escribe cinco oraciones que empiecen con la frase "Un día de éstos".

El cuento

Éstas son algunas palabras que vas a encontrar al leer *Un día de éstos*. Busca su significado en el diccionario. Según estas palabras, ¿de qué piensas que trata (*is about*) el cuento?

alcalde	lágrimas
dentadura postiza	muela
displicente	pañuelo
enjuto	rencor
guerrera	teniente

recursos

CH
pp. 89–92

descubre2.vhlcentral.com
Lección 6

Un día de éstos

Gabriel García Márquez

El lunes amaneció tibio° y sin lluvia. Don Aurelio Escovar, dentista sin título y buen madrugador°, abrió su gabinete° a las seis. Sacó de la vidriera° una dentadura postiza montada aún° en el molde de yeso° y puso sobre la mesa un puñado de instrumentos que ordenó de mayor a menor, como en una exposición. Llevaba una camisa a rayas, sin cuello, cerrada arriba con un botón dorado°, y los pantalones sostenidos con cargadores° elásticos. Era rígido, enjuto, con una mirada que raras veces correspondía a la situación, como la mirada de los sordos°.

Cuando tuvo las cosas dispuestas sobre la mesa rodó la fresa° hacia el sillón de resortes y se sentó a pulir° la dentadura postiza. Parecía no pensar en lo que hacía, pero trabajaba con obstinación, pedaleando en la fresa incluso cuando no se servía de ella.

Después de las ocho hizo una pausa para mirar el cielo por la ventana y vio dos gallinazos° pensativos que se secaban al sol en el caballete° de la casa vecina. Siguió trabajando con la idea de que antes del almuerzo volvería a llover°. La voz destemplada° de su hijo de once años lo sacó de su abstracción.

—Papá.

—Qué.

—Dice el alcalde que si le sacas una muela.

—Dile que no estoy aquí.

Estaba puliendo un diente de oro°. Lo retiró a la distancia del brazo y lo examinó con los ojos a medio cerrar. En la salita de espera volvió a gritar su hijo.

—Dice que sí estás porque te está oyendo.

El dentista siguió examinando el diente. Sólo cuando lo puso en la mesa con los trabajos terminados, dijo:

---

amaneció tibio *dawn broke warm* **madrugador** *early riser* **gabinete** *office* **vidriera** *glass cabinet* **montada aún** *still set* **yeso** *plaster* **dorado** *gold* **sostenidos con cargadores** *held by suspenders* **sordos** *deaf* **rodó la fresa** *he turned the drill* **pulir** *to polish* **gallinazos** *vultures* **caballete** *ridge* **volvería a llover** *it would rain again* **voz destemplada** *discordant voice* **oro** *gold* **cajita de cartón** *small cardboard box* **puente** *bridge* **te pega un tiro** *he will shoot you* **Sin apresurarse** *Without haste* **Hizo girar** *He turned* **gaveta** *drawer* **apoyada** *resting* **umbral** *threshold* **mejilla** *cheek* **hinchada** *swollen* **barba** *beard* **marchitos** *faded* **hervían** *were boiling* **pomos de loza** *china bottles* **cancel de tela** *cloth screen* **se acercaba** *was approaching* **talones** *heels* **mandíbula** *jaw* **cautelosa** *cautious* **cacerola** *saucepan* **pinzas** *pliers* **escupidera** *spittoon* **aguamanil** *washstand* **cordal** *wisdom tooth* **gatillo** *pliers* **se aferró** *clung* **barras** *arms* **descargó** *unloaded* **vacío helado** *icy hollowness* **riñones** *kidneys* **no soltó un suspiro** *he didn't let out a sigh* **muñeca** *wrist* **amarga ternura** *bitter tenderness* **crujido** *crunch* **a través de** *through* **sudoroso** *sweaty* **jadeante** *panting* **se desabotonó** *he unbuttoned* **a tientas** *blindly* **bolsillo** *pocket* **trapo** *cloth* **cielorraso desfondado** *ceiling with the paint sagging* **telaraña polvorienta** *dusty spiderweb* **haga buches de** *rinse your mouth out with* **vaina** *thing*

—Mejor.

Volvió a operar la fresa. De una cajita de cartón° donde guardaba las cosas por hacer, sacó un puente° de varias piezas y empezó a pulir el oro.

—Papá.

—Qué.

Aún no había cambiado de expresión.

—Dice que si no le sacas la muela te pega un tiro°.

Sin apresurarse°, con un movimiento extremadamente tranquilo, dejó de pedalear en la fresa, la retiró del sillón y abrió por completo la gaveta° inferior de la mesa. Allí estaba el revólver.

—Bueno —dijo—. Dile que venga a pegármelo.

Hizo girar° el sillón hasta quedar de frente a la puerta, la mano apoyada° en el borde de la gaveta. El alcalde apareció en el umbral°. Se había afeitado la mejilla° izquierda, pero en la otra, hinchada° y dolorida, tenía una barba° de cinco días. El dentista vio en sus ojos marchitos° muchas noches de desesperación. Cerró la gaveta con la punta de los dedos y dijo suavemente:

—Siéntese.

—Buenos días —dijo el alcalde.

—Buenos —dijo el dentista.

Mientras hervían° los instrumentos, el alcalde apoyó el cráneo en el cabezal de la silla y se sintió mejor. Respiraba un olor glacial. Era un gabinete pobre: una vieja silla de madera, la fresa de pedal y una vidriera con pomos de loza°. Frente a la silla, una ventana con un cancel de tela° hasta la altura de un hombre. Cuando sintió que el dentista se acercaba°, el alcalde afirmó los talones° y abrió la boca.

Don Aurelio Escovar le movió la cabeza hacia la luz. Después de observar la muela dañada, ajustó la mandíbula° con una presión cautelosa° de los dedos.

—Tiene que ser sin anestesia —dijo.

—¿Por qué?

—Porque tiene un absceso.

El alcalde lo miró en los ojos.

—Está bien —dijo, y trató de sonreír. El dentista no le correspondió. Llevó a la mesa de trabajo la cacerola° con los instrumentos hervidos y los sacó del agua con unas pinzas° frías, todavía sin apresurarse. Después rodó la escupidera° con la punta del zapato y fue a lavarse las manos en el aguamanil°. Hizo todo sin mirar al alcalde. Pero el alcalde no lo perdió de vista.

Era una cordal° inferior. El dentista abrió las piernas y apretó la muela con el gatillo° caliente. El alcalde se aferró° a las barras° de la silla, descargó° toda su fuerza en los pies y sintió un vacío helado° en los riñones°, pero no soltó un suspiro°. El dentista sólo movió la muñeca°. Sin rencor, más bien con una amarga ternura°, dijo:

—Aquí nos paga veinte muertos, teniente.

El alcalde sintió un crujido° de huesos en la mandíbula y sus ojos se llenaron de lágrimas. Pero no suspiró hasta que no sintió salir la muela. Entonces la vio a través de° las lágrimas. Le pareció tan extraña a su dolor, que no pudo entender la tortura de sus cinco noches anteriores. Inclinado sobre la escupidera, sudoroso°, jadeante°, se desabotonó° la guerrera y buscó a tientas° el pañuelo en el bolsillo° del pantalón. El dentista le dio un trapo° limpio.

—Séquese las lágrimas —dijo.

El alcalde lo hizo. Estaba temblando. Mientras el dentista se lavaba las manos, vio el cielorraso desfondado° y una telaraña polvorienta° con huevos de araña e insectos muertos. El dentista regresó secándose. "Acuéstese —dijo— y haga buches de° agua de sal." El alcalde se puso de pie, se despidió con un displicente saludo militar, y se dirigió a la puerta estirando las piernas, sin abotonarse la guerrera.

—Me pasa la cuenta —dijo.

—¿A usted o al municipio?

El alcalde no lo miró. Cerró la puerta, y dijo, a través de la red metálica:

—Es la misma vaina°.

Después de leer

Comprensión 🐾🔊

Completa las oraciones con la palabra o expresión correcta.

1. Don Aurelio Escovar es _____ sin título.
2. Al alcalde le duele _____.
3. Aurelio Escovar y el alcalde se llevan _____.
4. El alcalde amenaza (*threatens*) al dentista con pegarle un _____.
5. Finalmente, Aurelio Escovar _____ la muela al alcalde.
6. El alcalde llevaba varias noches sin _____.

Interpretación 🐾🔊

En parejas, respondan a estas preguntas. Luego comparen sus respuestas con las de otra pareja.

1. ¿Cómo reacciona don Aurelio cuando escucha que el alcalde amenaza con pegarle un tiro? ¿Qué les dice esta actitud sobre las personalidades del dentista y del alcalde?
2. ¿Por qué creen que don Aurelio y el alcalde no se llevan bien?
3. ¿Creen que era realmente necesario no usar anestesia?
4. ¿Qué piensan que significa el comentario "aquí nos paga veinte muertos, teniente"? ¿Qué les dice esto del alcalde y su autoridad en el pueblo?
5. ¿Cómo se puede interpretar el saludo militar y la frase final del alcalde "es la misma vaina"?

Escritura

Estrategia
Organizing information logically

Many times a written piece may require you to include a great deal of information. You might want to organize your information in one of three different ways:

► chronologically (e.g., events in the history of a country)
► sequentially (e.g., steps in a recipe)
► in order of importance

Organizing your information in this manner will make both your writing and your message clearer to your readers. If you were writing a piece on weight reduction, for example, you would need to organize your ideas about two general areas: eating right and exercise. You would need to decide which of the two is more important according to your purpose in writing the piece. If your main idea is that eating right is the key to losing weight, you might want to start your piece with a discussion of good eating habits. You might want to discuss the following aspects of eating right in order of their importance:

► quantities of food
► selecting appropriate foods from the food pyramid
► healthful recipes
► percentage of fat in each meal
► calorie count
► percentage of carbohydrates in each meal
► frequency of meals

You would then complete the piece by following the same process to discuss the various aspects of the importance of getting exercise.

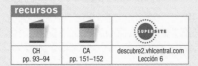

recursos

CH pp. 93–94	CA pp. 151–152	descubre2.vhlcentral.com Lección 6

Tema

Escribir un plan personal de bienestar

Desarrolla un plan personal para mejorar tu bienestar, tanto físico como emocional. Tu plan debe describir:

1. lo que has hecho para mejorar tu bienestar y llevar una vida sana
2. lo que no has podido hacer todavía
3. las actividades que debes hacer en los próximos meses

Considera también estas preguntas.

La nutrición

► ¿Comes una dieta equilibrada?
► ¿Consumes suficientes vitaminas y minerales? ¿Consumes demasiada grasa?
► ¿Quieres aumentar de peso o adelgazar?
► ¿Qué puedes hacer para mejorar tu dieta?

El ejercicio

► ¿Haces ejercicio? ¿Con qué frecuencia?
► ¿Vas al gimnasio? ¿Qué tipo de ejercicios haces allí?
► ¿Practicas algún deporte?
► ¿Qué puedes hacer para mejorar tu bienestar físico?

El estrés

► ¿Sufres muchas presiones?
► ¿Qué actividades o problemas te causan estrés?
► ¿Qué haces (o debes hacer) para aliviar el estrés y sentirte más tranquilo/a?
► ¿Qué puedes hacer para mejorar tu bienestar emocional?

Escuchar

Estrategia

Listening for the gist/
Listening for cognates

Combining these two strategies is an easy way to get a good sense of what you hear. When you listen for the gist, you get the general idea of what you're hearing, which allows you to interpret cognates and other words in a meaningful context. Similarly, the cognates give you information about the details of the story that you might not have understood when listening for the gist.

🎧 To practice these strategies, you will listen to a short paragraph. Write down the gist of what you hear and jot down a few cognates. Based on the gist and the cognates, what conclusions can you draw about what you heard?

Preparación

Mira la foto. ¿Qué pistas° te da de lo que vas a oír?

Ahora escucha 🎧

Escucha lo que dice Ofelia Cortez de Bauer. Anota algunos de los cognados que escuchas y también la idea general del discurso°.

_____

_____

_____

_____

Idea general: _____

Ahora contesta las siguientes preguntas.

1. ¿Cuál es el género° del discurso?
2. ¿Cuál es el tema?
3. ¿Cuál es el propósito°?

recursos

SUPERSITE

descubre2.vhlcentral.com
Lección 6

pistas *clues* discurso *speech* género *genre* propósito *purpose*
público *audience* debía haber incluido *should have included*

Comprensión

¿Cierto o falso?

Indica si lo que dicen estas oraciones es **cierto** o **falso**. Corrige las oraciones que son falsas.

	Cierto	Falso
1. La señora Bauer habla de la importancia de estar en buena forma y de hacer ejercicio.	○	○
2. Según ella, lo más importante es que lleves el programa sugerido por los expertos.	○	○
3. La señora Bauer participa en actividades individuales y de grupo.	○	○
4. El único objetivo del tipo de programa que ella sugiere es adelgazar.	○	○

Preguntas

1. Imagina que el programa de radio sigue. Según las pistas que ella dio, ¿qué vas a oír en la segunda parte?
2. ¿A qué tipo de público° le interesa el tema del que habla la señora Bauer?
3. ¿Sigues los consejos de la señora Bauer? Explica tu respuesta.
4. ¿Qué piensas de los consejos que ella da? ¿Hay otra información que ella debía haber incluido°?

En pantalla

Georgina Bardach, nacida en Córdoba, Argentina, en 1983, es una versátil nadadora° que ha triunfado a nivel° internacional. En los Juegos Olímpicos de Atenas 2004, ganó la medalla de bronce en los 400 metros combinados°. En mayo de 2006, rompió el récord suramericano en los 200 metros de espalda°. Ella, como los niños de este reportaje° de televisión, aprendió a nadar desde pequeña y comenta que para triunfar en la natación o en cualquier° actividad deportiva, en primer lugar "te tiene que gustar. El segundo papel° lo juega la familia, que te apoya°."

Vocabulario útil	
cordón	cord
cloro	chlorine
por medio de	through
familiarizando	getting familiar
beneficios	benefits
sí mismos	themselves
chiquitos	little
reglas	rules
capacidad pulmonar	lung capacity

¿Cierto o falso?

Indica si lo que dice cada oración es **cierto** o **falso**.

1. Algunos bebés pueden empezar a nadar antes de los cuatro meses.
2. Los juegos les ayudan a familiarizarse con la tierra.
3. Las clases son buenas para aprender a socializar.
4. También hacen a los niños menos independientes.
5. El entrenador debe ser un profesional certificado.

Entrevista

En parejas, escriban una entrevista sobre el bienestar a un(a) atleta, un(a) entrenador(a) o un(a) doctor(a). Escriban las preguntas y lo que piensan que esa persona va a responder.

nadadora *swimmer* nivel *level* combinados *medley* de espalda *backstroke* reportaje *report* cualquier *any* papel *role* apoya *supports* bebés *babies* a partir de *from* juguetes *toys*

Reportaje sobre natación

La actividad acuática para bebés° se puede empezar...

...a partir de° los cuatro o cinco meses de edad...

...con canciones y juegos y juguetes°.

SUPERSITE **Conexión Internet**

Go to **descubre2.vhlcentral.com** to watch the TV clip featured in this **En pantalla** section.

Oye cómo va

Los Kjarkas

El grupo folklórico **Los Kjarkas** fue fundado en el año de 1965 por los tres hermanos Wilson, Castel y Gonzalo Hermosa, junto con Edgar Villarroel. La idea era crear° una forma nueva y original de interpretar la música andina boliviana. A través de° los años, esta agrupación musical ha cambiado de integrantes°, pero mantienen la misma filosofía. Actualmente°, este grupo es conocido en Latinoamérica, Norteamérica, Europa y Asia. Los Kjarkas han fundado tres escuelas para el estudio de la música andina y sus instrumentos musicales, una en Bolivia, otra en Perú y otra en Ecuador. Algunas de sus canciones más famosas son *El amor y la libertad, Wa ya yay, Sueño de los Andes* y el éxito internacional *Llorando se fue.*

Tu profesor(a) va a poner la canción en la clase. Escúchala y completa las actividades.

Completar

Completa las frases.
1. Los hermanos Hermosa y Edgar Villarroel fundaron...
2. Los Kjarkas interpretan música...
3. Este grupo ha cambiado varias veces de...
4. Pero ha mantenido la misma...
5. La zampoña, la quena y el charango son...

Preguntas

En grupos pequeños, respondan a las preguntas.
1. ¿De qué habla la canción?
2. ¿Qué consejos le da el autor de la canción a la chica?
3. ¿Creen ustedes en el amor a primera vista? ¿Por qué?
4. ¿Conoce alguno/a de ustedes a una pareja que se haya enamorado a primera vista? Describe su historia a tus compañeros/as.

crear *to create* A través de *Over* integrantes *members* Actualmente *Nowadays* labios *lips* madrugadas *dawns* golpear *knocking (on)* carmín *lipstick* tiernos *tender* camino *path* encuentro *meeting* flauta *flute* quena *reed flute* bombo *bass drum*

El hombre equivocado

Tengo quince años y no he vivido.
En mis labios° besos nunca he sentido.
Mis ojos vieron mil madrugadas° y
pasó el amor sin golpear° mi puerta.
Mis ojos vieron mil madrugadas
y pasó el amor sin golpear mi puerta.

Un día se puso el mejor vestido
y puso carmín° en sus labios tiernos°.
Forzó el camino° de su destino.
No quiso esperar y salió al encuentro°.
Forzó el camino de su destino.
No quiso esperar y salió al encuentro.

Instrumentos andinos

Los instrumentos que se utilizan en la interpretación de la música andina son la zampoña o flauta° de pan, la quena°, el arpa, el bombo°, la guitarra y el charango, que es una guitarra pequeña.

Quena

SUPERSITE Conexión Internet

Go to **descubre2.vhlcentral.com** to learn more about the artist featured in this **Oye cómo va** section.

Bolivia

El país en cifras

▶ **Área:** 1.098.580 km² (424.162 millas²), *equivalente al área total de Francia y España*

▶ **Población:** 10.031.000

Los indígenas quechua y aimará constituyen más de la mitad° de la población de Bolivia. Estos grupos indígenas han mantenido sus culturas y lenguas tradicionales. Las personas de ascendencia° indígena y europea representan la tercera parte de la población. Los demás son de ascendencia europea nacida en Latinoamérica. Una gran mayoría de los bolivianos, más o menos el 70%, vive en el altiplano°.

▶ **Capital:** La Paz, sede° del gobierno, capital administrativa—1.692.000; Sucre, sede del Tribunal Supremo, capital constitucional y judicial

▶ **Ciudades principales:** Santa Cruz de la Sierra—1.551.000, Cochabamba, Oruro, Potosí

SOURCE: Population Division, UN Secretariat

▶ **Moneda:** peso boliviano

▶ **Idiomas:** español (oficial), aimará (oficial), quechua (oficial)

Bandera de Bolivia

Bolivianos célebres

▶ **Jesús Lara,** escritor (1898–1980)
▶ **Víctor Paz Estenssoro,** político y presidente (1907–2001)
▶ **María Luisa Pacheco,** pintora (1919–1982)
▶ **Matilde Casazola,** poeta (1942–)

mitad *half* ascendencia *descent* restante *remaining* altiplano *high plateau* sede *seat* paraguas *umbrella* cascada *waterfall*

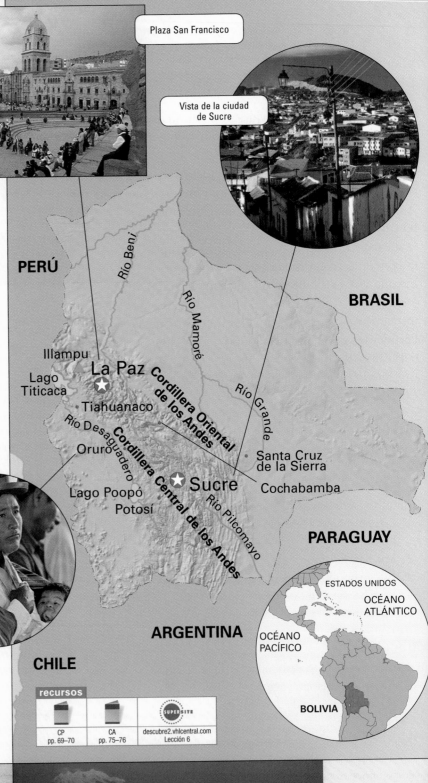

Plaza San Francisco

Vista de la ciudad de Sucre

PERÚ

BRASIL

Río Beni

Río Mamoré

Illampu

Lago Titicaca

La Paz

Cordillera Oriental de los Andes

Río Grande

Tiahuanaco

Río Desaguadero

Cordillera Central de los Andes

Oruro

Santa Cruz de la Sierra

Lago Poopó

Sucre

Cochabamba

Potosí

Río Pilcomayo

Mujer indígena con bebé

PARAGUAY

ARGENTINA

CHILE

ESTADOS UNIDOS

OCÉANO ATLÁNTICO

OCÉANO PACÍFICO

BOLIVIA

recursos

CP pp. 69–70

CA pp. 75–76

SUPERSITE

descubre2.vhlcentral.com Lección 6

¡Increíble pero cierto!

La Paz es la capital más alta del mundo. Su aeropuerto está situado a una altitud de 3.600 metros (12.000 pies). Ah, y si viajas en carro hasta La Paz, ¡no te olvides del paraguas°! En la carretera, que cruza 9.000 metros de densa selva, te encontrarás con una cascada°.

Lugares • **El lago Titicaca**

Titicaca, situado en los Andes de Bolivia y Perú, es el lago navegable más alto del mundo, a una altitud de 3.815 metros (12.500 pies). Con un área de más de 8.000 kilómetros² (3.000 millas²), también es el segundo lago más grande de Suramérica. La mitología inca cuenta que los hijos del dios° Sol emergieron de las profundas aguas del lago Titicaca para fundar su imperio°.

Artes • **La música andina**

La música andina, compartida por Bolivia, Perú, Ecuador, Chile y Argentina, es el aspecto más conocido de su folklore. Hay muchos conjuntos° profesionales que dan a conocer° esta música popular, de origen indígena, alrededor° del mundo. Algunos de los grupos más importantes y que llevan más de treinta años actuando en escenarios internacionales son Los Kjarkas (Bolivia), Inti Illimani (Chile), Los Chaskis (Argentina) e Illapu (Chile).

Historia • **Tiahuanaco**

Tiahuanaco, que significa "Ciudad de los dioses", es un sitio arqueológico de ruinas preincaicas situado cerca de La Paz y del lago Titicaca. Se piensa que los antepasados° de los indígenas aimará fundaron este centro ceremonial hace unos 15.000 años. En el año 1100, la ciudad tenía unos 60.000 habitantes. En este sitio se pueden ver el Templo de Kalasasaya, el Monolito Ponce, el Templete Subterráneo, la Puerta del Sol y la Puerta de la Luna. La Puerta del Sol es un impresionante monumento que tiene tres metros de alto y cuatro de ancho° y que pesa unas 10 toneladas.

 ¿Qué aprendiste? Responde a las preguntas con una oración completa.

1. ¿Cuáles son tres idiomas oficiales de Bolivia?
2. ¿Dónde vive la mayoría de los bolivianos?
3. ¿Cuál es la capital administrativa de Bolivia?
4. Según la mitología inca, ¿qué ocurrió en el lago Titicaca?
5. ¿De qué países es la música andina?
6. ¿Qué origen tiene esta música?
7. ¿Cómo se llama el sitio arqueológico situado cerca de La Paz y el lago Titicaca?
8. ¿Qué es la Puerta del Sol?

 Conexión Internet Investiga estos temas en **descubre2.vhlcentral.com.**

1. Busca información sobre un(a) boliviano/a célebre. ¿Cuáles son algunos de los episodios más importantes de su vida? ¿Qué ha hecho esta persona? ¿Por qué es célebre?
2. Busca información sobre Tiahuanaco u otro sitio arqueológico en Bolivia. ¿Qué han descubierto los arqueólogos en ese sitio?

dios *god* imperio *empire* conjuntos *groups* dan a conocer *make known* alrededor *around* antepasados *ancestors* ancho *wide*

El bienestar

el bienestar	well-being
la droga	drug
el/la drogadicto/a	drug addict
el masaje	massage
el/la teleadicto/a	couch potato
adelgazar	to lose weight; to slim down
aliviar el estrés	to reduce stress
aliviar la tensión	to reduce tension
apurarse, darse prisa	to hurry; to rush
aumentar de peso, engordar	to gain weight
disfrutar (de)	to enjoy; to reap the benefits (of)
estar a dieta	to be on a diet
(no) fumar	(not) to smoke
llevar una vida sana	to lead a healthy lifestyle
sufrir muchas presiones	to be under a lot of pressure
tratar de (+ *inf.*)	to try (to do something)
activo/a	active
débil	weak
en exceso	in excess; too much
flexible	flexible
fuerte	strong
sedentario/a	sedentary; related to sitting
tranquilo/a	calm; quiet

En el gimnasio

la cinta caminadora	treadmill
la clase de ejercicios aeróbicos	aerobics class
el/la entrenador(a)	trainer
el músculo	muscle
calentarse (e:ie)	to warm up
entrenarse	to practice; to train
estar en buena forma	to be in good shape
hacer ejercicio	to exercise
hacer ejercicios aeróbicos	to do aerobics
hacer ejercicios de estiramiento	to do stretching exercises
hacer gimnasia	to work out
levantar pesas	to lift weights
mantenerse en forma	to stay in shape
sudar	to sweat

La nutrición

la bebida alcohólica	alcoholic beverage
la cafeína	caffeine
la caloría	calorie
el colesterol	cholesterol
la grasa	fat
la merienda	afternoon snack
el mineral	mineral
la nutrición	nutrition
el/la nutricionista	nutritionist
la proteína	protein
la vitamina	vitamin
comer una dieta equilibrada	to eat a balanced diet
consumir alcohol	to consume alcohol
descafeinado/a	decaffeinated

Expresiones útiles	*See page 199.*

El mundo del trabajo

7

Communicative Goals

You will learn how to:

- Talk about your future plans
- Talk about and discuss work
- Interview for a job
- Express agreement and disagreement

A PRIMERA VISTA
- ¿Están trabajando las personas en la foto?
- ¿Dibujan algo?
- ¿Llevan ropa profesional?
- ¿Están descansando o están ocupados?

El mundo del trabajo

Más vocabulario

el/la abogado/a	lawyer
el actor, la actriz	actor
el/la consejero/a	counselor; advisor
el/la contador(a)	accountant
el/la corredor(a) de bolsa	stockbroker
el/la diseñador(a)	designer
el/la electricista	electrician
el/la gerente	manager
el hombre/la mujer de negocios	businessperson
el/la jefe/a	boss
el/la maestro/a	teacher
el/la político/a	politician
el/la psicólogo/a	psychologist
el/la secretario/a	secretary
el/la técnico/a	technician
el ascenso	promotion
el aumento de sueldo	raise
la carrera	career
la compañía, la empresa	company; firm
el empleo	job; employment
los negocios	business; commerce
la ocupación	occupation
el oficio	trade
la profesión	profession
la reunión	meeting
el teletrabajo	telecommuting
el trabajo	job; work
la videoconferencia	videoconference
dejar	to quit; to leave behind
despedir (e:i)	to fire
invertir (e:ie)	to invest
renunciar (a)	to resign (from)
tener éxito	to be successful
comercial	commercial; business-related

Variación léxica

abogado/a ⟷ licenciado/a (*Amér. C.*)

contador(a) ⟷ contable (*Esp.*)

el carpintero

el pintor

el arquitecto

el peluquero

la arqueóloga

el científico

recursos

CP
pp. 73–74

CH
pp. 95–96

CA
p. 125

SUPERSITE
descubre2.vhlcentral.com
Lección 7

Práctica SUPERSITE

el cocinero

el bombero

la reportera

1

Escuchar 🎧 Escucha la descripción que hace Juan Figueres de su profesión y luego completa las oraciones con las palabras adecuadas.

1. El Sr. Figueres es _____.
   a. actor   b. hombre de negocios   c. pintor
2. El Sr. Figueres es el _____ de una compañía multinacional.
   a. secretario   b. técnico   c. gerente
3. El Sr. Figueres quería _____ en la cual pudiera (*he could*) trabajar en otros países.
   a. una carrera   b. un ascenso   c. un aumento de sueldo
4. El Sr. Figueres viaja mucho porque _____.
   a. tiene reuniones en otros países   b. es político
   c. toma muchas vacaciones

2

¿Cierto o falso? 🎧 Escucha las descripciones de las profesiones de Ana y Marco. Indica si lo que dice cada oración es **cierto** o **falso**.

1. Ana es maestra de inglés.
2. Ana asiste a muchas reuniones.
3. Ana recibió un aumento de sueldo.
4. Marco hace muchos viajes.
5. Marco quiere dejar su empresa.
6. El jefe de Marco es cocinero.

3

Escoger Escoge la ocupación que corresponda a cada descripción.

la arquitecta	el científico	la electricista
el bombero	el corredor de bolsa	el maestro
la carpintera	el diseñador	la técnica

1. Desarrolla teorías de biología, química, física, etc.
2. Nos ayuda a iluminar nuestras casas.
3. Combate los incendios (*fires*) que destruyen edificios.
4. Ayuda a la gente a invertir su dinero.
5. Enseña a los niños.
6. Diseña ropa.
7. Arregla las computadoras.
8. Diseña edificios.

4

Asociaciones ¿Qué profesiones asocias con estas palabras?

> **modelo**
> emociones *psicólogo/a*

1. pinturas
2. consejos
3. elecciones
4. comida
5. leyes
6. teatro
7. pirámide
8. periódico
9. pelo

SUPERSITE

5   Conversación Completa la entrevista con el nuevo vocabulario que se ofrece en la lista de la derecha.

ENTREVISTADOR Recibí la (1)_____ que usted llenó y vi que tiene mucha experiencia.

ASPIRANTE Por eso decidí mandar una copia de mi (2)_____ cuando vi su (3)_____ en el periódico.

ENTREVISTADOR Me alegro de que lo haya hecho. Pero dígame, ¿por qué dejó usted su (4)_____ anterior?

ASPIRANTE Lo dejé porque quiero un mejor (5)_____.

ENTREVISTADOR ¿Y cuánto quiere (6)_____ usted?

ASPIRANTE Pues, eso depende de los (7)_____ que me puedan ofrecer.

ENTREVISTADOR Muy bien. Pues, creo que usted tiene la experiencia necesaria, pero tengo que (8)_____ a dos aspirantes más. Le vamos a llamar la semana que viene.

ASPIRANTE Hasta pronto, y gracias por la (9)_____.

Más vocabulario

el anuncio	advertisement
el/la aspirante	candidate; applicant
los beneficios	benefits
el currículum	résumé
la entrevista	interview
el/la entrevistador(a)	interviewer
el puesto	position; job
el salario, el sueldo	salary
la solicitud (de trabajo)	(job) application
contratar	to hire
entrevistar	to interview
ganar	to earn
obtener	to obtain; to get
solicitar	to apply (for a job)

6   Completar Escoge la respuesta que completa cada oración.

1. Voy a _____ mi empleo.
   a. tener éxito   b. renunciar a   c. entrevistar
2. Quiero dejar mi _____ porque no me gusta mi jefe.
   a. anuncio   b. gerente   c. puesto
3. Por eso, fui a una _____ con una consejera de carreras.
   a. profesión   b. reunión   c. ocupación
4. Ella me dijo que necesito revisar mi _____.
   a. currículum   b. compañía   c. aspirante
5. ¿Cuándo obtuviste _____ más reciente?, me preguntó.
   a. la reunión   b. la videoconferencia   c. el aumento de sueldo
6. Le dije que deseo trabajar en una empresa con excelentes _____.
   a. beneficios   b. entrevistas   c. solicitudes de trabajo
7. Y quiero tener la oportunidad de _____ en la nueva empresa.
   a. invertir   b. obtener   c. perder

¡LENGUA VIVA!

Trabajo, empleo, and puesto all translate as *job*, but each has additional meanings: trabajo means *work*, empleo means *employment*, and puesto means *position*.

7   Preguntas Responde a cada pregunta con una respuesta breve.

1. ¿En qué te gustaría especializarte?
2. ¿Has leído los anuncios de empleo en el periódico?
3. ¿Piensas que una carrera que beneficia a otros es más importante que un empleo con un salario muy bueno? Explica tu respuesta.
4. ¿Tus padres consiguen los puestos que quieren?
5. ¿Has tenido una entrevista de trabajo alguna vez?
6. ¿Crees que una persona debe renunciar a un puesto si no se ofrecen ascensos?
7. ¿Te gustaría (*Would you like*) más un teletrabajo o un trabajo tradicional en una oficina?
8. ¿Piensas que los jefes siempre tienen razón?
9. ¿Quieres tener tu propia empresa algún día?
10. ¿Cuál es tu carrera ideal?

Comunicación

8

Una entrevista Trabaja con un(a) compañero/a para representar los papeles de un(a) aspirante a un puesto y un(a) entrevistador(a).

El/La entrevistador(a) debe describir...
▶ el puesto.
▶ las responsabilidades.
▶ el salario.
▶ los beneficios.

El/La aspirante debe...
▶ presentar su experiencia.
▶ obtener más información sobre el puesto.

Entonces...
▶ el/la entrevistador(a) debe decidir si va a contratar al/a la aspirante.
▶ el/la aspirante debe decidir si va a aceptar el puesto.

9

Un(a) consejero/a de carreras En parejas, representen los papeles de un(a) consejero/a de carreras y una persona que quiere saber cuál es la mejor ocupación para él/ella. El/La consejero/a debe hacerle preguntas sobre su educación, su experiencia y sus intereses y debe sugerir dos o tres profesiones posibles. Después, intercambien los papeles.

10

Una feria de trabajo La clase va a celebrar una feria (*fair*) de trabajo. Unos estudiantes van a ser representantes de compañías que buscan empleados y otros van a estar buscando empleo. Los representantes deben preparar carteles con el nombre de su compañía y los puestos que ofrecen. Los que buscan empleo deben circular por la clase y hablar con tres representantes sobre sus experiencias de trabajo y el tipo de trabajo que están buscando. Los entrevistadores deben describir los puestos y conseguir los nombres y las referencias de los aspirantes.

¡Es un plan sensacional!

Don Francisco y los estudiantes hablan de sus ocupaciones futuras.

PERSONAJES

MAITE

INÉS

DON FRANCISCO

ÁLEX

JAVIER

1

MAITE La señora Vives es una cocinera magnífica.

DON FRANCISCO Me alegro de que les guste.

2

DON FRANCISCO Oigan, ¿qué me dicen del lugar donde fueron de excursión? ¿Qué les pareció?

MAITE ¡El paisaje es bellísimo!

INÉS Martín fue un guía excelente. Mostró mucho interés en que aprendiéramos sobre el medio ambiente.

3

DON FRANCISCO Sí, Martín es el mejor guía que conozco. Pero hablando de profesiones, ¿quieren saber cuáles son mis planes para el futuro?

MAITE ¡Me muero por saberlo!

DON FRANCISCO He decidido que el próximo verano voy a establecer mi propia compañía de turismo.

6

MAITE ¡Es un plan sensacional! Pero ahora escuchen el mío. Yo voy a ser periodista y tendré mi propio programa de entrevistas. Me verán en la tele entrevistando a políticos, científicos, hombres y mujeres de negocios y actores y actrices.

7

JAVIER No me cabe duda de que seré un pintor famoso. Todo el mundo querrá comprar mis cuadros y llegaré a ser más famoso que Picasso, que Dalí, que Velázquez...

8

INÉS Seré arqueóloga. Investigaré sitios arqueológicos en el Ecuador y en otros países. Escribiré libros sobre mis descubrimientos.

recursos

CA
pp. 59–60

descubre2.vhlcentral.com
Lección 7

JAVIER ¡Buena idea, don Efe! Con su experiencia y talento, será un gran éxito.

ÁLEX Sí, estoy completamente de acuerdo.

DON FRANCISCO ¡Qué amables son! Pero, díganme, ¿cuáles son sus planes? Supongo que también ustedes han pensado en el futuro.

ÁLEX Pues claro, don Francisco. En cinco años habré establecido una compañía especializada en Internet.

INÉS Serás millonario, ¿eh?

ÁLEX Exactamente, porque muchísima gente habrá invertido montones de dinero en mi empresa.

MAITE ¡Fenomenal! Cuando sean famosos yo los invitaré a todos a mi programa. Y usted también vendrá, don Efe.

DON FRANCISCO ¡Enseguida! ¡Vendré conduciendo un autobús!

DON FRANCISCO ¡Por el porvenir!

ESTUDIANTES ¡Por el porvenir!

Expresiones útiles

Talking about future plans

- **¿Quieren saber cuáles son mis planes para el futuro?**
  Do you want to know what my plans for the future are?
  Me muero por saberlo.
  I'm dying to know.

- **¿Cuáles son tus/sus planes?**
  What are your plans?
  Seré un(a) pintor(a) famoso/a.
  I will be a famous painter.
  Tendré mi propio programa.
  I will have my own program.

- **¿Dónde trabajarás?**
  Where will you work?
  Trabajaré en México.
  I will work in Mexico.

- **¿Qué piensas hacer después de graduarte?**
  What do you intend to do after graduating?
  Pienso establecer mi propia compañía.
  I intend to start my own company.

Agreement and disagreement

- **Estoy (completamente) de acuerdo.**
  I agree (completely).
- **Claro (que sí).**
  Of course.
- **Por supuesto.**
  Of course.
- **No estoy de acuerdo.**
  I don't agree.
- **No es así.**
  That's not the way it is.
- **De ninguna manera.**
  No way.

Giving a toast

- **¡Por el porvenir!**
  Here's to the future!

¿Qué pasó?

 1

¿Cierto o falso? Indica si lo que dicen estas oraciones es **cierto** o **falso**.   Cierto   Falso
Corrige las oraciones falsas.

1. Álex será millonario porque mucha gente invertirá en   ○   ○
   su compañía.
2. Don Francisco preparó una comida deliciosa.   ○   ○
3. Martín insistió en que los estudiantes aprendieran sobre   ○   ○
   la historia del Ecuador.
4. Inés será arqueóloga.   ○   ○

 2

Identificar Identifica quién puede decir estas oraciones.

1. Con mi talento y experiencia en turismo, creo que mi compañía
   tendrá mucho éxito.
2. Siempre me ha interesado mucho la historia de mi país.
3. La comunicación y la tecnología me han gustado por
   mucho tiempo. Estableceré una empresa que se
   especialice en esas cosas.
4. Voy a ser más famoso que Dalí.
5. ¿Mi plan para el futuro? Trabajar en televisión
   y hablar con gente interesante.

JAVIER

INÉS

MAITE

ÁLEX

DON
FRANCISCO

NOTA CULTURAL

El pintor español **Salvador Dalí** es uno de los máximos representantes del **surrealismo**, tendencia estética que refleja el subconsciente (*subconscious*) del artista. Las obras de Dalí están llenas de símbolos e imágenes fantásticas que muestran sus sueños y su interpretación de la realidad.

 3

Profesiones Los protagonistas de la **Fotonovela** mencionan estas profesiones. En parejas,
túrnense para definir cada profesión.

1. arqueólogo/a
2. actor/actriz
3. científico/a
4. cocinero/a
5. hombre/mujer de negocios
6. periodista
7. pintor(a)
8. político/a

4

Mis planes En grupos, hablen de sus planes para el futuro. Utilicen estas preguntas y frases.

- ¿Qué piensas hacer después de graduarte?
- ¿Quieres saber cuáles son mis planes para el futuro?
- ¿Cuáles son tus planes?
- ¿Trabajarás o asistirás a la universidad?
- El próximo año/verano, voy a...
- Seré...
- En el futuro trabajaré en...

AYUDA

Remember that the indefinite article is not used with professions, unless they are modified by an adjective.

José es **pintor**.

José es **un buen pintor**.

Ortografía SUPERSITE

Las letras y, ll y h

The letters **ll** and **y** were not pronounced alike in Old Spanish. Nowadays, however, **ll** and **y** have the same or similar pronunciations in many parts of the Spanish-speaking world. This results in frequent misspellings. The letter **h**, as you already know, is silent in Spanish, and it is often difficult to know whether words should be written with or without it. Here are some of the word groups that are spelled with each letter.

talla	**sello**	**botella**	**amarillo**

The letter **ll** is used in these endings: **-allo/a, -ello/a, -illo/a.**

llave	**llega**	**llorar**	**lluvia**

The letter **ll** is used at the beginning of words in these combinations: **lla-, lle-, llo-, llu-.**

cayendo	**leyeron**	**oye**	**incluye**

The letter **y** is used in some forms of the verbs **caer, leer,** and **oír** and in verbs ending in **-uir.**

hiperactivo	**hospital**	**hipopótamo**	**humor**

The letter **h** is used at the beginning of words in these combinations: **hiper-, hosp-, hidr-, hipo-, hum-.**

hiato	**hierba**	**hueso**	**huir**

The letter **h** is also used in words that begin with these combinations: **hia-, hie-, hue-, hui-.**

Práctica Llena los espacios con **h, ll** o **y.** Después escribe una frase con cada una de las palabras.

1. cuchi___o
2. ___ielo
3. cue___o
4. estampi___a
5. estre___a
6. ___uésped
7. destru___ó
8. ca___eron

Adivinanza Aquí tienes una adivinanza (*riddle*). Intenta descubrir de qué se trata.

Una cajita chiquita, blanca como la nieve: todos la saben abrir, nadie la sabe cerrar.[1]

Pista: Es una comida.

recursos		
CH p. 97	CA p. 126	descubre2.vhlcentral.com Lección 7

EN DETALLE

Beneficios
en los empleos

¿Qué piensas si te ofrecen un trabajo que te da treinta días de vacaciones pagadas? Los beneficios laborales° en los Estados Unidos, España e Hispanoamérica son diferentes en varios sentidos°. En España, por ejemplo, por ley federal los empleados tienen treinta días de vacaciones pagadas al año. Por otra parte, mientras que° en los Estados Unidos se otorga° una licencia por maternidad° de doce semanas, la ley° no especifica que sea pagada, esto depende de cada empresa. En muchos países hispanoamericanos las leyes dictan que esta licencia sea pagada. Países como Chile y Venezuela ofrecen a las madres trabajadoras° dieciocho semanas de licencia pagada.

Otra diferencia está en los sistemas de jubilación° de los países hispanoamericanos. Hasta la década de 1990, la mayoría de los países de Centroamérica y Suramérica tenía un sistema

de jubilación público y estatal°. Es decir que las personas no tienen que pagar directamente por su jubilación, sino que el Estado la administraba. Sin embargo, en los últimos años las cosas han cambiado en Hispanoamérica: desde hace más de una década ya, casi todos los países han incorporado el sistema privado° de jubilación, y en muchos países podemos encontrar los dos sistemas (público y privado) funcionando a la misma vez, como en Colombia, Perú o Costa Rica.

El currículum vitae

- El currículum vitae contiene información personal y es fundamental que sea muy detallado°. En general, mientras más páginas tenga, mejor.

- Normalmente incluye° la educación completa del aspirante, todos los trabajos que ha tenido e incluso sus gustos personales y pasatiempos.

- Puede también incluir detalles que no se suele incluir en los Estados Unidos: una foto del aspirante, su estado civil e incluso si tiene auto y de qué tipo.

beneficios laborales *job benefits* varios sentidos *many ways* mientras que *while* se otorga *is given* licencia por maternidad *maternity leave* ley *law* madres trabajadoras *working mothers* jubilación *retirement* estatal *state* privado *private* detallado *detailed* incluye *includes*

ACTIVIDADES

1 **¿Cierto o falso?** Indica si lo que dicen estas oraciones es **cierto** o **falso**. Corrige la información falsa.

1. La licencia por maternidad es igual en Hispanoamérica y los Estados Unidos.

2. En Venezuela, la licencia por maternidad es de cuatro meses y medio.

3. En España, los empleados tienen treinta días de vacaciones al año.

4. Hasta 1990, mucho países hispanoamericanos tenían un sistema de jubilación privado.

5. En general, el currículum vitae hispano y el estadounidense tienen contenido distinto.

6. En Hispanoamérica, es importante que el currículum vitae tenga pocas páginas.

ASÍ SE DICE

El trabajo

la chamba (Méx.); el curro (Esp.); el laburo (Arg.); la pega (Chi.)	el trabajo
el/la cirujano/a	*surgeon*
la huelga, el paro (Esp.)	*strike*
el/la niñero/a	*babysitter*
el impuesto	*tax*

EL MUNDO HISPANO

Igualdad° laboral

○ **United Fruit Company** fue, por casi cien años, la mayor corporación estadounidense que monopolizó las exportaciones de frutas de Hispanoamérica. Influenció enormemente la economía y la política de la región hasta 1970.

○ **Fair Trade Coffee** trabaja para proteger a los agricultores° de café de los abusos de las grandes compañías multinacionales. Ahora, en lugares como Centroamérica, los agricultores pueden obtener mejores ganancias° a través del comercio directo y los precios justos°.

○ **Oxfam International** trabaja en países como Guatemala, Ecuador, Nicaragua y Perú para concientizar a la opinión pública° de que la igualdad entre las personas es tan importante como el crecimiento° económico de las naciones.

Igualdad *Equality* **agricultores** *farmers* **ganancias** *profits* **justos** *fair* **concientizar a la opinión pública** *to make the public aware* **crecimiento** *growth*

PERFIL

César Chávez

César Estrada Chávez (1927–1993) nació cerca de Yuma, Arizona. De padres mexicanos, empezó a trabajar en el campo a los diez años de edad. Comenzó a luchar contra la discriminación en los años 40, mientras estaba en la marina°. Fue en esos tiempos cuando se sentó en la sección para blancos en un cine segregacionista y se negó° a moverse.

Junto a su esposa, Helen Fabela, fundó° en 1962 la Asociación Nacional de Trabajadores del Campo° que después se convertiría en la coalición Trabajadores del Campo Unidos. Participó y organizó muchas huelgas en grandes compañías para lograr mejores condiciones laborales° y salarios más altos y justos para los trabajadores. Es considerado un héroe del movimiento laboral estadounidense. Desde el año 2000,

la fecha de su cumpleaños es un día festivo pagado° en California y otros estados.

marina *navy* **se negó** *he refused* **fundó** *he established* **Trabajadores del Campo** *Farm Workers* **condiciones laborales** *working conditions* **día festivo pagado** *paid holiday*

 SUPERSITE **Conexión Internet**

¿Qué industrias importantes hay en los países hispanos?	Go to **descubre2.vhlcentral. com** to find more cultural information related to this **Cultura** section.

ACTIVIDADES

2 **Comprensión** Responde a las preguntas.

1. ¿Cómo dice un argentino "perdí mi trabajo"?
2. ¿Cuál es el principio fundamental del Fair Trade Coffee?
3. ¿Por qué César Chávez organizó huelgas contra grandes compañías?
4. ¿Qué día es un día festivo pagado en California?

3 **Sus ambiciones laborales** En parejas, hagan una lista con al menos tres ideas sobre las expectativas que tienen sobre su futuro como trabajadores/as. Pueden describir las ideas y ambiciones sobre el trabajo que quieren tener. Luego van a exponer sus ideas ante la clase para un debate.

recursos

| CH p. 98 | **SUPERSITE** descubre2.vhlcentral.com Lección 7 |

7.1 The future

ANTE TODO You have already learned ways of expressing the near future in Spanish. You will now learn how to form and use the future tense. Compare the different ways of expressing the future in Spanish and English.

Present indicative

Voy al cine mañana.
I'm going to the movies tomorrow.

Present subjunctive

Ojalá **vaya al cine** mañana.
I hope I will go to the movies tomorrow.

ir a + [infinitive]

Voy a ir al cine.
I'm going to go to the movies.

Future

Iré al cine.
I will go to the movies.

Future tense		estudiar	aprender	recibir
SINGULAR FORMS	yo	estudiar**é**	aprender**é**	recibir**é**
	tú	estudiar**ás**	aprender**ás**	recibir**ás**
	Ud./él/ella	estudiar**á**	aprender**á**	recibir**á**
PLURAL FORMS	nosotros/as	estudiar**emos**	aprender**emos**	recibir**emos**
	vosotros/as	estudiar**éis**	aprender**éis**	recibir**éis**
	Uds./ellos/ellas	estudiar**án**	aprender**án**	recibir**án**

▶ In Spanish, the future is a simple tense that consists of one word, whereas in English it is made up of the auxiliary verb *will* or *shall,* and the main verb. **¡Atención!** Note that all of the future endings have a written accent except the **nosotros/as** form.

¿Cuándo **recibirás** el ascenso?
*When **will you receive** the promotion?*

Mañana **aprenderemos** más.
*Tomorrow **we will learn** more.*

▶ The future endings are the same for regular and irregular verbs. For regular verbs, simply add the endings to the infinitive. For irregular verbs, add the endings to the irregular stem.

Irregular verbs in the future

INFINITIVE	STEM	FUTURE FORMS
decir	dir-	dir**é**
hacer	har-	har**é**
poder	podr-	podr**é**
poner	pondr-	pondr**é**
querer	querr-	querr**é**
saber	sabr-	sabr**é**
salir	saldr-	saldr**é**
tener	tendr-	tendr**é**
venir	vendr-	vendr**é**

▶ The future of **hay** (*inf.* **haber**) is **habrá** (*there will be*).

> La próxima semana **habrá**
> dos reuniones.
> *Next week there will be*
> *two meetings.*

> **Habrá** muchos gerentes en la
> videoconferencia.
> *There will be many managers at*
> *the videoconference.*

▶ Although the English word *will* can refer to future time, it also refers to someone's willingness to do something. In this case, Spanish uses **querer** + [*infinitive*], not the future tense.

> **¿Quieres llamarme**, por favor?
> *Will you please call me?*

> **¿Quieren ustedes escucharnos**,
> por favor?
> *Will you please listen to us?*

COMPARE & CONTRAST

In Spanish, the future tense has an additional use: expressing conjecture or probability. English sentences involving expressions such as *I wonder, I bet, must be, may, might,* and *probably* are often translated into Spanish using the *future of probability*.

> —¿Dónde **estarán** mis llaves?
> *I wonder where my keys are.*

> —¿Qué hora **será**?
> *What time can it be? (I wonder*
> *what time it is.)*

> —**Estarán** en la cocina.
> *They're probably in the kitchen.*

> —**Serán** las once o las doce.
> *It must be (It's probably) eleven*
> *or twelve.*

Note that although the future tense is used, these verbs express conjecture about *present* conditions, events, or actions.

CONSULTA

To review these conjunctions of time, see **Estructura 4.3**, p. 146.

▶ The future may also be used in the main clause of sentences in which the present subjunctive follows a conjunction of time such as **cuando, después (de) que, en cuanto, hasta que,** and **tan pronto como.**

> **Cuando llegues** a la oficina,
> **hablaremos**.
> *When you arrive at the office,*
> *we will talk.*

> **Saldremos tan pronto como**
> **termine** su trabajo.
> *We will leave as soon as you finish*
> *your work.*

recursos

CP
pp. 75–76

CH
pp. 99–101

CA
pp. 29–30, 127

SUPERSITE
descubre2.
vhlcentral.com
Lección 7

¡INTÉNTALO!   Conjuga los verbos entre paréntesis en futuro.

1. (dejar, correr, invertir) yo  *dejaré, correré, invertiré*
2. (renunciar, beber, vivir) tú _____
3. (hacer, poner, venir) Lola _____
4. (tener, decir, querer) nosotros _____
5. (ir, ser, estar) ustedes _____
6. (solicitar, comer, repetir) usted _____
7. (saber, salir, poder) yo _____
8. (encontrar, jugar, servir) tú _____

Práctica SUPERSITE

1 Planes Celia está hablando de sus planes. Repite lo que dice, usando el tiempo futuro.

> **modelo**
>
> Voy a consultar el índice de Empresas 500 en la biblioteca.
> *Consultaré el índice de Empresas 500 en la biblioteca.*

1. Álvaro y yo nos vamos a casar pronto.
2. Julián me va a decir dónde puedo buscar trabajo.
3. Voy a buscar un puesto con un buen sueldo.
4. Voy a leer los anuncios clasificados todos los días.
5. Voy a obtener un puesto en mi especialización.
6. Mis amigos van a estar contentos por mí.

2 ¿Quién será? ¿Qué hará? En parejas, imaginen que están con un(a) amigo/a en la cafetería y ven entrar a un(a) nuevo/a estudiante. Imaginen cómo será su vida y utilicen el futuro de probabilidad en su conversación. Usen estas preguntas como guía y después lean su conversación delante de la clase.

> **modelo**
>
> **Estudiante 1:** *¿Será atlético/a?*
> **Estudiante 2:** *Creo que sí porque lleva equipo atlético.*

- ¿De dónde será?
- ¿Cuántos años tendrá?
- ¿Tendrá novio/a?
- ¿Sabrá conducir?

- ¿En qué grado estará?
- ¿Dónde vivirá?
- ¿Estará esperando a alguien?
  ¿A quién?

3 Preguntas Imaginen que han aceptado uno de los puestos de los anuncios. En parejas, túrnense para hablar sobre los detalles (*details*) del puesto. Usen las preguntas como guía y hagan también sus propias preguntas.

Laboratorios LUNA
Se busca científico con mucha imaginación para crear nuevos productos. Mínimo 3 años de experiencia. Puesto con buen sueldo y buenos beneficios.
Tel: 492-38-67

SE BUSCA CONTADOR(A)
Mínimo 5 años de experiencia. Debe hablar inglés, francés y alemán. Salario: 120.000 dólares al año. Envíen currículum por fax al: 924-90-34.

SE BUSCAN
Actores y actrices con experiencia para telenovela. Trabajarán por las noches. Salario: 40 dólares la hora. Soliciten puesto en persona. Calle El Lago n. 24, Managua.

SE NECESITAN
Jóvenes periodistas para periódico nacional. Horario: 4:30 a 20:30. Comenzarán inmediatamente. Salario 20.000 dólares al año. Tel. contacto: 245-94-30.

1. ¿Cuál será el trabajo?
2. ¿Qué harás?
3. ¿Cuánto te pagarán?
4. ¿Sabes si te ofrecerán beneficios?

5. ¿Sabes el horario que tendrás?
   ¿Es importante saberlo?
6. ¿Crees que te gustará? ¿Por qué?
7. ¿Cuándo comenzarás a trabajar?
8. ¿Qué crees que aprenderás?

Comunicación

4

Conversar Tú y tu compañero/a viajarán a la República Dominicana con un grupo de estudiantes por siete días. En parejas, indiquen lo que harán y no harán. Digan dónde, cómo, con quién o en qué fechas lo harán, usando el anuncio como guía. Pueden usar sus propias ideas también.

> **modelo**
>
> **Estudiante 1:** ¿Qué haremos el martes?
> **Estudiante 2:** Visitaremos el Jardín Botánico.
> **Estudiante 1:** Pues, tú visitarás el Jardín Botánico y yo
> caminaré por el Mercado Modelo.

NOTA CULTURAL

En la **República Dominicana** está el punto más alto y el más bajo de las Antillas. El Pico Duarte mide (*measures*) 3.175 metros y el lago Enriquillo está a 45 metros bajo el nivel del mar (*sea level*).

¡Bienvenido a la República Dominicana!

Se divertirá desde el momento en que llegue al **Aeropuerto Internacional de las Américas**.

- Visite la ciudad colonial de **Santo Domingo** con su interesante arquitectura.
- Vaya al **Jardín Botánico** y disfrute de nuestra abundante naturaleza.
- En el **Mercado Modelo** no va a

poder resistir la tentación de comprar artesanías.

- No deje de escalar el **Pico Duarte** (se recomiendan 3 días).
- ¿Le gusta bucear? **Cabarete** tiene todo el equipo que usted necesita.
- ¿Desea nadar? **Punta Cana** le ofrece hermosas playas.

5

Planear En grupos pequeños, hagan planes para formar una empresa privada. Usen las preguntas como guía. Después presenten su plan a la clase.

1. ¿Cómo se llamará y qué tipo de empresa será?
2. ¿Cuántos empleados tendrá y cuáles serán sus oficios o profesiones?
3. ¿Qué tipo de beneficios se ofrecerán?
4. ¿Quién será el/la gerente y quién será el jefe/la jefa? ¿Por qué?
5. ¿Permitirá su empresa el teletrabajo? ¿Por qué?
6. ¿Dónde pondrán anuncios para conseguir empleados?

Síntesis

recursos

CA
pp. 29–30

6

El futuro de Cristina Tu profesor(a) va a darte una serie incompleta de dibujos sobre el futuro de Cristina. Tú y tu compañero/a tienen dos series diferentes. Háganse preguntas y respondan de acuerdo a los dibujos para completar la historia.

> **modelo**
>
> **Estudiante 1:** ¿Qué hará Cristina en el año 2015?
> **Estudiante 2:** Ella se graduará en el año 2015.

7.2 The future perfect

ANTE TODO   Like other compound tenses you have learned, the future perfect (**el futuro perfecto**) is formed with a form of **haber** and the past participle. It is used to talk about what will have happened by some future point in time.

Future perfect

	hablar	**comer**	**vivir**
yo	**habré** hablado	**habré** comido	**habré** vivido
tú	**habrás** hablado	**habrás** comido	**habrás** vivido
Ud./él/ella	**habrá** hablado	**habrá** comido	**habrá** vivido
nosotros/as	**habremos** hablado	**habremos** comido	**habremos** vivido
vosotros/as	**habréis** hablado	**habréis** comido	**habréis** vivido
Uds./ellos/ellas	**habrán** hablado	**habrán** comido	**habrán** vivido

SINGULAR FORMS

PLURAL FORMS

¡ATENCIÓN!

As with other compound tenses, the past participle never varies in the future perfect; it always ends in **-o**.

En cinco años habré establecido mi compañía de Internet.

Serás millonario, ¿eh?

Sí, porque mucha gente habrá invertido en mi empresa.

▶ The phrases **para** + [*time expression*] and **dentro de** + [*time expression*] are used with the future perfect to talk about what will have happened by some future point in time.

Para el lunes, habré hecho todas las preparaciones.
By Monday, I will have made all the preparations.

Dentro de un año, habré renunciado a mi trabajo.
Within a year, I will have resigned from my job.

 **¡INTÉNTALO!**   Indica la forma apropiada del futuro perfecto.

1. Para el sábado, nosotros <u>habremos obtenido</u> (obtener) el dinero.
2. Yo _____ (terminar) el trabajo para cuando lleguen mis amigos.
3. Silvia _____ (hacer) todos los planes para el próximo fin de semana.
4. Para el cinco de junio, ustedes _____ (llegar) a Quito.
5. Para esa fecha, Ernesto y tú _____ (recibir) muchas ofertas.
6. Para el ocho de octubre, nosotros ya _____ (llegar) a Colombia.
7. Para entonces, yo _____ (volver) de la República Dominicana.
8. Para cuando yo te llame, ¿tú _____ (decidir) lo que vamos a hacer?
9. Para las nueve, mi hermana _____ (salir).
10. Para las ocho, tú y yo _____ (limpiar) el piso.

recursos

CP
p. 77

CH
p. 102

CA
pp. 33, 128

SUPERSITE
descubre2.
vhlcentral.com
Lección 7

Práctica

1 **Escoger** Juan Luis habla de lo que habrá ocurrido en ciertos momentos del futuro. Escoge los verbos que mejor completen cada oración y ponlos en el futuro perfecto.

casarse	leer	solicitar
comprar	romperse	tomar
graduarse	ser	viajar

1. Para mañana por la tarde, yo ya _____ mi examen de biología.
2. Para la semana que viene, el profesor _____ nuestros exámenes.
3. Dentro de tres meses, Juan y Marisa _____ en Las Vegas.
4. Dentro de cinco meses, tú y yo _____ de la escuela secundaria.
5. Para el fin de mayo, yo _____ un trabajo de tiempo parcial.
6. Dentro de un año, tus tíos _____ una casa nueva.
7. Antes de cumplir los 50 años, usted _____ a Europa.
8. Dentro de 25 años, Emilia ya _____ presidenta de los EE.UU.

Comunicación

recursos

CA
p. 33

2 **Encuesta** Tu profesor(a) te va a dar una hoja de actividades. Pregúntales a tres compañeros/as para cuándo habrán hecho las cosas relacionadas con sus futuras carreras que se mencionan en la lista. Toma nota de las respuestas y comparte más tarde con la clase la información que obtuviste sobre tus compañeros/as.

> **modelo**
>
> **Estudiante 1:** ¿Para cuándo habrás terminado tus estudios, Carla?
> **Estudiante 2:** Para el año que viene, habré terminado mis estudios.
> **Estudiante 1:** Carla habrá terminado sus estudios el año que viene.

Síntesis

3 **Competir** En parejas, preparen una conversación hipotética (8 líneas o más) que ocurra en una fiesta. Una persona dice lo que habrá hecho para algún momento del futuro; la otra responde, diciendo cada vez algo más exagerado. Prepárense para representar la conversación delante de la clase.

> **modelo**
>
> **Estudiante 1:** Cuando tenga 30 años, habré ganado un millón de dólares.
> **Estudiante 2:** Y yo habré llegado a ser multimillonaria.
> **Estudiante 1:** Para el 2020, me habrán escogido como la mejor diseñadora de París.
> **Estudiante 2:** Pues, yo habré ganado el Premio Nobel de literatura.

7.3 # The past subjunctive · SUPERSITE

ANTE TODO You will now learn how to form and use the past subjunctive (**el pretérito imperfecto de subjuntivo**), also called the imperfect subjunctive. Like the present subjunctive, the past subjunctive is used mainly in multiple-clause sentences which express states and conditions such as will, influence, emotion, commands, indefiniteness, and non-existence.

The past subjunctive

		estudiar	aprender	recibir
SINGULAR FORMS	yo	estudia**ra**	aprendie**ra**	recibie**ra**
	tú	estudia**ras**	aprendie**ras**	recibie**ras**
	Ud./él/ella	estudia**ra**	aprendie**ra**	recibie**ra**
PLURAL FORMS	nosotros/as	estudiá**ramos**	aprendié**ramos**	recibié**ramos**
	vosotros/as	estudia**rais**	aprendie**rais**	recibie**rais**
	Uds./ellos/ellas	estudia**ran**	aprendie**ran**	recibie**ran**

▶ The past subjunctive endings are the same for all verbs.

-ra	**-ramos**
-ras	**-rais**
-ra	**-ran**

▶ The past subjunctive is formed using the **Uds./ellos/ellas** form of the preterite. By dropping the **-ron** ending from this preterite form, you establish the stem of all the past subjunctive forms. To this stem you then add the past subjunctive endings.

INFINITIVE	PRETERITE FORM	PAST SUBJUNCTIVE
hablar	ellos **habla**~~ron~~	habla**ra**, habla**ras**, hablá**ramos**
beber	ellos **bebie**~~ron~~	bebie**ra**, bebie**ras**, bebié**ramos**
escribir	ellos **escribie**~~ron~~	escribie**ra**, escribie**ras**, escribié**ramos**

▶ For verbs with irregular preterites, add the past subjunctive endings to the irregular stem.

INFINITIVE	PRETERITE FORM	PAST SUBJUNCTIVE
dar	**die**~~ron~~	die**ra**, die**ras**, dié**ramos**
decir	**dije**~~ron~~	dije**ra**, dije**ras**, dijé**ramos**
estar	**estuvie**~~ron~~	estuvie**ra**, estuvie**ras**, estuvié**ramos**
hacer	**hicie**~~ron~~	hicie**ra**, hicie**ras**, hicié**ramos**
ir/ser	**fue**~~ron~~	fue**ra**, fue**ras**, fué**ramos**
poder	**pudie**~~ron~~	pudie**ra**, pudie**ras**, pudié**ramos**
poner	**pusie**~~ron~~	pusie**ra**, pusie**ras**, pusié**ramos**
querer	**quisie**~~ron~~	quisie**ra**, quisie**ras**, quisié**ramos**
saber	**supie**~~ron~~	supie**ra**, supie**ras**, supié**ramos**
tener	**tuvie**~~ron~~	tuvie**ra**, tuvie**ras**, tuvié**ramos**
venir	**vinie**~~ron~~	vinie**ra**, vinie**ras**, vinié**ramos**

¡ATENCIÓN!
Note that the **nosotros/as** form of the past subjunctive always has a written accent.

¡LENGUA VIVA!
The past subjunctive has another set of endings:
-se	-semos
-ses	-seis
-se	-sen
It's a good idea to learn to recognize these endings because they are sometimes used in literary and formal contexts.
Deseaba que mi esposo recibiese un ascenso.

¡LENGUA VIVA!
Quisiera, the past subjunctive form of **querer**, is often used to make polite requests.
Quisiera hablar con Marco, por favor.
I would like to speak to Marco, please.
¿Quisieran ustedes algo más?
Would you like anything else?

▶ **-Ir** stem-changing verbs and other verbs with spelling changes follow a similar process to form the past subjunctive.

INFINITIVE	PRETERITE FORM	PAST SUBJUNCTIVE
preferir	prefirie~~ron~~	prefirie**ra**, prefirie**ras**, prefirié**ramos**
repetir	repitie~~ron~~	repitie**ra**, repitie**ras**, repitié**ramos**
dormir	durmie~~ron~~	durmie**ra**, durmie**ras**, durmié**ramos**
conducir	conduje~~ron~~	conduje**ra**, conduje**ras**, condujé**ramos**
creer	creye~~ron~~	creye**ra**, creye**ras**, creyé**ramos**
destruir	destruye~~ron~~	destruye**ra**, destruye**ras**, destruyé**ramos**
oír	oye~~ron~~	oye**ra**, oye**ras**, oyé**ramos**

AYUDA

When a situation that triggers the subjunctive is involved, most cases follow these patterns:
main verb in present indicative →
subordinate verb in present subjunctive
Espero que María **venga**.

main verb in past indicative →
subordinate verb in past subjunctive
Esperaba que María **viniera**.

▶ The past subjunctive is used in the same contexts and situations as the present subjunctive and the present perfect subjunctive, except that it generally describes actions, events, or conditions that have already happened.

Me pidieron que no **llegara** tarde.
They asked me not to arrive late.

Me sorprendió que ustedes no **vinieran** a la cena.
It surprised me that you didn't come to the dinner.

Salió antes de que yo **pudiera** hablar contigo.
He left before I could talk to you.

Ellos querían que yo **escribiera** una novela romántica.
They wanted me to write a romantic novel.

No pensé que pudiéramos terminar la excursión.

Martín mostró mucho interés en que aprendiéramos sobre el medio ambiente.

recursos

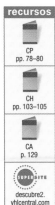

CP
pp. 78–80

CH
pp. 103–105

CA
p. 129

SUPERSITE
descubre2.
vhlcentral.com
Lección 7

 **¡INTÉNTALO!**   Indica la forma apropiada del pretérito imperfecto de subjuntivo de los verbos entre paréntesis.

1. Quería que tú ___vinieras___ (venir) más temprano.
2. Esperábamos que ustedes _____ (hablar) mucho más en la reunión.
3. No creían que yo _____ (poder) hacerlo.
4. Se opuso a que nosotros _____ (invertir) el dinero ayer.
5. Sentí mucho que ustedes no _____ (estar) con nosotros anoche.
6. No era necesario que ellas _____ (hacer) todo.
7. Me pareció increíble que tú _____ (saber) dónde encontrarlo.
8. No había nadie que _____ (creer) tu historia.
9. Mis padres insistieron en que yo _____ (ir) a la universidad.
10. Queríamos salir antes de que ustedes _____ (llegar).

Práctica SUPERSITE

1

Diálogos Completa los diálogos con el pretérito imperfecto de subjuntivo de los verbos entre paréntesis. Después representa los diálogos con un(a) compañero/a.

1. —¿Qué le dijo el consejero a Andrés? Quisiera saberlo.
   —Le aconsejó que _____ (dejar) los estudios de arte y que _____ (estudiar) una carrera que _____ (pagar) mejor.
   —Siempre el dinero. ¿No se enojó Andrés de que le _____ (aconsejar) eso?
   —Sí, y le dijo que no creía que ninguna otra carrera le _____ (ir) a gustar más.

2. —Qué lástima que ellos no te _____ (ofrecer) el puesto de gerente.
   —Querían a alguien que _____ (tener) experiencia en el sector público.
   —Pero, ¿cómo? ¿Y tu maestría? ¿No te molestó que te _____ (decir) eso?
   —No, no tengo experiencia en esa área, pero les gustó mucho mi currículum. Me pidieron que _____ (volver) en un año y _____ (solicitar) el puesto otra vez. Para entonces habré obtenido la experiencia que necesito y podré conseguir el puesto que quiera.

3. —Cuánto me alegro de que tus hijas _____ (venir) ayer a visitarte. ¿Cuándo se van?
   —Bueno, yo esperaba que se _____ (quedar) dos semanas, pero no pueden. Ojalá _____ (poder). Hace mucho que no las veo.

2

Año nuevo, vida nueva El año pasado, Juana y Manuel Sánchez querían cambiar de vida. Aquí tienen las listas con sus buenos propósitos para el Año Nuevo (*New Year's resolutions*). Ellos no consiguieron hacer realidad ninguno. En parejas, lean las listas y escriban por qué creen que no los consiguieron. Usen el pretérito imperfecto de subjuntivo.

> **modelo**
>
> obtener un mejor puesto de trabajo
> Era difícil que Manuel consiguiera un mejor puesto porque su esposa le pidió que no cambiara de puesto.

Alberto
pedir un aumento de sueldo
tener una vida más sana
visitar más a su familia
dejar de fumar

Marta
querer mejorar su relación de pareja
terminar los estudios con buenas notas
cambiar de casa
ahorrar más

Comunicación

3

Reaccionar Manuel acaba de llegar de Nicaragua. Reacciona a lo que te dice, usando el pretérito imperfecto de subjuntivo. Escribe las oraciones y luego compáralas con las de un(a) compañero/a.

> **modelo**
>
> El día que llegué, me esperaban mi abuela y tres primos.
> *¡Qué bien! Me alegré de que vieras a tu familia después de tantos años.*

1. Fuimos al volcán Masaya. ¡Y vimos la lava del volcán!
2. Visitamos la Catedral de Managua, que fue dañada por el terremoto *(earthquake)* de 1972.
3. No tuvimos tiempo de ir a la playa, pero pasamos unos días en el Hotel Dariense en Granada.
4. Fui a conocer el nuevo museo de arte y también fui al Teatro Rubén Darío.
5. Nos divertimos haciendo compras en Metrocentro.
6. Eché monedas *(coins)* en la fuente *(fountain)* de la Plaza de la República y pedí un deseo.

Catedral de Managua, Nicaragua

4

Oraciones Escribe cinco oraciones sobre lo que otros esperaban de ti en el pasado y cinco más sobre lo que tú esperabas de ellos. Luego, en grupos, túrnense para compartir sus propias oraciones y para transformar las oraciones de sus compañeros/as. Sigan el modelo.

> **modelo**
>
> **Estudiante 1:** *Mi profesora quería que yo fuera a Granada para estudiar español.*
> **Estudiante 2:** *Su profesora quería que él fuera a Granada para estudiar español.*
> **Estudiante 3:** *Yo deseaba que mis padres me enviaran a España.*
> **Estudiante 4:** *Cecilia deseaba que sus padres la enviaran a España.*

Síntesis

5

¡Vaya fiesta! Dos amigos/as fueron a una fiesta y se enojaron. Uno/a quería irse temprano, pero el/la otro/a quería irse más tarde porque estaba hablando con el/la chico/a que le gustaba a su amigo/a. En parejas, inventen una conversación en la que esos/as amigos/as intentan arreglar todos los malentendidos *(misunderstandings)* que tuvieron en la fiesta. Usen el pretérito imperfecto de subjuntivo y después representen la conversación delante de la clase.

> **modelo**
>
> **Estudiante 1:** *¡Yo no pensaba que fueras tan aburrido/a!*
> **Estudiante 2:** *Yo no soy aburrido/a, sólo quería que nos fuéramos temprano.*

Recapitulación

For self-scoring and diagnostics, go to **descubre2.vhlcentral.com**.

Completa estas actividades para repasar los conceptos de gramática que aprendiste en esta lección.

1 **Completar** Completa el cuadro con el futuro. **6 pts.**

Infinitivo	yo	ella	nosotros
decir	diré		
poner			pondremos
salir		saldrá	

2 **Verbos** Completa el cuadro con el pretérito imperfecto de subjuntivo. **6 pts.**

Infinitivo	tú	nosotras	ustedes
dar			dieran
saber		supiéramos	
ir	fueras		

3 **La oficina de empleo** La nueva oficina de empleo está un poco desorganizada. Completa los diálogos con expresiones de probabilidad, utilizando el futuro perfecto de los verbos. **10 pts.**

SR. PÉREZ   No encuentro el currículum de Mario Gómez.

SRTA. MARÍN   (1) _____ (Tomarlo) la secretaria.

LAURA   ¿De dónde vienen estas ofertas de trabajo?

ROMÁN   No estoy seguro. (2) _____ (Salir) en el periódico de hoy.

ROMÁN   ¿Has visto la lista nueva de aspirantes?

LAURA   No, (3) _____ (tú, ponerla) en el archivo.

SR. PÉREZ   José Osorio todavía no ha recibido el informe.

LAURA   (4) _____ (Nosotros, olvidarse) de enviarlo por correo.

SRTA. MARÍN   ¿Sabes dónde están las solicitudes de los aspirantes?

ROMÁN   (5) _____ (Yo, dejarlas) en mi carro.

RESUMEN GRAMATICAL

7.1   **The future**   *pp. 236–237*

Future tense of **estudiar***	
estudiaré	estudiaremos
estudiarás	estudiaréis
estudiará	estudiarán

*Same endings for **-ar**, **-er**, and **-ir** verbs.

Irregular verbs in the future		
Infinitive	Stem	Future forms
decir	dir-	diré
hacer	har-	haré
poder	podr-	podré
poner	pondr-	pondré
querer	querr-	querré
saber	sabr-	sabré
salir	saldr-	saldré
tener	tendr-	tendré
venir	vendr-	vendré

► The future of **hay** is **habrá** (*there will be*).

► The future can also express conjecture or probability.

7.2   **The future perfect**   *p. 240*

Future perfect of **vivir**	
habré vivido	**habremos** vivido
habrás vivido	**habréis** vivido
habrá vivido	**habrán** vivido

► The future perfect can also express probability in the past.

7.3   **The past subjunctive**   *pp. 242–243*

Past subjunctive of **aprender***	
aprendiera	aprendiéramos
aprendieras	aprendierais
aprendiera	aprendieran

*Same endings for **-ar**, **-er**, and **-ir** verbs.

Verbs with irregular preterites		
Infinitive	**Preterite form**	**Past subjunctive**
dar	dieron	diera
decir	dijeron	dijera
estar	estuvieron	estuviera
hacer	hicieron	hiciera
ir/ser	fueron	fuera
poder	pudieron	pudiera
poner	pusieron	pusiera
querer	quisieron	quisiera
saber	supieron	supiera
tener	tuvieron	tuviera
venir	vinieron	viniera

4

Una decisión difícil Completa el párrafo con el pretérito imperfecto de subjuntivo de los verbos. **8 pts.**

aceptar	graduarse	ir
contratar	hacer	poder
dejar	invertir	trabajar

Cuando yo tenía doce años, me gustaba mucho pintar y mi profesor de dibujo me aconsejó que (1) _____ a una escuela de arte cuando (2) _____ de la escuela secundaria. Mis padres, por el contrario, siempre quisieron que sus hijos (3) _____ en la empresa familiar, y me dijeron que (4) _____ el arte y que (5) _____ una carrera con más futuro. Ellos no querían que yo (6) _____ mi tiempo y mi juventud en el arte. Mi madre en particular nos sugirió a mi hermana y a mí la carrera de administración de empresas, para que los dos (7) _____ ayudarlos con los negocios en el futuro. No fue fácil que mis padres (8) _____ mi decisión de dedicarme a la pintura, pero están muy felices de tener mis obras en su sala de reuniones.

5

La semana de Rita Con el futuro de los verbos, completa la descripción que hace Rita de lo que hará la semana próxima. **10 pts.**

El lunes por la mañana (1) _____ (llegar) el traje que pedí por Internet y por la tarde Luis (2) _____ (invitar, a mí) a ir al cine. El martes mi consejero y yo (3) _____ (comer) en La Delicia y a las cuatro (yo) (4) _____ (hacer) una entrevista de trabajo en Industrias Levonox. El miércoles por la mañana (5) _____ (ir) a mi clase de inglés y por la tarde (6) _____ (visitar) a Luis. El jueves por la mañana, los gerentes de Levonox (7) _____ (llamar, a mí) por teléfono para decirme si conseguí el puesto. Por la tarde (yo) (8) _____ (cuidar) a mi sobrino Héctor. El viernes Ana y Luis (9) _____ (venir) a casa para trabajar conmigo y el sábado por fin (yo) (10) _____ (descansar).

6

El futuro Escribe al menos cinco oraciones describiendo cómo será la vida de varias personas cercanas a ti dentro de diez años. Usa tu imaginación y verbos en futuro y en futuro perfecto. **10 pts.**

7

Canción Escribe las palabras que faltan para completar este fragmento de la canción *Lo que pidas* de Julieta Venegas. **¡2 puntos EXTRA!**

66 Lo que más (1) _____ pedirte
es que te quedes conmigo,
niño te (2) _____ lo que pidas
sólo no te vayas nunca. **99**

(1) yo, querer, pretérito imperfecto de subjuntivo
(2) yo, dar, futuro

Lectura

Antes de leer

Estrategia
Recognizing similes and metaphors

Similes and metaphors are figures of speech that are often used in literature to make descriptions more colorful and vivid.

In English, a simile (**símil**) makes a comparison using the words *as* or *like*. In Spanish, the words **como** and **parece** are most often used. Example: **Estoy tan feliz como un niño con zapatos nuevos.**

A metaphor (**metáfora**) is a figure of speech that identifies one thing with the attributes and qualities of another. Whereas a simile says one thing is like another, a metaphor says that one thing *is* another. In Spanish, **ser** is most often used in metaphors. Example: **La vida es sueño.** (*Life is a dream.*)

Examinar el texto

Lee el texto una vez usando las estrategias de lectura de las lecciones anteriores. ¿Qué te indican sobre el contenido de la lectura? Toma nota de las metáforas y los símiles que aparecen. ¿Qué significan? ¿Qué te dicen sobre el tema de la lectura?

¿Cómo son?

En parejas, hablen sobre las diferencias entre el **yo interior** de una persona y su **yo social**. ¿Hay muchas diferencias entre su forma de ser "privada" y su forma de ser cuando están con otras personas?

Las dos Fridas,
de Frida Kahlo

A Julia de Burgos

Julia de Burgos

Julia de Burgos nació en 1914 en Carolina, Puerto Rico. Vivió también en La Habana, en Washington y en Nueva York, donde murió en 1953. Su poesía refleja temas como la muerte, la naturaleza, el amor y la patria°. Sus tres poemarios más conocidos se titulan Poema en veinte surcos *(1938),* Canción de la verdad sencilla *(1939) y* El mar y tú *(publicado póstumamente).*

Después de leer

Comprensión
Responde a las preguntas.

1. ¿Quiénes son las dos "Julias" presentes en el poema?
2. ¿Qué características tiene cada una?
3. ¿Quién es la que habla de las dos?
4. ¿Qué piensas que ella siente por la otra Julia?
5. ¿Cuáles son los temas más importantes del poema?

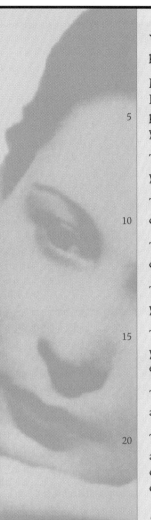

Ya las gentes murmuran que yo soy tu enemiga
porque dicen que en verso doy al mundo tu yo.

Mienten°, Julia de Burgos. Mienten, Julia de Burgos.
La que se alza° en mis versos no es tu voz°: es mi voz;
5 porque tú eres ropaje° y la esencia soy yo;
y el más profundo abismo se tiende° entre las dos.

Tú eres fría muñeca° de mentira social,
y yo, viril destello° de la humana verdad.

Tú, miel° de cortesanas hipocresías; yo no;
10 que en todos mis poemas desnudo° el corazón.

Tú eres como tu mundo, egoísta; yo no;
que en todo me lo juego° a ser lo que soy yo.

Tú eres sólo la grave señora señorona°;
yo no; yo soy la vida, la fuerza°, la mujer.

15 Tú eres de tu marido, de tu amo°; yo no;
yo de nadie, o de todos, porque a todos, a todos,
en mi limpio sentir y en mi pensar me doy.

Tú te rizas° el pelo y te pintas°; yo no;
a mí me riza el viento; a mí me pinta el sol.

20 Tú eres dama casera°, resignada, sumisa,
atada° a los prejuicios de los hombres; yo no;
que yo soy Rocinante* corriendo desbocado°
olfateando° horizontes de justicia de Dios.

* Rocinante: El caballo de Don Quijote de la Mancha, personaje
literario de fama universal que se relaciona con el idealismo y
el poder de la imaginación frente a la realidad.

25 Tú en ti misma no mandas°; a ti todos te mandan;
en ti mandan tu esposo, tus padres, tus parientes,
el cura°, la modista°, el teatro, el casino,
el auto, las alhajas°, el banquete, el champán,
el cielo y el infierno, y el qué dirán social°.

30 En mí no, que en mí manda mi solo corazón,
mi solo pensamiento; quien manda en mí soy yo.

Tú, flor de aristocracia; y yo la flor del pueblo.
Tú en ti lo tienes todo y a todos se lo debes,
mientras que yo, mi nada a nadie se la debo.

Tú, clavada° al estático dividendo ancestral°,
35 y yo, un uno en la cifra° del divisor social,
somos el duelo a muerte° que se acerca° fatal.

Cuando las multitudes corran alborotadas°
dejando atrás cenizas° de injusticias quemadas,
y cuando con la tea° de las siete virtudes,
40 tras los siete pecados°, corran las multitudes,
contra ti, y contra todo lo injusto y lo inhumano,
yo iré en medio de ellas con la tea en la mano.

patria *homeland* Mienten *They are lying* se alza *rises up* voz
voice ropaje *apparel* se tiende *lays* muñeca *doll* destello
sparkle miel *honey* desnudo *I uncover* me lo juego *I risk*
señorona *matronly* fuerza *strength* amo *master* te rizas *curl*
te pintas *put on makeup* dama casera *home-loving lady* atada
tied desbocado *wildly* olfateando *sniffing* no mandas *are
not the boss* cura *priest* modista *dressmaker* alhajas *jewelry*
el qué dirán social *what society would say* clavada *stuck*
ancestral *ancient* cifra *number* duelo a muerte *duel to the
death* se acerca *approaches* alborotadas *rowdy* cenizas *ashes*
tea *torch* pecados *sins*

Interpretación

Responde a las preguntas.

1. ¿Qué te resulta llamativo (*striking*) en el título de este poema?

2. ¿Por qué crees que se repite el "tú" y el "yo" en el poema? ¿Qué función tiene este desdoblamiento (*split*)?

3. ¿Cómo interpretas los versos "tú eres fría muñeca de mentira social / y yo, viril destello de la humana verdad"? ¿Qué sustantivos (*nouns*) se contraponen en estos dos versos?

4. ¿Es positivo o negativo el comentario sobre la vida social: "miel de cortesanas hipocresías"?

5. Comenta la oposición entre "señorona" y "mujer" que aparece en los versos trece y catorce. ¿Podrías decir qué personas son las que dominan a la "señorona" y qué caracteriza, en cambio, a la mujer?

Monólogo

Imagina que eres un personaje famoso de la historia, la literatura o la vida actual. Escribe un monólogo breve para presentar en clase. Debes escribirlo en segunda persona. Para la representación necesitarás un espejo. Tus compañeros/as deben adivinar quién eres. Sigue el modelo.

modelo

Eres una mujer que vivió hace más de 150 años. La gente piensa que eres una gran poeta. Te gustaba escribir y pasar tiempo con tu familia y, además de poesías, escribías muchas cartas. Me gusta tu poesía porque es muy íntima y personal. (Emily Dickinson)

Escribe sobre estos temas.

▶ cómo lo/la ven las otras personas
▶ lo que te gusta y lo que no te gusta de él/ella
▶ lo que quieres o esperas que haga

Escritura SUPERSITE

Estrategia

Using note cards

Note cards serve as valuable study aids in many different contexts. When you write, note cards can help you organize and sequence the information you wish to present.

Let's say you are going to write a personal narrative about a trip you took. You would jot down notes about each part of the trip on a different note card. Then you could easily arrange them in chronological order or use a different organization, such as the best parts and the worst parts, traveling and staying, before and after, etc.

Here are some helpful techniques for using note cards to prepare for your writing:

▶ Label the top of each card with a general subject, such as **el avión** or **el hotel.**

▶ Number the cards in each subject category in the upper right corner to help you organize them.

▶ Use only the front side of each note card so that you can easily flip through them to find information.

Study the following example of a note card used to prepare a composition:

> 3
>
> *En el aeropuerto de Santo Domingo*
>
> *Cuando llegamos al aeropuerto de Santo Domingo, después de siete horas de viaje, estábamos cansados pero felices. Hacía sol y viento.*

recursos		
CH pp. 110–111	CA pp. 153–154	descubre2.vhlcentral.com Lección 7

Tema

Escribir una composición

Escribe una composición sobre tus planes profesionales y personales para el futuro. Utiliza el tiempo futuro. No te olvides de hacer planes para estas áreas de tu vida:

Lugar

▶ ¿Dónde vivirás?

▶ ¿Vivirás en la misma ciudad siempre? ¿Te mudarás mucho?

Familia

▶ ¿Te casarás? ¿Con quién?

▶ ¿Tendrás hijos? ¿Cuántos?

Empleo

▶ ¿En qué profesión trabajarás?

▶ ¿Tendrás tu propia empresa?

Finanzas

▶ ¿Ganarás mucho dinero?

▶ ¿Ahorrarás mucho dinero? ¿Lo invertirás?

Termina tu composición con una lista de metas profesionales, utilizando el futuro perfecto.

Por ejemplo: **Para el año 2025, habré empezado mi propio negocio. Para el año 2035, habré ganado más dinero que Bill Gates.**

Escuchar

Estrategia

Using background knowledge/ Listening for specific information

If you know the subject of something you are going to hear, your background knowledge will help you anticipate words and phrases you're going to hear, and will help you identify important information that you should listen for.

 To practice these strategies, you will listen to a radio advertisement for the **Hotel El Retiro**. Before you listen, write down a list of the things you expect the advertisement to contain. Then make another list of important information you would listen for if you were a tourist considering staying at the hotel. After listening to the advertisement, look at your lists again. Did they help you anticipate the content of the advertisement and focus on key information? Explain your answer.

Preparación

Mira la foto. ¿De qué crees que van a hablar? Haz una lista de la información que esperas oír en este tipo de situación.

Ahora escucha

Ahora vas a oír una entrevista entre la señora Sánchez y Rafael Ventura Romero. Antes de escuchar la entrevista, haz una lista de la información que esperas oír según tu conocimiento previo° del tema.

1. _____
2. _____
3. _____
4. _____

Mientras escuchas la entrevista, llena el formulario con la información necesaria. Si no oyes un dato° que necesitas, escribe *Buscar en el currículum.* ¿Oíste toda la información que habías anotado en tu lista?

Comprensión

Puesto solicitado _____
Nombre y apellidos del solicitante _____
Dirección _____ **Tel.** _____
- -
Educación _____
Experiencia profesional: Puesto _____
Empresa _____
¿Cuánto tiempo? _____
Referencias:
Nombre _____
Dirección _____ Tel. _____
Nombre _____
Dirección _____ Tel. _____

Preguntas

1. ¿Cuántos años hace que Rafael Ventura trabaja para Dulces González?
2. ¿Cuántas referencias tiene Rafael?
3. ¿Cuándo se gradúa Rafael?
4. ¿Cuál es la profesión de Armando Carreño?
5. ¿Cómo sabes si los resultados de la entrevista han sido positivos para Rafael Ventura?

En pantalla

La economía, las comunicaciones y la inmigración han provocado cierta° homogeneización en diversos sectores a nivel internacional. Por ejemplo, países hispanos como Ecuador y El Salvador tienen como moneda oficial el dólar estadounidense. También, si visitas países como la República Dominicana, México, Perú o Argentina te podrás dar cuenta de que, por razones prácticas, en las grandes ciudades es generalmente aceptable pagar con dólares en tiendas, hoteles, restaurantes o taxis.

Vocabulario útil	
lo pasaste	*you passed it*
plata	**dinero** *(Amér. S.)*
respeto	*respect*
cobra mitad	*charges half*
billete	*bill*
demostrar	*to prove; to demonstrate*

Preguntas

Responde a las preguntas.

1. ¿Por qué está el joven en la oficina?

2. ¿Qué encuentra el joven en el suelo?

3. ¿Qué hace con lo que encontró?

4. ¿Pasó el joven el examen? ¿Por qué?

La entrevista

En grupos de tres, imaginen que son los dueños de una empresa y necesitan contratar a tres empleados. Piensen en las características que deben tener los candidatos para cada puesto. Primero, escriban las preguntas que les van a hacer a los candidatos. Después, reúnanse con otro grupo y entrevístenlos para los puestos.

Voy a avisar°...

...que te tomen°...

...el examen.

Conexión Internet

Go to **descubre2.vhlcentral.com** to watch the TV clip featured in this **En pantalla** section.

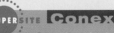

cierta *certain* avisar *to call (for them)* que te tomen *to give you (Peru)*

Oye cómo va

Sergio Vargas

El popular cantante dominicano **Sergio Vargas** (1963) comenzó su carrera artística con el grupo La Banda Brava. En 1982 empezó a trabajar con la orquesta de Dionis Fernández, uno de los intérpretes de merengue más populares de la República Dominicana. En 1986, Vargas creó su propia° orquesta, ganando° rápidamente fama internacional con su álbum *La quiero a morir*. En 1988 comenzó a realizar giras° internacionales con mucho éxito. Algunas de sus canciones más famosas son *Ni tú ni yo, Eres tú, Si volvieras, La tierra tembló* y *Vete y dile*. En 2006, Vargas fue electo para formar parte de la Cámara de Diputados° de la República Dominicana representando el lugar donde nació, Villa Altagracia.

Tu profesor(a) va a poner la canción en la clase. Escúchala y completa las actividades.

¿Cierto o falso?
Indica si lo que dice cada oración es **cierto** o **falso**. Corrige la información falsa.

1. Sergio Vargas nació en Santo Domingo.
2. Empezó su carrera con el grupo La Banda Brava.
3. Formó parte de la orquesta de Dionis Fernández.
4. Desde 2006 Sergio Vargas es presidente de la República Dominicana.
5. Gisselle canta tango y música ranchera.

Preguntas
En parejas, respondan a las preguntas.

1. ¿Por qué uno de los protagonistas de la canción decide terminar con la relación?
2. ¿Creen que hay la posibilidad de recuperarla?
3. Imaginen que ellos se vuelven a encontrar en cinco años. Escriban un breve diálogo entre ellos donde se cuenten cómo han sido sus vidas desde su separación.

Para decir adiós (con Gisselle)

Para decir adiós, vida mía,
y que estaré por siempre agradecido°.
Me acordaré de ti algún día.
Para decir adiós, sólo tengo que decirlo.

Comprendo por mi parte tu triste decisión,
y aunque° el corazón lo tengo herido°,
si no puedo tenerte, entonces, pues, adiós.
No podemos fingir° cuando el amor se ha ido.

Gisselle

Nacida en Nueva York de padres puertorriqueños, la cantante Gisselle grabó su primer álbum como solista en 1995. Desde entonces ha logrado° una gran popularidad en todo el mundo hispano alternando entre el merengue y el pop. Algunas de sus canciones más conocidas son *Pesadilla, Júrame, Libre* y *Sin aire*.

creó su propia *created his own*   ganando *gaining*   giras *tours*
Cámara de Diputados *Chamber of Deputies*   agradecido *grateful*
aunque *although*   herido *hurt*   fingir *pretend*   ha logrado *she has achieved*

SUPERSITE Conexión Internet

Go to **descubre2.vhlcentral.com** to learn more about the artists featured in this **Oye cómo va** section.

Nicaragua

El país en cifras

▶ **Área:** 129.494 km^2 (49.998 millas^2), *aproximadamente el área de Nueva York. Nicaragua es el país más grande de Centroamérica. Su terreno es muy variado e incluye bosques tropicales, montañas, sabanas° y marismas°, además de unos 40 volcanes.*

▶ **Población:** 6.066.000

▶ **Capital:** Managua—1.312.000
Managua está en una región de una notable inestabilidad geográfica, con muchos volcanes y terremotos°. En décadas recientes, los nicaragüenses han decidido que no vale la pena° construir rascacielos° porque no resisten los terremotos.

▶ **Ciudades principales:** León, Masaya, Granada

SOURCE: Population Division, UN Secretariat

▶ **Moneda:** córdoba

▶ **Idiomas:** español (oficial), misquito, inglés

Bandera de Nicaragua

Nicaragüenses célebres

▶ **Rubén Darío,** poeta (1867–1916)
▶ **Violeta Barrios de Chamorro,** política y ex-presidenta (1930–)
▶ **Daniel Ortega,** político y ex-presidente (1945–)
▶ **Gioconda Belli,** poeta (1948–)

sabanas *grasslands* marismas *marshes* Pintada *Political graffiti*
terremotos *earthquakes* no vale la pena *it's not worthwhile*
rascacielos *skyscrapers* tiburón *shark* agua dulce *freshwater*
bahía *bay* fue cercada *was closed off* atunes *tuna*

Típico hogar misquit en la costa atlántic.

Pintada° en una pared de Managua

HONDURAS

Río Coco

Cordillera Isabelia

Chachagón

Saslaya
Piu

Río Tuma

Río Grande

Cordillera Dariense

León

Océano Pacífico

Sierra Madre

Lago de Managua

Managua ☆

Lago Nicaragua

Masaya

Granada

Isla Zapatera

Concepción

Maderas

Isla Ometepe

Archipiélago Solentiname

Río San Juan

COSTA RICA

Violeta Barrios de Chamorro

ESTADOS UNIDOS

OCÉANO ATLÁNTICO

NICARAGUA

OCÉANO PACÍFICO

AMÉRICA DEL SUR

¡Increíble pero cierto!

En el lago Nicaragua está la única especie de tiburón° de agua dulce° del mundo. Los científicos creen que el lago fue antes una enorme bahía° que luego fue cercada° por erupciones volcánicas. Esta teoría explicaría la presencia de tiburones, atunes° y otras especies de peces que normalmente sólo viven en mares y océanos.

Historia • Las huellas° de Acahualinca

La región de Managua se caracteriza por tener un gran número de sitios prehistóricos. Las huellas de Acahualinca son uno de los restos° más famosos y antiguos°. Se formaron hace más de 6.000 años, a orillas° del lago Managua. Las huellas, tanto de humanos como de animales, se dirigen° hacia una misma dirección, lo que ha hecho pensar a los expertos que éstos corrían hacia el lago para escapar de una erupción volcánica.

Artes • Ernesto Cardenal (1925–)

Ernesto Cardenal, poeta, escultor y sacerdote° católico, es uno de los escritores más famosos de Nicaragua, país conocido por sus grandes poetas. Ha escrito más de 35 libros y se le considera uno de los principales autores de Latinoamérica. Desde joven creyó en el poder de la poesía para mejorar la sociedad, y trabajó por establecer la igualdad y la justicia en su país. En los años 60, Cardenal estableció la comunidad artística del archipiélago Solentiname en el lago Nicaragua. Fue ministro de cultura del país desde 1979 hasta 1988, y también ha servido como vicepresidente de Casa de los Tres Mundos, una organización creada para el intercambio cultural internacional.

Naturaleza • El lago de Nicaragua

El lago de Nicaragua, con un área de más de 8.000 km^2 (3.100 millas^2), es el lago más grande de Centroamérica. Tiene más de 370 islas, formadas por las erupciones del volcán Mombacho. La isla Zapatera, casi deshabitada ahora, fue un cementerio° indígena donde todavía se encuentran estatuas prehistóricas. En el lago también encontramos muchos peces exóticos.

¿Qué aprendiste? Responde a cada pregunta con una oración completa.

1. ¿Por qué no hay muchos rascacielos en Managua?

2. Nombra dos ex-presidentes de Nicaragua.

3. ¿Qué especie única vive en el lago de Nicaragua?

4. ¿Cuál es una de las teorías sobre la formación de las huellas de Acahualinca?

5. ¿Por qué es famoso el archipiélago Solentiname?

6. ¿Qué cree Ernesto Cardenal acerca de la poesía?

7. ¿Cómo se formaron las islas del lago de Nicaragua?

8. ¿Qué hay de interés arqueológico en la isla Zapatera?

Conexión Internet Investiga estos temas en **descubre2.vhlcentral.com**.

1. ¿Dónde se habla inglés en Nicaragua y por qué?

2. ¿Qué información hay ahora sobre la economía y/o los derechos humanos en Nicaragua?

....

huellas *footprints* **restos** *remains* **antiguos** *ancient* **orillas** *shores* **se dirigen** *are headed* **sacerdote** *priest*
cementerio *cemetery* **dioses** *gods*

La República Dominicana

El país en cifras

▶ **Área:** 48.730 km² (18.815 millas²), *el área combinada de New Hampshire y Vermont*

▶ **Población:** 9.522.000

La isla La Española, llamada así tras° el primer viaje de Cristóbal Colón, estuvo bajo el completo dominio de la corona° española hasta 1697, cuando la parte oeste de la isla pasó a ser propiedad° francesa. Hoy día está dividida políticamente en dos países, la República Dominicana en la zona este y Haití en el oeste.

SOURCE: Population Division, UN Secretariat

▶ **Capital:** Santo Domingo—2.240.000

▶ **Ciudades principales:** Santiago de los Caballeros, La Vega, Puerto Plata, San Pedro de Macorís

▶ **Moneda:** peso dominicano

▶ **Idiomas:** español (oficial)

Bandera de la República Dominicana

Dominicanos célebres

▶ **Juan Pablo Duarte,** político y padre de la patria° (1808–1876)

▶ **Celeste Woss y Gil,** pintora (1891–1985)

▶ **Juan Luis Guerra,** compositor y cantante de merengue (1956–)

tras *after*   corona *crown*   propiedad *property*
padre de la patria *founding father*   fortaleza *fortress*
se construyó *was built*   naufragó *was shipwrecked*
Aunque *Although*   enterrado *buried*

Catedral de Santa María la Menor

Hombres tocando los palos en una misa en Nochebuena

Océano Atlántico

La Española

Puerto Plata

Santiago

Pico Duarte

La Vega

Río Yuna

Bahía de Samaná

HAITÍ

Cordillera Central

Río San Juan

Sierra de Neiba

San Pedro de Macorís

⭐ **Santo Domingo**

Sierra de Baoruco

Bahía de Ocoa

Mar Caribe

ESTADOS UNIDOS

LA REPÚBLICA DOMINICANA

OCÉANO PACÍFICO

OCÉANO ATLÁNTICO

AMÉRICA DEL SUR

Trabajadores del campo recogen la cosecha de ajos

recursos

CP p. 82

CA pp. 79–80

descubre2.vhlcentral.com Lección 7

¡Increíble pero cierto!

La primera fortaleza° del Nuevo Mundo se construyó° en la República Dominicana en 1492 cuando la Santa María, uno de los tres barcos de Cristóbal Colón, naufragó° allí. Aunque° la fortaleza, hecha con los restos del barco, fue destruida por tribus indígenas, el amor de Colón por la isla nunca murió. Colón insistió en ser enterrado° allí.

Ciudades • Santo Domingo

La zona colonial de Santo Domingo, fundada en 1496, posee° algunas de las construcciones más antiguas del hemisferio. Gracias a las restauraciones°, la arquitectura de la ciudad es famosa no sólo por su belleza sino también por el buen estado de sus edificios. Entre sus sitios más visitados se cuentan° la Calle de las Damas, llamada así porque allí paseaban las señoras de la corte del Virrey; el Alcázar de Colón, un palacio construido en 1509 por Diego Colón, hijo de Cristóbal; y la Fortaleza Ozama, la más vieja de las Américas, construida en 1503.

Deportes • El béisbol

El béisbol es un deporte muy practicado en el Caribe. Los primeros países hispanos en tener una liga fueron Cuba y México, donde se empezó a jugar al béisbol en el siglo° XIX. Hoy día este deporte es una afición° nacional en la República Dominicana. Pedro Martínez (foto, derecha) y David Ortiz son sólo dos de los muchísimos beisbolistas dominicanos que han alcanzado° enorme éxito e inmensa popularidad entre los aficionados.

Artes • El merengue

El merengue, un ritmo originario de la República Dominicana, tiene sus raíces° en el campo. Tradicionalmente las canciones hablaban de los problemas sociales de los campesinos°. Sus instrumentos eran el acordeón, el saxofón, el bajo°, el guayano° y la tambora, un tambor° característico del lugar. Entre 1930 y 1960, el merengue se popularizó en las ciudades y adoptó un tono más urbano. En este período empezaron a formarse grandes orquestas. Uno de los cantantes y compositores de merengue más famosos es Juan Luis Guerra.

 ¿Qué aprendiste? Responde a cada pregunta con una oración completa.

1. ¿Quién es Juan Luis Guerra?

2. ¿Cuándo se fundó la ciudad de Santo Domingo?

3. ¿Qué es el Alcázar de Colón?

4. Nombra dos beisbolistas famosos de la República Dominicana.

5. ¿De qué hablaban las canciones de merengue tradicionales?

6. ¿Qué instrumentos se utilizaban para tocar (*play*) el merengue?

7. ¿Cuándo se transformó el merengue en un estilo urbano?

8. ¿Qué cantante ha ayudado a internacionalizar el merengue?

 Conexión Internet Investiga estos temas en **descubre2.vhlcentral.com**.

1. Busca más información sobre la isla La Española. ¿Cómo son las relaciones entre la República Dominicana y Haití?

2. Busca más información sobre la zona colonial de Santo Domingo: la Catedral de Santa María, la Casa de Bastidas o el Panteón Nacional. ¿Cómo son estos edificios? ¿Te gustan? Explica tus respuestas.

....

posee *possesses*   restauraciones *restorations*   se cuentan *are included*   siglo *century*   afición *love*   han alcanzado *have reached*
raíces *roots*   campesinos *rural people*   bajo *bass*   guayano *metal scraper*   tambor *drum*

Las ocupaciones

el/la abogado/a	lawyer
el actor, la actriz	actor
el/la arqueólogo/a	archaeologist
el/la arquitecto/a	architect
el/la bombero/a	firefighter
el/la carpintero/a	carpenter
el/la científico/a	scientist
el/la cocinero/a	cook; chef
el/la consejero/a	counselor; advisor
el/la contador(a)	accountant
el/la corredor(a) de bolsa	stockbroker
el/la diseñador(a)	designer
el/la electricista	electrician
el hombre/la mujer de negocios	businessperson
el/la maestro/a	teacher
el/la peluquero/a	hairdresser
el/la pintor(a)	painter
el/la político/a	politician
el/la psicólogo/a	psychologist
el/la reportero/a	reporter; journalist
el/la secretario/a	secretary
el/la técnico/a	technician

El mundo del trabajo

el ascenso	promotion
el aumento de sueldo	raise
la carrera	career
la compañía, la empresa	company; firm
el empleo	job; employment
el/la gerente	manager
el/la jefe/a	boss
los negocios	business; commerce
la ocupación	occupation
el oficio	trade
la profesión	profession
la reunión	meeting
el teletrabajo	telecommuting
el trabajo	job; work
la videoconferencia	videoconference
dejar	to quit; to leave behind
despedir (e:i)	to fire
invertir (e:ie)	to invest
renunciar (a)	to resign (from)
tener éxito	to be successful
comercial	commercial; business-related

La entrevista

el anuncio	advertisement
el/la aspirante	candidate; applicant
los beneficios	benefits
el currículum	résumé
la entrevista	interview
el/la entrevistador(a)	interviewer
el puesto	position; job
el salario, el sueldo	salary
la solicitud (de trabajo)	(job) application
contratar	to hire
entrevistar	to interview
ganar	to earn
obtener	to obtain; to get
solicitar	to apply (for a job)

Palabras adicionales

dentro de (diez años)	within (ten years)
en el futuro	in the future
el porvenir	the future
próximo/a	next

Expresiones útiles	See page 231.

Un festival de arte

A PRIMERA VISTA
- ¿Estará trabajando el hombre de la foto?
- ¿Es artista o arquitecto?
- ¿Tendrá un oficio?
- ¿Será una persona creativa o no?

Communicative Goals

You will learn how to:

- **Talk about and discuss the arts**
- **Express what you would like to do**
- **Express hesitation**

Un festival de arte

Más vocabulario

el/la compositor(a)	composer
el/la director(a)	director; (musical) conductor
el/la dramaturgo/a	playwright
el/la escritor(a)	writer
el personaje (principal)	(main) character
las bellas artes	(fine) arts
el boleto	ticket
la canción	song
la comedia	comedy; play
el cuento	short story
la cultura	culture
el drama	drama; play
el espectáculo	show
el festival	festival
la historia	history; story
la obra	work (of art, music, etc.)
la obra maestra	masterpiece
la ópera	opera
la orquesta	orchestra
aburrirse	to get bored
dirigir	to direct
presentar	to present; to put on (a performance)
publicar	to publish
artístico/a	artistic
clásico/a	classical
dramático/a	dramatic
extranjero/a	foreign
folklórico/a	folk
moderno/a	modern
musical	musical
romántico/a	romantic
talentoso/a	talented

Variación léxica

banda ⟷ grupo musical (*Esp.*)
boleto ⟷ entrada (*Esp.*)

recursos

CP pp. 73–74	CH pp. 113–114	CA pp. 35–36, 131	SUPERSITE descubre2.vhlcentral.com Lección 8

Hace el papel de Romeo. (hacer)

La Tragedia de Romeo y Julieta

el público

El Teatro

el tejido

la estatua

Esculpe. (esculpir)

el escultor

La Artesanía

La Escultura

Aprecia. (apreciar)

la bailarina

el bailarín

Aplaude. (aplaudir)

La Danza

La Pintura

Pinta.
(pintar)

la cerámica

el poeta

el poema

La Poesía

El músico toca un
instrumento. (tocar)

La banda da un
concierto. (dar)

la cantante

el baile

La Música

Práctica

1

Escuchar 🎧 Escucha la conversación y contesta las preguntas.

1. ¿Adónde fueron Ricardo y Juanita?

2. ¿Cuál fue el espectáculo que más le gustó a Ricardo?

3. ¿Qué le gustó más a Juanita?

4. ¿Qué dijo Ricardo del actor?

5. ¿Qué dijo Juanita del actor?

6. ¿Qué compró Juanita en el festival?

7. ¿Qué compró Ricardo?

8. ¿Qué poetas le interesaron a Ricardo?

2

Artes 🎧 Escucha las oraciones y escribe el número de cada oración debajo del arte correspondiente.

teatro	artesanía	poesía

música	danza

3

¿Cierto o falso? Indica si lo que se afirma en estas oraciones es **cierto** o **falso**.

	Cierto	Falso
1. Las bellas artes incluyen la pintura, la escultura, la música, el baile y el drama.	○	○
2. Un boleto es un tipo de instrumento musical que se usa mucho en las óperas.	○	○
3. El tejido es un tipo de música.	○	○
4. Un cuento es una narración corta que puede ser oral o escrita.	○	○
5. Un compositor es el personaje principal de una obra de teatro.	○	○
6. Publicar es la acción de hablar en público ante grupos grandes.	○	○

4

Artistas Indica la profesión de cada uno de estos artistas.

1. Antonio Banderas
2. Frida Kahlo
3. Gloria Estefan
4. Octavio Paz
5. William Shakespeare
6. Miguel de Cervantes
7. Joan Miró
8. Leonard Bernstein
9. Toni Morrison
10. Mikhail Baryshnikov

5 Los favoritos En parejas, túrnense para preguntarse cuál es su programa favorito de cada categoría.

> **modelo**
>
> una película musical
> —¿Cuál es tu película musical favorita?
> —Mi película musical favorita es *Brigadoon*.

1. una película de ciencia ficción
2. un programa de entrevistas
3. una telenovela
4. una película de horror
5. una película de acción
6. un concurso
7. una película de vaqueros
8. una película de aventuras
9. un documental
10. un programa de dibujos animados

El cine y la televisión

el canal	channel
el concurso	game show; contest
los dibujos animados	cartoons
el documental	documentary
la estrella (*m., f.*) de cine	movie star
el premio	prize; award
el programa de entrevistas	talk show
la telenovela	soap opera
...de acción	action
...de aventuras	adventure
...de ciencia ficción	science fiction
...de horror	horror
...de vaqueros	western

6 Completar Completa las frases con las palabras adecuadas.

aburrirse	canal	estrella	musical
aplauden	de vaqueros	extranjera	romántica
artística	director	folklórica	talentosa

1. Una película que fue hecha en otro país es una película...
2. Si las personas que asisten a un espectáculo lo aprecian, ellos...
3. Una persona que puede hacer muchas cosas muy bien es una persona...
4. Una película que trata del amor y de las emociones es una película...
5. Una persona que pinta, esculpe y/o hace artesanía es una persona...
6. La música que refleja la historia de una región o de un país es música...
7. Si la acción tiene lugar en el oeste de los EE.UU. durante el siglo XIX, probablemente es una película...
8. Una obra en la cual los actores presentan la historia por medio de (*by means of*) canciones y bailes es un drama...
9. Cuando una película no tiene una buena historia, el público empieza a...
10. Si quieres ver otro programa de televisión, es necesario que cambies de...

¡ATENCIÓN!

Apreciar means *to appreciate* only in the sense of evaluating what something is worth. Use **agradecer** to express the idea *to be thankful for.*

Le **agradezco** mucho su ayuda.
I thank you for your help.

7 Analogías En parejas, completen las analogías con las palabras adecuadas. Después, preparen una conversación utilizando al menos seis de las palabras que han encontrado.

1. alegre ⟷ triste ⊜ comedia ⟷
2. escultor ⟷ escultora ⊜ bailarín ⟷
3. drama ⟷ dramaturgo ⊜ pintura ⟷
4. *Los Simpson* ⟷ dibujos animados ⊜ *Jeopardy* ⟷
5. de entrevistas ⟷ programa ⊜ de vaqueros ⟷
6. aplaudir ⟷ público ⊜ hacer el papel ⟷
7. poema ⟷ literatura ⊜ tejido ⟷
8. músico ⟷ tocar ⊜ cantante ⟷

¡LENGUA VIVA!

Remember that Spanish last names do not have a plural form, although **los** may be used with a family name.

Los Simpson
The Simpsons

Comunicación

8

Crucigrama (*Crossword puzzle*) Tu profesor(a) les va a dar un crucigrama incompleto. Tú tienes las palabras que necesita tu compañero/a y él/ella tiene las palabras que tú necesitas. Sin revelar las palabras, utilicen pistas (clues) que les permitan adivinar las respuestas.

> **modelo**
> **1 horizontal:** Fiesta popular que generalmente tiene lugar en las calles de las ciudades.
> **2 vertical:** Novelas que puedes ver en la televisión.

9

Preguntas Contesta estas preguntas sobre el arte en tu vida. Comparte tus respuestas con un(a) compañero/a de clase.

La música

1. ¿Qué tipo de música prefieres? ¿Por qué?
2. ¿Tocas un instrumento? ¿Cuál?
3. ¿Qué instrumento quisieras aprender a tocar?

El cine

4. ¿Con qué frecuencia vas al cine?
5. ¿Qué tipos de películas prefieres?

Las bellas artes

6. ¿Qué haces que se puede considerar artístico? ¿Pintas, dibujas, esculpes, haces artesanías, actúas en dramas, tocas un instrumento, cantas o escribes poemas?
7. ¿Con qué frecuencia vas a un museo de arte o asistes a conciertos, al teatro o a lecturas públicas de poesía?
8. ¿Es el arte una parte importante de tu vida? ¿Por qué?

10

Programa Trabajen en grupos pequeños para crear un programa de televisión o un corto (*short film*) para el canal de televisión de la escuela.

▶ ▶ Primero decidan el género y el propósito del programa o del corto. Cada grupo debe escoger un género distinto. Algunos de los géneros posibles: documental, concurso, programa de entrevistas, película de acción.

▶ Después, escriban el programa o el corto y preséntenlo a la clase.

¡Ahí vienen Romeo y Julieta!

Álex y Maite van a ver una obra de teatro.

MAITE

ÁLEX

JAVIER

INÉS

ÁLEX Oye, ¿qué clase de películas te gustan? ¿Las de acción? ¿Las de horror? Para mí las mejores son las de ciencia ficción.

MAITE Eso no me sorprende. Mis películas favoritas son las películas románticas. ¿Pero sabes lo que me fascina?

ÁLEX No. Pero dime, querida, ¿qué es lo que más te fascina?

MAITE La poesía. Ahora estoy leyendo una colección de García Lorca… Es fenomenal…

ÁLEX ¡No me digas! A mí también me gusta la poesía. ¿Conoces a Octavio Paz, el poeta mexicano?

MAITE Pues, claro. Fue Premio Nobel de Literatura en 1990…

MAITE Oye, Álex, ¿te gustaría ser escritor?

ÁLEX Pues, creo que me gustaría ser poeta, pero publicaría todos mis poemas en Internet. ¿Te gustaría ser poeta?

MAITE Pues, no. Pero sí creo que me gustaría ser cantante. De no ser periodista, habría sido cantante de ópera.

ÁLEX ¿Cantante de ópera? Odio la ópera.

JAVIER Mira, ahí vienen Romeo y Julieta. ¡Míralos qué contentos! Ven conmigo… Vamos a sorprenderlos antes de que abran la puerta.

ÁLEX ¡Uuuuyy! ¡Eres una experta en literatura!

MAITE Sí, leo de todo. Ahora en la mesita de noche tengo una colección de cuentos de Carme Riera, una española que también es periodista. En cuanto la termine te la dejo.

ÁLEX ¡Trato hecho!

Álex y Maite se besan.

JAVIER ¿Qué? ¿Les gustó la obra de teatro?

Expresiones útiles

Accepting an offer

- **¡Trato hecho!**
  You've got a deal!

Talking about things you would like to do

- **¿Te gustaría ser escritor(a)?**
  Would you (fam.) *like to be a writer?*
  Creo que me gustaría ser poeta/ cantante.
  I think I would like to be a poet/ singer.
- **De no ser periodista, habría sido cantante de ópera.**
  If I weren't a journalist, I would have been an opera singer.

Hesitating

- **Bueno…**
  Well…
- **Pues…**
  Well…
- **Este…**
  Umm…

¿Qué pasó?

1 **Seleccionar** Selecciona la respuesta correcta.

1. Maite está leyendo ahora a los autores _____.
   a. Riera y García Lorca   b. Octavio Paz y García Lorca   c. Octavio Paz y Riera   ◄

2. _____ ganó el Premio Nobel de Literatura en 1990.
   a. García Lorca   b. Carme Riera   c. Octavio Paz

3. _____ dice que le gustaría ser poeta porque le gusta mucho la poesía.
   a. Maite   b. Álex   c. Javier

4. Si no estudiara periodismo, Maite sería _____.
   a. cantante de ópera   b. escritora de novelas románticas   c. poeta

5. "Romeo y Julieta" hace referencia a _____.
   a. Javier e Inés   b. el espectáculo que vieron Álex y Maite   c. Álex y Maite

NOTA CULTURAL

El español **Federico García Lorca** (1898–1936) es uno de los escritores más reconocidos del mundo hispano. Entre sus obras se destaca (*stands out*) *Poeta en Nueva York*. Además de escribir poesía, Lorca escribió obras de teatro, como *La casa de Bernarda Alba*. Vas a leer unos poemas de **García Lorca** en **Lectura**, pp. 282–283.

2 **Identificar** Identifica quién puede decir estas oraciones.

1. Me encantan los cuentos de Riera. ¿Te interesa leer sus libros?

2. Ya llegaron los románticos. ¿Por qué no los sorprendemos?

3. ¡Parece que sabes muchísimo de poesía y de novelas!

4. Oye, ¿qué tal la obra que vieron? ¿Me la recomiendan o no?

5. Me gusta mucho la ópera. A veces creo que me gustaría cantar profesionalmente.

6. Prefiero las películas de ciencia ficción a las de horror o de acción.

ÁLEX

JAVIER

MAITE

3 **Correspondencias** ¿A qué eventos culturales asistirán Álex y Maite juntos?

| una exposición de cerámica precolombina | un concierto | una ópera |
| una exposición de pintura española | una telenovela | una tragedia |

1. Escucharán música clásica y conocerán a un director muy famoso.

2. El público aplaudirá mucho a la señora que es soprano.

3. Como a Inés le gusta la historia, la llevarán a ver esto.

4. Como a Javier le gustaría ver arte, entonces irán con él.

4 **El fin de semana** Vas a asistir a dos eventos culturales el próximo fin de semana con un(a) compañero/a de clase. Comenten entre ustedes por qué les gustan o les disgustan algunas de las actividades que van sugiriendo. Escojan al final dos actividades que puedan realizar juntos/as. Usen estas frases y expresiones en su conversación.

▶ ¿Qué te gustaría ver/hacer este fin de semana?

▶ ¿Te gustaría asistir a...?

▶ ¡Trato hecho!

▶ Odio..., ¿qué tal si...?

Ortografía

Las trampas ortográficas

Some of the most common spelling mistakes in Spanish occur when two or more words have very similar spellings. This section reviews some of those words.

---

compro   **compró**   **hablo**   **habló**

There is no accent mark in the **yo** form of –ar verbs in the present tense. There is, however, an accent mark in the **Ud./él/ella** form of –ar verbs in the preterite.

---

este (adjective)   **éste** (pronoun)   **esté** (verb)

The demonstrative adjectives **esta** and **este** do not have an accent mark. The demonstrative pronouns **ésta** and **éste** have an accent mark on the first syllable. The verb forms **está** (*present indicative*) and **esté** (*present subjunctive*) have an accent mark on the last syllable.

---

jo-ven   **jó-ve-nes**   **bai-la-rín**   **bai-la-ri-na**

The location of the stressed syllable in a word determines whether or not a written accent mark is needed. When a plural or feminine form has more syllables than the singular or masculine form, an accent mark must sometimes be added or deleted to maintain the correct stress.

No me gusta la ópera, sino el teatro.
No quiero ir al festival si no vienes conmigo.

The conjunction **sino** (*but rather*) should not be confused with **si no** (*if not*). Note also the difference between **mediodía** (*noon*) and **medio día** (*half a day*) and between **por qué** (*why*) and **porque** (*because*).

Práctica Completa las frases con las palabras adecuadas para cada ocasión.

1. Javier me explicó que _____ lo invitabas, él no iba a venir. (sino/si no)
2. Me gustan mucho las _____ folklóricas. (canciones/canciónes)
3. Marina _____ su espectáculo en El Salvador. (presento/presentó)
4. Yo prefiero _____. (éste/esté)

Palabras desordenadas Ordena las letras para descubrir las palabras correctas. Después, ordena las letras indicadas para descubrir la respuesta a la pregunta.

¿Adónde va Manuel?

y u n a s e d ó   ☐ 🄰 ☐ 🄰 ☐ ☐ ☐ ☐

q u e r o p   ☐ ☐ 🄰 ☐ ☐ ☐

z o g a d e l a   🄰 ☐ ☐ 🄰 ☐ ☐ ☐ ☐

á s e t   ☐ ☐ 🄰 ☐

h a i t e s a b o n c i   ☐ ☐ ☐ ☐ ☐ 🄰 ☐ ☐ ☐ 🄰 ☐ ☐

Manuel va _ _ _ _ _ _ _ _ _.[1]

[1] Manuel va al teatro.

Respuestas: desayunó, porque, adelgazo, está, habitaciones

EN DETALLE

Museo de Arte
Contemporáneo de Caracas

Visitar el Museo de Arte Contemporáneo de Caracas Sofía Imbert (MACCSI) es una experiencia incomparable. Su colección permanente incluye unas 3.000 obras de artistas de todo el mundo. Además, el museo organiza exposiciones temporales° de escultura, dibujo, pintura, fotografía, cine y video. En sus salas se pueden admirar obras de artistas como Matisse, Miró, Picasso, Chagall, Tàpies y Botero.

En 2004 el museo tuvo que cerrar a causa de un incendio°. Entonces, su valiosa° colección fue trasladada al Museo de Bellas Artes, también en

Exposición Cuerpo plural, MACCSI

La lección de esquí, de Joan Miró

Caracas. Además se realizaron exposiciones en otros lugares, incluso al aire libre, en parques y bulevares.

Cuando el MACCSI reabrió° sus puertas, un año después, lo hizo con nuevos conceptos e ideas. Se dio más atención a las cerámicas y fotografías de la colección. También se creó una sala multimedia dedicada a las últimas tendencias° del arte como video-arte y *performance*.

El MACCSI es un importante centro cultural. Además de las salas de exposición, cuenta con° un jardín de esculturas, un auditorio y una biblioteca especializada en arte. También organiza talleres° y recibe a grupos escolares. Un viaje a Caracas no puede estar completo sin una visita a este maravilloso museo.

Otros museos importantes

Museo del Jade (San José, Costa Rica): Tiene la colección de piezas de jade más grande del mundo. La colección tiene un gran valor° y una gran importancia histórica. Incluye muchas joyas° precolombinas.

Museo de Instrumentos Musicales (La Paz, Bolivia): Muestra más de 2.500 instrumentos musicales bolivianos y de otras partes del mundo. Tiene un taller de construcción de instrumentos musicales.

Museo de Culturas Populares (México, D.F., México): El museo investiga y difunde° las diferentes manifestaciones culturales de México, realiza exposiciones y organiza seminarios, cursos y talleres.

Museo del Cine Pablo Ducrós Hicken (Buenos Aires, Argentina): Dedicado a la historia del cine argentino, expone películas, libros, revistas, guiones°, carteles, fotografías, cámaras y proyectores antiguos.

exposiciones temporales *temporary exhibitions* incendio *fire* valiosa *valuable* reabrió *reopened* tendencias *trends* cuenta con *it has* talleres *workshops* valor *value* joyas *jewelry* difunde *spreads* guiones *scripts*

ACTIVIDADES

1 **¿Cierto o falso?** Indica si lo que dice cada oración es **cierto** o **falso**. Corrige la información falsa.

1. La colección permanente del MACCSI tiene sólo obras de artistas venezolanos.

2. Durante el tiempo que el museo cerró a causa de un incendio, se realizaron exposiciones al aire libre.

3. Cuando el museo reabrió, se dio más atención a la pintura.

4. En el jardín del museo también pueden admirarse obras de arte.

5. La importancia del Museo del Jade se debe a las joyas europeas que se exponen en él.

6. En el Museo de Instrumentos Musicales de La Paz también se hacen instrumentos musicales.

7. En Buenos Aires hay un museo dedicado a la historia del cine de Hollywood.

Arte y espectáculos

las caricaturas (Méx.; El Salv.); los dibujitos (Arg.); los monitos (Col.); los muñequitos (Cuba)	los dibujos animados
el coro	choir
el escenario	stage
el estreno	debut, premiere
el/la guionista	scriptwriter

Artistas hispanos

○ **Myrna Báez** (Santurce, Puerto Rico, 1931) Innovó las técnicas de la pintura y el grabado° en Latinoamérica. En 2001, el Museo de Arte de Puerto Rico le rindió homenaje° a sus cuarenta años de carrera artística.

○ **Joaquín Cortés** (Córdoba, España, 1969) Bailarín y coreógrafo. En sus espectáculos une° sus raíces gitanas° a influencias musicales de todo el mundo.

○ **Tania León** (La Habana, Cuba, 1943) Compositora y directora de orquesta. Fue directora musical del *Dance Theater of Harlem* y compuso numerosas obras.

○ **Rafael Murillo Selva** (Tegucigalpa, Honduras, 1936) Dramaturgo. En su obra refleja preocupaciones sociales y la cultura hondureña.

grabado *engraving* rindió homenaje *paid homage* une *combines* raíces gitanas *gypsy roots*

Fernando Botero: un estilo único

El dibujante°, pintor y escultor **Fernando Botero** es un colombiano de fama internacional. Ha expuesto sus obras en galerías y museos de las Américas, Europa y Asia.

La pintura siempre ha sido su pasión. Su estilo se caracteriza por un cierto aire ingenuo° y unas proporciones exageradas. Mucha gente dice que Botero "pinta gordos", pero esto no es correcto. En su obra no sólo las personas son exageradas; los animales y los objetos también. Botero dice que empezó a pintar personas y cosas voluminosas por intuición. Luego, estudiando la pintura de los maestros italianos, se reafirmó su interés por el volumen y comenzó a usarlo conscientemente° en sus pinturas y esculturas, muchas de las cuales se exhiben en ciudades de todo el mundo. Botero es un trabajador incansable° y es que para él, lo más divertido del mundo es pintar y crear.

El alguacil, de Fernando Botero

dibujante *drawer* ingenuo *naive* conscientemente *consciously* incansable *tireless*

SUPERSITE ░ **Conexión Internet**

¿Qué otros artistas de origen hispano son famosos?

Go to **descubre2.vhlcentral.com** to find more cultural information related to this **Cultura** section.

2 **Comprensión** Responde a las preguntas.

1. ¿Cómo se dice en español *The scriptwriter is on stage*?
2. ¿Cuál fue la contribución de Myrna Báez al arte latinoamericano?
3. ¿Por qué actividades artísticas es famosa Tania León?
4. ¿En qué géneros del arte trabaja Fernando Botero?
5. ¿Cuáles son dos características del estilo de Botero?

3 **Sus artistas favoritos** En grupos pequeños, hablen sobre sus artistas favoritos (de cualquier disciplina artística). Hablen de la obra que más les gusta de estos artistas y expliquen por qué.

8.1 The conditional ⬤SUPERSITE

ANTE TODO The conditional tense in Spanish expresses what you *would do* or what *would happen* under certain circumstances.

The conditional tense

		visitar	comer	aplaudir
SINGULAR FORMS	yo	visitar**ía**	comer**ía**	aplaudir**ía**
	tú	visitar**ías**	comer**ías**	aplaudir**ías**
	Ud./él/ella	visitar**ía**	comer**ía**	aplaudir**ía**
PLURAL FORMS	nosotros/as	visitar**íamos**	comer**íamos**	aplaudir**íamos**
	vosotros/as	visitar**íais**	comer**íais**	aplaudir**íais**
	Uds./ellos/ellas	visitar**ían**	comer**ían**	aplaudir**ían**

Oye, Álex, ¿te gustaría ser escritor?

Pues creo que me gustaría ser poeta, pero publicaría todos mis poemas en Internet.

¡ATENCIÓN!

The polite expressions **Me gustaría...** (*I would like...*) and **Te gustaría** (*You would like...*) used by Álex and Maite are other examples of the conditional.

▶ The conditional tense is formed much like the future tense. The endings are the same for all verbs, both regular and irregular. For regular verbs, you simply add the appropriate endings to the infinitive. **¡Atención!** All forms of the conditional have an accent mark.

▶ For irregular verbs, add the conditional endings to the irregular stems.

INFINITIVE	STEM	CONDITIONAL	INFINITIVE	STEM	CONDITIONAL
decir	dir-	dir**ía**	querer	querr-	querr**ía**
hacer	har-	har**ía**	saber	sabr-	sabr**ía**
poder	podr-	podr**ía**	salir	saldr-	saldr**ía**
poner	pondr-	pondr**ía**	tener	tendr-	tendr**ía**
haber	habr-	habr**ía**	venir	vendr-	vendr**ía**

AYUDA

The infinitive of **hay** is **haber**, so its conditional form is **habría**.

▶ While in English the conditional is a compound verb form made up of the auxiliary verb *would* and a main verb, in Spanish it is a simple verb form that consists of one word.

Yo no me **pondría** ese vestido.
I would not wear that dress.

¿**Vivirían** ustedes en otro país?
Would you live in another country?

▶ The conditional is commonly used to make polite requests.

¿**Podrías** abrir la ventana, por favor?
Would you open the window, please?

¿**Sería** tan amable de venir a mi oficina?
Would you be so kind as to come to my office?

▶ In Spanish, as in English, the conditional expresses the future in relation to a past action or state of being. In other words, the future indicates what *will happen* whereas the conditional indicates what *would happen.*

Creo que mañana **hará** sol.
I think it will be sunny tomorrow.

Creía que hoy **haría** sol.
I thought it would be sunny today.

▶ The English *would* is often used with a verb to express the conditional, but it can also mean *used to,* in the sense of past habitual action. To express past habitual actions, Spanish uses the imperfect, not the conditional.

Íbamos al parque los sábados.
We would go to the park on Saturdays.

De adolescentes, **comíamos** mucho.
As teenagers, we used to eat a lot.

Sin ti, no sé qué haría.

Sólo tú sabes ordenar mi vida.

COMPARE & CONTRAST

In **Lección 7,** you learned the *future of probability.* Spanish also has the *conditional of probability,* which expresses conjecture or probability about a past condition, event, or action. Compare these Spanish and English sentences.

Serían las once de la noche
cuando Elvira me llamó.
*It must have been (It was probably)
11 p.m. when Elvira called me.*

Sonó el teléfono. ¿**Llamaría** Emilio
para cancelar nuestra cita?
*The phone rang. I wondered if it was
Emilio calling to cancel our date.*

Note that English conveys conjecture or probability with phrases such as *I wondered if, probably,* and *must have been.* In contrast, Spanish gets these same ideas across with conditional forms.

AYUDA

Keep in mind the two parallel combinations shown in the example sentences:

1) present tense in main clause →
   future tense in subordinate clause
2) past tense in main clause →
   conditional tense in subordinate clause

recursos

CP
pp. 85–88

CH
pp. 117–118

CA
pp. 39–41, 133

SUPERSITE
descubre2.
vhlcentral.com
Lección 8

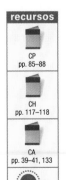

¡INTÉNTALO! Indica la forma apropiada del condicional de los verbos.

1. Yo ___escucharía, leería, esculpiría___ (escuchar, leer, esculpir)
2. Tú _____ (apreciar, comprender, compartir)
3. Marcos _____ (poner, venir, querer)
4. Nosotras _____ (ser, saber, ir)
5. Ustedes _____ (presentar, deber, aplaudir)
6. Ella _____ (salir, poder, hacer)
7. Yo _____ (tener, tocar, aburrirse)
8. Tú _____ (decir, ver, publicar)

Práctica

 1

De viaje A un grupo de artistas le gustaría hacer un viaje a Honduras. En estas oraciones nos cuentan sus planes de viaje. Complétalas con el condicional del verbo entre paréntesis.

1. Me _____ (gustar) llevar algunos libros de poesía de Leticia de Oyuela.
2. Ana _____ (querer) ir primero a Copán para conocer las ruinas mayas.
3. Yo _____ (decir) que fuéramos a Tegucigalpa primero.
4. Nosotras _____ (preferir) ver una obra del Grupo Dramático de Tegucigalpa. Luego _____ (poder) tomarnos un café.
5. Y nosotros _____ (ver) los cuadros del pintor José Antonio Velásquez. Y tú, Luisa, ¿qué _____ (hacer)?
6. Yo _____ (tener) interés en ver o comprar cerámica de José Arturo Machado. Y a ti, Carlos, ¿te _____ (interesar) ver la arquitectura colonial?

2

¿Lo harías? En parejas, pregúntense qué harían en estas situaciones.

> Estás en un concierto de tu banda favorita y la persona que está sentada delante no te deja ver.

> Un amigo actor te invita a ver una película que acaba de hacer, y no te gusta nada cómo hace su papel.

> Estás invitado/a a los Premios Ariel. Es posible que te vayan a dar un premio, pero ese día estás muy enfermo/a.

> Te invitan, pagándote mucho dinero, para ir a un programa de televisión para hablar de tu vida privada y pelearte (*to fight*) con tu novio/a durante el programa.

 3

Sugerencias Matilde busca trabajo. Dile seis cosas que tú harías si fueras ella. Usa el condicional. Luego compara tus sugerencias con las de un(a) compañero/a.

 modelo

> Si yo fuera tú, buscaría trabajo en el periódico.

Comunicación

4

Conversaciones Tu profesor(a) te dará una hoja de actividades. En ella se presentan dos listas con diferentes problemas que supuestamente tienen los estudiantes. En parejas, túrnense para explicar los problemas de su lista; uno/a cuenta lo que le pasa y el/la otro/a dice lo que haría en esa situación usando la frase "Yo en tu lugar...".

> **modelo**
>
> **Estudiante 1:** ¡Qué problema! Mi novio no me habla desde el domingo.
> **Estudiante 2:** Yo en tu lugar, no le diría nada por unos días para ver qué pasa.

5

Luces, cámara y acción En grupos pequeños, elijan una película que les guste y después escriban una lista con las cosas que habrían hecho de manera diferente si hubieran sido los directores. Después, uno del grupo tiene que leer su lista, y el resto de la clase tiene que adivinar de qué película se trata.

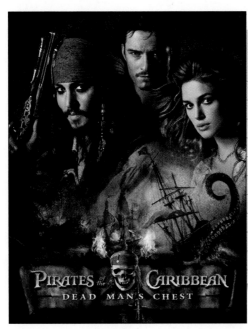

Yo no contrataría a Johnny Depp para ese papel.

Ni tampoco haría muchas películas sobre el mismo tema.

Jack Sparrow y Elizabeth Swann, los protagonistas, se casarían y tedrían hijos.

Yo cambiaría el final de la historia.

Síntesis

6

Encuesta Tu profesor(a) te dará una hoja de actividades. Circula por la clase y pregúntales a tres compañeros/as qué actividad(es) de las que se describen les gustaría realizar. Usa el condicional de los verbos. Anota las respuestas e informa a la clase de los resultados de la encuesta.

> **modelo**
>
> **Estudiante 1:** ¿Harías el papel de un loco en una obra de teatro?
> **Estudiante 2:** Sí, lo haría. Sería un papel muy interesante.

8.2 The conditional perfect

ANTE TODO   Like other compound tenses you have learned—the present perfect, the past perfect, and the future perfect—the conditional perfect (**el condicional perfecto**) is formed with **haber** + [*past participle*].

> Y a ti, Maite, ¿te gustaría ser poeta?

> Me gustaría ser cantante. De no ser periodista, habría sido cantante de ópera.

The conditional perfect			
	pintar	**comer**	**vivir**
SINGULAR FORMS			
yo	**habría** pintado	**habría** comido	**habría** vivido
tú	**habrías** pintado	**habrías** comido	**habrías** vivido
Ud./él/ella	**habría** pintado	**habría** comido	**habría** vivido
PLURAL FORMS			
nosotros/as	**habríamos** pintado	**habríamos** comido	**habríamos** vivido
vosotros/as	**habríais** pintado	**habríais** comido	**habríais** vivido
Uds./ellos/ellas	**habrían** pintado	**habrían** comido	**habrían** vivido

▶ The conditional perfect is used to express an action that would have occurred, but didn't.

¿No fuiste al espectáculo?	Maite **habría preferido** ir a la ópera,
¡Te **habrías divertido**!	pero Álex prefirió ir al cine.
You didn't go to the show?	*Maite would have preferred to go to the*
You would have had a good time!	*opera, but Álex preferred to see a movie.*

¡INTÉNTALO!   Indica las formas apropiadas del condicional perfecto de los verbos.

1. Nosotros ___habríamos hecho___ (hacer) todos los quehaceres.
2. Tú _____ (apreciar) mi poesía.
3. Ellos _____ (pintar) un mural.
4. Usted _____ (tocar) el piano.
5. Ellas _____ (poner) la mesa.
6. Tú y yo _____ (resolver) los problemas.
7. Silvia y Alberto _____ (esculpir) una estatua.
8. Yo _____ (presentar) el informe.
9. Ustedes _____ (vivir) en el campo.
10. Tú _____ (abrir) la puerta.

Práctica

1

Completar Completa los diálogos con la forma apropiada del condicional perfecto de los verbos de la lista. Luego, en parejas, representen los diálogos.

divertirse	presentar	sentir	tocar
hacer	querer	tener	venir

¡LENGUA VIVA!

The expression **Menos mal que…** means *It's a good thing that…* or *It's just as well that…* It is followed by a verb in the indicative.

1. —Tú _____ el papel de Aída mejor que ella. ¡Qué lástima!

   —Sí, mis padres _____ desde California sólo para oírme cantar en *Aída*.

2. —Olga, yo esperaba algo más. Con un poco de dedicación y práctica la orquesta _____ mejor y los músicos _____ más éxito.

   —Menos mal que la compositora no los escuchó. Se _____ avergonzada.

3. —Tania _____ la comedia pero no pudo porque cerraron el teatro.

   —¡Qué lástima! Mi esposa y yo _____ ir a la presentación de la obra. Siempre veo tragedias y sé que _____ .

2

Combinar En parejas, imaginen qué harían estas personas en las situaciones presentadas. Combina elementos de cada una de las tres columnas para formar seis oraciones usando el condicional perfecto.

NOTA CULTURAL

El director de cine **Alejandro González Iñárritu** forma parte de la nueva generación de directores mexicanos. Su película *Amores perros* fue nominada para el Oscar a la mejor película extranjera en 2001 y en 2006, su película *Babel* obtuvo varias nominaciones al Oscar.

A	**B**	**C**
con talento artístico	yo	estudiar…
con más tiempo libre	tú	pintar…
en otra especialización	la gente	esculpir…
con más aprecio de las artes	mis compañeros y yo	viajar…
con más dinero	los artistas	escribir…
en otra película	Alejandro González Iñárritu	publicar…

3

¿Qué habrías hecho? Estos dibujos muestran situaciones poco comunes. No sabemos qué hicieron estas personas, pero tú, ¿qué habrías hecho? Comparte tus respuestas con un(a) compañero/a.

AYUDA

Here are some suggestions:

Habría llevado el dinero a…

Yo habría atacado al oso (*bear*) con…

Yo habría…

1.

2.

3.

4.

Comunicación

4

Preguntas En parejas, imaginen que tienen cincuenta años y están hablando de sus años de juventud. ¿Qué habrían hecho de manera diferente?

> **modelo**
>
> ¿Te (interesar) aprender a tocar un instrumento?
> **Estudiante 1:** ¿Te habría interesado aprender a tocar un instrumento?
> **Estudiante 2:** Sí, habría aprendido a tocar el piano.

1. ¿Te (gustar) viajar por Latinoamérica?
2. ¿Qué escritores (leer)?
3. ¿Qué clases (tomar)?
4. ¿Qué tipo de música (escuchar)?
5. ¿Qué tipo de amigos/as (tener)?
6. ¿A qué fiestas o viajes no (ir)?
7. ¿Con qué tipo de persona (salir)?
8. ¿Qué tipo de ropa (llevar)?

5

Pobre Mario En parejas, lean la carta que Mario le escribió a Enrique. Digan qué cosas Mario habría hecho de una manera diferente, de haber tenido la oportunidad.

> **modelo**
>
> Mario no habría hecho este musical.

Enrique:

Ya llegó el último día del musical. Yo creía que nunca iba a acabar. En general, los cantantes y actores eran bastante malos, pero no tuve tiempo de buscar otros, y además los buenos ya tenían trabajo en otras obras. Ayer todo salió muy mal. Como era la última noche, yo había invitado a unos críticos a ver la obra, pero no pudieron verla. El primer problema fue la cantante principal. Ella estaba enojada conmigo porque no quise pagarle todo el dinero que quería. Dijo que tenía problemas de garganta, y no salió a cantar. Conseguí otra cantante, pero los músicos de la orquesta todavía no habían llegado. Tenían que venir todos en un autobús no muy caro que yo había alquilado, pero el autobús salió a una hora equivocada. Entonces, el bailarín se enojó conmigo porque todo iba a empezar tarde. Quizás tuviera razón mi padre. Seguramente soy mejor contador que director teatral.

Escríbeme,
Mario

¡LENGUA VIVA!

The useful expression **de haber tenido la oportunidad** means *if I/he/you/etc. had had the opportunity.* You can use this construction in similar instances, such as **De haberlo sabido ayer, te habría llamado.**

Síntesis

6

Yo en tu lugar Primero, cada estudiante hace una lista con tres errores que ha cometido, o tres problemas que ha tenido en su vida. Después, en parejas, túrnense para decirse qué habrían hecho en esas situaciones.

> **modelo**
>
> **Estudiante 1:** El año pasado saqué una mala nota en el examen de biología.
> **Estudiante 2:** Yo no habría sacado una mala nota. Habría estudiado más.

CONSULTA

To review the past perfect indicative, see **Estructura 6.2,** p. 208.

To review the present perfect subjunctive, see **Estructura 6.3,** p. 211.

8.3 The past perfect subjunctive

ANTE TODO The past perfect subjunctive (**el pluscuamperfecto de subjuntivo**), also called the pluperfect subjunctive, is formed with the past subjunctive of **haber** + [*past participle*]. Compare the following subjunctive forms.

Present subjunctive	Present perfect subjunctive
yo trabaje	yo haya trabajado

Past subjunctive	Past perfect subjunctive
yo trabajara	yo hubiera trabajado

Past perfect subjunctive

		pintar	comer	vivir
SINGULAR FORMS	yo	**hubiera** pintado	**hubiera** comido	**hubiera** vivido
	tú	**hubieras** pintado	**hubieras** comido	**hubieras** vivido
	Ud./él/ella	**hubiera** pintado	**hubiera** comido	**hubiera** vivido
PLURAL FORMS	nosotros/as	**hubiéramos** pintado	**hubiéramos** comido	**hubiéramos** vivido
	vosotros/as	**hubierais** pintado	**hubierais** comido	**hubierais** vivido
	Uds./ellos/ellas	**hubieran** pintado	**hubieran** comido	**hubieran** vivido

▶ The past perfect subjunctive is used in subordinate clauses under the same conditions that you have learned for other subjunctive forms, and in the same way the past perfect is used in English (*I had talked, you had spoken,* etc.). It refers to actions or conditions that had taken place before another action or condition in the past.

No había nadie que **hubiera dormido**.
There wasn't anyone who had slept.

Dudaba que ellos **hubieran llegado**.
I doubted that they had arrived.

Esperaba que Juan **hubiera ganado** el partido.
I hoped that Juan had won the game.

Llegué antes de que la clase **hubiera comenzado**.
I arrived before the class had begun.

¡INTÉNTALO! Indica la forma apropiada del pluscuamperfecto de subjuntivo de cada verbo.

1. Esperaba que ustedes <u>hubieran hecho</u> (hacer) las reservaciones.
2. Dudaba que tú _____ (decir) eso.
3. No estaba seguro de que ellos _____ (ir).
4. No creían que nosotros _____ (hablar) con Ricardo.
5. No había nadie que _____ (poder) comer tanto como él.
6. No había nadie que _____ (ver) el espectáculo.
7. Me molestó que tú no me _____ (llamar) antes.
8. ¿Había alguien que no _____ (apreciar) esa película?
9. No creían que nosotras _____ (bailar) en el festival.
10. No era cierto que yo _____ (ir) con él al concierto.

recursos

CP
pp. 88–90

CH
p. 120

CA
p. 135

descubre2.
vhlcentral.com
Lección 8

Práctica

1 **Completar** Completa las oraciones con el pluscuamperfecto de subjuntivo de los verbos.

1. Me alegré de que mi familia _____ (irse) de viaje.
2. Me molestaba que Carlos y Miguel no _____ (venir) a visitarme.
3. Dudaba que la música que yo escuchaba _____ (ser) la misma que escuchaban mis padres.
4. No creían que nosotros _____ (poder) aprender español en un año.
5. Los músicos se alegraban de que su programa le _____ (gustar) tanto al público.
6. La profesora se sorprendió de que nosotros _____ (hacer) la tarea antes de venir a clase.

2 **Transformar** María está hablando de las emociones que ha sentido ante ciertos acontecimientos (*events*). Transforma sus oraciones según el modelo.

> **modelo**
>
> Me alegro de que hayan venido los padres de Micaela.
> *Me alegré de que hubieran venido los padres de Micaela.*

1. Es muy triste que haya muerto la tía de Miguel.
2. Dudo que Guillermo haya comprado una casa tan grande.
3. No puedo creer que nuestro equipo haya perdido el partido.
4. Me alegro de que mi novio me haya llamado.
5. Me molesta que el periódico no haya llegado.
6. Dudo que hayan cerrado el Museo de Arte.

3 **El regreso** Usa el pluscuamperfecto de subjuntivo para indicar lo que el astronauta Emilio Hernández esperaba que hubiera pasado. Durante 30 años, Emilio estuvo en el espacio sin tener noticias de la Tierra.

> **modelo**
>
> su esposa / no casarse con otro hombre
> *Esperaba que su esposa no se hubiera casado con otro hombre.*

1. su hija Diana / conseguir ser una pintora famosa
2. los políticos / acabar con todas las guerras (*wars*)
3. su suegra / irse a vivir a El Salvador
4. su hermano Ramón / tener un empleo por más de dos meses
5. todos los países / resolver sus problemas económicos
6. su esposa / ya pagar el préstamo de la casa

¡LENGUA VIVA!

Both the preterite and the imperfect can be used to describe past thoughts or emotions. In general, the imperfect describes a particular action or mental state without reference to its beginning or end; the preterite refers to the occurrence of an action, thought, or emotion at a specific moment.

Pensaba que mi vida era aburrida.

Pensé que había dicho algo malo.

Comunicación

4 **El robo** La semana pasada desaparecieron varias obras del museo. El detective sospechaba (*suspected*) que los empleados del museo le estaban mintiendo. En parejas, siguiendo el modelo, digan qué era lo que pensaba el detective. Después, intenten descubrir qué pasó realmente. Presenten su teoría del robo a la clase.

> **modelo**
>
> El vigilante (*security guard*) le dijo que alguien había abierto las ventanas de una sala.
> El *detective dudaba (no creía, pensaba que no era cierto, etc.) que alguien hubiera abierto las ventanas de la sala.*

1. El carpintero le dijo que ese día no había encontrado nada extraño en el museo.
2. La abogada le dijo que ella no había estado en el museo esa tarde.
3. El técnico le dijo que había comprado una casa porque había ganado la lotería.
4. La directora del museo le dijo que había visto al vigilante hablando con la abogada.
5. El vigilante dijo que la directora había dicho que esa noche no tenían que trabajar.
6. El carpintero se acordó de que la directora y el vigilante habían sido novios.

5 **Reacciones** Imagina que estos acontecimientos (*events*) ocurrieron la semana pasada. Indica cómo reaccionaste ante cada uno. Comparte tu reacción con un(a) compañero/a.

> **modelo**
>
> Vino a visitarte tu tía de El Salvador.
> *Me alegré de que hubiera venido a visitarme.*

1. Perdiste tu mochila con tu teléfono celular.
2. Tus padres te dijeron que no puedes usar el auto por un mes entero.
3. Encontraste cincuenta mil dólares cerca del banco.
4. Tus amigos/as te hicieron una fiesta sorpresa.

Síntesis

6 **Noticias** En grupos, lean estos titulares (*headlines*) e indiquen cuáles hubieran sido sus reacciones si esto les hubiera ocurrido a ustedes. Luego escriban tres titulares más y compártanlos con los demás grupos. Utilicen el pluscuamperfecto de subjuntivo.

Un grupo de turistas se encuentra con Elvis en una gasolinera.
El cantante los saludó, les cantó unas canciones y después se marchó hacia las montañas, caminando tranquilamente.

Tres jóvenes estudiantes se perdieron en un bosque de Maine.
Después de estar tres horas perdidos, aparecieron en una gasolinera de un desierto de Australia.

Ayer, una joven hondureña, después de pasar tres años en coma, se despertó y descubrió que podía entender el lenguaje de los animales.
La joven, de momento, no quiere hablar con la prensa, pero una amiga suya nos dice que está deseando ir al zoológico.

Recapitulación

SUPERSITE   For self-scoring and diagnostics, go to **descubre2.vhlcentral.com.**

Completa estas actividades para repasar los conceptos de gramática que aprendiste en esta lección.

1 **Completar** Completa el cuadro con la forma correcta de los verbos. `12 pts.`

Infinitivo	tú	nosotros	ellas
pintar			
			querrían
		podríamos	
	habrías		

2 **Diálogo** Completa el diálogo con la forma adecuada del condicional de los verbos de la lista. `8 pts.`

dejar	gustar	ir	poder
encantar	hacer	llover	sorprender

OMAR ¿Sabes? El concierto al aire libre fue un éxito. Yo creía que (1) _____, pero hizo sol.

NIDIA Ah, me alegro. Te dije que Jaime y yo (2) _____, pero tuvimos un imprevisto (*something came up*) y no pudimos. Y a Laura, ¿la viste allí?

OMAR Sí, ella vino. Al contrario que tú, al principio me dijo que ella y su amiga no (3) _____ venir, pero al final aparecieron. Necesitaba relajarse un poco; está muy estresada con sus estudios.

NIDIA A mí no me (4) _____ que se enfermara. Yo, en su lugar, (5) _____ de estudiar obsesivamente y (6) _____ más actividades interesantes fuera de la escuela.

OMAR Estoy de acuerdo. Oye, esta noche voy a ir al teatro. ¿(7) _____ venir conmigo? Jaime también puede venir. Es una comedia familiar.

NIDIA A nosotros (8) _____ ir. ¿A qué hora es?

OMAR A las siete y media.

RESUMEN GRAMATICAL

8.1 **The conditional** *pp. 270–271*

The conditional tense* of **aplaudir**	
aplaudiría	aplaudiríamos
aplaudirías	aplaudiríais
aplaudiría	aplaudirían

*Same endings for **-ar**, **-er**, and **-ir** verbs.

Irregular verbs		
Infinitive	**Stem**	**Conditional**
decir	dir-	diría
hacer	har-	haría
poder	podr-	podría
poner	pondr-	pondría
haber	habr-	habría
querer	querr-	querría
saber	sabr-	sabría
salir	saldr-	saldría
tener	tendr-	tendría
venir	vendr-	vendría

8.2 **The conditional perfect** *p. 274*

pintar	
habría pintado	habríamos pintado
habrías pintado	habríais pintado
habría pintado	habrían pintado

8.3 **The past perfect subjunctive** *p. 277*

cantar	
hubiera cantado	hubiéramos cantado
hubieras cantado	hubierais cantado
hubiera cantado	hubieran cantado

▶ To form the past perfect subjunctive, take the **Uds./ellos/ellas** form of the preterite of **haber**, drop the ending (**-ron**), and add the past subjunctive endings (**-ra, -ras, -ra, -ramos, -rais, -ran**).

▶ Note that the **nosotros/as** form takes an accent.

3

Fin de curso El espectáculo de fin de curso de la escuela ha sido cancelado por falta de interés y ahora todos se arrepienten (*regret it*). Completa las oraciones con el condicional perfecto. **8 pts.**

1. La profesora de danza _____ (convencer) a los mejores bailarines de que participaran.
2. Tú no _____ (escribir) en el periódico que el comité organizador era incompetente.
3. Los profesores _____ (animar) a todos a participar.
4. Nosotros _____ (invitar) a nuestros amigos y familiares.
5. Tú _____ (publicar) un artículo muy positivo sobre el espectáculo.
6. Los padres de los estudiantes _____ (dar) más dinero y apoyo.
7. Mis compañeros de drama y yo _____ (presentar) una comedia muy divertida.
8. El director _____ (hacer) del espectáculo su máxima prioridad.

4

El arte Estos estudiantes universitarios están decepcionados con sus estudios de arte. Escribe oraciones a partir de los elementos dados. Usa el imperfecto de indicativo y el pluscuamperfecto de subjuntivo. Sigue el modelo. **12 pts.**

modelo

yo / esperar / la universidad / poner / más énfasis en el arte
Yo esperaba que la universidad hubiera puesto más énfasis en el arte.

1. Sonia / querer / el departamento de arte / ofrecer / más clases
2. no haber nadie / oír / de ningún ex alumno / con éxito en el mundo artístico
3. nosotros / desear / haber / más exhibiciones de trabajos de estudiantes
4. ser una lástima / los profesores / no ser / más exigentes
5. Juanjo / dudar / nosotros / poder / escoger una universidad con menos recursos
6. ser increíble / la universidad / no construir / un museo más grande

5

Una vida diferente Piensa en un(a) artista famoso/a (pintor(a), cantante, actor/actriz, bailarín/bailarina, etc.) y escribe al menos cinco oraciones que describan cómo sería tu vida ahora si fueras esa persona. Usa las tres formas verbales que aprendiste en esta lección ¡y también tu imaginación! **10 pts.**

6

Adivinanza Completa la adivinanza con la forma correcta del condicional del verbo **ser** y adivina la respuesta. **¡2 puntos EXTRA!**

❝ Me puedes ver en tu piso,
y también en tu nariz;
sin mí no habría ricos
y nadie _____ (ser) feliz.
¿Quién soy? ❞

_____

Lectura

Antes de leer

Estrategia

Identifying stylistic devices

There are several stylistic devices (**recursos estilísticos**) that can be used for effect in poetic or literary narratives. *Anaphora* consists of successive clauses or sentences that start with the same word(s). *Parallelism* uses successive clauses or sentences with a similar structure. *Repetition* consists of words or phrases repeated throughout the text. *Enumeration* uses the accumulation of words to describe something. Identifying these devices can help you to focus on topics or ideas that the author chose to emphasize.

Contestar

1. ¿Cuál es tu instrumento musical favorito? ¿Sabes tocarlo? ¿Puedes describir su forma?
2. Compara el sonido de ese instrumento con algunos sonidos de la naturaleza. (Por ejemplo: El piano suena como la lluvia.)
3. ¿Qué instrumento es el "protagonista" de estos poemas de García Lorca?
4. Localiza en estos tres poemas algunos de los recursos estilísticos que aparecen en la **Estrategia**. ¿Qué elementos o temas se enfatizan mediante esos recursos?

Resumen

Completa el párrafo con palabras de la lista.

artesanía	música	poeta
dramaturgo	poemas	talento

Los _____ se titulan *La guitarra, Las seis cuerdas* y *Danza.* Son obras del _____ Federico García Lorca. Estos textos reflejan la importancia de la _____ en la poesía de este escritor. Lorca es conocido por su _____.

recursos

CH
pp. 121–124

SUPERSITE
descubre2.vhlcentral.com
Lección 8

Federico García Lorca

El escritor español Federico García Lorca nació en 1898 en Fuente Vaqueros, Granada. En 1919 se mudó a Madrid y allí vivió en la residencia estudiantil donde se hizo° amigo del pintor Salvador Dalí y del cineasta° Luis Buñuel. En 1920 estrenó° su primera obra teatral, El maleficio° de la mariposa°. *En 1929 viajó a los Estados Unidos, donde asistió a clases en la Universidad de Columbia. Al volver a España, dirigió la compañía de teatro universitario "La Barraca", un proyecto promovido° por el gobierno de la República para llevar el teatro clásico a los pueblos españoles. Fue asesinado en agosto de 1936 en Víznar, Granada, durante la dictadura° militar de Francisco Franco. Entre sus obras más conocidas están* Poema del cante jondo *(1931) y* Bodas de sangre *(1933). El amor, la muerte y la marginación son algunos de los temas presentes en su obra.*

Danza

EN EL HUERTO° DE LA PETENERA°

En la noche del huerto,
seis gitanas°,
vestidas de blanco
bailan.

En la noche del huerto,
coronadas°,
con rosas de papel
y biznagas°.

En la noche del huerto,
sus dientes de nácar°,
escriben la sombra°
quemada.

Y en la noche del huerto,
sus sombras se alargan°,
y llegan hasta el cielo
moradas.

Las seis cuerdas

La guitarra,
hace llorar° a los sueños°.
El sollozo° de las almas°
perdidas,
se escapa por su boca
redonda°.
Y como la tarántula
teje° una gran estrella
para cazar suspiros°,
que flotan en su negro
aljibe° de madera°.

La guitarra

Empieza el llanto°
de la guitarra.
Se rompen las copas
de la madrugada°.
Empieza el llanto
de la guitarra.
Es inútil
callarla°.
Es imposible
callarla.
Llora monótona
como llora el agua,
como llora el viento
sobre la nevada°.
Es imposible
callarla.
Llora por cosas
lejanas°.
Arena° del Sur caliente
que pide camelias blancas.
Llora flecha sin blanco°,
la tarde sin mañana,
y el primer pájaro muerto
sobre la rama°.
¡Oh guitarra!
Corazón malherido°
por cinco espadas°.

Después de leer

Comprensión 🌑

Completa cada oración con la opción correcta.

1. En el poema *La guitarra* se habla del "llanto" de
   la guitarra. La palabra "llanto" se relaciona con el
   verbo _____.
   a. llover   b. cantar   c. llorar
2. El llanto de la guitarra en *La guitarra* se compara
   con _____.
   a. el viento   b. la nieve   c. el tornado
3. En el poema *Las seis cuerdas* se personifica a la
   guitarra como _____.
   a. una tarántula   b. un pájaro   c. una estrella
4. En *Danza*, las gitanas bailan en el _____.
   a. teatro   b. huerto   c. patio

Interpretación 🌑

En grupos pequeños, respondan a las preguntas.

1. En los poemas *La guitarra* y *Las seis cuerdas*
   se personifica a la guitarra. Analicen esa
   personificación. ¿Qué cosas humanas puede hacer la
   guitarra? ¿En qué se parece a una persona?
2. ¿Creen que la música de *La guitarra* y *Las seis
   cuerdas* es alegre o triste? ¿En qué tipo de música te
   hace pensar?
3. ¿Puede existir alguna relación entre las seis cuerdas
   de la guitarra y las seis gitanas bailando en el huerto
   en el poema *Danza*? ¿Cuál?

Conversación

Primero, comenta con un(a) compañero/a tus gustos
musicales (instrumentos favoritos, grupos, estilo
de música, cantantes). Después, intercambien las
experiencias más intensas o importantes que hayan
tenido con la música (un concierto, un recuerdo asociado
a una canción, etc.).

se hizo *he became* cineasta *filmmaker* estrenó *premiered* maleficio *curse;*
spell mariposa *butterfly* promovido *promoted* dictadura *dictatorship*
huerto *orchard* petenera *Andalusian song* gitanas *gypsies* coronadas
crowned biznagas *type of plant* nácar *mother-of-pearl* sombra *shadow*
se alargan *get longer* llorar *to cry* sueños *dreams* sollozo *sobbing* almas
souls redonda *round* teje *spins* suspiros *sighs* aljibe *well* madera *wood*
llanto *crying* madrugada *dawn* inútil callarla *useless to silence her* nevada
snowfall lejanas *far-off* Arena *Sand* flecha sin blanco *arrow without a*
target rama *branch* malherido *wounded* espadas *swords*

Escritura

Estrategia

Finding biographical information

Biographical information can be useful for a great variety of writing topics. Whether you are writing about a famous person, a period in history, or even a particular career or industry, you will be able to make your writing both more accurate and more interesting when you provide detailed information about the people who are related to your topic.

To research biographical information, you may wish to start with general reference sources, such as encyclopedias and periodicals. Additional background information on people can be found in biographies or in nonfiction books about the person's field or industry. For example, if you wanted to write about Jennifer López, you could find background information from periodicals, including magazine interviews and movie or concert reviews. You might also find information in books or articles related to contemporary film and music.

Biographical information may also be available on the Internet, and depending on your writing topic, you may even be able to conduct interviews to get the information you need. Make sure to confirm the reliability of your sources whenever your writing includes information about other people.

You might want to look for the following kinds of information:

- ▶ date of birth
- ▶ date of death
- ▶ childhood experiences
- ▶ education
- ▶ family life
- ▶ place of residence
- ▶ life-changing events
- ▶ personal and professional accomplishments

Tema

¿A quién te gustaría conocer?

Si pudieras invitar a cinco personas famosas a cenar en tu casa, ¿a quiénes invitarías? Pueden ser de cualquier° época de la historia y de cualquier profesión. Algunas posibilidades son:

- ▶ el arte
- ▶ la música
- ▶ el cine
- ▶ las ciencias
- ▶ la historia
- ▶ la política

Escribe una composición breve sobre la cena. Explica por qué invitarías a estas personas y describe lo que harías, lo que preguntarías y lo que dirías si tuvieras la oportunidad de conocerlas. Utiliza el condicional.

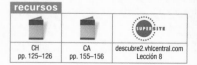

recursos		
CH pp. 125–126	CA pp. 155–156	descubre2.vhlcentral.com Lección 8

cualquier *any*

Escuchar

Estrategia

**Listening for key words/
Using the context**

The comprehension of key words is vital to understanding spoken Spanish. Use your background knowledge of the subject to help you anticipate what the key words might be. When you hear unfamiliar words, remember that you can use context to figure out their meaning.

To practice these strategies, you will now listen to a paragraph from a letter sent to a job applicant. Jot down key words, as well as any other words you figured out from the context.

Preparación

Basándote en el dibujo, ¿qué palabras crees que usaría un crítico en una reseña° de esta película?

Ahora escucha

Ahora vas a escuchar la reseña de la película. Mientras escuches al crítico, recuerda que las críticas de cine son principalmente descriptivas. La primera vez que la escuches, identifica las palabras clave° y escríbelas en la columna A. Luego, escucha otra vez la reseña e identifica el significado de las palabras en la columna B mediante el contexto.

A	B
1. _____	1. estrenar
2. _____	2. a pesar de
3. _____	3. con reservas
4. _____	4. supuestamente
5. _____	5. la trama
6. _____	6. conocimiento

reseña *review* clave *key*

Comprensión

Cierto o falso

	Cierto	Falso
1. *El fantasma del lago Enriquillo* es una película de ciencia ficción.	○	○
2. Los efectos especiales son espectaculares.	○	○
3. Generalmente se ha visto a Jorge Verdoso en comedias románticas.	○	○
4. Jaime Rebelde es un actor espectacular.	○	○

Preguntas

1. ¿Qué aspectos de la película le gustaron al crítico?
2. ¿Qué no le gustó al crítico de la película?
3. Si a ti te gustaran los actores, ¿irías a ver esta película? ¿Por qué?
4. Para ti, ¿cuáles son los aspectos más importantes de una película? Explica tu respuesta.

Ahora ustedes

Trabaja con un grupo de compañeros/as. Escojan una película con actores muy famosos que no fue lo que esperaban. Escriban una reseña que describa el papel de los actores, la trama, los efectos especiales, la cinematografía u otros aspectos importantes de la película.

En pantalla

En muchos países hispanos existen versiones en español de programas como *¿Quién quiere ser millonario?*, *Jeopardy*, *Operación triunfo* (similar a *American Idol*) y *¿Qué dice la gente?* (*Family Feud*) que son adaptados para el público de cada país o para la audiencia hispana de los Estados Unidos. Casos contrarios son *Big Brother*, que comenzó en España, y *Yo soy Betty, la fea*, una telenovela colombiana que tuvo un gran éxito en toda Latinoamérica y que ha sido adaptada al inglés como *Ugly Betty*. Bajo la producción de la actriz mexicana Salma Hayek, en ella participan America Ferrera, Eric Mabius, Vanessa Williams y Michael Urie.

Vocabulario útil

forrarte	*to get a lot of money*
avispado	*smart*
abecedario	*alphabet*
letra	*letter*
comodín	*wild card*
por ciento	*percent*
¿Nos arriesgamos?	*Do we take the risk?*
Me estás volviendo tonto.	*You are driving me crazy.*
boberías	*silliness*

Indicar

Indica las expresiones que escuches en el anuncio.

___ 1. Me llamo Guamedo Sánchez.

___ 2. Y aquí tenemos el dinero.

___ 3. Ésta es la segunda pregunta.

___ 4. Qué lástima.

___ 5. Opción B, letra D.

___ 6. Tienes cuatro opciones.

Las preguntas

En grupos de tres, escriban cinco preguntas en español con cuatro opciones diferentes para cada respuesta como en el programa *¿Quién quiere ser millonario?* Después, lean sus preguntas para que la clase las responda.

siguiente concursante *next contestant* fortísimo *very loud*

¿Quién quiere ser millonario?

Y continuamos aquí en *¿Quién quiere ser millonario?*

...con nuestro siguiente concursante°...

...al que recibimos con un fortísimo° aplauso.

recursos

descubre2.vhlcentral.com
Lección 8

SUPERSITE Conexión Internet

Go to **descubre2.vhlcentral.com** to watch the TV clip featured in this **En pantalla** section.

Oye cómo va

Álvaro Torres

Nacido un 9 de abril de 1957 en Usulután, El Salvador, el cantautor° **Álvaro Torres** es conocido internacionalmente por sus interpretaciones románticas. Con sus más de treinta años de carrera artística, Torres supo desde muy pequeño que dedicaría su vida a la música. Después de explorar el mundo musical en su país natal, en 1975 se mudó a Guatemala, donde comenzó a grabar discos y a crear fama. En 1984 se fue a vivir a Denver, Colorado, y más adelante hizo de Florida su hogar° permanente. Algunas de sus canciones más populares son *El último romántico*, *Hazme olvidarla*, *Lo que se dice olvidar* y *Yo te amo*.

Tu profesor(a) va a poner la canción en la clase. Escúchala y completa las actividades.

Si estuvieras conmigo

Si estuvieras conmigo,
como estás en mis sueños,
no tendría en el alma°
la tristeza° que siento.
Si estuvieras conmigo,
aunque° fuera un momento,
serviría de algo
este amor que te tengo.
Si estuvieras conmigo...
pero estás tan lejos.

Emparejar

Indica qué elemento de la segunda columna está relacionado con cada elemento de la primera columna.

1. lugar donde nació Álvaro Torres
2. año en que se mudó a Guatemala
3. dueto con Selena
4. cuando se mudó a Denver
5. una de sus canciones más populares
6. lugar donde vive

a. 1984
b. *Hazme olvidarla*
c. Florida
d. 1975
e. Colorado
f. El Salvador
g. *Buenos amigos*

Duetos

Álvaro Torres ha grabado muchas canciones a dueto con diversos artistas. Algunas de ellas son:

- *Buenos amigos* (con Selena)
- *Patria querida* (con Barrio Boyzz)
- *Quiero volver a tu lado* (con Tatiana)
- *He venido a pedirte perdón* (con Monchy y Alexandra)
- *Mi amor por ti* (con Marisela)
- *No me vuelvo a enamorar* (con José Feliciano)

Selena

Preguntas

En grupos pequeños, respondan a las preguntas.

1. ¿Para quién piensan que está escrita la canción?
2. ¿Creen que el autor sigue enamorado? ¿Cómo lo saben?
3. ¿Qué piensan que haría el autor si esa persona regresara?
4. ¿Qué habrían hecho ustedes en su lugar para hacer que la relación funcionara?

recursos

SUPERSITE

descubre2.vhlcentral.com
Lección 8

SUPERSITE Conexión Internet

Go to **descubre2.vhlcentral.com** to learn more about the artist featured in this *Oye cómo va* section.

---

cantautor *singer-songwriter* hogar *home* alma *soul*
tristeza *sadness* aunque *although*

El Salvador

El país en cifras

▶ **Área:** 21.040 km^2 (8.124 millas^2), *el tamaño° de Massachusetts*

▶ **Población:** 7.461.000

El Salvador es el país centroamericano más pequeño y el más densamente poblado. Su población, al igual que la de Honduras, es muy homogénea: casi el 95 por ciento de la población es mestiza.

▶ **Capital:** San Salvador—1.662.000

▶ **Ciudades principales:** Soyapango, Santa Ana, San Miguel, Mejicanos

SOURCE: Population Division, UN Secretariat

▶ **Moneda:** dólar estadounidense

▶ **Idiomas:** español (oficial), náhuatl, lenca

Bandera de El Salvador

Salvadoreños célebres

▶ **Óscar Romero,** arzobispo° y activista por los derechos humanos° (1917–1980)

▶ **Claribel Alegría,** poeta, novelista y cuentista (1924–)

▶ **Roque Dalton,** poeta, ensayista y novelista (1935–1975)

▶ **María Eugenia Brizuela,** política (1956–)

Óscar Romero

tamaño *size* arzobispo *archbishop* derechos humanos *human rights*
laguna *lagoon* sirena *mermaid*

Ruinas de Tazumal

Salvadoreña secando hamacas (*hammocks*)

GUATEMALA

Lago de Guija

Río de la Paz

Santa Ana

Río Lempa

Mejicanos Ilobasco

HONDURAS

Río Goascorán

Volcán de San Salvador

San Salvador

Río Torola

Soyapango

San Miguel

Volcán de San Vicente

Río Lempa

La Libertad

Volcán de San Miguel

Océano Pacífico

Golfo de Fonsec

Aeropuerto Ilopango en San Salvador

ESTADOS UNIDOS

OCÉANO ATLÁNTICO

EL SALVADOR

OCÉANO PACÍFICO

AMÉRICA DEL SUR

¡Increíble pero cierto!

El rico folklore salvadoreño se basa sobre todo en sus extraordinarios recursos naturales. Por ejemplo, según una leyenda, las muertes que se producen en la laguna° de Alegría tienen su explicación en la existencia de una sirena° solitaria que vive en el lago y captura a los jóvenes atractivos.

Deportes • El surfing

El Salvador es uno de los destinos favoritos en Latinoamérica para la práctica del surfing. Cuenta con 300 kilómetros de costa a lo largo del Océano Pacifico y sus olas° altas son ideales para quienes practican este deporte. De sus playas, La Libertad es la más visitada por surfistas de todo el mundo, gracias a que está muy cerca de la capital salvadoreña. Sin embargo, los fines de semana muchos visitantes prefieren viajar a la Costa del Bálsamo, donde se concentra menos gente.

Naturaleza • El Parque Nacional Montecristo

El Parque Nacional Montecristo se encuentra en la región norte del país. Se le conoce también como El Trifinio porque se ubica° en el punto donde se unen las fronteras de Guatemala, Honduras y El Salvador. Este bosque reúne muchas especies vegetales y animales, como orquídeas, monos araña°, pumas, quetzales y tucanes. Además, las copas de sus enormes árboles forman una bóveda que impide° el paso de la luz solar. Este espacio natural se encuentra a una altitud de 2.400 metros (7.900 pies) sobre el nivel del mar y recibe 200 centímetros (80 pulgadas°) de lluvia al año.

Artes • La artesanía de Ilobasco

Ilobasco es un pueblo conocido por sus artesanías. En él se elaboran objetos con arcilla° y cerámica pintada a mano, como juguetes°, adornos° y utensilios de cocina. Además, son famosas sus "sorpresas", que son pequeñas piezas° de cerámica en cuyo interior se representan escenas de la vida diaria. Los turistas realizan excursiones para conocer paso a paso° la fabricación de estos productos.

 ¿Qué aprendiste? Responde a cada pregunta con una oración completa.

1. ¿Qué tienen en común las poblaciones de El Salvador y Honduras?

2. ¿Qué es el náhuatl?

3. ¿Quién es María Eugenia Brizuela?

4. Hay muchos lugares ideales para el surfing en El Salvador. ¿Por qué?

5. ¿A qué altitud se encuentra el Parque Nacional Montecristo?

6. ¿Cuáles son algunos de los animales y las plantas que viven en este parque?

7. ¿Por qué al Parque Nacional Montecristo se le llama también El Trifinio?

8. ¿Por qué es famoso el pueblo de Ilobasco?

9. ¿Qué se puede ver en un viaje a Ilobasco?

10. ¿Qué son las "sorpresas" de Ilobasco?

 Conexión Internet Investiga estos temas en **descubre2.vhlcentral.com.**

1. El Parque Nacional Montecristo es una reserva natural; busca información sobre otros parques o zonas protegidas en El Salvador. ¿Cómo son estos lugares? ¿Qué tipos de plantas y animales se encuentran allí?

2. Busca información sobre museos u otros lugares turísticos en San Salvador (u otra ciudad de El Salvador).

olas *waves* se ubica *it is located* monos araña *spider monkeys* impide *blocks* pulgadas *inches* arcilla *clay* juguetes *toys*
adornos *ornaments* piezas *pieces* paso a paso *step by step*

Honduras

El país en cifras

▸ **Área:** 112.492 km² (43.870 millas²),
un poco más grande que Tennessee

▸ **Población:** 7.997.000
Cerca del 90 por ciento de la población de Honduras es mestiza. Todavía hay pequeños grupos indígenas como los jicaque, los miskito y los paya, que han mantenido su cultura sin influencias exteriores y que no hablan español.

▸ **Capital:** Tegucigalpa—1.075.000

Tegucigalpa

▸ **Ciudades principales:** San Pedro Sula, El Progreso, La Ceiba

SOURCE: Population Division, UN Secretariat

▸ **Moneda:** lempira

▸ **Idiomas:** español (oficial), miskito, garífuna

Bandera de Honduras

Hondureños célebres

▸ **José Antonio Velásquez,** pintor (1906–1983)

▸ **Argentina Díaz Lozano,** escritora (1917–1999)

▸ **Carlos Roberto Reina,** juez° y presidente del país (1926–2003)

▸ **Roberto Sosa,** escritor (1930–)

juez *judge* presos *prisoners* madera *wood* hamacas *hammocks*

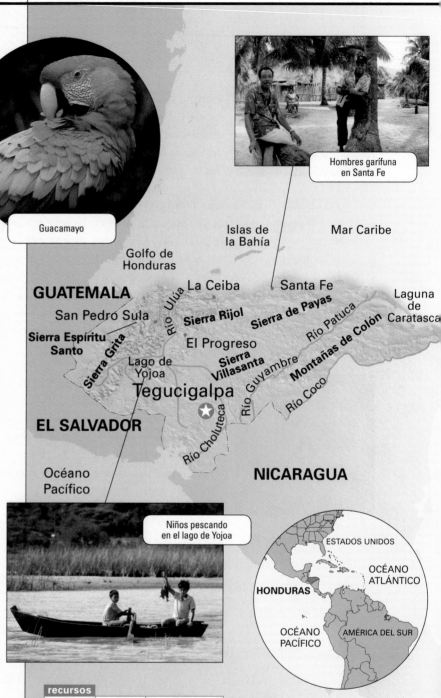

Guacamayo

Hombres garífuna en Santa Fe

Islas de la Bahía — Mar Caribe

Golfo de Honduras

GUATEMALA — La Ceiba — Santa Fe — Laguna de Caratasca

San Pedro Sula — **Sierra Rijol** — **Sierra de Payas**

Río Ulúa — Río Patuca

Sierra Espíritu Santo — El Progreso — **Montañas de Colón**

Sierra Grita — **Sierra Villasanta** — Río Guyambre

Lago de Yojoa — Río Coco

Tegucigalpa

EL SALVADOR — Río Choluteca

Océano Pacífico — **NICARAGUA**

Niños pescando en el lago de Yojoa

ESTADOS UNIDOS
OCÉANO ATLÁNTICO
HONDURAS
AMÉRICA DEL SUR
OCÉANO PACÍFICO

recursos

| CP p. 92 | CA pp. 83–84 | descubre2.vhlcentral.com Lección 8 |

¡Increíble pero cierto!

Los presos° de la Penitenciaría Central de Tegucigalpa hacen objetos de madera°, hamacas° y hasta instrumentos musicales. Sus artesanías son tan populares que los funcionarios de la prisión han abierto una pequeña tienda donde los turistas pueden regatear con este especial grupo de artesanos.

Lugares • Copán

Copán es una zona arqueológica muy importante de Honduras. Fue construida por los mayas y se calcula que en el año 400 d.C. albergaba una gran ciudad, con más de 150 edificios y una gran cantidad de plazas, patios, templos y canchas° para el juego de pelota°. Las ruinas más famosas del lugar son los edificios adornados con esculturas pintadas a mano, los cetros° ceremoniales de piedra y el templo Rosalila.

Economía • Las plantaciones de bananas

Desde hace más de cien años, las bananas son la exportación principal de Honduras y han tenido un papel fundamental en su historia. En 1889, la Standard Fruit Company empezó a exportar bananas del país centroamericano hacia Nueva Orleáns. Esta fruta resultó tan popular en los Estados Unidos que generó grandes beneficios° para esta compañía y para la United Fruit Company, otra empresa norteamericana. Estas transnacionales intervinieron muchas veces en la política hondureña gracias al enorme poder° económico que alcanzaron en la nación.

San Antonio de Oriente, 1957,
José Antonio Velásquez

Artes • José Antonio Velásquez (1906–1983)

José Antonio Velásquez fue un famoso pintor hondureño. Era catalogado como primitivista° porque en sus obras representaba aspectos de su vida cotidiana. En la pintura de Velásquez es notorio el énfasis en los detalles°, la falta casi total de los juegos de perspectiva y la pureza en el uso del color. Por todo ello, el artista ha sido comparado con importantes pintores europeos del mismo género° como Paul Gauguin o Emil Nolde.

 ¿Qué aprendiste? Responde a cada pregunta con una oración completa.

1. ¿Qué es el lempira?

2. ¿Por qué es famoso Copán?

3. ¿Dónde está el templo Rosalila?

4. ¿Cuál es la exportación principal de Honduras?

5. ¿Qué es la Standard Fruit Company?

6. ¿Cómo es el estilo de José Antonio Velásquez?

7. ¿Qué temas trataba Velásquez en su pintura?

 Conexión Internet Investiga estos temas en **descubre2.vhlcentral.com**.

1. ¿Cuáles son algunas de las exportaciones principales de Honduras, además de las bananas? ¿A qué países exporta Honduras sus productos?

2. Busca información sobre Copán u otro sitio arqueológico en Honduras. En tu opinión, ¿cuáles son los aspectos más interesantes del sitio?

....

canchas *courts* juego de pelota *pre-Columbian ceremonial ball game* cetros *scepters* beneficios *profits* poder *power*
primitivista *primitivist* detalles *details* género *genre*

Las bellas artes

el baile, la danza	dance
la banda	band
las bellas artes	(fine) arts
el boleto	ticket
la canción	song
la comedia	comedy; play
el concierto	concert
el cuento	short story
la cultura	culture
el drama	drama; play
la escultura	sculpture
el espectáculo	show
la estatua	statue
el festival	festival
la historia	history; story
la música	music
la obra	work (of art, music, etc.)
la obra maestra	masterpiece
la ópera	opera
la orquesta	orchestra
el personaje (principal)	(main) character
la pintura	painting
el poema	poem
la poesía	poetry
el público	audience
el teatro	theater
la tragedia	tragedy
aburrirse	to get bored
aplaudir	to applaud
apreciar	to appreciate
dirigir	to direct
esculpir	to sculpt
hacer el papel (de)	to play the role (of)
pintar	to paint
presentar	to present; to put on (a performance)
publicar	to publish
tocar (un instrumento musical)	to touch; to play (a musical instrument)
artístico/a	artistic
clásico/a	classical
dramático/a	dramatic
extranjero/a	foreign
folklórico/a	folk
moderno/a	modern
musical	musical
romántico/a	romantic
talentoso/a	talented

Los artistas

el bailarín, la bailarina	dancer
el/la cantante	singer
el/la compositor(a)	composer
el/la director(a)	director; (musical) conductor
el/la dramaturgo/a	playwright
el/la escritor(a)	writer
el/la escultor(a)	sculptor
la estrella (m., f.) de cine	movie star
el/la músico/a	musician
el/la poeta	poet

El cine y la televisión

el canal	channel
el concurso	game show; contest
los dibujos animados	cartoons
el documental	documentary
el premio	prize; award
el programa de entrevistas	talk show
la telenovela	soap opera
...de acción	action
...de aventuras	adventure
...de ciencia ficción	science fiction
...de horror	horror
...de vaqueros	western

La artesanía

la artesanía	craftsmanship; crafts
la cerámica	pottery
el tejido	weaving

Expresiones útiles	See page 265.

recursos

CA
p. 135

descubre2.vhlcentral.com
Lección 8

SUPERSITE

Las actualidades

9

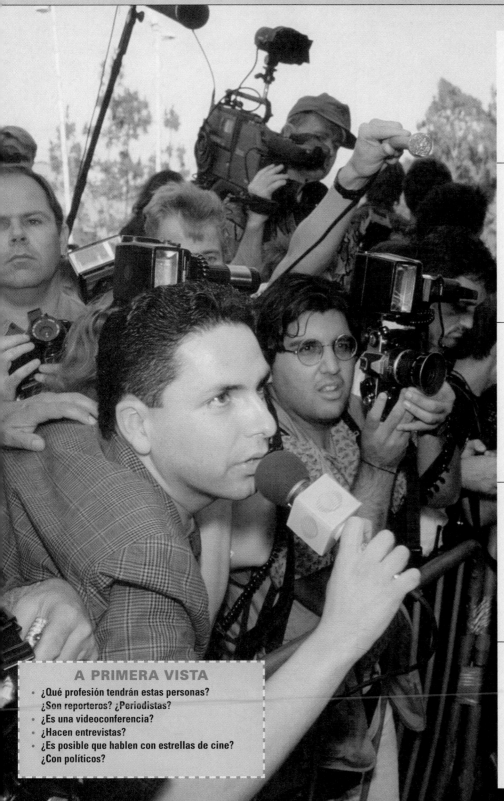
A PRIMERA VISTA

- ¿Qué profesión tendrán estas personas?
  ¿Son reporteros? ¿Periodistas?
- ¿Es una videoconferencia?
- ¿Hacen entrevistas?
- ¿Es posible que hablen con estrellas de cine?
  ¿Con políticos?

Las actualidades

Más vocabulario

el acontecimiento	*event*
las actualidades	*news; current events*
el artículo	*article*
la encuesta	*poll; survey*
el informe	*report; paper (written work)*
los medios de comunicación	*media; means of communication*
las noticias	*news*
la prensa	*press*
el reportaje	*report*
el desastre (natural)	*(natural) disaster*
el huracán	*hurricane*
la inundación	*flood*
el terremoto	*earthquake*
el desempleo	*unemployment*
la (des)igualdad	*(in)equality*
la discriminación	*discrimination*
la guerra	*war*
la libertad	*liberty; freedom*
la paz	*peace*
el racismo	*racism*
el sexismo	*sexism*
el SIDA	*AIDS*
anunciar	*to announce; to advertise*
comunicarse (con)	*to communicate (with)*
durar	*to last*
informar	*to inform*
luchar (por/contra)	*to fight; to struggle (for/against)*
transmitir, emitir	*to broadcast*
(inter)nacional	*(inter)national*
peligroso/a	*dangerous*

Variación léxica

informe ←→ trabajo (*Esp.*)

noticiero ←→ informativo (*Esp.*)

la tormenta

el ejército

el soldado

VOTA POR DÍAZ

el discurso

NO NO NO

la huelga

el candidato

el crimen

la violencia

el choque

el tornado

el incendio

La política

el/la ciudadano/a	citizen
el deber	responsibility; obligation
los derechos	rights
la dictadura	dictatorship
las elecciones	election
el impuesto	tax
la política	politics
el/la representante	representative
declarar	to declare; to say
elegir (e:i)	to elect
obedecer	to obey
votar	to vote
político/a	political

BANCO

el diario

el noticiero

la locutora

Práctica

1 Escuchar Escucha las noticias y selecciona la frase que mejor completa las oraciones.

1. Los ciudadanos creen que ___.
   a. hay un huracán en el Caribe
   b. hay discriminación en la imposición de los impuestos
   c. hay una encuesta en el Caribe

2. Los ciudadanos creen que los candidatos tienen ___.
   a. el deber de asegurar la igualdad en los impuestos
   b. el deber de hacer las encuestas
   c. los impuestos

3. La encuesta muestra que los ciudadanos ___.
   a. quieren desigualdad en las elecciones
   b. quieren hacer otra encuesta
   c. quieren igualdad en los impuestos

4. Hay ___ en el Caribe.
   a. un incendio grande b. una tormenta peligrosa c. un tornado

5. Los servicios de Puerto Rico predijeron anoche que ___ podrían destruir edificios y playas.
   a. los vientos b. los terremotos c. las inundaciones

2 ¿Cierto o falso? Escucha las oraciones e indica si lo que dice cada una es **cierto** o **falso**, según el dibujo.

1. _____   3. _____   5. _____

2. _____   4. _____   6. _____

3 Categorías Mira la lista e indica la categoría de cada uno de estos términos. Las categorías son: **desastres naturales, política, medios de comunicación.**

1. reportaje   4. candidato/a   7. prensa

2. inundación   5. encuesta   8. elecciones

3. tornado   6. noticiero   9. terremoto

4 Definir Trabaja con un(a) compañero/a para definir estas palabras.

1. guerra   5. discurso   9. huelga

2. crimen   6. acontecimiento 10. racismo

3. ejército   7. sexismo   11. locutor(a)

4. desempleo   8. impuesto   12. libertad

5 **Completar** Completa la noticia con los verbos adecuados para cada oración. Conjuga los verbos en el tiempo verbal correspondiente.

1. El grupo _____ a todos los medios de comunicación que iba a organizar una huelga general de los trabajadores.
   a. durar   b. votar   c. anunciar

2. Los representantes les pidieron a los ciudadanos que _____ al presidente.
   a. comer   b. obedecer   c. aburrir

3. La oposición, por otro lado, _____ a un líder para promover la huelga.
   a. publicar   b. emitir   c. elegir

4. El líder de la oposición dijo que si el gobierno ignoraba sus opiniones, la huelga iba a _____ mucho tiempo.
   a. transmitir   b. obedecer   c. durar

5. Hoy día, el líder de la oposición declaró que los ciudadanos estaban listos para _____ por sus derechos.
   a. informar   b. comunicarse   c. luchar

6 **Diálogo** Completa este diálogo con las palabras adecuadas.

artículo	derechos	peligrosa
choque	dictaduras	transmitir
declarar	paz	violencia

RAÚL Oye, Agustín, ¿leíste el (1)_____ del diario *El País*?

AGUSTÍN ¿Cuál? ¿El del (2)_____ entre dos autobuses?

RAÚL No, el otro, sobre…

AGUSTÍN ¿Sobre la tormenta (3)_____ que viene mañana?

RAÚL No, hombre, el artículo sobre política…

AGUSTÍN ¡Ay, claro! Un análisis de las peores (4)_____ de la historia.

RAÚL ¡Agustín! Deja de interrumpir. Te quería hablar del artículo sobre la organización que lucha por los (5)_____ humanos y la (6)_____.

AGUSTÍN Ah, no lo leí.

RAÚL Parece que te interesan más las noticias sobre la (7)_____, ¿eh?

7 **La vida civil** ¿Estás de acuerdo con estas afirmaciones? Comparte tus respuestas con la clase.

1. Los medios de comunicación nos informan bien de las noticias.
2. Los medios de comunicación nos dan una visión global del mundo.
3. Los candidatos para las elecciones deben aparecer en todos los medios de comunicación.
4. Nosotros y nuestros representantes nos comunicamos bien.
5. Es importante que todos obedezcamos las leyes.
6. Es importante leer el diario todos los días.
7. Es importante mirar o escuchar un noticiero todos los días.
8. Es importante votar.

AYUDA

You may want to use these expressions:

En mi opinión…
Está claro que…
(No) Estoy de acuerdo.
Según mis padres…
Sería ideal que…

Comunicación

8

Las actualidades En parejas, describan lo que ven en las fotos. Luego, escriban una historia para explicar qué pasó en cada foto.

9

Un noticiero En grupos, trabajen para presentar un noticiero de la tarde. Presenten por lo menos tres reportajes sobre espectáculos, política, crimen y temas sociales.

¡LENGUA VIVA!

Here are four ways to say *to happen:*

acontecer

ocurrir

pasar

suceder

10

Las elecciones Trabajen en parejas para representar una entrevista entre un(a) reportero/a de la televisión y un(a) político/a que va a ser candidato/a en las próximas elecciones.

▶ Antes de la entrevista, hagan una lista de los temas de los que el/la candidato/a va a hablar y de las preguntas que el/la reportero/a le va a hacer.

▶ Durante la entrevista, la clase va a hacer el papel del público.

▶ Después de la entrevista, el/la reportero/a va a hacerle preguntas y pedirle comentarios al público.

¡Hasta la próxima!

Los estudiantes comparten con Roberto sus recuerdos (*memories*) favoritos de la aventura.

PERSONAJES

MAITE

INÉS

DON FRANCISCO

ÁLEX

JAVIER

SRA. RAMOS

ROBERTO

SRA. RAMOS ¡Hola! Espero que todos hayan tenido un magnífico viaje.

JAVIER ¡Lo hemos pasado maravillosamente!

SRA. RAMOS ¿Qué tal, don Francisco? ¡Qué gusto volver a verlo!

MAITE ¡Roberto! ¿Cómo estás?

MAITE Álex, ven... es mi amigo Roberto. Nos conocimos en clase de periodismo. Es reportero del periódico de la universidad. Roberto, éste es mi novio, Álex.

ROBERTO Mucho gusto, Álex.

ÁLEX El gusto es mío.

ROBERTO A ver... Inés. ¿Cuál fue tu experiencia favorita?

INÉS Para mí lo mejor fue la excursión que hicimos a las montañas.

ROBERTO ¿Fue peligroso?

JAVIER No... Pero si nuestro guía no hubiera estado allí con nosotros, ¡seguro que nos habríamos perdido!

ROBERTO ¿Qué más ocurrió durante el viaje?

MAITE Pues figúrate que un día fuimos a comer al restaurante El Cráter. A la hora del postre la señora Perales, la dueña, me sorprendió con un pastel y un flan para mi cumpleaños.

JAVIER También tuvimos un problema con el autobús, pero Inés resolvió el problema con la ayuda de un mecánico. Ahora la llamamos La Mujer Mecánica.

MAITE Y éstos son mis amigos.
Inés... Javier...

INÉS Y JAVIER ¡Hola!

MAITE Pero, ¿qué estás haciendo
tú aquí?

ROBERTO Ay, Maite, es que estoy
cansado de escribir sobre
crimen y política. Me gustaría
hacerles una entrevista sobre
las experiencias del viaje.

MAITE ¡Fenomenal!

ROBERTO Si pudieran hacer el
viaje otra vez, ¿lo harían?

ÁLEX Sin pensarlo dos veces.
Viajar es una buena manera
de conocer mejor a las
personas y de hacer amigos.

DON FRANCISCO ¡Adiós, chicos!

ESTUDIANTES ¡Adiós! ¡Adiós,
don Efe! ¡Hasta luego!

DON FRANCISCO ¡Hasta la
próxima, señora Ramos!

Expresiones útiles

Saying you're happy to see someone

- **¡Qué gusto volver a verte!**
  I'm happy to see you (fam.) *again!*
- **¡Qué gusto volver a verlo/la!**
  I'm happy to see you (form.) *again!*
- **Gusto de verte.**
  It's nice to see you (fam.).
- **Gusto de verlo/la.**
  It's nice to see you (form.).

Saying you had a good time

- **¡Lo hemos pasado maravillosamente!**
  We've had a great time!
- **¡Lo hemos pasado de película!**
  We've had a great time!
- **Lo pasamos muy bien.**
  We had a good time.
- **Nos divertimos mucho.**
  We had a lot of fun.

Talking about your trip

- **¿Cuál fue tu experiencia favorita?**
  What was your favorite experience?
  Lo mejor fue la excursión que hicimos a las montañas.
  The best thing was the hike we went on in the mountains.

- **¿Qué más ocurrió durante el viaje?**
  What else happened on the trip?
  Lo peor fue cuando tuvimos un problema con el autobús.
  The worst thing was when we had a problem with the bus.

- **Si pudieran hacer el viaje otra vez, ¿lo harían?**
  If you could take the trip again, would you do it?
  Sin pensarlo dos veces.
  I wouldn't give it a second thought.

¿Qué pasó?

1 ¿Cierto o falso? Decide si lo que se afirma en las oraciones es **cierto** o **falso**. Corrige las oraciones falsas.

	Cierto	Falso
1. Roberto es reportero; escribe artículos para el periódico de la universidad.	○	○
2. Los artículos sobre el crimen y la política ya no le interesan tanto a Roberto.	○	○
3. Para Inés, la mejor experiencia fue cuando cenaron en el restaurante El Cráter.	○	○
4. La señora Ramos sabe mucho de autobuses; por eso la llaman La Mujer Mecánica.	○	○
5. A Álex le encantó el viaje pero es algo que sólo haría una vez en su vida.	○	○

2 Identificar Identifica quién puede hacer estas afirmaciones.

1. ¿Te acuerdas del problema mecánico con el autobús? Qué bueno que estaba Inés allí, ¿no?
2. Si quieres hacer amigos y conocer mejor un país, tienes que viajar.
3. ¡Hola! Qué bueno volver a verlos. Me imagino que tuvieron un viaje maravilloso.
4. Creo que el mejor día fue cuando fuimos a un restaurante y me prepararon un pastel.
5. Ya no quiero escribir sobre cosas negativas. Prefiero hacer entrevistas sobre experiencias interesantes.

JAVIER

ROBERTO

ÁLEX

MAITE

SRA. RAMOS

3 Preguntas Responde a las preguntas.

1. ¿Dónde se conocieron Maite y Roberto?
2. Normalmente, ¿sobre qué cosas escribe Roberto?
3. ¿Piensa Javier que el viaje fue peligroso? ¿Qué habría pasado si Martín no hubiera estado con ellos?
4. ¿Cuál fue la mejor experiencia de Maite? ¿Por qué?
5. ¿Qué piensa Álex sobre viajar?

4 Mis experiencias Tú y un(a) compañero/a de clase son unos/as amigos/as que no se han visto en algunos años. Hablen de las experiencias buenas y malas que tuvieron durante ese tiempo. Utilicen estas frases y expresiones en la conversación:

▶ ¡Qué gusto volver a verte!
▶ Gusto de verte.
▶ Lo pasé de película/maravillosamente/muy bien.

▶ Me divertí mucho.
▶ Lo mejor fue...
▶ Lo peor fue...

Ortografía
Neologismos y anglicismos

As societies develop and interact, new words are needed to refer to inventions and discoveries, as well as to objects and ideas introduced by other cultures. In Spanish, many new terms have been invented to refer to such developments, and additional words have been "borrowed" from other languages.

bajar un programa *download*   **borrar** *to delete*   **correo basura** *junk mail*
en línea *online*   **enlace** *link*   **herramienta** *tool*
navegador *browser*   **pirata** *hacker*   **sistema operativo** *operating system*

Many Spanish neologisms, or "new words," refer to computers and technology. Due to the newness of these words, more than one term may be considered acceptable.

cederrón, CD-ROM   **escáner**   **fax**   **zoom**

In Spanish, many anglicisms, or words borrowed from English, refer to computers and technology. Note that the spelling of these words is often adapted to the sounds of the Spanish language.

jazz, yaz   **rap**   **rock**   **walkman**

Music and music technology are another common source of anglicisms.

gángster   **hippy, jipi**   **póquer**   **whisky, güisqui**

Other borrowed words refer to people or things that are strongly associated with another culture.

chárter   **esnob**   **estrés**   **flirtear**
gol   **hall**   **hobby**   **iceberg**
jersey   **júnior**   **récord**   **yogur**

There are many other sources of borrowed words. Over time, some anglicisms are replaced by new terms in Spanish, while others are accepted as standard usage.

Práctica Completa el diálogo usando las palabras de la lista.

| borrar | correo basura | esnob |
| chárter | en línea | estrés |

GUSTAVO Voy a leer el correo electrónico.

REBECA Bah, yo sólo recibo _____. Lo único que hago con la computadora es _____ mensajes.

GUSTAVO Mira, cariño, hay un anuncio en Internet—un viaje barato a Punta del Este. Es un vuelo _____.

REBECA Últimamente tengo tanto _____. Sería buena idea que fuéramos de vacaciones. Pero busca un hotel muy bueno.

GUSTAVO Rebeca, no seas _____, lo importante es ir y disfrutar. Voy a comprar los boletos ahora mismo _____.

Dibujo Describe el dibujo utilizando por lo menos cinco anglicismos.

| recursos | | |
| CH p. 129 | CA p. 138 | descubre2.vhlcentral.com Lección 9 |

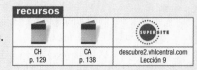

Protestas sociales

¿Cómo reaccionas ante° una situación injusta? ¿Protestas? Las huelgas y manifestaciones° son expresiones de protesta. Mucha gente asocia las huelgas con "no trabajar", pero no siempre es así. Hay huelgas donde los empleados del gobierno aplican las regulaciones escrupulosamente, demorando° los procesos administrativos; en otras, los trabajadores aumentan la producción. En países como España, las huelgas muchas veces se anuncian con anticipación° y, en los lugares que van a ser afectados, se ponen carteles que dicen: "Esta oficina cerrará el día 14 con motivo de la huelga. Disculpen las molestias°".

Las manifestaciones son otra forma de protesta: la gente sale a la calle llevando carteles con frases y eslóganes. Una forma original de manifestación son los "cacerolazos", en los cuales la gente golpea° cacerolas y sartenes°. Los primeros cacerolazos tuvieron lugar en Chile y más tarde pasaron a otros países. Otras veces, el buen humor ayuda a confrontar temas serios y los manifestantes° marchan bailando, cantando eslóganes y tocando silbatos° y tambores°.

Actualmente° se puede protestar sin salir de casa. Lo único que necesitas es tener una computadora con conexión a Internet para poder participar en manifestaciones virtuales. Y no sólo de tu país, sino de todo el mundo.

Los lemas°

El pueblo unido jamás será vencido°. Es el primer verso° de una canción que popularizó el grupo chileno Quilapayún.

Basta ya°. Se usa muy comunmente en el País Vasco en España durante manifestaciones en contra del terrorismo.

Agua para todos. Se ha gritado en distintas manifestaciones como protesta contra la privatización del agua.

Ni guerra que nos mate°, ni paz que nos oprima°. Surgió° en el Foro de Mujeres por la Paz, en Colombia (2004) para reivindicar° la convivencia pacífica° y la igualdad.

Ni un paso° atrás. Ha sido usado en muchos países, como en Argentina por las Madres de la Plaza de Mayo*.

* Las Madres de la Plaza de Mayo es un grupo de mujeres que tiene hijos o familiares que desaparecieron durante la dictadura militar en Argentina (1976–1983).

ante *in the presence of* manifestaciones *demonstrations* demorando *delaying* con anticipación *in advance* Disculpen las molestias. *We apologize for any inconvenience.* golpea *bang* cacerolas y sartenes *pots and pans* manifestantes *demonstrators* silbatos *whistles* tambores *drums* Actualmente *Currently* lemas *slogans* vencido *defeated* verso *line* Basta ya. *Enough.* mate *kills* oprima *oppresses* Surgió *It arose* reivindicar *to try to restore or rescue* convivencia pacífica *peaceful coexistence* paso *step*

1 **¿Cierto o falso?** Indica si lo que dice cada oración es cierto o falso. Corrige la información falsa.

1. En algunas huelgas las personas trabajan más de lo normal.

2. En España, las huelgas se hacen sin notificación previa.

3. En las manifestaciones virtuales se puede protestar sin salir de casa.

4. En algunas manifestaciones la gente canta y baila.

5. "Basta ya" es un lema que se usa en España en manifestaciones contra el terrorismo.

6. En el año 2004 se celebró el Foro de Mujeres por la Paz en Argentina.

7. Los primeros cacerolazos se hicieron en Venezuela.

8. "Agua para todos" es un lema del grupo Quilapayún.

ASÍ SE DICE

Periodismo y política

la campaña	*campaign*
el encabezado	*headline*
el paro (Esp.)	**el desempleo**
la prensa amarilla	*sensationalist/ tabloid press*
el sindicato	*(labor) union*
el suceso, el hecho	**el acontecimiento**

EL MUNDO HISPANO

Hispanos en la historia

○ **Ellen Ochoa** (Los Ángeles, California, 1958–) Científica y doctora en Ingeniería Eléctrica, fue la primera mujer hispana que viajó al espacio.

○ **Che Guevara** (Rosario, Argentina, 1928–La Higuera, Bolivia, 1967) Ernesto "Che" Guevara es una de las figuras más controversiales del siglo° XX. Médico de profesión, fue uno de los líderes de la revolución cubana y participó en las revoluciones de otros países.

○ **Rigoberta Menchú Tum** (Laj Chimel, Guatemala, 1959–) De origen maya, desde niña sufrió la pobreza y la represión, lo que la llevó muy pronto a luchar por los derechos humanos. En 1992 recibió el Premio Nobel de la Paz.

○ **José Martí** (La Habana, Cuba, 1853–Dos Ríos, Cuba, 1895) Fue periodista, filósofo, poeta, diplomático e independentista°. Desde su juventud se opuso al régimen colonialista español. Murió luchando por la independencia de Cuba.

siglo *century* independentista *supporter of independence*

PERFILES

Dos nuevos líderes en Latinoamérica

En 2006, la chilena **Michelle Bachelet Jeria** y el boliviano **Juan Evo Morales Ayma** fueron proclamados presidentes de sus respectivos países. Para algunos, estos nombramientos fueron una sorpresa.

Michelle Bachelet estudió medicina y se especializó en pediatría y salud pública. Fue víctima de la represión de Augusto Pinochet, quien gobernó el país de 1973 a 1990, y vivió varios años exiliada. Regresó a Chile y en 2000 fue nombrada Ministra de Salud. En 2002 fue Ministra de Defensa Nacional. Y en 2006 se convirtió en la primera mujer presidente de Chile.

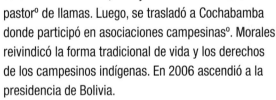

Evo Morales es un indígena del altiplano andino°. Su lengua materna es el aimará. De niño, trabajó como pastor° de llamas. Luego, se trasladó a Cochabamba donde participó en asociaciones campesinas°. Morales reivindicó la forma tradicional de vida y los derechos de los campesinos indígenas. En 2006 ascendió a la presidencia de Bolivia.

altiplano andino *Andean high plateau* pastor *shepherd* campesinas *farmers'*

 Conexión Internet

¿Quiénes son otros líderes y pioneros hispanos?

Go to **descubre2.vhlcentral.com** to find more cultural information related to this **Cultura** section.

ACTIVIDADES

2 **Comprensión** Responde a las preguntas.
1. ¿Qué palabras son sinónimos de **acontecimiento**?
2. ¿En qué fue una pionera Ellen Ochoa?
3. ¿Qué cargos políticos ocupó Michelle Bachelet antes de ser presidenta?
4. ¿Por qué luchó Evo Morales en varias asociaciones campesinas?

3 **Líderes** ¿Quién es el/la líder de tu comunidad o región que más admiras? Primero, escribe un breve párrafo explicando quién es, qué hace y por qué lo/la admiras. Luego, lee tu texto a la clase.

recursos

CH p. 130

descubre2.vhlcentral.com Lección 9

9.1 Si clauses (SUPERSITE)

ANTE TODO **Si** (*If*) clauses describe a condition or event upon which another condition or event depends. Sentences with **si** clauses consist of a **si** clause and a main (or result) clause.

> Si pudieran hacer el viaje otra vez, ¿lo harían?

> Sin pensarlo dos veces.

▶ **Si** clauses can speculate or hypothesize about a current event or condition. They express what *would happen* if an event or condition *were to occur*. This is called a contrary-to-fact situation. In such instances, the verb in the **si** clause is in the past subjunctive while the verb in the main clause is in the conditional.

¡ATENCIÓN!

Remember the difference between **si** (*if*) and **sí** (*yes*).

Si **cambiaras** de empleo, **serías** más feliz.
If you changed jobs, you would be happier.

Iría de viaje a Suramérica si **tuviera** dinero.
I would travel to South America if I had money.

▶ **Si** clauses can also describe a contrary-to-fact situation in the past. They can express what *would have happened* if an event or condition *had occurred*. In these sentences, the verb in the **si** clause is in the past perfect subjunctive while the verb in the main clause is in the conditional perfect.

Si **hubiera sido** estrella de cine, **habría sido** rico.
If I had been a movie star, I would have been rich.

No **habrías tenido** hambre si **hubieras desayunado**.
You wouldn't have been hungry if you had eaten breakfast.

¡LENGUA VIVA!

Note that in Spanish the conditional is never used immediately following **si**.

▶ **Si** clauses can also express conditions or events that are possible or likely to occur. In such instances, the **si** clause is in the present indicative while the main clause uses a present, near future, future, or command form.

Si **puedes** venir, **llámame**.
If you can come, call me.

Si **puedo** venir, **te llamo**.
If I can come, I'll call you.

Si **terminas** la tarea, **tendrás** tiempo para mirar la televisión.
If you finish your homework, you will have time to watch TV.

Si **terminas** la tarea, **vas a tener** tiempo para mirar la televisión.
If you finish your homework, you are going to have time to watch TV.

▶ When the **si** clause expresses habitual past conditions or events, *not* a contrary-to-fact situation, the imperfect is used in both the **si** clause and the main (or result) clause.

Si Alicia me **invitaba** a una fiesta,
    yo siempre **iba**.
*If (Whenever) Alicia invited me to a party,
    I would (used to) go.*

Mis padres siempre **iban** a la playa
    si **hacía** buen tiempo.
*My parents always went to the beach
    if the weather was good.*

▶ The **si** clause may be the first or second clause in a sentence. Note that a comma is used only when the **si** clause comes first.

Si tuviera tiempo, iría contigo.
If I had time, I would go with you.

Iría contigo **si tuviera tiempo.**
I would go with you if I had time.

Summary of si clause sequences

Condition	Si clause	Main clause
Possible or likely	**Si** + present	Present
Possible or likely	**Si** + present	Near future (**ir a** + infinitive)
Possible or likely	**Si** + present	Future
Possible or likely	**Si** + present	Command
Habitual in the past	**Si** + imperfect	Imperfect
Contrary-to-fact (present)	**Si** + past (imperfect) subjunctive	Conditional
Contrary-to-fact (past)	**Si** + past perfect (pluperfect) subjunctive	Conditional perfect

 **¡INTÉNTALO!** Cambia los tiempos y modos de los verbos que aparecen entre paréntesis para practicar todos los tipos de oraciones con **si** que se muestran en la tabla anterior.

1. Si usted ____va____ (ir) a la playa, tenga cuidado con el sol.

2. Si tú _____ (querer), te preparo la merienda.

3. Si _____ (hacer) buen tiempo, voy a ir al parque.

4. Si mis amigos _____ (ir) de viaje, sacaban muchas fotos.

5. Si ella me _____ (llamar), yo la invitaría a la fiesta.

6. Si nosotros _____ (querer) ir al teatro, compraríamos los boletos antes.

7. Si tú _____ (levantarse) temprano, desayunarías antes de ir a clase.

8. Si ellos _____ (tener) tiempo, te llamarían.

9. Si yo _____ (ser) astronauta, habría ido a la Luna.

10. Si él _____ (ganar) un millón de dólares, habría comprado una mansión.

11. Si ustedes me _____ (decir) la verdad, no habríamos tenido este problema.

12. Si ellos _____ (trabajar) más, habrían tenido más éxito.

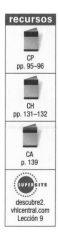

recursos

CP
pp. 95–96

CH
pp. 131–132

CA
p. 139

SUPERSITE
descubre2.
vhlcentral.com
Lección 9

Práctica

SUPERSITE

1

Emparejar Empareja frases de la columna A con las de la columna B para crear oraciones lógicas.

AYUDA

Remember these forms of **haber:**

(si) hubiera
(if) there were

habría
there would be

A

1. Si aquí hubiera terremotos, _____
2. Si me informo bien, _____
3. Si te doy el informe, _____
4. Si la guerra hubiera continuado, _____
5. Si la huelga dura más de un mes, _____

B

a. ¿se lo muestras al director?
b. habrían muerto muchos más.
c. muchos van a pasar hambre.
d. podré explicar el desempleo.
e. no permitiríamos edificios altos.

2

Minidiálogos Completa los minidiálogos entre Teresa y Anita.

TERESA ¿Qué (1)_____ hecho tú si tu papá te (2)_____ regalado un carro?

ANITA Me (3)_____ muerto de la felicidad.

ANITA Si (4)_____ a Paraguay, ¿qué vas a hacer?

TERESA (5)_____ a visitar a mis parientes.

TERESA Si tú y tu familia (6)_____ un millón de dólares, ¿qué comprarían?

ANITA Si nosotros tuviéramos un millón de dólares, (7)_____ tres casas nuevas.

ANITA Si tú (8)_____ tiempo, ¿irías al cine con más frecuencia?

TERESA Sí, yo (9)_____ con más frecuencia si tuviera tiempo.

¡LENGUA VIVA!

Paraguay es conocido como "El Corazón de América" porque está en el centro de Suramérica. Sus lugares más visitados son la capital Asunción, que está situada a orillas (*on the banks*) del río Paraguay y la ciudad de Itaguá, en donde se producen muchos textiles.

3

Completar En parejas, completen las frases de una manera lógica. Luego lean sus oraciones a sus compañeros.

1. Si tuviera un accidente de carro…
2. Me volvería loco/a *(I would go crazy)* si mi familia…
3. Me habría ido a un programa de intercambio en Paraguay si…
4. No volveré a ver las noticias en ese canal si…
5. Habría menos problemas si los medios de comunicación…
6. Si mis padres hubieran insistido en que tomara clases durante el verano…
7. Si me ofrecen un viaje a la Luna…
8. Me habría enojado mucho si…
9. Si hubiera un desastre natural en mi ciudad…
10. Mi familia y yo habríamos viajado a Latinoamérica…

Comunicación

4

Situaciones Trabajen en grupos para contestar las preguntas. Después deben comunicar sus respuestas a la clase.

1. ¿Qué harías si fueras de vacaciones con tu clase a Uruguay y al llegar no hubiera habitaciones en ninguno de los hoteles?
2. ¿Qué haces si encuentras dinero en la calle?
3. Imagina que estuviste en Montevideo por tres semanas. ¿Qué habrías hecho si hubieras presenciado *(witnessed)* un crimen allí?
4. ¿Qué harías tú si fueras de viaje y las líneas aéreas estuvieran en huelga?
5. ¿Qué haces si estás en la calle y alguien te pide dinero?
6. ¿Qué harías si estuvieras en un país extranjero y un reportero te confundiera *(confused)* con un actor o una actriz de Hollywood?
7. ¿Qué dirían tus padres si te vieran ahora mismo?
8. ¿Qué harías si fueras presidente/a de este país?

5

¿Qué harían? En parejas, túrnense para hablar de lo que hacen, harían o habrían hecho en estas circunstancias.

1. si descubres que tienes un gran talento para la música
2. si hubieras ganado un viaje a Uruguay
3. si mañana tuvieras el día libre
4. si te robaran tu mochila
5. si tuvieras que cuidar a tus padres cuando sean mayores
6. si no tuvieras que preocuparte por el dinero
7. si fueras acusado/a de cometer un crimen
8. si hubieras vivido bajo una dictadura

Síntesis

6

Entrevista En grupos, preparen cinco preguntas para hacerle a un(a) candidato/a a la presidencia de su país. Luego, túrnense para hacer el papel de entrevistador(a) y de candidato/a. El/La entrevistador(a) reacciona a cada una de las respuestas del/de la candidato/a.

modelo

> **Entrevistador(a):** ¿Qué haría usted sobre el sexismo en el ejército?
>
> **Candidato/a:** Pues, dudo que las mujeres puedan luchar en una guerra. Creo que deben hacer trabajos menos peligrosos.
>
> **Entrevistador(a):** ¿Entonces usted no haría nada para eliminar el sexismo en el ejército?
>
> **Candidato/a:** Si yo fuera presidente/a...

9.2   Summary of the uses of the subjunctive

ANTE TODO   Since **Lección 3**, you have been learning about subjunctive verb forms and practicing their uses. The following chart summarizes the subjunctive forms you have studied. The chart on page 309 summarizes the uses of the subjunctive you have seen and contrasts them with uses of the indicative and the infinitive. These charts will help you review and synthesize what you have learned about the subjunctive in this book.

¡Hola! Espero que todos hayan tenido un magnífico viaje.

Si nuestro guía no hubiera estado allí con nosotros, ¡seguro que nos habríamos perdido!

Summary of subjunctive forms

-ar verbs		-er verbs		-ir verbs	
PRESENT SUBJUNCTIVE	**PAST SUBJUNCTIVE**	**PRESENT SUBJUNCTIVE**	**PAST SUBJUNCTIVE**	**PRESENT SUBJUNCTIVE**	**PAST SUBJUNCTIVE**
hable	hablara	beba	bebiera	viva	viviera
hables	hablaras	bebas	bebieras	vivas	vivieras
hable	hablara	beba	bebiera	viva	viviera
hablemos	habláramos	bebamos	bebiéramos	vivamos	viviéramos
habléis	hablarais	bebáis	bebierais	viváis	vivierais
hablen	hablaran	beban	bebieran	vivan	vivieran

PRESENT PERFECT SUBJUNCTIVE	**PRESENT PERFECT SUBJUNCTIVE**	**PRESENT PERFECT SUBJUNCTIVE**
haya hablado	haya bebido	haya vivido
hayas hablado	hayas bebido	hayas vivido
haya hablado	haya bebido	haya vivido
hayamos hablado	hayamos bebido	hayamos vivido
hayáis hablado	hayáis bebido	hayáis vivido
hayan hablado	hayan bebido	hayan vivido

PAST PERFECT SUBJUNCTIVE	**PAST PERFECT SUBJUNCTIVE**	**PAST PERFECT SUBJUNCTIVE**
hubiera hablado	hubiera bebido	hubiera vivido
hubieras hablado	hubieras bebido	hubieras vivido
hubiera hablado	hubiera bebido	hubiera vivido
hubiéramos hablado	hubiéramos bebido	hubiéramos vivido
hubierais hablado	hubierais bebido	hubierais vivido
hubieran hablado	hubieran bebido	hubieran vivido

CONSULTA

To review the subjunctive, refer to these sections:
Present subjunctive, **Estructura 3.3**, pp. 108–109.
Present perfect subjunctive, **Estructura 6.3**, p. 211.
Past subjunctive, **Estructura 7.3**, pp. 242–243.
Past perfect subjunctive, **Estructura 8.3**, p. 277.

The subjunctive is used...

1. After verbs and/or expressions of will and influence, when the subject of the subordinate clause is different from the subject of the main clause

   Los ciudadanos **desean** que el candidato presidencial los **escuche.**

2. After verbs and/or expressions of emotion, when the subject of the subordinate clause is different from the subject of the main clause

   Alejandra **se alegró** mucho de que le **dieran** el trabajo.

3. After verbs and/or expressions of doubt, disbelief, and denial

   Dudo que **vaya** a tener problemas para encontrar su maleta.

4. After the conjunctions **a menos que, antes (de) que, con tal (de) que, en caso (de) que, para que,** and **sin que**

   Cierra las ventanas **antes de que empiece** la tormenta.

5. After **cuando, después (de) que, en cuanto, hasta que,** and **tan pronto como** when they refer to future actions

   Tan pronto como haga la tarea, podrá salir con sus amigos.

6. To refer to an indefinite or nonexistent antecedent mentioned in the main clause

   Busco un empleado que **haya estudiado** computación.

7. After **si** to express something impossible, improbable, or contrary to fact

   Si hubieras escuchado el noticiero, te habrías informado sobre el terremoto.

The indicative is used...

1. After verbs and/or expressions of certainty and belief

   Es cierto que Uruguay **tiene** unas playas espectaculares.

2. After the conjunctions **cuando, después (de) que, en cuanto, hasta que,** and **tan pronto como** when they do not refer to future actions

   Hay más violencia **cuando hay** desigualdad social.

3. To refer to a definite or specific antecedent mentioned in the main clause

   Busco a la señora que me **informó** del crimen que ocurrió ayer.

4. After **si** to express something possible, probable, or not contrary to fact

   Pronto habrá más igualdad **si luchamos** contra la discriminación.

The infinitive is used...

1. After expressions of will and influence when there is no change of subject from the main clause to the subordinate clause

   Martín **desea ir** a Montevideo este año.

2. After expressions of emotion when there is no change of subject from the main clause to the subordinate clause

   Me alegro de conocer a tu esposo.

recursos

CP
pp. 97–100

CH
pp. 133–136

CA
pp. 45–46, 140

descubre2.
vhlcentral.com
Lección 9

Práctica   SUPERSITE

1

Conversación Completa la conversación con el tiempo verbal adecuado.

EMA Busco al reportero que (1)_____ (publicar) el libro sobre la dictadura de Stroessner.

ROSA Ah, usted busca a Miguel Pérez. Ha salido.

EMA Le había dicho que yo vendría a verlo el martes, pero él me dijo que (2)_____ (venir) hoy.

ROSA No creo que a Miguel se le (3)_____ (olvidar) la cita. Si usted le (4)_____ (pedir) una cita, él me lo habría mencionado.

EMA Pues no, no pedí cita, pero si él me hubiera dicho que era necesario yo lo (5)_____ (hacer).

ROSA Creo que Miguel (6)_____ (ir) a cubrir un incendio hace media hora. No pensaba que nadie (7)_____ (ir) a venir esta tarde. Si quiere, le digo que la (8)_____ (llamar) tan pronto como (9)_____ (llegar). A menos que usted (10)_____ (querer) dejar un recado…
(Entra Miguel)

EMA ¡Miguel! Amor, si hubieras llegado cinco minutos más tarde, no me (11)_____ (encontrar) aquí.

MIGUEL ¡Ema! ¿Qué haces aquí?

EMA Me dijiste que viniera hoy para que (12)_____ (poder) pasar más tiempo juntos.

ROSA *(En voz baja)* ¿Cómo? ¿Serán novios?

NOTA CULTURAL

El general **Alfredo Stroessner** es el dictador que más tiempo ha durado en el poder en un país de Suramérica. Stroessner se hizo presidente de Paraguay en 1954 y el 3 de febrero de 1989 fue derrocado (*overthrown*) en un golpe militar (*coup*). Después de esto, Stroessner se exilió a Brasil, donde murió en 2006 a los 93 años.

2

Escribir Escribe uno o dos párrafos sobre tu participación en las próximas elecciones del consejo estudiantil. Usa por lo menos cuatro de estas frases.

▶ Votaré por… con tal de que…
▶ Quisiera saber…
▶ Si gana mi candidato/a…
▶ Espero que la economía…
▶ Estoy seguro/a de que…
▶ A menos que…

▶ Mis padres siempre me dijeron que…
▶ Si a la gente realmente le importara la familia…
▶ No habría escogido a ese/a candidato/a si…
▶ Si le preocuparan más los impuestos…
▶ Dudo que el/la otro/a candidato/a…
▶ En las próximas elecciones espero que…

3

Explicar En parejas, escriban una conversación breve sobre cada tema de la lista. Usen por lo menos un verbo en el subjuntivo y otro en el indicativo o en el infinitivo. Sigan el modelo.

| unas elecciones | una huelga | una inundación | la prensa |
| una guerra | un incendio | la libertad | un terremoto |

modelo

un tornado
Estudiante 1: *Temo que este año haya tornados por nuestra zona.*
Estudiante 2: *No te preocupes. Creo que este año no va a haber muchos tornados.*

AYUDA

Some useful expressions:
Espero que…
Ojalá que…
Es posible que…
Es terrible que…
Es importante que…

Comunicación

4

Preguntas Entrevista a un(a) compañero/a usando estas preguntas.

1. ¿Te irías a vivir a un lugar donde pudiera ocurrir un desastre natural? ¿Por qué?
2. ¿Te gustaría que tu vida fuera como la de tus padres? ¿Por qué? Y tus hijos, ¿preferirías que tuvieran experiencias diferentes a las tuyas? ¿Cuáles?
3. ¿Te parece importante que elijamos a una mujer como presidenta? ¿Por qué?
4. Si hubiera una guerra y te llamaran para entrar en el ejército, ¿obedecerías? ¿Lo considerarías tu deber? ¿Qué sentirías? ¿Qué pensarías?
5. Si sólo pudieras recibir noticias de un medio de comunicación, ¿cuál escogerías y por qué? Y si pudieras trabajar en un medio de comunicación, ¿escogerías el mismo?

5

Consejos En parejas, lean la guía turística. Luego túrnense para representar los papeles de un(a) cliente/a y de un(a) agente de viajes. El/La agente le da consejos al/a la cliente/a sobre los lugares que debe visitar y el/la cliente/a da su opinión sobre los consejos.

NOTA CULTURAL

Uruguay tiene uno de los climas más moderados del mundo: la temperatura media es de 22º C (72º F) en el verano y de 13º C (55º F) en el invierno. La mayoría de los días son soleados, llueve moderadamente y nunca nieva.

¡Conozca Uruguay!

La **Plaza Independencia** en **Montevideo**, con su **Puerta de la Ciudadela**, forma el límite entre la ciudad antigua y la nueva. Si le interesan las compras, desde este lugar puede comenzar su paseo por la **Avenida 18 de Julio**, la principal arteria comercial de la capital.

No deje de ir a **Punta del Este**. Conocerá uno de los lugares turísticos más fascinantes del mundo. No se pierda las maravillosas playas, el **Museo de Arte Americano** y la **Catedral Maldonado** (1895) con su famoso altar, obra del escultor **Antonio Veiga**.

Sin duda, querrá conocer la famosa ciudad vacacional de **Piriápolis**, con su puerto que atrae barcos cruceros, y disfrutar de sus playas y lindos paseos.

Tampoco se debe perder la **Costa de Oro**, junto al **Río de la Plata**. Para aquéllos interesados en la historia, dos lugares favoritos son la conocida iglesia **Nuestra Señora de Lourdes** y el chalet de **Pablo Neruda**.

Síntesis

6

Dos artículos Tu profesor(a) les va a dar a ti y a tu compañero/a dos artículos. Trabajando en parejas, cada uno escoge y lee un artículo. Luego, háganse preguntas sobre los artículos.

Recapitulación

For self-scoring and diagnostics, go to **descubre2.vhlcentral.com**.

Completa estas actividades para repasar los conceptos de gramática que aprendiste en esta lección.

1 **Condicionales** Empareja las frases de la primera columna con las de la segunda columna para crear oraciones lógicas. **8 pts.**

A	B
_____ 1. Todos estaríamos mejor informados	a. cambia el canal.
_____ 2. ¿Te sentirás mejor	b. ya los habrían despedido.
_____ 3. Si esos locutores no tuvieran tanta experiencia,	c. si leyéramos el periódico todos los días.
_____ 4. ¿Votarías por un candidato como él	d. la gente no podrá salir a protestar.
_____ 5. Si no te gusta este noticiero,	e. si no tienen nada más que decir.
_____ 6. El candidato Díaz habría ganado las elecciones	f. si te digo que ya terminó la huelga?
_____ 7. Si la tormenta no se va pronto,	g. Leopoldo fue a votar.
_____ 8. Ustedes se pueden ir	h. si supieras que no ha obedecido las leyes?
	i. si hubiera hecho más entrevistas para la televisión.

2 **Escoger** Escoge la opción correcta para completar cada oración. **10 pts.**

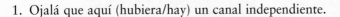

1. Ojalá que aquí (hubiera/hay) un canal independiente.

2. Susana dudaba que (hubieras estudiado/estudias) medicina.

3. En cuanto (termine/terminé) mis estudios, buscaré trabajo.

4. Miguel me dijo que su familia nunca (veía/viera) los noticieros en la televisión.

5. Para estar bien informados, yo les recomiendo que (leen/lean) el diario *El Sol*.

6. Es terrible que en los últimos meses (haya habido/ha habido) tres desastres naturales.

7. Cuando (termine/terminé) mis estudios, encontré trabajo en un diario local.

8. El presidente no quiso (declarar/que declarara) la guerra.

9. Todos dudaban que la noticia (fuera/era) real.

10. Me sorprende que en el mundo todavía (exista/existe) la censura.

RESUMEN GRAMATICAL

9.1 **Si clauses** *pp. 304–305*

Summary of si clause sequences

Possible or likely	Si + present	+ Present + ir a + infinitive + Future + Command
Habitual in the past	Si + imperfect	+ Imperfect
Contrary-to-fact (present)	Si + past subjunctive	+ Conditional
Contrary-to-fact (past)	Si + past perfect subjunctive	+ Conditional perfect

9.2 **Summary of the uses of the subjunctive**
pp. 308–309

Summary of subjunctive forms

► **Present:** (-ar) hable, (-er) beba, (-ir) viva

► **Past:** (-ar) hablara, (-er) bebiera, (-ir) viviera

► **Present perfect:** haya + past participle

► **Past perfect:** hubiera + past participle

The subjunctive is used...
1. After verbs and/or expressions of: ► Will and influence (when subject changes) ► Emotion (when subject changes) ► Doubt, disbelief, denial
2. After a menos que, antes (de) que, con tal (de) que, en caso (de) que, para que, sin que
3. After cuando, después (de) que, en cuanto, hasta que, tan pronto como when they refer to future actions
4. To refer to an indefinite or nonexistent antecedent
5. After si to express something impossible, improbable, or contrary to fact

3 **Las elecciones** Completa el diálogo con la forma correcta del verbo entre paréntesis eligiendo entre el subjuntivo, el indicativo o el infinitivo, según el contexto. **18 pts.**

SERGIO ¿Ya has decidido por cuál candidato vas a votar en las elecciones del sábado?

MARINA No, todavía no. Es posible que no (1) _____ (yo, votar). Para mí es muy difícil (2) _____ (decidir) quién será el mejor representante. Y tú, ¿ya has tomado una decisión?

SERGIO Sí. Mi amigo Julio nos aconsejó que (3) _____ (leer) la entrevista que le hicieron al candidato Rodríguez en el diario *Tribuna*. En cuanto la (4) _____ (yo, leer), decidí votar por él.

MARINA ¿Hablas en serio? Espero que ya lo (5) _____ (tú, pensar) muy bien. El diario *Tribuna* no siempre es objetivo. Dudo que (6) _____ (ser) una fuente fiable (*reliable source*). No vas a tener una idea clara de las habilidades de cada candidato a menos que (7) _____ (tú, comparar) información de distintas fuentes.

SERGIO Tienes razón, hoy día no hay ningún medio de comunicación que (8) _____ (decir) toda la verdad de forma independiente.

MARINA Tengo una idea. Sugiero que (9) _____ (nosotros, ir) esta noche a mi casa para (10) _____ (ver) juntos el debate de los candidatos por televisión. ¿Qué te parece?

SERGIO Es una buena idea, pero no creo que (11) _____ (yo, tener) tiempo.

MARINA No te preocupes. Voy a grabarlo para que (12) _____ (tú, poder) verlo.

4 **Escribir** Hoy día, cada vez más personas se mantienen informadas a través de Internet. Piensa cómo cambiaría tu vida diaria si no existiera este medio de comunicación. ¿Cómo te informarías de las actualidades del mundo y de las noticias locales? ¿Cómo te llegarían noticias de tus amigos si no existiera el correo electrónico ni los diarios en línea (*blogs*)? Escribe al menos siete oraciones con **si**. **14 pts.**

5 **Canción** Completa estos versos de una canción de Juan Luis Guerra con el pretérito imperfecto del subjuntivo de los verbos en la forma **nosotros/as**. **¡2 puntos EXTRA!**

❝Y si aquí,
_____ (luchar) juntos
por la sociedad
y _____ (hablar) menos
resolviendo más.**❞**

Lectura

Antes de leer

Estrategia
Recognizing chronological order

Recognizing the chronological order of events in a narrative is key to understanding the cause and effect relationship between them. When you are able to establish the chronological chain of events, you will easily be able to follow the plot. In order to be more aware of the order of events in a narrative, you may find it helpful to prepare a numbered list of the events as you read.

Examinar el texto

Lee el texto usando las estrategias de lectura que has aprendido.

▶ ¿Ves palabras nuevas o cognados? ¿Cuáles son?

▶ ¿Qué te dice el dibujo sobre el contenido?

▶ ¿Tienes algún conocimiento previo° sobre don Quijote?

▶ ¿Cuál es el propósito° del texto?

▶ ¿De qué trata° la lectura?

Ordenar

Lee el texto otra vez para establecer el orden cronológico de los eventos. Luego ordena estos eventos según la historia.

_____ Don Quijote lucha contra los molinos de viento pensando que son gigantes.

_____ Don Quijote y Sancho toman el camino hacia Puerto Lápice.

_____ Don Quijote y Sancho descubren unos molinos de viento en un campo.

_____ El primer molino da un mal golpe a don Quijote, a su lanza y a su caballo.

_____ Don Quijote y Sancho Panza salen de su pueblo en busca de aventuras.

recursos

CH
pp. 137–140

descubre2.vhlcentral.com
Lección 9

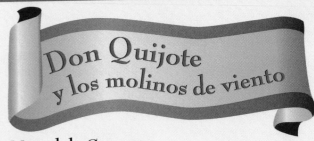

Don Quijote y los molinos de viento

Miguel de Cervantes

Fragmento adaptado de
El ingenioso hidalgo don Quijote de la Mancha

Miguel de Cervantes y Saavedra, el escritor más universal de la literatura española, nació en Alcalá de Henares en 1547 y murió en Madrid en 1616, tras° haber vivido una vida llena de momentos difíciles, llegando a estar en la cárcel° más de una vez. Su obra, sin embargo, ha disfrutado a través de los siglos de todo el éxito que se merece. Don Quijote representa no sólo la locura° sino también la búsqueda° del ideal. En esta ocasión presentamos el famoso episodio de los molinos de viento°.

Entonces descubrieron treinta o cuarenta molinos de viento que había en aquel campo°. Cuando don Quijote los vio, dijo a su escudero°:

—La fortuna va guiando nuestras cosas mejor de lo que deseamos; porque allí, amigo Sancho Panza, se ven treinta, o pocos más, enormes gigantes con los que pienso hacer batalla y quitarles a todos las vidas, y comenzaremos a ser ricos; que ésta es buena guerra, y es gran servicio de Dios quitar tan malos seres° de la tierra.

—¿Qué gigantes?

—Aquéllos que ves allí —respondió su amo°— de los brazos largos, que algunos normalmente los tienen de casi dos leguas°.

Después de leer

¿Realidad o fantasía? ✎ⓢ

Indica si las afirmaciones sobre la lectura pertenecen a la realidad o la fantasía.

1. Don Quijote desea matar° a los enemigos.
2. Su escudero no ve a ningún ser sobrenatural.
3. El caballero ataca a unas criaturas cobardes y viles.
4. Don Quijote no ganó la batalla porque los gigantes fueron transformados en molinos de viento.
5. El sabio Frestón transformó los gigantes en molinos de viento.

conocimiento previo *prior knowledge* propósito *purpose*
¿De qué trata...? *What is... about?* matar *to kill*

—Mire usted —respondió Sancho— que aquéllos que allí están no son gigantes, sino molinos de viento, y lo que parecen brazos son las aspas°, que movidas por el viento, hacen andar la piedra del molino.

—Bien veo —respondió don Quijote— que no estás acostumbrado a las aventuras: ellos son gigantes; y si tienes miedo, quítate de ahí y reza° mientras yo voy a combatir con ellos en fiera° batalla.

Y diciendo esto, dio de espuelas° a su caballo Rocinante, sin oír las voces que su escudero Sancho le daba, diciéndole que, sin duda alguna, eran molinos de viento, y no gigantes, aquéllos que iba a atacar. Pero él iba tan convencido de que eran gigantes, que ni oía las voces de su escudero Sancho, ni se daba cuenta, aunque estaba ya muy cerca, de lo que eran; antes iba diciendo en voz alta:

—No huyáis°, cobardes° y viles criaturas, que sólo os ataca un caballero°.

Se levantó entonces un poco de viento, y las grandes aspas comenzaron a moverse, y cuando don Quijote vio esto, dijo:

—Pues aunque mováis más brazos que los del gigante Briareo, me lo vais a pagar.

Y diciendo esto, y encomendándose de todo corazón° a su señora Dulcinea, pidiéndole que le ayudase en esta difícil situación, bien cubierto de su rodela°, con la lanza en posición de ataque, fue a todo el galope de Rocinante y embistió° el primer molino que estaba delante: y dándole con la lanza en el aspa, el viento la giró con tanta furia, que la rompió en pequeños fragmentos, llevándose con ella al caballo y al caballero, que fue dando vueltas por el campo. Fue rápidamente Sancho Panza a ayudarle, todo lo rápido que podía correr su asno°, y cuando llegó encontró que no se podía mover: tan grande fue el golpe° que se dio con Rocinante.

—¡Por Dios! —dijo Sancho—. ¿No le dije yo que mirase bien lo que hacía, que sólo eran molinos de viento, y la única persona que podía equivocarse era alguien que tuviese otros molinos en la cabeza?

—Calla°, amigo Sancho —respondió don Quijote—, que las cosas de la guerra, más que otras, cambian continuamente; estoy pensando que aquel sabio° Frestón, que me robó el estudio y los libros, ha convertido estos gigantes en molinos por quitarme la gloria de su vencimiento°: tan grande es la enemistad que me tiene; pero al final, sus malas artes no van a poder nada contra la bondad de mi espada°.

—Dios lo haga como pueda —respondió Sancho Panza.

Y ayudándole a levantarse, volvió a subir sobre Rocinante, que medio despaldado estaba°. Y hablando de la pasada aventura, siguieron el camino del Puerto Lápice.

---

tras *after*   **cárcel** *jail*   **locura** *insanity*   **búsqueda** *search*   **molinos de viento** *windmills*   **campo** *field*   **escudero** *squire*   **seres** *beings*   **amo** *master*   **leguas** *leagues (measure of distance)*   **aspas** *sails*   **reza** *pray*   **fiera** *vicious*   **dio de espuelas** *he spurred*   **No huyáis** *Do not flee*   **cobardes** *cowards*   **caballero** *knight*   **encomendándose de todo corazón** *entrusting himself with all his heart*   **rodela** *round shield*   **embistió** *charged*   **asno** *donkey*   **golpe** *knock*   **Calla** *Be quiet*   **sabio** *magician*   **vencimiento** *defeat*   **espada** *sword*   **que medio despaldado estaba** *whose back was half-broken*

Personajes

1. En este fragmento, se mencionan estos personajes. ¿Quiénes son?
   ▸ don Quijote
   ▸ Rocinante
   ▸ Dulcinea
   ▸ Sancho Panza
   ▸ los gigantes
   ▸ Frestón
2. ¿Qué puedes deducir de los personajes según la información que se da en este episodio?
3. ¿Quiénes son los personajes principales?
4. ¿Cuáles son las diferencias entre don Quijote y Sancho Panza? ¿Qué tienen en común?

¿Un loco o un héroe?

En un párrafo da tu opinión del personaje de don Quijote, basándote en la aventura de los molinos de viento. Ten en cuenta las acciones, los motivos y los sentimientos de don Quijote en su batalla contra los molinos de viento.

Una entrevista

Trabajen en grupos de tres para preparar una entrevista sobre los acontecimientos de este fragmento de la novela de Cervantes. Un(a) estudiante representará el papel del/de la entrevistador(a) y los otros dos asumirán los papeles de don Quijote y de Sancho Panza, quienes comentarán el episodio desde su punto de vista.

Escritura SUPERSITE

Estrategia

Writing strong introductions and conclusions

Introductions and conclusions serve a similar purpose: both are intended to focus the reader's attention on the topic being covered. The introduction presents a brief preview of the topic. In addition, it informs your reader of the important points that will be covered in the body of your writing. The conclusion reaffirms those points and concisely sums up the information that has been provided. A compelling fact or statistic, a humorous anecdote, or a question directed to the reader are all interesting ways to begin or end your writing.

For example, if you were writing a biographical report on Miguel de Cervantes, you might begin your essay with the fact that his most famous work, *Don Quijote de la Mancha*, is the second most widely published book ever. The rest of your introductory paragraph would outline the areas you would cover in the body of your paper, such as Cervantes' life, his works, and the impact of *Don Quijote* on world literature. In your conclusion, you would sum up the most important information in the report and tie this information together in a way that would make your reader want to learn even more about the topic. You could write, for example: "Cervantes, with his wit and profound understanding of human nature, is without peer in the history of world literature."

Introducciones y conclusiones

Trabajen en parejas para escribir una oración de introducción y otra de conclusión sobre estos temas.

1. el episodio de los molinos de viento de *Don Quijote de la Mancha*
2. la definición de la locura
3. la realidad y la fantasía en la literatura

Tema

Escribir una composición

Si tuvieras la oportunidad, ¿qué harías para mejorar el mundo? Escribe una composición sobre los cambios que harías en el mundo si tuvieras el poder° y los recursos necesarios. Piensa en lo que puedes hacer ahora y en lo que podrás hacer en el futuro. Considera estas preguntas:

▶ ¿Pondrías fin a todas las guerras? ¿Cómo?

▶ ¿Protegerías el medio ambiente? ¿Cómo?

▶ ¿Promoverías° la igualdad y eliminarías el sexismo y el racismo? ¿Cómo?

▶ ¿Eliminarías la corrupción en la política? ¿Cómo?

▶ ¿Eliminarías la escasez de viviendas° y el hambre?

▶ ¿Educarías a los demás sobre el SIDA? ¿Cómo?

▶ ¿Promoverías el fin de la violencia entre seres humanos?

▶ ¿Promoverías tu causa en los medios de comunicación? ¿Cómo?

▶ ¿Te dedicarías a alguna causa específica dentro de tu comunidad? ¿Cuál?

▶ ¿Te dedicarías a solucionar problemas nacionales o internacionales? ¿Cuáles?

poder *power* **Promoverías** *Would you promote* **escasez de viviendas** *homelessness*

recursos		
CH pp. 141–142	CA pp. 157–158	descubre2.vhlcen Lección 9

Escuchar

Estrategia

Recognizing genre/
Taking notes as you listen

If you know the genre or type of discourse you are going to encounter, you can use your background knowledge to write down a few notes about what you expect to hear. You can then make additions and changes to your notes as you listen.

 To practice these strategies, you will now listen to a short toothpaste commercial. Before listening to the commercial, write down the information you expect it to contain. Then update your notes as you listen.

Preparación

Basándote en la foto, anticipa lo que vas a escuchar en el siguiente fragmento. Haz una lista y anota los diferentes tipos de información que crees que vas a oír.

Ahora escucha

Revisa la lista que hiciste para **Preparación.** Luego escucha el noticiero presentado por Sonia Hernández. Mientras escuchas, apunta los tipos de información que anticipaste y los que no anticipaste.

> **Tipos de información que anticipaste**

1. _____
2. _____
3. _____

> **Tipos de información que no anticipaste**

1. _____
2. _____
3. _____

Comprensión

Preguntas

1. ¿Dónde está Sonia Hernández?
_____

2. ¿Quién es Jaime Pantufla?
_____

3. ¿Dónde hubo una tormenta?
_____

4. ¿Qué tipo de música toca el grupo Maná?
_____

5. ¿Qué tipo de artista es Ugo Nespolo?
_____

6. Además de lo que Sonia menciona, ¿de qué piensas que va a hablar en la próxima sección del programa?
_____

Ahora ustedes

En parejas, usen la presentación de Sonia Hernández como modelo para escribir un breve noticiero para la ciudad donde viven. Incluyan noticias locales, nacionales e internacionales. Luego compartan el papel de locutor(a) y presenten el noticiero a la clase. Pueden grabar el noticiero si quieren.

recursos

descubre2.vhlcentral.com
Lección 9

En pantalla

Las elecciones de 2006 en México han sido las más reñidas de su historia. Ésta es apenas la segunda elección después de más de setenta años de un gobierno federal encabezado° por un solo partido. Los votantes mexicanos, cada vez más involucrados y mejor informados, tuvieron que decidir entre los cinco candidatos contendientes, cuatro hombres y una mujer. A diferencia de los Estados Unidos, en México como en muchos países de Latinoamérica es muy común que haya cinco, seis o más candidatos a la presidencia.

Vocabulario útil	
mitad	half
reñidas	hard-fought
cállate	be quiet
te quejas	you complain
concientizar	to raise awareness
campaña	campaign

Preguntas

En grupos de tres, respondan a las preguntas.

1. ¿Qué piensan que promueve (*promotes*) este anuncio?
2. ¿Para qué público está dirigido? ¿Cómo lo saben?
3. ¿A qué se refieren cuando dicen "cállate"?
4. ¿Creen que es un anuncio efectivo? ¿Por qué?
5. ¿Qué anuncios conocen que promuevan el mismo mensaje?

Anuncio

En grupos pequeños, imaginen que tienen que crear un anuncio para televisión sobre un problema social o político que les preocupe. Escriban un párrafo donde digan de qué quieren hablar en el anuncio y por qué, qué celebridades quieren que aparezcan en él y dónde les gustaría filmarlo.

encabezado *led* andar *to go out with (Mex.)*

A ti no te gustaría que te dijeran...

...con quién tienes que andar°...

...cuál disco vas a comprar...

recursos

SUPERSITE
descubre2.vhlcentral.com
Lección 9

SUPERSITE **Conexión Internet**

Go to **descubre2.vhlcentral.com** to watch the TV clip featured in this **En pantalla** section.

Oye cómo va

Natalia Oreiro

La actriz y cantante pop **Natalia Oreiro** nació en Uruguay en 1977. A los diecisiete años se mudó a Argentina donde comenzó a participar en telenovelas. En 1998 le llegó la consagración artística° con la telenovela *Muñeca Brava* —distribuida en más de cincuenta países— y con su primer papel cinematográfico. Al poco tiempo, la joven actriz logró cumplir el deseo de incursionar° en el canto y, a partir de allí, grabó tres álbumes. *Río de la Plata*, del álbum *Tu veneno*, cuenta cómo de niña creció entre tamboriles° y murgas°. El éxito de esta uruguaya no sabe de barreras culturales ni lingüísticas: sus canciones causan furor° tanto en Suramérica como en Grecia, Israel, India y toda Europa Oriental.

Tu profesor(a) va a poner la canción en la clase. Escúchala y completa las actividades.

Completar

Completa las oraciones con la opción correcta.

1. Natalia Oreiro nació en _____.
   a. Argentina   b. Uruguay   c. España
2. Se mudó a otro país cuando tenía _____ años.
   a. 19   b. 18   c. 17
3. En _____ consiguió su primer éxito como actriz.
   a. 1998   b. 1977   c. 1989
4. Para su papel en *Sos mi vida*, tuvo que aprender _____.
   a. natación   b. gimnasia   c. boxeo

Preguntas

En grupos pequeños, respondan a las preguntas.

1. ¿De qué habla el autor en la canción?
2. ¿Creen que la canción refleja buenos o malos recuerdos de su niñez? ¿Cómo lo saben?
3. ¿Qué canciones o qué tipo de música relacionan con su niñez?
4. ¿Tienen una anécdota divertida que relacionen con alguna canción? Compartan sus anécdotas.

Río de la Plata

Soy del Río de la Plata
Corazón latino
Soy bien candombera°
Llevo siempre una sonrisa
Con mi sueño° a cuestas°
No tengo fronteras.
Soy del Río de la Plata
Que viva el candombe de
sangre° caliente
Ritmo que me enciende el alma
Que brilla° en los ojos de toda mi gente.

¡Boxeadora!

En su último trabajo televisivo, *Sos° mi vida*, **Natalia Oreiro** hace el papel de **Monita**, una boxeadora que vive en un barrio humilde de Buenos Aires llamado La Boca. Para este papel, la artista debió aprender boxeo y entrenar todas las noches. "Yo no había visto ni *Rocky*", confesó un día la actriz.

recursos

descubre2.vhlcentral.com
Lección 9

SUPERSITE Conexión Internet
Go to **descubre2.vhlcentral.com** to learn more about the artist featured in this
Oye cómo va section.

---

consagración artística *establishment as an artist* incursionar *making a foray* tamboriles *tabors* murgas *bands of street musicians* causan furor *are all the rage* candombera *fond of African-influenced music: candombe* sueño *dream* a cuestas *on one's shoulders* sangre *blood* brilla *shines, sparkles* Sos *You are*

Paraguay

El país en cifras

▸ **Área:** 406.750 km^2 (157.046 millas^2),
el tamaño° de California
▸ **Población:** 6.882.000
▸ **Capital:** Asunción—2.264.000
▸ **Ciudades principales:** Ciudad del Este,
San Lorenzo, Lambaré, Fernando de la Mora

SOURCE: Population Division, UN Secretariat

▸ **Moneda:** guaraní
▸ **Idiomas:** español (oficial), guaraní (oficial)

Las tribus indígenas que habitaban la zona antes de la llegada de los españoles hablaban guaraní. Ahora el 90 por ciento de los paraguayos habla esta lengua, que se usa con frecuencia en canciones, poemas, periódicos y libros. Varios institutos y asociaciones, como el Teatro Guaraní, se dedican a preservar la cultura y la lengua guaraníes.

Bandera de Paraguay

Paraguayos célebres

▸ **Agustín Barrios,** guitarrista y compositor
(1885–1944)
▸ **Josefina Plá,** escritora y ceramista
(1909–1999)
▸ **Augusto Roa Bastos,** escritor (1917–2005)
▸ **Olga Blinder,** pintora (1921–)

recursos		
CA pp. 85–86	CP p. 101	SUPERSITE descubre2.vhlcentral.com Lección 9

tamaño *size*
multara *fined*

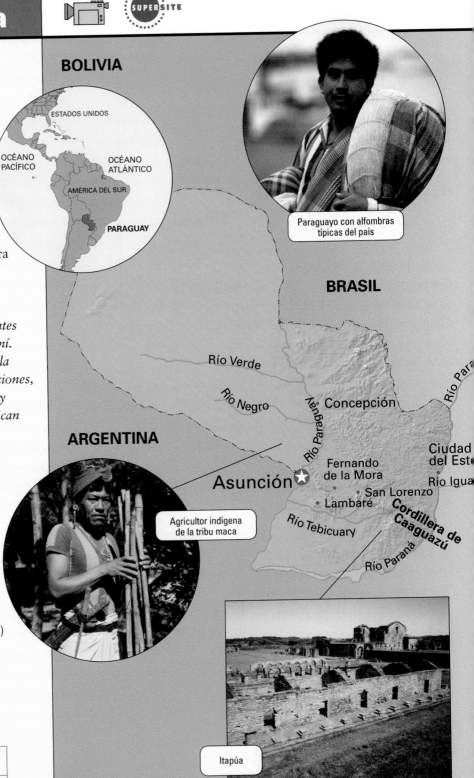

BOLIVIA

ESTADOS UNIDOS

OCÉANO PACÍFICO

OCÉANO ATLÁNTICO

AMÉRICA DEL SUR

PARAGUAY

Paraguayo con alfombras típicas del país

BRASIL

Río Verde

Río Negro

Río Paraguay

Concepción

Río Para

ARGENTINA

Ciudad del Est

Asunción

Fernando de la Mora

Río Igua

San Lorenzo

Lambaré

Agricultor indígena de la tribu maca

Río Tebicuary

Cordillera de Caaguazú

Río Paraná

Itapúa

¡Increíble pero cierto!

¿Te imaginas qué pasaría si el gobierno multara° a los ciudadanos que no van a votar? En Paraguay, es una obligación. Ésta es una ley nacional, que otros países también tienen, para obligar a los ciudadanos a participar en las elecciones. En Paraguay los ciudadanos que no van a votar tienen que pagar una multa al gobierno.

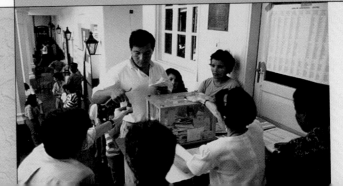

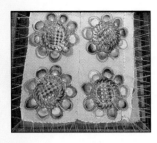

Artesanía • **El ñandutí**

La artesanía más famosa de Paraguay se llama ñandutí y es un encaje°
hecho a mano originario de Itaguá. En guaraní, la palabra ñandutí significa
telaraña° y esta pieza recibe ese nombre porque imita el trazado° que crean
los arácnidos. Estos encajes suelen ser° blancos, pero también los hay de
colores, con formas geométricas o florales.

Ciencias • **La represa Itaipú**

La represa° Itaipú es una instalación hidroeléctrica que se encuentra en la
frontera entre Paraguay y Brasil. Su construcción inició en 1974 y duró 11
años. La cantidad de concreto que se utilizó durante los primeros cinco años de
esta obra fue similar a la que se necesita para construir un edificio de 350 pisos.
Cien mil trabajadores paraguayos participaron en el proyecto. En 1984 se puso
en funcionamiento la Central Hidroeléctrica de Itaipú y gracias a su cercanía
con las famosas Cataratas de Iguazú, muchos turistas la visitan diariamente.

Naturaleza • **Los ríos Paraguay y Paraná**

Los ríos Paraguay y Paraná sirven de frontera natural entre Argentina y
Paraguay, y son las principales rutas de transporte de este último país. El
Paraná tiene unos 3.200 kilómetros navegables, y por esta ruta pasan barcos
de más de 5.000 toneladas, los cuales viajan desde el estuario° del Río de la
Plata hasta la ciudad de Asunción. El río Paraguay divide el Gran Chaco de la
meseta° Paraná, donde vive la mayoría de los paraguayos.

 ¿Qué aprendiste? Responde a cada pregunta con una oración completa.

1. ¿Quién fue Augusto Roa Bastos?

2. ¿Cómo se llama la moneda de Paraguay?

3. ¿Qué es el ñandutí?

4. ¿De dónde es originario el ñandutí?

5. ¿Qué forma imita el ñandutí?

6. En total, ¿cuántos años tomó la construcción de la represa Itaipú?

7. ¿A cuántos paraguayos dio trabajo la construcción de la represa?

8. ¿Qué países separan los ríos Paraguay y Paraná?

9. ¿Qué distancia se puede navegar por el Paraná?

 Conexión Internet Investiga estos temas en **descubre2.vhlcentral.com**.

1. Busca información sobre Alfredo Stroessner, el ex presidente de Paraguay. ¿Por qué se le considera
un dictador?

2. Busca información sobre la historia de Paraguay. En tu opinión, ¿cuáles fueron los episodios decisivos
en su historia?

encaje *lace* telaraña *spiderweb* trazado *outline; design* suelen ser *are usually* represa *dam* estuario *estuary* meseta *plateau*

Uruguay

El país en cifras

▶ **Área:** 176.220 km² (68.039 millas²),
el tamaño° del estado de Washington

▶ **Población:** 3.575.000

▶ **Capital:** Montevideo—1.260.000

*Casi la mitad° de la población de Uruguay vive
en Montevideo. Situada en la desembocadura° del
famoso Río de la Plata, esta ciudad cosmopolita
e intelectual es también un destino popular para
las vacaciones, debido a sus numerosas playas de
arena° blanca que se extienden hasta la ciudad de
Punta del Este.*

▶ **Ciudades principales:** Salto, Paysandú,
Las Piedras, Rivera

SOURCE: Population Division, UN Secretariat

▶ **Moneda:** peso uruguayo

▶ **Idiomas:** español (oficial)

Bandera de Uruguay

Uruguayos célebres

▶ **Horacio Quiroga,** escritor (1878–1937)

▶ **Juana de Ibarbourou,** escritora (1895–1979)

▶ **Mario Benedetti,** escritor (1920–)

▶ **Cristina Peri Rossi,** escritora y profesora (1941–)

tamaño *size* mitad *half* desembocadura *mouth* arena *sand*
avestruz *ostrich* no voladora *flightless* medir *measure* cotizado *valued*

Gaucho uruguayo

BRASIL

Río Arapey
Rivera
Salto
Río Uruguay
Cuchilla de Haedo
Paysandú
Río Negro
Embalse del Río Negro
Río Negro
Laguna Merín
Río Negro
Cuchilla Grande
Río Yí
Cuchilla Grande Inferior
Colonia
Las Piedras
Río de la Plata
Punta del Este
★ Montevideo

Entrada a la Ciudad Vieja,
Colonia del Sacramento

ESTADOS UNIDOS
OCÉANO PACÍFICO
OCÉANO ATLÁNTICO
AMÉRICA DEL SUR
URUGUAY

recursos

| CA pp. 87–88 | CP p. 102 | descubre2.vhlcentral.com Lección 9 |

¡Increíble pero cierto!

En Uruguay hay muchos animales curiosos,
entre ellos el ñandú. De la misma familia del
avestruz°, el ñandú es el ave no voladora° más
grande del hemisferio occidental. Puede llegar a
medir° dos metros. Normalmente, va en grupos
de veinte o treinta y vive en el campo. Es muy
cotizado° por su carne, sus plumas y sus huevos.

Costumbres • La carne y el mate

En Uruguay y Argentina, la carne es un elemento esencial de la dieta diaria. Algunos platillos representativos de estas naciones son el asadoº, la parrilladaº y el chivitoº. El mate, una infusión similar al té, también es típico de esta región. Esta bebida de origen indígena está muy presente en la vida social y familiar de estos países aunque, curiosamente, no se puede consumir en bares o restaurantes.

Deportes • El fútbol

El fútbol es el deporte nacional de Uruguay. El primer equipo de balompié uruguayo se formó en 1891 y, en 1930 el país suramericano fue le sedeº de la primera Copa Mundial de esta disciplina. El equipo nacional ha conseguido grandes éxitos a lo largo de los años: dos campeonatos olímpicos, en 1923 y 1928, y dos campeonatos mundiales, en 1930 y 1950. De hecho, los uruguayos están trabajando para que la Copa Mundial de Fútbol de 2030 se celebre en su país.

Costumbres • El Carnaval

El Carnaval de Montevideo es el de mayor duración en el mundo. A lo largo de 40 días, los uruguayos disfrutan de los desfilesº y la música que inundan las calles de su capital. La celebración más conocida es el Desfile de las Llamadas, en el que participan bailarines al ritmo del candombe, una danza de tradición africana.

Edificio del Parlamento en Montevideo

¿Qué aprendiste? Responde a cada pregunta con una oración completa.

1. ¿Qué tienen en común los uruguayos célebres mencionados en la página 322?

2. ¿Cuál es el elemento esencial de la dieta uruguaya?

3. ¿En qué países es importante la producción ganadera?

4. ¿Qué es el mate?

5. ¿Cuándo se formó el primer equipo uruguayo de fútbol?

6. ¿Cuándo se celebró la primera Copa Mundial de fútbol?

7. ¿Cómo se llama la celebración más conocida del Carnaval de Montevideo?

8. ¿Cuántos días dura el Carnaval de Montevideo?

Conexión Internet Investiga estos temas en **descubre2.vhlcentral.com**.

1. Uruguay es conocido como un país de muchos escritores. Busca información sobre uno de ellos y escribe una biografía.

2. Investiga cuáles son las comidas y bebidas favoritas de los uruguayos. Descríbelas e indica cuáles te gustaría probar y por qué.

....

asado *barbecued beef*   parrillada *barbecue*   chivito *goat*   sede *site*   desfiles *parades*

Los medios de comunicación

el acontecimiento	event
las actualidades	news; current events
el artículo	article
el diario	newspaper
el informe	report; paper (written work)
el/la locutor(a)	(TV or radio) announcer
los medios de comunicación	media; means of communication
las noticias	news
el noticiero	newscast
la prensa	press
el reportaje	report
anunciar	to announce; to advertise
comunicarse (con)	to communicate (with)
durar	to last
informar	to inform
ocurrir	to occur; to happen
transmitir, emitir	to broadcast
(inter)nacional	(inter)national
peligroso/a	dangerous

Las noticias

el choque	collision
el crimen	crime; murder
el desastre (natural)	(natural) disaster
el desempleo	unemployment
la (des)igualdad	(in)equality
la discriminación	discrimination
el ejército	army
la experiencia	experience
la guerra	war
la huelga	strike
el huracán	hurricane
el incendio	fire
la inundación	flood
la libertad	liberty; freedom
la paz	peace
el racismo	racism
el sexismo	sexism
el SIDA	AIDS
el/la soldado	soldier
el terremoto	earthquake
la tormenta	storm
el tornado	tornado
la violencia	violence

La política

el/la candidato/a	candidate
el/la ciudadano/a	citizen
el deber	responsibility; obligation
los derechos	rights
la dictadura	dictatorship
el discurso	speech
las elecciones	election
la encuesta	poll; survey
el impuesto	tax
la política	politics
el/la representante	representative
declarar	to declare; to say
elegir (e:i)	to elect
luchar (por/contra)	to fight; to struggle (for/against)
obedecer	to obey
votar	to vote
político/a	political

Expresiones útiles	See page 299.

Glossary of Grammatical Terms

ADJECTIVE A word that modifies, or describes, a noun or pronoun.

muchos libros	un hombre **rico**
many books	*a rich man*
las mujeres **altas**	
the tall women	

Demonstrative adjective An adjective that specifies which noun a speaker is referring to.

esta fiesta	**ese** chico
this party	*that boy*
aquellas flores	
those flowers	

Possessive adjective An adjective that indicates ownership or possession.

mi mejor vestido	Éste es **mi** hermano.
my best dress	*This is my brother.*

Stressed possessive adjective A possessive adjective that emphasizes the owner or possessor.

Es un libro **mío**.
It's my book./It's a book of mine.

Es amiga **tuya**; yo no la conozco.
She's a friend of yours; I don't know her.

ADVERB A word that modifies, or describes, a verb, adjective, or other adverb.

Pancho escribe **rápidamente**.
Pancho writes quickly.

Este cuadro es **muy** bonito.
This picture is very pretty.

ARTICLE A word that points out a noun in either a specific or a non-specific way.

Definite article An article that points out a noun in a specific way.

el libro	**la** maleta
the book	*the suitcase*
los diccionarios	**las** palabras
the dictionaries	*the words*

Indefinite article An article that points out a noun in a general, non-specific way.

un lápiz	**una** computadora
a pencil	*a computer*
unos pájaros	**unas** escuelas
some birds	*some schools*

CLAUSE A group of words that contains both a conjugated verb and a subject, either expressed or implied.

Main (or Independent) clause A clause that can stand alone as a complete sentence.

Pienso ir a cenar pronto.
I plan to go to dinner soon.

Subordinate (or Dependent) clause A clause that does not express a complete thought and therefore cannot stand alone as a sentence.

Trabajo en la cafetería **porque necesito dinero para la escuela**.
I work in the cafeteria because I need money for school.

COMPARATIVE A construction used with an adjective or adverb to express a comparison between two people, places, or things.

Este programa es **más interesante que** el otro.
This program is more interesting than the other one.

Tomás no es **tan alto como** Alberto.
Tomás is not as tall as Alberto.

CONJUGATION A set of the forms of a verb for a specific tense or mood or the process by which these verb forms are presented.

Preterite conjugation of **cantar**:

canté	cantamos
cantaste	cantasteis
cantó	cantaron

CONJUNCTION A word used to connect words, clauses, or phrases.

Susana es de Cuba **y** Pedro es de España.
Susana is from Cuba and Pedro is from Spain.

No quiero estudiar **pero** tengo que hacerlo.
I don't want to study, but I have to.

CONTRACTION The joining of two words into one. The only contractions in Spanish are **al** and **del**.

Mi hermano fue **al** concierto ayer.
*My brother went **to the** concert yesterday.*

Saqué dinero **del** banco.
*I took money **from the** bank.*

DIRECT OBJECT A noun or pronoun that directly receives the action of the verb.

Tomás lee **el libro.**   La pagó ayer.
*Tomás reads **the book.***   *She paid **it** yesterday.*

GENDER The grammatical categorizing of certain kinds of words, such as nouns and pronouns, as masculine, feminine, or neuter.

Masculine
articles **el, un**
pronouns **él, lo, mío, éste, ése, aquél**
adjective **simpático**

Feminine
articles **la, una**
pronouns **ella, la, mía, ésta, ésa, aquélla**
adjective **simpática**

IMPERSONAL EXPRESSION A third-person expression with no expressed or specific subject.

Es muy importante.   **Llueve** mucho.
It's very important.   *It's raining hard.*

Aquí **se habla** español.
*Spanish **is spoken** here.*

INDIRECT OBJECT A noun or pronoun that receives the action of the verb indirectly; the object, often a living being, to or for whom an action is performed.

Eduardo **le** dio un libro **a Linda.**
*Eduardo gave a book **to Linda.***

La profesora **me** dio una C en el examen.
*The professor gave **me** a C on the test.*

INFINITIVE The basic form of a verb. Infinitives in Spanish end in **-ar, -er,** or **-ir.**

hablar   correr   abrir
to speak   *to run*   *to open*

INTERROGATIVE An adjective or pronoun used to ask a question.

¿**Quién** habla?   ¿**Cuántos** compraste?
Who is speaking?   *How many did you buy?*

¿**Qué** piensas hacer hoy?
What do you plan to do today?

INVERSION Changing the word order of a sentence, often to form a question.

Statement: Elena pagó la cuenta del restaurante.

Inversion: ¿Pagó Elena la cuenta del restaurante?

MOOD A grammatical distinction of verbs that indicates whether the verb is intended to make a statement or command or to express a doubt, emotion, or condition contrary to fact.

Imperative mood Verb forms used to make commands.

Di la verdad.   **Caminen** ustedes conmigo.
Tell the truth.   *Walk with me.*

¡**Comamos** ahora!
Let's eat now!

Indicative mood Verb forms used to state facts, actions, and states considered to be real.

Sé que **tienes** el dinero.
*I know that **you have** the money.*

Subjunctive mood Verb forms used principally in subordinate (dependent) clauses to express wishes, desires, emotions, doubts, and certain conditions, such as contrary-to-fact situations.

Prefieren que **hables** en español.
*They prefer that **you speak** in Spanish.*

Dudo que Luis **tenga** el dinero necesario.
*I doubt that Luis **has** the necessary money.*

NOUN A word that identifies people, animals, places, things, and ideas.

hombre   gato
man   *cat*

México   casa
Mexico   *house*

libertad   libro
freedom   *book*

NUMBER A grammatical term that refers to singular or plural. Nouns in Spanish and English have number. Other parts of a sentence, such as adjectives, articles, and verbs, can also have number.

Singular	Plural
una cosa	**unas** cosas
a thing	*some things*
el profesor	**los** profesores
the professor	*the professors*

NUMBERS Words that represent amounts.

Cardinal numbers Words that show specific amounts.

cinco minutos
five minutes

el año **dos mil siete**
the year 2007

Ordinal numbers Words that indicate the order of a noun in a series.

el **cuarto** jugador	la **décima** hora
the fourth player	*the tenth hour*

PAST PARTICIPLE A past form of the verb used in compound tenses. The past participle may also be used as an adjective, but it must then agree in number and gender with the word it modifies.

Han **buscado** por todas partes.
They have searched everywhere.

Yo no había **estudiado** para el examen.
I hadn't studied for the exam.

Hay una **ventana abierta** en la sala.
There is an open window in the living room.

PERSON The form of the verb or pronoun that indicates the speaker, the one spoken to, or the one spoken about. In Spanish, as in English, there are three persons: first, second, and third.

Person	Singular	Plural
1st	yo *I*	nosotros/as *we*
2nd	tú, Ud. *you*	vosotros/as, Uds. *you*
3rd	él, ella *he, she*	ellos, ellas *they*

PREPOSITION A word or words that describe(s) the relationship, most often in time or space, between two other words.

Anita es **de** California.
Anita is from California.

La chaqueta está **en** el carro.
The jacket is in the car.

Marta se peinó **antes de** salir.
Marta combed her hair before going out.

PRESENT PARTICIPLE In English, a verb form that ends in *-ing*. In Spanish, the present participle ends in **-ndo**, and is often used with **estar** to form a progressive tense.

Mi hermana está **hablando** por teléfono ahora mismo.
My sister is talking on the phone right now.

PRONOUN A word that takes the place of a noun or nouns.

Demonstrative pronoun A pronoun that takes the place of a specific noun.

Quiero **ésta**.
I want this one.

¿Vas a comprar **ése**?
Are you going to buy that one?

Juan prefirió **aquéllos**.
Juan preferred those (over there).

Object pronoun A pronoun that functions as a direct or indirect object of the verb.

Te digo la verdad.
I'm telling you the truth.

Me lo trajo Juan.
Juan brought it to me.

Reflexive pronoun A pronoun that indicates that the action of a verb is performed by the subject on itself. These pronouns are often expressed in English with *-self: myself, yourself*, etc.

Yo **me bañé** antes de salir.
I bathed (myself) before going out.

Elena **se acostó** a las once y media.
Elena went to bed at eleven-thirty.

Relative pronoun A pronoun that connects a subordinate clause to a main clause.

El chico **que** nos escribió viene a visitar mañana.
*The boy **who** wrote us is coming to visit tomorrow.*

Ya sé **lo que** tenemos que hacer.
*I already know **what** we have to do.*

Subject pronoun A pronoun that replaces the name or title of a person or thing, and acts as the subject of a verb.

Tú debes estudiar más.
***You** should study more.*

Él llegó primero.
***He** arrived first.*

SUBJECT A noun or pronoun that performs the action of a verb and is often implied by the verb.

María va al supermercado.
***María** goes to the supermarket.*

(Ellos) Trabajan mucho.
***They** work hard.*

Esos **libros** son muy caros.
*Those **books** are very expensive.*

SUPERLATIVE A word or construction used with an adjective or adverb to express the highest or lowest degree of a specific quality among three or more people, places, or things.

De todas mis clases, ésta es la **más interesante**.
*Of all my classes, this is the **most interesting**.*

Raúl es el **menos simpático** de los chicos.
*Raúl is the **least pleasant** of the boys.*

TENSE A set of verb forms that indicates the time of an action or state: past, present, or future.

Compound tense A two-word tense made up of an auxiliary verb and a present or past participle. In Spanish, there are two auxiliary verbs: **estar** and **haber**.

En este momento, **estoy estudiando**.
*At this time, **I am studying**.*

El paquete no **ha llegado** todavía.
*The package **has not arrived** yet.*

Simple tense A tense expressed by a single verb form.

María **estaba** mal anoche.
*María **was** ill last night.*

Juana **hablará** con su mamá mañana.
*Juana **will** speak with her mom tomorrow.*

VERB A word that expresses actions or states-of-being.

Auxiliary verb A verb used with a present or past participle to form a compound tense. **Haber** is the most commonly used auxiliary verb in Spanish.

Los chicos **han** visto los elefantes.
*The children **have** seen the elephants.*

Espero que **hayas** comido.
*I hope you **have** eaten.*

Reflexive verb A verb that describes an action performed by the subject on itself and is always used with a reflexive pronoun.

Me compré un carro nuevo.
*I **bought myself** a new car.*

Pedro y Adela **se levantan** muy temprano.
*Pedro and Adela **get (themselves) up** very early.*

Spelling change verb A verb that undergoes a predictable change in spelling, in order to reflect its actual pronunciation in the various conjugations.

practicar	c→qu	practico	practiqué
dirigir	g→j	dirigí	dirijo
almorzar	z→c	almorzó	almorcé

Stem-changing verb A verb whose stem vowel undergoes one or more predictable changes in the various conjugations.

entender (i:ie)	entiendo
pedir (e:i)	piden
dormir (o:ue, u)	duermo, durmieron

Verb Conjugation Tables

The verb lists

The list of verbs below, and the model-verb tables that start on page 332 show you how to conjugate every verb taught in **DESCUBRE**. Each verb in the list is followed by a model verb conjugated according to the same pattern. The number in parentheses indicates where in the verb tables you can find the conjugated forms of the model verb. If you want to find out how to conjugate **divertirse**, for example, look up number 33, **sentir**, the model for verbs that follow the **e:ie** stem-change pattern.

How to use the verb tables

In the tables you will find the infinitive, present and past participles, and all the simple forms of each model verb. The formation of the compound tenses of any verb can be inferred from the table of compound tenses, pages 332–333, either by combining the past participle of the verb with a conjugated form of **haber** or by combining the present participle with a conjugated form of **estar**.

abrazar (z:c) like cruzar (37)

abrir like vivir (3) *except* past participle is abierto

aburrir(se) like vivir (3)

acabar de like hablar (1)

acampar like hablar (1)

acompañar like hablar (1)

aconsejar like hablar (1)

acordarse (o:ue) like contar (24)

acostarse (o:ue) like contar (24)

adelgazar (z:c) like cruzar (37)

afeitarse like hablar (1)

ahorrar like hablar (1)

alegrarse like hablar (1)

aliviar like hablar (1)

almorzar (o:ue) like contar (24) *except* (z:c)

alquilar like hablar (1)

andar like hablar (1) *except* preterite stem is anduv-

anunciar like hablar (1)

apagar (g:gu) like llegar (41)

aplaudir like vivir (3)

apreciar like hablar (1)

aprender like comer (2)

apurarse like hablar (1)

arrancar (c:qu) like tocar (43)

arreglar like hablar (1)

asistir like vivir (3)

aumentar like hablar (1)

ayudar(se) like hablar (1)

bailar like hablar (1)

bajar(se) like hablar (1)

bañarse like hablar (1)

barrer like comer (2)

beber like comer (2)

besar(se) like hablar (1)

borrar like hablar (1)

brindar like hablar (1)

bucear like hablar (1)

buscar (c:qu) like tocar (43)

caber (4)

caer(se) (5)

calentarse (e:ie) like pensar (30)

calzar (z:c) like cruzar (37)

cambiar like hablar (1)

caminar like hablar (1)

cantar like hablar (1)

casarse like hablar (1)

cazar (z:c) like cruzar(37)

celebrar like hablar (1)

cenar like hablar (1)

cepillarse like hablar (1)

cerrar (e:ie) like pensar (30)

cobrar like hablar (1)

cocinar like hablar (1)

comenzar (e:ie) (z:c) like empezar (26)

comer (2)

compartir like vivir (3)

comprar like hablar (1)

comprender like comer (2)

comprometerse like comer (2)

comunicarse (c:qu) like tocar (43)

conducir (c:zc) (6)

confirmar like hablar (1)

conocer (c:zc) (35)

conseguir (e:i) (gu:g) like seguir (32)

conservar like hablar (1)

consumir like vivir (3)

contaminar like hablar (1)

contar (o:ue) (24)

controlar like hablar (1)

correr like comer (2)

costar (o:ue) like contar (24)

creer (y) (36)

cruzar (z:c) (37)

cubrir like vivir (3) *except* past participle is cubierto

cuidar like hablar (1)

cumplir like vivir (3)

dañar like hablar (1)

dar (7)

deber like comer (2)

decidir like vivir (3)

decir (e:i) (8)

declarar like hablar (1)

dejar like hablar (1)

depositar like hablar (1)

desarrollar like hablar (1)

desayunar like hablar (1)

descansar like hablar (1)

descargar like llegar (41)

describir like vivir (3) *except* past participle is descrito

descubrir like vivir (3) *except* past participle is descubierto

desear like hablar (1)

despedirse (e:i) like pedir (29)

despertarse (e:ie) like pensar (30)

destruir (y) (38)

dibujar like hablar (1)

dirigir (g:j) like vivir (3) *except* (g:j)

disfrutar like hablar (1)

divertirse (e:ie) like sentir (33)

divorciarse like hablar (1)

doblar like hablar (1)

doler (o:ue) like volver (34) *except* past participle is regular

dormir(se) (o:ue) (25)

ducharse like hablar (1)

dudar like hablar (1)

durar like hablar (1)

echar like hablar (1)

elegir (e:i) like pedir (29) *except* (g:j)

emitir like vivir (3)

empezar (e:ie) (z:c) (26)

enamorarse like hablar (1)

encantar like hablar (1)

encontrar(se) (o:ue) like contar (24)

enfermarse like hablar (1)

engordar like hablar (1)

enojarse like hablar (1)

enseñar like hablar (1)

ensuciar like hablar (1)

entender (e:ie) (27)

entrenarse like hablar (1)

entrevistar like hablar (1)

enviar (envío) (39)

escalar like hablar (1)

escoger (g:j) like proteger (42)

escribir like vivir (3) *except* past participle is escrito

escuchar like hablar (1)

esculpir like vivir (3)

esperar like hablar (1)

esquiar (esquío) like enviar (39)

establecer (c:zc) like conocer (35)

estacionar like hablar (1)

estar (9)

estornudar like hablar (1)

estudiar like hablar (1)

evitar like hablar (1)

explicar (c:qu) like tocar (43)

explorar like hablar (1)

faltar like hablar (1)

fascinar like hablar (1)

firmar like hablar (1)

fumar like hablar (1)

funcionar like hablar (1)

ganar like hablar (1)

gastar like hablar (1)

grabar like hablar (1)

graduarse (gradúo) (40)

guardar like hablar (1)

gustar like hablar (1)

haber (hay) (10)

hablar (1)

hacer (11)

importar like hablar (1)

imprimir like vivir (3)

informar like hablar (1)

insistir like vivir (3)

interesar like hablar (1)

invertir (e:ie) like sentir (33)

invitar like hablar (1)

ir(se) (12)

jubilarse like hablar (1)

jugar (u:ue) (g:gu) (28)

lastimarse like hablar (1)

lavar(se) like hablar (1)

leer (y) like creer (36)

levantar(se) like hablar (1)

limpiar like hablar (1)

llamar(se) like hablar (1)

llegar (g:gu) (41)

llenar like hablar (1)

llevar(se) like hablar (1)

llover (o:ue) like volver (34) *except* past participle is regular

luchar like hablar (1)

mandar like hablar (1)

manejar like hablar (1)

mantener(se) (e:ie) like tener (20)

maquillarse like hablar (1)

mejorar like hablar (1)

merendar (e:ie) like pensar (30)

mirar like hablar (1)

molestar like hablar (1)

montar like hablar (1)

morir (o:ue) like dormir (25) *except* past participle is muerto

mostrar (o:ue) like contar (24)

mudarse like hablar (1)

nacer (c:zc) like conocer (35)

nadar like hablar (1)

navegar (g:gu) like llegar (41)

necesitar like hablar (1)

negar (e:ie) like pensar (30) *except* (g:gu)

nevar (e:ie) like pensar (30)

obedecer (c:zc) like conocer (35)

obtener (e:ie) like tener (20)

ocurrir like vivir (3)

odiar like hablar (1)

ofrecer (c:zc) like conocer (35)

oír (y) (13)

olvidar like hablar (1)

pagar (g:gu) like llegar (41)

parar like hablar (1)

parecer (c:zc) like conocer (35)

pasar like hablar (1)

pasear like hablar (1)

patinar like hablar (1)

pedir (e:i) (29)

peinarse like hablar (1)

pensar (e:ie) (30)

perder (e:ie) like entender (27)

pescar (c:qu) like tocar (43)

pintar like hablar (1)

planchar like hablar (1)

poder (o:ue) (14)

poner(se) (15)

practicar (c:qu) like tocar (43)

preferir (e:ie) like sentir (33)

preguntar like hablar (1)

preocuparse like hablar (1)

preparar like hablar (1)

presentar like hablar (1)

prestar like hablar (1)

probar(se) (o:ue) like contar (24)

prohibir like vivir (3)

proteger (g:j) (42)

publicar (c:qu) like tocar (43)

quedar(se) like hablar (1)

quemar like hablar (1)

querer (e:ie) (16)

quitar(se) like hablar (1)

recetar like hablar (1)

recibir like vivir (3)

reciclar like hablar (1)

recoger (g:j) like proteger (42)

recomendar (e:ie) like pensar (30)

recordar (o:ue) like contar (24)

reducir (c:zc) like conducir (6)

regalar like hablar (1)

regatear like hablar (1)

regresar like hablar (1)

reír(se) (e:i) (31)

relajarse like hablar (1)

renunciar like hablar (1)

repetir (e:i) like pedir (29)

resolver (o:ue) like volver (34)

respirar like hablar (1)

revisar like hablar (1)

rogar (o:ue) like contar (24)

except (g:gu)

romper(se) like comer (2) *except* past participle is roto

saber (17)

sacar (c:qu) like tocar (43)

sacudir like vivir (3)

salir (18)

saludar(se) like hablar (1)

secar(se) (c:q) like tocar (43)

seguir (e:i) (32)

sentarse (e:ie) like pensar (30)

sentir(se) (e:ie) (33)

separarse like hablar (1)

ser (19)

servir (e:i) like pedir (29)

solicitar like hablar (1)

sonar (o:ue) like contar (24)

sonreír (e:i) like reír(se) (31)

sorprender like comer (2)

subir like vivir (3)

sudar like hablar (1)

sufrir like vivir (3)

sugerir (e:ie) like sentir (33)

suponer like poner (15)

temer like comer (2)

tener (e:ie) (20)

terminar like hablar (1)

tocar (c:qu) (43)

tomar like hablar (1)

torcerse (o:ue) like volver (34) *except* (c:z) and past participle is regular; e.g. yo tuerzo

toser like comer (2)

trabajar like hablar (1)

traducir (c:zc) like conducir (6)

traer (21)

transmitir like vivir (3)

tratar like hablar (1)

usar like hablar (1)

vender like comer (2)

venir (e:ie) (22)

ver (23)

vestirse (e:i) like pedir (29)

viajar like hablar (1)

visitar like hablar (1)

vivir (3)

volver (o:ue) (34)

votar like hablar (1)

Regular verbs: simple tenses

Infinitive	INDICATIVE					SUBJUNCTIVE		IMPERATIVE
	Present	Imperfect	Preterite	Future	Conditional	Present	Past	
hablar	hablo	hablaba	hablé	hablaré	hablaría	hable	hablara	
	hablas	hablabas	hablaste	hablarás	hablarías	hables	hablaras	habla tú (no hables)
	habla	hablaba	habló	hablará	hablaría	hable	hablara	hable Ud.
Participles:	hablamos	hablábamos	hablamos	hablaremos	hablaríamos	hablemos	habláramos	hablemos
hablando	habláis	hablabais	hablasteis	hablaréis	hablaríais	habléis	hablarais	hablad (no habléis)
hablado	hablan	hablaban	hablaron	hablarán	hablarían	hablen	hablaran	hablen Uds.
comer	como	comía	comí	comeré	comería	coma	comiera	
	comes	comías	comiste	comerás	comerías	comas	comieras	come tú (no comas)
	come	comía	comió	comerá	comería	coma	comiera	coma Ud.
Participles:	comemos	comíamos	comimos	comeremos	comeríamos	comamos	comiéramos	comamos
comiendo	coméis	comíais	comisteis	comeréis	comeríais	comáis	comierais	comed (no comáis)
comido	comen	comían	comieron	comerán	comerían	coman	comieran	coman Uds.
vivir	vivo	vivía	viví	viviré	viviría	viva	viviera	
	vives	vivías	viviste	vivirás	vivirías	vivas	vivieras	vive tú (no vivas)
	vive	vivía	vivió	vivirá	viviría	viva	viviera	viva Ud.
Participles:	vivimos	vivíamos	vivimos	viviremos	viviríamos	vivamos	viviéramos	vivamos
viviendo	vivís	vivíais	vivisteis	viviréis	viviríais	viváis	vivierais	vivid (no viváis)
vivido	viven	vivían	vivieron	vivirán	vivirían	vivan	vivieran	vivan Uds.

All verbs: compound tenses

PERFECT TENSES

INDICATIVE								SUBJUNCTIVE			
Present Perfect		Past Perfect		Future Perfect		Conditional Perfect		Present Perfect		Past Perfect	
he	hablado	había	hablado	habré	hablado	habría	hablado	haya	hablado	hubiera	hablado
has	comido	habías	comido	habrás	comido	habrías	comido	hayas	comido	hubieras	comido
ha	vivido	había	vivido	habrá	vivido	habría	vivido	haya	vivido	hubiera	vivido
hemos		habíamos		habremos		habríamos		hayamos		hubiéramos	
habéis		habíais		habréis		habríais		hayáis		hubierais	
han		habían		habrán		habrían		hayan		hubieran	

PROGRESSIVE TENSES

	INDICATIVE				SUBJUNCTIVE	
	Present Progressive	Past Progressive	Future Progressive	Conditional Progressive	Present Progressive	Past Progressive
	estoy	estaba	estaré	estaría	esté	estuviera
	estás	estabas	estarás	estarías	estés	estuvieras
	está	estaba	estará	estaría	esté	estuviera
	estamos	estábamos	estaremos	estaríamos	estemos	estuviéramos
	estáis	estabais	estaréis	estaríais	estéis	estuvierais
	están	estaban	estarán	estarían	estén	estuvieran
	hablando comiendo viviendo	hablando comiendo viviendo	hablando comiendo viviendo	hablando comiendo viviendo	hablando comiendo viviendo	hablando comiendo viviendo

Irregular verbs

Infinitive	INDICATIVE					SUBJUNCTIVE		IMPERATIVE
	Present	Imperfect	Preterite	Future	Conditional	Present	Past	
4 caber	**quepo**	cabía	**cupe**	**cabré**	**cabría**	**quepa**	**cupiera**	
	cabes	cabías	**cupiste**	**cabrás**	**cabrías**	**quepas**	**cupieras**	cabe tú (no **quepas**)
	cabe	cabía	**cupo**	**cabrá**	**cabría**	**quepa**	**cupiera**	**quepa** Ud.
Participles:	cabemos	cabíamos	**cupimos**	**cabremos**	**cabríamos**	**quepamos**	**cupiéramos**	**quepamos**
cabiendo	cabéis	cabíais	**cupisteis**	**cabréis**	**cabríais**	**quepáis**	**cupierais**	cabed (no **quepáis**)
cabido	caben	cabían	**cupieron**	**cabrán**	**cabrían**	**quepan**	**cupieran**	**quepan** Uds.
5 caer(se)	**caigo**	caía	caí	caeré	caería	**caiga**	**cayera**	
	caes	caías	**caíste**	caerás	caerías	**caigas**	**cayeras**	cae tú (no **caigas**)
	cae	caía	**cayó**	caerá	caería	**caiga**	**cayera**	**caiga** Ud.
Participles:	caemos	caíamos	**caímos**	caeremos	caeríamos	**caigamos**	**cayéramos**	**caigamos**
cayendo	caéis	caíais	**caísteis**	caeréis	caeríais	**caigáis**	**cayerais**	caed (no **caigáis**)
caído	caen	caían	**cayeron**	caerán	caerían	**caigan**	**cayeran**	**caigan** Uds.
6 conducir	**conduzco**	conducía	**conduje**	conduciré	conduciría	**conduzca**	**condujera**	
(c:zc)	conduces	conducías	**condujiste**	conducirás	conducirías	**conduzcas**	**condujeras**	conduce tú (no **conduzcas**)
	conduce	conducía	**condujo**	conducirá	conduciría	**conduzca**	**condujera**	**conduzca** Ud.
Participles:	conducimos	conducíamos	**condujimos**	conduciremos	conduciríamos	**conduzcamos**	**condujéramos**	**conduzcamos**
conduciendo	conducís	conducíais	**condujisteis**	conduciréis	conduciríais	**conduzcáis**	**condujerais**	conducid (no **conduzcáis**)
conducido	conducen	conducían	**condujeron**	conducirán	conducirían	**conduzcan**	**condujeran**	**conduzcan** Uds.

7 — dar
Participles: dando, dado

	INDICATIVE					SUBJUNCTIVE		IMPERATIVE
	Present	Imperfect	Preterite	Future	Conditional	Present	Past	
	doy	daba	di	daré	daría	dé	diera	
	das	dabas	diste	darás	darías	des	dieras	da tú (no des)
	da	daba	dio	dará	daría	dé	diera	dé Ud.
	damos	dábamos	dimos	daremos	daríamos	demos	diéramos	demos
	dais	dabais	disteis	daréis	daríais	deis	dierais	dad (no deis)
	dan	daban	dieron	darán	darían	den	dieran	den Uds.

8 — decir (e:i)
Participles: diciendo, dicho

	Present	Imperfect	Preterite	Future	Conditional	Present	Past	
	digo	decía	dije	diré	diría	diga	dijera	
	dices	decías	dijiste	dirás	dirías	digas	dijeras	di tú (no digas)
	dice	decía	dijo	dirá	diría	diga	dijera	diga Ud.
	decimos	decíamos	dijimos	diremos	diríamos	digamos	dijéramos	digamos
	decís	decíais	dijisteis	diréis	diríais	digáis	dijerais	decid (no digáis)
	dicen	decían	dijeron	dirán	dirían	digan	dijeran	digan Uds.

9 — estar
Participles: estando, estado

	Present	Imperfect	Preterite	Future	Conditional	Present	Past	
	estoy	estaba	estuve	estaré	estaría	esté	estuviera	
	estás	estabas	estuviste	estarás	estarías	estés	estuvieras	está tú (no estés)
	está	estaba	estuvo	estará	estaría	esté	estuviera	esté Ud.
	estamos	estábamos	estuvimos	estaremos	estaríamos	estemos	estuviéramos	estemos
	estáis	estabais	estuvisteis	estaréis	estaríais	estéis	estuvierais	estad (no estéis)
	están	estaban	estuvieron	estarán	estarían	estén	estuvieran	estén Uds.

10 — haber
Participles: habiendo, habido

	Present	Imperfect	Preterite	Future	Conditional	Present	Past	
	he	había	hube	habré	habría	haya	hubiera	
	has	habías	hubiste	habrás	habrías	hayas	hubieras	
	ha	había	hubo	habrá	habría	haya	hubiera	
	hemos	habíamos	hubimos	habremos	habríamos	hayamos	hubiéramos	
	habéis	habíais	hubisteis	habréis	habríais	hayáis	hubierais	
	han	habían	hubieron	habrán	habrían	hayan	hubieran	

11 — hacer
Participles: haciendo, hecho

	Present	Imperfect	Preterite	Future	Conditional	Present	Past	
	hago	hacía	hice	haré	haría	haga	hiciera	
	haces	hacías	hiciste	harás	harías	hagas	hicieras	haz tú (no hagas)
	hace	hacía	hizo	hará	haría	haga	hiciera	haga Ud.
	hacemos	hacíamos	hicimos	haremos	haríamos	hagamos	hiciéramos	hagamos
	hacéis	hacíais	hicisteis	haréis	haríais	hagáis	hicierais	haced (no hagáis)
	hacen	hacían	hicieron	harán	harían	hagan	hicieran	hagan Uds.

12 — ir
Participles: yendo, ido

	Present	Imperfect	Preterite	Future	Conditional	Present	Past	
	voy	iba	fui	iré	iría	vaya	fuera	
	vas	ibas	fuiste	irás	irías	vayas	fueras	ve tú (no vayas)
	va	iba	fue	irá	iría	vaya	fuera	vaya Ud.
	vamos	íbamos	fuimos	iremos	iríamos	vayamos	fuéramos	vamos
	vais	ibais	fuisteis	iréis	iríais	vayáis	fuerais	id (no vayáis)
	van	iban	fueron	irán	irían	vayan	fueran	vayan Uds.

13 — oír (y)
Participles: oyendo, oído

	Present	Imperfect	Preterite	Future	Conditional	Present	Past	
	oigo	oía	oí	oiré	oiría	oiga	oyera	
	oyes	oías	oíste	oirás	oirías	oigas	oyeras	oye tú (no oigas)
	oye	oía	oyó	oirá	oiría	oiga	oyera	oiga Ud.
	oímos	oíamos	oímos	oiremos	oiríamos	oigamos	oyéramos	oigamos
	oís	oíais	oísteis	oiréis	oiríais	oigáis	oyerais	oíd (no oigáis)
	oyen	oían	oyeron	oirán	oirían	oigan	oyeran	oigan Uds.

	INDICATIVE					SUBJUNCTIVE		IMPERATIVE
Infinitive	Present	Imperfect	Preterite	Future	Conditional	Present	Past	
14 poder (o:ue)	**puedo**	podía	**pude**	**podré**	**podría**	**pueda**	**pudiera**	
	puedes	podías	**pudiste**	**podrás**	**podrías**	**puedas**	**pudieras**	**puede** tú (no **puedas**)
Participles:	**puede**	podía	**pudo**	**podrá**	**podría**	**pueda**	**pudiera**	**pueda** Ud.
pudiendo	podemos	podíamos	**pudimos**	**podremos**	**podríamos**	podamos	**pudiéramos**	podamos
podido	podéis	podíais	**pudisteis**	**podréis**	**podríais**	podáis	**pudierais**	poded (no podáis)
	pueden	podían	**pudieron**	**podrán**	**podrían**	**puedan**	**pudieran**	**puedan** Uds.
15 poner	**pongo**	ponía	**puse**	**pondré**	**pondría**	**ponga**	**pusiera**	
	pones	ponías	**pusiste**	**pondrás**	**pondrías**	**pongas**	**pusieras**	**pon** tú (no **pongas**)
Participles:	pone	ponía	**puso**	**pondrá**	**pondría**	**ponga**	**pusiera**	**ponga** Ud.
poniendo	ponemos	poníamos	**pusimos**	**pondremos**	**pondríamos**	**pongamos**	**pusiéramos**	**pongamos**
puesto	ponéis	poníais	**pusisteis**	**pondréis**	**pondríais**	**pongáis**	**pusierais**	poned (no **pongáis**)
	ponen	ponían	**pusieron**	**pondrán**	**pondrían**	**pongan**	**pusieran**	**pongan** Uds.
16 querer (e:ie)	**quiero**	quería	**quise**	**querré**	**querría**	**quiera**	**quisiera**	
	quieres	querías	**quisiste**	**querrás**	**querrías**	**quieras**	**quisieras**	**quiere** tú (no **quieras**)
Participles:	**quiere**	quería	**quiso**	**querrá**	**querría**	**quiera**	**quisiera**	**quiera** Ud.
queriendo	queremos	queríamos	**quisimos**	**querremos**	**querríamos**	queramos	**quisiéramos**	**queramos**
querido	queréis	queríais	**quisisteis**	**querréis**	**querríais**	queráis	**quisierais**	quered (no queráis)
	quieren	querían	**quisieron**	**querrán**	**querrían**	**quieran**	**quisieran**	**quieran** Uds.
17 saber	**sé**	sabía	**supe**	**sabré**	**sabría**	**sepa**	**supiera**	
	sabes	sabías	**supiste**	**sabrás**	**sabrías**	**sepas**	**supieras**	sabe tú (no **sepas**)
Participles:	sabe	sabía	**supo**	**sabrá**	**sabría**	**sepa**	**supiera**	**sepa** Ud.
sabiendo	sabemos	sabíamos	**supimos**	**sabremos**	**sabríamos**	**sepamos**	**supiéramos**	**sepamos**
sabido	sabéis	sabíais	**supisteis**	**sabréis**	**sabríais**	**sepáis**	**supierais**	sabed (no **sepáis**)
	saben	sabían	**supieron**	**sabrán**	**sabrían**	**sepan**	**supieran**	**sepan** Uds.
18 salir	**salgo**	salía	salí	**saldré**	**saldría**	**salga**	saliera	
	sales	salías	saliste	**saldrás**	**saldrías**	**salgas**	salieras	**sal** tú (no **salgas**)
Participles:	sale	salía	salió	**saldrá**	**saldría**	**salga**	saliera	**salga** Ud.
saliendo	salimos	salíamos	salimos	**saldremos**	**saldríamos**	**salgamos**	saliéramos	**salgamos**
salido	salís	salíais	salisteis	**saldréis**	**saldríais**	**salgáis**	salierais	salid (no **salgáis**)
	salen	salían	salieron	**saldrán**	**saldrían**	**salgan**	salieran	**salgan** Uds.
19 ser	**soy**	**era**	**fui**	seré	sería	**sea**	**fuera**	
	eres	**eras**	**fuiste**	serás	serías	**seas**	**fueras**	**sé** tú (no **seas**)
Participles:	**es**	**era**	**fue**	será	sería	**sea**	**fuera**	**sea** Ud.
siendo	**somos**	**éramos**	**fuimos**	seremos	seríamos	**seamos**	**fuéramos**	**seamos**
sido	**sois**	**erais**	**fuisteis**	seréis	seríais	**seáis**	**fuerais**	sed (no **seáis**)
	son	**eran**	**fueron**	serán	serían	**sean**	**fueran**	**sean** Uds.
20 tener (e:ie)	**tengo**	tenía	**tuve**	**tendré**	**tendría**	**tenga**	**tuviera**	
	tienes	tenías	**tuviste**	**tendrás**	**tendrías**	**tengas**	**tuvieras**	**ten** tú (no **tengas**)
Participles:	**tiene**	tenía	**tuvo**	**tendrá**	**tendría**	**tenga**	**tuviera**	**tenga** Ud.
teniendo	tenemos	teníamos	**tuvimos**	**tendremos**	**tendríamos**	**tengamos**	**tuviéramos**	**tengamos**
tenido	tenéis	teníais	**tuvisteis**	**tendréis**	**tendríais**	**tengáis**	**tuvierais**	tened (no **tengáis**)
	tienen	tenían	**tuvieron**	**tendrán**	**tendrían**	**tengan**	**tuvieran**	**tengan** Uds.

21. traer
Participles: trayendo, traído

	Present	Imperfect	Preterite	Future	Conditional	Subj. Present	Subj. Past	Imperative
yo	traigo	traía	traje	traeré	traería	traiga	trajera	
tú	traes	traías	trajiste	traerás	traerías	traigas	trajeras	trae tú (no traigas)
Ud./él/ella	trae	traía	trajo	traerá	traería	traiga	trajera	traiga Ud.
nosotros	traemos	traíamos	trajimos	traeremos	traeríamos	traigamos	trajéramos	traigamos
vosotros	traéis	traíais	trajisteis	traeréis	traeríais	traigáis	trajerais	traed (no traigáis)
Uds./ellos/ellas	traen	traían	trajeron	traerán	traerían	traigan	trajeran	traigan Uds.

22. venir (e:ie)
Participles: viniendo, venido

	Present	Imperfect	Preterite	Future	Conditional	Subj. Present	Subj. Past	Imperative
yo	vengo	venía	vine	vendré	vendría	venga	viniera	
tú	vienes	venías	viniste	vendrás	vendrías	vengas	vinieras	ven tú (no vengas)
Ud./él/ella	viene	venía	vino	vendrá	vendría	venga	viniera	venga Ud.
nosotros	venimos	veníamos	vinimos	vendremos	vendríamos	vengamos	viniéramos	vengamos
vosotros	venís	veníais	vinisteis	vendréis	vendríais	vengáis	vinierais	venid (no vengáis)
Uds./ellos/ellas	vienen	venían	vinieron	vendrán	vendrían	vengan	vinieran	vengan Uds.

23. ver
Participles: viendo, visto

	Present	Imperfect	Preterite	Future	Conditional	Subj. Present	Subj. Past	Imperative
yo	veo	veía	vi	veré	vería	vea	viera	
tú	ves	veías	viste	verás	verías	veas	vieras	ve tú (no veas)
Ud./él/ella	ve	veía	vio	verá	vería	vea	viera	vea Ud.
nosotros	vemos	veíamos	vimos	veremos	veríamos	veamos	viéramos	veamos
vosotros	veis	veíais	visteis	veréis	veríais	veáis	vierais	ved (no veáis)
Uds./ellos/ellas	ven	veían	vieron	verán	verían	vean	vieran	vean Uds.

Stem-changing verbs

24. contar (o:ue)
Participles: contando, contado

	Present	Imperfect	Preterite	Future	Conditional	Subj. Present	Subj. Past	Imperative
yo	cuento	contaba	conté	contaré	contaría	cuente	contara	
tú	cuentas	contabas	contaste	contarás	contarías	cuentes	contaras	cuenta tú (no cuentes)
Ud./él/ella	cuenta	contaba	contó	contará	contaría	cuente	contara	cuente Ud.
nosotros	contamos	contábamos	contamos	contaremos	contaríamos	contemos	contáramos	contemos
vosotros	contáis	contabais	contasteis	contaréis	contaríais	contéis	contarais	contad (no contéis)
Uds./ellos/ellas	cuentan	contaban	contaron	contarán	contarían	cuenten	contaran	cuenten Uds.

25. dormir (o:ue)
Participles: durmiendo, dormido

	Present	Imperfect	Preterite	Future	Conditional	Subj. Present	Subj. Past	Imperative
yo	duermo	dormía	dormí	dormiré	dormiría	duerma	durmiera	
tú	duermes	dormías	dormiste	dormirás	dormirías	duermas	durmieras	duerme tú (no duermas)
Ud./él/ella	duerme	dormía	durmió	dormirá	dormiría	duerma	durmiera	duerma Ud.
nosotros	dormimos	dormíamos	dormimos	dormiremos	dormiríamos	durmamos	durmiéramos	durmamos
vosotros	dormís	dormíais	dormisteis	dormiréis	dormiríais	durmáis	durmierais	dormid (no durmáis)
Uds./ellos/ellas	duermen	dormían	durmieron	dormirán	dormirían	duerman	durmieran	duerman Uds.

26. empezar (e:ie) (z:c)
Participles: empezando, empezado

	Present	Imperfect	Preterite	Future	Conditional	Subj. Present	Subj. Past	Imperative
yo	empiezo	empezaba	empecé	empezaré	empezaría	empiece	empezara	
tú	empiezas	empezabas	empezaste	empezarás	empezarías	empieces	empezaras	empieza tú (no empieces)
Ud./él/ella	empieza	empezaba	empezó	empezará	empezaría	empiece	empezara	empiece Ud.
nosotros	empezamos	empezábamos	empezamos	empezaremos	empezaríamos	empecemos	empezáramos	empecemos
vosotros	empezáis	empezabais	empezasteis	empezaréis	empezaríais	empecéis	empezarais	empezad (no empecéis)
Uds./ellos/ellas	empiezan	empezaban	empezaron	empezarán	empezarían	empiecen	empezaran	empiecen Uds.

27. entender (e:ie)
Participles: entendiendo, entendido

	INDICATIVE					SUBJUNCTIVE		IMPERATIVE
	Present	Imperfect	Preterite	Future	Conditional	Present	Past	
	entiendo	entendía	entendí	entenderé	entendería	entienda	entendiera	
	entiendes	entendías	entendiste	entenderás	entenderías	entiendas	entendieras	entiende tú (no entiendas)
	entiende	entendía	entendió	entenderá	entendería	entienda	entendiera	entienda Ud.
	entendemos	entendíamos	entendimos	entenderemos	entenderíamos	entendamos	entendiéramos	entendamos
	entendéis	entendíais	entendisteis	entenderéis	entenderíais	entendáis	entendierais	entended (no entendáis)
	entienden	entendían	entendieron	entenderán	entenderían	entiendan	entendieran	entiendan Uds.

28. jugar (u:ue) (g:gu)
Participles: jugando, jugado

	INDICATIVE					SUBJUNCTIVE		IMPERATIVE
	Present	Imperfect	Preterite	Future	Conditional	Present	Past	
	juego	jugaba	jugué	jugaré	jugaría	juegue	jugara	
	juegas	jugabas	jugaste	jugarás	jugarías	juegues	jugaras	juega tú (no juegues)
	juega	jugaba	jugó	jugará	jugaría	juegue	jugara	juegue Ud.
	jugamos	jugábamos	jugamos	jugaremos	jugaríamos	juguemos	jugáramos	juguemos
	jugáis	jugabais	jugasteis	jugaréis	jugaríais	juguéis	jugarais	jugad (no juguéis)
	juegan	jugaban	jugaron	jugarán	jugarían	jueguen	jugaran	jueguen Uds.

29. pedir (e:i)
Participles: pidiendo, pedido

	INDICATIVE					SUBJUNCTIVE		IMPERATIVE
	Present	Imperfect	Preterite	Future	Conditional	Present	Past	
	pido	pedía	pedí	pediré	pediría	pida	pidiera	
	pides	pedías	pediste	pedirás	pedirías	pidas	pidieras	pide tú (no pidas)
	pide	pedía	pidió	pedirá	pediría	pida	pidiera	pida Ud.
	pedimos	pedíamos	pedimos	pediremos	pediríamos	pidamos	pidiéramos	pidamos
	pedís	pedíais	pedisteis	pediréis	pediríais	pidáis	pidierais	pedid (no pidáis)
	piden	pedían	pidieron	pedirán	pedirían	pidan	pidieran	pidan Uds.

30. pensar (e:ie)
Participles: pensando, pensado

	INDICATIVE					SUBJUNCTIVE		IMPERATIVE
	Present	Imperfect	Preterite	Future	Conditional	Present	Past	
	pienso	pensaba	pensé	pensaré	pensaría	piense	pensara	
	piensas	pensabas	pensaste	pensarás	pensarías	pienses	pensaras	piensa tú (no pienses)
	piensa	pensaba	pensó	pensará	pensaría	piense	pensara	piense Ud.
	pensamos	pensábamos	pensamos	pensaremos	pensaríamos	pensemos	pensáramos	pensemos
	pensáis	pensabais	pensasteis	pensaréis	pensaríais	penséis	pensarais	pensad (no penséis)
	piensan	pensaban	pensaron	pensarán	pensarían	piensen	pensaran	piensen Uds.

31. reír(se) (e:i)
Participles: riendo, reído

	INDICATIVE					SUBJUNCTIVE		IMPERATIVE
	Present	Imperfect	Preterite	Future	Conditional	Present	Past	
	río	reía	reí	reiré	reiría	ría	riera	
	ríes	reías	reíste	reirás	reirías	rías	rieras	ríe tú (no rías)
	ríe	reía	rió	reirá	reiría	ría	riera	ría Ud.
	reímos	reíamos	reímos	reiremos	reiríamos	riamos	riéramos	riamos
	reís	reíais	reísteis	reiréis	reiríais	riáis	rierais	reíd (no riáis)
	ríen	reían	rieron	reirán	reirían	rían	rieran	rían Uds.

32. seguir (e:i) (gu:g)
Participles: siguiendo, seguido

	INDICATIVE					SUBJUNCTIVE		IMPERATIVE
	Present	Imperfect	Preterite	Future	Conditional	Present	Past	
	sigo	seguía	seguí	seguiré	seguiría	siga	siguiera	
	sigues	seguías	seguiste	seguirás	seguirías	sigas	siguieras	sigue tú (no sigas)
	sigue	seguía	siguió	seguirá	seguiría	siga	siguiera	siga Ud.
	seguimos	seguíamos	seguimos	seguiremos	seguiríamos	sigamos	siguiéramos	sigamos
	seguís	seguíais	seguisteis	seguiréis	seguiríais	sigáis	siguierais	seguid (no sigáis)
	siguen	seguían	siguieron	seguirán	seguirían	sigan	siguieran	sigan Uds.

33. sentir (e:ie)
Participles: sintiendo, sentido

	INDICATIVE					SUBJUNCTIVE		IMPERATIVE
	Present	Imperfect	Preterite	Future	Conditional	Present	Past	
	siento	sentía	sentí	sentiré	sentiría	sienta	sintiera	
	sientes	sentías	sentiste	sentirás	sentirías	sientas	sintieras	siente tú (no sientas)
	siente	sentía	sintió	sentirá	sentiría	sienta	sintiera	sienta Ud.
	sentimos	sentíamos	sentimos	sentiremos	sentiríamos	sintamos	sintiéramos	sintamos
	sentís	sentíais	sentisteis	sentiréis	sentiríais	sintáis	sintierais	sentid (no sintáis)
	sienten	sentían	sintieron	sentirán	sentirían	sientan	sintieran	sientan Uds.

34 volver (o:ue)
Participles: volviendo, **vuelto**

Infinitive	INDICATIVE					SUBJUNCTIVE		IMPERATIVE
	Present	Imperfect	Preterite	Future	Conditional	Present	Past	
	vuelvo	volvía	volví	volveré	volvería	**vuelva**	volviera	
	vuelves	volvías	volviste	volverás	volverías	**vuelvas**	volvieras	**vuelve** tú (no **vuelvas**)
	vuelve	volvía	volvió	volverá	volvería	**vuelva**	volviera	**vuelva** Ud.
	volvemos	volvíamos	volvimos	volveremos	volveríamos	volvamos	volviéramos	volvamos
	volvéis	volvíais	volvisteis	volveréis	volveríais	volváis	volvierais	volved (no volváis)
	vuelven	volvían	volvieron	volverán	volverían	**vuelvan**	volvieran	**vuelvan** Uds.

Verbs with spelling changes only

35 conocer (c:zc)
Participles: conociendo, conocido

Infinitive	INDICATIVE					SUBJUNCTIVE		IMPERATIVE
	Present	Imperfect	Preterite	Future	Conditional	Present	Past	
	conozco	conocía	conocí	conoceré	conocería	**conozca**	conociera	
	conoces	conocías	conociste	conocerás	conocerías	**conozcas**	conocieras	conoce tú (no **conozcas**)
	conoce	conocía	conoció	conocerá	conocería	**conozca**	conociera	**conozca** Ud.
	conocemos	conocíamos	conocimos	conoceremos	conoceríamos	**conozcamos**	conociéramos	**conozcamos**
	conocéis	conocíais	conocisteis	conoceréis	conoceríais	**conozcáis**	conocierais	conoced (no **conozcáis**)
	conocen	conocían	conocieron	conocerán	conocerían	**conozcan**	conocieran	**conozcan** Uds.

36 creer (y)
Participles: **creyendo**, **creído**

Infinitive	INDICATIVE					SUBJUNCTIVE		IMPERATIVE
	Present	Imperfect	Preterite	Future	Conditional	Present	Past	
	creo	creía	creí	creeré	creería	crea	**creyera**	
	crees	creías	**creíste**	creerás	creerías	creas	**creyeras**	cree tú (no creas)
	cree	creía	**creyó**	creerá	creería	crea	**creyera**	crea Ud.
	creemos	creíamos	**creímos**	creeremos	creeríamos	creamos	**creyéramos**	creamos
	creéis	creíais	**creísteis**	creeréis	creeríais	creáis	**creyerais**	creed (no creáis)
	creen	creían	**creyeron**	creerán	creerían	crean	**creyeran**	crean Uds.

37 cruzar (z:c)
Participles: cruzando, cruzado

Infinitive	INDICATIVE					SUBJUNCTIVE		IMPERATIVE
	Present	Imperfect	Preterite	Future	Conditional	Present	Past	
	cruzo	cruzaba	**crucé**	cruzaré	cruzaría	**cruce**	cruzara	
	cruzas	cruzabas	cruzaste	cruzarás	cruzarías	**cruces**	cruzaras	cruza tú (no **cruces**)
	cruza	cruzaba	cruzó	cruzará	cruzaría	**cruce**	cruzara	**cruce** Ud.
	cruzamos	cruzábamos	cruzamos	cruzaremos	cruzaríamos	**crucemos**	cruzáramos	**crucemos**
	cruzáis	cruzabais	cruzasteis	cruzaréis	cruzaríais	**crucéis**	cruzarais	cruzad (no **crucéis**)
	cruzan	cruzaban	cruzaron	cruzarán	cruzarían	**crucen**	cruzaran	**crucen** Uds.

38 destruir (y)
Participles: **destruyendo**, destruido

Infinitive	INDICATIVE					SUBJUNCTIVE		IMPERATIVE
	Present	Imperfect	Preterite	Future	Conditional	Present	Past	
	destruyo	destruía	destruí	destruiré	destruiría	**destruya**	**destruyera**	
	destruyes	destruías	destruiste	destruirás	destruirías	**destruyas**	**destruyeras**	**destruye** tú (no **destruyas**)
	destruye	destruía	**destruyó**	destruirá	destruiría	**destruya**	**destruyera**	**destruya** Ud.
	destruimos	destruíamos	destruimos	destruiremos	destruiríamos	**destruyamos**	**destruyéramos**	**destruyamos**
	destruís	destruíais	destruisteis	destruiréis	destruiríais	**destruyáis**	**destruyerais**	destruid (no **destruyáis**)
	destruyen	destruían	**destruyeron**	destruirán	destruirían	**destruyan**	**destruyeran**	**destruyan** Uds.

39 enviar (envío)
Participles: enviando, enviado

Infinitive	INDICATIVE					SUBJUNCTIVE		IMPERATIVE
	Present	Imperfect	Preterite	Future	Conditional	Present	Past	
	envío	enviaba	envié	enviaré	enviaría	**envíe**	enviara	
	envías	enviabas	enviaste	enviarás	enviarías	**envíes**	enviaras	**envía** tú (no **envíes**)
	envía	enviaba	envió	enviará	enviaría	**envíe**	enviara	**envíe** Ud.
	enviamos	enviábamos	enviamos	enviaremos	enviaríamos	enviemos	enviáramos	enviemos
	enviáis	enviabais	enviasteis	enviaréis	enviaríais	enviéis	enviarais	enviad (no enviéis)
	envían	enviaban	enviaron	enviarán	enviarían	**envíen**	enviaran	**envíen** Uds.

Infinitive	INDICATIVE					SUBJUNCTIVE		IMPERATIVE
	Present	Imperfect	Preterite	Future	Conditional	Present	Past	
40 graduarse (gradúo) **Participles:** graduando graduado	gradúo gradúas gradúa graduamos graduáis gradúan	graduaba graduabas graduaba graduábamos graduabais graduaban	gradué graduaste graduó graduamos graduasteis graduaron	graduaré graduarás graduará graduaremos graduaréis graduarán	graduaría graduarías graduaría graduaríamos graduaríais graduarían	gradúe gradúes gradúe graduemos graduéis gradúen	graduara graduaras graduara graduáramos graduarais graduaran	 gradúa tú (no gradúes) gradúe Ud. graduemos graduad (no graduéis) gradúen Uds.
41 llegar (g:gu) **Participles:** llegando llegado	llego llegas llega llegamos llegáis llegan	llegaba llegabas llegaba llegábamos llegabais llegaban	llegué llegaste llegó llegamos llegasteis llegaron	llegaré llegarás llegará llegaremos llegaréis llegarán	llegaría llegarías llegaría llegaríamos llegaríais llegarían	llegue llegues llegue lleguemos lleguéis lleguen	llegara llegaras llegara llegáramos llegarais llegaran	 llega tú (no llegues) llegue Ud. lleguemos llegad (no lleguéis) lleguen Uds.
42 proteger (g:j) **Participles:** protegiendo protegido	protejo proteges protege protegemos protegéis protegen	protegía protegías protegía protegíamos protegíais protegían	protegí protegiste protegió protegimos protegisteis protegieron	protegeré protegerás protegerá protegeremos protegeréis protegerán	protegería protegerías protegería protegeríamos protegeríais protegerían	proteja protejas proteja protejamos protejáis protejan	protegiera protegieras protegiera protegiéramos protegierais protegieran	 protege tú (no protejas) proteja Ud. protejamos proteged (no protejáis) protejan Uds.
43 tocar (c:qu) **Participles:** tocando tocado	toco tocas toca tocamos tocáis tocan	tocaba tocabas tocaba tocábamos tocabais tocaban	toqué tocaste tocó tocamos tocasteis tocaron	tocaré tocarás tocará tocaremos tocaréis tocarán	tocaría tocarías tocaría tocaríamos tocaríais tocarían	toque toques toque toquemos toquéis toquen	tocara tocaras tocara tocáramos tocarais tocaran	 toca tú (no toques) toque Ud. toquemos tocad (no toquéis) toquen Uds.

Guide to Vocabulary

Contents of the glossary

This glossary contains the words and expressions listed on the **Vocabulario** page found at the end of each lesson in **DESCUBRE**, as well as other useful vocabulary. The number following an entry indicates the **DESCUBRE** level and lesson where the word or expression was introduced. Check the **Estructura** sections of each lesson for words and expressions related to those grammar topics.

Abbreviations used in this glossary

adj.	adjective	*form.*	formal	*pl.*	plural
adv.	adverb	*indef.*	indefinite	*poss.*	possessive
art.	article	*interj.*	interjection	*prep.*	preposition
conj.	conjunction	*i.o.*	indirect object	*pron.*	pronoun
def.	definite	*m.*	masculine	*ref.*	reflexive
d.o.	direct object	*n.*	noun	*sing.*	singular
f.	feminine	*obj.*	object	*sub.*	subject
fam.	familiar	*p.p.*	past participle	*v.*	verb

Note on alphabetization

In current practice, for purposes of alphabetization, **ch** and **ll** are not treated as separate letters, but **ñ** still follows **n**. Therefore, in this glossary you will find that **año**, for example, appears after **anuncio**.

Spanish-English

A

a *prep.* at; to 1.1
  a bordo aboard 1.1
  a dieta on a diet 2.6
  a la derecha to the right 1.2
  a la izquierda to the left 1.2
  a la plancha grilled 1.8
  a la(s) + *time* at + *time* 1.1
  a menos que *conj.*
    unless 2.4
  a menudo *adv.* often 2.1
  a nombre de in the name
    of 1.5
  a plazos in installments 2.5
  ¿A qué hora...? At what
    time...? 1.1
  A sus órdenes. At your
    service. 2.2
  a tiempo *adv.* on time 2.1
  a veces *adv.* sometimes 2.1
  a ver let's see 1.2
¡Abajo! *adv.* Down!
abeja *f.* bee
abierto/a *adj.* open 1.5, 2.5
abogado/a *m., f.* lawyer 2.7
abrazar(se) *v.* to hug; to embrace
  (each other) 2.2
abrazo *m.* hug
abrigo *m.* coat 1.6
abril *m.* April 1.5
abrir *v.* to open 1.3

abuelo/a *m., f.* grandfather;
  grandmother 1.3
abuelos *pl.* grandparents 1.3
aburrido/a *adj.* bored;
  boring 1.5
aburrir *v.* to bore 1.7
aburrirse *v.* to get bored 2.8
acabar de (+ *inf.***)** *v.* to have just
  (*done something*) 1.6
acampar *v.* to camp 1.5
accidente *m.* accident 2.1
acción *f.* action 2.8
  de acción action (*genre*) 2.8
aceite *m.* oil 1.8
ácido/a *adj.* acid 2.4
acompañar *v.* to go with; to
  accompany 2.5
aconsejar *v.* to advise 2.3
acontecimiento *m.* event 2.9
acordarse (de) (o:ue) *v.* to
  remember 1.7
acostarse (o:ue) *v.* to go to
  bed 1.7
activo/a *adj.* active 2.6
actor *m.* actor 2.7
actriz *f.* actor 2.7
actualidades *f., pl.* news;
  current events 2.9
acuático/a *adj.* aquatic 1.4
adelgazar *v.* to lose weight; to
  slim down 2.6
además (de) *adv.* furthermore;
  besides 2.1
adicional *adj.* additional
adiós *m.* good-bye 1.1

adjetivo *m.* adjective
administración de
  empresas *f.* business
  administration 1.2
adolescencia *f.* adolescence 1.9
¿adónde? *adv.* where (to)?
  (*destination*) 1.2
aduana *f.* customs 1.5
aeróbico/a *adj.* aerobic 2.6
aeropuerto *m.* airport 1.5
afectado/a *adj.* affected 2.4
afeitarse *v.* to shave 1.7
aficionado/a *adj.* fan 1.4
afirmativo/a *adj.* affirmative
afueras *f., pl.* suburbs;
  outskirts 2.3
agencia de viajes *f.* travel
  agency 1.5
agente de viajes *m., f.* travel
  agent 1.5
agosto *m.* August 1.5
agradable *adj.* pleasant
agua *f.* water 1.8
  agua mineral mineral water
    1.8
ahora *adv.* now 1.2
  ahora mismo right now 1.5
ahorrar *v.* to save (*money*) 2.5
ahorros *m.* savings 2.5
aire *m.* air 1.5
ajo *m.* garlic 1.8
al (*contraction of* **a + el**) 1.2
  al aire libre open-air 1.6
  al contado in cash 2.5
  al este to the east 2.5

al fondo (de) at the end (of) 2.3
al lado de beside 1.2
al norte to the north 2.5
al oeste to the west 2.5
al sur to the south 2.5
alcoba *f.* bedroom 2.3
alegrarse (de) *v.* to be happy 2.4
alegre *adj.* happy; joyful 1.5
alegría *f.* happiness 1.9
alemán, alemana *adj.* German 1.3
alérgico/a *adj.* allergic 2.1
alfombra *f.* carpet; rug 2.3
algo *pron.* something; anything 1.7
algodón *m.* cotton 1.6
alguien *pron.* someone; somebody; anyone 1.7
algún, alguno/a(s) *adj.*, *pron.* any; some 1.7
alimentación *f.* diet
alimento *m.* food
aliviar *v.* to reduce 2.6
  aliviar el estrés/la tensión to reduce stress/tension 2.6
allí *adv.* there 1.5
  allí mismo right there 2.5
almacén *m.* department store 1.6
almohada *f.* pillow 2.3
almorzar (o:ue) *v.* to have lunch 1.4
almuerzo *m.* lunch 1.8
aló *interj.* hello (*on the telephone*) 2.2
alquilar *v.* to rent 2.3
alquiler *m.* rent (payment) 2.3
alternador *m.* alternator 2.2
altillo *m.* attic 2.3
alto/a *adj.* tall 1.3
aluminio *m.* aluminum 2.4
ama de casa *m., f.* housekeeper; caretaker 2.3
amable *adj.* nice; friendly 1.5
amarillo/a *adj.* yellow 1.6
amigo/a *m., f.* friend 1.3
amistad *f.* friendship 1.9
amor *m.* love 1.9
anaranjado/a *adj.* orange 1.6
andar *v.* **en patineta** to skateboard 1.4
animal *m.* animal 2.4
aniversario (de bodas) *m.* (wedding) anniversary 1.9
anoche *adv.* last night 1.6
anteayer *adv.* the day before yesterday 1.6
antes *adv.* before 1.7
  antes (de) que *conj.* before 2.4
  antes de *prep.* before 1.7
antibiótico *m.* antibiotic 2.1
antipático/a *adj.* unpleasant 1.3
anunciar *v.* to announce; to advertise 2.9

anuncio *m.* advertisement 2.7
año *m.* year 1.5
  año pasado last year 1.6
apagar *v.* to turn off 2.2
aparato *m.* appliance
apartamento *m.* apartment 2.3
apellido *m.* last name 1.3
apenas *adv.* hardly; scarcely 2.1
aplaudir *v.* to applaud 2.8
apreciar *v.* to appreciate 2.8
aprender (a + *inf.*) *v.* to learn 1.3
apurarse *v.* to hurry; to rush 2.6
aquel, aquella *adj.* that (over there) 1.6
aquél, aquélla *pron.* that (over there) 1.6
aquello *neuter pron.* that; that thing; that fact 1.6
aquellos/as *pl. adj.* those (over there) 1.6
aquéllos/as *pl. pron.* those (ones) (over there) 1.6
aquí *adv.* here 1.1
  Aquí está... Here it is... 1.5
  Aquí estamos en... Here we are at/in... 1.2
  aquí mismo right here 2.2
árbol *m.* tree 2.4
archivo *m.* file 2.2
armario *m.* closet 2.3
arqueólogo/a *m., f.* archaeologist 2.7
arquitecto/a *m., f.* architect 2.7
arrancar *v.* to start (*a car*) 2.2
arreglar *v.* to fix; to arrange 2.2; to neaten; to straighten up 2.3
arriba *adv.* up
arroba *f.* @ symbol 2.2
arroz *m.* rice 1.8
arte *m.* art 1.2
artes *f., pl.* arts 2.8
artesanía *f.* craftsmanship; crafts 2.8
artículo *m.* article 2.9
artista *m., f.* artist 1.3
artístico/a *adj.* artistic 2.8
arveja *m.* pea 1.8
asado/a *adj.* roast 1.8
ascenso *m.* promotion 2.7
ascensor *m.* elevator 1.5
así *adv.* like this; so (*in such a way*) 2.1
  así así so-so
asistir (a) *v.* to attend 1.3
aspiradora *f.* vacuum cleaner 2.3
aspirante *m. f.* candidate; applicant 2.7
aspirina *f.* aspirin 2.1
atún *m.* tuna 1.8
aumentar de peso to gain weight 2.6
aumento *m.* increase 2.7
  aumento de sueldo *m.* pay raise 2.7

aunque *conj.* although
autobús *m.* bus 1.1
automático/a *adj.* automatic
auto(móvil) *m.* auto(mobile) 1.5
autopista *f.* highway 2.2
ave *f.* bird 2.4
avenida *f.* avenue
aventura *f.* adventure 2.8
  de aventura adventure (*genre*) 2.8
avergonzado/a *adj.* embarrassed 1.5
avión *m.* airplane 1.5
¡Ay! *interj.* Oh!
  ¡Ay, qué dolor! Oh, what pain!
ayer *adv.* yesterday 1.6
ayudar(se) *v.* to help (each other) 2.2, 2.3
azúcar *m.* sugar 1.8
azul *adj.* blue 1.6

B

bailar *v.* to dance 1.2
bailarín/bailarina *m., f.* dancer 2.8
baile *m.* dance 2.8
bajar(se) de *v.* to get off of/out of (*a vehicle*) 2.2
bajo/a *adj.* short (*in height*) 1.3
  bajo control under control 1.7
balcón *m.* balcony 2.3
baloncesto *m.* basketball 1.4
banana *f.* banana 1.8
banco *m.* bank 2.5
banda *f.* band 2.8
bandera *f.* flag
bañarse *v.* to bathe; to take a bath 1.7
baño *m.* bathroom 1.7
barato/a *adj.* cheap 1.6
barco *m.* boat 1.5
barrer *v.* to sweep 2.3
  barrer el suelo to sweep the floor 2.3
barrio *m.* neighborhood 2.3
bastante *adv.* enough; rather 2.1; pretty 2.4
basura *f.* trash 2.3
baúl *m.* trunk 2.2
beber *v.* to drink 1.3
bebida *f.* drink 1.8
béisbol *m.* baseball 1.4
bellas artes *f., pl.* fine arts 2.8
belleza *f.* beauty 2.5
beneficio *m.* benefit 2.7
besar(se) *v.* to kiss (each other) 2.2
beso *m.* kiss 1.9
biblioteca *f.* library 1.2
bicicleta *f.* bicycle 1.4
bien *adj., adv.* well 1.1

bienestar *m.* well-being 2.6
bienvenido(s)/a(s) *adj.* welcome 2.3
billete *m.* paper money; ticket
billón *m.* trillion
biología *f.* biology 1.2
bisabuelo/a *m., f.* great-grandfather; great-grandmother 1.3
bistec *m.* steak 1.8
bizcocho *m.* biscuit
blanco/a *adj.* white 1.6
bluejeans *m., pl.* jeans 1.6
blusa *f.* blouse 1.6
boca *f.* mouth 2.1
boda *f.* wedding 1.9
boleto *m.* ticket 2.8
bolsa *f.* purse, bag 1.6
bombero/a *m., f.* firefighter 2.7
bonito/a *adj.* pretty 1.3
borrador *m.* eraser 1.2
borrar *v.* to erase 2.2
bosque *m.* forest 2.4
    bosque tropical tropical forest; rain forest 2.4
bota *f.* boot 1.6
botella *f.* bottle 1.9
    botella de vino bottle of wine 1.9
botones *m., f. sing.* bellhop 1.5
brazo *m.* arm 2.1
brindar *v.* to toast (*drink*) 1.9
bucear *v.* to scuba dive 1.4
buen, bueno/a *adj.* good 1.3, 1.6
    ¡Buen viaje! Have a good trip! 1.6
    buena forma good shape (*physical*) 2.6
    Buena idea. Good idea. 1.4
    Buenas noches. Good evening. Good night. 1.1
    Buenas tardes. Good afternoon. 1.1
    buenísimo extremely good
    ¿Bueno? Hello. (*on telephone*) 2.2
    Buenos días. Good morning. 1.1
bueno... *interj.* well... 1.2, 2.8
bulevar *m.* boulevard
buscar *v.* to look for 1.2
buzón *m.* mailbox 2.5

C

caballo *m.* horse 1.5
cabaña *f.* cabin 1.5
cabe: no cabe duda de there's no doubt 2.4
cabeza *f.* head 2.1
cada *adj.* each 1.6
caerse *v.* to fall (down) 2.1
café *m.* café 1.4; coffee 1.8; *adj.* brown 1.6

cafeína *f.* caffeine 2.5
cafetera *f.* coffeemaker 2.3
cafetería *f.* cafeteria 1.2
caído *p.p.* fallen 2.5
caja *f.* cash register 1.6
cajero/a *m., f.* cashier 2.5
    cajero automático *m.* ATM 2.5
calcetín (calcetines) *m.* sock(s) 1.6
calculadora *f.* calculator 2.2
caldo *m.* soup 1.8
    caldo de patas *m.* beef soup 1.8
calentarse (e:ie) *v.* to warm up 2.6
calidad *f.* quality 1.6
calle *f.* street 2.2
calor *m.* heat 1.4
caloría *f.* calorie 2.6
calzar *v.* to take size... shoes 1.6
cama *f.* bed 1.5
cámara de video *f.* video camera 2.2
cámara digital *f.* digital camera 2.2
camarero/a *m., f.* waiter; waitress 1.8
camarón *m.* shrimp 1.8
cambiar (de) *v.* to change 1.9
cambio de moneda *m.* currency exchange
caminar *v.* to walk 1.2
camino *m.* road
camión *m.* truck; bus
camisa *f.* shirt 1.6
camiseta *f.* t-shirt 1.6
campo *m.* countryside 1.5
canadiense *adj.* Canadian 1.3
canal *m.* (TV) channel 2.2, 2.8
canción *f.* song 2.8
candidato/a *m., f.* candidate 2.9
cansado/a *adj.* tired 1.5
cantante *m., f.* singer 2.8
cantar *v.* to sing 1.2
capital *f.* capital city 1.1
capó *m.* hood 2.2
cara *f.* face 1.7
caramelo *m.* caramel 1.9
carne *f.* meat 1.8
    carne de res *f.* beef 1.8
carnicería *f.* butcher shop 2.5
caro/a *adj.* expensive 1.6
carpintero/a *m., f.* carpenter 2.7
carrera *f.* career 2.7
carretera *f.* highway 2.2
carro *m.* car; automobile 2.2
carta *f.* letter 1.4; (playing) card 1.5
cartel *m.* poster 2.3
cartera *f.* wallet 1.6
cartero/a *m., f.* mail carrier 2.5
casa *f.* house; home 1.2
casado/a *adj.* married 1.9

casarse (con) *v.* to get married (to) 1.9
casi *adv.* almost 2.1
catorce *n., adj.* fourteen 1.1
cazar *v.* to hunt 2.4
cebolla *f.* onion 1.8
cederrón *m.* CD-ROM 2.2
celebrar *v.* to celebrate 1.9
celular *adj.* cellular 2.2
cena *f.* dinner 1.8
cenar *v.* to have dinner 1.2
centro *m.* downtown 1.4
    centro comercial *m.* shopping mall 1.6
cepillarse los dientes/el pelo *v.* to brush one's teeth/one's hair 1.7
cerámica *f.* pottery 2.8
cerca de *prep.* near 1.2
cerdo *m.* pork 1.8
cereales *m., pl.* cereal; grains 1.8
cero *m.* zero 1.1
cerrado/a *adj.* closed 1.5, 2.5
cerrar (e:ie) *v.* to close 1.4
césped *m.* grass 2.4
ceviche *m.* marinated fish dish 1.8
    ceviche de camarón *m.* lemon-marinated shrimp 1.8
chaleco *m.* vest
champán *m.* champagne 1.9
champiñón *m.* mushroom 1.8
champú *m.* shampoo 1.7
chaqueta *f.* jacket 1.6
chau *fam. interj.* bye 1.1
cheque *m.* (bank) check 2.5
    cheque de viajero *m.* traveler's check 2.5
chévere *adj., fam.* terrific
chico/a *m., f.* boy; girl 1.1
chino/a *adj.* Chinese 1.3
chocar (con) *v.* to run into
chocolate *m.* chocolate 1.9
choque *m.* collision 2.9
chuleta *f.* chop (*food*) 1.8
    chuleta de cerdo *f.* pork chop 1.8
cibercafé *m.* cybercafé
ciclismo *m.* cycling 1.4
cielo *m.* sky 2.4
cien(to) *n., adj.* one hundred 1.2
ciencia *f.* science 1.2
    de ciencia ficción science fiction (*genre*) 2.8
científico/a *m., f.* scientist 2.7
cierto/a *adj.* certain 2.4
    es cierto it's certain 2.4
    no es cierto it's not certain 2.4
cinco *n., adj.* five 1.1
cincuenta *n., adj.* fifty 1.2
cine *m.* movie theater 1.4
cinta *f.* (audio)tape

cinta caminadora *f.* treadmill 2.6

cinturón *m.* belt 1.6

circulación *f.* traffic 2.2

cita *f.* date; appointment 1.9

ciudad *f.* city 1.4

ciudadano/a *m., f.* citizen 2.9

Claro (que sí). *fam.* Of course. 2.7

clase *f.* class 1.2

   clase de ejercicios aeróbicos *f.* aerobics class 2.6

clásico/a *adj.* classical 2.8

cliente/a *m., f.* customer 1.6

clínica *f.* clinic 2.1

cobrar *v.* to cash (*a check*) 2.5

coche *m.* car; automobile 2.2

cocina *f.* kitchen; stove 2.3

cocinar *v.* to cook 2.3

cocinero/a *m., f.* cook, chef 2.7

cofre *m.* hood 2.5

cola *f.* line 2.5

colesterol *m.* cholesterol 2.6

color *m.* color 1.6

comedia *f.* comedy; play 2.8

comedor *m.* dining room 2.3

comenzar (e:ie) *v.* to begin 1.4

comer *v.* to eat 1.3

comercial *adj.* commercial; business-related 2.7

comida *f.* food; meal 1.8

como *prep., conj.* like; as 1.8

¿cómo? *adv.* what?; how? 1.1

   ¿Cómo es...? What's... like? 1.3

   ¿Cómo está usted? *form.* How are you? 1.1

   ¿Cómo estás? *fam.* How are you? 1.1

   ¿Cómo les fue...? *pl.* How did ... go for you? 2.6

   ¿Cómo se llama (usted)? *form.* What's your name? 1.1

   ¿Cómo te llamas (tú)? *fam.* What's your name? 1.1

cómoda *f.* chest of drawers 2.3

cómodo/a *adj.* comfortable 1.5

compañero/a de clase *m., f.* classmate 1.2

compañero/a de cuarto *m., f.* roommate 1.2

compañía *f.* company; firm 2.7

compartir *v.* to share 1.3

completamente *adv.* completely 2.7

compositor(a) *m., f.* composer 2.8

comprar *v.* to buy 1.2

compras *f., pl.* purchases 1.5

   ir de compras to go shopping 1.5

comprender *v.* to understand 1.3

comprobar (o:ue) *v.* to check

comprometerse (con) *v.* to get engaged (to) 1.9

computación *f.* computer science 1.2

computadora *f.* computer 1.1

   computadora portátil *f.* portable computer; laptop 2.2

comunicación *f.* communication 2.9

comunicarse (con) *v.* to communicate (with) 2.9

comunidad *f.* community 1.1

con *prep.* with 1.2

   Con él/ella habla. This is he/she. (*on telephone*) 2.2

   con frecuencia *adv.* frequently 2.1

   Con permiso. Pardon me.; Excuse me. 1.1

   con tal (de) que *conj.* provided (that) 2.4

concierto *m.* concert 2.8

concordar (o:ue) *v.* to agree

concurso *m.* game show; contest 2.8

conducir *v.* to drive 1.6, 2.2

conductor(a) *m., f.* driver 1.1

confirmar *v.* to confirm 1.5

   confirmar una reservación to confirm a reservation 1.5

confundido/a *adj.* confused 1.5

congelador *m.* freezer 2.3

congestionado/a *adj.* congested; stuffed-up 2.1

conmigo *pron.* with me 1.4, 1.9

conocer *v.* to know; to be acquainted with 1.6

conocido/a *adj.; p.p.* known

conseguir (e:i) *v.* to get; to obtain 1.4

consejero/a *m., f.* counselor; advisor 2.7

consejo *m.* advice

conservación *f.* conservation 2.4

conservar *v.* to conserve 2.4

construir *v.* to build

consultorio *m.* doctor's office 2.1

consumir *v.* to consume 2.6

contabilidad *f.* accounting 1.2

contador(a) *m., f.* accountant 2.7

contaminación *f.* pollution 2.4

   contaminación del aire/del agua air/water pollution 2.4

contaminado/a *adj.* polluted 2.4

contaminar *v.* to pollute 2.4

contar (o:ue) *v.* to count; to tell 1.4

   contar con *v.* to count (on) 2.3

contento/a *adj.* happy; content 1.5

contestadora *f.* answering machine 2.2

contestar *v.* to answer 1.2

contigo *fam. pron.* with you 1.9

contratar *v.* to hire 2.7

control *m.* control 1.7

control remoto *m.* remote control 2.2

controlar *v.* to control 2.4

conversación *f.* conversation 1.2

conversar *v.* to converse, to chat 1.2

copa *f.* goblet 2.3

corazón *m.* heart 2.1

corbata *f.* tie 1.6

corredor(a) de bolsa *m., f.* stockbroker 2.7

correo *m.* mail; post office 2.5

   correo electrónico *m.* e-mail 1.4

correr *v.* to run 1.3

cortesía *f.* courtesy

cortinas *f., pl.* curtains 2.3

corto/a *adj.* short (*in length*) 1.6

cosa *f.* thing 1.1

costar (o:ue) *f.* to cost 1.6

cráter *m.* crater 2.4

creer *v.* to believe 2.4

   creer en *v.* to believe in 1.3

   no creer en *v.* not to believe in 2.4

creído/a *adj., p.p.* believed 2.5

crema de afeitar *f.* shaving cream 1.7

crimen *m.* crime; murder 2.9

cruzar *v.* to cross 2.5

cuaderno *m.* notebook 1.1

cuadra *f.* (city) block 2.5

cuadro *m.* picture 2.3

¿cuál(es)? *pron.* which?; which one(s)? 1.2

   ¿Cuál es la fecha de hoy? What is today's date? 1.5

cuando *conj.* when 1.7, 2.4

¿cuándo? *adv.* when? 1.2

¿cuánto(s)/a(s)? *adj.* how much/ how many? 1.1

   ¿Cuánto cuesta...? How much does... cost? 1.6

   ¿Cuántos años tienes? *fam.* How old are you? 1.3

cuarenta *n., adj.* forty 1.2

cuarto *m.* room 1.2, 1.7

   cuarto de baño *m.* bathroom 1.7

cuarto/a *n., adj.* fourth 1.5

   menos cuarto quarter to (*time*)

   y cuarto quarter after (*time*) 1.1

cuatro *n., adj.* four 1.1

cuatrocientos/as *n., adj.* four hundred 1.2

cubierto *p.p.* covered

cubiertos *m., pl.* silverware

cubrir *v.* to cover

cuchara *f.* tablespoon; large spoon 2.3

cuchillo *m.* knife 2.3

cuello *m.* neck 2.1

cuenta *f.* bill 1.9; account 2.5

cuenta corriente *f.* checking account **2.5**
cuenta de ahorros *f.* savings account **2.5**
cuento *m.* short story **2.8**
cuerpo *m.* body **2.1**
cuidado *m.* care **1.3**
cuidar *v.* to take care of **2.4**
  ¡Cuídense! *form. pl.* Take care! **2.5**
cultura *f.* culture **2.8**
cumpleaños *m., sing.* birthday **1.9**
cumplir años *v.* to have a birthday **1.9**
cuñado/a *m., f.* brother-in-law; sister-in-law **1.3**
currículum *m.* résumé **2.7**
curso *m.* course **1.2**

D

danza *f.* dance **2.8**
dañar *v.* to damage; to break down **2.1**
dar *v.* to give **1.6, 1.9**
  dar direcciones to give directions **2.5**
  dar un consejo to give advice
  darse con *v.* to bump into; to run into (*something*) **2.1**
  darse prisa to hurry; to rush **2.6**
de *prep.* of; from **1.1**
  de algodón (made) of cotton **1.6**
  de aluminio (made) of aluminum **2.4**
  de buen humor in a good mood **1.5**
  de compras shopping **1.5**
  de cuadros plaid **1.6**
  ¿De dónde eres? *fam.* Where are you from? **1.1**
  ¿De dónde es usted? *form.* Where are you from? **1.1**
  de excursión hiking **1.4**
  de hecho in fact
  de ida y vuelta roundtrip **1.5**
  de la mañana in the morning; A.M. **1.1**
  de la noche in the evening; at night; P.M. **1.1**
  de la tarde in the afternoon; in the early evening; P.M. **1.1**
  de lana (made) of wool **1.6**
  de lunares polka-dotted **1.6**
  de mal humor in a bad mood **1.5**
  de mi vida of my life **2.6**
  de moda in fashion **1.6**
  De nada. You're welcome. **1.1**
  De ninguna manera. No way. **2.7**

de niño/a as a child **2.1**
de parte de on behalf of **2.2**
¿De parte de quién? Who is calling? (*on telephone*) **2.2**
de plástico (made) of plastic **2.4**
¿de quién...? *pron., sing.* whose...? **1.1**
¿de quiénes...? *pron., pl.* whose...? **1.1**
de rayas striped **1.6**
de repente *adv.* suddenly **1.6**
de seda (made) of silk **1.6**
de vaqueros western (*genre*) **2.8**
de vez en cuando from time to time **2.1**
de vidrio (made) of glass **2.4**
debajo de *prep.* below; under **1.2**
deber *m.* responsibility; obligation **2.9**
deber (+ *inf.***)** *v.* should; must; ought to **1.3**
  Debe ser... It must be... **1.6**
debido a due to (the fact that)
débil *adj.* weak **2.6**
decidido/a *adj.* decided **2.5**
decidir (+ *inf.***)** *v.* to decide **1.3**
décimo/a *n., adj.* tenth **1.5**
decir (e:i) *v.* to say; to tell **1.4, 1.9**
  decir la respuesta to say the answer **1.4**
  decir la verdad to tell the truth **1.4**
  decir mentiras to tell lies **1.4**
  decir que to say that **1.4**
declarar *v.* to declare; to say **2.9**
dedo *m.* finger **2.1**
dedo del pie *m.* toe **2.1**
deforestación *f.* deforestation **2.4**
dejar *v.* to let **2.3**; to quit; to leave behind **2.7**
  dejar de (+ *inf.***)** *v.* to stop (*doing something*) **2.4**
  dejar una propina *v.* to leave a tip **1.9**
del (*contraction of* **de + el**) of the; from the
delante de *prep.* in front of **1.2**
delgado/a *adj.* thin; slender **1.3**
delicioso/a *adj.* delicious **1.8**
demás *adj.* the rest
demasiado/a *adj., adv.* too much **1.6**
dentista *m., f.* dentist **2.1**
dentro de (diez años) within (ten years) **2.7**; inside
dependiente/a *m., f.* clerk **1.6**
deporte *m.* sport **1.4**
deportista *m.* sports person
deportivo/a *adj.* sports-related **1.4**

depositar *v.* to deposit **2.5**
derecha *f.* right **1.2**
  a la derecha de to the right of **1.2**
derecho *adv.* straight (ahead) **2.5**
derechos *m.* rights **2.9**
desarrollar *v.* to develop **2.4**
desastre (natural) *m.* (natural) disaster **2.9**
desayunar *v.* to have breakfast **1.2**
desayuno *m.* breakfast **1.8**
descafeinado/a *adj.* decaffeinated **2.6**
descansar *v.* to rest **1.2**
descargar *v.* to download **2.2**
descompuesto/a *adj.* not working; out of order **2.2**
describir *v.* to describe **1.3**
descrito *p.p.* described **2.5**
descubierto *p.p.* discovered **2.5**
descubrir *v.* to discover **2.4**
desde *prep.* from **1.6**
desear *v.* to wish; to desire **1.2**
desempleo *m.* unemployment **2.9**
desierto *m.* desert **2.4**
desigualdad *f.* inequality **2.9**
desordenado/a *adj.* disorderly **1.5**
despacio *adv.* slowly **2.1**
despedida *f.* farewell; good-bye
despedir (e:i) *v.* to fire **2.7**
  despedirse (de) (e:i) *v.* to say good-bye (to) **1.7**
despejado/a *adj.* clear (*weather*)
despertador *m.* alarm clock **1.7**
despertarse (e:ie) *v.* to wake up **1.7**
después *adv.* afterwards; then **1.7**
  después de *prep.* after **1.7**
  después de que *conj.* after **2.4**
destruir *v.* to destroy **2.4**
detrás de *prep.* behind **1.2**
día *m.* day **1.1**
  día de fiesta *m.* holiday **1.9**
diario *m.* diary **1.1**; newspaper **2.9**
  diario/a *adj.* daily **1.7**
dibujar *v.* to draw **1.2**
dibujo *m.* drawing **2.8**
  dibujos animados *m., pl.* cartoons **2.8**
diccionario *m.* dictionary **1.1**
dicho *p.p.* said **2.5**
diciembre *m.* December **1.5**
dictadura *f.* dictatorship **2.9**
diecinueve *n., adj.* nineteen **1.1**
dieciocho *n., adj.* eighteen **1.1**
dieciséis *n., adj.* sixteen **1.1**
diecisiete *n., adj.* seventeen **1.1**
diente *m.* tooth **1.7**
dieta *f.* diet **2.6**

comer una dieta equilibrada to eat a balanced diet **2.6**

diez *n., adj.* ten **1.1**

difícil *adj.* difficult; hard **1.3**

Diga. Hello. (*on telephone*) **2.2**

diligencia *f.* errand **2.5**

dinero *m.* money **1.6**

dirección *f.* address **2.5**

dirección electrónica *f.* e-mail address **2.2**

direcciones *f., pl.* directions **2.5**

director(a) *m., f.* director; (*musical*) conductor **2.8**

dirigir *v.* to direct **2.8**

disco compacto *m.* compact disc (CD) **2.2**

discriminación *f.* discrimination **2.9**

discurso *m.* speech **2.9**

diseñador(a) *m., f.* designer **2.7**

diseño *m.* design

disfrutar (de) *v.* to enjoy; to reap the benefits (of) **2.6**

diversión *f.* fun activity; entertainment; recreation **1.4**

divertido/a *adj.* fun **1.7**

divertirse (e:ie) *v.* to have fun **1.9**

divorciado/a *adj.* divorced **1.9**

divorciarse (de) *v.* to get divorced (from) **1.9**

divorcio *m.* divorce **1.9**

doblar *v.* to turn **2.5**

doble *adj.* double

doce *n., adj.* twelve **1.1**

doctor(a) *m., f.* doctor **1.3, 2.1**

documental *m.* documentary **2.8**

documentos de viaje *m., pl.* travel documents

doler (o:ue) *v.* to hurt **2.1**

dolor *m.* ache; pain **2.1**

dolor de cabeza *m.* headache **2.1**

doméstico/a *adj.* domestic **2.3**

domingo *m.* Sunday **1.2**

don/doña title of respect used with a person's first name **1.1**

donde *conj.* where

¿dónde? *adv.* where? **1.1**

¿Dónde está...? Where is...? **1.2**

dormir (o:ue) *v.* to sleep **1.4**

dormirse (o:ue) *v.* to go to sleep; to fall asleep **1.7**

dormitorio *m.* bedroom **2.3**

dos *n., adj.* two **1.1**

dos veces *adv.* twice; two times **1.6**

doscientos/as *n., adj.* two hundred **1.2**

drama *m.* drama; play **2.8**

dramático/a *m., f..* dramatic **2.8**

dramaturgo/a *m., f.* playwright **2.8**

droga *f.* drug **2.6**

drogadicto/a *m., f.* drug addict **2.6**

ducha *f.* shower **1.7**

ducharse *v.* to shower; to take a shower **1.7**

duda *f.* doubt **2.4**

dudar *v.* to doubt **2.4**

no dudar *v.* not to doubt **2.4**

dueño/a *m., f.* owner; landlord **1.8**

dulces *m., pl.* sweets; candy **1.9**

durante *prep.* during **1.7**

durar *v.* to last **2.9**

E

e *conj.* (used instead of **y** before words beginning with **i** and **hi**) and **1.4**

echar *v.* to throw

echar (una carta) al buzón to put (a letter) in the mailbox; to mail **2.5**

ecología *f.* ecology **2.4**

economía *f.* economics **1.2**

ecoturismo *m.* ecotourism **2.4**

Ecuador *m.* Ecuador **1.1**

ecuatoriano/a *adj.* Ecuadorian **1.3**

edad *f.* age **1.9**

edificio *m.* building **2.3**

edificio de apartamentos *m.* apartment building **2.3**

(en) efectivo *m.* cash **1.6**

ejercicio *m.* exercise **2.6**

ejercicios aeróbicos *m. pl.* aerobic exercises **2.6**

ejercicios de estiramiento *m. pl.* stretching exercises **2.6**

ejército *m.* army **2.9**

el *m., sing., def. art.* the **1.1**

él *sub. pron.* he **1.1**; *pron., obj. of prep.* him **1.9**

elecciones *f. pl.* election **2.9**

electricista *m., f.* electrician **2.7**

electrodoméstico *m.* electric appliance **2.3**

elegante *adj.* elegant **1.6**

elegir (e:i) *v.* to elect **2.9**

ella *sub. pron.* she **1.1**; *pron., obj. of prep.* her **1.9**

ellos/as *sub. pron.* they **1.1**; *pron., obj. of prep.* them **1.9**

embarazada *adj.* pregnant **2.1**

emergencia *f.* emergency **2.1**

emitir *v.* to broadcast **2.9**

emocionante *adj.* exciting

empezar (e:ie) *v.* to begin **1.4**

empleado/a *m., f.* employee **1.5**

empleo *m.* job; employment **2.7**

empresa *f.* company; firm **2.7**

en *prep.* in; on; at **1.2**

en casa at home **1.7**

en caso (de) que *conj.* in case (that) **2.4**

en cuanto *conj.* as soon as **2.4**

en efectivo in cash **2.5**

en exceso in excess; too much **2.6**

en línea in-line **1.4**

¡En marcha! Let's get going! **2.6**

en mi nombre in my name

en punto on the dot; exactly; sharp (*time*) **1.1**

¿en qué? in what?; how? **1.2**

¿En qué puedo servirles? How can I help you? **1.5**

enamorado/a (de) *adj.* in love (with) **1.5**

enamorarse (de) *v.* to fall in love (with) **1.9**

encantado/a *adj.* delighted; Pleased to meet you. **1.1**

encantar *v.* to like very much; to love (*inanimate objects*) **1.7**

¡Me encantó! I loved it! **2.6**

encima de *prep.* on top of **1.2**

encontrar (o:ue) *v.* to find **1.4**

encontrar(se) (o:ue) *v.* to meet (each other); to run into (each other) **2.2**

encuesta *f.* poll; survey **2.9**

energía *f.* energy **2.4**

energía nuclear *f.* nuclear energy **2.4**

energía solar *f.* solar energy **2.4**

enero *m.* January **1.5**

enfermarse *v.* to get sick **2.1**

enfermedad *f.* illness **2.1**

enfermero/a *m., f.* nurse **2.1**

enfermo/a *adj.* sick **2.1**

enfrente de *adv.* opposite; facing **2.5**

engordar *v.* to gain weight **2.6**

enojado/a *adj.* mad; angry **1.5**

enojarse (con) *v.* to get angry (with) **1.7**

ensalada *f.* salad **1.8**

enseguida *adv.* right away **1.9**

enseñar *v.* to teach **1.2**

ensuciar *v.* to get (*something*) dirty **2.3**

entender (e:ie) *v.* to understand **1.4**

entonces *adv.* then **1.7**

entrada *f.* entrance **2.3**; ticket **2.8**

entre *prep.* between; among **1.2**

entremeses *m., pl.* hors d'oeuvres; appetizers **1.8**

entrenador(a) *m., f.* trainer **2.6**

entrenarse *v.* to practice; to train **2.6**

entrevista *f.* interview **2.7**

entrevistador(a) *m., f.* interviewer 2.7
entrevistar *v.* to interview 2.7
envase *m.* container 2.4
enviar *v.* to send; to mail 2.5
equilibrado/a *adj.* balanced 2.6
equipado/a *adj.* equipped 2.6
equipaje *m.* luggage 1.5
equipo *m.* team 1.4
equivocado/a *adj.* wrong 1.5
eres *fam., sing.* you are 1.1
es he/she/it is 1.1
  Es bueno que... It's good that... 2.3
  Es de... He/She is from... 1.1
  es extraño it's strange 2.4
  Es importante que... It's important that... 2.3
  es imposible it's impossible 2.4
  es improbable it's improbable 2.4
  Es la una. It's one o'clock. 1.1
  Es malo que... It's bad that... 2.3
  Es mejor que... It's better that... 2.3
  Es necesario que... It's necessary that... 2.3
  es obvio it's obvious 2.4
  es ridículo it's ridiculous 2.4
  es seguro it's sure 2.4
  es terrible it's terrible 2.4
  es triste it's sad 2.4
  es una lástima it's a shame 2.4
  Es urgente que... It's urgent that... 2.3
  es verdad it's true 2.4
esa(s) *f., adj.* that; those 1.6
ésa(s) *f., pron.* that (one); those (ones) 1.6
escalar *v.* to climb 1.4
  escalar montañas to climb mountains 1.4
escalera *f.* stairs; stairway 2.3
escoger *v.* to choose 1.8
escribir *v.* to write 1.3
  escribir un mensaje electrónico to write an e-mail message 1.4
  escribir una carta to write a letter 1.4
  escribir una postal to write a postcard 1.4
escrito *p.p.* written 2.5
escritor(a) *m., f* writer 2.8
escritorio *m.* desk 1.2
escuchar *v.* to listen (to)
  escuchar la radio to listen to the radio 1.2
  escuchar música to listen to music 1.2
escuela *f.* school 1.1
esculpir *v.* to sculpt 2.8

escultor(a) *m., f.* sculptor 2.8
escultura *f.* sculpture 2.8
ese *m., sing., adj.* that 1.6
ése *m., sing., pron.* that (one) 1.6
eso *neuter pron.* that; that thing 1.6
esos *m., pl., adj.* those 1.6
ésos *m., pl., pron.* those (ones) 1.6
España *f.* Spain 1.1
español *m.* Spanish (*language*) 1.2
español(a) *adj.* Spanish 1.3
espárragos *m., pl.* asparagus 1.8
especialización *f.* major 1.2
espectacular *adj.* spectacular 2.6
espectáculo *m.* show 2.8
espejo *m.* mirror 1.7
esperar *v.* to hope; to wish 2.4
  esperar (+ inf.) *v.* to wait (for); to hope 1.2
esposo/a *m., f.* husband; wife; spouse 1.3
esquí (acuático) *m.* (water) skiing 1.4
esquiar *v.* to ski 1.4
esquina *m.* corner 2.5
está he/she/it is; you are 1.2
  Está bien. That's fine. 2.2
  Está (muy) despejado. It's (very) clear. (*weather*)
  Está lloviendo. It's raining. 1.5
  Está nevando. It's snowing. 1.5
  Está (muy) nublado. It's (very) cloudy. (*weather*) 1.5
esta(s) *f., adj.* this; these 1.6
  esta noche tonight 1.4
ésta(s) *f., pron.* this (one); these (ones) 1.6
  Ésta es... *f.* This is... (*introducing someone*) 1.1
establecer *v.* to start, to establish 2.7
estación *f.* station; season 1.5
  estación de autobuses *f.* bus station 1.5
  estación del metro *f.* subway station 1.5
  estación de tren *f.* train station 1.5
estacionamiento *m.* parking lot 2.5
estacionar *v.* to park 2.2
estadio *m.* stadium 1.2
estado civil *m.* marital status 1.9
Estados Unidos (EE.UU.; E.U.) *m.* United States 1.1
estadounidense *adj.* from the United States 1.3
estampado/a *adj.* print
estampilla *f.* stamp 2.5

estante *m.* bookcase; bookshelves 2.3
estar *v.* to be 1.2
  estar a (veinte kilómetros) de aquí. to be (20 kilometers) from here 2.2
  estar a dieta to be on a diet 2.6
  estar aburrido/a to be bored 1.5
  estar afectado/a (por) to be affected (by) 2.4
  estar bajo control to be under control 1.7
  estar cansado/a to be tired 1.5
  estar contaminado/a to be polluted 2.4
  estar de acuerdo to agree 2.7
  estar de moda to be in fashion 1.6
  estar de vacaciones to be on vacation 1.5
  estar en buena forma to be in good shape 2.6
  estar enfermo/a to be sick 2.1
  estar listo/a to be ready 2.6
  estar perdido/a to be lost 2.5
  estar roto/a to be broken 2.1
  estar seguro/a to be sure 1.5
  estar torcido/a to be twisted; to be sprained 2.1
  Estoy (completamente) de acuerdo. I agree (completely). 2.7
  No estoy de acuerdo. I don't agree. 2.7
  No está nada mal. It's not bad at all. 1.5
estatua *f.* statue 2.8
este *m.* east 2.5; *interj.* um 2.8
este *m., sing., adj.* this 1.6
éste *m., sing., pron.* this (one) 1.6
  Éste es... *m.* This is... (*introducing someone*) 1.1
estéreo *m.* stereo 2.2
estilo *m.* style
estiramiento *m.* stretching 2.6
esto *neuter pron.* this; this thing 1.6
estómago *m.* stomach 2.1
estornudar *v.* to sneeze 2.1
estos *m., pl., adj.* these 1.6
éstos *m., pl., pron.* these (ones) 1.6
estrella *f.* star 2.4
  estrella de cine *m., f.* movie star 2.8
estrés *m.* stress 2.6
estudiante *m., f.* student 1.1, 1.2

estudiantil *adj.* student 1.2
estudiar *v.* to study 1.2
estufa *f.* stove 2.3
estupendo/a *adj.* stupendous 1.5
etapa *f.* stage 1.9
evitar *v.* to avoid 2.4
examen *m.* test; exam 1.2
   examen médico *m.* physical exam 2.1
excelente *adj.* excellent 1.5
exceso *m.* excess; too much 2.6
excursión *f.* hike; tour; excursion
excursionista *m., f.* hiker
éxito *m.* success 2.7
experiencia *f.* experience 2.9
explicar *v.* to explain 1.2
explorar *v.* to explore
expresión *f.* expression
extinción *f.* extinction 2.4
extranjero/a *adj.* foreign 2.8
extraño/a *adj.* strange 2.4

F

fabuloso/a *adj.* fabulous 1.5
fácil *adj., adv.* easy 1.3
falda *f.* skirt 1.6
faltar *v.* to lack; to need 1.7
familia *f.* family 1.3
famoso/a *adj.* famous 2.7
farmacia *f.* pharmacy 2.1
fascinar *v.* to fascinate 1.7
favorito/a *adj.* favorite 1.4
fax *m.* fax (machine) 2.2
febrero *m.* February 1.5
fecha *f.* date 1.5
feliz *adj.* happy 1.5
   ¡Feliz cumpleaños! Happy birthday! 1.9
¡Felicidades! Congratulations! (*for an event such as a birthday or anniversary*) 1.9
¡Felicitaciones! Congratulations! (*for an event such as an engagement or a good grade on a test*) 1.9
fenomenal *adj.* great, phenomenal 1.5
feo/a *adj.* ugly 1.3
festival *m.* festival 2.8
fiebre *f.* fever 2.1
fiesta *f.* party 1.9
fijo/a *adj.* fixed, set 1.6
fin *m.* end 1.4
   fin de semana *m.* weekend 1.4
finalmente *adv.* finally 2.6
firmar *v.* to sign (*a document*) 2.5
física *f.* physics 1.2
flan (de caramelo) *m.* baked (caramel) custard 1.9
flexible *adj.* flexible 2.6
flor *f.* flower 2.4

folklórico/a *adj.* folk; folkloric 2.8
folleto *m.* brochure
fondo *m.* end 2.3
forma *f.* shape 2.6
formulario *m.* form 2.5
foto(grafía) *f.* photograph 1.1
francés, francesa *adj.* French 1.3
frecuentemente *adv.* frequently 2.1
frenos *m., pl.* brakes
fresco/a *adj.* cool 1.5
frijoles *m., pl.* beans 1.8
frío/a *adj.* cold 1.5
frito/a *adj.* fried 1.8
fruta *f.* fruit 1.8
frutería *f.* fruit store 2.5
frutilla *f.* strawberry 1.8
fuente de fritada *f.* platter of fried food
fuera *adv.* outside
fuerte *adj.* strong 2.6
fumar *v.* to smoke 2.6
   no fumar *v.* not to smoke 2.6
funcionar *v.* to work 2.2; to function
fútbol *m.* soccer 1.4
   fútbol americano *m.* football 1.4
futuro/a *adj.* future 2.7
   en el futuro in the future 2.7

G

gafas (de sol) *f., pl.* (sun)glasses 1.6
   gafas (oscuras) *f., pl.* (sun)glasses
galleta *f.* cookie 1.9
ganar *v.* to win 1.4; to earn (*money*) 2.7
ganga *f.* bargain 1.6
garaje *m.* garage; (mechanic's) repair shop 2.2; garage (*in a house*) 2.3
garganta *f.* throat 2.1
gasolina *f.* gasoline 2.2
gasolinera *f.* gas station 2.2
gastar *v.* to spend (*money*) 1.6
gato *m.* cat 2.4
gemelo/a *m., f.* twin 1.3
gente *f.* people 1.3
geografía *f.* geography 1.2
gerente *m., f.* manager 2.7
gimnasio *m.* gymnasium 1.4
gobierno *m.* government 2.4
golf *m.* golf 1.4
gordo/a *adj.* fat 1.3
grabadora *f.* tape recorder 1.1
grabar *v.* to record 2.2
gracias *f., pl.* thank you; thanks 1.1

Gracias por todo. Thanks for everything. 1.9, 2.6
Gracias una vez más. Thanks again. 1.9
graduarse (de/en) *v.* to graduate (from/in) 1.9
gran, grande *adj.* big; large 1.3
grasa *f.* fat 2.6
gratis *adj.* free of charge 2.5
grave *adj.* grave; serious 2.1
gravísimo/a *adj.* extremely serious 2.4
grillo *m.* cricket
gripe *f.* flu 2.1
gris *adj.* gray 1.6
gritar *v.* to scream 1.7
guantes *m., pl.* gloves 1.6
guapo/a *adj.* handsome; good-looking 1.3
guardar *v.* to save (*on a computer*) 2.2
guerra *f.* war 2.9
guía *m., f.* guide
gustar *v.* to be pleasing to; to like 1.2
   Me gustaría... I would like...
gusto *m.* pleasure 2.8
   El gusto es mío. The pleasure is mine. 1.1
   Gusto de verlo/la. *form.* It's nice to see you. 2.9
   Gusto de verte. *fam.* It's nice to see you. 2.9
   Mucho gusto. Pleased to meet you. 1.1
   ¡Qué gusto volver a verlo/la! *form.* I'm happy to see you again! 2.9
   ¡Qué gusto volver a verte! *fam.* I'm happy to see you again! 2.9

H

haber (*aux.*) *v.* to have (*done something*) 2.6
   Ha sido un placer. It's been a pleasure. 2.6
habitación *f.* room 1.5
   habitación doble *f.* double room 1.5
   habitación individual *f.* single room 1.5
hablar *v.* to talk; to speak 1.2
hacer *v.* to do; to make 1.4
   Hace buen tiempo. The weather is good. 1.5
   Hace (mucho) calor. It's (very) hot. (*weather*) 1.5
   Hace fresco. It's cool. (*weather*) 1.5
   Hace (mucho) frío. It's very cold. (*weather*) 1.5
   Hace (mucho) sol. It's (very) sunny. (*weather*) 1.5

Hace mal tiempo. The weather is bad. **1.5**
Hace (mucho) viento. It's (very) windy. (*weather*) **1.5**
hacer cola to stand in line **2.5**
hacer diligencias to run errands **2.5**
hacer ejercicio to exercise **2.6**
hacer ejercicios aeróbicos to do aerobics **2.6**
hacer ejercicios de estiramiento to do stretching exercises **2.6**
hacer el papel (de) to play the role (of) **2.8**
hacer gimnasia to work out **2.6**
hacer juego (con) to match (with) **1.6**
hacer la cama to make the bed **2.3**
hacer las maletas to pack (one's) suitcases **1.5**
hacer quehaceres domésticos to do household chores **2.3**
hacer turismo to go sightseeing **2.5**
hacer un viaje to take a trip **1.5**
hacer una excursión to go on a hike; to go on a tour **2.5**
hacia *prep.* toward **2.5**
hambre *f.* hunger **1.3**
hamburguesa *f.* hamburger **1.8**
hasta *prep.* until **1.6**; toward
   Hasta la vista. See you later. **1.1**
   Hasta luego. See you later. **1.1**
   Hasta mañana. See you tomorrow. **1.1**
hasta que *conj.* until **2.4**
   Hasta pronto. See you soon. **1.1**
hay *v.* there is; there are **1.1**
   Hay (mucha) contaminación. It's (very) smoggy.
   Hay (mucha) niebla. It's (very) foggy.
   Hay que It is necessary that **2.5**
   No hay de qué. You're welcome. **1.1**
   No hay duda de There's no doubt **2.4**
hecho *p.p.* done **2.5**
heladería *f.* ice cream shop **2.5**
helado *m.* ice cream **1.9**
helado/a *adj.* iced **1.8**
hermanastro/a *m., f.* stepbrother; stepsister **1.3**
hermano/a *m., f.* brother; sister **1.3**

hermano/a mayor/menor *m., f.* older/younger brother/sister **1.3**
hermanos *m., pl.* siblings (brothers and sisters) **1.3**
hermoso/a *adj.* beautiful **1.6**
hierba *f.* grass **2.4**
hijastro/a *m., f.* stepson; stepdaughter **1.3**
hijo/a *m., f.* son; daughter **1.3**
   hijo/a único/a *m., f.* only child **1.3**
hijos *m., pl.* children **1.3**
historia *f.* history **1.2**; story **2.8**
hockey *m.* hockey **1.4**
hola *interj.* hello; hi **1.1**
hombre *m.* man **1.1**
   hombre de negocios *m.* businessman **2.7**
hora *f.* hour **1.1**; the time
horario *m.* schedule **1.2**
horno *m.* oven **2.3**
   horno de microondas *m.* microwave oven **2.3**
horror *m.* horror **2.8**
   de horror horror (*genre*) **2.8**
hospital *m.* hospital **2.1**
hotel *m.* hotel **1.5**
hoy *adv.* today **1.2**
   hoy día *adv.* nowadays
   Hoy es... Today is... **1.2**
huelga *f.* (*labor*) strike **2.9**
hueso *m.* bone **2.1**
huésped *m., f.* guest **1.5**
huevo *m.* egg **1.8**
humanidades *f., pl.* humanities **1.2**
huracán *m.* hurricane **2.9**

I

ida *f.* one way (*travel*)
idea *f.* idea **1.4**
iglesia *f.* church **1.4**
igualdad *f.* equality **2.9**
igualmente *adv.* likewise **1.1**
impermeable *m.* raincoat **1.6**
importante *adj.* important **1.3**
importar *v.* to be important to; to matter **1.7**
imposible *adj.* impossible **2.4**
impresora *f.* printer **2.2**
imprimir *v.* to print **2.2**
improbable *adj.* improbable **2.4**
impuesto *m.* tax **2.9**
incendio *m.* fire **2.9**
increíble *adj.* incredible **1.5**
individual *adj.* private (*room*) **1.5**
infección *f.* infection **2.1**
informar *v.* to inform **2.9**
informe *m.* report; paper (*written work*) **2.9**

ingeniero/a *m., f.* engineer **1.3**
inglés *m.* English (*language*) **1.2**
inglés, inglesa *adj.* English **1.3**
inodoro *m.* toilet **1.7**
insistir (en) *v.* to insist (on) **2.3**
inspector(a) de aduanas *m., f.* customs inspector **1.5**
inteligente *adj.* intelligent **1.3**
intercambiar *v.* to exchange
interesante *adj.* interesting **1.3**
interesar *v.* to be interesting to; to interest **1.7**
internacional *adj.* international **2.9**
Internet *m., f.* Internet **2.2**
inundación *f.* flood **2.9**
invertir (e:ie) *v.* to invest **2.7**
invierno *m.* winter **1.5**
invitado/a *m., f.* guest (*at a function*) **1.9**
invitar *v.* to invite **1.9**
inyección *f.* injection **2.1**
ir *v.* to go **1.4**
   ir a (+ inf.) to be going to (*do something*) **1.4**
   ir de compras to go shopping **1.5**
   ir de excursión (a las montañas) to go for a hike (in the mountains) **1.4**
   ir de pesca to go fishing
   ir de vacaciones to go on vacation **1.5**
   ir en autobús to go by bus **1.5**
   ir en auto(móvil) to go by auto(mobile); to go by car **1.5**
   ir en avión to go by plane **1.5**
   ir en barco to go by boat **1.5**
   ir en metro to go by subway **1.5**
   ir en motocicleta to go by motorcycle **1.5**
   ir en taxi to go by taxi **1.5**
   ir en tren to go by train
irse *v.* to go away; to leave **1.7**
italiano/a *adj.* Italian **1.3**
izquierdo/a *adj.* left **1.2**
   a la izquierda de to the left of **1.2**

J

jabón *m.* soap **1.7**
jamás *adv.* never; not ever **1.7**
jamón *m.* ham **1.8**
japonés, japonesa *adj.* Japanese **1.3**
jardín *m.* garden; yard **2.3**
jefe, jefa *m., f.* boss **2.7**
joven *adj.* young **1.3**; *m., f.* youth; young person **1.1**
joyería *f.* jewelry store **2.5**
jubilarse *v.* to retire (*from work*) **1.9**

juego *m.* game
jueves *m., sing.* Thursday 1.2
jugador(a) *m., f.* player 1.4
jugar (u:ue) *v.* to play 1.4
   jugar a las cartas to play
     cards 1.5
jugo *m.* juice 1.8
   jugo de fruta *m.* fruit
     juice 1.8
julio *m.* July 1.5
jungla *f.* jungle 2.4
junio *m.* June 1.5
juntos/as *adj.* together 1.9
juventud *f.* youth 1.9

K

kilómetro *m.* kilometer 2.2

L

la *f., sing., def. art.* the 1.1;
   f., sing., d.o. pron. her, it,
   form. you 1.5
laboratorio *m.* laboratory 1.2
lago *m.* lake 2.4
lámpara *f.* lamp 2.3
lana *f.* wool 1.6
langosta *f.* lobster 1.8
lápiz *m.* pencil 1.1
largo/a *adj.* long 1.6
las *f., pl., def. art.* the 1.1;
   f., pl., d.o. pron. them; *form.*
   you 1.5
lástima *f.* shame 2.4
lastimarse *v.* to injure oneself
   2.1
   lastimarse el pie to injure
     one's foot 2.1
lata *f.* (tin) can 2.4
lavabo *m.* sink 1.7
lavadora *f.* washing machine 2.3
lavandería *f.* laundromat 2.5
lavaplatos *m., sing.* dishwasher
   2.3
lavar *v.* to wash 2.3
   lavar (el suelo/los platos) to
     wash (the floor/the dishes) 2.3
lavarse *v.* to wash oneself 1.7
   lavarse la cara to wash one's
     face 1.7
   lavarse las manos to wash
     one's hands 1.7
le *sing., i.o. pron.* to/for him,
   her, *form.* you 1.6
   Le presento a... *form.* I would
     like to introduce... to you. 1.1
lección *f.* lesson 1.1
leche *f.* milk 1.8
lechuga *f.* lettuce 1.8
leer *v.* to read 1.3
   leer correo electrónico to
     read e-mail 1.4

leer un periódico to read a
   newspaper 1.4
leer una revista to read a
   magazine 1.4
leído *p.p.* read 2.5
lejos de *prep.* far from 1.2
lengua *f.* language 1.2
   lenguas extranjeras *f., pl.*
     foreign languages 1.2
lentes (de sol) *m. pl.* (sun)glasses
lentes de contacto *m., pl.*
   contact lenses
lento/a *adj.* slow 2.2
les *pl., i.o. pron.* to/for
   them, *form.* you 1.6
letrero *m.* sign 2.5
levantar *v.* to lift 2.6
   levantar pesas to lift
     weights 2.6
levantarse *v.* to get up 1.7
ley *f.* law 2.4
libertad *f.* liberty; freedom 2.9
libre *adj.* free 1.4
librería *f.* bookstore 1.2
libro *m.* book 1.2
licencia de conducir *f.* driver's
   license 2.2
limón *m.* lemon 1.8
limpiar *v.* to clean 2.3
   limpiar la casa to clean the
     house 2.3
limpio/a *adj.* clean 1.5
línea *f.* line 1.4
listo/a *adj.* ready; smart 1.5
literatura *f.* literature 1.2
llamar *v.* to call 2.2
   llamar por teléfono to call
     on the phone
llamarse *v.* to be called; to be
   named 1.7
llanta *f.* tire 2.2
llave *f.* key 1.5
llegada *f.* arrival 1.5
llegar *v.* to arrive 1.2
llenar *v.* to fill 2.2, 2.5
   llenar el tanque to fill the
     tank 2.2
   llenar (un formulario) to fill
     out (a form) 2.5
lleno/a *adj.* full 2.2
llevar *v.* to carry 1.2; to wear;
   to take 1.6
   llevar una vida sana to lead
     a healthy lifestyle 2.6
   llevarse bien/mal (con) to
     get along well/badly (with) 1.9
llover (o:ue) *v.* to rain 1.5
   Llueve. It's raining. 1.5
lluvia *f.* rain 2.4
   lluvia ácida *f.* acid rain 2.4
lo *m., sing. d.o. pron.* him,
   it, *form.* you 1.5
   **¡Lo hemos pasado de
     película!** We've had a great
     time! 2.9

**¡Lo hemos pasado
   maravillosamente!** We've
   had a great time! 2.9
lo mejor the best (thing) 2.9
Lo pasamos muy bien. We
   had a good time. 2.9
lo peor the worst (thing) 2.9
lo que *conj.* that which; what
   2.3
Lo siento. I'm sorry. 1.1
Lo siento muchísimo. I'm
   so sorry. 1.4
loco/a *adj.* crazy 1.6
locutor(a) *m., f.* (TV or radio)
   announcer 2.9
lomo a la plancha *m.* grilled
   flank steak 1.8
los *m., pl., def. art.* the 1.1;
   m., pl., d.o. pron. them, *form.*
   you 1.5
luchar (contra/por) *v.* to fight;
   to struggle (against/for) 2.9
luego *adv.* then 1.7; later 1.1
lugar *m.* place 1.4
luna *f.* moon 2.4
lunares *m.* polka dots 1.6
lunes *m., sing.* Monday 1.2
luz *f.* light; electricity 2.3

M

madrastra *f.* stepmother 1.3
madre *f.* mother 1.3
madurez *f.* maturity; middle
   age 1.9
maestro/a *m., f.* teacher 2.7
magnífico/a *adj.* magnificent
   1.5
maíz *m.* corn 1.8
mal, malo/a *adj.* bad 1.3
maleta *f.* suitcase 1.1
mamá *f.* mom 1.3
mandar *v.* to order 2.3; to
   send; to mail 2.5
manejar *v.* to drive 2.2
manera *f.* way 2.7
mano *f.* hand 1.1
   ¡Manos arriba! Hands up!
manta *f.* blanket 2.3
mantener *v.* to maintain 2.6
   mantenerse en forma to
     stay in shape 2.6
mantequilla *f.* butter 1.8
manzana *f.* apple 1.8
mañana *f.* morning, A.M. 1.1;
   adv. tomorrow 1.1
mapa *m.* map 1.2
maquillaje *m.* makeup 1.7
maquillarse *v.* to put on
   makeup 1.7
mar *m.* sea 1.5
maravilloso/a *adj.* marvelous
   1.5
mareado/a *adj.* dizzy;
   nauseated 2.1

margarina *f.* margarine 1.8
mariscos *m., pl.* shellfish 1.8
marrón *adj.* brown 1.6
martes *m., sing.* Tuesday 1.2
marzo *m.* March 1.5
más *pron., adj., adv.* more 1.2
  más de (+ *number***)** more than 1.8
  más tarde *adv.* later (on) 1.7
  más... que more... than 1.8
masaje *m.* massage 2.6
matemáticas *f., pl.* mathematics 1.2
materia *f.* course 1.2
matrimonio *m.* marriage 1.9
máximo/a *adj.* maximum 2.2
mayo *m.* May 1.5
mayonesa *f.* mayonnaise 1.8
mayor *adj.* older 1.3
  el/la mayor *adj.* the eldest 1.8; the oldest
me *sing., d.o. pron.* me 1.5; *sing., i.o. pron.* to/for me 1.6
  Me duele mucho. It hurts me a lot. 2.1
  Me gusta... I like... 1.2
  Me gustaría(n)... I would like... 2.8
  Me llamo... My name is... 1.1
  Me muero por... I'm dying to (for)...
  No me gustan nada. I don't like them at all. 1.2
mecánico/a *m., f.* mechanic 2.2
mediano/a *adj.* medium
medianoche *f.* midnight 1.1
medias *f., pl.* pantyhose, stockings 1.6
medicamento *m.* medication 2.1
medicina *f.* medicine 2.1
médico/a *m., f.* doctor 1.3; *adj.* medical 2.1
medio/a *adj.* half 1.3
  medio ambiente *m.* environment 2.4
  medio/a hermano/a *m., f.* half-brother; half-sister 1.3
  mediodía *m.* noon 1.1
  medios de comunicación *m., pl.* means of communication; media 2.9
  y media thirty minutes past the hour (*time*) 1.1
mejor *adj.* better 1.8
  el/la mejor *adj.* the best 1.8
mejorar *v.* to improve 2.4
melocotón *m.* peach 1.8
menor *adj.* younger 1.3
  el/la menor *adj.* the youngest 1.8
menos *adv.* less 2.1
  menos cuarto..., menos quince... quarter to... (*time*) 1.1

menos de (+ *number***)** fewer than 1.8
menos... que less... than 1.8
mensaje de texto *m.* text message 2.2
mensaje electrónico *m.* e-mail message 1.4
mentira *f.* lie 1.4
menú *m.* menu 1.8
mercado *m.* market 1.6
  mercado al aire libre *m.* open-air market 1.6
merendar (e:ie) *v.* to snack 1.8; to have an afternoon snack
merienda *f.* afternoon snack 2.6
mes *m.* month 1.5
mesa *f.* table 1.2
mesita *f.* end table 2.3
  mesita de noche night stand 2.3
metro *m.* subway 1.5
mexicano/a *adj.* Mexican 1.3
México *m.* Mexico 1.1
mí *pron., obj. of prep.* me 1.9
mi(s) *poss. adj.* my 1.3
microonda *f.* microwave 2.3
  horno de microondas *m.* microwave oven 2.3
miedo *m.* fear 1.3
mientras *adv.* while 2.1
miércoles *m., sing.* Wednesday 1.2
mil *m.* one thousand 1.2
  mil millones *m.* billion
  Mil perdones. I'm so sorry. (*lit.* A thousand pardons.) 1.4
milla *f.* mile 2.2
millón *m.* million 1.2
  millones (de) *m.* millions (of)
mineral *m.* mineral 2.6
minuto *m.* minute 1.1
mío(s)/a(s) *poss. adj. and pron.* my; (of) mine 2.2
mirar *v.* to look (at); to watch 1.2
  mirar (la) televisión to watch television 1.2
mismo/a *adj.* same 1.3
mochila *f.* backpack 1.2
moda *f.* fashion 1.6
módem *m.* modem
moderno/a *adj.* modern 2.8
molestar *v.* to bother; to annoy 1.7
monitor *m.* (computer) monitor 2.2
monitor(a) *m., f.* trainer
montaña *f.* mountain 1.4
montar a caballo to ride a horse 1.5
monumento *m.* monument 1.4
mora *f.* blackberry 1.8
morado/a *adj.* purple 1.6
moreno/a *adj.* brunet(te) 1.3
morir (o:ue) *v.* to die 1.8

mostrar (o:ue) *v.* to show 1.4
motocicleta *f.* motorcycle 1.5
motor *m.* motor
muchacho/a *m., f.* boy; girl 1.3
muchísimo *adj., adv.* very much 1.2
mucho/a *adj., adv.* a lot of; much 1.2; many 1.3
  (Muchas) gracias. Thank you (very much).; Thanks (a lot). 1.1
  muchas veces a lot; many times 2.1
  Muchísimas gracias. Thank you very, very much. 1.9
  Mucho gusto. Pleased to meet you. 1.1
mudarse *v.* to move (*from one house to another*) 2.3
muebles *m., pl.* furniture 2.3
muela *f.* tooth; molar
muerte *f.* death 1.9
muerto *p.p.* died 2.5
mujer *f.* woman 1.1
  mujer de negocios *f.* businesswoman 2.7
  mujer policía *f.* female police officer
multa *f.* fine
mundial *adj.* worldwide
mundo *m.* world 2.4
municipal *adj.* municipal
músculo *m.* muscle 2.6
museo *m.* museum 1.4
música *f.* music 1.2, 2.8
musical *adj.* musical 2.8
músico/a *m., f.* musician 2.8
muy *adv.* very 1.1
  Muy amable. That's very kind of you. 1.5
  (Muy) bien, gracias. (Very) well, thanks. 1.1

N

nacer *v.* to be born 1.9
nacimiento *m.* birth 1.9
nacional *adj.* national 2.9
nacionalidad *f.* nationality 1.1
nada *pron., adv.* nothing 1.1; not anything 1.7
  nada mal not bad at all 1.5
nadar *v.* to swim 1.4
nadie *pron.* no one, nobody, not anyone 1.7
naranja *f.* orange 1.8
nariz *f.* nose 2.1
natación *f.* swimming 1.4
natural *adj.* natural 2.4
naturaleza *f.* nature 2.4
navegar (en Internet) *v.* to surf (the Internet) 2.2
Navidad *f.* Christmas 1.9
necesario/a *adj.* necessary 2.3
necesitar (+ *inf.***)** *v.* to need 1.2

negar (e:ie) *v.* to deny 2.4
  no negar *v.* not to deny 2.4
negativo/a *adj.* negative
negocios *m., pl.* business; commerce 2.7
negro/a *adj.* black 1.6
nervioso/a *adj.* nervous 1.5
nevar (e:ie) *v.* to snow 1.5
  Nieva. It's snowing. 1.5
ni... ni *conj.* neither... nor 1.7
niebla *f.* fog
nieto/a *m., f.* grandson; granddaughter 1.3
nieve *f.* snow
ningún, ninguno/a(s) *adj., pron.* no; none; not any 1.7
  ningún problema no problem
niñez *f.* childhood 1.9
niño/a *m., f.* child 1.3
no *adv.* no; not 1.1
  ¿no? right? 1.1
  No cabe duda de... There is no doubt... 2.4
  No es así. That's not the way it is. 2.7
  No es para tanto. It's not a big deal. 2.3
  no es seguro it's not sure 2.4
  no es verdad it's not true 2.4
  No está nada mal. It's not bad at all. 1.5
  no estar de acuerdo to disagree
  No estoy seguro. I'm not sure.
  no hay there is not; there are not 1.1
  No hay de qué. You're welcome. 1.1
  No hay duda de... There is no doubt... 2.4
  No hay problema. No problem. 1.7
  ¡No me diga(s)! You don't say! 2.2
  No me gustan nada. I don't like them at all. 1.2
  no muy bien not very well 1.1
  No quiero. I don't want to. 1.4
  No sé. I don't know.
  No se preocupe. *form.* Don't worry. 1.7
  No te preocupes. *fam.* Don't worry. 1.7
  no tener razón to be wrong 1.3
noche *f.* night 1.1
nombre *m.* name 1.1
norte *m.* north 2.5
norteamericano/a *adj.* (North) American 1.3

nos *pl., d.o. pron.* us 1.5; *pl., i.o. pron.* to/for us 1.6
  Nos divertimos mucho. We had a lot of fun. 2.9
  Nos vemos. See you. 1.1
nosotros/as *sub. pron.* we 1.1; *pron., obj. of prep.* us 1.9
noticias *f., pl.* news 2.9
noticiero *m.* newscast 2.9
novecientos/as *n., adj.* nine hundred 1.2
noveno/a *n., adj.* ninth 1.5
noventa *n., adj.* ninety 1.2
noviembre *m.* November 1.5
novio/a *m., f.* boyfriend; girlfriend 1.3
nube *f.* cloud 2.4
nublado/a *adj.* cloudy 1.5
  Está (muy) nublado. It's (very) cloudy. 1.5
nuclear *adj.* nuclear 2.4
nuera *f.* daughter-in-law 1.3
nuestro(s)/a(s) *poss. adj.* our 1.3; *poss. adj. and pron.* (of) ours 2.2
nueve *n., adj.* nine 1.1
nuevo/a *adj.* new 1.6
número *m.* number 1.1; (shoe) size 1.6
nunca *adv.* never; not ever 1.7
nutrición *f.* nutrition 2.6
nutricionista *m., f.* nutritionist 2.6

o *conj.* or 1.7
  o... o either... or 1.7
obedecer *v.* to obey 2.9
obra *f.* work (*of art, literature, music, etc.*) 2.8
  obra maestra *f.* masterpiece 2.8
obtener *v.* to obtain; to get 2.7
obvio/a *adj.* obvious 2.4
océano *m.* ocean
ochenta *n., adj.* eighty 1.2
ocho *n., adj.* eight 1.1
ochocientos/as *n., adj.* eight hundred 1.2
octavo/a *n., adj.* eighth 1.5
octubre *m.* October 1.5
ocupación *f.* occupation 2.7
ocupado/a *adj.* busy 1.5
ocurrir *v.* to occur; to happen 2.9
odiar *v.* to hate 1.9
oeste *m.* west 2.5
oferta *f.* offer 2.3
oficina *f.* office 2.3
oficio *m.* trade 2.7
ofrecer *v.* to offer 1.6
oído *m.* (*sense*) hearing; inner ear 2.1
  oído *p.p.* heard 2.5

oír *v.* to hear 1.4
  Oiga./Oigan. *form., sing./pl.* Listen. (*in conversation*) 1.1
  Oye. *fam., sing.* Listen. (*in conversation*) 1.1
ojalá (que) *interj.* I hope (that); I wish (that) 2.4
ojo *m.* eye 2.1
olvidar *v.* to forget 2.1
once *n., adj.* eleven 1.1
ópera *f.* opera 2.8
operación *f.* operation 2.1
ordenado/a *adj.* orderly 1.5
ordinal *adj.* ordinal (number)
oreja *f.* (outer) ear 2.1
orquesta *f.* orchestra 2.8
ortografía *f.* spelling
ortográfico/a *adj.* spelling
os *fam., pl., d.o. pron.* you 1.5; *fam., pl., i.o. pron.* to/for you 1.6
otoño *m.* autumn 1.5
otro/a *adj.* other; another 1.6
  otra vez *adv.* again

paciente *m., f.* patient 2.1
padrastro *m.* stepfather 1.3
padre *m.* father 1.3
padres *m., pl.* parents 1.3
pagar *v.* to pay 1.6, 1.9
  pagar a plazos to pay in installments 2.5
  pagar al contado to pay in cash 2.5
  pagar en efectivo to pay in cash 2.5
  pagar la cuenta to pay the bill 1.9
página *f.* page 2.2
  página principal *f.* home page 2.2
país *m.* country 1.1
paisaje *m.* landscape 1.5
pájaro *m.* bird 2.4
palabra *f.* word 1.1
pan *m.* bread 1.8
  pan tostado *m.* toasted bread 1.8
panadería *f.* bakery 2.5
pantalla *f.* screen 2.2
pantalones *m., pl.* pants 1.6
  pantalones cortos *m., pl.* shorts 1.6
pantuflas *f., pl.* slippers 1.7
papa *f.* potato 1.8
  papas fritas *f., pl.* fried potatoes; French fries 1.8
papá *m.* dad 1.3
papás *m., pl.* parents 1.3
papel *m.* paper 1.2; role 2.8
papelera *f.* wastebasket 1.2
paquete *m.* package 2.5

par *m.* pair 1.6
  par de zapatos *m.* pair of shoes 1.6
para *prep. for;* in order to; by; used for; considering 2.2
  para que *conj.* so that 2.4
parabrisas *m., sing.* windshield 2.2
parar *v.* to stop 2.2
parecer *v.* to seem 1.6
pared *f.* wall 2.3
pareja *f.* (married) couple; partner 1.9
parientes *m., pl.* relatives 1.3
parque *m.* park 1.4
párrafo *m.* paragraph
parte: de parte de on behalf of 2.2
partido *m.* game; match (*sports*) 1.4
pasado/a *adj.* last; past 1.6
  pasado *p.p.* passed
pasaje *m.* ticket 1.5
  pasaje de ida y vuelta *m.* roundtrip ticket 1.5
pasajero/a *m., f.* passenger 1.1
pasaporte *m.* passport 1.5
pasar *v.* to go through 1.5
  pasar la aspiradora to vacuum 2.3
  pasar por el banco to go by the bank 2.5
  pasar por la aduana to go through customs
  pasar tiempo to spend time
  pasarlo bien/mal to have a good/bad time 1.9
pasatiempo *m.* pastime; hobby 1.4
pasear *v.* to take a walk; to stroll 1.4
  pasear en bicicleta to ride a bicycle 1.4
  pasear por to walk around 1.4
pasillo *m.* hallway 2.3
pasta de dientes *f.* toothpaste 1.7
pastel *m.* cake; pie 1.9
  pastel de chocolate *m.* chocolate cake 1.9
  pastel de cumpleaños *m.* birthday cake
pastelería *f.* pastry shop 2.5
pastilla *f.* pill; tablet 2.1
patata *f.* potato 1.8
  patatas fritas *f., pl.* fried potatoes; French fries 1.8
patinar (en línea) *v.* to (in-line) skate 1.4
patineta *f.* skateboard 1.4
patio *m.* patio; yard 2.3
pavo *m.* turkey 1.8
paz *f.* peace 2.9

pedir (e:i) *v.* to ask for; to request 1.4; to order (*food*) 1.8
  pedir prestado to borrow 2.5
  pedir un préstamo to apply for a loan 2.5
peinarse *v.* to comb one's hair 1.7
película *f.* movie 1.4
peligro *m.* danger 2.4
peligroso/a *adj.* dangerous 2.9
pelirrojo/a *adj.* red-haired 1.3
pelo *m.* hair 1.7
pelota *f.* ball 1.4
peluquería *f.* beauty salon 2.5
peluquero/a *m., f.* hairdresser 2.7
penicilina *f.* penicillin 2.1
pensar (e:ie) *v.* to think 1.4
  pensar (+ inf.) *v.* to intend to 1.4; to plan to (*do something*) 1.4
  pensar en *v.* to think about 1.4
pensión *f.* boardinghouse
peor *adj.* worse 1.8
  el/la peor *adj.* the worst 1.8
pequeño/a *adj.* small 1.3
pera *f.* pear 1.8
perder (e:ie) *v.* to lose; to miss 1.4
perdido/a *adj.* lost 2.5
Perdón. Pardon me.; Excuse me. 1.1
perezoso/a *adj.* lazy
perfecto/a *adj.* perfect 1.5
periódico *m.* newspaper 1.4
periodismo *m.* journalism 1.2
periodista *m., f.* journalist 1.3
permiso *m.* permission
pero *conj.* but 1.2
perro *m.* dog 2.4
persona *f.* person 1.3
personaje *m.* character 2.8
  personaje principal *m.* main character 2.8
pesas *f. pl.* weights 2.6
pesca *f.* fishing
pescadería *f.* fish market 2.5
pescado *m.* fish (*cooked*) 1.8
pescador(a) *m., f.* fisherman; fisherwoman
pescar *v.* to fish 1.5
peso *m.* weight 2.6
pez *m.* fish (*live*) 2.4
pie *m.* foot 2.1
piedra *f.* stone 2.4
pierna *f.* leg 2.1
pimienta *f.* black pepper 1.8
pintar *v.* to paint 2.8
pintor(a) *m., f.* painter 2.7
pintura *f.* painting; picture 2.3, 2.8
piña *f.* pineapple 1.8
piscina *f.* swimming pool 1.4
piso *m.* floor (*of a building*) 1.5

pizarra *f.* blackboard 1.2
placer *m.* pleasure 2.6
  Ha sido un placer. It's been a pleasure. 2.6
planchar la ropa to iron the clothes 2.3
planes *m., pl.* plans 1.4
planta *f.* plant 2.4
  planta baja *f.* ground floor 1.5
plástico *m.* plastic 2.4
plato *m.* dish (*in a meal*) 1.8; plate 2.3
  plato principal *m.* main dish 1.8
playa *f.* beach 1.5
plaza *f.* city or town square 1.4
plazos *m., pl.* installments 2.5
pluma *f.* pen 1.2
población *f.* population 2.4
pobre *adj.* poor 1.6
pobreza *f.* poverty
poco/a *adj.* little; few 1.5, 2.1
poder (o:ue) *v.* to be able to; can 1.4
poema *m.* poem 2.8
poesía *f.* poetry 2.8
poeta *m., f.* poet 2.8
policía *f.* police (force) 2.2
política *f.* politics 2.9
político/a *m., f.* politician 2.7; *adj.* political 2.9
pollo *m.* chicken 1.8
  pollo asado *m.* roast chicken 1.8
ponchar *v.* to go flat
poner *v.* to put; to place 1.4; to turn on (*electrical appliances*) 2.2
  poner la mesa to set the table 2.3
  poner una inyección to give an injection 2.1
ponerse (+ adj.) *v.* to become (+ adj.) 1.7; to put on 1.7
por *prep.* in exchange for; for; by; in; through; around; along; during; because of; on account of; on behalf of; in search of; by way of; by means of 2.2
  por aquí around here 2.2
  por avión by plane
  por ejemplo for example 2.2
  por eso that's why; therefore 2.2
  por favor please 1.1
  por fin *adv.* finally 2.2
  por la mañana in the morning 1.7
  por la noche at night 1.7
  por la tarde in the afternoon 1.7
  por lo menos *adv.* at least 2.1
  ¿por qué? *adv.* why? 1.2
  Por supuesto. Of course. 2.7

por teléfono by phone; on the phone
por último *adv.* finally 1.7
porque *conj.* because 1.2
portátil *m.* portable 2.2
porvenir *m.* future 2.7
  ¡Por el porvenir! Here's to the future! 2.7
posesivo/a *adj.* possessive 1.3
posible *adj.* possible 2.4
  es posible it's possible 2.4
  no es posible it's not possible 2.4
postal *f.* postcard 1.4
postre *m.* dessert 1.9
practicar *v.* to practice 1.2
  practicar deportes to play sports 1.4
precio (fijo) *m.* (fixed; set) price 1.6
preferir (e:ie) *v.* to prefer 1.4
pregunta *f.* question
preguntar *v.* to ask (*a question*) 1.2
premio *m.* prize; award 2.8
prender *v.* to turn on 2.2
prensa *f.* press 2.9
preocupado/a (por) *adj.* worried (about) 1.5
preocuparse (por) *v.* to worry (about) 1.7
preparar *v.* to prepare 1.2
preposición *f.* preposition
presentación *f.* introduction
presentar *v.* to introduce; to present 2.8; to put on (*a performance*) 2.8
  Le presento a... I would like to introduce (*name*) to you. *form.* 1.1
  Te presento a... I would like to introduce (*name*) to you. *fam.* 1.1
presiones *f., pl.* pressures 2.6
prestado/a *adj.* borrowed
préstamo *m.* loan 2.5
prestar *v.* to lend; to loan 1.6
primavera *f.* spring 1.5
primer, primero/a *n., adj.* first 1.5
primo/a *m., f.* cousin 1.3
principal *adj.* main 1.8
prisa *f.* haste 1.3
  darse prisa *v.* to hurry; to rush 2.6
probable *adj.* probable 2.4
  es probable it's probable 2.4
  no es probable it's not probable 2.4
probar (o:ue) *v.* to taste; to try 1.8
probarse (o:ue) *v.* to try on 1.7
problema *m.* problem 1.1
profesión *f.* profession 1.3, 2.7

profesor(a) *m., f.* teacher 1.1, 1.2
programa *m.* 1.1
  programa de computación *m.* software 2.2
  programa de entrevistas *m.* talk show 2.8
programador(a) *m., f.* computer programmer 1.3
prohibir *v.* to prohibit 2.1; to forbid
pronombre *m.* pronoun
pronto *adv.* soon 2.1
propina *f.* tip 1.9
propio/a *adj.* own 2.7
proteger *v.* to protect 2.4
proteína *f.* protein 2.6
próximo/a *adj.* next 2.7
prueba *f.* test; quiz 1.2
psicología *f.* psychology 1.2
psicólogo/a *m., f.* psychologist 2.7
publicar *v.* to publish 2.8
público *m.* audience 2.8
pueblo *m.* town 1.4
puerta *f.* door 1.2
Puerto Rico *m.* Puerto Rico 1.1
puertorriqueño/a *adj.* Puerto Rican 1.3
pues *conj.* well 1.2, 2.8
puesto *m.* position; job 2.7; *p.p.* put 2.5
puro/a *adj.* pure 2.4

Q

que *conj.* that; which; who 2.3
  ¡Qué...! How...! 1.3
  ¡Qué dolor! What pain!
  ¡Qué ropa más bonita! What pretty clothes! 1.6
  ¡Qué sorpresa! What a surprise!
¿qué? *pron.* what? 1.1
  ¿En qué...? In which...? 1.2
  ¿Qué día es hoy? What day is it? 1.2
  ¿Qué hay de nuevo? What's new? 1.1
  ¿Qué hora es? What time is it? 1.1
  ¿Qué les parece? What do you (*pl.*) think?
  ¿Qué pasa? What's happening?; What's going on? 1.1
  ¿Qué pasó? What happened? 2.2
  ¿Qué precio tiene? What is the price?
  ¿Qué tal...? How are you?; How is it going? 1.1; How is/are...? 1.2
  ¿Qué talla lleva/usa? What size do you wear? *form.* 1.6

¿Qué tiempo hace? How's the weather? 1.5
quedar *v.* to be left over; to fit (*clothing*) 1.7; to be left behind; to be located 2.5
quedarse *v.* to stay; to remain 1.7
quehaceres domésticos *m., pl.* household chores 2.3
quemado/a *adj.* burned (out) 2.2
quemar *v.* to burn (*a CD*) 2.2
querer (e:ie) *v.* to want; to love 1.4
queso *m.* cheese 1.8
quien(es) *pron.* who; whom; that 2.3
  ¿quién(es)? *pron.* who?; whom? 1.1
  ¿Quién es...? Who is...? 1.1
  ¿Quién habla? Who is speaking? (*telephone*) 2.2
química *f.* chemistry 1.2
quince *n., adj.* fifteen 1.1
  menos quince quarter to (*time*) 1.1
  y quince quarter after (*time*) 1.1
quinceañera *f.* young woman's fifteenth birthday celebration; fifteen-year old girl 1.9
quinientos/as *n., adj.* five hundred 1.2
quinto/a *n., adj.* fifth 1.5
quisiera *v.* I would like 2.8
quitar el polvo *v.* to dust 2.3
quitar la mesa *v.* to clear the table 2.3
quitarse *v.* to take off 1.7
quizás *adv.* maybe 1.5

R

racismo *m.* racism 2.9
radio *f.* radio (*medium*) 1.2; *m.* radio (set) 1.2
radiografía *f.* X-ray 2.1
rápido/a *adv.* quickly 2.1
ratón *m.* mouse 2.2
ratos libres *m., pl.* spare (free) time 1.4
raya *f.* stripe 1.6
razón *f.* reason 1.3
rebaja *f.* sale 1.6
recado *m.* (telephone) message 2.2
receta *f.* prescription 2.1
recetar *v.* to prescribe 2.1
recibir *v.* to receive 1.3
reciclaje *m.* recycling 2.4
reciclar *v.* to recycle 2.4
recién casado/a *m., f.* newlywed 1.9
recoger *v.* to pick up 2.4

recomendar (e:ie) *v.* to recommend 1.8, 2.3
recordar (o:ue) *v.* to remember 1.4
recorrer *v.* to tour an area
recurso *m.* resource 2.4
  recurso natural *m.* natural resource 2.4
red *f.* network; Web 2.2
reducir *v.* to reduce 2.4
refresco *m.* soft drink 1.8
refrigerador *m.* refrigerator 2.3
regalar *v.* to give (*a gift*) 1.9
regalo *m.* gift 1.6
regatear *v.* to bargain 1.6
región *f.* region; area 2.4
regresar *v.* to return 1.2
regular *adj.* so-so; OK 1.1
reído *p.p.* laughed 2.5
reírse (e:i) *v.* to laugh 1.9
relaciones *f., pl.* relationships
relajarse *v.* to relax 1.9
reloj *m.* clock; watch 1.2
renunciar (a) *v.* to resign (from) 2.7
repetir (e:i) *v.* to repeat 1.4
reportaje *m.* report 2.9
reportero/a *m., f.* reporter; journalist 2.7
representante *m., f.* representative 2.9
reproductor de DVD *m.* DVD player 2.2
reproductor de MP3 *m.* MP3 player 2.2
resfriado *m.* cold (*illness*) 2.1
residencia estudiantil *f.* dormitory 1.2
resolver (o:ue) *v.* to resolve; to solve 2.4
respirar *v.* to breathe 2.4
respuesta *f.* answer
restaurante *m.* restaurant 1.4
resuelto *p.p.* resolved 2.5
reunión *f.* meeting 2.7
revisar *v.* to check 2.2
  revisar el aceite to check the oil 2.2
revista *f.* magazine 1.4
rico/a *adj.* rich 1.6; tasty; delicious 1.8
ridículo/a *adj.* ridiculous 2.4
río *m.* river 2.4
riquísimo/a *adj.* extremely delicious 1.8
rodilla *f.* knee 2.1
rogar (o:ue) *v.* to beg; to plead 2.3
rojo/a *adj.* red 1.6
romántico/a *adj.* romantic 2.8
romper *v.* to break 2.1
  romper con *v.* to break up with 1.9
  romperse la pierna to break one's leg 2.1

ropa *f.* clothing; clothes 1.6
  ropa interior *f.* underwear 1.6
rosado/a *adj.* pink 1.6
roto/a *adj.* broken 2.1, 2.5
rubio/a *adj.* blond(e) 1.3
ruso/a *adj.* Russian 1.3
rutina *f.* routine 1.7
  rutina diaria *f.* daily routine 1.7

S

sábado *m.* Saturday 1.2
saber *v.* to know; to know how 1.6; to taste 1.8
  saber a to taste like 1.8
sabrosísimo/a *adj.* extremely delicious 1.8
sabroso/a *adj.* tasty; delicious 1.8
sacar *v.* to take out
  sacar fotos to take photos 1.5
  sacar la basura to take out the trash 2.3
  sacar(se) un diente to have a tooth removed 2.1
sacudir *v.* to dust 2.3
  sacudir los muebles to dust the furniture 2.3
sal *f.* salt 1.8
sala *f.* living room 2.3; room
  sala de emergencia(s) *f.* emergency room 2.1
salario *m.* salary 2.7
salchicha *f.* sausage 1.8
salida *f.* departure; exit 1.5
salir *v.* to leave 1.4; to go out
  salir (con) to go out (with); to date 1.9
  salir de to leave from
  salir para to leave for (*a place*)
salmón *m.* salmon 1.8
salón de belleza *m.* beauty salon 2.5
salud *f.* health 2.1
saludable *adj.* healthy 2.1
saludar(se) *v.* to greet (each other) 2.2
saludo *m.* greeting 1.1
  saludos a... greetings to... 1.1
sandalia *f.* sandal 1.6
sandía *f.* watermelon
sándwich *m.* sandwich 1.8
sano/a *adj.* healthy 2.1
se *ref. pron.* himself, herself, itself, themselves; *form.* yourself; *form.* yourselves 1.7
se *impersonal* one 2.1
  Se nos dañó... The... broke down. 2.2
  Se hizo... He/She/It became...
  Se nos pinchó una llanta. We had a flat tire. 2.2

secadora *f.* clothes dryer 2.3
secarse *v.* to dry oneself 1.7
sección de (no) fumar *f.* (non)smoking section 1.8
secretario/a *m., f.* secretary 2.7
secuencia *f.* sequence
sed *f.* thirst 1.3
seda *f.* silk 1.6
sedentario/a *adj.* sedentary; related to sitting 2.6
seguir (e:i) *v.* to follow; to continue 1.4
según *prep.* according to
segundo/a *n., adj.* second 1.5
seguro/a *adj.* sure; safe 1.5
seis *n., adj.* six 1.1
seiscientos/as *n., adj.* six hundred 1.2
sello *m.* stamp 2.5
selva *f.* jungle 2.4
semana *f.* week 1.2
  fin de semana *m.* weekend 1.4
  semana pasada *f.* last week 1.6
semestre *m.* semester 1.2
sendero *m.* trail; trailhead 2.4
sentarse (e:ie) *v.* to sit down 1.7
sentir(se) (e:ie) *v.* to feel 1.7; to be sorry; to regret 2.4
señor (Sr.) *m.* Mr.; sir 1.1
señora (Sra.) *f.* Mrs.; ma'am 1.1
señorita (Srta.) *f.* Miss 1.1
separado/a *adj.* separated 1.9
separarse (de) *v.* to separate (from) 1.9
septiembre *m.* September 1.5
séptimo/a *n., adj.* seventh 1.5
ser *v.* to be 1.1
  ser aficionado/a (a) to be a fan (of) 1.4
  ser alérgico/a (a) to be allergic (to) 2.1
  ser gratis to be free of charge 2.5
serio/a *adj.* serious
servilleta *f.* napkin 2.3
servir (e:i) *v.* to serve 1.8; to help 1.5
sesenta *n., adj.* sixty 1.2
setecientos/as *n., adj.* seven hundred 1.2
setenta *n., adj.* seventy 1.2
sexismo *m.* sexism 2.9
sexto/a *n., adj.* sixth 1.5
sí *adv.* yes 1.1
si *conj.* if 1.4
SIDA *m.* AIDS 2.9
sido *p.p.* been 2.6
siempre *adv.* always 1.7
siete *n., adj.* seven 1.1
silla *f.* seat 1.2
sillón *m.* armchair 2.3
similar *adj.* similar

simpático/a *adj.* nice; likeable 1.3
sin *prep.* without 1.2, 2.4
  sin duda without a doubt
  sin embargo *adv.* however
  sin que *conj.* without 2.4
sino *conj.* but (rather) 1.7
síntoma *m.* symptom 2.1
sitio web *m.* website 2.2
situado *p.p.* located
sobre *m.* envelope 2.5; *prep.* on; over 1.2
sobrino/a *m., f.* nephew; niece 1.3
sociología *f.* sociology 1.2
sofá *m.* couch; sofa 2.3
sol *m.* sun 1.4, 1.5, 2.4
solar *adj.* solar 2.4
soldado *m., f.* soldier 2.9
soleado/a *adj.* sunny
solicitar *v.* to apply (*for a job*) 2.7
solicitud (de trabajo) *f.* (job) application 2.7
solo/a *adj.* alone
sólo *adv.* only 1.3
soltero/a *adj.* single 1.9
solución *f.* solution 2.4
sombrero *m.* hat 1.6
Son las dos. It's two o'clock. 1.1
sonar (o:ue) *v.* to ring 2.2
sonreído *p.p.* smiled 2.5
sonreír (e:i) *v.* to smile 1.9
sopa *f.* soup 1.8
sorprender *v.* to surprise 1.9
sorpresa *f.* surprise 1.9
sótano *m.* basement; cellar 2.3
soy I am 1.1
  Soy yo. That's me. 1.1
  Soy de... I'm from... 1.1
su(s) *poss. adj.* his; her; its; *form.* your; their 1.3
subir(se) a *v.* to get on/into (*a vehicle*) 2.2
sucio/a *adj.* dirty 1.5
sucre *m.* former Ecuadorian currency 1.6
sudar *v.* to sweat 2.6
suegro/a *m., f.* father-in-law; mother-in-law 1.3
sueldo *m.* salary 2.7
suelo *m.* floor 2.3
sueño *m.* sleep 1.3
suerte *f.* luck 1.3
suéter *m.* sweater 1.6
sufrir *v.* to suffer 2.1
  sufrir muchas presiones to be under a lot of pressure 2.6
  sufrir una enfermedad to suffer an illness 2.1
sugerir (e:ie) *v.* to suggest 2.3
supermercado *m.* supermarket 2.5
suponer *v.* to suppose 1.4

sur *m.* south 2.5
sustantivo *m.* noun
suyo(s)/a(s) *poss. adj. and pron.* (of) his/her; (of) hers; (of) its; *form.* (of) your, (of) yours; (of) their, (of) theirs 2.2

T

tal vez *adv.* maybe 1.5
talentoso/a *adj.* talented 2.8
talla *f.* size 1.6
  talla grande *f.* large 1.6
taller mecánico *m.* garage; mechanic's repairshop 2.2
también *adv.* also; too 1.2, 1.7
tampoco *adv.* neither; not either 1.7
tan *adv.* so 1.5
  tan pronto como *conj.* as soon as 2.4
  tan... como as... as 1.8
tanque *m.* tank 2.2
tanto *adv.* so much
  tanto... como as much... as 1.8
  tantos/as... como as many... as 1.8
tarde *adv.* late 1.7; *f.* afternoon; evening; P.M. 1.1
tarea *f.* homework 1.2
tarjeta *f.* card
  tarjeta de crédito *f.* credit card 1.6
  tarjeta postal *f.* postcard 1.4
taxi *m.* taxi 1.5
taza *f.* cup 2.3
te *sing., fam., d.o. pron.* you 1.5; *sing., fam., i.o. pron.* to/for you 1.6
  ¿Te gusta(n)...? Do you like...? 1.2
  ¿Te gustaría? Would you like to? 2.8
  Te presento a... *fam.* I would like to introduce... to you. 1.1
té *m.* tea 1.8
  té helado *m.* iced tea 1.8
teatro *m.* theater 2.8
teclado *m.* keyboard 2.2
técnico/a *m., f.* technician 2.7
tejido *m.* weaving 2.8
teleadicto/a *m., f.* couch potato 2.6
teléfono (celular) *m.* (cell) telephone 2.2
telenovela *f.* soap opera 2.8
teletrabajo *m.* telecommuting 2.7
televisión *f.* television 1.2, 2.2
  televisión por cable *f.* cable television 2.2
televisor *m.* television set 2.2
temer *v.* to fear 2.4
temperatura *f.* temperature 2.1

temprano *adv.* early 1.7
tenedor *m.* fork 2.3
tener *v.* to have 1.3
  tener... años to be... years old 1.3
    Tengo... años. I'm... years old. 1.3
  tener (mucho) calor to be (very) hot 1.3
  tener (mucho) cuidado to be (very) careful 1.3
  tener dolor to have a pain 2.1
  tener éxito to be successful 2.7
  tener fiebre to have a fever 2.1
  tener (mucho) frío to be (very) cold 1.3
  tener ganas de (+ *inf.*) to feel like (*doing something*) 1.3
  tener (mucha) hambre to be (very) hungry 1.3
  tener (mucho) miedo (de) to be (very) afraid (of); to be (very) scared (of) 1.3
  tener miedo (de) que to be afraid that
  tener planes to have plans 1.4
  tener (mucha) prisa to be in a (big) hurry 1.3
  tener que (+ *inf.*) to have to (*do something*) 1.3
  tener razón to be right 1.3
  tener (mucha) sed to be (very) thirsty 1.3
  tener (mucho) sueño to be (very) sleepy 1.3
  tener (mucha) suerte to be (very) lucky 1.3
  tener tiempo to have time 1.4
  tener una cita to have a date; to have an appointment 1.9
tenis *m.* tennis 1.4
tensión *f.* tension 2.6
tercer, tercero/a *n., adj.* third 1.5
terminar *v.* to end; to finish 1.2
  terminar de (+ *inf.*) *v.* to finish (*doing something*) 1.4
terremoto *m.* earthquake 2.9
terrible *adj.* terrible 2.4
ti *pron., obj. of prep., fam.* you
tiempo *m.* time 1.4; weather 1.5
  tiempo libre free time
tienda *f.* shop; store 1.6
  tienda de campaña *f.* tent
tierra *f.* land; soil 2.4
tío/a *m., f.* uncle; aunt 1.3
tíos *m. pl.* aunts and uncles 1.3
título *m.* title
tiza *f.* chalk 1.2

toalla *f.* towel **1.7**
tobillo *m.* ankle **2.1**
tocadiscos compacto *m.* compact disc player **2.2**
tocar *v.* to play (*a musical instrument*) **2.8**; to touch **2.4**
todavía *adv.* yet; still **1.5**
todo *m.* everything **1.5**
  Todo está bajo control. Everything is under control. **1.7**
todo(s)/a(s) *adj.* all **1.4**; whole
  en todo el mundo throughout the world **2.4**
  todo derecho straight (ahead) **2.5**
  todos los días *adv.* every day **2.1**
todos *m., pl.* all of us; everybody; everyone
  ¡Todos a bordo! All aboard! **1.1**
tomar *v.* to take; to drink **1.2**
  tomar clases to take classes **1.2**
  tomar el sol to sunbathe **1.4**
  tomar en cuenta to take into account
  tomar fotos to take photos **1.5**
  tomar la temperatura to take someone's temperature **2.1**
tomate *m.* tomato **1.8**
tonto/a *adj.* silly; foolish **1.3**
torcerse (o:ue) (el tobillo) *v.* to sprain (one's ankle) **2.1**
torcido/a *adj.* twisted; sprained **2.1**
tormenta *f.* storm **2.9**
tornado *m.* tornado **2.9**
tortilla (de maíz) *f.* (corn) tortilla **1.8**
tos *f., sing.* cough **2.1**
toser *v.* to cough **2.1**
tostado/a *adj.* toasted **1.8**
tostadora *f.* toaster **2.3**
trabajador(a) *adj.* hard-working **1.3**
trabajar *v.* to work **1.2**
trabajo *m.* job; work **2.7**
traducir *v.* to translate **1.6**
traer *v.* to bring **1.4**
tráfico *m.* traffic **2.2**
tragedia *f.* tragedy **2.8**
traído *p.p.* brought **2.5**
traje (de baño) *m.* (bathing) suit **1.6**
tranquilo/a *adj.* calm; quiet **2.6**
  Tranquilo. Don't worry.; Be cool. **1.7**
transmitir *v.* to broadcast **2.9**
tratar de (+ inf.) *v.* to try (*to do something*) **2.6**
  Trato hecho. You've got a deal. **2.8**

trece *n., adj.* thirteen **1.1**
treinta *n., adj.* thirty **1.1, 1.2**
  y treinta thirty minutes past the hour (*time*) **1.1**
tren *m.* train **1.5**
tres *n., adj.* three **1.1**
trescientos/as *n., adj.* three hundred **1.2**
trimestre *m.* trimester; quarter **1.2**
triste *adj.* sad **1.5**
tú *fam. sub. pron.* you **1.1**
  Tú eres... You are... **1.1**
tu(s) *fam. poss. adj.* your **1.3**
turismo *m.* tourism **1.5**
turista *m., f.* tourist **1.1**
turístico/a *adj.* touristic
tuyo(s)/a(s) *fam. poss. adj. and pron.* your; (of) yours **2.2**

U

Ud. *form., sing., sub. pron.* you **1.1**
Uds. *form., pl., sub. pron.* you **1.1**
último/a *adj.* last
un, un(a) *indef. art.* a; an **1.1**
uno/a *n., adj.* one **1.1**
  a la una at one o'clock **1.1**
  una vez *adv.* once; one time **1.6**
  una vez más one more time **1.9**
unos/as *pl. indef. art.* some; *pron.* some **1.1**
único/a *adj.* only **1.3**
universidad *f.* university; college **1.2**
urgente *adj.* urgent **2.3**
usar *v.* to wear; to use **1.6**
usted (Ud.) *form., sing., sub. pron.* you **1.1**
ustedes (Uds.) *form., pl., sub. pron.* you **1.1**
útil *adj.* useful
uva *f.* grape **1.8**

V

vaca *f.* cow **2.4**
vacaciones *f. pl.* vacation **1.5**
valle *m.* valley **2.4**
vamos let's go **1.4**
vaquero *m.* cowboy **2.8**
  de vaqueros *m., pl.* western (*genre*) **2.8**
varios/as *adj., pl.* various; several **1.8**
vaso *m.* glass **2.3**
veces *f., pl.* times **1.6**
vecino/a *m., f.* neighbor **2.3**
veinte *n., adj.* twenty **1.1**

veinticinco *n., adj.* twenty-five **1.1**
veinticuatro *n., adj.* twenty-four **1.1**
veintidós *n., adj.* twenty-two **1.1**
veintinueve *n., adj.* twenty-nine **1.1**
veintiocho *n., adj.* twenty-eight **1.1**
veintiséis *n., adj.* twenty-six **1.1**
veintisiete *n., adj.* twenty-seven **1.1**
veintitrés *n., adj.* twenty-three **1.1**
veintiún, veintiuno/a *n., adj.* twenty-one **1.1**
vejez *f.* old age **1.9**
velocidad *f.* speed **2.2**
  velocidad máxima *f.* speed limit **2.2**
vendedor(a) *m., f.* salesperson **1.6**
vender *v.* to sell **1.6**
venir *v.* to come **1.3**
ventana *f.* window **1.2**
ver *v.* to see **1.4**
  a ver let's see **1.2**
  ver películas to see movies **1.4**
verano *m.* summer **1.5**
verbo *m.* verb
verdad *f.* truth
  ¿verdad? right? **1.1**
verde *adj.* green **1.6**
verduras *pl., f.* vegetables **1.8**
vestido *m.* dress **1.6**
vestirse (e:i) *v.* to get dressed **1.7**
vez *f.* time **1.6**
viajar *v.* to travel **1.2**
viaje *m.* trip **1.5**
viajero/a *m., f.* traveler **1.5**
vida *f.* life **1.9**
video *m.* video **1.1**
video(casete) *m.* video (cassette) **2.2**
videocasetera *f.* VCR **2.2**
videoconferencia *f.* videoconference **2.7**
videojuego *m.* video game **1.4**
vidrio *m.* glass **2.4**
viejo/a *adj.* old **1.3**
viento *m.* wind **1.5**
viernes *m., sing.* Friday **1.2**
vinagre *m.* vinegar **1.8**
vino *m.* wine **1.8**
  vino blanco *m.* white wine **1.8**
  vino tinto *m.* red wine **1.8**
violencia *f.* violence **2.9**
visitar *v.* to visit **1.4**
  visitar monumentos to visit monuments **1.4**
visto *p.p.* seen **2.5**

vitamina *f.* vitamin 2.6
viudo/a *m., f.* widower;
   widow 1.9; *adj.* widowed
   1.9
vivienda *f.* housing 2.3
vivir *v.* to live 1.3
vivo/a *adj.* bright; lively; living
volante *m.* steering wheel 2.2
volcán *m.* volcano 2.4
vóleibol *m.* volleyball 1.4
volver (o:ue) *v.* to return 1.4
   volver a ver(te/lo/la) *v.* to
      see (you/him/her) again 2.9
vos *pron.* you
vosotros/as *sub. pron., fam., pl.*
   you 1.1
votar *v.* to vote 2.9
vuelta *f.* return trip

vuelto *p.p.* returned 2.5
vuestro(s)/a(s) *poss. adj.,*
   fam. your 1.3; *poss. adj. and*
   pron., fam. (of) yours 2.2

W

walkman *m.* walkman

Y

y *conj.* and 1.1
   y cuarto quarter after (*time*)
      1.1
   y media half-past (*time*) 1.1
   y quince quarter after (*time*)
      1.1

y treinta thirty (minutes past
   the hour) 1.1
¿Y tú? *fam.* And you? 1.1
¿Y usted? *form.* And you?
   1.1
ya *adv.* already 1.6
yerno *m.* son-in-law 1.3
yo *sub. pron.* I 1.1
   Yo soy... I'm... 1.1
yogur *m.* yogurt 1.8

Z

zanahoria *f.* carrot 1.8
zapatería *f.* shoe store 2.5
zapatos de tenis *m., pl.* tennis
   shoes, sneakers 1.6

English-Spanish

A

a **un/una** *m., f., sing.; indef. art.* 1.1
@ symbol **arroba** *f.* 2.2
A.M. **mañana** *f.* 1.1
able: be able to **poder (o:ue)** *v.* 1.4
aboard **a bordo** 1.1
accident **accidente** *m.* 2.1
accompany **acompañar** *v.* 2.5
account **cuenta** *f.* 2.5
checking account **cuenta corriente** *f.* 2.5
on account of **por** *prep.* 2.2
savings account **cuenta de ahorros** *f.* 2.5
accountant **contador(a)** *m., f.* 2.7
accounting **contabilidad** *f.* 1.2
ache **dolor** *m.* 2.1
acid **ácido/a** *adj.* 2.4
acid rain **lluvia ácida** 2.4
acquainted: to be acquainted with **conocer** *v.* 1.6
action (genre) **de acción** *f.* 2.8
active **activo/a** *adj.* 2.6
actor **actor** *m.,* **actriz** *f.* 2.7
addict (drug) **drogadicto/a** *m., f.* 2.6
additional **adicional** *adj.*
address **dirección** *f.* 2.5
adjective **adjetivo** *m.*
adolescence **adolescencia** *f.* 1.9
adventure (genre) **de aventura** *f.* 2.8
advertise **anunciar** *v.* 2.9
advertisement **anuncio** *m.* 2.7
advice **consejo** *m.* 1.6
give advice **dar consejos** 1.6
advise **aconsejar** *v.* 2.3
advisor **consejero/a** *m., f.* 2.7
aerobic **aeróbico/a** *adj.* 2.6
aerobics class **clase de ejercicios aeróbicos** *f.* 2.6
to do aerobics **hacer ejercicios aeróbicos** 2.6
affected **afectado/a** *adj.* 2.4
be affected (by) **estar afectado/a (por)** 2.4
affirmative **afirmativo/a** *adj.*
afraid: be (very) afraid (of) **tener (mucho) miedo (de)** 1.3
be afraid that **tener miedo (de) que**
after **después de** *prep.* 1.7; **después de que** *conj.* 2.4
afternoon **tarde** *f.* 1.1
again **otra vez** *adv.*
age **edad** *f.* 1.9
agree **concordar (o:ue)** *v.;* **estar de acuerdo** 2.7

I agree (completely). **Estoy (completamente) de acuerdo.** 2.7
I don't agree. **No estoy de acuerdo.** 2.7
agreement **acuerdo** *m.* 2.7
AIDS **SIDA** *m.* 2.9
air **aire** *m.* 2.4
air pollution **contaminación del aire** *f.* 2.4
airplane **avión** *m.* 1.5
airport **aeropuerto** *m.* 1.5
alarm clock **despertador** *m.* 1.7
all **todo(s)/a(s)** *adj.* 1.4
All aboard! **¡Todos a bordo!** 1.1
all of us **todos** 1.1
all over the world **en todo el mundo**
allergic **alérgico/a** *adj.* 2.1
be allergic (to) **ser alérgico/a (a)** 2.1
alleviate **aliviar** *v.*
almost **casi** *adv.* 2.1
alone **solo/a** *adj.*
along **por** *prep.* 2.2
already **ya** *adv.* 1.6
also **también** *adv.* 1.2, 1.7
alternator **alternador** *m.* 2.2
although **aunque** *conj.*
aluminum **aluminio** *m.* 2.4
(made) of aluminum **de aluminio** 2.4
always **siempre** *adv.* 1.7
American (North) **norteamericano/a** *adj.* 1.3
among **entre** *prep.* 1.2
amusement **diversión** *f.*
and **y** 1.1, **e** *(before words beginning with* **i** *or* **hi)** 1.4
And you? **¿Y tú?** *fam.* 1.1; **¿Y usted?** *form.* 1.1
angry **enojado/a** *adj.* 1.5
get angry (with) **enojarse** *v.* **(con)** 1.7
animal **animal** *m.* 2.4
ankle **tobillo** *m.* 2.1
anniversary **aniversario** *m.* 1.9
wedding anniversary **aniversario de bodas** *m.* 1.9
announce **anunciar** *v.* 2.9
announcer (TV/radio) **locutor(a)** *m., f.* 2.9
annoy **molestar** *v.* 1.7
another **otro/a** *adj.* 1.6
answer **contestar** *v.* 1.2; **respuesta** *f.*
answering machine **contestadora** *f.* 2.2
antibiotic **antibiótico** *m.* 2.1
any **algún, alguno(s)/a(s)** *adj., pron.* 1.7
anyone **alguien** *pron.* 1.7
anything **algo** *pron.* 1.7
apartment **apartamento** *m.* 2.3

apartment building **edificio de apartamentos** *m.* 2.3
appear **parecer** *v.*
appetizers **entremeses** *m., pl.* 1.8
applaud **aplaudir** *v.* 2.8
apple **manzana** *f.* 1.8
appliance (electric) **electrodoméstico** *m.* 2.3
applicant **aspirante** *m., f.* 2.7
application **solicitud** *f.* 2.7
job application **solicitud de trabajo** *f.* 2.7
apply (for a job) **solicitar** *v.* 2.7
apply for a loan **pedir un préstamo** 2.5
appointment **cita** *f.* 1.9
have an appointment **tener una cita** 1.9
appreciate **apreciar** *v.* 2.8
April **abril** *m.* 1.5
aquatic **acuático/a** *adj.*
archaeologist **arqueólogo/a** *m., f.* 2.7
architect **arquitecto/a** *m., f.* 2.7
area **región** *f.* 2.4
arm **brazo** *m.* 2.1
armchair **sillón** *m.* 2.3
army **ejército** *m.* 2.9
around **por** *prep.* 2.2
around here **por aquí** 2.2
arrange **arreglar** *v.* 2.2
arrival **llegada** *f.* 1.5
arrive **llegar** *v.* 1.2
art **arte** *m.* 1.2
arts **artes** *f., pl.* 2.8
fine arts **bellas artes** *f., pl.* 2.8
article **artículo** *m.* 2.9
artist **artista** *m., f.* 1.3
artistic **artístico/a** *adj.* 2.8
as **como** *prep.* 1.8
as... as **tan... como** 1.8
as a child **de niño/a** 2.1
as many... as **tantos/as... como** 1.8
as much...as **tanto... como** 1.8
as soon as **en cuanto** *conj.* 2.4; **tan pronto como** *conj.* 2.4
ask (a question) **preguntar** *v.* 1.2
ask for **pedir (e:i)** *v.* 1.4
asparagus **espárragos** *m., pl.* 1.8
aspirin **aspirina** *f.* 2.1
at **a** *prep.* 1.1; **en** *prep.* 1.2
at + time **a la(s) + time** 1.1
at home **en casa** 1.7
at least **por lo menos** 2.1
at night **por la noche** 1.7
at the end (of) **al fondo (de)** 2.3
At what time...? **¿A qué hora...?** 1.1
At your service. **A sus órdenes.** 2.2
ATM **cajero automático** *m.* 2.5
attend **asistir (a)** *v.* 1.3
attic **altillo** *m.* 2.3

attract **atraer** *v.* 1.4
audience **público** *m.* 2.8
August **agosto** *m.* 1.5
aunt **tía** *f.* 1.3
  aunts and uncles **tíos** *m., pl.* 1.3
automatic **automático/a** *adj.*
automobile **automóvil** *m.* 1.5;
  carro *m.*, **coche** *m.* 2.2
autumn **otoño** *m.* 1.5
avenue **avenida** *f.*
avoid **evitar** *v.* 2.4
award **premio** *m.* 2.8

B

backpack **mochila** *f.* 1.2
bad **mal, malo/a** *adj.* 1.3
  It's bad that... **Es malo
    que...** 2.3
  It's not at all bad. **No está
    nada mal.** 1.5
bag **bolsa** *f.* 1.6
bakery **panadería** *f.* 2.5
balanced **equilibrado/a** *adj.* 2.6
  eat a balanced diet **comer
    una dieta equilibrada** 2.6
balcony **balcón** *m.* 2.3
ball **pelota** *f.* 1.4
banana **banana** *f.* 1.8
band **banda** *f.* 2.8
bank **banco** *m.* 2.5
bargain **ganga** *f.* 1.6; **regatear**
  v. 1.6
baseball *(game)* **béisbol** *m.* 1.4
basement **sótano** *m.* 2.3
basketball *(game)* **baloncesto**
  m. 1.4
bathe **bañarse** *v.* 1.7
bathing suit **traje** *m.* **de baño** 1.6
bathroom **baño** *m.* 1.7; **cuarto
  de baño** *m.* 1.7
be **ser** *v.* 1.1; **estar** *v.* 1.2
  be... years old **tener... años**
    1.3
beach **playa** *f.* 1.5
beans **frijoles** *m., pl.* 1.8
beautiful **hermoso/a** *adj.* 1.6
beauty **belleza** *f.* 2.5
  beauty salon **peluquería** *f.* 2.5;
    salón de belleza *m.* 2.5
because **porque** *conj.* 1.2
  because of **por** *prep.* 2.2
become (+ *adj.*) **ponerse (+ *adj.*)**
  v. 1.7; **convertirse (e:ie)** *v.*
bed **cama** *f.* 1.5
  go to bed **acostarse (o:ue)**
    v. 1.7
bedroom **alcoba** *f.*, **dormitorio**
  m. 2.3; **recámara**
beef **carne de res** *f.* 1.8
  beef soup **caldo de patas** *m.*
    1.8
been **sido** *p.p.* 2.6
beer **cerveza** *f.* 1.8

before **antes** *adv.* 1.7; **antes
  de** *prep.* 1.7; **antes (de) que**
  conj. 2.4
beg **rogar (o:ue)** *v.* 2.3
begin **comenzar (e:ie)** *v.* 1.4;
  empezar (e:ie) *v.* 1.4
behalf: on behalf of **de parte
  de** 2.2
behind **detrás de** *prep.* 1.2
believe (in) **creer** *v.* **(en)** 1.3, 2.4
  not to believe **no creer** 2.4
believed **creído** *p.p.* 2.5
bellhop **botones** *m., f. sing.* 1.5
below **debajo de** *prep.* 1.2
belt **cinturón** *m.* 1.6
benefit **beneficio** *m.* 2.7
beside **al lado de** *prep.* 1.2
besides **además (de)** *adv.* 2.1
best **el/la mejor** *adj.* 1.8; **lo
  mejor** *neuter* 2.9
better **mejor** *adj.* 1.8
  It's better that... **Es mejor
    que...** 2.3
between **entre** *prep.* 1.2
beverage **bebida** *f.*
  alcoholic beverage **bebida
    alcohólica** *f.* 2.6
bicycle **bicicleta** *f.* 1.4
big **gran, grande** *adj.* 1.3
bill **cuenta** *f.* 1.9
billion **mil millones** *m.*
biology **biología** *f.* 1.2
bird **ave** *f.* 2.4; **pájaro** *m.* 2.4
birth **nacimiento** *m.* 1.9
birthday **cumpleaños** *m., sing.* 1.9
  have a birthday **cumplir
    años** 1.9
biscuit **bizcocho** *m.*
black **negro/a** *adj.* 1.6
blackberry **mora** *f.* 1.8
blackboard **pizarra** *f.* 1.2
blanket **manta** *f.* 2.3
block (city) **cuadra** *f.* 2.5
blond(e) **rubio/a** *adj.* 1.3
blouse **blusa** *f.* 1.6
blue **azul** *adj.* 1.6
boarding house **pensión** *f.*
boat **barco** *m.* 1.5
body **cuerpo** *m.* 2.1
bone **hueso** *m.* 2.1
book **libro** *m.* 1.2
bookcase **estante** *m.* 2.3
bookshelves **estante** *m.* 2.3
bookstore **librería** *f.* 1.2
boot **bota** *f.* 1.6
bore **aburrir** *v.* 1.7
bored **aburrido/a** *adj.* 1.5
  be bored **estar aburrido/a** 1.5
  get bored **aburrirse** *v.* 2.8
boring **aburrido/a** *adj.* 1.5
born: be born **nacer** *v.* 1.9
borrow **pedir prestado** 2.5
borrowed **prestado/a** *adj.*
boss **jefe** *m.*, **jefa** *f.* 2.7
bother **molestar** *v.* 1.7
bottle **botella** *f.* 1.9

bottle of wine **botella de
  vino** *f.* 1.9
bottom **fondo** *m.*
boulevard **bulevar** *m.*
boy **chico** *m.* 1.1; **muchacho**
  m. 1.3
boyfriend **novio** *m.* 1.3
brakes **frenos** *m., pl.*
bread **pan** *m.* 1.8
break **romper** *v.* 2.1
  break (one's leg) **romperse (la
    pierna)** 2.1
  break down **dañar** *v.* 2.1
  break up (with) **romper** *v.*
    (con) 1.9
  The... broke down. **Se nos
    dañó el/la...** 2.2
breakfast **desayuno** *m.* 1.2, 1.8
  have breakfast **desayunar**
    v. 1.2
breathe **respirar** *v.* 2.4
bring **traer** *v.* 1.4
broadcast **transmitir** *v.* 2.9;
  emitir *v.* 2.9
brochure **folleto** *m.*
broken **roto/a** *adj.* 2.1, 2.5
  be broken **estar roto/a** 2.1
brother **hermano** *m.* 1.3
  brothers and sisters **hermanos**
    m., pl. 1.3
brother-in-law **cuñado** *m.* 1.3
brought **traído** *p.p.* 2.5
brown **café** *adj.* 1.6; **marrón**
  adj. 1.6
brunet(te) **moreno/a** *adj.* 1.3
brush **cepillar** *v.* 1.7
  brush one's hair **cepillarse el
    pelo** 1.7
  brush one's teeth **cepillarse los
    dientes** 1.7
build **construir** *v.* 1.4
building **edificio** *m.* 2.3
bump into *(something
  accidentally)* **darse con** 2.1;
  (someone) **encontrarse** *v.* 2.2
burn *(a CD)* **quemar** *v.* 2.2
burned (out) **quemado/a** *adj.* 2.2
bus **autobús** *m.* 1.1
  bus station **estación** *f.* **de
    autobuses** 1.5
business **negocios** *m. pl.* 2.7
  business administration
    administración *f.* **de
    empresas** 1.2
  business-related **comercial**
    adj. 2.7
businessperson **hombre/mujer
  de negocios** *m., f.* 2.7
busy **ocupado/a** *adj.* 1.5
but **pero** *conj.* 1.2; *(rather)* **sino**
  conj. (in negative sentences) 1.7
butcher shop **carnicería** *f.* 2.5
butter **mantequilla** *f.* 1.8
buy **comprar** *v.* 1.2
by **por** *prep.* 2.2; **para** *prep.* 2.2
  by means of **por** *prep.* 2.2

by phone **por teléfono** 2.2
by plane **en avión** 1.5
by way of **por** *prep.* 2.2
bye **chau** *interj. fam.* 1.1

C

cabin **cabaña** *f.* 1.5
cable television **televisión** *f.*
por cable 2.2
café **café** *m.* 1.4
cafeteria **cafetería** *f.* 1.2
caffeine **cafeína** *f.* 2.6
cake **pastel** *m.* 1.9
chocolate cake **pastel de**
chocolate *m.* 1.9
calculator **calculadora** *f.* 2.2
call **llamar** *v.* 2.2
be called **llamarse** *v.* 1.7
call on the phone **llamar por**
teléfono
calm **tranquilo/a** *adj.* 2.6
calorie **caloría** *f.* 2.6
camera **cámara** *f.* 2.2
camp **acampar** *v.* 1.5
can *(tin)* **lata** *f.* 2.4;
poder (o:ue) *v.* 1.4
Canadian **canadiense** *adj.* 1.3
candidate **aspirante** *m., f.* 2.7;
candidato/a *m., f.* 2.9
candy **dulces** *m., pl.* 1.9
capital city **capital** *f.* 1.1
car **coche** *m.* 2.2; **carro**
m. 2.2; **auto(móvil)** *m.* 1.5
caramel **caramelo** *m.* 1.9
card **tarjeta** *f.; (playing)*
carta *f.* 1.5
care **cuidado** *m.* 1.3
Take care! **¡Cuídense!** *form.*
pl. 2.6
take care of **cuidar** *v.* 2.4
career **carrera** *f.* 2.7
careful: be (very) careful **tener**
(mucho) cuidado 1.3
caretaker **ama** *m., f.* **de casa**
2.3
carpenter **carpintero/a** *m., f.* 2.7
carpet **alfombra** *f.* 2.3
carrot **zanahoria** *f.* 1.8
carry **llevar** *v.* 1.2
cartoons **dibujos** *m, pl.*
animados 2.8
case: in case (that) **en caso (de)**
que *conj.* 2.4
cash *(a check)* **cobrar** *v.* 2.5
cash **(en) efectivo** 1.6
pay in cash **pagar al contado**
2.5; **pagar en efectivo** 2.5
cash register **caja** *f.* 1.6
cashier **cajero/a** *m., f.*
cat **gato** *m.* 2.4
CD-ROM **cederrón** *m.* 2.2
celebrate **celebrar** *v.* 1.9
celebration **celebración** *f.*

young woman's fifteenth
birthday celebration
quinceañera *f.* 1.9
cellar **sótano** *m.* 2.3
cellular **celular** *adj.* 2.2
cellular telephone **teléfono**
celular *m.* 2.2
cereal **cereales** *m., pl.* 1.8
certain **cierto/a** *adj.;* **seguro/a**
adj. 2.4
it's (not) certain **(no) es**
cierto/seguro 2.4
chalk **tiza** *f.* 1.2
champagne **champán** *m.* 1.9
change **cambiar** *v.* **(de)** 1.9
channel *(TV)* **canal** *m.* 2.2, 2.8
character *(fictional)* **personaje**
m. 2.2, 2.8
main character **personaje**
principal *m.* 2.8
chat **conversar** *v.* 1.2
chauffeur **conductor(a)** *m., f.*
1.1
cheap **barato/a** *adj.* 1.6
check **comprobar (o:ue)** *v.;*
revisar *v.* 2.2; *(bank)* **cheque**
m. 2.5
check the oil **revisar el aceite**
2.2
checking account **cuenta** *f.*
corriente 2.5
cheese **queso** *m.* 1.8
chef **cocinero/a** *m., f.* 2.7
chemistry **química** *f.* 1.2
chest of drawers **cómoda** *f.* 2.3
chicken **pollo** *m.* 1.8
child **niño/a** *m., f.* 1.3
childhood **niñez** *f.* 1.9
children **hijos** *m., pl.* 1.3
Chinese **chino/a** *adj.* 1.3
chocolate **chocolate** *m.* 1.9
chocolate cake **pastel** *m.* **de**
chocolate 1.9
cholesterol **colesterol** *m.* 2.6
choose **escoger** *v.* 1.8
chop *(food)* **chuleta** *f.* 1.8
Christmas **Navidad** *f.* 1.9
church **iglesia** *f.* 1.4
citizen **ciudadano/a** *m., f.* 2.9
city **ciudad** *f.* 1.4
class **clase** *f.* 1.2
take classes **tomar clases** 1.2
classical **clásico/a** *adj.* 2.8
classmate **compañero/a** *m., f.* **de**
clase 1.2
clean **limpio/a** *adj.* 1.5;
limpiar *v.* 2.3
clean the house **limpiar la casa**
2.3
clear *(weather)* **despejado/a** *adj.*
clear the table **quitar la**
mesa 2.3
It's (very) clear. *(weather)* **Está**
(muy) despejado.
clerk **dependiente/a** *m., f.* 1.6
climb **escalar** *v.* 1.4

climb mountains **escalar**
montañas 1.4
clinic **clínica** *f.* 2.1
clock **reloj** *m.* 1.2
close **cerrar (e:ie)** *v.* 1.4
closed **cerrado/a** *adj.* 1.5
closet **armario** *m.* 2.3
clothes **ropa** *f.* 1.6
clothes dryer **secadora** *f.* 2.3
clothing **ropa** *f.* 1.6
cloud **nube** *f.* 2.4
cloudy **nublado/a** *adj.* 1.5
It's (very) cloudy. **Está (muy)**
nublado. 1.5
coat **abrigo** *m.* 1.6
coffee **café** *m.* 1.8
coffeemaker **cafetera** *f.* 2.3
cold **frío** *m.* 1.5; *(illness)*
resfriado *m.* 2.1
be (feel) (very) cold **tener**
(mucho) frío 1.3
It's (very) cold. *(weather)* **Hace**
(mucho) frío. 1.5
college **universidad** *f.* 1.2
collision **choque** *m.* 2.9
color **color** *m.* 1.6
comb one's hair **peinarse** *v.* 1.7
come **venir** *v.* 1.3
comedy **comedia** *f.* 2.8
comfortable **cómodo/a** *adj.* 1.5
commerce **negocios** *m., pl.* 2.7
commercial **comercial** *adj.* 2.7
communicate (with) **comunicarse**
v. **(con)** 2.9
communication **comunicación**
f. 2.9
means of communication **medios**
m. pl. **de comunicación** 2.9
community **comunidad** *f.* 1.1
compact disc (CD) **disco** *m.*
compacto 2.2
compact disc player **tocadiscos**
m. sing. **compacto** 2.2
company **compañía** *f.* 2.7;
empresa *f.* 2.7
comparison **comparación** *f.*
completely **completamente**
adv. 2.7
composer **compositor(a)** *m., f.*
2.8
computer **computadora** *f.* 1.1
computer disc **disco** *m.*
computer monitor **monitor** *m.* 2.2
computer programmer
programador(a) *m., f.* 1.3
computer science **computación**
f. 1.2
concert **concierto** *m.* 2.8
conductor *(musical)* **director(a)**
m., f. 2.8
confirm **confirmar** *v.* 1.5
confirm a reservation **confirmar**
una reservación 1.5
confused **confundido/a** *adj.* 1.5
congested **congestionado/a**
adj. 2.1

Congratulations! *(for an event such as a birthday or anniversary)* **¡Felicidades!** 1.9; *(for an event such as an engagement or a good grade on a test)* **¡Felicitaciones!** 1.9
conservation **conservación** *f.* 2.4
conserve **conservar** *v.* 2.4
considering **para** *prep.* 2.2
consume **consumir** *v.* 2.6
container **envase** *m.* 2.4
contamination **contaminación** *f.*
content **contento/a** *adj.* 1.5
contest **concurso** *m.* 2.8
continue **seguir (e:i)** *v.* 1.4
control **control** *m.*; **controlar** *v.* 2.4
    be under control **estar bajo control** 1.7
conversation **conversación** *f.* 1.1
converse **conversar** *v.* 1.2
cook **cocinar** *v.* 2.3; **cocinero/a** *m., f.* 2.7
cookie **galleta** *f.* 1.9
cool **fresco/a** *adj.* 1.5
    Be cool. **Tranquilo.** 1.7
    It's cool. *(weather)* **Hace fresco.** 1.5
corn **maíz** *m.* 1.8
corner **esquina** *f.* 2.5
cost **costar (o:ue)** *v.* 1.6
cotton **algodón** *f.* 1.6
    (made of) cotton **de algodón** 1.6
couch **sofá** *m.* 2.3
couch potato **teleadicto/a** *m., f.* 2.6
cough **tos** *f.* 2.1; **toser** *v.* 2.1
counselor **consejero/a** *m., f.* 2.7
count (on) **contar** *v.* **(con)** 1.4, 2.3
country *(nation)* **país** *m.* 1.1
countryside **campo** *m.* 1.5
couple (married) **pareja** *f.* 1.9
course **curso** *m.* 1.2; **materia** *f.* 1.2
courtesy **cortesía** *f.*
cousin **primo/a** *m., f.* 1.3
cover **cubrir** *v.*
covered **cubierto** *p.p.*
cow **vaca** *f.* 2.4
crafts **artesanía** *f.* 2.8
craftsmanship **artesanía** *f.* 2.8
crater **cráter** *m.* 2.4
crazy **loco/a** *adj.* 1.6
create **crear** *v.*
credit **crédito** *m.* 1.6
    credit card **tarjeta** *f.* **de crédito** 1.6
crime **crimen** *m.* 2.9
cross **cruzar** *v.* 2.5
culture **cultura** *f.* 2.8
cup **taza** *f.* 2.3
currency exchange **cambio** *m.* **de moneda**
current events **actualidades** *f., pl.* 2.9

curtains **cortinas** *f., pl.* 2.3
custard *(baked)* **flan** *m.* 1.9
custom **costumbre** *f.* 1.1
customer **cliente/a** *m., f.* 1.6
customs **aduana** *f.* 1.5
customs inspector **inspector(a)** *m., f.* **de aduanas** 1.5
cybercafé **cibercafé** *m.* 2.2
cycling **ciclismo** *m.* 1.4

D

dad **papá** *m.* 1.3
daily **diario/a** *adj.* 1.7
    daily routine **rutina** *f.* **diaria** 1.7
damage **dañar** *v.* 2.1
dance **bailar** *v.* 2.1; **danza** *f.* 2.8; **baile** *m.* 2.8
dancer **bailarín/bailarina** *m., f.* 2.8
danger **peligro** *m.* 2.4
dangerous **peligroso/a** *adj.* 2.9
date *(appointment)* **cita** *f.* 1.9; *(calendar)* **fecha** *f.* 1.5; *(someone)* **salir** *v.* **con (alguien)** 1.9
    have a date **tener una cita** 1.9
daughter **hija** *f.* 1.3
daughter-in-law **nuera** *f.* 1.3
day **día** *m.* 1.1
    day before yesterday **anteayer** *adv.* 1.6
deal **trato** *m.* 2.8
    It's not a big deal. **No es para tanto.** 2.3
    You've got a deal! **¡Trato hecho!** 2.8
death **muerte** *f.* 1.9
decaffeinated **descafeinado/a** *adj.* 2.6
December **diciembre** *m.* 1.5
decide **decidir (+ inf.)** *v.* 1.3
decided **decidido/a** *adj., p.p.* 2.5
declare **declarar** *v.* 2.9
deforestation **deforestación** *f.* 2.4
delicious **delicioso/a** *adj.* 1.8; **rico/a** *adj.* 1.8; **sabroso/a** *adj.* 1.8
delighted **encantado/a** *adj.* 1.1
dentist **dentista** *m., f.* 2.1
deny **negar (e:ie)** *v.* 2.4
    not to deny **no negar** 2.4
department store **almacén** *m.* 1.6
departure **salida** *f.* 2.5
deposit **depositar** *v.* 2.5
describe **describir** *v.* 1.3
described **descrito** *p.p.* 2.5
desert **desierto** *m.* 2.4
design **diseño** *m.*
designer **diseñador(a)** *m., f.* 2.7
desire **desear** *v.* 1.2
desk **escritorio** *m.* 1.2
dessert **postre** *m.* 1.9

destroy **destruir** *v.* 2.4
develop **desarrollar** *v.* 2.4
diary **diario** *m.* 1.1
dictatorship **dictadura** *f.* 2.9
dictionary **diccionario** *m.* 1.1
die **morir (o:ue)** *v.* 1.8
died **muerto** *p.p.* 2.5
diet **dieta** *f.* 2.6; **alimentación** *f.*
    balanced diet **dieta equilibrada** *f.* 2.6
    be on a diet **estar a dieta** 2.6
difficult **difícil** *adj.* 1.3
digital camera **cámara** *f.* **digital** 2.2
dining room **comedor** *m.* 2.3
dinner **cena** *f.* 1.2, 1.8
    have dinner **cenar** *v.* 1.2
direct **dirigir** *v.* 2.8
directions **direcciones** *f., pl.* 2.5
    give directions **dar direcciones** 2.5
director **director(a)** *m., f.* 2.8
dirty **sucio/a** *adj.* 1.5
    get *(something)* dirty **ensuciar** *v.* 2.3
disagree **no estar de acuerdo**
disaster **desastre** *m.* 2.9
discover **descubrir** *v.* 2.4
discovered **descubierto** *p.p.* 2.5
discrimination **discriminación** *f.* 2.9
dish **plato** *m.* 1.8, 2.3
    main dish **plato principal** *m.* 1.8
dishwasher **lavaplatos** *m., sing.* 2.3
disk **disco** *m.*
disorderly **desordenado/a** *adj.* 1.5
dive **bucear** *v.* 1.4
divorce **divorcio** *m.* 1.9
divorced **divorciado/a** *adj.* 1.9
    get divorced (from) **divorciarse (de)** *v.* 1.9
dizzy **mareado/a** *adj.* 2.1
do **hacer** *v.* 1.4
    do aerobics **hacer ejercicios aeróbicos** 2.6
    do household chores **hacer quehaceres domésticos** 2.3
    do stretching exercises **hacer ejercicios de estiramiento** 2.6
doctor **doctor(a)** *m., f.* 1.3, 2.1; **médico/a** *m., f.* 1.3
documentary *(film)* **documental** *m.* 2.8
dog **perro** *m.* 2.4
domestic **doméstico/a** *adj.*
    domestic appliance **electrodoméstico** *m.* 2.3
done **hecho** *p.p.* 2.5
door **puerta** *f.* 1.2
dormitory **residencia** *f.* **estudiantil** 1.2

double **doble** *adj.* 1.5
  double room **habitación** *f.*
    doble 1.5
doubt **duda** *f.* 2.4; **dudar** *v.* 2.4
  not to doubt **no dudar** 2.4
  There is no doubt...
    No cabe duda de... 2.4;
    No hay duda de... 2.4
Down with... ! **¡Abajo el/la...!**
download **descargar** *v.* 2.2
downtown **centro** *m.* 1.4
drama **drama** *m.* 2.8
dramatic **dramático/a** *adj.* 2.8
draw **dibujar** *v.* 1.2
drawing **dibujo** *m.* 2.8
dress **vestido** *m.* 1.6
  get dressed **vestirse (e:i)** *v.* 1.7
drink **beber** *v.* 1.3; **tomar**
  v. 1.2; **bebida** *f.* 1.8
drive **conducir** *v.* 1.6; **manejar**
  v. 2.2
driver **conductor(a)** *m., f.* 1.1
drug **droga** *f.* 2.6
drug addict **drogadicto/a** *m., f.*
  2.6
dry oneself **secarse** *v.* 1.7
during **durante** *prep.* 1.7; **por**
  prep. 2.2
dust **sacudir** *v.* 2.3; **quitar**
  el polvo 2.3
  dust the furniture **sacudir los**
    muebles 2.3
DVD player **reproductor** *m.* **de**
  DVD 2.2

E

each **cada** *adj.* 1.6
eagle **águila** *f.*
ear (outer) **oreja** *f.* 2.1
early **temprano** *adv.* 1.7
earn **ganar** *v.* 2.7
earthquake **terremoto** *m.* 2.9
ease **aliviar** *v.*
east **este** *m.* 2.5
  to the east **al este** 2.5
easy **fácil** *adj.* 1.3
eat **comer** *v.* 1.3
ecology **ecología** *f.* 2.4
economics **economía** *f.* 1.2
ecotourism **ecoturismo** *m.* 2.4
Ecuador **Ecuador** *m.* 1.1
Ecuadorian **ecuatoriano/a**
  adj. 1.3
effective **eficaz** *adj.*
egg **huevo** *m.* 1.8
eight **ocho** *n., adj.* 1.1
eight hundred **ochocientos/as**
  n., adj. 1.2
eighteen **dieciocho** *n., adj.* 1.1
eighth **octavo/a** *n., adj.* 1.5
eighty **ochenta** *n., adj.* 1.2
either... or **o... o** *conj.* 1.7
eldest **el/la mayor** *adj.* 1.8
elect **elegir** *v.* 2.9

election **elecciones** *f. pl.* 2.9
electric appliance
  electrodoméstico *m.* 2.3
electrician **electricista** *m., f.* 2.7
electricity **luz** *f.* 2.3
elegant **elegante** *adj.* 1.6
elevator **ascensor** *m.* 1.5
eleven **once** *n., adj.* 1.1
e-mail **correo** *m.* **electrónico** 1.4
  e-mail address **dirrección** *f.*
    electrónica 2.2
  e-mail message **mensaje** *m.*
    electrónico 1.4
  read e-mail **leer el correo**
    electrónico 1.4
embarrassed **avergonzado/a**
  adj. 1.5
embrace (each other) **abrazar(se)**
  v. 2.2
emergency **emergencia** *f.* 2.1
  emergency room **sala** *f.* **de**
    emergencia 2.1
employee **empleado/a** *m., f.* 1.5
employment **empleo** *m.* 2.7
end **fin** *m.* 1.4; **terminar** *v.* 1.2
end table **mesita** *f.* 2.3
energy **energía** *f.* 2.4
engaged: get engaged (to)
  comprometerse *v.* **(con)** 1.9
engineer **ingeniero/a** *m., f.* 1.3
English (language) **inglés** *m.* 1.2;
  inglés, inglesa *adj.* 1.3
enjoy **disfrutar** *v.* **(de)** 2.6
enough **bastante** *adv.* 2.1
entertainment **diversión** *f.* 1.4
entrance **entrada** *f.* 2.3
envelope **sobre** *m.* 2.5
environment **medio ambiente**
  m. 2.4
equality **igualdad** *f.* 2.9
equipped **equipado/a** *adj.* 2.6
erase **borrar** *v.* 2.2
eraser **borrador** *m.* 1.2
errand **diligencia** *f.* 2.5
establish **establecer** *v.*
evening **tarde** *f.* 1.1
event **acontecimiento** *m.* 2.9
every day **todos los días** 2.1
everybody **todos** *m., pl.*
everything **todo** *m.* 1.5
  Everything is under control.
    Todo está bajo control. 1.7
exactly **en punto** 1.1
exam **examen** *m.* 1.2
excellent **excelente** *adj.* 1.5
excess **exceso** *m.* 2.6
  in excess **en exceso** 2.6
exchange **intercambiar** *v.*
  in exchange for **por** 2.2
exciting **emocionante** *adj.*
excursion **excursión** *f.*
excuse **disculpar** *v.*
  Excuse me. (May I?) **Con**
    permiso. 1.1; (I beg your
    pardon.) **Perdón.** 1.1
exercise **ejercicio** *m.* 2.6;

  hacer *v.* **ejercicio** 2.6
exit **salida** *f.* 1.5
expensive **caro/a** *adj.* 1.6
experience **experiencia** *f.* 2.9
explain **explicar** *v.* 1.2
explore **explorar** *v.*
expression **expresión** *f.*
extinction **extinción** *f.* 2.4
extremely delicious **riquísimo/a**
  adj. 1.8
extremely serious **gravísimo/a**
  adj. 2.4
eye **ojo** *m.* 2.1

F

fabulous **fabuloso/a** *adj.* 1.5
face **cara** *f.* 1.7
facing **enfrente de** *prep.* 2.5
fact: in fact **de hecho**
fall (season) **otoño** *m.* 1.5
fall (down) **caerse** *v.* 2.1
  fall asleep **dormirse (o:ue)**
    v. 1.7
  fall in love (with) **enamorarse**
    v. **(de)** 1.9
fallen **caído** *p.p.* 2.5
family **familia** *f.* 1.3
famous **famoso/a** *adj.* 2.7
fan **aficionado/a** *adj.* 1.4
  be a fan (of) **ser aficionado/a**
    (a) 1.4
far from **lejos de** *prep.* 1.2
farewell **despedida** *f.*
fascinate **fascinar** *v.* 1.7
fashion **moda** *f.* 1.6
  be in fashion **estar de moda**
    1.6
fast **rápido/a** *adj.*
fat **gordo/a** *adj.* 1.3; **grasa**
  f. 2.6
father **padre** *m.* 1.3
father-in-law **suegro** *m.* 1.3
favorite **favorito/a** *adj.* 1.4
fax (machine) **fax** *m.* 2.2
fear **miedo** *m.* 1.3; **temer**
  v. 2.4
February **febrero** *m.* 1.5
feel **sentir(se) (e:ie)** *v.* 1.7
  feel like (doing something) **tener**
    ganas de (+ inf.) 1.3
festival **festival** *m.* 2.8
fever **fiebre** *f.* 2.1
  have a fever **tener fiebre** 2.1
few **pocos/as** *adj., pl.*
  fewer than **menos de**
    (+ number) 1.8
field: major field of study
  especialización *f.*
fifteen **quince** *n., adj.* 1.1
  fifteen-year-old girl
    quinceañera *f.* 1.9
  young woman's fifteenth birth-
    day celebration **quinceañera**
    f. 1.9

fifth **quinto/a** *n.*, *adj.* 1.5
fifty **cincuenta** *n.*, *adj.* 1.2
fight (for/against) **luchar** *v.* **(por/ contra)** 2.9
figure (*number*) **cifra** *f.*
file **archivo** *m.* 2.2
fill **llenar** *v.* 2.2
  fill out (a form) **llenar (un formulario)** 2.5
  fill the tank **llenar el tanque** 2.2
finally **finalmente** *adv.* 2.6; **por último** 1.7; **por fin** 2.2
find **encontrar (o:ue)** *v.* 1.4
  find (each other) **encontrar(se)** *v.*
fine **multa** *f.*
  That's fine. **Está bien.** 2.2
fine arts **bellas artes** *f.*, *pl.* 2.8
finger **dedo** *m.* 2.1
finish **terminar** *v.* 1.2
  finish (*doing something*) **terminar** *v.* **de (+** *inf.*) 1.4
fire **incendio** *m.* 2.9; **despedir (e:i)** *v.* 2.7
firefighter **bombero/a** *m.*, *f.* 2.7
firm **compañía** *f.* 2.7; **empresa** *f.* 2.7
first **primer, primero/a** *n.*, *adj.* 1.5
fish (*food*) **pescado** *m.* 1.8; (*live*) **pez** *m.* 2.4; **pescar** *v.* 1.5
fish market **pescadería** *f.* 2.5
fisherman **pescador** *m.*
fisherwoman **pescadora** *f.*
fishing **pesca** *f.* 1.5
fit (*clothing*) **quedar** *v.* 1.7
five **cinco** *n.*, *adj.* 1.1
five hundred **quinientos/as** *n.*, *adj.* 1.2
fix (*put in working order*) **arreglar** *v.* 2.2
fixed **fijo/a** *adj.* 1.6
flag **bandera** *f.*
flank steak **lomo** *m.* 1.8
flat tire: We had a flat tire. **Se nos pinchó una llanta.** 2.2
flexible **flexible** *adj.* 2.6
flood **inundación** *f.* 2.9
floor (*of a building*) **piso** *m.* 1.5; **suelo** *m.* 2.3
  ground floor **planta baja** *f.* 1.5
  top floor **planta alta** *f.*
flower **flor** *f.* 2.4
flu **gripe** *f.* 2.1
fog **niebla** *f.*
folk **folklórico/a** *adj.* 2.8
follow **seguir (e:i)** *v.* 1.4
food **comida** *f.* 1.8; **alimento** *m.*
foolish **tonto/a** *adj.* 1.3
foot **pie** *m.* 2.1
football **fútbol** *m.* **americano** 1.4

for **para** *prep.* 2.2; **por** *prep.* 2.2
  for example **por ejemplo** 2.2
  for me **para mí** 1.8
forbid **prohibir** *v.*
foreign **extranjero/a** *adj.* 2.8
  foreign languages **lenguas** *f. pl.* **extranjeras** 1.2
forest **bosque** *m.* 2.4
forget **olvidar** *v.* 2.1
fork **tenedor** *m.* 2.3
form **formulario** *m.* 2.5
forty **cuarenta** *n.*, *adj.* 1.2
four **cuatro** *n.*, *adj.* 1.1
four hundred **cuatrocientos/as** *n.*, *adj.* 1.2
fourteen **catorce** *n.*, *adj.* 1.1
fourth **cuarto/a** *n.*, *adj.* 1.5
free **libre** *adj.* 1.4
  be free (of charge) **ser gratis** 2.5
  free time **tiempo libre;** 1.4 **ratos libres** 1.4
freedom **libertad** *f.* 2.9
freezer **congelador** *m.* 2.3
French **francés, francesa** *adj.* 1.3
French fries **papas** *f.*, *pl.* **fritas; patatas** *f.*, *pl.* **fritas** 1.8
frequently **frecuentemente** *adv.* 2.1; **con frecuencia** *adv.* 2.1
Friday **viernes** *m.*, *sing.* 1.2
fried **frito/a** *adj.* 1.8
  fried potatoes **papas** *f.*, *pl.* **fritas; patatas** *f.*, *pl.* **fritas** 1.8
  platter of fried food **fuente** *f.* **de fritada**
friend **amigo/a** *m.*, *f.* 1.3
friendly **amable** *adj.* 1.5
friendship **amistad** *f.* 1.9
from **de** *prep.* 1.1; **desde** *prep.* 1.6
  from the United States **estadounidense** *adj.* 1.3
  from time to time **de vez en cuando** 2.1
  He/She/It is from… **Es de…** 1.1
  I'm from… **Soy de…** 1.1
fruit **fruta** *f.* 1.8
fruit juice **jugo** *m.* **de fruta** 1.8
fruit store **frutería** *f.* 2.5
full **lleno/a** *adj.* 2.2
fun **divertido/a** *adj.* 1.7
  fun activity **diversión** *f.* 1.4
  have fun **divertirse (e:ie)** *v.* 1.9
function **funcionar** *v.*
furniture **muebles** *m.*, *pl.* 2.3
furthermore **además (de)** *adv.* 2.1
future **futuro** *adj.* 2.7; **porvenir** *m.* 2.7
  Here's to the future! **¡Por el porvenir!** 2.7
  in the future **en el futuro** 2.7

G

gain weight **aumentar** *v.* **de peso** 2.6; **engordar** *v.* 2.6
game **juego** *m.*; (*match*) **partido** *m.* 1.4
game show **concurso** *m.* 2.8
garage (*in a house*) **garaje** *m.* 2.3; (*repair shop*) **garaje** *m.* 2.2; **taller (mecánico)** *m.* 2.2
garden **jardín** *m.* 2.3
garlic **ajo** *m.* 1.8
gas station **gasolinera** *f.* 2.2
gasoline **gasolina** *f.* 2.2
geography **geografía** *f.* 1.2
German **alemán, alemana** *adj.* 1.3
get **conseguir (e:i)** *v.* 1.4; **obtener** *v.* 2.7
  get along well/badly (with) **llevarse bien/mal (con)** 1.9
  get bored **aburrirse** *v.* 2.8
  get off/out of (a vehicle) **bajar(se)** *v.* **de** 2.2
  get on/into (a vehicle) **subir(se)** *v.* **a** 2.2
  get up **levantarse** *v.* 1.7
gift **regalo** *m.* 1.6
girl **chica** *f.* 1.1; **muchacha** *f.* 1.3
girlfriend **novia** *f.* 1.3
give **dar** *v.* 1.6, 1.9; (*as a gift*) **regalar** 1.9
glass (*drinking*) **vaso** *m.* 2.3; **vidrio** *m.* 2.4
  (made) of glass **de vidrio** 2.4
glasses **gafas** *f.*, *pl.* 1.6
  sunglasses **gafas** *f.*, *pl.* **de sol** 1.6
gloves **guantes** *m.*, *pl.* 1.6
go **ir** *v.* 1.4
  be going to (*do something*) **ir a (+** *inf.*) 1.4
  go away **irse** 1.7
  go by boat **ir en barco** 1.5
  go by bus **ir en autobús** 1.5
  go by car **ir en auto(móvil)** 1.5
  go by motorcycle **ir en motocicleta** 1.5
  go by taxi **ir en taxi** 1.5
  go by the bank **pasar por el banco** 2.5
  go down **bajar(se)** *v.*
  go on a hike (in the mountains) **ir de excursión (a las montañas)** 1.4
  go out **salir** *v.* 1.9
  go out (with) **salir** *v.* **(con)** 1.9
  go up **subir** *v.*
  go with **acompañar** *v.* 2.5
  Let's go. **Vamos.** 1.4
goblet **copa** *f.* 2.3
golf **golf** *m.* 1.4

good **buen, bueno/a** *adj.* 1.3, 1.6
 Good afternoon. **Buenas tardes.** 1.1
 Good evening. **Buenas noches.** 1.1
 Good idea. **Buena idea.** 1.4
 Good morning. **Buenos días.** 1.1
 Good night. **Buenas noches.** 1.1
 It's good that... **Es bueno que...** 2.3
good-bye **adiós** *m.* 1.1
 say good-bye (to) **despedirse** *v.* **(de) (e:i)** 1.7
good-looking **guapo/a** *adj.* 1.3
government **gobierno** *m.* 2.4
graduate (from/in) **graduarse** *v.* **(de/en)** 1.9
grains **cereales** *m., pl.* 1.8
granddaughter **nieta** *f.* 1.3
grandfather **abuelo** *m.* 1.3
grandmother **abuela** *f.* 1.3
grandparents **abuelos** *m., pl.* 1.3
grandson **nieto** *m.* 1.3
grape **uva** *f.* 1.8
grass **césped** *m.* 2.4; **hierba** *f.* 2.4
grave **grave** *adj.* 2.1
gray **gris** *adj.* 1.6
great **fenomenal** *adj.* 1.5
great-grandfather **bisabuelo** *m.* 1.3
great-grandmother **bisabuela** *f.* 1.3
green **verde** *adj.* 1.6
greet (each other) **saludar(se)** *v.* 2.2
greeting **saludo** *m.* 1.1
 Greetings to... **Saludos a...** 1.1
grilled (food) **a la plancha** 1.8
 grilled flank steak **lomo a la plancha** *m.* 1.8
ground floor **planta baja** *f.* 1.5
guest (at a house/hotel) **huésped** *m., f.* 1.5; (invited to a function) **invitado/a** *m., f.* 1.9
guide **guía** *m., f.* 2.4
gymnasium **gimnasio** *m.* 1.4

H

hair **pelo** *m.* 1.7
hairdresser **peluquero/a** *m., f.* 2.7
half **medio/a** *adj.* 1.3
 half-past... (time) **...y media** 1.1
half-brother **medio hermano** 1.3
half-sister **media hermana** 1.3
hallway **pasillo** *m.* 2.3
ham **jamón** *m.* 1.8
hamburger **hamburguesa** *f.* 1.8
hand **mano** *f.* 1.1

Hands up! **¡Manos arriba!**
handsome **guapo/a** *adj.* 1.3
happen **ocurrir** *v.* 2.9
happiness **alegría** *v.* 1.9
happy **alegre** *adj.* 1.5; **contento/a** *adj.* 1.5; **feliz** *adj.* 1.5
 be happy **alegrarse** *v.* **(de)** 2.4
 Happy birthday! **¡Feliz cumpleaños!** 1.9
hard **difícil** *adj.* 1.3
hard-working **trabajador(a)** *adj.* 1.3
hardly **apenas** *adv.* 2.1
haste **prisa** *f.* 1.3
hat **sombrero** *m.* 1.6
hate **odiar** *v.* 1.9
have **tener** *v.* 1.3
 Have a good trip! **¡Buen viaje!** 1.1
 have a tooth removed **sacar(se) un diente** 2.1
 have time **tener tiempo** 1.4
 have to (do something) **tener que (+ inf.)** 1.3; **deber (+ inf.)** *v.*
he **él** *sub. pron.* 1.1
head **cabeza** *f.* 2.1
headache **dolor de cabeza** *m.* 2.1
health **salud** *f.* 2.1
healthy **saludable** *adj.* 2.1; **sano/a** *adj.* 2.1
 lead a healthy lifestyle **llevar una vida sana** 2.6
hear **oír** *v.* 1.4
heard **oído** *p.p.* 2.5
hearing (sense) **oído** *m.* 2.1
heart **corazón** *m.* 2.1
heat **calor** *m.* 1.5
Hello. **Hola.** 1.1; (on the telephone) **Aló.** 2.2; **¿Bueno?** 2.2; **Diga.** 2.2
help **ayudar** *v.* 2.3; **servir (e:i)** *v.* 1.5
 help each other **ayudarse** *v.* 2.2
her **su(s)** *poss. adj.* 1.3; **suyo(s)/a(s)** *poss. adj.* 2.2; **la** *f., sing., d.o. pron.* 1.5
 to/for her **le** *f., sing., i.o. pron.* 1.6
here **aquí** *adv.* 1.1
 Here it is. **Aquí está.** 1.5
 Here we are at/in... **Aquí estamos en...** 1.2
hers **suyo(s)/a(s)** *poss. pron.* 2.2
Hi. **Hola.** 1.1
highway **autopista** *f.* 2.2; **carretera** *f.* 2.2
hike **excursión** *f.* 1.4
 go on a hike **hacer una excursión** 1.5; **ir de excursión** 1.4
hiker **excursionista** *m., f.*
hiking **de excursión** 1.4

him **lo** *m., sing., d.o. pron.* 1.5
 to/for him **le** *m., sing., i.o. pron.* 1.6
hire **contratar** *v.* 2.7
his **su(s)** *poss. adj.* 1.3; (of) his **suyo(s)/a(s)** *poss. adj. and pron.* 2.2
history **historia** *f.* 1.2, 2.8
hobby **pasatiempo** *m.* 1.4
hockey **hockey** *m.* 1.4
holiday **día** *m.* **de fiesta** 1.9
home **casa** *f.* 1.2
 home page **página** *f.* **principal** 2.2
homework **tarea** *f.* 1.2
hood **capó** *m.* 2.2; **cofre** *m.* 2.2
hope **esperar** *v.* **(+ inf.)** 1.2; **esperar** *v.* 2.4
 I hope (that) **ojalá (que)** 2.4
horror (genre) **de horror** *m.* 2.8
hors d'oeuvres **entremeses** *m., pl.* 1.8
horse **caballo** *m.* 1.5
hospital **hospital** *m.* 2.1
hot: be (feel) (very) hot **tener (mucho) calor** 1.3
 It's (very) hot. **Hace (mucho) calor.** 1.5
hotel **hotel** *m.* 1.5
hour **hora** *f.* 1.1
house **casa** *f.* 1.2
household chores **quehaceres** *m. pl.* **domésticos** 2.3
housekeeper **ama** *m., f.* **de casa** 2.3
housing **vivienda** *f.* 2.3
How...! **¡Qué...!** 1.3
how? **¿cómo?** *adv.* 1.1
 How are you? **¿Qué tal?** 1.1; **¿Cómo estás?** *fam.* 1.1; **¿Cómo está usted?** *form.* 1.1
 How can I help you? **¿En qué puedo servirles?** 1.5
 How did it go for you...? **¿Cómo le/les fue...?** 2.6
 How is it going? **¿Qué tal?** 1.1
 How is/are...? **¿Qué tal...?** 1.2
 How is the weather? **¿Qué tiempo hace?** 2.6
 How much/many? **¿Cuánto(s)/a(s)?** *adj.* 1.1
 How much does... cost? **¿Cuánto cuesta...?** 1.6
 How old are you? **¿Cuántos años tienes?** *fam.* 1.3
however **sin embargo**
hug (each other) **abrazar(se)** *v.* 2.2
humanities **humanidades** *f., pl.* 1.2
hundred **cien, ciento** *n., adj.* 1.2
hunger **hambre** *f.* 1.3
hungry: be (very) hungry **tener (mucha) hambre** 1.3
hunt **cazar** *v.* 2.4

hurricane **huracán** *m.* 2.9
hurry **apurarse** *v.* 2.6; **darse prisa** 2.6
  be in a (big) hurry **tener (mucha) prisa** 1.3
hurt **doler (o:ue)** *v.* 2.1
  It hurts me a lot... **Me duele mucho...** 2.1
husband **esposo** *m.* 1.3

I

I **yo** *sub. pron.* 1.1
  I am... **Yo soy...** 1.1
  I hope/wish (that) **Ojalá (que)** *interj.* 2.4
ice cream **helado** *m.* 1.9
  ice cream shop **heladería** *f.* 2.5
iced **helado/a** *adj.* 1.8
  iced tea **té** *m.* **helado** 1.8
idea **idea** *f.* 1.4
if **si** *conj.* 1.4
illness **enfermedad** *f.* 2.1
important **importante** *adj.* 1.3
  be important to **importar** *v.* 1.7
  It's important that... **Es importante que...** 2.3
impossible **imposible** *adj.* 2.4
  it's impossible **es imposible** 2.4
improbable **improbable** *adj.* 2.4
  it's improbable **es improbable** 2.4
improve **mejorar** *v.* 2.4
in **en** *prep.* 1.2; **por** *prep.* 2.2
  in a good/bad mood **de buen/mal humor** 1.5
  in front of **delante de** *prep.* 1.2
  in love (with) **enamorado/a (de)** *adj.* 1.5
  in search of **por** *prep.* 2.2
  in the afternoon **de la tarde** 1.1; **por la tarde** 1.7
  in the direction of **para** *prep.* 1.1
  in the early evening **de la tarde** 1.1
  in the evening **de la noche** 1.1; **por la tarde** 1.7
  in the morning **de la mañana** 1.1; **por la mañana** 1.7
increase **aumento** *m.* 2.7
incredible **increíble** *adj.* 1.5
inequality **desigualdad** *f.* 2.9
infection **infección** *f.* 2.1
inform **informar** *v.* 2.9
injection **inyección** *f.* 2.1
  give an injection **poner una inyección** 2.1
injure (oneself) **lastimarse** *v.* 2.1
  injure (one's foot) **lastimarse** *v.* **(el pie)** 2.1

inner ear **oído** *m.* 2.1
inside **dentro** *adv.*
insist (on) **insistir** *v.* **(en)** 2.3
installments: pay in installments **pagar a plazos** 2.5
intelligent **inteligente** *adj.* 1.3
intend to **pensar** *v.* **(+ *inf.*)** 1.4
interest **interesar** *v.* 1.7
interesting **interesante** *adj.* 1.3
  be interesting to **interesar** *v.* 1.7
international **internacional** *adj.* 2.9
Internet **Internet** *m., f.* 2.2
interview **entrevista** *f.* 2.7; **entrevistar** *v.* 2.7
interviewer **entrevistador(a)** *m., f.* 2.7
introduction **presentación** *f.*
  I would like to introduce (*name*) to you. **Le presento a...** *form.* 1.1; **Te presento a...** *fam.* 1.1
invest **invertir (e:ie)** *v.* 2.7
invite **invitar** *v.* 1.9
iron (clothes) **planchar** *v.* **(la ropa)** 2.3
it **lo/la** *sing., d.o., pron.* 1.5
  It's me. **Soy yo.** 1.1
Italian **italiano/a** *adj.* 1.3
its **su(s)** *poss. adj.* 1.3, **suyo(s)/a(s)** *poss. pron.* 2.2

J

jacket **chaqueta** *f.* 1.6
January **enero** *m.* 1.5
Japanese **japonés, japonesa** *adj.* 1.3
jeans **bluejeans** *m., pl.* 1.6
jewelry store **joyería** *f.* 2.5
job **empleo** *m.* 2.7; **puesto** *m.* 2.7; **trabajo** *m.* 2.7
  job application **solicitud** *f.* **de trabajo** 2.7
jog **correr** *v.*
journalism **periodismo** *m.* 1.2
journalist **periodista** *m., f.* 1.3; **reportero/a** *m., f.* 2.7
joy **alegría** *f.* 1.9
  give joy **dar alegría** 1.9
joyful **alegre** *adj.* 1.5
juice **jugo** *m.* 1.8
July **julio** *m.* 1.5
June **junio** *m.* 1.5
jungle **selva** *f.*; **jungla** *f.* 2.4
just **apenas** *adv.*
  have just (*done something*) **acabar de (+ *inf.*)** 1.6

K

key **llave** *f.* 1.5
keyboard **teclado** *m.* 2.2

kilometer **kilómetro** *m.* 2.2
kind: That's very kind of you. **Muy amable.** 1.5
kiss **beso** *m.* 1.9
  kiss each other **besarse** *v.* 2.2
kitchen **cocina** *f.* 2.3
knee **rodilla** *f.* 2.1
knife **cuchillo** *m.* 2.3
know **saber** *v.* 1.6; **conocer** *v.* 1.6
  know how **saber** *v.* 1.6

L

laboratory **laboratorio** *m.* 1.2
lack **faltar** *v.* 1.7
lake **lago** *m.* 2.4
lamp **lámpara** *f.* 2.3
land **tierra** *f.* 2.4
landlord **dueño/a** *m., f.* 1.8
landscape **paisaje** *m.* 1.5
language **lengua** *f.* 1.2
laptop (computer) **computadora** *f.* **portátil** 2.2
large **grande** *adj.* 1.3; (*clothing size*) **talla** *f.* **grande** 1.6
last **durar** *v.* 2.9; **pasado/a** *adj.* 1.6; **último/a** *adj.*
  last name **apellido** *m.* 1.3
  last night **anoche** *adv.* 1.6
  last week **semana** *f.* **pasada** 1.6
  last year **año** *m.* **pasado** 1.6
late **tarde** *adv.* 1.7
later (on) **más tarde** 1.7
  See you later. **Hasta la vista.** 1.1; **Hasta luego.** 1.1
laugh **reírse (e:i)** *v.* 1.9
laughed **reído** *p.p.* 2.5
laundromat **lavandería** *f.* 2.5
law **ley** *f.* 2.4
lawyer **abogado/a** *m., f.* 2.7
lazy **perezoso/a** *adj.*
learn **aprender** *v.* **(a + *inf.*)** 1.3
least: at least **por lo menos** *adv.* 2.1
leave **salir** *v.* 1.4; **irse** *v.* 1.7
  leave a tip **dejar una propina** 1.9
  leave behind **dejar** *v.* 2.7
  leave for (*a place*) **salir para**
  leave from **salir de**
left **izquierdo/a** *adj.* 1.2
  be left over **quedar** *v.* 1.7
  to the left of **a la izquierda de** 1.2
leg **pierna** *f.* 2.1
lemon **limón** *m.* 1.8
lend **prestar** *v.* 1.6
less **menos** *adv.* 2.1
  less... than **menos... que** 1.8
  less than **menos de (+ *number*)** 1.8
lesson **lección** *f.* 1.1

let **dejar** *v.* 2.3
  let's see **a ver** 1.2
letter **carta** *f.* 1.4, 2.5
lettuce **lechuga** *f.* 1.8
liberty **libertad** *f.* 2.9
library **biblioteca** *f.* 1.2
license (driver's) **licencia** *f.* **de conducir** 2.2
lie **mentira** *f.* 1.4
life **vida** *f.* 1.9
  of my life **de mi vida** 2.6
lifestyle: lead a healthy lifestyle **llevar una vida sana** 2.6
lift **levantar** *v.* 2.6
  lift weights **levantar pesas** 2.6
light **luz** *f.* 2.3
like **como** *prep.* 1.8; **gustar** *v.* 1.2
  Do you like... **¿Te gusta(n)...?** *fam.* 1.2
  I don't like them at all. **No me gustan nada.** 1.2
  I like... **Me gusta(n)...** 1.2
  like this **así** *adv.* 2.1
  like very much **encantar** *v.*; **fascinar** *v.* 1.7
likeable **simpático/a** *adj.* 1.3
likewise **igualmente** *adv.* 1.1
line **línea** *f.* 1.4; **cola** (queue) *f.* 2.5
listen (to) **escuchar** *v.* 1.2
  Listen! (command) **¡Oye!** *fam., sing.* 1.1; **¡Oiga/Oigan!** *form., sing./pl.* 1.1
  listen to music **escuchar música** 1.2
  listen to the radio **escuchar la radio** 1.2
literature **literatura** *f.* 1.2
little (quantity) **poco/a** *adj.* 1.5; **poco** *adv.* 2.1
live **vivir** *v.* 1.3
living room **sala** *f.* 2.3
loan **préstamo** *m.* 2.5; **prestar** *v.* 1.6, 2.5
lobster **langosta** *f.* 1.8
located **situado/a** *adj.*
  be located **quedar** *v.* 2.5
long **largo/a** *adj.* 1.6
look (at) **mirar** *v.* 1.2
  look for **buscar** *v.* 1.2
lose **perder (e:ie)** *v.* 1.4
  lose weight **adelgazar** *v.* 2.6
lost **perdido/a** *adj.* 2.5
  be lost **estar perdido/a** 2.5
lot: a lot **muchas veces** *adv.* 2.1
  a lot of **mucho/a** *adj.* 1.2, 1.3
love (another person) **querer (e:ie)** *v.* 1.4; (inanimate objects) **encantar** *v.* 1.7; **amor** *m.* 1.9
  in love **enamorado/a** *adj.* 1.5
  I loved it! **¡Me encantó!** 2.6
luck **suerte** *f.* 1.3
lucky: be (very) lucky **tener (mucha) suerte** 1.3

luggage **equipaje** *m.* 1.5
lunch **almuerzo** *m.* 1.8
  have lunch **almorzar (o:ue)** *v.* 1.4

M

ma'am **señora (Sra.)** *f.* 1.1
mad **enojado/a** *adj.* 1.5
magazine **revista** *f.* 1.4
magnificent **magnífico/a** *adj.* 1.5
mail **correo** *m.* 2.5; **enviar** *v.*, **mandar** *v.* 2.5; **echar (una carta) al buzón** 2.5
mailbox **buzón** *m.* 2.5
mail carrier **cartero/a** *m., f.* 2.5
main **principal** *adj.* 1.8
maintain **mantener** *v.* 2.6
major **especialización** *f.* 2
make **hacer** *v.* 1.4
  make the bed **hacer la cama** 2.3
makeup **maquillaje** *m.* 1.7
  put on makeup **maquillarse** *v.* 1.7
man **hombre** *m.* 1.1
manager **gerente** *m., f.* 2.7
many **mucho/a** *adj.* 1.3
  many times **muchas veces** 2.1
map **mapa** *m.* 1.2
March **marzo** *m.* 1.5
margarine **margarina** *f.* 1.8
marinated fish **ceviche** *m.* 1.8
  lemon-marinated shrimp **ceviche de camarón** *m.* 1.8
marital status **estado** *m.* **civil** 1.9
market **mercado** *m.* 1.6
  open-air market **mercado** *m.* **al aire libre** 1.6
marriage **matrimonio** *m.* 1.9
married **casado/a** *adj.* 1.9
  get married (to) **casarse** *v.* **(con)** 1.9
marvelous **maravilloso/a** *adj.* 1.5
marvelously **maravillosamente** *adv.* 2.9
massage **masaje** *m.* 2.6
masterpiece **obra maestra** *f.* 2.8
match (sports) **partido** *m.* 1.4
  match (with) **hacer juego (con)** 1.6
mathematics **matemáticas** *f., pl.* 1.2
matter **importar** *v.* 1.7
maturity **madurez** *f.* 1.9
maximum **máximo/a** *adj.* 2.2
May **mayo** *m.* 1.5
maybe **tal vez** *adv.* 1.5; **quizás** *adv.* 1.5
mayonnaise **mayonesa** *f.* 1.8
me **me** *sing., d.o. pron.* 1.5; **mí** *pron., obj. of prep.* 1.9
  to/for me **me** *sing., i.o. pron.* 1.6

meal **comida** *f.* 1.8
means of communication **medios** *m. pl.* **de comunicación** 2.9
meat **carne** *f.* 1.8
mechanic **mecánico/a** *m., f.* 2.2
  mechanic's repair shop **taller** *m.* **mecánico** 2.2
media **medios** *m., pl.* **de comunicación** 2.9
medical **médico/a** *adj.* 2.1
medication **medicamento** *m.* 2.1
medicine **medicina** *f.* 2.1
medium **mediano/a** *adj.*
meet (each other) **encontrar(se)** *v.* 2.2; **conocerse(se)** *v.* 1.8
meeting **reunión** *f.* 2.7
menu **menú** *m.* 1.8
message (telephone) **recado** *m.* 2.2; **mensaje** *m.*
Mexican **mexicano/a** *adj.* 1.3
Mexico **México** *m.* 1.1
microwave **microonda** *f.* 2.3
  microwave oven **horno** *m.* **de microondas** 2.3
middle age **madurez** *f.* 1.9
midnight **medianoche** *f.* 1.1
mile **milla** *f.* 2.2
milk **leche** *f.* 1.8
million **millón** *m.* 1.2
  million of **millón de** *m.* 1.2
mine **mío(s)/a(s)** *poss. pron.* 2.2
mineral **mineral** *m.* 2.6
  mineral water **agua** *f.* **mineral** 1.8
minute **minuto** *m.* 1.1
mirror **espejo** *m.* 1.7
Miss **señorita (Srta.)** *f.* 1.1
miss **perder (e:ie)** *v.* 1.4
mistaken **equivocado/a** *adj.*
modem **módem** *m.*
modern **moderno/a** *adj.* 2.8
mom **mamá** *f.* 1.3
Monday **lunes** *m., sing.* 1.2
money **dinero** *m.* 1.6
monitor **monitor** *m.* 2.2
month **mes** *m.* 1.5
monument **monumento** *m.* 1.4
moon **luna** *f.* 2.4
more **más** 1.2
  more... than **más... que** 1.8
  more than **más de** (+ number) 1.8
morning **mañana** *f.* 1.1
mother **madre** *f.* 1.3
mother-in-law **suegra** *f.* 1.3
motor **motor** *m.*
motorcycle **motocicleta** *f.* 1.5
mountain **montaña** *f.* 1.4
mouse **ratón** *m.* 2.2
mouth **boca** *f.* 2.1
move (from one house to another) **mudarse** *v.* 2.3
movie **película** *f.* 1.4
  movie star **estrella** *f.* **de cine** 2.8
  movie theater **cine** *m.* 1.4

MP3 player **reproductor** *m.* **de MP3** 2.2
Mr. **señor (Sr.); don** *m.* 1.1
Mrs. **señora (Sra.); doña** *f.* 1.1
much **mucho/a** *adj.* 1.2, 1.3
　very much **muchísimo/a** *adj.* 1.2
municipal **municipal** *adj.*
murder **crimen** *m.* 2.9
muscle **músculo** *m.* 2.6
museum **museo** *m.* 1.4
mushroom **champiñón** *m.* 1.8
music **música** *f.* 1.2, 2.8
musical **musical** *adj.* 2.8
musician **músico/a** *m., f.* 2.8
must **deber** *v.* **(+ inf.)** 1.3
　It must be... **Debe ser...** 1.6
my **mi(s)** *poss. adj.* 1.3; **mío(s)/a(s)** *poss. adj. and pron.* 2.2

N

name **nombre** *m.* 1.1
　be named **llamarse** *v.* 1.7
　in the name of **a nombre de** 1.5
　last name **apellido** *m.*
　My name is... **Me llamo...** 1.1
napkin **servilleta** *f.* 2.3
national **nacional** *adj.* 2.9
nationality **nacionalidad** *f.* 1.1
natural **natural** *adj.* 2.4
　natural disaster **desastre** *m.* **natural** 2.9
　natural resource **recurso** *m.* **natural** 2.4
nature **naturaleza** *f.* 2.4
nauseated **mareado/a** *adj.* 2.1
near **cerca de** *prep.* 1.2
neaten **arreglar** *v.* 2.3
necessary **necesario/a** *adj.* 2.3
　It is necessary that... **Hay que...** 2.3, 2.5
neck **cuello** *m.* 2.1
need **faltar** *v.* 1.7; **necesitar** *v.* **(+ inf.)** 1.2
negative **negativo/a** *adj.*
neighbor **vecino/a** *m., f.* 2.3
neighborhood **barrio** *m.* 2.3
neither **tampoco** *adv.* 1.7
　neither... nor **ni... ni** *conj.* 1.7
nephew **sobrino** *m.* 1.3
nervous **nervioso/a** *adj.* 1.5
network **red** *f.* 2.2
never **nunca** *adv.* 1.7; **jamás** *adv.* 1.7
new **nuevo/a** *adj.* 1.6
newlywed **recién casado/a** *m., f.* 1.9
news **noticias** *f., pl.* 2.9; **actualidades** *f., pl.* 2.9
newscast **noticiero** *m.* 2.9
newspaper **periódico** *m.* 1.4; **diario** *m.* 2.9

next **próximo/a** *adj.* 2.7
　next to **al lado de** *prep.* 1.2
nice **simpático/a** *adj.* 1.3; **amable** *adj.* 1.5
niece **sobrina** *f.* 1.3
night **noche** *f.* 1.1
　night stand **mesita** *f.* **de noche** 2.3
nine **nueve** *n., adj.* 1.1
nine hundred **novecientos/as** *n., adj.* 1.2
nineteen **diecinueve** *n., adj.* 1.1
ninety **noventa** *n., adj.* 1.2
ninth **noveno/a** *n., adj.* 1.5
no **no** *adv.* 1.1; **ningún, ninguno/a(s)** *adj.* 1.7
　no one **nadie** *pron.* 1.7
　No problem. **No hay problema.** 1.7
　no way **de ninguna manera** 2.7
nobody **nadie** *pron.* 1.7
none **ningún, ninguno/a(s)** *pron.* 1.7
noon **mediodía** *m.* 1.1
nor **ni** *conj.* 1.7
north **norte** *m.* 2.5
　to the north **al norte** 2.5
nose **nariz** *f.* 2.1
not **no** 1.1
　not any **ningún, ninguno/a(s)** *adj.* 1.7
　not anyone **nadie** *pron.* 1.7
　not anything **nada** *pron.* 1.7
　not bad at all **nada mal** 1.5
　not either **tampoco** *adv.* 1.7
　not ever **nunca** *adv.* 1.7; **jamás** *adv.* 1.7
　Not very well. **No muy bien.** 1.1
　not working **descompuesto/a** *adj.* 2.2
notebook **cuaderno** *m.* 1.1
nothing **nada** *pron.* 1.1, 1.7
noun **sustantivo** *m.*
November **noviembre** *m.* 1.5
now **ahora** *adv.* 1.2
nowadays **hoy día** *adv.*
nuclear **nuclear** *adj.* 2.4
　nuclear energy **energía nuclear** *f.* 2.4
number **número** *m.* 1.1
nurse **enfermero/a** *m., f.* 2.1
nutrition **nutrición** *f.* 2.6
nutritionist **nutricionista** *m., f.* 2.6

O

obey **obedecer** *v.* 2.9
obligation **deber** *m.* 2.9
obtain **conseguir (e:i)** *v.* 1.4; **obtener** *v.* 2.7
obvious **obvio/a** *adj.* 2.4
　it's obvious **es obvio** 2.4

occupation **ocupación** *f.* 2.7
occur **ocurrir** *v.* 2.9
o'clock: It's... o'clock. **Son las...** 1.1
　It's one o'clock. **Es la una.** 1.1
October **octubre** *m.* 1.5
of **de** *prep.* 1.1
　Of course. **Claro que sí.** 2.7; **Por supuesto.** 2.7
offer **oferta** *f.* 2.3; **ofrecer** *v.* 1.6
office **oficina** *f.* 2.3
　doctor's office **consultorio** *m.* 2.1
often **a menudo** *adv.* 2.1
Oh! **¡Ay!**
oil **aceite** *m.* 1.8
OK **regular** *adj.* 1.1
　It's okay. **Está bien.**
old **viejo/a** *adj.* 1.3
　old age **vejez** *f.* 1.9
older **mayor** *adj.* 1.3
　older brother/sister **hermano/a mayor** *m., f.* 1.3
oldest **el/la mayor** *adj.* 1.8
on **en** *prep.* 1.2; **sobre** *prep.* 1.2
　on behalf of **por** *prep.* 2.2
　on the dot **en punto** 1.1
　on time **a tiempo** 2.1
　on top of **encima de** *prep.* 1.2
once **una vez** 1.6
one **un, uno/a** *m., f., sing. pron.* 1.1
　one hundred **cien(to)** *n., adj.* 1.2
　one million **un millón** *m.* 1.2
　one more time **una vez más** 1.9
　one thousand **mil** *n., adj.* 1.2
　one time **una vez** 1.6
onion **cebolla** *f.* 1.8
only **sólo** *adv.* 1.3; **único/a** *adj.* 1.3
　only child **hijo/a único/a** *m., f.* 1.3
open **abierto/a** *adj.* 1.5, 2.5; **abrir** *v.* 1.3
open-air **al aire libre** 1.6
opera **ópera** *f.* 2.8
operation **operación** *f.* 2.1
opposite **enfrente de** *prep.* 2.5
or **o** *conj.* 1.7
orange **anaranjado/a** *adj.* 1.6; **naranja** *f.* 1.8
orchestra **orquesta** *f.* 2.8
order **mandar** 2.3; *(food)* **pedir (e:i)** *v.* 1.8
　in order to **para** *prep.* 2.2
orderly **ordenado/a** *adj.* 1.5
ordinal *(numbers)* **ordinal** *adj.*
other **otro/a** *adj.* 1.6
ought to **deber** *v.* **(+ inf.)** 1.3
our **nuestro(s)/a(s)** *poss. adj.* 1.3

ours **nuestro(s)/a(s)** *poss. pron.*
2.2
out of order **descompuesto/a**
adj. 2.2
outskirts **afueras** *f., pl.* 2.3
oven **horno** *m.* 2.3
over **sobre** *prep.* 1.2
own **propio/a** *adj.* 2.7
owner **dueño/a** *m., f.* 1.8

P

P.M. **tarde** *f.* 1.1
pack (one's suitcases) **hacer las
maletas** 1.5
package **paquete** *m.* 2.5
page **página** *f.* 2.2
pain **dolor** *m.* 2.1
have a pain **tener dolor** 2.1
paint **pintar** *v.* 2.8
painter **pintor(a)** *m., f.* 2.7
painting **pintura** *f.* 2.3, 2.8
pair **par** *m.* 1.6
pair of shoes **par de zapatos**
m. 1.6
pants **pantalones** *m., pl.* 1.6
pantyhose **medias** *f., pl.* 1.6
paper **papel** *m.* 1.2; *(report)*
informe *m.* 2.9
Pardon me. *(May I?)* **Con
permiso.** 1.1; *(Excuse me.)*
Perdón. 1.1
parents **padres** *m., pl.* 1.3;
papás *m., pl.* 1.3
park **estacionar** *v.* 2.2; **parque**
m. 1.4
parking lot **estacionamiento**
m. 2.5
partner *(one of a married couple)*
pareja *f.* 1.9
party **fiesta** *f.* 1.9
passed **pasado/a** *adj., p.p.*
passenger **pasajero/a** *m., f.* 1.1
passport **pasaporte** *m.* 1.5
past **pasado** *adj.* 1.6
pastime **pasatiempo** *m.* 1.4
pastry shop **pastelería** *f.* 2.5
patient **paciente** *m., f.* 2.1
patio **patio** *m.* 2.3
pay **pagar** *v.* 1.6
pay in cash **pagar al contado;
pagar en efectivo** 2.5
pay in installments **pagar a
plazos** 2.5
pay the bill **pagar la cuenta**
1.9
pea **arveja** *m.* 1.8
peace **paz** *f.* 2.9
peach **melocotón** *m.* 1.8
pear **pera** *f.* 1.8
pen **pluma** *f.* 1.2
pencil **lápiz** *m.* 1.1
penicillin **penicilina** *f.* 2.1
people **gente** *f.* 1.3

pepper *(black)* **pimienta** *f.* 1.8
per **por** *prep.* 2.2
perfect **perfecto/a** *adj.* 1.5
perhaps **quizás; tal vez** *adv.*
permission **permiso** *m.*
person **persona** *f.* 1.3
pharmacy **farmacia** *f.* 2.1
phenomenal **fenomenal** *adj.* 1.5
photograph **foto(grafía)** *f.* 1.1
physical *(exam)* **examen** *m.*
médico 2.1
physician **doctor(a)** *m., f.* 1.3;
médico/a *m., f.* 1.3
physics **física** *f.* 1.2
pick up **recoger** *v.* 2.4
picture **cuadro** *m.* 2.3;
pintura *f.* 2.3
pie **pastel** *m.* 9
pill *(tablet)* **pastilla** *f.* 2.1
pillow **almohada** *f.* 2.3
pineapple **piña** *f.* 1.8
pink **rosado/a** *adj.* 1.6
place **lugar** *m.* 1.4; **poner** *v.* 1.4
plaid **de cuadros** 1.6
plans **planes** *m., pl.* 1.4
have plans **tener planes** 1.4
plant **planta** *f.* 2.4
plastic **plástico** *m.* 2.4
(made) of plastic **de plástico**
2.4
plate **plato** *m.* 2.3
play **drama** *m.* 2.8; **comedia**
f. 2.8; **jugar (u:ue)** *v.* 1.4;
(a musical instrument) **tocar**
v. 2.8
play cards **jugar a las cartas** 1.5
play sports **practicar deportes**
1.4
play a role **hacer el papel de**
2.8
player **jugador(a)** *m., f.* 1.4
playwright **dramaturgo/a**
m., f. 2.8
plead **rogar (o:ue)** *v.* 2.3
pleasant **agradable** *adj.*
please **por favor** 1.1
Pleased to meet you. **Mucho
gusto.** 1.1; **Encantado/a.**
adj. 1.1
pleasing: be pleasing to **gustar**
v. 1.7
pleasure **gusto** *m.* 1.1; **placer**
m. 2.6
It's a pleasure to... **Gusto de
(+ *inf.*)** 2.9
It's been a pleasure. **Ha sido un
placer.** 2.6
The pleasure is mine. **El gusto
es mío.** 1.1
poem **poema** *m.* 2.8
poet **poeta** *m., f.* 2.8
poetry **poesía** *f.* 2.8
police *(force)* **policía** *f.* 2.2
political **político/a** *adj.* 2.9
politician **político/a** *m., f.* 2.7
politics **política** *f.* 2.9

polka-dotted **de lunares** 1.6
poll **encuesta** *f.* 2.9
pollute **contaminar** *v.* 2.4
polluted **contaminado/a** *adj.*
2.4
be polluted **estar
contaminado/a** 2.4
pollution **contaminación** *f.* 2.4
pool **piscina** *f.* 1.4
poor **pobre** *adj.* 1.6
population **población** *f.* 2.4
pork **cerdo** *m.* 1.8
pork chop **chuleta** *f.* **de
cerdo** 1.8
portable **portátil** *adj.* 2.2
portable computer
computadora *f.* **portátil**
2.2
position **puesto** *m.* 2.7
possessive **posesivo/a** *adj.* 1.3
possible **posible** *adj.* 2.4
it's (not) possible **(no) es
posible** 2.4
postcard **postal** *f.* 1.4
poster **cartel** *m.* 2.3
post office **correo** *m.* 2.5
potato **papa** *f.* 1.8; **patata**
f. 1.8
pottery **cerámica** *f.* 2.8
practice **entrenarse** *v.* 2.6;
practicar *v.* 1.2
prefer **preferir (e:ie)** *v.* 1.4
pregnant **embarazada** *adj.* 2.1
prepare **preparar** *v.* 1.2
preposition **preposición** *f.*
prescribe *(medicine)* **recetar** *v.* 2.1
prescription **receta** *f.* 2.1
present **regalo** *m.;* **presentar**
v. 2.8
press **prensa** *f.* 2.9
pressure **presión** *f.*
be under a lot of pressure **sufrir
muchas presiones** 2.6
pretty **bonito/a** *adj.* 1.3;
bastante *adv.* 2.4
price **precio** *m.* 1.6
fixed/set price **precio** *m.*
fijo 1.6
print **estampado/a** *adj.;*
imprimir *v.* 2.2
printer **impresora** *f.* 2.2
private *(room)* **individual** *adj.*
prize **premio** *m.* 2.8
probable **probable** *adj.* 2.4
it's (not) probable **(no) es
probable** 2.4
problem **problema** *m.* 1.1
profession **profesión** *f.* 1.3, 2.7
professor **profesor(a)** *m., f.*
program **programa** *m.* 1.1
programmer **programador(a)**
m., f. 1.3
prohibit **prohibir** *v.* 2.1
promotion *(career)* **ascenso** *m.*
2.7
pronoun **pronombre** *m.*

protect **proteger** *v.* 2.4
protein **proteína** *f.* 2.6
provided (that) **con tal (de) que** *conj.* 2.4
psychologist **psicólogo/a** *m., f.* 2.7
psychology **psicología** *f.* 1.2
publish **publicar** *v.* 2.8
Puerto Rican **puertorriqueño/a** *adj.* 1.3
Puerto Rico **Puerto Rico** *m.* 1.1
pull a tooth **sacar una muela**
purchases **compras** *f., pl.* 1.5
pure **puro/a** *adj.* 2.4
purple **morado/a** *adj.* 1.6
purse **bolsa** *f.* 1.6
put **poner** *v.* 1.4; **puesto** *p.p.* 2.5
    put (a letter) in the mailbox **echar (una carta) al buzón** 2.5
    put on (*a performance*) **presentar** *v.* 2.8
    put on (*clothing*) **ponerse** *v.* 1.7
    put on makeup **maquillarse** *v.* 1.7

Q

quality **calidad** *f.* 1.6
quarter **trimestre** *m.* 1.2
    quarter after (*time*) **y cuarto** 1.1; **y quince** 1.1
    quarter to (*time*) **menos cuarto** 1.1; **menos quince** 1.1
question **pregunta** *f.* 1.2
quickly **rápido** *adv.* 2.1
quiet **tranquilo/a** *adj.* 2.6
quit **dejar** *v.* 2.7
quiz **prueba** *f.* 1.2

R

racism **racismo** *m.* 2.9
radio (*medium*) **radio** *f.* 1.2; radio (set) **radio** *m.* 2.2
rain **llover (o:ue)** *v.* 1.5; **lluvia** *f.* 2.4
    It's raining. **Llueve.** 1.5; **Está lloviendo.** 1.5
raincoat **impermeable** *m.* 1.6
rain forest **bosque** *m.* **tropical** 2.4
raise (*salary*) **aumento de sueldo** *m.* 2.7
rather **bastante** *adv.* 2.1
read **leer** *v.* 1.3; **leído/a** *p.p.* 2.5
    read a magazine **leer una revista** 1.4
    read a newspaper **leer un periódico** 1.4

read e-mail **leer correo electrónico** 1.4
ready **listo/a** *adj.* 1.5
    (Are you) ready? **¿(Están) listos?** 2.6
reap the benefits (of) **disfrutar** *v.* **(de)** 2.6
receive **recibir** *v.* 1.3
recommend **recomendar (e:ie)** *v.* 1.8, 2.3
record **grabar** *v.* 2.2
recreation **diversión** *f.* 1.4
recycle **reciclar** *v.* 2.4
recycling **reciclaje** *m.* 2.4
red **rojo/a** *adj.* 1.6
red-haired **pelirrojo/a** *adj.* 1.3
reduce **reducir** *v.* 2.4
    reduce stress/tension **aliviar el estrés/la tensión** 2.6
refrigerator **refrigerador** *m.* 2.3
region **región** *f.* 2.4
regret **sentir (e:ie)** *v.* 2.4
relatives **parientes** *m., pl.* 1.3
relax **relajarse** *v.* 1.9
remain **quedarse** *v.* 1.7
remember **acordarse (o:ue)** *v.* **(de)** 1.7; **recordar (o:ue)** *v.* 1.4
remote control **control remoto** *m.* 2.2
rent **alquilar** *v.* 2.3; (*payment*) **alquiler** *m.* 2.3
repeat **repetir (e:i)** *v.* 1.4
report **informe** *m.* 2.9; **reportaje** *m.* 2.9
reporter **reportero/a** *m., f.* 2.7
representative **representante** *m., f.* 2.9
request **pedir (e:i)** *v.* 1.4
reservation **reservación** *f.* 1.5
resign (from) **renunciar (a)** *v.* 2.7
resolve **resolver (o:ue)** *v.* 2.4
resolved **resuelto** *p.p.* 2.5
resource **recurso** *m.* 2.4
responsibility **deber** *m.* 2.9; **responsabilidad** *f.*
rest **descansar** *v.* 1.2
restaurant **restaurante** *m.* 1.4
résumé **currículum** *m.* 2.7
retire (*from work*) **jubilarse** *v.* 1.9
return **regresar** *v.* 1.2; **volver (o:ue)** *v.* 1.4
    return trip **vuelta** *f.*
returned **vuelto** *p.p.* 2.5
rice **arroz** *m.* 1.8
rich **rico/a** *adj.* 1.6
ride: ride a bicycle **pasear en bicicleta** 1.4
    ride a horse **montar a caballo** 1.5
ridiculous **ridículo/a** *adj.* 2.4
    it's ridiculous **es ridículo** 2.4
right **derecha** *f.* 1.2
    be right **tener razón** 1.3

right? (*question tag*) **¿no?** 1.1; **¿verdad?** 1.1
right away **enseguida** *adv.* 1.9
right here **aquí mismo** 2.2
right now **ahora mismo** 1.5
right there **allí mismo** 2.5
to the right of **a la derecha de** 1.2
rights **derechos** *m.* 2.9
ring (*a doorbell*) **sonar (o:ue)** *v.* 2.2
river **río** *m.* 2.4
road **camino** *m.*
roast **asado/a** *adj.* 1.8
    roast chicken **pollo** *m.* **asado** 1.8
rollerblade **patinar en línea** *v.*
romantic **romántico/a** *adj.* 2.8
room **habitación** *f.* 1.5; **cuarto** *m.* 1.2, 1.7
    living room **sala** *f.* 2.3
roommate **compañero/a** *m., f.* **de cuarto** 1.2
roundtrip **de ida y vuelta** 1.5
    roundtrip ticket **pasaje** *m.* **de ida y vuelta** 1.5
routine **rutina** *f.* 1.7
rug **alfombra** *f.* 2.3
run **correr** *v.* 1.3
    run errands **hacer diligencias** 2.5
    run into (*have an accident*) **chocar (con)** *v.;* (*meet accidentally*) **encontrar(se) (o:ue)** *v.* 2.2; (*run into something*) **darse (con)** 2.1; (*each other*) **encontrar(se) (o:ue)** *v.* 2.2
rush **apurarse** *v.* 2.6; **darse prisa** 2.6
Russian **ruso/a** *adj.* 1.3

S

sad **triste** *adj.* 1.5, 2.4
    it's sad **es triste** 2.4
safe **seguro/a** *adj.* 1.5
said **dicho** *p.p.* 2.5
salad **ensalada** *f.* 1.8
salary **salario** *m.* 2.7; **sueldo** *m.* 2.7
sale **rebaja** *f.* 1.6
salesperson **vendedor(a)** *m., f.* 1.6
salmon **salmón** *m.* 1.8
salt **sal** *f.* 1.8
same **mismo/a** *adj.* 1.3
sandal **sandalia** *f.* 1.6
sandwich **sándwich** *m.* 1.8
Saturday **sábado** *m.* 1.2
sausage **salchicha** *f.* 1.8
save (*on a computer*) **guardar** *v.* 2.2; (*money*) **ahorrar** *v.* 2.5
savings **ahorros** *m.* 2.5

savings account **cuenta** *f.* **de ahorros** 2.5

say **decir** *v.* 1.4; **declarar** *v.* 2.9

say that **decir que** *v.* 1.4, 1.9

say the answer **decir la respuesta** 1.4

scarcely **apenas** *adv.* 2.1

scared: be (very) scared (of) **tener (mucho) miedo (de)** 1.3

schedule **horario** *m.* 1.2

school **escuela** *f.* 1.1

science **ciencia** *f.* 1.2

science fiction **ciencia ficción** *f.* 2.8

scientist **científico/a** *m., f.* 2.7

screen **pantalla** *f.* 2.2

scuba dive **bucear** *v.* 1.4

sculpt **esculpir** *v.* 2.8

sculptor **escultor(a)** *m., f.* 2.8

sculpture **escultura** *f.* 2.8

sea **mar** *m.* 1.5

season **estación** *f.* 1.5

seat **silla** *f.* 1.2

second **segundo/a** *n., adj.* 1.5

secretary **secretario/a** *m., f.* 2.7

sedentary **sedentario/a** *adj.* 2.6

see **ver** *v.* 1.4

    see (you/him/her) again **volver a ver(te/lo/la)** 2.9

    see movies **ver películas** 1.4

    See you. **Nos vemos.** 1.1

    See you later. **Hasta la vista.** 1.1; **Hasta luego.** 1.1

    See you soon. **Hasta pronto.** 1.1

    See you tomorrow. **Hasta mañana.** 1.1

seem **parecer** *v.* 1.6

seen **visto** *p.p.* 2.5

sell **vender** *v.* 1.6

semester **semestre** *m.* 1.2

send **enviar** *v.* 2.5; **mandar** *v.* 2.5

separate (from) **separarse** *v.* **(de)** 1.9

separated **separado/a** *adj.* 1.9

September **septiembre** *m.* 1.5

sequence **secuencia** *f.*

serious **grave** *adj.* 2.1

serve **servir (e:i)** *v.* 1.8

set (fixed) **fijo/a** *adj.* 1.6

    set the table **poner la mesa** 2.3

seven **siete** *n., adj.* 1.1

seven hundred **setecientos/as** *n., adj.* 1.1

seventeen **diecisiete** *n., adj.* 1.1

seventh **séptimo/a** *n., adj.* 1.5

seventy **setenta** *n., adj.* 1.2

several **varios/as** *adj. pl.* 1.8

sexism **sexismo** *m.* 2.9

shame **lástima** *f.* 2.4

    it's a shame **es una lástima** 2.4

shampoo **champú** *m.* 1.7

shape **forma** *f.* 2.6

be in good shape **estar en buena forma** 2.6

stay in shape **mantenerse en forma** 2.6

share **compartir** *v.* 1.3

sharp (time) **en punto** 1.1

shave **afeitarse** *v.* 1.7

shaving cream **crema** *f.* **de afeitar** 1.7

she **ella** *sub. pron.* 1.1

shellfish **mariscos** *m., pl.* 1.8

ship **barco** *m.*

shirt **camisa** *f.* 1.6

shoe **zapato** *m.* 1.6

    shoe size **número** *m.* 1.6

    shoe store **zapatería** *f.* 2.5

    tennis shoes **zapatos** *m., pl.* **de tenis** 1.6

shop **tienda** *f.* 1.6

shopping: to go shopping **ir de compras** 1.5

shopping mall **centro comercial** *m.* 1.6

short (in height) **bajo/a** *adj.* 1.3; (in length) **corto/a** *adj.* 1.6

short story **cuento** *m.* 2.8

shorts **pantalones cortos** *m., pl.* 1.6

should (do something) **deber** *v.* **(+ inf.)** 1.3

show **espectáculo** *m.* 2.8; **mostrar (o:ue)** *v.* 1.4

    game show **concurso** *m.* 2.8

shower **ducha** *f.* 1.7; **ducharse** *v.* 1.7

shrimp **camarón** *m.* 1.8

siblings **hermanos/as** *m., f. pl.* 1.3

sick **enfermo/a** *adj.* 2.1

    be sick **estar enfermo/a** 2.1

    get sick **enfermarse** *v.* 2.1

sign **firmar** *v.* 2.5; **letrero** *m.* 2.5

silk **seda** *f.* 1.6

    (made of) silk **de seda** 1.6

silly **tonto/a** *adj.* 1.3

since **desde** *prep.*

sing **cantar** *v.* 1.2

singer **cantante** *m., f.* 2.8

single **soltero/a** *adj.* 1.9

    single room **habitación** *f.* **individual** 1.5

sink **lavabo** *m.* 1.7

sir **señor (Sr.)** *m.* 1.1

sister **hermana** *f.* 1.3

sister-in-law **cuñada** *f.* 1.3

sit down **sentarse (e:ie)** *v.* 1.7

six **seis** *n., adj.* 1.1

six hundred **seiscientos/as** *n., adj.* 1.2

sixteen **dieciséis** *n., adj.* 1.1

sixth **sexto/a** *n., adj.* 1.5

sixty **sesenta** *n., adj.* 1.2

size **talla** *f.* 1.6

    shoe size **número** *m.* 1.6

skate (in-line) **patinar (en línea)** 1.4

skateboard **andar en patineta** *v.* 1.4

ski **esquiar** *v.* 1.4

skiing **esquí** *m.* 1.4

    waterskiing **esquí** *m.* **acuático** 1.4

skirt **falda** *f.* 1.6

sky **cielo** *m.* 2.4

sleep **dormir (o:ue)** *v.* 1.4; **sueño** *m.* 1.3

    go to sleep **dormirse (o:ue)** *v.* 1.7

sleepy: be (very) sleepy **tener (mucho) sueño** 1.3

slender **delgado/a** *adj.* 1.3

slim down **adelgazar** *v.* 2.6

slippers **pantuflas** *f., pl.* 1.7

slow **lento/a** *adj.* 2.2

slowly **despacio** *adv.* 2.1

small **pequeño/a** *adj.* 1.3

smart **listo/a** *adj.* 1.5

smile **sonreír (e:i)** *v.* 1.9

smiled **sonreído** *p.p.* 2.5

smoggy: It's (very) smoggy. **Hay (mucha) contaminación.** 1.4

smoke **fumar** *v.* 1.8, 2.6

    not to smoke **no fumar** 2.6

smoking section **sección** *f.* **de fumar** 1.8

    nonsmoking section *f.* **sección de no fumar** 1.8

snack **merendar (e:ie)** *v.* 1.8, 2.6

    afternoon snack **merienda** *f.* 2.6

    have a snack **merendar (e:ie)** *v.*

sneakers **zapatos de tenis** *m., pl.* 1.6

sneeze **estornudar** *v.* 2.1

snow **nevar (e:ie)** *v.* 1.5; **nieve** *f.*

snowing: It's snowing. **Nieva.** 1.5; **Está nevando.** 1.5

so (in such a way) **así** *adv.* 2.1; **tan** *adv.* 1.5

    so much **tanto** *adv.*

    so-so **regular** 1.1, **así así**

    so that **para que** *conj.* 2.4

soap **jabón** *m.* 1.7

soap opera **telenovela** *f.* 2.8

soccer **fútbol** *m.* 1.4

sociology **sociología** *f.* 1.2

sock(s) **calcetín (calcetines)** *m.* 1.6

sofa **sofá** *m.* 2.3

soft drink **refresco** *m.* 1.8

software **programa** *m.* **de computación** 2.2

soil **tierra** *f.* 2.4

solar **solar** *adj.* 2.4

    solar energy **energía** *f.* **solar** 2.4

soldier **soldado** *m., f.* 2.9

solution **solución** *f.* 2.4

solve **resolver (o:ue)** *v.* 2.4

some **algún, alguno(s)/a(s)**
adj., pron. 1.7; **unos/as** pron.;
m., f., pl. indef. art. 1.1
somebody **alguien** pron. 1.7
someone **alguien** pron. 1.7
something **algo** pron. 1.7
sometimes **a veces** adv. 2.1
son **hijo** m. 1.3
song **canción** f. 2.8
son-in-law **yerno** m. 1.3
soon **pronto** adv. 2.1 '
See you soon. **Hasta pronto.**
1.1
sorry: be sorry **sentir (e:ie)**
v. 2.4
I'm sorry. **Lo siento.** 1.4
I'm so sorry. **Mil perdones.**
1.4; **Lo siento muchísimo.**
1.4
soup **caldo** m. 1.8; **sopa** f. 1.8
south **sur** m. 2.5
to the south **al sur** 2.5
Spain **España** f. 1.1
Spanish (language) **español**
m. 1.2; **español(a)** adj. 1.3
spare time **ratos libres** m. 1.4
speak **hablar** v. 1.2
spectacular **espectacular** adj.
2.6
speech **discurso** m. 2.9
speed **velocidad** f. 2.2
speed limit **velocidad** f.
máxima 2.2
spelling **ortografía** f.;
ortográfico/a adj.
spend (money) **gastar** v. 1.6
spoon (table or large) **cuchara**
f. 2.3
sport **deporte** m. 1.4
sports-related **deportivo/a**
adj. 1.4
spouse **esposo/a** m., f. 1.3
sprain (one's ankle) **torcerse**
(o:ue) v. **(el tobillo)** 2.1
sprained **torcido/a** adj. 2.1
be sprained **estar torcido/a**
2.1
spring **primavera** f. 1.5
square (city or town) **plaza**
f. 1.4
stadium **estadio** m. 1.2
stage **etapa** f. 1.9
stairs **escalera** f. 2.3
stairway **escalera** f. 2.3
stamp **estampilla** f. 2.5; **sello**
m. 2.5
stand in line **hacer cola** 2.5
star **estrella** f. 2.4
start **establecer** v. 2.7; (a vehicle)
arrancar v. 2.2
station **estación** f. 1.5
statue **estatua** f. 2.8
status: marital status **estado** m.
civil 1.9
stay **quedarse** v. 1.7

stay in shape **mantenerse en**
forma 2.6
steak **bistec** m. 1.8
steering wheel **volante** m. 2.2
step **etapa** f.
stepbrother **hermanastro** m. 1.3
stepdaughter **hijastra** f. 1.3
stepfather **padrastro** m. 1.3
stepmother **madrastra** f. 1.3
stepsister **hermanastra** f. 1.3
stepson **hijastro** m. 1.3
stereo **estéreo** m. 2.2
still **todavía** adv. 1.5
stockbroker **corredor(a)** m., f. **de**
bolsa 2.7
stockings **medias** f., pl. 1.6
stomach **estómago** m. 2.1
stone **piedra** f. 2.4
stop **parar** v. 2.2
stop (doing something) **dejar**
de (+ inf.) 2.4
store **tienda** f. 1.6
storm **tormenta** f. 2.9
story **cuento** m. 2.8; **historia**
f. 2.8
stove **cocina** f. 2.3; **estufa**
f. 2.3
straight **derecho** adv. 2.5
straight (ahead) **derecho** 2.5
straighten up **arreglar** v. 2.3
strange **extraño/a** adj. 2.4
it's strange **es extraño** 2.4
strawberry **frutilla** f. 1.8,
fresa f.
street **calle** f. 2.2
stress **estrés** m. 2.6
stretching **estiramiento** m. 2.6
do stretching exercises **hacer**
ejercicios de estiramiento
2.6
strike (labor) **huelga** f. 2.9
stripe **raya** f. 1.6
striped **de rayas** 1.6
stroll **pasear** v. 1.4
strong **fuerte** adj. 2.6
struggle (for/against) **luchar** v.
(por/contra) 2.9
student **estudiante** m., f. 1.1,
1.2; **estudiantil** adj. 1.2
study **estudiar** v. 1.2
stuffed-up (sinuses)
congestionado/a adj. 2.1
stupendous **estupendo/a** adj.
1.5
style **estilo** m.
suburbs **afueras** f., pl. 2.3
subway **metro** m. 1.5
subway station **estación** f. **del**
metro 1.5
success **éxito** m. 2.7
successful: be successful **tener**
éxito 2.7
such as **tales como**
suddenly **de repente** adv. 1.6
suffer **sufrir** v. 2.1

suffer an illness **sufrir una**
enfermedad 2.1
sugar **azúcar** m. 1.8
suggest **sugerir (e:ie)** v. 2.3
suit **traje** m. 1.6
suitcase **maleta** f. 1.1
summer **verano** m. 1.5
sun **sol** m. 1.5, 2.4
sunbathe **tomar el sol** 1.4
Sunday **domingo** m. 1.2
sunglasses **gafas** f., pl. **de sol**
1.6
sunny: It's (very) sunny. **Hace**
(mucho) sol. 1.5
supermarket **supermercado**
m. 2.5
suppose **suponer** v. 1.4
sure **seguro/a** adj. 1.5
be sure **estar seguro/a** 1.5
surf (the Internet) **navegar** v. **(en**
Internet) 2.2
surprise **sorprender** v. 1.9;
sorpresa f. 1.9
survey **encuesta** f. 2.9
sweat **sudar** v. 2.6
sweater **suéter** m. 1.6
sweep (the floor) **barrer** v. **(el**
suelo) 2.3
sweets **dulces** m., pl. 1.9
swim **nadar** v. 1.4
swimming **natación** f. 1.4
swimming pool **piscina** f. 1.4
symptom **síntoma** m. 2.1

T

table **mesa** f. 1.2
tablespoon **cuchara** f. 2.3
tablet (pill) **pastilla** f. 2.1
take **tomar** v. 1.2; **llevar** v. 1.6
take a bath **bañarse** v. 1.7
take a shoe size **calzar** v. 1.6
take a shower **ducharse** v.
1.7
take care of **cuidar** v. 2.4
take off **quitarse** v. 1.7
take out the trash v. **sacar la**
basura 2.3
take photos **tomar fotos** 1.5;
sacar fotos 1.5
take someone's temperature
tomar la temperatura 2.1
talented **talentoso/a** adj. 2.8
talk v. **hablar** 1.2
talk show **programa** m. **de**
entrevistas 2.8
tall **alto/a** adj. 1.3
tank **tanque** m. 2.2
tape (audio) **cinta** f.
tape recorder **grabadora** f. 1.1
taste **probar (o:ue)** v. 1.8;
saber v. 1.8
taste like **saber a** 1.8

tasty **rico/a** *adj.* 1.8; **sabroso/a** *adj.* 1.8

tax **impuesto** *m.* 2.9

taxi **taxi** *m.* 1.5

tea **té** *m.* 1.8

teach **enseñar** *v.* 1.2

teacher **profesor(a)** *m., f.* 1.1, 1.2; **maestro/a** *m., f.* 2.7

team **equipo** *m.* 1.4

technician **técnico/a** *m., f.* 2.7

telecommuting **teletrabajo** *m.* 2.7

telephone **teléfono** *m.* 2.2

cellular telephone **teléfono** *m.* **celular** 2.2

television **televisión** *f.* 1.2, 2.2

television set **televisor** *m.* 2.2

tell **contar (o:ue)** *v.* 1.4; **decir** *v.* 1.4

tell (that) **decir (que)** 1.4, 1.9

tell lies **decir mentiras** 1.4

tell the truth **decir la verdad** 1.4

temperature **temperatura** *f.* 2.1

ten **diez** *n., adj.* 1.1

tennis **tenis** *m.* 1.4

tennis shoes **zapatos** *m., pl.* **de tenis** 1.6

tension **tensión** *f.* 2.6

tent **tienda** *f.* **de campaña**

tenth **décimo/a** *n., adj.* 1.5

terrible **terrible** *adj.* 2.4

it's terrible **es terrible** 2.4

terrific **chévere** *adj.*

test **prueba** *f.* 1.2; **examen** *m.* 1.2

text message **mensaje** *m.* **de texto** 2.2

Thank you. **Gracias.** 1.1

Thank you very much. **Muchas gracias.** 1.1

Thank you very, very much. **Muchísimas gracias.** 1.9

Thanks (a lot). **(Muchas) gracias.** 1.1

Thanks again. **Gracias una vez más.** *(lit.* Thanks one more time.) 1.9

Thanks for everything. **Gracias por todo.** 1.9, 2.6

that **que, quien(es), lo que** *conj.* 2.3

that (one) **ése, ésa, eso** *pron.* 1.6; **ese, esa** *adj.* 1.6

that (over there) **aquél, aquélla, aquello** *pron.* 1.6; **aquel, aquella** *adj.* 1.6

that which **lo que** *conj.* 2.3

That's me. **Soy yo.** 1.1

That's not the way it is. **No es así.** 2.7

that's why **por eso** 2.2

the **el** *m., sing.* **la** *f., sing.,* **los** *m. pl.* **las** *f. pl.* 1.1

theater **teatro** *m.* 2.8

their **su(s)** *poss. adj.* 1.3; **suyo(s)/a(s)** *poss. adj.* 2.2

theirs **suyo(s)/a(s)** *poss. pron.* 2.2

them **los/las** *pl., d.o. pron.* 1.5; **ellos/as** *pron., obj. of prep.* 1.9

to/for them **les** *pl., i.o. pron.* 1.6

then **después** *(afterward) adv.* 1.7; **entonces** *(as a result) adv.* 1.7; **luego** *(next) adv.* 1.7; **pues** *adv.* 2.6

there **allí** *adv.* 1.5

There is/are… **Hay…** 1.1

There is/are not… **No hay…** 1.1

therefore **por eso** *adv.* 2.2

these **éstos, éstas** *pron.* 1.6; **estos, estas** *adj.* 1.6

they **ellos** *m. pron.,* **ellas** *f. pron.* 1.1

thin **delgado/a** *adj.* 1.3

thing **cosa** *f.* 1.1

think **pensar (e:ie)** *v.* 1.4; *(believe)* **creer** *v.*

think about **pensar en** *v.* 1.4

third **tercero/a** *n., adj.* 1.5

thirst **sed** *f.* 1.3

thirsty: be (very) thirsty **tener (mucha) sed** 1.3

thirteen **trece** *n., adj.* 1.1

thirty **treinta** *n., adj.* 1.1; 1.2

thirty *(minutes past the hour)* **y treinta; y media** 1.1

this **este, esta** *adj.;* **éste, ésta, esto** *pron.* 1.6

This is… *(introduction)* **Éste/a es…** 1.1

This is he/she. *(on the telephone)* **Con él/ella habla.** 2.2

those **ésos, ésas** *pron.* 1.6; **esos, esas** *adj.* 1.6

those *(over there)* **aquéllos, aquéllas** *pron.* 1.6; **aquellos, aquellas** *adj.* 1.6

thousand **mil** *m.* 1.6

three **tres** *n., adj.* 1.1

three hundred **trescientos/as** *n., adj.* 1.2

throat **garganta** *f.* 2.1

through **por** *prep.* 2.2

throughout: throughout the world **en todo el mundo** 2.4

Thursday **jueves** *m., sing.* 1.2

thus *(in such a way)* **así** *adj.*

ticket **boleto** *m.* 2.8; **pasaje** *m.* 1.5

tie **corbata** *f.* 1.6

time **vez** *f.* 1.6; **tiempo** *m.* 1.4

have a good/bad time **pasarlo bien/mal** 1.9

We had a great time. **Lo pasamos de película.** 2.9

What time is it? **¿Qué hora es?** 1.1

(At) What time…? **¿A qué hora…?** 1.1

times **veces** *f., pl.* 1.6

many times **muchas veces** 2.1

two times **dos veces** 1.6

tip **propina** *f.* 1.9

tire **llanta** *f.* 2.2

tired **cansado/a** *adj.* 1.5

be tired **estar cansado/a** 1.5

to **a** *prep.* 1.1

toast **pan** *m.* **tostado;** *(drink)* **brindar** *v.* 1.9

toasted **tostado/a** *adj.* 1.8

toasted bread **pan** *m.* **tostado** 1.8

toaster **tostadora** *f.* 2.3

today **hoy** *adv.* 1.2

Today is… **Hoy es…** 1.2

toe **dedo** *m.* **del pie** 2.1

together **juntos/as** *adj.* 1.9

toilet **inodoro** *m.* 1.7

tomato **tomate** *m.* 1.8

tomorrow **mañana** *f.* 1.1

See you tomorrow. **Hasta mañana.** 1.1

tonight **esta noche** *adv.* 1.4

too **también** *adv.* 1.2, 1.7

too much **demasiado** *adv.* 1.6; **en exceso** 2.6

tooth **diente** *m.* 1.7

toothpaste **pasta** *f.* **de dientes** 1.7

tornado **tornado** *m.* 2.9

tortilla **tortilla** *f.* 1.8

touch **tocar** *v.* 2.4, 2.8

tour **excursión** *f.* 1.4

tour an area **recorrer** *v.*

tourism **turismo** *m.* 1.5

tourist **turista** *m., f.* 1.1; **turístico/a** *adj.*

toward **hacia** *prep.* 2.5; **para** *prep.* 2.2

towel **toalla** *f.* 1.7

town **pueblo** *m.* 1.4

trade **oficio** *m.* 2.7

traffic **circulación** *f.* 2.2; **tráfico** *m.* 2.2

traffic signal **semáforo** *m.*

tragedy **tragedia** *f.* 2.8

trail **sendero** *m.* 2.4

trailhead **sendero** *m.* 2.4

train **entrenarse** *v.* 2.6; **tren** *m.* 1.5

train station **estación** *f.* **de tren** 1.5

trainer **entrenador/a** *m., f.* 2.6

translate **traducir** *v.* 1.6

trash **basura** *f.* 2.3

travel **viajar** *v.* 1.2

travel agent **agente** *m., f.* **de viajes** 1.5

traveler **viajero/a** *m., f.* 1.5

traveler's check **cheque de viajero** *m.* 2.5

treadmill **cinta caminadora**
f. 2.6
tree **árbol** m. 2.4
trillion **billón** m.
trimester **trimestre** m. 1.2
trip **viaje** m. 1.5
take a trip **hacer un viaje** 1.5
tropical forest **bosque** m.
tropical 2.4
true **verdad** adj. 2.4
it's (not) true **(no) es verdad**
2.4
trunk **baúl** m. 2.2
truth **verdad** f.
try **intentar** v.; **probar (o:ue)**
v. 1.8
try (to do something) **tratar de**
(+ inf.) 2.6
try on **probarse (o:ue)** v. 1.7
t-shirt **camiseta** f. 1.6
Tuesday **martes** m., sing. 1.2
tuna **atún** m. 1.8
turkey **pavo** m. 1.8
turn **doblar** v. 2.5
turn off (electricity/appliance)
apagar v. 2.2
turn on (electricity/appliance)
poner v. 2.2; **prender** v.
2.2
twelve **doce** n., adj. 1.1
twenty **veinte** n., adj. 1.1
twenty-eight **veintiocho** n., adj.
1.1
twenty-five **veinticinco** n., adj.
1.1
twenty-four **veinticuatro** n., adj.
1.1
twenty-nine **veintinueve** n., adj.
1.1
twenty-one **veintiún,**
veintiuno/a n., adj. 1.1
twenty-seven **veintisiete** n., adj.
1.1
twenty-six **veintiséis** n., adj. 1.1
twenty-three **veintitrés** n., adj.
1.1
twenty-two **veintidós** n., adj. 1.1
twice **dos veces** adv. 1.6
twin **gemelo/a** m., f. 1.3
twisted **torcido/a** adj. 2.1
be twisted **estar torcido/a** 2.1
two **dos** n., adj. 1.1
two times **dos veces** 1.6
two hundred **doscientos/as**
n., adj. 1.2

U

uncle **tío** m. 1.3
under **bajo** adv. 1.7; **debajo de**
prep. 1.2
understand **comprender** v. 1.3;
entender (e:ie) v. 1.4
underwear **ropa interior** f. 1.6

---

unemployment **desempleo** m.
2.9
United States **Estados Unidos**
(EE.UU.) m. pl. 1.1
university **universidad** f. 1.2
unless **a menos que** conj. 2.4
unmarried **soltero/a** adj.
unpleasant **antipático/a** adj. 1.3
until **hasta** prep. 1.6; **hasta**
que conj. 2.4
up **arriba** adv. 2.6
urgent **urgente** adj. 2.3
It's urgent that... **Es urgente**
que... 2.3
us **nos** pl., d.o. pron. 1.5
to/for us **nos** pl., i.o. pron. 1.6
use **usar** v. 1.6
used for **para** prep. 2.2
useful **útil** adj.

V

vacation **vacaciones** f. pl. 1.5
be on vacation **estar de**
vacaciones 1.5
go on vacation **ir de vacaciones**
1.5
vacuum **pasar la aspiradora** 2.3
vacuum cleaner **aspiradora** f.
2.3
valley **valle** m. 2.4
various **varios/as** adj. pl. 1.8
VCR **videocasetera** f. 2.2
vegetables **verduras** pl., f. 1.8
verb **verbo** m.
very **muy** adv. 1.1
very much **muchísimo** adv. 1.2
(Very) well, thank you. **(Muy)**
bien, gracias. 1.1
video **video** m. 1.1
video camera **cámara** f. **de**
video 2.2
videocassette **videocasete** m. 2.2
videoconference
videoconferencia f. 2.7
video game **videojuego** m. 1.4
vinegar **vinagre** m. 1.8
violence **violencia** f. 2.9
visit **visitar** v. 1.4
visit monuments **visitar**
monumentos 1.4
vitamin **vitamina** f. 2.6
volcano **volcán** m. 2.4
volleyball **vóleibol** m. 1.4
vote **votar** v. 2.9

W

wait (for) **esperar** v. (+ inf.) 1.2
waiter/waitress **camarero/a**
m., f. 1.8
wake up **despertarse (e:ie)** v.
1.7

---

walk **caminar** v. 1.2
take a walk **pasear** v. 1.4
walk around **pasear por** 1.4
walkman **walkman** m.
wall **pared** f. 2.3
wallet **cartera** f. 1.6
want **querer (e:ie)** v. 1.4
I don't want to. **No quiero.** 1.4
war **guerra** f. 2.9
warm (oneself) up **calentarse** v.
2.6
wash **lavar** v. 2.3
wash one's face/hands **lavarse**
la cara/las manos 1.7
wash oneself v. **lavarse** 1.7
wash the floor, the dishes **lavar**
el suelo, los platos 2.3
washing machine **lavadora** f. 2.3
wastebasket **papelera** f. 1.2
watch **mirar** v. 1.2; **reloj**
m. 1.2
watch television **mirar (la)**
televisión 1.2
water **agua** f. 1.8
water pollution **contaminación**
del agua f. 2.4
waterskiing **esquí acuático** m.
1.4
way **manera** f. 2.7
we **nosotros(as)** sub. pron. 1.1
weak **débil** adj. 2.6
wear **llevar** v. 1.6; **usar** v. 1.6
weather **tiempo** m.
The weather is bad. **Hace mal**
tiempo. 1.5
The weather is good. **Hace**
buen tiempo. 1.5
weaving **tejido** m. 2.8
Web **red** f. 2.2
website **sitio** m. **web** 2.2
wedding **boda** f. 1.9
Wednesday **miércoles** m., sing.
1.2
week **semana** f. 1.2
weekend **fin** m. **de semana** 1.4
weight **peso** m. 2.6
lift weights **levantar pesas** 2.6
welcome **bienvenido(s)/a(s)**
adj. 2.3
well **pues** adv. 1.2, 2.8; **bueno**
adv. 1.2, 2.8
(Very) well, thanks. **(Muy)**
bien, gracias. 1.1
well organized **ordenado/a** adj.
well-being **bienestar** m. 2.6
west **oeste** m. 2.5
to the west **al oeste** 2.5
western (genre) **de vaqueros** 2.8
what **lo que** pron. 2.3
What a pleasure to... ! **¡Qué**
gusto (+ inf.)...! 2.9
what? **¿qué?** pron. 1.1
At what time...? **¿A qué**
hora...? 1.1
What day is it? **¿Qué día es**
hoy? 1.2

What do you guys think? **¿Qué les parece?** 1.9

What happened? **¿Qué pasó?** 2.2

What is today's date? **¿Cuál es la fecha de hoy?** 1.5

What nice clothes! **¡Qué ropa más bonita!** 1.6

What size do you take? **¿Qué talla lleva (usa)?** *form.* 1.6

What time is it? **¿Qué hora es?** 1.1

What's going on? **¿Qué pasa?** 1.1

What's happening? **¿Qué pasa?** 1.1

What's... like? **¿Cómo es...?** 1.3

What's new? **¿Qué hay de nuevo?** 1.1

What's the weather like? **¿Qué tiempo hace?** 1.5

What's wrong? **¿Qué pasó?** 2.2

What's your name? **¿Cómo se llama usted?** *form.* 1.1

What's your name? **¿Cómo te llamas (tú)?** *fam.* 1.1

when **cuando** *conj.* 1.7, 2.4

When? **¿Cuándo?** *adv.* 1.2

where **donde** *prep.*

where (to)? *(destination)* **¿adónde?** *adv.* 1.2; *(location)* **¿dónde?** *adv.* 1.1

Where are you from? **¿De dónde eres (tú)?** *fam.* 1.1; **¿De dónde es (usted)?** *form.* 1.1

Where is...? **¿Dónde está...?** 1.2

which **que** *pron.*, **lo que** *pron.* 2.3

which? **¿cuál?** *pron.* 1.2; **¿qué?** *adj.* 1.2

In which...? **¿En qué...?** 1.2

which one(s)? **¿cuál(es)?** *pron.* 1.2

while **mientras** *conj.* 2.1

white **blanco/a** *adj.* 1.6

white wine **vino blanco** *m.* 1.8

who **que** *pron.* 2.3; **quien(es)** *pron.* 2.3

who? **¿quién(es)?** *pron.* 1.1

Who is...? **¿Quién es...?** 1.1

Who is calling? *(on the telephone)* **¿De parte de quién?** 2.2

Who is speaking? *(on the telephone)* **¿Quién habla?** 2.2

whom **quien(es)** *pron.* 2.3

whole **todo/a** *adj.*

whose **¿de quién(es)?** *pron.*, *adj.* 1.1

why? **¿por qué?** *adv.* 1.2

widower/widow **viudo/a** *m., f., adj.* 1.9

wife **esposa** *f.* 1.3

win **ganar** *v.* 1.4

wind **viento** *m.* 1.5

window **ventana** *f.* 1.2

windshield **parabrisas** *m., sing.* 2.2

windy: It's (very) windy. **Hace (mucho) viento.** 1.5

wine **vino** *m.* 1.8

red wine **vino tinto** *m.* 1.8

white wine **vino blanco** *m.* 1.8

wineglass **copa** *f.* 2.3

winter **invierno** *m.* 1.5

wish **desear** *v.* 1.2; **esperar** *v.* 2.4

I wish (that) **ojalá (que)** 2.4

with **con** *prep.* 1.2

with me **conmigo** 1.4; 1.9

with you **contigo** *fam.* 1.9

within (ten years) **dentro de** *prep.* **(diez años)** 2.7

without **sin** *prep.* 1.2, 2.4, 2.6; **sin que** *conj.* 2.4

woman **mujer** *f.* 1.1

wool **lana** *f.* 1.6

(made of) wool **de lana** 1.6

word **palabra** *f.* 1.1

work **trabajar** *v.* 1.2; **funcionar** *v.* 2.2; **trabajo** *m.* 2.7; *(of art, literature, music, etc.)* **obra** *f.* 2.8

work out **hacer gimnasia** 2.6

world **mundo** *m.* 2.4

worldwide **mundial** *adj.*

worried (about) **preocupado/a (por)** *adj.* 1.5

worry (about) **preocuparse** *v.* **(por)** 1.7

Don't worry. **No se preocupe.** *form.* 1.7; **No te preocupes.** *fam.* 1.7; **Tranquilo.**

worse **peor** *adj.* 1.8

worst **el/la peor** *adj.* **lo peor** *neuter* 1.8, 2.9

Would you like to...? **¿Te gustaría...?** *fam.* 1.4

write **escribir** *v.* 1.3

write a letter/postcard/e-mail message **escribir una carta/una postal/un mensaje electrónico** 1.4

writer **escritor(a)** *m., f.* 2.8

written **escrito** *p.p.* 2.5

wrong **equivocado/a** *adj.* 1.5

be wrong **no tener razón** 1.3

X

X-ray **radiografía** *f.*

Y

yard **jardín** *m.* 2.3; **patio** *m.* 2.3

year **año** *m.* 1.5

be... years old **tener... años** 1.3

yellow **amarillo/a** *adj.* 1.6

yes **sí** *interj.* 1.1

yesterday **ayer** *adv.* 1.6

yet **todavía** *adv.* 1.5

yogurt **yogur** *m.* 1.8

you **tú** *fam.*, **usted (Ud.)** *form. sing.*, **vosotros/as** *m., f. fam.*, **ustedes (Uds.)** *form., pl.* 1.1; (to, for) you **te** *fam. sing.*, **os** *fam., pl.*, **le** *form. sing.*, **les** *form., pl.* 1.6

you **te** *fam., sing.*, **lo/la** *form., sing.*, **os** *fam., pl.*, **los/las** *form., pl, d.o. pron.* 1.5

You are... **Tú eres...** 1.1

You don't say! **¡No me digas!** *fam.;* **¡No me diga!** *form.* 2.2

You're welcome. **De nada.** 1.1; **No hay de qué.** 1.1

young **joven** *adj.* 1.3

young person **joven** *m., f.* 1.1

young woman **señorita (Srta.)** *f.*

younger **menor** *adj.* 1.3

younger brother/sister **hermano/a menor** *m., f.* 1.3

youngest **el/la menor** *adj.* 1.8

your **su(s)** *poss. adj. form.* 1.3; **tu(s)** *poss. adj. fam. sing.* 1.3; **vuestro(s)/a(s)** *poss. adj. form. pl.* 1.3; **suyo(s)/a(s)** *poss. adj. form.* 2.2; **tuyo(s)/a(s)** *poss. adj. fam. sing.* 2.2

yours **suyo(s)/a(s)** *poss. pron. form.* 2.2; **tuyo(s)/a(s)** *poss. pron. fam. sing.* 2.2; **vuestro(s)/a(s)** *poss. pron. fam.* 2.2

youth **juventud** *f.* 1.9

Z

zero **cero** *m.* 1.1

MATERIAS	ACADEMIC SUBJECTS	LOS ANIMALES	ANIMALS
la administración de empresas	business administration	la abeja	bee
la agronomía	agriculture	la araña	spider
el alemán	German	la ardilla	squirrel
el álgebra	algebra	el ave (f.), el pájaro	bird
la antropología	anthropology	la ballena	whale
la arqueología	archaeology	el burro	donkey
la arquitectura	architecture	la cabra	goat
el arte	art	el caimán	alligator
la astronomía	astronomy	el camello	camel
la biología	biology	la cebra	zebra
la bioquímica	biochemistry	el ciervo, el venado	deer
la botánica	botany	el cocodrilo	crocodile
el cálculo	calculus	el cochino, el cerdo, el puerco	pig
el chino	Chinese	el conejo	rabbit
las ciencias políticas	political science	el coyote	coyote
la computación	computer science	la culebra, la serpiente, la víbora	snake
las comunicaciones	communications	el elefante	elephant
la contabilidad	accounting	la foca	seal
la danza	dance	la gallina	hen
el derecho	law	el gallo	rooster
la economía	economics	el gato	cat
la educación	education	el gorila	gorilla
la educación física	physical education	el hipopótamo	hippopotamus
la enfermería	nursing	la hormiga	ant
el español	Spanish	el insecto	insect
la filosofía	philosophy	la jirafa	giraffe
la física	physics	el lagarto	lizard
el francés	French	el león	lion
la geografía	geography	el lobo	wolf
la geología	geology	el loro, la cotorra, el papagayo, el perico	parrot
el griego	Greek	la mariposa	butterfly
el hebreo	Hebrew	el mono	monkey
la historia	history	la mosca	fly
la informática	computer science	el mosquito	mosquito
la ingeniería	engineering	el oso	bear
el inglés	English	la oveja	sheep
el italiano	Italian	el pato	duck
el japonés	Japanese	el perro	dog
el latín	Latin	el pez	fish
las lenguas clásicas	classical languages	la rana	frog
las lenguas romances	romance languages	el ratón	mouse
la lingüística	linguistics	el rinoceronte	rhinoceros
la literatura	literature	el saltamontes, el chapulín	grasshopper
las matemáticas	mathematics	el tiburón	shark
la medicina	medicine	el tigre	tiger
el mercadeo/ la mercadotecnia	marketing	el toro	bull
la música	music	la tortuga	turtle
los negocios	business	la vaca	cow
el periodismo	journalism	el zorro	fox
el portugués	Portuguese		
la psicología	psychology		
la química	chemistry		
el ruso	Russian		
los servicios sociales	social services		
la sociología	sociology		
el teatro	theater		
la trigonometría	trigonometry		

EL CUERPO HUMANO Y LA SALUD

THE HUMAN BODY AND HEALTH

El cuerpo humano

The human body

la barba	beard
el bigote	mustache
la barriga, la panza, la guata	belly, tummy
la boca	mouth
el brazo	arm
la cabeza	head
la cadera	hip
la ceja	eyebrow
el cerebro	brain
la cintura	waist
el codo	elbow
el corazón	heart
la costilla	rib
el cráneo	skull
el cuello	neck
el dedo	finger
el dedo del pie	toe
la espalda	back
el estómago	stomach
la frente	forehead
la garganta	throat
el hombro	shoulder
el hueso	bone
el labio	lip
la lengua	tongue
la mandíbula	jaw
la mejilla	cheek
el mentón, la barba	chin
la muñeca	wrist
el músculo	muscle
el muslo	thigh
las nalgas, el trasero, las asentaderas	buttocks
la nariz	nose
el nervio	nerve
el oído	(inner) ear
el ojo	eye
el ombligo	navel, belly button
la oreja	(outer) ear
la pantorrilla	calf
el párpado	eyelid
el pecho	chest
la pestaña	eyelash
el pie	foot
la piel	skin
la pierna	leg
el pulgar	thumb
el pulmón	lung
la rodilla	knee
la sangre	blood
el talón	heel
el tobillo	ankle
el tronco	torso, trunk
la uña	fingernail
la uña del dedo del pie	toenail
la vena	vein

Los cinco sentidos

The five senses

el gusto	taste
el oído	hearing
el olfato	smell
el tacto	touch
la vista	sight

La salud

Health

el accidente	accident
alérgico/a	allergic
el antibiótico	antibiotic
la aspirina	aspirin
el ataque cardiaco, el ataque al corazón	heart attack
el cáncer	cancer
la cápsula	capsule
la clínica	clinic
congestionado/a	congested
el consultorio	doctor's office
la curita	adhesive bandage
el/la dentista	dentist
el/la doctor(a), el/la médico/a	doctor
el dolor (de cabeza)	(head)ache, pain
embarazada	pregnant
la enfermedad	illness, disease
el/la enfermero/a	nurse
enfermo/a	ill, sick
la erupción	rash
el examen médico	physical exam
la farmacia	pharmacy
la fiebre	fever
la fractura	fracture
la gripe	flu
la herida	wound
el hospital	hospital
la infección	infection
la inyección	injection
el insomnio	insomnia
el jarabe	(cough) syrup
mareado/a	dizzy, nauseated
el medicamento	medication
la medicina	medicine
las muletas	crutches
la operación	operation
el/la paciente	patient
el/la paramédico/a	paramedic
la pastilla, la píldora	pill, tablet
los primeros auxilios	first aid
la pulmonía	pneumonia
los puntos	stitches
la quemadura	burn
el quirófano	operating room
la radiografía	X-ray
la receta	prescription
el resfriado	cold (illness)
la sala de emergencia(s)	emergency room
saludable	healthy, healthful
sano/a	healthy
el seguro médico	medical insurance
la silla de ruedas	wheelchair
el síntoma	symptom
el termómetro	thermometer
la tos	cough
la transfusión	transfusion

la vacuna	vaccination
la venda	bandage
el virus	virus
cortar(se)	to cut (oneself)
curar	to cure, to treat
desmayar(se)	to faint
enfermarse	to get sick
enyesar	to put in a cast
estornudar	to sneeze
guardar cama	to stay in bed
hinchar(se)	to swell
internar(se) en el hospital	to check into the hospital
lastimarse (el pie)	to hurt (one's foot)
mejorar(se)	to get better; to improve
operar	to operate
quemar(se)	to burn
respirar (hondo)	to breathe (deeply)
romperse (la pierna)	to break (one's leg)
sangrar	to bleed
sufrir	to suffer
tomarle la presión a alguien	to take someone's blood pressure
tomarle el pulso a alguien	to take someone's pulse
torcerse (el tobillo)	to sprain (one's ankle)
vendar	to bandage

EXPRESIONES ÚTILES PARA LA CLASE

USEFUL CLASSROOM EXPRESSIONS

Palabras útiles

Useful words

ausente	absent
el departamento	department
el dictado	dictation
la conversación, las conversaciones	conversation(s)
la expresión, las expresiones	expression(s)
el examen, los exámenes	test(s)
la frase	sentence
la hoja de actividades	activity sheet

el horario de clases	class schedule
la oración, las oraciones	sentence(s)
el párrafo	paragraph
la persona	person
presente	present
la prueba	quiz
siguiente	following
la tarea	homework

Expresiones útiles

Useful expressions

Abra(n) sus libros.	Open your book(s).
Cambien de papel.	Change roles.
Cierre(n) su(s) libro(s).	Close your books.
¿Cómo se dice ___ en español?	How do you say ___ in Spanish?
¿Cómo se escribe ___ en español?	How do you write ___ in Spanish?
¿Comprende(n)?	Do you understand?
(No) comprendo.	I (don't) understand.
Conteste(n) las preguntas.	Answer the questions.
Continúe(n), por favor.	Continue, please.
Escriba(n) su nombre.	Write your name.
Escuche(n) la cinta (el disco compacto).	Listen to the tape (compact disc).
Estudie(n) la lección tres.	Study lesson three.
Haga(n) la actividad (el ejercicio) número cuatro.	Do activity (exercise) number four.
Lea(n) la oración en voz alta.	Read the sentence aloud.
Levante(n) la mano.	Raise your hand(s).
Más despacio, por favor.	Slower, please.
No sé.	I don't know.
Páse(n)me los exámenes.	Pass me the tests.
¿Qué significa ___?	What does ___ mean?
Repita(n), por favor.	Repeat, please.
Siénte(n)se, por favor.	Sit down, please.
Siga(n) las instrucciones.	Follow the instructions.
¿Tiene(n) alguna pregunta?	Do you have any questions?
Vaya(n) a la página dos.	Go to page two.

COUNTRIES & NATIONALITIES

PAÍSES Y NACIONALIDADES

North America

Norteamérica

Canada	Canadá	canadiense
Mexico	México	mexicano/a
United States	Estados Unidos	estadounidense

Central America

Centroamérica

Belize	Belice	beliceño/a
Costa Rica	Costa Rica	costarricense
El Salvador	El Salvador	salvadoreño/a
Guatemala	Guatemala	guatemalteco/a
Honduras	Honduras	hondureño/a
Nicaragua	Nicaragua	nicaragüense
Panama	Panamá	panameño/a

The Caribbean

	El Caribe	
Cuba	**Cuba**	*cubano/a*
Dominican Republic	**República Dominicana**	*dominicano/a*
Haiti	**Haití**	*haitiano/a*
Puerto Rico	**Puerto Rico**	*puertorriqueño/a*

South America

	Suramérica	
Argentina	**Argentina**	*argentino/a*
Bolivia	**Bolivia**	*boliviano/a*
Brazil	**Brasil**	*brasileño/a*
Chile	**Chile**	*chileno/a*
Colombia	**Colombia**	*colombiano/a*
Ecuador	**Ecuador**	*ecuatoriano/a*
Paraguay	**Paraguay**	*paraguayo/a*
Peru	**Perú**	*peruano/a*
Uruguay	**Uruguay**	*uruguayo/a*
Venezuela	**Venezuela**	*venezolano/a*

Europe

	Europa	
Armenia	**Armenia**	*armenio/a*
Austria	**Austria**	*austríaco/a*
Belgium	**Bélgica**	*belga*
Bosnia	**Bosnia**	*bosnio/a*
Bulgaria	**Bulgaria**	*búlgaro/a*
Croatia	**Croacia**	*croata*
Czech Republic	**República Checa**	*checo/a*
Denmark	**Dinamarca**	*danés, danesa*
England	**Inglaterra**	*inglés, inglesa*
Estonia	**Estonia**	*estonio/a*
Finland	**Finlandia**	*finlandés, finlandesa*
France	**Francia**	*francés, francesa*
Germany	**Alemania**	*alemán, alemana*
Great Britain (United Kingdom)	**Gran Bretaña (Reino Unido)**	*británico/a*
Greece	**Grecia**	*griego/a*
Hungary	**Hungría**	*húngaro/a*
Iceland	**Islandia**	*islandés, islandesa*
Ireland	**Irlanda**	*irlandés, irlandesa*
Italy	**Italia**	*italiano/a*
Latvia	**Letonia**	*letón, letona*
Lithuania	**Lituania**	*lituano/a*
Netherlands (Holland)	**Países Bajos (Holanda)**	*holandés, holandesa*
Norway	**Noruega**	*noruego/a*
Poland	**Polonia**	*polaco/a*
Portugal	**Portugal**	*portugués, portuguesa*
Romania	**Rumania**	*rumano/a*
Russia	**Rusia**	*ruso/a*
Scotland	**Escocia**	*escocés, escocesa*
Serbia	**Serbia**	*serbio/a*
Slovakia	**Eslovaquia**	*eslovaco/a*
Slovenia	**Eslovenia**	*esloveno/a*
Spain	**España**	*español(a)*
Sweden	**Suecia**	*sueco/a*
Switzerland	**Suiza**	*suizo/a*
Ukraine	**Ucrania**	*ucraniano/a*
Wales	**Gales**	*galés, galesa*
Yugoslavia	**Yugoslavia**	*yugoslavo/a*

Asia

	Asia	
Bangladesh	**Bangladés**	*bangladesí*
Cambodia	**Camboya**	*camboyano/a*
China	**China**	*chino/a*
India	**India**	*indio/a*
Indonesia	**Indonesia**	*indonesio/a*
Iran	**Irán**	*iraní*
Iraq	**Iraq, Irak**	*iraquí*

Israel	**Israel**	*israelí*
Japan	**Japón**	*japonés, japonesa*
Jordan	**Jordania**	*jordano/a*
Korea	**Corea**	*coreano/a*
Kuwait	**Kuwait**	*kuwaití*
Lebanon	**Líbano**	*libanés, libanesa*
Malaysia	**Malasia**	*malasio/a*
Pakistan	**Pakistán**	*pakistaní*
Russia	**Rusia**	*ruso/a*
Saudi Arabia	**Arabia Saudí**	*saudí*
Singapore	**Singapur**	*singapurés, singapuresa*
Syria	**Siria**	*sirio/a*
Taiwan	**Taiwán**	*taiwanés, taiwanesa*
Thailand	**Tailandia**	*tailandés, tailandesa*
Turkey	**Turquía**	*turco/a*
Vietnam	**Vietnam**	*vietnamita*

Africa	**África**	
Algeria	**Argelia**	*argelino/a*
Angola	**Angola**	*angoleño/a*
Cameroon	**Camerún**	*camerunés, camerunesa*
Congo	**Congo**	*congolés, congolesa*
Egypt	**Egipto**	*egipcio/a*
Equatorial Guinea	**Guinea Ecuatorial**	*ecuatoguineano*
Ethiopia	**Etiopía**	*etíope*
Ivory Coast	**Costa de Marfil**	*marfileño/a*
Kenya	**Kenia, Kenya**	*keniano/a*
Libya	**Libia**	*libio/a*
Mali	**Malí**	*maliense*
Morocco	**Marruecos**	*marroquí*
Mozambique	**Mozambique**	*mozambiqueño/a*
Nigeria	**Nigeria**	*nigeriano/a*
Rwanda	**Ruanda**	*ruandés, ruandesa*
Somalia	**Somalia**	*somalí*
South Africa	**Sudáfrica**	*sudafricano/a*
Sudan	**Sudán**	*sudanés, sudanesa*
Tunisia	**Tunicia, Túnez**	*tunecino/a*
Uganda	**Uganda**	*ugandés, ugandesa*
Zambia	**Zambia**	*zambiano/a*
Zimbabwe	**Zimbabue**	*zimbabuense*

Australia and the Pacific	**Australia y el Pacífico**	
Australia	**Australia**	*australiano/a*
New Zealand	**Nueva Zelanda**	*neozelandés, neozelandesa*
Philippines	**Filipinas**	*filipino/a*

MONEDAS DE LOS PAÍSES HISPANOS
CURRENCIES OF SPANISH-SPEAKING COUNTRIES

País / COUNTRY	Moneda / CURRENCY
Argentina	el peso
Bolivia	el boliviano
Chile	el peso
Colombia	el peso
Costa Rica	el colón
Cuba	el peso
Ecuador	el sucre, el dólar estadounidense
El Salvador	el colón, el dólar estadounidense
España	el euro
Guatemala	el quetzal, el dólar estadounidense
Guinea Ecuatorial	el franco
Honduras	el lempira
México	el peso
Nicaragua	el córdoba
Panamá	el balboa, el dólar estadounidense
Paraguay	el guaraní
Perú	el sol
Puerto Rico	el dólar estadounidense
República Dominicana	el peso
Uruguay	el peso
Venezuela	el bolívar

EXPRESIONES Y REFRANES

EXPRESSIONS & SAYINGS

Expresiones y refranes con partes del cuerpo

Expressions & sayings with parts of the body

A cara o cruz	Heads or tails
A corazón abierto	Open heart
A lo hecho, pecho	What's done is done./Don't cry over spilled milk.
A ojos vistas	Clearly, visibly
Al dedillo	Like the back of one's hand
¡Choca/Vengan esos cinco!	Put it there!/Give me five!
Codo con codo	Very closely/Cheek by jowl
Con las manos en la masa	Red handed
Costar un ojo de la cara	To cost an arm and a leg
Darle a la lengua	To chatter/To gab
De rodillas	On one's knees
Duro de oído	Hard of hearing
En cuerpo y alma	In body and soul
En la punta de la lengua	On the tip of one's tongue
En un abrir y cerrar de ojos	In a blink of the eye
Entrar por un oído y salir por otro	In one ear and out the other
Estar con el agua al cuello	To be up to one's neck with/in
Estar para chuparse los dedos	To be delicious/To be finger-licking good
Hablar entre dientes	To mutter/To speak under one's breath
Hablar por los codos	To talk a lot
Hacer la vista gorda	To turn a blind eye on something
Hombro con hombro	Shoulder to shoulder
Llorar a lágrima viva	To sob/To cry one's eyes out
Metérsele (a alguien) algo entre ceja y ceja	To get an idea in your head
Mirar por encima del hombro	To look over one's shoulder
No pegar ojo	Not to be able to sleep /To stay up all night
No tener corazón	Not to have a heart
No tener dos dedos de frente	Not to have an ounce of common sense
Ojos que no ven, corazón que no siente	Out of sight, out of mind
Perder la cabeza	To lose one's head
Quedarse con la boca abierta	To be thunderstruck
Romper el corazón	To break someone's heart
Tener buen/mal corazón	Have a good/bad heart
Tener un nudo en la garganta	Have a knot in your throat
Tomarse algo a pecho	To take something too seriously
Venir como anillo al dedo	To fit like a charm/To suit perfectly

Expresiones y refranes con animales

Expressions & sayings with animals

A caballo regalado no le mires el diente.	Don't look a gift horse in the mouth.
Comer como un cerdo	To eat like a pig
Cuando menos se piensa, salta la liebre.	Things happen when you least expect it.
Es una mosquita muerta.	Butter wouldn't melt in his/her mouth.
Llevarse como el perro y el gato	To fight like cats and dogs
Perro ladrador, poco mordedor./Perro que ladra no muerde.	His/her bark is worse than his/her bite.
Por la boca muere el pez.	Talking too much can be dangerous.
¿Quién le pone el cascabel al gato?	Who will bell the cat?
Ser una tortuga	To be a slowpoke

Expresiones y refranes con alimentos

Expressions & sayings with food

Agua que no has de beber, déjala correr.	If you're not interested, don't ruin it for everybody else.
Al pan, pan y al vino, vino.	Not to mince words.
Como agua para chocolate	Ready to explode/At the boiling point
Con pan y vino se anda el camino.	Things never seem as bad after a good meal.
Contigo pan y cebolla.	You are all I need.
Dame pan y dime tonto.	I don't care what you say, as long as I get what I want.
Descubrir el pastel	To let the cat out of the bag
Dulce como la miel	Sweet as honey
Estar en el ajo	To be in the know
Estar en la higuera	To take the lid off something
Estar más claro que el agua	To be clear as a bell
Ganarse el pan	To earn a living/To earn one's daily bread
No hay miel sin hiel.	Every rose has its thorn./ There's always a catch.
No sólo de pan vive el hombre.	Man doesn't live by bread alone.
Pan con pan, comida de tontos.	Variety is the spice of life.
Ser agua pasada	To be water under the bridge
Ser más bueno que el pan	To be gorgeous
Temblar como un flan	To shake/tremble like a leaf

Expresiones y refranes con colores

Expressions & sayings with colors

Estar verde	To be inexperienced/wet behind the ears
Poner los ojos en blanco	To roll one's eyes
Ponerle a alguien un ojo morado	To give someone a black eye
Ponerse rojo de ira	To turn red with anger
Ponerse rojo	To turn red/To blush
Ponerse verde de envidia	To be green with envy
Quedarse en blanco	To go blank
Verlo todo de color de rosa	See the world through rose-colored glasses

Refranes

A buen entendedor, pocas
  palabras bastan.
Ande o no ande, caballo
  grande.
A quien madruga, Dios le
  ayuda.
Cuídate, que te cuidaré.

De tal palo tal astilla.
Del dicho al hecho hay
  mucho trecho.
Dime con quién andas y
  te diré quién eres.
El saber no ocupa lugar.

Sayings

A word to the wise is
  sufficient.
Bigger is always better.

The early bird catches the
  worm.
Take care of yourself, and
  then I'll take care of you.
A chip off the old block.
Easier said than done.

A man is known by the
  company he keeps.
You can never know too
  much.

Lo que es moda no
  incomoda.
Más vale maña que
  fuerza.
Más vale prevenir que
  curar.
Más vale solo que mal
  acompañado.
Más vale tarde que nunca.
Mucho ruido y pocas
  nueces.
No es oro todo lo que
  reluce.
Poderoso caballero es
  don Dinero.

No discomfort is too great in
  the name of fashion.
Brains are better than brawn.

Prevention is better than cure.

Better alone than with a bad
  companion.
Better late than never.
All talk and no action.

All that glitters is not gold.

Money talks.

COMMON FALSE FRIENDS

False friends are Spanish words that look similar to English words but have very different meanings. While recognizing the English relatives of unfamiliar Spanish words you encounter is an important way of constructing meaning, there are some Spanish words whose similarity to English words is deceptive. Here is a list of some of the most common Spanish false friends.

actualmente ≠ actually
actualmente =
  nowadays, currently
actually = **de hecho, en
  realidad, en efecto**

aprobar ≠ approve
aprobar = to pass
  (an exam)
approve = **consentir, estar
  de acuerdo**

argumento ≠ argument
argumento = plot
argument = **discusión,
  pelea**

armada ≠ army
armada = navy
army = **ejército**

asistir ≠ assist
asistir = to attend, to go to
assist = **ayudar, colaborar**

balde ≠ bald
balde = pail, bucket
bald = **calvo/a**

batería ≠ battery
batería = drum set
battery = **pila**

bravo ≠ brave
bravo = wild, fierce
brave = **valiente**

cándido/a ≠ candid
cándido/a = innocent
candid = **sincero/a**

carbón ≠ carbon
carbón = coal
carbon = **carbono**

casual ≠ casual
casual = coincidental
casual = **informal,
  despreocupado/a**

casualidad ≠ casualty
casualidad =
  coincidence
casualty = **víctima**

colegio ≠ college
colegio = school
college = **universidad**

collar ≠ collar
collar = necklace
collar = **cuello (de camisa)**

comprensivo/a ≠
  comprehensive
comprensivo/a =
  understanding
comprehensive = **completo,
  extensivo**

constipado ≠ constipated
estar constipado/a = to
  have a cold
to be constipated = **estar
  estreñido/a**

crudo/a ≠ crude
crudo/a = raw, undercooked
crude = **burdo/a, grosero/a**

desgracia ≠ disgrace
desgracia = misfortune
disgrace = **deshonra,
  vergüenza**

divertir ≠ divert
divertirse = to enjoy oneself
to divert = **desviar**

educado/a ≠ educated
educado/a = well-behaved
educated = **culto/a,
  instruido/a**

embarazada ≠ embarrassed
estar embarazada = to be
  pregnant
to be embarrassed = **estar
  avergonzado/a; dar/
  tener vergüenza**

eventualmente ≠ eventually
eventualmente = possibly
eventually = **finalmente, al
  final**

éxito ≠ exit
éxito = success
exit = **salida**

físico/a ≠ physician
físico/a = physicist
physician = **médico/a**

fútbol ≠ football
fútbol = soccer
football = **fútbol
  americano**

lectura ≠ lecture
lectura = reading
lecture = **conferencia**

librería ≠ library
librería = bookstore
library = **biblioteca**

máscara ≠ mascara
máscara = mask
mascara = **rímel**

molestar ≠ molest
molestar = to bother,
  to annoy
molest = **abusar**

oficio ≠ office
oficio = trade, occupation
office = **oficina**

rato ≠ rat
rato = while
rat = **rata**

realizar ≠ realize
realizar = to do
to realize = **darse cuenta**

red ≠ red
red = net
red = **rojo**

remover ≠ remove
remover = to stir; to turn
  over
remove = **sacar, quitar**

revolver ≠ revolver
revolver = to stir, to
  rummage through
revolver = **revólver**

sensible ≠ sensible
sensible = sentitive
sensible = **sensato/a,
  razonable**

suceso ≠ success
suceso = event
success = **éxito**

sujeto ≠ subject
sujeto = fellow, guy
subject = **tema, asunto**

LOS ALIMENTOS — FOODS

Frutas — Fruits

la aceituna	olive
el aguacate	avocado
el albaricoque, el damasco	apricot
la banana, el plátano	banana
la cereza	cherry
la ciruela	plum
el dátil	date
la frambuesa	raspberry
la fresa, la frutilla	strawberry
el higo	fig
el limón	lemon, lime
el melocotón, el durazno	peach
la mandarina	tangerine
el mango	mango
la manzana	apple
la naranja	orange
la papaya	papaya
la pera	pear
la piña	pineapple
el pomelo, la toronja	grapefruit
la sandía	watermelon
las uvas	grapes

Vegetales — Vegetables

la alcachofa	artichoke
el apio	celery
la arveja, el guisante	pea
la berenjena	eggplant
el brócoli	broccoli
la calabaza	squash, pumpkin
la cebolla	onion
el champiñón, la seta	mushroom
la col, el repollo	cabbage
la coliflor	cauliflower
los espárragos	asparagus
las espinacas	spinach
los frijoles, las habichuelas	beans
las habas	lima beans
las judías verdes, los ejotes	string beans, green beans
la lechuga	lettuce
el maíz, el choclo, el elote	corn
la papa, la patata	potato
el pepino	cucumber
el pimentón	bell pepper
el rábano	radish
la remolacha	beet
el tomate, el jitomate	tomato
la zanahoria	carrot

El pescado y los mariscos — Fish and shellfish

la almeja	clam
el atún	tuna
el bacalao	cod
el calamar	squid
el cangrejo	crab
el camarón, la gamba	shrimp
la langosta	lobster
el langostino	prawn
el lenguado	sole, flounder
el mejillón	mussel
la ostra	oyster
el pulpo	octopus
el salmón	salmon
la sardina	sardine
la vieira	scallop

La carne — Meat

la albóndiga	meatball
el bistec	steak
la carne de res	beef
el chorizo	hard pork sausage
la chuleta de cerdo	pork chop
el cordero	lamb
los fiambres	cold cuts, food served cold
el filete	fillet
la hamburguesa	hamburger
el hígado	liver
el jamón	ham
el lechón	suckling pig, roasted pig
el pavo	turkey
el pollo	chicken
el cerdo	pork
la salchicha	sausage
la ternera	veal
el tocino	bacon

Otras comidas — Other foods

el ajo	garlic
el arroz	rice
el azúcar	sugar
el batido	milkshake
el budín	pudding
el cacahuete, el maní	peanut
el café	coffee
los fideos	noodles, pasta
la harina	flour
el huevo	egg
el jugo, el zumo	juice
la leche	milk
la mermelada	marmalade, jam
la miel	honey
el pan	bread
el queso	cheese
la sal	salt
la sopa	soup
el té	tea
la tortilla	omelet (Spain), tortilla (Mexico)
el yogur	yogurt

Cómo describir la comida — Ways to describe food

a la plancha, a la parrilla	grilled
ácido/a	sour
al horno	baked
amargo/a	bitter
caliente	hot
dulce	sweet
duro/a	tough
frío/a	cold
frito/a	fried
fuerte	strong, heavy
ligero/a	light
picante	spicy
sabroso/a	tasty
salado/a	salty

DÍAS FESTIVOS

HOLIDAYS

enero

Año Nuevo (1)
Día de los Reyes Magos (6)
Día de Martin Luther King, Jr.

January

New Year's Day
Three Kings Day (Epiphany)

Martin Luther King, Jr. Day

febrero

Día de San Blas (Paraguay) (3)
Día de San Valentín, Día de los Enamorados (14)
Día de los Presidentes
Carnaval

February

St. Blas Day (Paraguay)

Valentine's Day

Presidents' Day
Carnival (Mardi Gras)

marzo

Día de San Patricio (17)
Nacimiento de Benito Juárez (México) (21)

March

St. Patrick's Day
Benito Juárez's Birthday(Mexico)

abril

Semana Santa
Pésaj
Pascua
Declaración de la Independencia de Venezuela (19)
Día de la Tierra (22)

April

Holy Week
Passover
Easter
Declaration of Independence of Venezuela
Earth Day

mayo

Día del Trabajo (1)
Cinco de Mayo (5) (Mexico)
Día de las Madres
Independencia Patria (Paraguay) (15)
Día Conmemorativo

May

Labor Day
Cinco de Mayo (May 5th)

Mother's Day
Independence Day (Paraguay)

Memorial Day

junio

Día de los Padres
Día de la Bandera (14)
Día del Indio (Perú) (24)

June

Father's Day
Flag Day
Native People's Day

julio

Día de la Independencia de los Estados Unidos (4)
Día de la Independencia de Venezuela (5)
Día de la Independencia de la Argentina (9)
Día de la Independencia de Colombia (20)

July

Independence Day (United States)

Independence Day (Venezuela)
Independence Day (Argentina)

Independence Day (Colombia)

Nacimiento de Simón Bolívar (24)
Día de la Revolución (Cuba) (26)
Día de la Independencia del Perú (28)

Simón Bolívar's Birthday

Revolution Day (Cuba)

Independence Day (Peru)

agosto

Día de la Independencia de Bolivia (6)
Día de la Independencia del Ecuador (10)
Día de San Martín (Argentina) (17)
Día de la Independencia del Uruguay (25)

August

Independence Day (Bolivia)

Independence Day (Ecuador)

San Martín Day (anniversary of his death)
Independence Day (Uruguay)

septiembre

Día del Trabajo (EE. UU.)
Día de la Independencia de Costa Rica, El Salvador, Guatemala, Honduras y Nicaragua (15)
Día de la Independencia de México (16)
Día de la Independencia de Chile (18)
Año Nuevo Judío
Día de la Virgen de las Mercedes (Perú) (24)

September

Labor Day (U. S.)
Independence Day (Costa Rica, El Salvador, Guatemala, Honduras, Nicaragua)

Independence Day (Mexico)

Independence Day (Chile)

Jewish New Year
Day of the Virgin of Mercedes (Peru)

octubre

Día de la Raza (12)
Noche de Brujas (31)

October

Columbus Day
Halloween

noviembre

Día de los Muertos (2)
Día de los Veteranos (11)
Día de la Revolución Mexicana (20)
Día de Acción de Gracias
Día de la Independencia de Panamá (28)

November

All Souls Day
Veterans' Day
Mexican Revolution Day

Thanksgiving
Independence Day (Panama)

diciembre

Día de la Virgen (8)
Día de la Virgen de Guadalupe (México) (12)
Januká
Nochebuena (24)
Navidad (25)
Año Viejo (31)

December

Day of the Virgin
Day of the Virgin of Guadalupe (Mexico)

Chanukah
Christmas Eve
Christmas
New Year's Eve

NOTE: In Spanish, dates are written with the day first, then the month. Christmas Day is **el 25 de diciembre**. In Latin America and in Europe, abbreviated dates also follow this pattern. Halloween, for example, falls on 31/10. You may also see the numbers in dates separated by periods: 14.2.01. When referring to centuries, roman numerals are always used. The 16th century, therefore, is **el siglo XVI**.

PESOS Y MEDIDAS — WEIGHTS & MEASURES

Longitud — Length

El sistema métrico
Metric system

El equivalente estadounidense
U.S. equivalent

milímetro = 0,001 metro	
millimeter = 0.0001 meter	= 0.039 inch
centímetro = 0,01 metro	
centimeter = 0.01 meter	= 0.39 inch
decímetro = 0,1 metro	
decimeter = 0.1 meter	= 3.94 inches
metro	
meter	= 39.4 inches
decámetro = 10 metros	
dekameter = 10 meters	= 32.8 feet
hectómetro = 100 metros	
hectometer = 100 meters	= 328 feet
kilómetro = 1.000 metros	
kilometer = 1,000 meters	= .62 mile

El sistema estadounidense
U.S. system

El equivalente métrico
Metric equivalent

Inch	
pulgada	= 2.54 centimeters
	= 2,54 centímetros
foot = 12 inches	= 30.48 centimeters
pie = 12 pulgadas	**= 30,48 centímetros**
yard = 3 feet	= 0.914 meter
yarda = 3 pies	**= 0,914 metro**
mile = 5,280 feet	= 1.609 kilometers
milla = 5.280 pies	**= 1,609 kilómetros**

Superficie — Surface Area

El sistema métrico
Metric system

El equivalente estadounidense
U.S. equivalent

metro cuadrado	
square meter	= 10.764 square feet
area = **100 metros cuadrados**	= 0.025 acre
are = 100 square meters	
hectárea = 100 áreas	= 2.471 acres
hectare = **100 ares**	

U.S. system
El sistema estadounidense

El equivalente métrico
Metric equivalent

> **yarda cuadrada = 9 pies cuadrados = 0,836 metros cuadrados**
> square yard = 9 square feet = 0.836 square meters
> **acre = 4.840 yardas cuadradas = 0,405 hectáreas**
> acre = 4,840 square yards = 0.405 hectares

Capacidad — Capacity

El sistema métrico
Metric system

El equivalente estadounidense
U.S. equivalent

Mililitro = 0,001 litro	
Milliliter = 0.001 liter	= 0.034 ounces
Centilitro = 0,01 litro	
Centiliter = 0. 01 liter	= 0.34 ounces
Decilitro = 0,1 litro	
Deciliter = 0.1 liter	= 3.4 ounces
Litro	
liter	= 1.06 quarts
decalitro = 10 litros	
dekaliter = 10 liters	= 2.64 gallons
hectolitro = 100 litros	
hectoliter = 100 liters	= 26.4 gallons
kilolitro = 1.000 litros	
kiloliter = 1,000 liters	= 264 gallons

U.S. system
El sistema estadounidense

Metric equivalent
El equivalente métrico

Ounce	
onza	= 29.6 milliliters
	= 29,6 mililitros
cup = 8 ounces	= 236 milliliters
taza = 8 onzas	**= 236 mililitros**
pint = 2 cups	= 0.47 liters
pinta = 2 tazas	**= 0,47 litros**
quart = 2 pints	= 0.95 liters
cuarto = 2 pintas	**= 0,95 litros**
gallon = 4 quarts	= 3.79 liters
galón = 4 cuartos	**= 3,79 litros**

Peso — Weight

El sistema métrico
Metric system

El equivalente estadounidense
U.S. equivalent

Miligramo = 0,001 gramo	
Milligram = 0.001 gram	
Gramo	
gram	= 0.035 ounce
decagramo = 10 gramos	
dekagram = 10 grams	= 0.35 ounces
hectogramo = 100 gramos	
hectogram = 100 grams	= 3.5 ounces
kilogramo = 1.000 gramos	
kilogram = 1,000 grams	= 2.2 pounds
tonelada (métrica) = 1.000 kilogramos	
metric ton = 1,000 kilograms	= 1.1 tons

U.S. system
El sistema estadounidense

Metric equivalent
El equivalente métrico

Ounce	
onza	= 28.35 grams
	= 28,35 gramos
pound = 16 ounces	= 0.45 kilograms
libra = 16 onzas	**= 0,45 kilogramos**
ton = 2,000 pounds	= 0.9 metric tons
tonelada = 2.000 libras	**= 0,9 toneladas métricas**

Temperatura — Temperature

Grados centígrados
Degrees Celsius
To convert from Celsius to Fahrenheit, multiply by 9/5 and add 32.

Grados Fahrenheit
Degrees Fahrenheit
To convert from Fahrenheit to Celsius, subtract 32 and multiply by 5/9.

NÚMEROS

NUMBERS

Números ordinales

Ordinal numbers

primero/a	$1^\circ/1^a$	first	1st
segundo/a	$2^\circ/2^a$	second	2nd
tercero/a	$3^\circ/3^a$	third	3rd
cuarto/a	$4^\circ/4^a$	fourth	4th
quinto/a	$5^\circ/5^a$	fifth	5th
sexto/a	$6^\circ/6^a$	sixth	6th
séptimo/a	$7^\circ/7^a$	seventh	7th
octavo/a	$8^\circ/8^a$	eighth	8th
noveno/a	$9^\circ/9^a$	ninth	9th
décimo/a	$10^\circ/10^a$	tenth	10th

Fracciones

Fractions

$\frac{1}{2}$	un medio, la mitad	one half
$\frac{1}{3}$	un tercio	one third
$\frac{1}{4}$	un cuarto	one fourth (quarter)
$\frac{1}{5}$	un quinto	one fifth
$\frac{1}{6}$	un sexto	one sixth
$\frac{1}{7}$	un séptimo	one seventh
$\frac{1}{8}$	un octavo	one eighth
$\frac{1}{9}$	un noveno	one ninth
$\frac{1}{10}$	un décimo	one tenth
$\frac{2}{3}$	dos tercios	two thirds
$\frac{3}{4}$	tres cuartos	three fourths (quarters)
$\frac{5}{8}$	cinco octavos	five eighths

Decimales

Decimals

un décimo	0,1	one tenth	0.1
un centésimo	0,01	one hundredth	0.01
un milésimo	0,001	one thousandth	0.001

OCUPACIONES — OCCUPATIONS

el/la abogado/a	lawyer
el actor, la actriz	actor
el/la administrador(a) de empresas	business administrator
el/la agente de bienes raíces	real estate agent
el/la agente de seguros	insurance agent
el/la agricultor(a)	farmer
el/la arqueólogo/a	archaeologist
el/la arquitecto/a	architect
el/la artesano/a	artisan
el/la auxiliar de vuelo	flight attendant
el/la basurero/a	garbage collector
el/la bibliotecario/a	librarian
el/la bombero/a	firefighter
el/la cajero/a	bank teller, cashier
el/la camionero/a	truck driver
el/la cantinero/a	bartender
el/la carnicero/a	butcher
el/la carpintero/a	carpenter
el/la científico/a	scientist
el/la cirujano/a	surgeon
el/la cobrador(a)	bill collector
el/la cocinero/a	cook, chef
el/la comprador(a)	buyer
el/la consejero/a	counselor, advisor
el/la contador(a)	accountant
el/la corredor(a) de bolsa	stockbroker
el/la diplomático/a	diplomat
el/la diseñador(a) (gráfico/a)	(graphic) designer
el/la electricista	electrician
el/la empresario/a de pompas fúnebres	funeral director
el/la especialista en dietética	dietician
el/la fotógrafo/a	photographer
el/la higienista dental	dental hygienist
el hombre/la mujer de negocios	businessperson
el/la ingeniero/a en computación	computer engineer
el/la intérprete	interpreter
el/la juez(a)	judge
el/la maestro/a	elementary school teacher
el/la marinero/a	sailor
el/la obrero/a	manual laborer
el/la oficial de prisión	prision guard
el/la obrero/a de la construcción	construction worker
el/la optometrista	optometrist
el/la panadero/a	baker
el/la paramédico/a	paramedic
el/la peluquero/a	hairdresser
el/la piloto	pilot
el/la pintor(a)	painter
el/la plomero/a	plumber
el/la político/a	politician
el/la programador(a)	computer programer
el/la psicólogo/a	psychologist
el/la quiropráctico/a	chiropractor
el/la redactor(a)	editor
el/la reportero/a	reporter
el/la sastre	tailor
el/la secretario/a	secretary
el/la supervisor(a)	supervisor
el/la técnico/a (en computación)	(computer) technician
el/la fisioterapeuta	physical therapist
el/la vendedor(a)	sales representative
el/la veterinario/a	veterinarian

Text Credits

184–185 © Carmen Laforet. Fragment of the novel *Nada*, reprinted by permission of Random House Publishing Group.
216–217 © Gabriel García Márquez, *Un día de éstos*, reprinted by permission of Carmen Balcells.
248–249 © Julia de Burgos, "A Julia de Burgos" from *Song of the Simple Truth: The Complete Poems of Julia de Burgos*, 1996. Published by Curbstone Press. Distributed by Consortium.
282–283 © Federico García Lorca, *Danza, Las seis cuerdas, La guitarra*. Reprinted by permission of Herederos de Federico García Lorca.

Fine Art Credits

xviii Pablo Picasso. *Woman with hat*. 1935. Colección: Musée National d'Art Moderne, Centre Georges Pompidou, Paris, France. CNAC/MNAM/Dist. Réunion des Musées Nationaux/Art Resources, NY.
248 Frida Kahlo. *Las dos Fridas*. 1939. Oil on Canvas. 5'8.5" x 5'8.5" © Banco de México Trust. Foto © Schavcwijk/Art Resource, NY.
268 (r) Joan Miró. *La lección de esquí*. © ARS, NY/Art Resource, NY.
270 (r) Fernando Botero. *El alguacil*. 20th Century © Fernando Botero. Foto © Christie's Images/Corbis.
291 José Antonio Velásquez. *San Antonio de Oriente*. 1957. Colección: Art Museum of the Americas, Organization of American States. Washington, D.C.

Illustration Credits

Hermann Mejía: 21, 38, 39, 43, 70, 73, 76, 77, 79, 106, 115, 117, 121, 144, 151, 155, 181, 183, 207, 209, 212, 215, 247, 275, 281, 285, 313, 314–315.
Pere Virgili: 18–19, 54–55, 56, 90–91, 92, 128–129, 130, 162–163, 164, 194–195, 196, 226–227, 260–261, 294–295.
Yayo: 25, 61, 97, 135, 169, 201, 233, 267, 301.

Photography Credits

Martín Bernetti: 31, 35, 47, 67, 72, 93, 120, 177, 187, 197, 218, 219, 250, 251, 272, 284, 306.
Corbis: xvi © Corbis. xvii © Royalty Free. xix © Fabio Cardoso. xxi (l) © Royalty Free. xxvi (t) © Gabe Palmer. xxvi (b) © Creasource. 35 © Royalty Free. 39 © Lawrence Kesterson. 49 (t) © Amet Jean Pierre/Corbis SYGMA. 50 (tl) © Martin Rogers, (tr, m) © Jan Butchofsky-Houser, (ml) © Bill Gentile, (mr) © Dave G. Houser, (b) © Bob Winsett. 51 (r,b) © Martin Rogers, (ml) © Jacques M. Chenet. 53 © PictureNet. 71 © Martin Bydalek Photography. 85 (b) © Reuters. 86 (t,b) Pablo Corral V., (ml) Arvind Garg, (m, mr) Galen Rowell. 87 (t, b) Pablo Corral V. ® Massimo Mastrorillo, (ml) tibor Bognor. 89 © Rolf Bruderer. 98 (1) © Dusko Despotovic. 124 (tl) © Kevin Schafer, (tr, b) Danny Lehman. 125 (tl) © Danny Lehman ® Peter Guttman, (ml) Ralf A. Clavenger, (b) Jose & Fuste Raga. 127 © Michael de Young. 129 (tl) Richard Cummins, (tr) Stephanie Maze, (bl) Ray Juno, (br) Paul A. Souders. 140 © Karl & Anne Purcell. 154 © Ric Ergenbright. 158 (tr) Carl & Anne Purcell, (ml, mr) Jeremy Horner, (b) Adam Woolfitt. 150 (tl) Gianni Dagli Orti, (tr) Stringer/Mexico/Reuters, (bl) Jeremy Horner, (br) © Jeremy Horner. 185 © Bureau L.A. Collection. 190 (t) John Madere, (mt) Kevin Schafer, (mb) Buddy Mays, (b) Peter Guttmann. 191 (tl) Reuters/New Media Inc./ Kimberly White, (bl, br) Pablo Corral V. 202 (r) © Kevin Schafer. 210 © Michael Keller. 222 (tl) © Anders Ryman, (m) © Reuters NewMedia Inc./Sergio Moraes, (b) © Pablo Corral V. 223 (tl) © Hubert Stadler, (r) AFP Photo/Gonzalo Espinoza, (bl) © Wolfgang Kaehler. 225 © Peter Beck. 235 © Galen Rowell. 244 © LWA-Stephen Welstead. 245 © Bill Gentile. 254 (tl) © Jeremy Horner, (tr, m) © Bill Gentile, (b) © Stephen Frink. 255 (tl) © Brian A. Vikander, (r) © Reuters NewMedia Inc./Claudia Daut, (bl) © Gary Braasch. 256 (tr) © Reinhard Eisele, (m) © Richard Bickel. 257 (tl) © Jeremy Horner, (r) © Reuters NewMedia Inc./Marc Serota, (bl) © Lawrence Manning. 288 (tl) © José F. Poblete, (tr) © Peter Guttman, (ml) © Leif Skoogfors, (mr) © Lake County Museum. 289 (tl) © Guy Motil. 290 (tl) © Stuart Westmorland, (tr,ml) © Macduff Everton, (mr) © Tony Arruza. 291 (tl) © Macduff Everton. 293 © Douglas Kirkland. 297 (t) © Owen Franken, (b) © Reuters NewMedia Inc./Andrew Winning. 302 (l) © Gustavo Gilabert/Corbis SABA. 311 (l) © Dave G. Houser. 316 © Reuters. 317 © John Lund. 320 (t) © Peter Guttman, (ml) © Paul Almasy, (b) © Carlos Carrión. 321 (r) © Joel Creed; Ecoscene. 322 (tl) © Bettmann, (tr) © Reuters/Andres Stapff, (m) © Diego Lezama Orezzoli, (b) © Tim Graham. 323 (tl) © Stephanie Maze, (r) © SI/Simon Bruty, (ml) © Reuters/Andres Stapff, (bl) © Wolfgang Kaehler.
AP Wide World Photos: xviii © Jennifer Grimes 26 (b) Ricardo Figueroa. 189 (t) Gregory Bull, (b) Santiago Llanquin. 271 © Mark Lennihan, File. 287 (b) © George Gongora – Corpus Christi Caller – Times. 303 © Álex Ibañez, HO. 319 (b) © Anne Ryan.
Alamy: xvii © Kelly Redinger. xxi (r) © Ian Shaw. xxvii (t) © Comstock Images. 26 (T) Alex Segre. 99 (t) Michele Falzone. 136 (t) Clive Tully. 137 (br) David South. 170 (r) Alex Segre. 185 AM Corporation. 203 (r) Jeff Greenberg, (l) VStock. 221 (b) Hemis. 302 (r) © Homer Sykes.
Getty Images: T16 © Yellow Dog Production. T20 © F64. T22 © Ian Shaw. T27 © Sean Justice. xix © Digital Vision. xxiii © Frank Micelotta. xxvii (b) © Purestock. 1 © Getty Images. 7 © Jack Hollingsworth. 27 (b) Kiko Castro/AFP. 85 (t) Juan Mabromata/AFP. 123 (t) Paul Hawthorne. 157 (t) Valery Hache/AFP, (b) Jack Guez/AFP. 202 (l) © Krysztof Dydynski. 291 (r) © Elmer Martínez/AFP. 316 © Joel Nito/AFP.
Lonely Planet Images: xvi (r) © Ann Cecil. 137 (tr) Krzysztof Dydynski, (l) Eric L Wheater.
Masterfile: 46 © Anthony Redpath. 82 © Chad Johnston.
The Picture-desk: 27 (m) The Art Archive/Templo Mayor Library Mexico/Dagli Orti. 123 (b) Miramax/Columbia/The Kobal Collection/Torres, Rico.
Misc.: 13 © LucasFilm/20th Century Fox/The Kobal Collection. 17 © Jimmy Dorantes/Latin Focus. 49 (1) courtesy Notimex. 63 (b) © Gabrielle Wallace, (t) © Esteban Corbo. 99 (bl) Maribel García. 161 © David R. Frazier/DanitaDelmont.com. 170 (l) www.metro.df.gob.mx. 171 (t, b) ©2006 Barragan Foundation, Birsfelden, Switzerland/ProLitteris, Zürich, Switzerland, for the work of Luis Barragán. 184 www.joanducros.net Permission Requested. Best efforts made. 221 (t) © Los Kjarkas. 235 (t) © 2002 USPS. 253 (t) © 2000 J. Fernando Lamadrid, (b) © Lester Cohen/WireImage.com. 259 © Leslie Harris/Index Stock Imagery Inc. 268 (l) Exposición *Cuerpo Plural*, Museo de Arte Contemporáneo, Caracas, Venezuela, octubre 2005 (Sala 1). Fotografía Morella Muñoz-Tébar. Archivo MAC. 273 © Walt Disney/The Kobal Collection. 287 (t) © Jeffrey Mayer/WireImage.com. 289 (bl) © Romeo A. Escobar, La Sala de La Miniatura, San Salvador. Www.ilobasco.net. 321 (tl) © Chris R. Sharp/DDB Stock, (bl) © Francis E. Caldwell/DDB Stock.